CW01560632

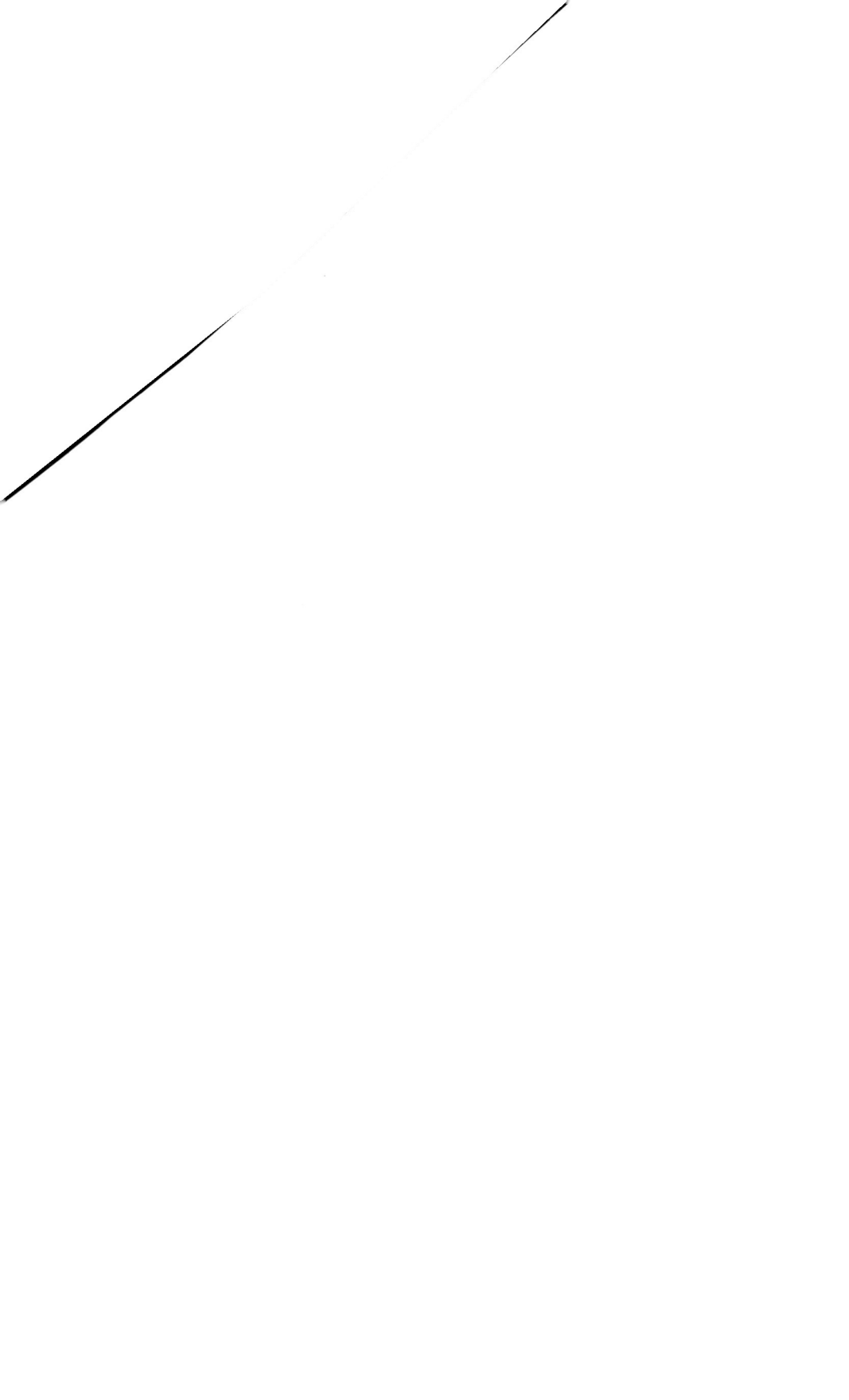

MEKOR CHAIM

HILCHOS SHABBOS

Mekor Chaim
Hilchos Shabbos

First Edition, 2021

© Chaim Cohen 2021
rabbicohen@mekorchaim.co.uk

80 Park Road, Prestwich
M25 0DY, UK

Designed by Raffi Maurer
www.raffimaurer.com

Cover by Esther Walker
magnivdesigns@gmail.com

ISBN 978-1-8381843-0-8, hardcover

Printed and bound in the United Kingdom

This Sefer is dedicated
in loving memory of my grandfather

Mr Barrie Hill ז"ל

ר' דוב אריה ב"ר דוב הלוי ז"ל

אִישׁ תָּם יֹשֵׁב אֹהָלִים

בית לוי גבריאל

STENECOURT

Holden Road, Salford, M7 4LN
Tel: 0161 792 8399 Email: shul@stenecourt.com Website: www.stenecourt.com

יום ב׳ פ׳ תרומה תשפ״א

שמחתי מאד לקרוא וללמד מספר ״מקור חיים״ מאת ידידי וחברי היקר והנאמן ה״ר חיים ליפא צבי הכהן,

הספר נכתב בלשון קב ונקי, בענינים נחוצים בהלכות שבת. תוכן הספר נבנה על השיעורים בהלכה למעשה שֶׁלִמֵד המחבר בבית הכנסת שלנו בקהלת סטינקורט ובבית הספר, והמחבר שליט״א לָמַד הסוגיות בעיון ובעמלת התורה בש״ס ובפוסקים.

כתוב בספר מלאכי אחרון הנביאים: ״כִּי שִׂפְתֵי כֹהֵן יִשְׁמְרוּ דַעַת וְתוֹרָה יְבַקְשׁוּ מִפִּיהוּ״ ובלשון הזה אני מברך ה״ר חיים שכשם שנשלם ספר זה בתפארת ובתכלית ההידור, יזכה לילך מחיל אל חיל בתורה ובהוראה לחבר ספרים אחרים ללמוד וללמד לשמור ולעשות.

ממני בנימין הכהן סימנז

I have very much enjoyed learning through the sefer ‘Mekor Chaim’ by my dear friend Rabbi Chaim Lippa Zvi Hakohen.

The Sefer has been written in a clear and concise manner and deals with important aspects of Hilchos Shabbos. The Sefer is constructed around the Shiurim in practical Halacha that the author delivered in our Shul, Stenecourt, and in Yavneh School. The author has learnt these topics in great depth and has invested much time in studying the relevant sections of Shas and Poskim.

The last of the Prophets, Malachi writes ‘For the lips of the Kohen shall preserve knowledge, and the Torah shall be sought from his mouth.’ With this message I bless Rabbi Cohen, that this beautiful Sefer should be the first of many and may he continue to have success in his endeavours to spread the study and observance of Torah and Halacha.

Rabbi Binyomin Hakohen Simmonds

Dayan Isaac D Berger **יצחק דב ברגר**

מלפנים אב"ד מנטשעסטער

6 Norman Rd. Salford M7 4DJ
Tel (home) 0161 879 5683

ב"ה כ"ז תמוז תש"פ

ידידי הרב הג' מוה"ר חיים כהן שליט"א, מחשובי הרבנים בעירנו הביא לפני קונטרסים מספרו **"מקור חיים"** על הלכות שבת והוא דיני שבת מפי גדולי הפוסקים בסדר נכון להפליא ועוד הגדיל לעשות שהביא מקורות והסברים נכונים לדינים שבפנים הספר בלשון אנגלית וגם דן בשאלות השכיחות בזמנים אלו כך שהלומד לא ימשמש כעיור באפילה אלא יבין טעמם של ההלכות ודבר נכון עשה, דבר שהדור זקוק לו.

וביודעי ומכירי קאמינא כי ידעתי את האיש ואת שיחו וכל מאויו להרביץ תורה ולזכות את הציבור בשמירת מצוות, לכן ידי תכון עמו לזרזו להביאו לדפוס ולהפיצו בישראל למען שרבים ילכו לאורו.

וברכתי שלוחה לרב המחבר כי ילך מחיל אל חיל ויזכה להוציא עוד חיבורים נאים ומקובלים.

החותם לכבוד התורה ועוסקיה

יצחק דב ברגר

My good friend, Rabbi Chaim Cohen, one of the esteemed Rabbanim in our community in Manchester, has shown me sections of his new Sefer 'Mekor Chaim' on Hilchos Shabbos. His Sefer explains the laws of Shabbos based on the rulings of the great Poskim, in a structured and orderly fashion. The author has succeeded in producing a valuable work that presents the Halachos in an easily accessible manner, whilst offering additional explanations and sources for the topics under discussion. This enables the reader to learn about contemporary and relevant aspects of Hilchos Shabbos as well as providing an opportunity to understand how these laws are derived from the original sources. This work will be a valuable addition to the library of anyone seeking to enhance their knowledge and understanding of Hilchos Shabbos.

I have known the author for many years and I have observed that he is somebody with a passion for spreading Torah knowledge and helping people in his community and beyond, to keep Mitzvos in an informed and accurate manner. I am delighted to see him publishing this Sefer and I offer my Beracha that this endeavour should be well received and successful.

May the author have much success in the future and merit to publish further Sefarim of quality for the benefit of the Tzibbur.

Signed in honour of the Torah and those involved with it,

Dayan Yitzchok Dov Berger

Dear Rabbi Cohen,

Shalom and Beracha,

Thank you for sending me an extract of your forthcoming book called 'Mekor Chaim'. I have greatly enjoyed studying what you have sent. You have clearly invested many years in producing this work which examines practical aspects of the Shabbos laws in the English language to enable English readers to understand and appreciate these laws in a clear and simple way. This will thereby enhance their knowledge, understanding and observance of the Shabbos laws. Additionally, you have provided Hebrew sources which will enable the interested student to study these laws in greater depth and to examine the background and rationale of the rulings in this Sefer.

This is a good moment to ponder the timeless words of Rabbi Yonasan Eybeschutz who writes in his seminal work, Yaaros Devash (2:2; 3) the following regarding the importance of studying the laws of Shabbos:

'Someone who has not studied thoroughly the laws of Shabbos, at least two or three times, cannot avoid transgressing the laws of Shabbos, both the Biblical laws and enactments of the Sages. Observing Shabbos offers us profound spiritual protection.'

Therefore, I beg you, my dear brothers and pupils: Indeed, as you know, in every public talk that I deliver without exception, I beg you to study this most relevant topic in as much detail as possible. Please be particular to study the laws of Shabbos and Yom Tov which will lead you to keep God's Shabbos day and festivals properly. For these Holy Days shield and protect us.'

This is why it is so important for new and contemporary Sefarim which deal with laws of Shabbos to be written. Of course, these are based on the works of previous generations, but they address recent issues which arise in our context, in contemporary language. This should encourage the large numbers of sincere people who are looking for opportunities to improve their knowledge of Judaism and Jewish Law but who are not yet comfortable doing so in the Hebrew the language in which they are usually written. This is why in our time books of Jewish law can and should be written in languages other than in Hebrew despite the concerns raised against this in earlier times. This is then a good example of earlier rulings leading to be put aside because of changed circumstances.

In this light, Rabbi Cohen has certainly performed a great Mitzva by writing this Sefer in clear English.

It gives me great pleasure to offer my blessings to Rabbi Cohen that he may have much continued success in his mission to spread the knowledge of Torah, in good health and with joy.

Rabbi Y.L. Lewis

בס״ד

25 Tewkesbury Drive
Prestwich
Manchester
M25 0HR

יום ה׳ סדר לישועתך קויתי ה׳ תשפ״א.

לכבוד ידידי כמוה״ר רבי חיים ליפא צבי בן ידידי החבר רבי אלחנן פסח כהן שליט״א, רב ומו״ץ בק״ק סטינקארט כאן במנשסתר יצ״ו.

שלום וברכה.

מאד נהניתי מהקונטרס ששלח לי ידידי שליט״א, חלק של ספרו שחיבר במשך כמה שנים הנקרא ס׳ מקור חיים, ביאורים בעניני שבת קודש הלכה למעשה בשפת המדינה עם מראי מקומות בלשון הקודש מדויקים המתאימים ורואיים למטרת העיון בענינים האלה, הכל נעשה בשפה ברורה ובהבנה עמוקה כדי להחזיק ידי קוראי אנגלית כדי שישמרו השבת כהלכתה ושיעיינו עוד ביסודות ההלכות האלה:

והנה לך דברי ספר יערות דבש של הגר״י אייבשיץ זצ״ל חלק ב דרוש ג וז״ל. מי שלא למד הלכות שבת על בורים פעמיים ושלש לא יוכל להמלט שלא יקרה לו חילול שבת הן דאורייתא והן דרבנן, וענין שבת הוא מאד לנו למחסה בגלות. עכ״ל. ועיין עוד שם דרוש ב וז״ל. בבקשה מכם אחיי ובניי ממש שאין דרשה שאין אני מזהיר אתכם לבל תפסלו אורח חיים ללמוד אותו היטב, ובפרט הלכות שבת ויום טוב לשמור מועדי ה׳ כראוי. כי הם מקראי קודש והם המגינים עלינו. עכ״ל:

ועל כן אין להנצל מי שמחבר קונטרס חדש כדי להחזיק עניני הלכות שבת אף על פי שבכבר יש לנו כמה לקוטי הלכות שבת מחכמי הדורות שלפנינו, כי לעולם צריכים לחזק בני הדור הנוכחי בלשון למודים המתקבל עליהם, וגם לדון בשאלות וספקות החדשות. וכן אף על פי שרבינו המהרי״ל קרא תגר על כתיבת ספרי הלכה בלע״ז כבר מקובל בזמן הזה באור המצב הידוע בבני קהילותינו היום שיש בינינו יראים מבקשי ה׳ ית״ש ותורתו ואין חפצם אלא לעשות רצון אבינו שבשמים כדת אלא שקשה להם לדקדק בספרים הכתובים בלשון הקודש כפי הצורך ועל כן עת לעשות לה׳ וכו׳ ומצוה גדולה עשה ידידי הרב שליט״א במה שחיבר הספר החשוב הזה בלשונם:

ועל כן רצוני לברכו בברכות יישר כוחו וחילו בתורה ושיזכה עוד להרביץ תורתינו לרבים בהצלחה רבה ובשמחה כל הימים, וכל טוב סלה.

ממני

יהודה ליב לואיס

הקטן יהודה ליב לואיס

בס"ד

בית דין צדק דק"ק מנשסתר

Manchester Beth Din

JEWISH ECCLESIASTICAL COURT FOR GREATER MANCHESTER

בס"ד

חודש אדר תשפ"א

הנני רוצה בזה להמליץ טוב בעד הרב חיים ליפא צבי שליט"א בן ידידי החבר ר' אלחנן פסח הכהן שיחי'

ר' חיים ליפא צבי שמשמש בקודש כרב בביהמ"ד 'נצח', שמו ידוע לכל אודות שיעוריו העמוקים בדבר הלכה למעשה שנותן כמה שנים בביהמ"ד הנ"ל ממקורות הש"ס דרך ראשונים ז"ל עד הלכה למעשה, בבהירות ובנעימות לשבר אוזן השומעים דבר ה'.

ועכשיו עלה על לבו להדפיס הרבה מהפסקים שנשאלו במשך השנים בפרט על הלכות שבת.

והנה אעפ"י שלא עיינתי כל הפסקים בעיון רב מ"מ ידוע ר' חיים ליפא צבי לי כאיש אמת ות"ח ששאיפתו לבקש האמת ומובטחני שלא יצא בעזהי"ת מתחת ידו שום דבר תקלה. ולכן אני מברכו שימשיך הלאה בעבודת הקודש הנ"ל ויפוצו מעיוניו החוצה מתוך בריאות והרחבת הדעת לאסוקי שמעתתא אליבא בהלכתה.

הכו"ח לכבוד התורה ולומדיה

יהודה אשר שטיינר

דיין בד"ץ מנשסתר

It gives me great pleasure to write this approbation on behalf of Harav Chaim Lippa Zvi Shlita, son of my good friend Hechover R' Elchonon Pesach Hakohen.

Rav Chaim Lippa Zvi serves as the Rav of the Beis Hamedrash Netzach and has achieved renown for the profound Shiurim that he has delivered there, for a number of years, in matters of practical Halacha. These Shiurim draw from Shas, Rishonim and contemporary Poskim and are delivered with a clear and pleasant presentation that enables the audience to engage with the Torah of Hashem.

Rabbi Cohen has now decided to publish many of the Halachic rulings that he has issued in response to the questions that have been posed to him, over the years, in Hilchos Shabbos. Despite the fact that I have been unable to examine his Halachic conclusions, Rabbi Cohen is well known to me as a Talmid Chacham with integrity, who is dedicated to the pursuit of truth and I am confident that with Hashem's help, he has not erred in his rulings.

I would like to offer my blessing to Rabbi Cohen that he should continue to see much success with his holy work. May his influence grow and spread in good health and may he merit to learn and teach in tranquillity with a clear and accurate understanding of Halacha.

Signed in honour of the Torah and those who study it,

Dayan Yehuda Osher Steiner

בס"ד

Yeshiva L'Zeirim Manchester

ישיבה לצעירים מנשסתר

33 Legh Street | Salford | M7 4EF
Tel: 0161 792 8612 | Mob: 07914 424 514 | Fax: 0161 720 6701 | Email: ylzmcr@gmail.com
Rosh HaYeshiva: Rabbi Y. Brandeis

בס"ד כ"א אדר תשפ"א

<u>דברי ברכה</u>

מאוד התענגתי כאשר בא לפני ספר 'מקור החיים' מעשה ידי תלמידי היקר הרה"ג ר' חיים ליפא צבי הכהן שליט"א מתלמידים החשובים בישיבתנו הקדושה, ומאז זכה להתעביד לאילנא רברבא בכרם בית ישראל,

בתוכו אסף וקיבץ דברי רבותינו בהלכות שבת בהסברה ברורה באופן אשר ישמחו ויהנו כל הלומדים בו,

בברכה שיפוצו מעינותיך חוצה, ויתבדרון מילך בבי מדרשא לתועלת הרבים להגדיל תורה ולהאדירה,

בברכת התורה
יוסף ברנדייס

Reg. Charity No. 1073915

I have greatly enjoyed seeing the Sefer 'Mekor Chaim', authored by my dear Talmid, R' Chaim Lippa Zvi Hakohen Shlita, one of the valued alumni of Yeshiva L'Zeirim Manchester. Since his time in our Yeshiva, Rabbi Cohen has grown to be a Talmid Chochom of renown and stature.

In his Sefer, he has gathered and collated the views of our great Rabbis in Hilchos Shabbos whilst adding clear explanations to enable the reader to benefit from the material in the best possible way.

I conclude with a blessing that your positive influence should continue to grow, in your community and beyond, and that your Divrei Torah should be popular and well received, bringing glory and honour to our holy Torah.

With Torah Blessings,

Rabbi Y. Brandeis

Contents

Acknowledgements

This *sefer* is dedicated to my late grandfather, Mr. Barrie Hill ז״ל. *Zeide* was rarely seen without one *sefer* in his hands and a pile of others around him. Together with my parents, עמו״ש, he instilled in us a love for *sefarim* and learning *halacha*. *Zeide* shared his love of *Nach* and *halacha* and introduced me to *shaalos uteshuvos*. It was his idea for me to publish my articles into a *sefer*, and his idea to add the *nikkud* to the sources. I am truly grateful that I can continue to utilise his *otzar* and borrow *sefarim* from my *Savta*. May she continue to see much *nachas* from us in good health, עמו״ש.

While writing may be an individual pursuit, it takes a team to publish. Much gratitude is owed to the many individuals who assisted in the production of this *sefer*.

First and foremost, I owe an immense debt of *hakaras hatov* to Dayan Yitzchak Berger שליט״א. He has answered hundreds of my questions with his sage counsel and perceptive insight, helped teach me how to *pasken*, and lent his unwavering support to this *sefer*. It is a true *zechus* to be his *talmid*.

Stenecourt Shul is most fortunate to have Rabbi Benjamin Simmonds שליט״א, as its Rav. He has served as a mentor and true friend, encouraging every aspect of my work. It is an honour and privilege to work with him.

The opportunity to study in wonderful schools and Yeshivos has proven to have been a life blessing. I am eternally grateful to my Rabbonim and teachers for their teachings, inspiration, and for daring to believe in me. These include R' Betzalel Rakow זצ״ל, Dayan Gershon Lopian זצ״ל, R' Moshe Ellinson זצ״ל, R' Noach Weinberg זצ״ל, R' Nosson Zvi Finkel זצ״ל, Dayan Osher Yaakov Westheim זצ״ל and R' Zev Cohen זצ״ל, and יבדל לחיים טובים, R' Avrohom Gurwitz שליט״א, R' Nissan Kaplan שליט״א, R' Ron Yitzchok Eisenman שליט״א, Dayan Yehuda Osher Steiner שליט״א, R' Yisroel Chaim Horowitz שליט״א, R' Yosef Brandeis שליט״א, and more recently, R' Yehuda Leib Lewis שליט״א, who has guided and mentored me in Rabbonus.

הַרְבֵּה לָמַדְתִּי מֵרַבּוֹתַי וּמֵחֲבֵירַי יוֹתֵר מֵרַבּוֹתַי וּמִתַּלְמִידַי יוֹתֵר מִכּוּלָּן (תענית ז.)

I have learned much from my teachers and even more from my friends, but from my students I have learned more than from all of them. (Taanis 7a)

This *sefer* is formed from weekly *halacha* articles that I've written for the Netzach Yisrael *minyan* of Stenecourt Shul. It is this remarkable *kehilla* that have asked me most of the questions that form this book. Netzach Yisrael has been my extended family and sounding board over the past nine years, and have taught me more than I have taught them. I am particularly grateful to the editors of the Netzach Dvar Torah sheet, past and present: Andrew Niman, Dr. Anthony Kleerekoper, Dr. Ben Kayser, Dr. Marci Freedman, Martin Ross and Malca Wacks.

I have taught much of this *sefer*, both to students in Yavneh Girls High School, as well as in a weekly Women's Halacha Shiur, given under the auspices of Stenecourt and Mizrachi. It is these text-based classes and *shiurim* that provided the impetus to gather the *mareh mekomos* together and present them in this format. Special thanks to Chair of Governors, Joshua Rowe, Headmaster, Brian Levy, and to my esteemed colleagues: R' Avi Schwartz, R' Benjy Rickman, Esther Hoffner, R' Jonny Goodman and Judith Seitler. I am indebted to Vikki Weinberg for spearheading and coordinating my weekly *shiur* since its inception along with Rav Ari and Laura Silbermann.

I am grateful to Hashem for the *zechus* in being able to serve both such a wonderful *kehilla* and such an outstanding school.

My great uncle, R' Dr. Avraham Avraham שליט"א, author of Nishmat Avraham, gave invaluable, practical advice.

R' Amir Ellituv, R' Aubrey Hersh, R' Daniel Walker, R' Dovid Lewis, R' Eliezer Zobin, Dayan Elimelech Vanzetta, R' Nir Nadav and R' Yoinosson Golomb all helped in providing numerous sources along with their continual encouragement and enthusiasm.

Rabbi Boruch Krasner and Martin Portnoy reviewed the manuscript with fastidious care, making numerous editorial suggestions and improvements. The errors that remain are my own.

My thanks to Raffi Maurer for his incredible graphic skills along with his numerous edits and suggestions, and to Esther Walker for her artistry with the cover. My daughter, Zivia, my brother, Yisroel Meir, and R' Marc Glass provided technical assistance.

This project would not have been possible without the kind generosity of the sponsors who dedicated pages towards the costs of this project. It is thanks to their kind generosity, that I have been able to turn my dream into reality. I thank Keren L'Dovid Educational Trust for their help throughout.

My parents have always nurtured, guided and encouraged me and my siblings. Their input into this *sefer* has been pivotal. My father-in-law and late mother-in-law ע"ה devoted their lives to raising their children and families in the *derech haTorah*. May they all continue to see much *nachas* from us all.

My children, Zivia, Rachel, Atara, Shani, Yael and Hudi, continue to be my biggest source of *nachas* and pride.

I can do no better than echo the words of R' Akiva to his students as he told them that all of his teaching was thanks to his wife.

שֶׁלִּי וְשֶׁלָּכֶם שֶׁלָּהּ הִיא (נדרים נ.)

That which is mine and yours, is hers (Nedarim 50a).

None of this work would have been possible without my wife, Dvora. Her patience and encouragement know no bounds. May we continue to see *nachas* from each of our children.

I conclude with gratitude to ה' יתברך for all of the *berachos* he has showered us with, along with the opportunity to be able to see this project through to completion.

Rabbi Chaim Cohen

Manchester, UK

5781/2021

1. ברכות כח:

..תָּנוּ רַבָּנָן: בִּכְנִיסָתוֹ מַהוּ אוֹמֵר? "יְהִי רָצוֹן מִלְּפָנֶיךָ ה׳ אֱלֹקַי שֶׁלֹּא יֶאֱרַע דְּבַר תַּקָּלָה עַל יָדִי, וְלֹא אֶכָּשֵׁל בִּדְבַר הֲלָכָה, וְיִשְׂמְחוּ בִּי חֲבֵרַי, וְלֹא אוֹמַר עַל טָמֵא טָהוֹר, וְלֹא עַל טָהוֹר טָמֵא. וְלֹא יִכָּשְׁלוּ חֲבֵרַי בִּדְבַר הֲלָכָה, וְאֶשְׂמַח בָּהֶם".

2. פלא יועץ, אסיפה

כַּמָּה טוֹבָה עָשׂוּ לָנוּ בַּעֲלֵי אֲסוּפוֹת רַבּוֹתֵינוּ הַקְּדוֹשִׁים אֲשֶׁר בְּכָל דּוֹר וְדוֹר זָכוּ וְזִיכּוּ אֶת הָרַבִּים זְכוּת הָרַבִּים תָּלוּי בָּם, שֶׁאִלְמָלֵא הֵם נִשְׁתַּכְּחָה תּוֹרָה מִיִּשְׂרָאֵל. וּבִפְרָט כְּגוֹן אֲנַן דּוֹר יָתוֹם יָתְמֵי דְּיָתְמֵי אֲשֶׁר טִרְדּוֹת הַזְּמַן רָבוּ עָלֵינוּ וְאֵין הַפְּנַאי מַסְכִּים אִתָּנוּ כָּל כָּךְ לִלְמוֹד בִּשְׁקִידָה כָּל כָּךְ כְּמוֹ הָרִאשׁוֹנִים וְדַעְתֵּנוּ קְצָרָה, וְאִם נָבֹא לִלְמוֹד סְפָרִים הַרְבֵּה אֵין קֵץ וּמִי הוּא זֶה אֲשֶׁר תַּשִּׂיג יָדוֹ לִהְיוֹת כָּל הַסְּפָרִים נִמְצָאִים אֶצְלוֹ, אֲבָל עַל יְדֵי הָאֲסִיפוֹת נוּכַל לָצֵאת מְעַט יְדֵי חוֹבָתֵינוּ. וּבְכָל דּוֹר צְרִיכִים הָאֲסִיפוֹת כְּמוֹ שֶׁעָשָׂה הרמב"ם והטור והרב"י והרכנה"ג וְרַבִּים כְּמוֹהֶם שֶׁהָיוּ לָנוּ לְעֵינַיִם וּמֵהֶם יִרְאוּ, וְכֵן יַעֲשׂוּ בְּכָל דּוֹר וְדוֹר כָּל תַּלְמִיד חָכָם אֲשֶׁר חָנְנוֹ ה׳ דַּעַת וּסְפָרִים הַרְבֵּה יִשְׁתַּדֵּל לְהוֹעִיל לָרַבִּים בִּדְבָרִים הַנִּצְרָכִים מְאֹד.. וְגַם רָאוּי לְבַעֲלֵי אֲסוּפוֹת שֶׁיַּעֲשׂוּ טוֹבָה שְׁלֵימָה וְלֹא יִכְתְּבוּ עַל דִּין פְּלוֹנִי עַיֵּין בְּסֵפֶר פְּלוֹנִי וְלֹא עוֹד אֶלָּא שֶׁלִּפְעָמִים יֵשׁ שֶׁנִּצְרַךְ לוֹ אוֹתוֹ הַדִּין מְאֹד וְאוֹתוֹ הַסֵּפֶר שֶׁצִּיֵּין אֵינוֹ בְּנִמְצָא בְּעִירוֹ וַהֲרֵי זֶה דּוֹמֶה לְמִי שֶׁמְּבִיאִין אוֹתוֹ אֶל הַמַּעְיָן וְאֵין מְנִיחִים אוֹתוֹ לִשְׁתּוֹת מַיִם. לָכֵן יִכְתּוֹב גַּם כֵּן מָה שֶׁכָּתוּב בְּאוֹתוֹ סֵפֶר לְמַעַן יָנוּחַ הַקּוֹרֵא בוֹ כִּי יִמְצָא תַּאֲוַת לִבּוֹ.

3. נדה עג:

תָּנָא דְּבֵי אֵלִיָּהוּ כָּל הַשּׁוֹנֶה הֲלָכוֹת בְּכָל יוֹם מוּבְטָח לוֹ שֶׁהוּא בֶּן הָעוֹלָם הַבָּא שֶׁנֶּאֱמַר (חבקוק ג:ו) הֲלִיכוֹת עוֹלָם לוֹ. אַל תִּקְרֵי הֲלִיכוֹת אֶלָּא הֲלָכוֹת.

4. להורות נתן ב הקדמה

..וּכְדֵי לְהַזְהִיר עַל זֶה סִיְּימוּ חֲזַ"ל אֶת הַשַּׁ"ס בְּמַאֲמַר "כָּל הַשּׁוֹנֶה הֲלָכוֹת בְּכָל יוֹם מוּבְטָח לוֹ שֶׁהוּא בֶּן עוֹלָם הַבָּא", לְעוֹרְרֵנוּ שֶׁאַף אִם לָמַד כּוּלָּא תַּלְמוּדָא וְיוֹדֵעַ כָּל עִנְיְנֵי מַחֲלוֹקוֹת הַתַּנָּאִים וְהָאֲמוֹרָאִים חַכְמֵי הַשַּׁ"ס, לֹא יִתְרַצֶּה בְּזֶה עַד שֶׁיֵּדַע אֶת מַסְקָנַת הַהֲלָכָה הַנּוֹגַעַת לְמַעֲשֶׂה, כִּי רַק אָז מוּבְטָח לוֹ שֶׁהוּא בֶּן עוֹלָם הַבָּא לֶעָתִיד לָבוֹא בִּימוֹת הַמָּשִׁיחַ כַּאֲשֶׁר אָז יְהֵא עִקָּר לִמּוּד הַתּוֹרָה בְּהִלְכוֹת מְבוֹרָרוֹת לְמַעֲשֶׂה, שֶׁאִם לֹא יְהֵא שׁוֹנֶה הֲלָכוֹת מְבוֹרָרוֹת נִמְצָא שֶׁאִבֵּד עוֹלָמוֹ לֶעָתִיד לָבוֹא בַּיָּדַיִם בְּאֵין תַּלְמוּדוֹ בְּיָדוֹ, אֲבָל זֶה שֶׁשּׁוֹנֶה הֲלָכוֹת מְבוֹרָרוֹת לַאֲמִיתָּהּ שֶׁל תּוֹרָה מוּבְטָח לוֹ שֶׁהוּא בֶּן עוֹלָם הַבָּא לִימוֹת הַמָּשִׁיחַ..

Preface

I begin by uttering the *tefilla* that one should say upon entering the *beis hamedrash* (Berachos 28b)[1]:

> May it be Your will, Hashem my G-d, that no mishap transpires through me, and that I do not fail in any matter of *halacha*, and that my friends will rejoice in me. And that I will neither declare *tamei* that which is *tahor*, nor *tamei* that which is *tahor*, and that my friends will not fail in any matter of *halacha*, and that I will rejoice in them.

Sefer Pele Yoetz (Asifa)[2] praises the contemporary authors who collate Halachic sources and present them in a concise and orderly fashion, noting that many people today do not have the time or resources to delve into *halacha* themselves. He urges those who are able to present *halacha* in such a manner, to do so. When writing such works, one should not write 'look here and there' (עיין שם), particularly as people may not have access to those *sefarim*. Rather, the author should include the sources *for the reader to rely on it that he will find the desires of his heart*.

The goal of this *sefer* is not merely to teach *hilchos Shabbos* but to explain the *mesora* and process of *halacha*. There are many excellent contemporary works that teach what one may or may not do on Shabbos. In this *sefer* we explore why this is the *halacha* and how it developed over millennia. The reader is encouraged to study through the *sugya* rather than just read the conclusion, and to read through the *mareh mekomos*, sources, themselves. Many of the works of the greatest *rishonim* and *acharonim* are deemed to be inaccessible for all but the greatest *talmidei chachamim*. One cannot easily learn *hilchos Shabbos* from any *sefer* of *shaalos uteshuvos*, responsa. By extracting some of the relevant snippets, I have attempted to present the words of R' Akiva Eiger, R' Moshe Feinstein, R' Ovadia Yosef and so many other *gedolim* in an accessible format. I have added the *nikud* for ease of reading.

The Gemara (Nidda 73b)[3] concludes with the following words:

> Anyone who studies *halachos* every day is guaranteed that he is destined for the World-to-Come, as it is stated: (Chavakuk 3:6) "His ways [*halichos*] are eternal". Do not read the verse as *halichos*; rather, read it as *halachos*.

R' Nosson Gestetner (Lehoros Nosson, Introduction to Vol. 2)[4] explains that the Gemara chooses to end with these words to teach us the importance of learning *halacha*. Even if one studied the entire Talmud, delving into every *machlokes* and *sugya* of the Gemara and *rishonim*, they have not achieved the goal of learning unless they have learned the practical *halachic* conclusion of the *sugya*. Learning the *halacha* is so fundamental, that it is a prerequisite for this guarantee.

May we merit this destiny.

1. בבא קמא פב.

עֲשָׂרָה תַּקָּנוֹת תִּקֵּן עֶזְרָא שֶׁקּוֹרִין בְּמִנְחָה בְּשַׁבָּת וְקוֹרִין בַּשֵּׁנִי וּבַחֲמִישִׁי וְדָנִין בַּשֵּׁנִי וּבַחֲמִישִׁי וּמְכַבְּסִים בַּחֲמִישִׁי בְּשַׁבָּת.

2. מגן אברהם רמב:ג

כְּבוֹד הַשַּׁבָּת: כְּלוֹמַר שֶׁלֹּא יְכַבְּסוּ בְּעֶרֶב שַׁבָּת שֶׁיִּהְיוּ פְּנוּיִם לִכְבוֹד שַׁבָּת.

3. משנה ברורה רמב:ה

מִפְּנֵי וְכוּ': הַיְינוּ כְּדֵי שֶׁיִּהְיוּ לְבֵנִים לְשַׁבָּת אֲבָל לֹא בְּעֶרֶב שַׁבָּת כְּדֵי שֶׁיִּהְיוּ פְּנוּיִם לְהִתְעַסֵּק בְּצָרְכֵי שַׁבָּת וּלְפִי זֶה צָרִיךְ לִיזָּהֵר שֶׁלֹּא לֵילֵךְ בְּחָלוּק אֶחָד כַּמָּה שַׁבָּתוֹת כְּדֵי שֶׁלֹּא לַעֲבוֹר עַל תַּקָּנוֹת עֶזְרָא.

4. שמירת שבת כהלכתה מב הערה יג

..וְיֵשׁ לְעַיֵּין אִם תַּקָּנַת עֶזְרָא נוֹהֶגֶת גַּם הַיּוֹם שֶׁכּוּלָּם מְכַבְּסִים בִּמְכוֹנַת-כְּבִיסָה, וְאֵין לַחֲשׁוֹשׁ שֶׁיִּהְיוּ טְרוּדִים בְּעֶרֶב שַׁבָּת.. דְּיֵשׁ לוֹמַר דְּמִכֵּיוָן שֶׁנָּקִיט טַעַם לִדְבָרָיו.. אִם בָּטֵל הַטַּעַם, גַּם הַגְּזֵירָה בְּטֵילָה.. וְשָׁמַעְתִּי מהגרש"ז אויערבך זצ"ל, דִּבִזְמַנֵּנוּ שֶׁאֵין רְגִילִים לְכַבֵּס רַק מֵהַיּוֹם לְמָחֳרָת (וְלֹא לְצוֹרֶךְ שִׁימּוּשׁ בְּאוֹתוֹ הַיּוֹם) אִם יְכַבֵּס בְּעֶרֶב שַׁבָּת יַחְשְׁבוּ שֶׁיֵּשׁ לוֹ פְּנַאי וְהוּא מֵכִין בְּעֶרֶב שַׁבָּת עַל אַחַר שַׁבָּת, וְלָכֵן עָדִיף לְכַבֵּס לִפְנֵי יוֹם שִׁשִּׁי.

5. אור לציון ב:טז:א

אֵין לְכַבֵּס בְּגָדִים אַף בִּמְכוֹנָה בְּיוֹם שִׁשִּׁי, וּבֵין הָאִישׁ וּבֵין הָאִשָּׁה אֲסוּרִים, אֶלָּא אִם כֵּן יֵשׁ לוֹ גַּם מְכוֹנַת יִבּוּשׁ, שֶׁאָז מוּתָּר לְכַבֵּס וּלְיַיבֵּשׁ בְּיוֹם שִׁשִּׁי. וּבִשְׁעַת הַדְּחָק, כְּגוֹן שֶׁיּוֹם חֲמִישִׁי הָיָה גָּשׁוּם, וְאַף אִם הָיָה מְכַבֵּס לֹא הָיָה יָכוֹל לִתְלוֹת אֶת הַכְּבִיסָה בְּאוֹתוֹ יוֹם, רַשַּׁאי לְכַבֵּס בְּיוֹם שִׁשִּׁי בְּכָל אוֹפֶן. וּבִגְדֵי יְלָדִים קְטַנִּים עַד גִּיל חָמֵשׁ אוֹ שֵׁשׁ מוּתָּר לְכַבֵּס בְּכָל אוֹפֶן, וְכֵן בְּלֵיל שִׁשִּׁי אֵין אִיסּוּר כִּיבּוּס כְּלָל.

6. בן איש חי לך לך ב:ח

עֶזְרָא הַסּוֹפֵר ע"ה תִּיקֵּן לְיִשְׂרָאֵל שֶׁיִּהְיוּ מְכַבְּסִין בְּגָדִים בַּחֲמִישִׁי בְּשַׁבָּת לִכְבוֹד שַׁבָּת וְאֵין רַשָּׁאִין לְכַבֵּס בְּיוֹם שִׁשִּׁי וְאִם מְכַבְּסִין בְּיוֹם ד' גַּם כֵּן חָשִׁיב לְכָבוֹד שַׁבָּת כְּמוֹ יוֹם חֲמִישִׁי כִּי הַתְחָלַת הַהֲכָנָה לְשַׁבָּת הִיא מִיּוֹם ד' מַה שֶּׁאֵין כֵּן יְמֵי אב"ג הֵם מִשַּׁבָּת שֶׁעָבְרָה וְאֵינוֹ נִיכָּר בָּזֶה כְּבוֹד שַׁבָּת. מִיהוּ אִם יֵשׁ לָהֶם הֶכְרֵחַ באב"ג לֵית לָן בָּהּ וְאַף עַל פִּי שֶׁאָמַרְנוּ דְּאֵין רַשָּׁאִין לְכַבֵּס בְּעֶרֶב שַׁבָּת אִם נֶאֶנְסוּ וְלֹא כִּבְּסוּ קוֹדֶם רַשָּׁאִין לְכַבֵּס בְּעֶרֶב שַׁבָּת..

7. כף החיים או"ח רמב:כ

מִפְּנֵי כְּבוֹד הַשַּׁבָּת: וְאִם הָיָה שָׁם אוֹנֶס וְלֹא כִּבְּסוּ בָּהּ מוּתָּרִין לְכַבֵּס בְּעֶרֶב שַׁבָּת.

מקור חיים 2

Washing Clothes on Friday

QUESTION
Is one allowed to wash clothes on Friday?

DISCUSSION

The Gemara (Bava Kama 82a)[1] writes that one of Ezra's ten decrees was that one should wash their clothes on Thursday in honour of Shabbos (See Shulchan Aruch OC 242:1). The Magen Avraham (242:3)[2] explains that the reason is that people should not be preoccupied with their laundry while they are supposed to be otherwise getting ready for Shabbos. The Mishna Berura (242:5;[3] Shaar Hatziyun 242:16) quotes the Elya Rabba (242:9), who writes that the main reason is to ensure that nothing prevents one from having clean clothes for Shabbos.

R' Yehoshua Neuwirth (Shemiras Shabbos Kehilchasa 42:n13)[4] questions whether this decree still applies nowadays when we wash our clothes in washing machines. However, he quotes R' Shlomo Zalman Auerbach who held that since we typically wash our clothes for the following day, it is ideal to do our laundry on Thursday, as that best demonstrates that we are washing for Shabbos.

R' Ben Zion Abba Shaul (Ohr Letzion 2:16:1)[5] writes that while Ezra's decree still applies, one can wash their clothes on Friday if they have a dryer that can dry their clothes before Shabbos. He adds that this decree never applied to young children's clothes.

The Ben Ish Chai (Lech Lecha 2:8)[6] and Kaf Hachaim (OC 242:20)[7] write that if one did not manage to wash their clothes beforehand, they may still do so on Friday.

CONCLUSION

It is ideal for one to wash one's clothes earlier during the week, though one may do so on Friday if necessary, especially if one is going to wash and dry them before Shabbos.

1. משנה תורה שבת ל:יא

אָסוּר לוֹ לְאָדָם שֶׁיְּהַלֵּךְ בְּעַרְבֵי שַׁבָּתוֹת יוֹתֵר מִשָּׁלֹשׁ פַּרְסָאוֹת מִתְּחִלַּת הַיּוֹם כְּדֵי שֶׁיַּגִּיעַ לְבֵיתוֹ וְעוֹד הַיּוֹם רַב וְיָכִין סְעֻדָּה לְשַׁבָּת שֶׁהֲרֵי אֵין אַנְשֵׁי בֵּיתוֹ יוֹדְעִין שֶׁהַיּוֹם יָבוֹא כְּדֵי לְהָכִין לוֹ. וְאֵין צָרִיךְ לוֹמַר אִם הָיָה מִתְאָרֵחַ אֵצֶל אֲחֵרִים שֶׁהֲרֵי מְבַיְּשָׁן מִפְּנֵי שֶׁלֹּא הֵכִינוּ לָהֶן דָּבָר הָרָאוּי לְאוֹרְחִין.

2. שולחן ערוך או"ח רמט:א

אֵין הוֹלְכִין בְּעֶרֶב שַׁבָּת יוֹתֵר מִג' פַּרְסָאוֹת כְּדֵי שֶׁיַּגִּיעַ לְבֵיתוֹ בְּעוֹד הַיּוֹם גָּדוֹל וְיוּכַל לְהָכִין צָרְכֵי סְעוּדָה לְשַׁבָּת בֵּין שֶׁהוֹלֵךְ לְבֵית אֲחֵרִים בֵּין שֶׁהוֹלֵךְ לְבֵיתוֹ וְהָנֵי מִלֵּי כְּשֶׁהוּא בַּיִּשּׁוּב בְּמָקוֹם שֶׁיּוּכַל לְהָכִין צָרְכֵי שַׁבָּת אֲבָל אִם בְּמָקוֹם שֶׁהוּא שָׁם אִי אֶפְשָׁר לוֹ לְהָכִין צָרְכֵי שַׁבָּת אוֹ שֶׁאֵינוֹ מְקוֹם יִישּׁוּב בָּטוּחַ מוּתָּר לֵילֵךְ אֲפִלּוּ כַּמָּה פַּרְסָאוֹת וְאִם שָׁלַח לְהוֹדִיעָם שֶׁהוּא הוֹלֵךְ שָׁם לְשַׁבָּת מוּתָּר לוֹ לֵילֵךְ כַּמָּה פַּרְסָאוֹת בְּכָל גַּוְונָא.

3. שולחן ערוך הרב או"ח רמט:ג

וְכָל זֶה כְּשֶׁהוֹלֵךְ בְּרַגְלָיו אֲבָל אִם רוֹכֵב עַל סוּס אוֹ הוֹלֵךְ בַּקָּרוֹן יָכוֹל לֵילֵךְ כַּמָּה פַּרְסָאוֹת וְאַף עַל פִּי כֵן יוּכַל לְהַגִּיעַ לְמָקוֹם שְׁבִיתָתוֹ בְּעוֹד הַיּוֹם גָּדוֹל (וּמִכָּל מָקוֹם לֹא יְהַלֵּךְ יוֹתֵר מִכְּדֵי שִׁיעוּר שֶׁהוּא מְהַלֵּךְ ג' פַּרְסָאוֹת שֶׁל אָדָם בֵּינוֹנִי הַמְּהַלֵּךְ בְּרַגְלָיו דְּהַיְינוּ ד' שָׁעוֹת וַד' חוֹמְשִׁים מִשָּׁעוֹת בֵּינוֹנִית שֶׁהֵן כ"ד לְמֵעֵת לְעֵת..)

4. משנה ברורה רמט:ג

..וּבִמְדִינוֹת אֵלּוּ רוֹב בְּנֵי אָדָם מְכִינִים צָרְכֵי שַׁבָּת בְּרֶוַח וְלָכֵן אֵין נִזְהָרִין בָּזֶה כְּלָל בֵּין כְּשֶׁהוֹלֵךְ לְבֵיתוֹ אוֹ לְהִתְאָרֵחַ בְּבֵית אֲחֵרִים.. וּבְהַרְבֵּה אַחֲרוֹנִים רָאִיתִי שֶׁכָּתְבוּ דְּמִכָּל מָקוֹם צָרִיךְ לִיזָּהֵר לְכַתְּחִלָּה שֶׁלֹּא יֵלֵךְ אוֹ יִסַּע עַד סָמוּךְ לָעֶרֶב מִפְּנֵי שֶׁכַּמָּה פְּעָמִים נִכְשָׁלִים עַל יְדֵי זֶה וּבָאִים לִידֵי חִלּוּל שַׁבָּת כִּי בַּעַל אוּשְׁפִּיזָא אוֹ אֲפִלּוּ בְּבֵיתוֹ כְּשֶׁבָּא סָמוּךְ לְשַׁבָּת מוֹסִיפִין לְבַשֵּׁל בִּשְׁבִילוֹ וּמְחַלְּלִין שַׁבָּת וְגַם כַּמָּה פְּעָמִים יֶאֱרַע דְּלֹא יַגִּיעַ לְמָלוֹן וּלְבֵיתוֹ מִבְּעוֹד יוֹם עַד שֶׁחֲשֵׁכָה מַמָּשׁ וְכַמָּה חִלּוּל שַׁבָּת יֵשׁ בְּהוֹצָאָה וְהַכְנָסָה וִיצִיאָה מֵחוּץ לַתְּחוּם וּשְׁבִיתַת בְּהֶמְתּוֹ וְלָכֵן כָּל זֶה יָשִׂים הָאָדָם לְלִבּוֹ וִימַהֵר לִשְׁבּוֹת אֲפִילוּ בִּכְפָר וְלֹא יְסִיתֵנוּ הַיֵּצֶר לוֹמַר עוֹד הַיּוֹם גָּדוֹל וְהַדֶּרֶךְ טוֹב..

5. שמירת שבת כהלכתה מב:כד

..וּמִכָּל מָקוֹם חַיָּיב אָדָם לְתַכְנֵן אֶת נְסִיעָתוֹ הֵיטֵב וְלָקַחַת בְּחֶשְׁבּוֹן כָּל אֶפְשָׁרוּת שֶׁל תַּקָּלָה בִּלְתִּי צְפוּיָה בַּדֶּרֶךְ, כְּדֵי לָבוֹא לְמָקוֹם שְׁבִיתָתוֹ בְּעוֹד מוֹעֵד, וְלֹא יַכְנִיס אֶת עַצְמוֹ לִסְפֵק חִלּוּל שַׁבָּת אוֹ יוֹם טוֹב.

Travelling Before Shabbos

QUESTION ———————————————————————————

We were invited to friends out of town for Shabbos and our hosts told us that we were not allowed to travel on Friday afternoon. Is that right?

DISCUSSION ———————————————————————————

Rambam (Shabbos 30:11)[1] writes that one must not travel more than 3 *parsa* (approximately 7.5 miles) on Friday as their hosts (or own family) may not have had enough time to prepare food for them. The Shulchan Aruch (OC 249:1)[2] writes that if one is expected and no further preparations are needed, however, then they may travel further.

The Shulchan Aruch Harav (OC 249:3)[3] and R' Ovadia Yosef (Yabia Omer OC 2:14:6) write that this limit applies to one who is walking. One travelling by other means has as long as it takes to walk this distance, or 3 hours and 36 minutes (See Shulchan Aruch OC 459:2).

The Mishna Berura (249:3)[4] writes that while many are not as concerned about this *halacha* nowadays, we need to ensure not to arrive too close to Shabbos. Likewise, R' Yehoshua Neuwirth (Shemiras Shabbos Kehilchasa 42:24)[5] writes that as travelling late in the afternoon may lead to *chilul* Shabbos, one should plan to arrive in good time before Shabbos and prepare for any eventuality.

CONCLUSION ———————————————————————————

One should avoid travelling on *Erev Shabbos* unless one is sure that they will arrive in good time before Shabbos.

1. בבא קמא פב.

עֲשָׂרָה תַּקָּנוֹת תִּיקֵּן עֶזְרָא.. וְשֶׁתְּהֵא אִשָּׁה מַשְׁכֶּמֶת וְאוֹפָה כְּדֵי שֶׁתְּהֵא פַּת מְצוּיָה לַעֲנִיִּים.

2. ירושלמי מגילה ד:א

מִפְּנֵי כְּבוֹד הַשַּׁבָּת הוּא הִתְקִין שֶׁיְּהוּ אוֹפִין פַּת בְּעַרְבֵי שַׁבָּתוֹת שֶׁתְּהֵא פְּרוּסָה מְצוּיָה לְעָנִי.

3. שולחן ערוך או"ח רמב:א

..מִתַּקָּנַת עֶזְרָא שֶׁיִּהְיוּ מְכַבְּסִים בְּגָדִים בַּחֲמִישִׁי בְּשַׁבָּת מִפְּנֵי כְּבוֹד הַשַּׁבָּת. **הגה** נוֹהֲגִין לָלוּשׁ כְּדֵי שִׁיעוּר חַלָּה בַּבַּיִת לַעֲשׂוֹת מֵהֶם לְחָמִים לִבְצוֹעַ עֲלֵיהֶם בְּשַׁבָּת וְיוֹם טוֹב [סמך ממרדכי ריש מסכת ראש השנה] וְהוּא מִכָּבוֹד שַׁבָּת וְיוֹם טוֹב וְאֵין לְשַׁנּוֹת.

4. ביאור הלכה רמב:א

..גַּם בִּזְמַן הַגְּמָרָא הָיָה מִנְהָג קָבוּעַ לָזֶה כְּמוֹ שֶׁהֵבִיא המגן אברהם וּבַעֲוֹנוֹת הָרַבִּים הַיּוֹם הִתְחִילוּ אֵיזֶה נָשִׁים לְהַשְׁבִּית הַמִּנְהָג הַהוּא וְלוֹקְחִין מִן הָאוֹפֶה וְלַאו שַׁפִּיר עַבְדֵי דִּמַקְטִינִים בָּזֶה כָּבוֹד שַׁבָּת.

5. אבני ישפה ה:מה:א

..וְרָאִיתִי בדרכי משה.. שֶׁכָּתַב וז"ל: וּמִיהוּ הַמִּנְהָג בְּכָל מָקוֹם לַעֲשׂוֹתָן אַף בְּשַׁבָּת וּמִתַּקָּנַת עֶזְרָא שֶׁתְּהֵא אִשָּׁה מַשְׁכֶּמֶת וְאוֹפָה בְּעֶרֶב שַׁבָּת.. וְהָרוֹאֶה יִרְאֶה דְּלֹא הִזְכִּיר כְּלוּם לְעִנְיַן מִצְוַת הַפְרָשַׁת חַלָּה וְרַק הִזְכִּיר דְּיֵשׁ בְּזֶה עִנְיָן שֶׁל כָּבוֹד שַׁבָּת. ובמגן אברהם סי' רמ"ב ס"ק ד' כָּתַב הַטַּעַם לַעֲשׂוֹת הַלְחָמִים הוּא מִשּׁוּם לֶאֱכוֹל פַּת כָּשֵׁר.. הֲרֵי דְּעִקַּר הַטַּעַם הוּא מִשּׁוּם כְּבוֹד שַׁבָּת וְלֹא הַפְרָשַׁת חַלָּה.. וְנִסְתַּפַּקְתִּי אִם עָדִיף לַעֲשׂוֹת בָּצֵק גָּדוֹל.. אוֹ שֶׁמָּא תַּעֲשֶׂה כָּל עֶרֶב שַׁבָּת עִסָּה קְטַנָּה בְּלִי הַפְרָשַׁת חַלָּה. וְנִרְאֶה לִי דְּעָדִיף כָּל עֶרֶב שַׁבָּת לֶאֱפוֹת, אַף שֶׁהוּא בְּלִי הַפְרָשַׁת חָלָה. שֶׁהֲרֵי כְּפִי שֶׁבֵּאַרְנוּ לְעֵיל עִקַּר הַטַּעַם הוּא מִשּׁוּם כְּבוֹד שַׁבָּת..

6. שרגא המאיר ח:טז

..הֱיוֹת שֶׁאֵין הַמִּשְׁפָּחָה גְּדוֹלָה וְאִי אֶפְשָׁר לָהֶם לֶאֱכוֹל הַחַלּוֹת כְּשִׁיעוּר חַלָּה, עַל כֵּן שְׁאֵלָתוֹ אִם יוֹתֵר טוֹב לֶאֱפוֹת בְּפָחוֹת מִכְּשִׁיעוּר בְּכָל עֶרֶב שַׁבָּת קוֹדֶשׁ בְּלֹא הַפְרָשַׁת חַלָּה, אוֹ כְּשִׁיעוּר שֶׁמַּפְרִישִׁין חַלָּה בְּלֹא בְּרָכָה, [דְּהַיְינוּ סָפֵק שִׁיעוּר] אוֹ עָדִיף טְפֵי לֶאֱפוֹת כְּשִׁיעוּר חַלָּה וּלְהַפְרִישׁ חַלָּה בִּבְרָכָה, וּלְהַנִּיחַ שְׁלֵימוֹת בִּפְרִיזֶער עַל כַּמָּה שַׁבָּתוֹת, וּבְכָל עֶרֶב שַׁבָּת קוֹדֶשׁ יַחֲזוֹר וְלֶאֱפוֹת קְצָת עַד שֶׁיִּהְיֶה כְּמוֹ שֶׁאָפָה מַמָּשׁ עַכְשָׁיו. לְפִי עֲנִיּוּת דַּעְתִּי שֶׁיֹּאפֶה בְּעֶרֶב שַׁבָּת קוֹדֶשׁ חַלָּה כְּשִׁיעוּר חַלָּה וְיַפְרִישׁ חַלָּה בִּבְרָכָה, וִינִיחֵם בִּפְרִיזֶער, הַנִּשְׁאָר לְכַמָּה שַׁבָּתוֹת..

7. נשמת שבת קב:א

וְנִשְׁאַלְתִּי בְּאִשָּׁה שֶׁאֵינָהּ צְרִיכָה רַק לֶחֶם מְעַט פָּחוֹת מִשִּׁיעוּר חַלָּה מַה עָדִיף שֶׁתֹּאפֶה בְּכָל שָׁבוּעַ כְּפִי צָרְכָּהּ 'לִכְבוֹד שַׁבָּת' אַף שֶׁאָז לֹא תוּכַל לְקַיֵּים מִצְוַת הַפְרָשַׁת חַלָּה, אוֹ דִּילְמָא עָדִיף שֶׁתֹּאפֶה רַק פַּעַם בְּשָׁבוּעַיִים (אוֹ שָׁלֹשׁ) כְּדֵי שִׁיעוּר חַלָּה וְתַצְנִיעַ אֶת הַיֶּתֶר בְּהַפְּרִיזֶע"ר (מַקְפִּיא) לְשַׁבָּתוֹת הָאֲחֵרוֹת, וְנִרְאֶה דְּדָבָר זֶה תָּלוּי בִּטְעָמִים הנ"ל.. וּבֶאֱמֶת שֶׁגַּם הרמ"א כָּתַב שֶׁהַמִּנְהָג שֶׁאוֹפִין בְּעֶרֶב שַׁבָּת כְּדֵי שִׁיעוּר חַלָּה מוּכַח דִּלְקַפֵּידָא בְּעִינָן שִׁיעוּר חַלָּה, מִיהוּ יֵשׁ לוֹמַר שֶׁבִּזְמַנָּם הָיוּ אוֹכְלִים לֶחֶם זֶה כָּל יְמוֹת הַשָּׁבוּעַ, מַשֶּׁאֵין כֵּן בִּזְמַנֵּינוּ שֶׁבִּימוֹת הַחוֹל אוֹכְלִים מִין לֶחֶם אַחֵר, שׁוּב רָאִיתִי בשו"ת שרגא המאיר (ח"ח סי' ט"ז) שֶׁדָּן בָּזֶה וְהֶעֱלָה דְּמוּטָב שֶׁיָּלוּשׁ בְּעֶרֶב שַׁבָּת לְכַמָּה שַׁבָּתוֹת כְּשִׁיעוּר חַלָּה לְהַפְרִישׁ חַלָּה עִם בְּרָכָה (וְיַנִּיחַ הַנִּשְׁאָר בִּפְרִיזֶער).

Fresh Challa

QUESTION ——————————————————————————

I like to bake fresh *challa* for Shabbos though it is never enough to separate *challa* with a *beracha*. Should I rather bake a big batch for a few weeks so that I can take *challa*?

DISCUSSION ——————————————————————————

The Gemara (Bava Kama 82a)[1] teaches that one of Ezra's ten decrees was that women should get up early to bake bread. While the Gemara explains that the reason is so that the poor who go begging should have bread, the Gemara Yerushalmi (Megilla 4:1)[2] teaches that this specifically applies to baking on Friday mornings *lekavod Shabbos*. The Rema (OC 242:1)[3] stresses the importance of baking enough dough to separate *challa* before Shabbos and Yom Tov.

The Mishna Berura (Biur Halacha 242:1)[4] stresses the importance of baking fresh *challa lekavod Shabbos*. He notes that while this practice dates back to the time of the Gemara, unfortunately, many are lax about it, choosing to buy from bakeries instead, which diminishes *kavod Shabbos*.

R' Yisroel Pesach Feinhandler (Avnei Yashpei 5:45:1)[5] demonstrates that according to the *poskim*, the main reason for baking *challa* is for *kavod Shabbos*, and that this takes precedence over separating *challa*.

Conversely, R' Shraga Feivish Schneebalg (Shraga Hameir 8:16)[6] argues that especially nowadays when we have freezers, one should always bake enough bread to separate *challa*.

R' Yisroel Dovid Harfenes (Nishmas Shabbos 102:1)[7] writes, however, that nowadays when we eat different types of bread, it is not always feasible to bake such large batches of each. Nonetheless, he sides with R' Schneebalg, writing that one should rather bake a bigger batch every few weeks.

CONCLUSION ——————————————————————————

There is merit to both baking enough to separate *challa* as well as baking fresh *challa* for Shabbos. Whichever one chooses is a great *mitzva*.

1. עירובין פג.

תָּנוּ רַבָּנָן רֵאשִׁית עֲרִסוֹתֵיכֶם כְּדֵי עִסּוֹתֵיכֶם וְכַמָּה עִסּוֹתֵיכֶם כְּדֵי עִסַּת הַמִּדְבָּר וְכַמָּה עִסַּת הַמִּדְבָּר דִּכְתִיב וְהָעוֹמֶר עֲשִׂירִית הָאֵיפָה הוּא מִכַּאן אָמְרוּ ז׳ רְבָעִים קֶמַח וְעוֹד חַיֶּיבֶת בַּחַלָּה..

2. שולחן ערוך יו״ד שכד:א

..וְאֵין חַיָּיב אֶלָּא חֲמֵשֶׁת רְבָעִים וּמִדָּה שֶׁמַּחְזֶקֶת מ״ג בֵּיצִים וְחוֹמֶשׁ בֵּיצָה מְמַלְּאִים אוֹתָהּ קֶמַח וְאוֹתוֹ קֶמַח הוּא שִׁיעוּר חַלָּה..

3. שולחן ערוך יו״ד שכז:ב

אֵימָתַי מַפְרִישִׁין חַלָּה כְּשֶׁיִּתֵּן הַמַּיִם וִיעָרֵב הַקֶּמַח בְּמַיִם..

שולחן ערוך יו״ד שכז:ה

אִם לֹא הִפְרִישׁ הַחַלָּה בָּצֵק אֶלָּא אָפָה הַכֹּל הֲרֵי זֶה מַפְרִישׁ מִן הַפַּת.

4. משנה ברורה שלט:כו

תְּרוּמוֹת וּמַעַשְׂרוֹת: וְהוּא הַדִּין חַלָּה..

5. חיי אדם שבת ה:ו

..וְאֵין מַפְרִישִׁין חַלָּה שֶׁהֲרֵי יָכוֹל לֶאֱכוֹל וּלְהַנִּיחַ עַד יוֹם א׳ חֲתִיכָה וּלְהַפְרִישׁ בְּיוֹם א׳..

6. משנה ברורה רסא:ד

אֶת הַדַּאי: דְּהָוֵי לֵהּ כִּמְתַקֵּן וְהוּא הַדִּין שֶׁאָסוּר לְהַפְרִישׁ חַלָּה אַף בְּחוּץ לָאָרֶץ. וְחָמוּר חַלַּת חוּץ לָאָרֶץ יוֹתֵר מִמַּעֲשֵׂר דִּלְעִנְיַן מַעֲשֵׂר אִם אֵין לוֹ מַה יֹּאכַל בְּשַׁבָּת תּוּ הַוֵי לְצוֹרֶךְ מִצְוָה וְקַיְימָא לָן דְּלֹא גָּזְרוּ עַל שְׁבוּת בֵּין הַשְּׁמָשׁוֹת לְצוֹרֶךְ מִצְוָה וּכְמוֹ שֶׁפָּסַק לְקַמֵּיהּ וּלְעִנְיַן חַלָּה יֵשׁ לְהַחֲמִיר בְּכָל גַּוְונֵי שֶׁהֲרֵי חַלַּת חוּץ לָאָרֶץ יָכוֹל לֶאֱכוֹל בְּלֹא הַפְרָשַׁת חַלָּה וּלְשַׁיֵּיר מְעַט עַד אַחַר שַׁבָּת וּלְהַפְרִישׁ מִן הַמְשׁוּיָּר..

Forgot to Take Challa

QUESTION ───

I baked *challos* for Shabbos but forgot to separate *challa* before baking them. Can I take *challa* on Shabbos?

DISCUSSION ──

The Gemara (Eruvin 83a)[1] writes that one only needs to separate *challa* when making a dough that is the size of a tenth of an *eifa*. The Shulchan Aruch (YD 324:1)[2] explains that the dough must be made from one of the five grains with a volume of 43 (and one fifth) eggs. As there is a *machlokes* as to the size of an egg (*kabeitza*) nowadays, there are different customs as to how large the dough must be. Common practice is to separate *challa* without saying a *beracha* if using 2.5lb of flour (See Shiurei Torah p158) and with a *beracha* only when using over 5lb of flour.

The Shulchan Aruch (YD 327:2; 5)[3] writes that ideally one should separate *challa* after kneading the dough, though if one did not do so then, they can still do so after baking it. One must not eat the bread until *challa* has been separated.

The Mishna Berura (339:26)[4] writes that one cannot separate *challa* on Shabbos because of *tikkun mana* (the finishing act). Thus, if one forgot to separate *challa* in Eretz Yisrael, they would not be able to eat it until they had separated *challa* after Shabbos (See Bechoros 27a; Shulchan Aruch YD 323:1).

The Chayei Adam (Shabbos 5:6)[5] and Mishna Berura (261:4)[6], however, write, that one who forgot to take *challa* in *chutz la'aretz*, may leave over a slice on Shabbos, eat the rest and separate the *challa* from that slice after Shabbos.

CONCLUSION ──

If you leave a slice from one of your *challos* aside to separate *challa* from after Shabbos, you can eat the rest on Shabbos.

1. שבת כג:

תַּנְיָא לֹא יָמִישׁ עַמּוּד הֶעָנָן יוֹמָם וְעַמּוּד הָאֵשׁ לָיְלָה מְלַמֵּד שֶׁעַמּוּד עָנָן מַשְׁלִים לְעַמּוּד הָאֵשׁ וְעַמּוּד הָאֵשׁ מַשְׁלִים לְעַמּוּד הֶעָנָן סָבְרָה לְאַקְדּוּמֵהּ אָמַר לֵהּ הַהוּא סַבָּא תָּנִינָא וּבִלְבַד שֶׁלֹּא יַקְדִּים וְשֶׁלֹּא יְאַחֵר.

2. שולחן ערוך או"ח רסג:ד

לֹא יַקְדִּים לְמַהֵר לְהַדְלִיקוֹ בְּעוֹד הַיּוֹם גָּדוֹל שֶׁאָז אֵינוֹ נִיכָּר שֶׁמַּדְלִיקוֹ לִכְבוֹד שַׁבָּת וְגַם לֹא יְאַחֵר וְאִם רוֹצֶה לְהַדְלִיק נֵר בְּעוֹד הַיּוֹם גָּדוֹל וּלְקַבֵּל עָלָיו שַׁבָּת מִיַּד רַשַּׁאי כִּי כֵּיוָן שֶׁמְּקַבֵּל עָלָיו שַׁבָּת מִיַּד, אֵין זוֹ הַקְדָּמָה וּבִלְבַד שֶׁיְּהֵא מִפְּלַג הַמִּנְחָה וּלְמַעְלָה שֶׁהִיא שָׁעָה וְרָבִיעַ קוֹדֶם הַלַּיְלָה. **הגה** ..וְאִם הָיָה הַנֵּר דּוֹלֵק מִבְּעוֹד הַיּוֹם גָּדוֹל יְכַבֶּנּוּ וְיַחֲזוֹר וְיַדְלִיקֶנּוּ לְצוֹרֶךְ שַׁבָּת (טור).

3. הגהות רעק"א או"ח רסג:ד

בהג"ה הַנֵּר דּוֹלֵק מִבְּעוֹד יוֹם הַיְינוּ שֶׁהָיָה דָּלוּק לְעִנְיָן אַחֵר כֵּיוָן דְּלֹא הָיָה הַדְלָקָה לְשַׁבָּת צָרִיךְ לַחֲזוֹר וּלְכַבּוֹת וְלַחֲזוֹר וּלְהַדְלִיקָהּ לְצוֹרֶךְ שַׁבָּת אֲבָל אִם הַהַדְלָקָה הָיָה לְצוֹרֶךְ שַׁבָּת אֶלָּא שֶׁהִדְלִיק בְּעוֹד הַיּוֹם גָּדוֹל אֵין צָרִיךְ לְכַבּוֹתוֹ אֶלָּא לְכַתְּחִלָּה לֹא יַדְלִיק כָּל כַּךְ מוּקְדָּם שֶׁאֵינוֹ נִיכָּר שֶׁמַּדְלִיקוֹ לִכְבוֹד שַׁבָּת אֲבָל דִּיעֲבַד שַׁפִּיר דָּמֵי..

4. משנה ברורה רסג:כ

מִבְּעוֹד הַיּוֹם גָּדוֹל: אֲפִילוּ אִם הָיָה אַחַר פְּלַג הַמִּנְחָה וּמַיְירֵי שֶׁהָיָה דָּלוּק לְעִנְיָן אַחֵר אֲבָל אִם הִדְלִיק לְצוֹרֶךְ שַׁבָּת אַף שֶׁלֹּא קִבֵּל עָלָיו שַׁבָּת בְּהַדְלָקָתוֹ מִכָּל מָקוֹם אֵין צָרִיךְ לְכַבּוֹתוֹ אַף דִּלְכַתְּחִלָּה לֹא הָיָה לוֹ לְהַדְלִיק כָּל כַּךְ מוּקְדָּם שֶׁאֵינוֹ נִיכָּר שֶׁמַּדְלִיקִין לְצוֹרֶךְ שַׁבָּת מִכָּל מָקוֹם בְּדִיעֲבַד שַׁפִּיר דָּמֵי וְעַיֵּין בביאור הלכה.

5. ביאור הלכה רסג:ד

..מִסְתַּבֵּר טַעְמָא כְּהַגָּאוֹן ר' עקיבא איגר דְּלֹא יַקְדִּים הַיְינוּ רַק לְכַתְּחִלָּה דּוּמְיָא דְּלֹא יְאַחֵר דַּהֲוֵי רַק לְכַתְּחִלָּה וְאִם נִרְצֶה לְהַחְמִיר לְכַבּוֹת וְלַחֲזוֹר לְהַדְלִיק כְּדֵי שֶׁתִּהְיֶה הַהַדְלָקָה בִּזְמַנָּהּ וְלֹא יַעֲבוֹר עַל לֹא יַקְדִּים יָצָא שְׂכָרוֹ בְּהֶפְסֵדוֹ דְּתִהְיֶה בִּרְכָתוֹ הָרִאשׁוֹנָה לְבַטָּלָה. וְכָל זֶה כְּשֶׁהָיָה הַהַדְלָקָה אַחַר פְּלַג הַמִּנְחָה אֲבָל אִם הִדְלִיק קוֹדֶם פְּלַג הַמִּנְחָה לְצוֹרֶךְ שַׁבָּת אֲפִלּוּ אִם קִבֵּל עָלָיו שַׁבָּת מֵאוֹתוֹ הַזְּמַן אֵין הַדְלָקָתוֹ מוֹעִילָה כְּלוּם אַף דִּיעֲבַד וְצָרִיךְ לְכַבּוֹת וְלַחֲזוֹר וּלְהַדְלִיק וּלְבָרֵךְ..

6. ארץ צבי א:קיג

עוֹד הַיּוֹם גָּדוֹל הַדִּין כֵּן וְהַיְינוּ אֲפִילוּ קוֹדֶם פְּלַג הַמִּנְחָה וְכֵן מוּכָח בְּהֶדְיָא מִלְּשׁוֹן רעק"א ז"ל וּמַה שֶּׁסִּיֵּים לְבַסּוֹף דְּתֵיבַת "גָּדוֹל" לַאו דַּוְקָא הַיְינוּ דְּהֵיכִי דְּהִדְלִיק שֶׁלֹּא לְשֵׁם שַׁבָּת אֲפִלּוּ הָיָה סָמוּךְ לַחֲשֵׁיכָה צָרִיךְ לְכַבּוֹת וְלַחֲזוֹר וּלְהַדְלִיק אֲבָל אִם הָיָה לְשֵׁם שַׁבָּת כָּתַב בְּהֶדְיָא בִּתְחִילַּת דְּבָרָיו דַּאֲפִילוּ הִדְלִיק בְּעוֹד יוֹם גָּדוֹל שַׁפִּיר דָּמֵי דְּלֹא כְּמוֹ שֶׁנִּדְחַק בְּסֵפֶר משנה ברורה לְהָסֵב דִּבְרֵי רעק"א דְּקָאֵי דַּוְקָא עַל אַחַר פְּלַג הַמִּנְחָה. וּלְפִי עֲנִיּוּת דַּעְתִּי דִּבְרֵי רעק"א בְּרוּרִים וְדִבְרֵי הַמַּחְמִירִים אֵין לָהֶם עַל מַה שֶׁיִּסְמוֹכוּ וְאֵין בָּזֶה רַק מִצְוָה לְכַתְּחִלָּה וּבִלְבַד שֶׁלֹּא יַקְדִּים.. דִּלְכַתְּחִלָּה אֵין לְהַדְלִיק קוֹדֶם פְּלַג הַמִּנְחָה..

7. ערוך השולחן או"ח רסג:יט

אַף עַל פִּי שֶׁלְּהַדְלָקָה מְהַנֵּי תְּנַאי לְרוֹב הַפּוֹסְקִים.. וְיִרְאֶה לִי דִּבְכְהַאי גַּוְונָא אֲפִילוּ הָיָה קוֹדֶם פְּלַג הַמִּנְחָה בַּעַל כָּרְחוֹ קִבֵּל עָלָיו אֶת הַשַּׁבָּת וְאַף שֶׁנִּתְבָּאֵר בְּסִי' רס"א וְכֵן בְּסִי' רס"ז שֶׁאֵין לַעֲשׂוֹת תּוֹסֶפֶת קוֹדֶם פְּלַג הַמִּנְחָה ע"ש וְוַדַּאי לְכַתְּחִלָּה אֵין לַעֲשׂוֹת כֵּן אֲבָל אִם עָשָׂה כֵּן מִי יִמְחֶה בְּיָדוֹ דְּאָטוּ יֵשׁ לָנוּ שִׁיעוּר לְתוֹסֶפֶת שֶׁנֶּאֱמַר דְּקוֹדֶם לָכֵן לֹא מְהַנֵּי, וְרָאִיתִי מִי שֶׁכָּתַב דְּזֶהוּ דַּוְקָא מִפְּלַג הַמִּנְחָה [עמ"ב] וּדְבָרִים תְּמוּהִים הֵם.. וְכֵן אִם אָמַר זֶה קוֹדֶם פְּלַג הַמִּנְחָה אֶפְשָׁר שֶׁאֵינוֹ קַבָּלָה.. אֲבָל בִּתְפִלָּה פְּשִׁיטָא דַּהֲוֵי קַבָּלָה וְכֵן מָצִינוּ לִקְדְמוֹנִים שֶׁהָיוּ מִתְפַּלְּלִים עַרְבִית כג' שָׁעוֹת קוֹדֶם הַלַּיְלָה וְקִבְּלוּ עֲלֵיהֶם אֶת הַשַּׁבָּת..

10 מקור חיים

Lighting Candles too Early

Question

We were going out for Friday night dinner so I lit the candles and stayed with them for a while before leaving the house. I later found out that I lit them before *plag hamincha*. Does that mean that I did not light Shabbos candles?

Discussion

The Gemara (Shabbos 23b)[1] writes that one should not light the Shabbos candles too early or too late. Thus, the Shulchan Aruch (OC 263:4)[2] writes that one should not light the Shabbos candles before *plag hamincha*, one and a quarter *halachic* hours before *nacht*, as it would not be apparent that one is lighting them for Shabbos. The Rema adds that if the candles were lit too early, they need to be blown out and relit for Shabbos.

R' Akiva Eiger (OC 263:4)[3] writes that the Rema only requires relighting the candles if they were not lit *lekavod Shabbos*. While *lechatchila* one should not light too early, if one lit early *lekavod Shabbos*, they have fulfilled their obligation.

The Mishna Berura (263:20;[4] Biur Halacha 263:4[5]) argues that R' Akiva Eiger's statement applies only to one who lit after *plag hamincha*. If one lit before *plag hamincha*, they would need to relight the candles regardless of their intent.

R' Aryeh Zvi Frommer (Eretz Zvi 1:113)[6], however, understands that R' Akiva Eiger is referring to lighting before *plag hamincha lekavod Shabbos*. Providing they lit *lekavod Shabbos*, one would not need to relight even if they lit before *plag hamincha* (See Mateh Ephraim, Elef Hamagen 610:7).

Similarly, the Aruch Hashulchan (OC 263:19)[7] writes that while it is not ideal to light before *plag hamincha*, if one did so, they would not need to relight later.

Conclusion

One should avoid lighting one's Shabbos candles before *plag hamincha*. However, if one did so, they would not need to relight them later.

1. משנה ברורה רסג:כח

בַחוּרִים: הַיְינוּ שֶׁיֵּשׁ לָהֶם נָשִׁים אֶלָּא שֶׁהוֹלְכִין חוּץ לְבֵיתָם וְאַף שֶׁאִשְׁתּוֹ מַדְלֶקֶת בְּבֵיתוֹ אֵינוֹ נִפְטָר בְּבִרְכַּת אִשְׁתּוֹ כֵּיוָן שֶׁיֵּשׁ לוֹ חֶדֶר מְיוּחָד בְּמָקוֹם שֶׁמִּתְאָרֵחַ שָׁם וְכָל שֶׁכֵּן אִם אֵינוֹ נָשׂוּי דִּמְחוּיָּב לְהַדְלִיק.

2. באר משה, קונטרס עלעקטריק ו:נח:ה

וְאֵין נַפְקָא מִינָּא אִם הַהַדְלָקָה הוּא מִשּׁוּם עוֹנֶג שַׁבָּת אוֹ כְּבוֹד שַׁבָּת (כִּדְלְעֵיל) עַל כָּל פָּנִים עִקַּר הַהַדְלָקָה הוּא מִשּׁוּם שֶׁיֶּהֱנֶה מִמֶּנָּה בְּשַׁבָּת וְצָרִיךְ שֶׁיִּדְלוֹק בִּשְׁעַת הַהַדְלָקָה שֶׁמֶן אוֹ נֵר שַׁעֲוָה שֶׁיִּהְיֶה בָּרוּר לוֹ שֶׁיֶּהֱנֶה מִמֶּנּוּ אַחַר זֶה, ובעלעקטרי זֶה אֵינֶנּוּ, כִּי אֵין לְפָנָיו מְאוּמָה וְהָבֵן הֵיטֵב, עַל כֵּן נִרְאֶה שֶׁאַף עַל פִּי רְאָיָה זוּ יֵשׁ מָקוֹם לֶאֱסוֹר לְהַדְלִיק נֵר עֶלֶעקְטְרִי לְצוֹרֶךְ שַׁבָּת בִּבְרָכָה, בְּוַדַּאי בְּלֹא בְּרָכָה אֵין לָךְ עוֹנֶג וּכְבוֹד שַׁבָּת יוֹתֵר מֵאוֹר עֶלֶעקְטְרִי, אֲבָל לְבָרֵךְ בְּרָכָה צָרִיךְ עִיּוּן גָּדוֹל, וְנִרְאֶה בְּעֵינַי שֶׁכִּמְעַט אָסוּר לְבָרֵךְ, וּבִרְכָתוֹ בְּרָכָה לְבַטָּלָה..

3. שרגא המאיר ה:יא:ג

..אֵלּוּ הַגְּדוֹלִים שֶׁהִתִּירוּ לְהַדְלִיק נֵר שֶׁל שַׁבָּת בְּעֶלֶעקְטֶער הוּא רַק לְהַחֲזִיק וּלְהוֹדִיעַ שֶׁיֵּשׁ בְּעֶלֶעקְטֶער הַדְלָקַת אֵשׁ בְּשַׁבָּת אִסּוּר גָּמוּר, שֶׁעֶלֶעקְטֶער הוּא אֵשׁ מַמָּשׁ מִן הַתּוֹרָה, וְעַל כֵּן אָמְרוּ שֶׁיּוּכַל גַּם לְהַדְלִיק נֵר שֶׁל שַׁבָּת בְּזֶה..

4. יביע אומר או"ח ב:יז

..בְּנֵר הַחַשְׁמַל דְּפִיקַת הַכַּפְתּוֹר מִקְרֵי הַדְלָקָה, שֶׁהַהֲאָרָה הִיא הָעִקָּר בְּזֶה.

5. הר צבי או"ח קמג

..הַדְלָקַת נֵר שֶׁל שַׁבָּת אֵין מִצְוָתָהּ עֶצֶם הַהַדְלָקָה שֶׁיְּהֵא עִכּוּב בַּדָּבָר שֶׁיְּהֵא מַדְלִיק בְּיָדַיִם דַּוְקָא, אֶלָּא עִיקַּר הַמִּצְוָה הִיא הַהִשְׁתַּדְּלוּת שֶׁיְּהֵא אוֹר מֵאִיר בַּבַּיִת וְזֶה הוּא קִיּוּם מִצְוָתָהּ, וְאִם כֵּן שַׁפִּיר מְבָרֶכֶת עַל הַדְלָקַת הַגּוֹי.. וּלְפִי זֶה מִכָּל שֶׁכֵּן כְּשֶׁעֶצֶם הַהַדְלָקָה נַעֲשֶׂה עַל יְדֵי מַעֲשָׂיו אַף שֶׁהוּא כְּדֶרֶךְ גּוֹרֵם יָכוֹל לְבָרֵךְ עַל זֶה אַף לְכַתְּחִלָּה.

6. רבבות אפרים ו:קכח

..דְּעִקַּר הַנֵּרוֹת הוּא מִשּׁוּם שְׁלוֹם בַּיִת וְרָאוּ עַל יְדֵי הָאוֹר הָעֶלֶקְטְרִי שֶׁיֵּשׁ שָׁלוֹם בַּיִת, וְזֶה רַק אִם אִי אֶפְשָׁר לְהַשִּׂיג נֵרוֹת אֲבָל בְּאֶפְשָׁר לְהַשִּׂיג נֵרוֹת אוֹ שֶׁמֶן אָז לֹא תַּדְלִיק בְּעֶלֶקְטְרִי..

7. שמירת שבת כהלכתה מג:ד

..וְהַמַּדְלִיק נֵרוֹת שַׁבָּת וְיוֹם טוֹב בְּנֵרוֹת חַשְׁמַל, יֵשׁ לוֹ עַל מִי לִסְמוֹךְ, וְגַם יְבָרֵךְ עַל הַדְלָקָה זוּ וּבִלְבַד שֶׁיַּדְלִיק לִכְבוֹד שַׁבָּת..

8. אור לציון ב:יח:יג

וְנִרְאֶה שֶׁזֶּהוּ דַוְקָא כְּשֶׁדּוֹלֵק אוֹר שֶׁיּוֹצְאִים בּוֹ יְדֵי חוֹבַת הַדְלָקַת הַנֵּרוֹת, כְּגוֹן נֵרוֹת שֶׁמֶן וְשַׁעֲוָה וגאז, וְכֵן אוֹר חַשְׁמַל שֶׁדּוֹלֵק עַל יְדֵי מַצְבֵּר, אֲבָל אִם דּוֹלֵק אוֹר הַחַשְׁמַל בַּבַּיִת מֵהַזֶּרֶם הַכְּלָלִי, כֵּיוָן שֶׁבְּהַדְלָקָה זוּ אִי אֶפְשָׁר לָצֵאת יְדֵי חוֹבַת הַדְלָקַת הַנֵּרוֹת, שֶׁהֲרֵי אוֹר הַחַשְׁמַל שֶׁדּוֹלֵק בְּרֶגַע זֶה אֵין הוּא אוֹתוֹ הָאוֹר שֶׁדּוֹלֵק בְּעוֹד רֶגַע.. וְכָל רֶגַע נוֹלָד זֶרֶם חַשְׁמַל חָדָשׁ, וְלָכֵן כְּשֶׁאָדָם מַדְלִיק חַשְׁמַל בְּבֵיתוֹ, לֹא נֶחֱשָׁב כָּל מֶשֶׁךְ הַהַדְלָקָה בָּא מִכּוֹחוֹ..

9. שמירת שבת כהלכתה מג הערה כב

וְשָׁמַעְתִּי מהגרש"ז אויערבך זצ"ל, דְּיֵשׁ לְחַלֵּק בֵּין אוֹר חַשְׁמַל שֶׁבָּא מִתַּחֲנַת הַכּוֹחַ דַּהֲרֵי זֶה חָשִׁיב בִּשְׁעַת הַדְלָקָה כְּמַדְלִיק בְּלֹא שֶׁמֶן, מַה שֶּׁאֵין כֵּן אִם מַדְלִיק פָּנָס הַמּוּפְעָל עַל יְדֵי מַצְבֵּר אֲשֶׁר הַזֶּרֶם כְּבָר צָבוּר וְנִמְצָא בְּתוֹכוֹ, שַׁפִּיר מִסְתַּבֵּר שֶׁיְּכוֹלִים לְבָרֵךְ.

10. רמ"א או"ח רסג:ד

..וְאִם הָיָה הַנֵּר דּוֹלֵק מִבְּעוֹד הַיּוֹם גָּדוֹל יְכַבֶּנּוּ וְיַחֲזוֹר וְיַדְלִיקֶנּוּ לְצוֹרֶךְ שַׁבָּת.

Lighting Candles in Hospitals

QUESTION —————————————————————————

My father is in hospital over Shabbos where he is not allowed to light candles. What should he do about lighting Shabbos candles?

DISCUSSION —————————————————————————

The Mishna Berura (263:28)[1] writes that when a married man is not home for Shabbos, he needs to light where he is staying as he cannot rely on his wife lighting elsewhere.

R' Moshe Stern (Baer Moshe, Kuntres Electric 6:58:5)[2] and R' Shraga Feivish Schneebalg (Shraga Hameir 5:11:3)[3] write that while one transgresses Shabbos by switching on an electric light, it is not the same as regular candles and one cannot say a *beracha* when switching them on for Shabbos. R' Schneebalg stresses that it is important that it is apparent that these lights were lit specially for Shabbos (See Teshuvos Vehanhagos 2:157:4).

The consensus among *poskim*, however, is that one can use electric lights when necessary. R' Ovadia Yosef (Yabia Omer OC 2:17)[4] explains why flicking a light switch on is akin to lighting a candle. R' Zvi Pesach Frank (Har Zvi OC 143)[5], R' Eliezer Waldenberg (Tzitz Eliezer 1:20:11) and R' Ephraim Greenblatt (Rivevos Ephraim 6:128)[6] write that the light itself matters more than how the light came on. R' Yehoshua Neuwirth (Shemiras Shabbos Kehilchasa 43:4; n22)[7] quotes various *poskim* who maintain that one can recite a *beracha* upon lighting with electric lights.

R' Ben Zion Abba Shaul (Ohr Letzion 2:18:13; 3:18:3)[8] and R' Shlomo Zalman Auerbach (quoted in Shemiras Shabbos Kehilchasa 43:n22)[9] maintain that one can only fulfil one's obligation with a battery powered lamp. As regular electric lights are powered by an electric current that is continually being fed into the wiring, it is akin to lighting a lamp that does not contain sufficient fuel when it is lit.

While it is ideal to have special lights for Shabbos, the Rema (OC 263:4)[10] writes that if necessary one can (extinguish or) switch off one's lights and switch them on again.

CONCLUSION —————————————————————————

When one cannot light regular candles, one can use electric lights that one lights specially for Shabbos and recite the *beracha*. Ideally, one should use ones powered by batteries.

1. שולחן ערוך או"ח רסג:ח

ב' או ג' בַּעֲלֵי בָּתִּים אוֹכְלִים בְּמָקוֹם אֶחָד יֵשׁ אוֹמְרִים שֶׁכָּל אֶחָד מְבָרֵךְ עַל מְנוֹרָה שֶׁלּוֹ וְיֵשׁ מְגַמְגֵּם בַּדָּבָר וְנָכוֹן לִיזָּהֵר בִּסְפֵק בְּרָכוֹת וְלֹא יְבָרֵךְ אֶלָּא אֶחָד. (**הגה** אֲבָל אָנוּ אֵין נוֹהֲגִין כֵּן).

2. כף החיים או"ח רסג:נו

הַדָּבָר מְבוֹאָר דְּכַוָּונַת רמ"א לוֹמַר דְּאֵין נוֹהֲגִין כמרן ז"ל אֶלָּא מִנְהָגָם לְבָרֵךְ כָּל א'.. וְכֵן יֵשׁ נוֹהֲגִין בִּסְפָרַד לְבָרֵךְ כָּל א' עַל מְנוֹרָה שֶׁלּוֹ וְאַף עַל פִּי שֶׁאוֹכְלִין בְּמָקוֹם אֶחָד.. וּכְבָר כָּתַבְנוּ בְּכַמָּה מְקוֹמוֹת דִּבְמָקוֹם מִנְהָג לֹא אָמְרִינָן סָפֵק בְּרָכוֹת לְהָקֵל.

3. ילקוט יוסף שבת רסג:יט

..וְאִם כְּבָר קָדְמוּ אֲחֵרִים וְהִדְלִיקוּ נֵרוֹת שַׁבָּת בַּחֲדַר הָאוֹכֶל, אֵין לוֹ לְבָרֵךְ שָׁם עוֹד..

4. משנה ברורה רסג:לח

כֵּן: וְאִם יֵשׁ לְאֶחָד מֵהֶן חֶדֶר הַמְּיוּחָד לוֹ אַף עַל פִּי שֶׁאֵינוֹ אוֹכֵל שָׁם וְאֵינוֹ מִשְׁתַּמֵּשׁ שָׁם שׁוּם צוֹרֶךְ אֲכִילָה לְכוּלֵּי עָלְמָא יָכוֹל לְבָרֵךְ שָׁם..

5. מגן אברהם רסג:כא

אֲבָל אוֹתָן הַמַּדְלִיקִין בְּבֵית הָאַכְסַדְרָה אֵין מְבָרְכִין אֲפִילוּ לֹא בֵּירַךְ עַל נֵר אַחֵר שֶׁאֵין זֶה מִצְוָה הַמּוּטֶּלֶת עָלָיו וְגַם אֵין מִשְׁתַּמְּשִׁין שָׁם לְצוֹרֶךְ אֲכִילָה אֲבָל בְּמָקוֹם שֶׁמִּשְׁתַּמְּשִׁין לְצוֹרֶךְ אֲכִילָה אֲפִילוּ אַחֵר רַשַּׁאי לְבָרֵךְ.. וְטוֹב לִיזָּהֵר לְכַתְּחִלָּה לְהַדְלִיק בִּמְקוֹם אֲכִילָה..

6. שמירת שבת כהלכתה מה:ט

וְכֵן דִּינָם שֶׁל בַּעֲלֵי בָּתִּים הַנִּמְצָאִים בְּבֵית הַבְרָאָה אוֹ בְּמָלוֹן וּכְדוֹמֶה, הֵם וּנְשֵׁיהֶם, וְאוֹכְלִים בַּחֲדַר הָאוֹכֶל הַמְּשׁוּתָּף, הַמִּנְהָג הוּא שֶׁכָּל אִשָּׁה תַּדְלִיק נֵרוֹת בִּבְרָכָה בַּחֲדַר הָאוֹכֶל, וְתַדְלִיק אֶת הַנֵּרוֹת בְּקֵירוּב מָקוֹם לְשׁוּלְחַן הָאוֹכֶל שֶׁלָּהֶם, וְלֹא תַּדְלִיק אוֹתָם בְּפִינָה מְרוּחֶקֶת מִמְּקוֹם אֲכִילָתָם.

7. שמירת שבת כהלכתה מה הערה מד

וְאוּלַי יֵשׁ לְלַמֵּד זְכוּת עַל אוֹתָם חַדְרֵי אוֹכֶל גְּדוֹלִים שֶׁהֵם מְשׁוּתָּפִים וּמַדְלִיקִים בָּהֶם נֵרוֹת שַׁבָּת רְחוֹקִים מִמְּקוֹם הָאוֹכֶל שֶׁל הַמַּדְלִיק.. דְּכֵיוָן שֶׁהוּא צוֹרֶךְ אֲכִילָה אֲפִילוּ אַחֵר שֶׁאֵינוֹ אוֹכֵל כָּאן, רַשַּׁאי לְבָרֵךְ..

8. אמת ליעקב או"ח רסג הערה 274

כְּשֶׁנִּמְצָאִים בְּבֵית מָלוֹן, הַנָּכוֹן לְהַדְלִיק הַחַשְׁמַל בְּבֵית הַכִּסֵּא הַסָּמוּךְ לַחֲדַר הַשֵּׁינָה, וְאַחַר כַּךְ כְּשֶׁהָאִשָּׁה מַדְלִיקָה נֵרוֹת בַּחֲדַר הָאוֹכֶל [אוֹ בַּחֲדַר אַחֵר] יֵשׁ לִסְמוֹךְ הַבְּרָכָה גַּם עַל הַדְלָקַת הַחַשְׁמַל.

9. שמירת שבת כהלכתה מג:ג

אִשָּׁה הַנּוֹהֶגֶת לְהַדְלִיק מִסְפָּר מְסוּיָּים שֶׁל נֵרוֹת שַׁבָּת אֵינָהּ רַשָּׁאִית לִפְחוֹת.. בַּמֶּה דְּבָרִים אֲמוּרִים? כַּאֲשֶׁר הִיא מַדְלִיקָה בְּבֵיתָהּ, אֲבָל כְּשֶׁאֵינָהּ שׁוֹבֶתֶת בְּבֵיתָהּ, הַמִּנְהָג הוּא שֶׁאֵינָהּ מַדְלִיקָה אֶלָּא שְׁנֵי נֵרוֹת בִּלְבָד..

10. רבבות אפרים ו:קכח

וְאִם מִנְהָגָהּ לְמָשָׁל לְהַדְלִיק ה' נֵרוֹת נִרְאֶה דְּמִחוּץ לְבֵיתָהּ סַגִּי רַק בב', וב' נֵרוֹת שֶׁל עֶלֶקְטְרִי יַסְפִּיק חוּץ לְבֵיתָהּ וְכֵן בשמירת שבת כהלכתה.. כָּתַב שֶׁכְּשֶׁאֵינָהּ שׁוֹבֶתֶת בְּבֵיתָהּ הַמִּנְהָג הוּא שֶׁאֵינָהּ מַדְלִיקָה אֶלָּא שְׁנֵי נֵרוֹת בִּלְבָד..

Lighting Candles in Hotels

QUESTION

We are going away for Shabbos and staying in a hotel. The hotel does not allow us to light candles in our room but said that we can light in the dining room or lobby. What should we do?

DISCUSSION

The Shulchan Aruch (OC 263:8)[1] questions whether more than one family can recite a *beracha* if they light their candles next to each other. The Rema, however, disagrees, allowing multiple families to light together. While the Kaf Hachaim (OC 263:56)[2] writes that *Sefardim* follow the Rema, R' Ovadia Yosef (Yalkut Yosef, Shabbos 263:19)[3] maintains that *Sefardim* should follow the Shulchan Aruch and so avoid lighting together. *Ashkenazim*, however, follow the Rema and would each say a beracha even when lighting next to each other. Nonetheless, the Mishna Berura (263:38)[4] writes that ideally one should light in their bedroom and recite the *beracha* there, rather than together with others in the dining room.

The Magen Avraham (263:21)[5] writes that one cannot light in a public room that one is not eating in. One cannot, therefore, say a *beracha* when lighting candles in a hotel lobby.

R' Yehoshua Neuwirth (Shemiras Shabbos Kehilchasa 45:9)[6] writes that the *minhag* is for women to each light in the dining room, though they should do so near to where they will eat, or if necessary, at least near to where others are eating (ibid. n44)[7].

R' Yaakov Kamenetsky (Emes Leyaakov OC 263:n274)[8] advises that one should switch on a light in their hotel room, such as one's bathroom light before lighting candles in the dining room. That way, she has fulfilled her obligation either way.

While many have the *minhag* to light numerous candles, R' Neuwirth (Shemiras Shabbos Kehilchasa 43:3)[9] and R' Ephraim Greenblatt (Rivevos Ephraim 6:128)[10] write that the *minhag* is to only light two when away from home.

CONCLUSION

One cannot recite the *beracha* when lighting in the hotel lobby. Ideally one should switch a light on in one's hotel room before lighting candles in the dining room, ideally close to where they will be eating.

1. רמ"א או"ח רסג:י

..הָאִשָּׁה שֶׁשָּׁכְחָה פַּעַם אַחַת לְהַדְלִיק מַדְלֶקֶת כָּל יָמֶיהָ ג' נֵרוֹת (מהרי"ל).

2. מהרי"ל שבת א

נִשְׁאַל בַּת אֲחוֹת דמהר"י סג"ל עַל אִשָּׁה דְּמִישְׁתְּלָה שֶׁשָּׁגְגָה וְלֹא הִדְלִיקָה נֵר בְּשַׁבָּת וְהוֹרָה לָהּ וְשָׁאֲלָה מִדּוֹדָהּ וְהֵשִׁיב לָהּ שֶׁתְּהֵא זְהִירָה כָּל יָמֶיהָ לְהוֹסִיף עַל כָּל נֵר שֶׁל מִצְוָה יוֹתֵר מִמַּה שֶּׁהָיְתָה רְגִילָה בְּשִׁיעוּרָם עַד עַתָּה..

3. משנה ברורה רסג:ז

.. וְהַכֹּל מִשּׁוּם קְנַס כְּדֵי שֶׁתְּהֵא זְהִירָה בִּכְבוֹד שַׁבָּת וְעַל כֵּן אִם נֶאֶנְסָה וְלֹא הִדְלִיקָה כְּגוֹן שֶׁהָיְתָה בְּבֵית הָאֲסוּרִים וְכַיּוֹצֵא בָּזֶה אֵין צָרִיךְ לְהוֹסִיף. כָּתַב האליה רבה דְּבְאִשָּׁה עֲנִיָּה יֵשׁ לְהָקֵל בְּשֶׁשָּׁכְחָה שֶׁתּוֹסִיף כָּל יָמֶיהָ מְעַט שֶׁמֶן בְּנֵר וְאִם הִיא מַדְלֶקֶת נֵרוֹת תַּדְלִיק תָּמִיד נֵר אֶחָד מְעַט יוֹתֵר אָרוֹךְ מִבַּתְּחִלָּה.

4. שבט הלוי ה:לג

אֲשֶׁר שָׁאַל לְעִנְיַן אִשָּׁה שֶׁשָּׁכְחָה לְהַדְלִיק נֵרוֹתֶיהָ בְּלֵיל שַׁבָּת אֲבָל הָיָה דּוֹלֵק נֵר הָאֶלֶקְטְרִי אִם נִדּוֹן זֶה בִּכְלַל מַה שֶּׁכָּתַב הַפּוֹסְקִים באו"ח ריש סי' רס"ג דְּשָׁכְחָה לְהַדְלִיק שֶׁתּוֹסִיף נֵר, וּמְקוֹם הַסָּפֵק דְּהָא אִיכָּא עַל כָּל פָּנִים אוֹר בַּבַּיִת שֶׁזֶּה עִקַּר שָׁלוֹם בַּיִת הִנֵּה קָשֶׁה לְהָשִׁיב בְּמָה שֶׁאֵין מְקוֹר בָּרִאשׁוֹנִים, אֲבָל כַּךְ נִרְאֶה דְּנִקְרָא שִׁכְחָה לְעִנְיָן זֶה, דְּעַל כָּל פָּנִים עָבְרָה עַל מִצְוַת הַדְלָקַת הַנֵּר..

5. ליקוטי מהרי"ח, סדר התנהגות ערב שבת

..וְהִנֵּה מִנְהַג הַנָּשִׁים כַּאֲשֶׁר יוּלַד לָהֶם בֵּן אוֹ בַּת מוֹסִיפִין נֵר אֶחָד וּסְמַךְ לְדָבָר מִשּׁוּם דְּאָמְרִינָן פ' במה מדליקין דְּבִשְׂכַר שֶׁמַּרְבִּין בְּנֵרוֹת דְּשַׁבָּת הֲוֵי לֵיהּ בְּנִין וְחַתְנִין רַבָּנָן ע"ש לְכַךְ בְּכָל פַּעַם שֶׁיּוּלַד לָהֶם בֵּן אוֹ בַּת מַרְבֶּה בְּנֵרוֹת שֶׁעַל יְדֵי זֶה יִזְכּוּ לִבְנִין וְחַתְנִין תַּלְמִידֵי חֲכָמִים..

6. משנה הלכות ז:לה

..וּבְמָקוֹם אַחֵר כָּתַבְתִּי טַעַם אַחֵר לָמָּה מוֹסִיפִין בְּיוֹלֶדֶת נֵר לְכָל אֶחָד לְפִי שִׁיטַת הרמב"ם בְּנֵר חֲנוּכָּה שֶׁבַּעַל הַבַּיִת מַדְלִיק נֵר לְכָל אֶחָד וְהָכִי נַמִּי בְּשַׁבָּת הָאִשָּׁה מַדְלֶקֶת לְכָל בְּנֵי הַבַּיִת נֵר לְכָל אֶחָד וְהָבֵן.

7. שמירת שבת כהלכתה מג הערה נא

.. וְעַיֵּין שו"ת משנה הלכות ח"ז סי' לה, שֶׁיֵּשׁ נוֹהֲגִים שֶׁיּוֹלֶדֶת מוֹסִיפָה לְהַדְלִיק נֵר אֶחָד לְכָל אֶחָד מִן הַיְלָדִים, ע"ש הַטַּעַם, דְּמִכֵּיוָן שֶׁהֶחְסִירָה שַׁבָּת אַחַת, מוֹסִיפָה מִכָּאן וְאֵילָךְ נֵר אֶחָד, ע"ש שֶׁמּוֹכִיחַ מִכָּאן דַּאֲפִילּוּ הֶחְסִירָה מֵאוֹנֶס גַּם כֵּן מוֹסִיפָה, וְצָרִיךְ עִיּוּן דְּהָא עַל כָּל פָּנִים הַבַּעַל הִדְלִיק נֵרוֹת וְלָמָּה נִקְנוֹס אוֹתָהּ, וע"ש בשו"ת משנה הלכות שֶׁמֵּבִיא עוֹד טַעַם לָמָּה נוֹהֲגוֹת הַנָּשִׁים לְהוֹסִיף נֵרוֹת לְפִי מִסְפַּר הַיְלָדִים.

8. פרי מגדים, אשל אברהם רסג:ג

וְאִם מַדְלֶקֶת ב' נֵרוֹת וּפַעַם אַחַת רַק אֶחָד, צְרִיכָה לְהוֹסִיף, וְכֵן אִם מַדְלֶקֶת הַרְבֵּה וְשָׁכְחָה פַּעַם אֶחָד וְחָסֵר א', תַּדְלִיק יוֹתֵר, שֶׁתְּהֵא זְהִירָה.

9. ביאור הלכה רסג:א

שֶׁשָּׁכְחָה וְכוּ': עַיֵּין בפרי מגדים דְּהוּא הַדִּין אִם לֹא שָׁכְחָה לְגַמְרֵי רַק שֶׁחָסְרָה נֵר אֶחָד מִמַּה שֶּׁהָיְתָה רְגִילָה מִתְּחִלָּה וְלֹא נְהִירָא דִּכְלָל זֶה הוּא רַק מִנְהָג וְהָבוּ דְּלֹא לוֹסִיף עֲלָהּ.

Fewer Candles

Question

Since our oldest child was born, I have always lit an extra candle for each of our children. Last week, I accidentally lit one too few. Do I need to add an extra candle every week?

Discussion

The Rema (OC 263:1)[1] quotes the Maharil (Shabbos 1)[2] who writes that if a woman forgot to light Shabbos candles one week, she should light an extra candle from then on. The Mishna Berura (263:7)[3] explains that this acts as a *kenas* (fine) to deter people from forgetting. R' Shmuel Wosner (Shevet Halevi 5:33)[4] adds that this applies even nowadays when there are also electric lights on in the house.

Many have the *minhag* to light an extra candle for each child born. R' Yisrael Chaim Friedman (Likkutei Mahariach, Hisnahagus Erev Shabbos)[5] explains that this is in keeping with the Gemara (Shabbos 23b) that writes that one who lights Shabbos candles properly is rewarded with children who are *talmidei chachamim* (Torah scholars). R' Menashe Klein (Mishne Halachos 7:35)[6] explains that this is akin to Chanuka when one should (according to Rambam) light a candle for everybody in their house (See Shemiras Shabbos Kehilchasa 43:n51)[7].

The Pri Megadim (Eshel Avraham 263:3)[8] writes that if one lit one less candle than they usually do they still need to light an extra one in future. The Mishna Berura (Biur Halacha 263:1)[9], however, disagrees, arguing that the *halacha* is that one only needs to light one light whereas extra candles is a *minhag*.

Conclusion

One who forgot to light candles one week must light an extra candle thereafter. However, one who accidentally lit too few candles one week, does not need to light any extra candles after that.

1. שולחן ערוך או"ח רסג:ט

הַמַּדְלִיקִין בְּזָוִיּוֹת הַבַּיִת וְאוֹכְלִים בֶּחָצֵר אִם אֵין הַנֵּרוֹת אֲרוּכוֹת שֶׁדּוֹלְקוֹת עַד הַלַּיְלָה הַוֵי בְּרָכָה לְבַטָלָה.

2. משנה ברורה רסג:מ

בֶּחָצֵר: מַשְׁמַע דְּאִם אוֹכֵל בַּבַּיִת אַף שֶׁאֵין דּוֹלֶקֶת עַד הַלַּיְלָה סַגֵּי וְלֹא הַוֵי בְּרָכָה לְבַטָלָה שֶׁאַף שֶׁעֲדַיִן יוֹם יֵשׁ לוֹ הֲנָאָה וְשִׂמְחָה בִּשְׁעַת אֲכִילָה מִן הַנֵּרוֹת. וּמִצְוָה מִן הַמּוּבְחָר שֶׁיַּעֲשֶׂה נֵרוֹת אֲרוּכוֹת שֶׁיִּהְיוּ דּוֹלְקוֹת עַד הַלַּיְלָה אַף שֶׁרוֹצֶה לֶאֱכוֹל מִבְּעוֹד יוֹם.

3. שולחן ערוך או"ח רסג:ו

בַּחוּרִים הַהוֹלְכִים לִלְמוֹד חוּץ לְבֵיתָם צְרִיכִים לְהַדְלִיק נֵר שַׁבָּת בְּחֶדְרָם וּלְבָרֵךְ עָלָיו..

4. משנה ברורה רסג:מו

הַנֵּרוֹת שֶׁבַּבַּיִת: הַיְינוּ בַּעַל הַבַּיִת שֶׁיָּכוֹל לְהַדְלִיק עַל הַשּׁוּלְחָן וּלְבָרֵךְ עָלָיו, אֲבָל בְּאוֹרֵחַ אִם יֵשׁ לוֹ חֶדֶר מְיוּחָד לְעַצְמוֹ אֲפִילוּ אֵינוֹ אוֹכֵל שָׁם מַדְלִיק שָׁם נֵר וּמְבָרֵךְ עָלָיו..

5. רבבות אפרים א:קפג

..לִכְאוֹרָה נִרְאֶה לִי דְּצָרִיךְ לְהַדְלִיק בַּבַּיִת שֶׁיּוֹשְׁנִים וְלֹא בַּבַּיִת שֶׁאוֹכְלִים.. דְּנֵרוֹת אֲרוּכִּים מִסְתָמָא לֹא הַוֵי לְעִכּוּבָא כִּי מְבוֹאָר שָׁם במשנה ברורה סעיף קטן מ׳ דִּכְשֶׁמִּשְׁתַּמֵּשׁ בָּהֶם אֲפִילוּ מִבְּעוֹד יוֹם לֹא הַוֵי בְּרָכָה לְבַטָלָה כִּי אִם מִצְוָה מִן הַמּוּבְחָר.

6. שמירת שבת כהלכתה מה:ח

מִי שֶׁבָּא עִם אִשְׁתּוֹ לְבֵית הַהוֹרִים לֶאֱכוֹל שָׁם סְעוּדַת לֵיל שַׁבָּת.. אִם לְאַחַר הַסְּעוּדָה חוֹזְרִים לְבֵיתָם לִישׁוֹן שָׁם, עָדִיף שֶׁתַּדְלִיק בְּבֵיתָהּ בִּבְרָכָה לִפְנֵי צֵאתָהּ מִבֵּיתָהּ, וְיִהְיוּ הַנֵּרוֹת גְּדוֹלִים, שֶׁיִּדְלְקוּ עַד שׁוּבָם לְשָׁם אַחֲרֵי גְּמַר הַסְּעוּדָה, אוֹ שֶׁיִּשָּׁאֵר אֶחָד מֵהֶם בַּבַּיִת עַד סָמוּךְ לְלַיְלָה כְּדֵי לֵיהָנוֹת מֵאוֹר הַנֵּרוֹת.

7. משנה ברורה רסג:לה

שֶׁכָּל אֶחָד מְבָרֵךְ: דְּכָל מַה דְּמִתּוֹסֵף אוֹרָה יֵשׁ בָּהּ שָׁלוֹם בַּיִת וְשִׂמְחָה יְתֵירָה לְהֲנָאַת אוֹרָה בְּכָל זָוִית וְזָוִית.

Guests and Candles

QUESTION ———————————————————————————————

We've been invited by some friends for Friday night dinner. Where should we light our Shabbos candles?

DISCUSSION ——————————————————————————————

The Shulchan Aruch (OC 263:9)[1] writes that one who lights their candles inside their house but eats in the courtyard needs to ensure that their candles burn longer so that they can see them when they come back inside. Failure to do so will result in the *beracha* being a *beracha levatala*. The Mishna Berura (263:40)[2] writes that while it is ideal for the candles to burn into the night, it is sufficient even if they burn during the meal when one eats before *nacht* (See Baer Heitev OC 263:14).

The Shulchan Aruch (OC 263:6)[3] writes that students who learn away from home should ideally light their Shabbos candles in their bedrooms. Thus, the Mishna Berura (263:46)[4] writes that while the hosts should light on the Shabbos table, guests should ideally light in their own room even if they are not eating there at all.

Following this, R' Ephraim Greenblatt (Rivevos Ephraim 1:183)[5] writes that one eating out, though sleeping at home, should ideally light in their own house. If they cannot leave the candles burning until they come home, they should stay with the candles for a few minutes after lighting them.

Likewise, R' Yehoshua Neuwirth (Shemiras Shabbos Kehilchasa 45:8)[6] writes that while children who visit their parents for Friday night dinner often light together with their parents, they should ideally light in their own houses.

If lighting at one's house is not an option, then one can light in their host's house. Even though their host has lit candles one can still light with a *beracha* as they are adding to the light (Mishna Berura 263:35[7]).

CONCLUSION ——————————————————————————————

It is preferable to light where one sleeps on Friday night, rather than where one eats.

1. שולחן ערוך או"ח רסג:ח

ב' או ג' בַּעֲלֵי בַּתִּים אוֹכְלִים בְּמָקוֹם אֶחָד יֵשׁ אוֹמְרִים שֶׁכָּל אֶחָד מְבָרֵךְ עַל מְנוֹרָה שֶׁלּוֹ וְיֵשׁ מְגַמְגֵּם בַּדָּבָר וְנָכוֹן לִיזָּהֵר בִּסְפֵק בְּרָכוֹת וְלֹא יְבָרֵךְ אֶלָּא אֶחָד. (**הגה** אֲבָל אָנוּ אֵין נוֹהֲגִין כֵּן).

2. שולחן ערוך הרב או"ח רסג:טו

בַּמֶּה דְבָרִים אֲמוּרִים כְּשֶׁאוֹכֶלֶת מִשֶּׁלָּהּ אֲבָל אִם הִיא סְמוּכָה עַל שׁוּלְחַן בַּעַל הַבַּיִת אֵינָהּ יְכוֹלָה לְבָרֵךְ שָׁם אֶלָּא אִם כֵּן הַחֶדֶר מְיוּחָד לָהּ אוֹ לְבַעֲלָהּ שֶׁאִם לֹא כֵּן אֵינָהּ חַיֶּיבֶת כְּלָל לְהַדְלִיק שָׁם שֶׁאֵין חִיּוּב נֵר שַׁבָּת חַל עָלֶיהָ כְּלָל לְפִי שֶׁהִיא בִּכְלַל בְּנֵי בֵּיתוֹ שֶׁל בַּעַל הַבַּיִת וְנִפְטֶרֶת בְּנֵרוֹ..

3. משנה ברורה רסג:לה

שֶׁכָּל אֶחָד מְבָרֵךְ: דְּכָל מַה דְּמִיתּוֹסֵף אוֹרָה יֵשׁ בָּהּ שָׁלוֹם בַּיִת וְשִׂמְחָה יְתֵירָה לַהֲנָאַת אוֹרָה בְּכָל זָוִית וְזָוִית.

4. מנחת יצחק י:כ:א

וּלְמַעֲשֶׂה נִרְאֶה לִי הֵיכָא דא' בַּעֲלַת הַבַּיִת, והב' הוּא אוֹרֵחַ, נָכוֹן שֶׁהָאוֹרֵחַ יַדְלִיק מִקּוֹדֶם, דַּהֲרֵי עַל בַּעֲלַת הַבַּיִת פָּשׁוּט דְּחַיֶּיבֶת לְהַדְלִיק, וּלְגַבֵּי הָאוֹרֵחַ, אַף דִּלְפִי הַמְבוֹאָר יָכוֹל לְהַדְלִיק בִּבְרָכָה, מִכָּל מָקוֹם נָכוֹן שֶׁהָאוֹרֵחַ יַדְלִיק מִקּוֹדֶם.

5. כף החיים או"ח רסג:נד

..וְהוּא הַדִּין אִישׁ וְאָחִיו הָאוֹכְלִים עַל שׁוּלְחָן אֶחָד אַחַת מְבָרֶכֶת עַל נֵר שֶׁאֵצֶל הַשּׁוּלְחָן וְהַשֵּׁנִית עַל נֵר שֶׁבַּחֶדֶר הַמְיוּחָד לָהּ. וְזֶהוּ הַנָּכוֹן לִיזָּהֵר לְכַתְּחִלָּה אֲבָל הַמִּנְהָג לְבָרֵךְ כָּל אֶחָד עַל מְנוֹרָה שֶׁלּוֹ וְאַף עַל פִּי שֶׁאוֹכְלִין בְּמָקוֹם אֶחָד..

6. בן איש חי נח ב:יא

שְׁנַיִם וְשָׁלֹשׁ בַּעֲלֵי בַּתִּים שֶׁאוֹכְלִים בַּחֲדַר אֶחָד כָּל אֶחָד עַל שֻׁלְחָנוֹ וּמַדְלִיקִים שָׁם יַעֲמוֹד אֶחָד מֵהֶם לְבָרֵךְ וּלְהַדְלִיק וְיַעֲשֶׂה כַּוָּנָה עַל הַשְּׁאַר וְאָז יַדְלִיקוּ עַל סְמַךְ בְּרָכָה שֶׁלּוֹ.. וְכָל זֶה אִם אוֹכְלִים וִישֵׁנִים שָׁם בְּאוֹתוֹ חֶדֶר אֲבָל אִם רַק אוֹכְלִים שָׁם וִישֵׁנִים כָּל אֶחָד בַּחֶדֶר בִּפְנֵי עַצְמוֹ יַדְלְקוּ הַשְּׁאָר כָּל אֶחָד בִּמְקוֹם שֵׁינָה וִיבָרֵךְ וְאִם יִרְצֶה לְהַדְלִיק בִּמְקוֹם אֲכִילָה גַּם כֵּן יַדְלִיק בְּלֹא בְּרָכָה וְרַק צָרִיךְ לְהָנִיחַ שֶׁמֶן בְּנֵר שֶׁמַּדְלִיק בִּמְקוֹם שֵׁינָה שֶׁיַּסְפִּיק עַד זְמַן שֶׁיָּבוֹא לִישׁוֹן שָׁם אִישׁ וְאִשְׁתּוֹ שֶׁיֵּשׁ לָהֶם בֵּן נָשׂוּי וְהַחָמוֹת מַדְלֶקֶת וּמְבָרֶכֶת בִּמְקוֹם שׁוּלְחָן אָז תַּדְלִיק כַּלָּתָהּ בִּמְקוֹם שֵׁינָה שֶׁלָּהּ וּתְבָרֵךְ שָׁם וְרַק תִּזָּהֵר לְהָנִיחַ שֶׁמֶן שֶׁיַּסְפִּיק עַד עֵת הַשֵּׁינָה וְאִם תִּרְצֶה הַכַּלָּה לְהַדְלִיק בִּמְקוֹם הַשּׁוּלְחָן לֹא תְּבָרֵךְ מֵאַחַר דַּחֲמוֹתָהּ הִדְלִיקָה כְּבָר וּבֵרְכָה.

7. אור לציון ב:יח:ו

שְׁאֵלָה: אִשָּׁה הַמִּתְאָרַחַת בְּשַׁבָּת אֵצֶל חָמִיהָ אוֹ בְּמָקוֹם אַחֵר, הַאִם מַדְלִיקָה נֵרוֹת בִּבְרָכָה.

תְּשׁוּבָה: אִם יֵשׁ לָהּ חֶדֶר מְיוּחָד, שֶׁאֵין אֲחֵרִים מִשְׁתַּמְּשִׁים בּוֹ כְּלָל וַאֲפִילוּ לָקַחַת חֲפָצִים מֵהָאֲרוֹנוֹת שָׁם וְכַדּוֹמֶה, תַּדְלִיק בְּאוֹתוֹ חֶדֶר וּתְבָרֵךְ עַל הַדְלָקָה זוֹ. וְאִם אֵין לָהּ חֶדֶר מְיוּחָד אֵינָהּ חַיֶּיבֶת כְּלָל בְּהַדְלָקָה. וְאִם רוֹצָה לְהַדְלִיק, תַּדְלִיק בְּמָקוֹם שֶׁמַּדְלֶקֶת חֲמוֹתָהּ, וְלֹא תְּבָרֵךְ, אֶלָּא תִּשְׁמַע אֶת הַבְּרָכָה מֵחֲמוֹתָהּ.

20 **מקור חיים**

Who Lights First?

QUESTION

We have a couple staying over for Shabbos. When our guest lights candles, do we both say a *beracha*? Does it matter who lights first?

DISCUSSION

The Shulchan Aruch (OC 263:8)[1] writes that as there is a *machlokes* as to whether two families who are lighting candles in the same house should both recite the *beracha* upon lighting, only one family should recite the *beracha,* following the rule of *safek berachos lehakel*, we are lenient with regards to doubts about *berachos.*

Likewise, the Shulchan Aruch Harav (OC 263:15)[2] writes that unless the guests have their own room to light in, there is no requirement for them to light their own candles. Thus, they would not be able to recite the *beracha* (See Aruch Hashulchan OC 263:5).

The Rema, however, disagrees, writing that the *Ashkenazi* custom is for each person to recite the *beracha* upon lighting. The Magen Avraham (263:15) and Mishna Berura (263:35)[3] explain that each person adds extra light with their candles (See Shulchan Shlomo, Shabbos 263:n12).

R' Yitzchak Yaakov Weiss (Minchas Yitzchak 10:20:1)[4] writes that as there is a *machlokes* as to whether guests should light their own candles, they should ideally light before their hosts. This way, they can say a *beracha* when lighting the first lights. As there is no dispute about the hosts lighting, the hosts recite the *beracha* upon lighting the extra lights (See Rivevos Ephraim 6:283).

While *Sefardim* typically follow the Shulchan Aruch, there is a *machlokes* as to whether guests should recite their own *beracha*. The Kaf Hachaim (OC 263:54)[5] writes that the minhag of *Sefardim* is for everyone to recite the *beracha.*

However, the Ben Ish Chai (Noach 2:11)[6] and R' Ben Zion Abba Shaul (Ohr Letzion 2:18:6)[7] only allow guests to light with a *beracha* if they do so in their own room.

CONCLUSION

The *minhag* among *Ashkenazim* is for guests to light candles with a *beracha*, while some *Sefardim* are particular to light in their own room. Ideally the guests should light first.

1. שולחן ערוך או"ח רסג:ג

הַנָּשִׁים מוּזְהָרוֹת בּוֹ יוֹתֵר מִפְּנֵי שֶׁמְּצוּיוֹת בַּבַּיִת וְעוֹסְקוֹת בְּצָרְכֵי הַבַּיִת.

2. רש"י שבת לב.

..וְנָשִׁים נִצְטַוּוּ עַל כַּךְ כִּדְאָמְרִינָן בבראשית רבה הִיא אִיבְּדָה חַלָּתוֹ שֶׁל עוֹלָם שֶׁעַל יָדָהּ נִטְרַד אָדָם הָרִאשׁוֹן שֶׁנִּתְרַם כַּחַלָּה וְכָבְתָה נֵרוֹ שֶׁל עוֹלָם וְשָׁפְכָה דָּמוֹ וְעוֹד שֶׁצָּרְכֵי הַבַּיִת תְּלוּיִן בָּהּ.

3. ב"ח או"ח רסג:ג

וְהַנָּשִׁים מוּזְהָרוֹת יוֹתֵר וְכוּ' נִרְאֶה דְּהָכִי קָאָמַר דְּאִם הָאִישׁ אֵינוֹ רוֹצֶה לְהַנִּיחַ לְאִשְׁתּוֹ לְהַדְלִיק וּלְבָרֵךְ אֶלָּא רוֹצֶה לְהַדְלִיק בְּעַצְמוֹ וּלְבָרֵךְ מִשּׁוּם דְּמִצְוָה בּוֹ יוֹתֵר מִבִּשְׁלוּחוֹ כדאמר בריש פר' האיש מקדש שֶׁאֵין בְּיַד הָאִישׁ לִדְחוֹת אֶת אִשְׁתּוֹ מִמִּצְוָה זוֹ אֶלָּא כֵּיוָן דְּהַנָּשִׁים מוּזְהָרוֹת בּוֹ יוֹתֵר תַּדְלִיק הִיא וּתְבָרֵךְ וְלֹא הוּא.

4. חוט שני ד:רסג הערה ח

יוֹלֶדֶת הַנִּמְצֵאת בְּבֵית חוֹלִים וְכַיּוֹצֵא בוֹ, וּבְבֵיתָהּ נִשְׁאֲרוּ בַּעֲלָהּ וְגַם בְּנוֹתֵיהֶם הַגְּדוֹלוֹת. יֵשׁ לְהִסְתַּפֵּק מִי יַדְלִיק בְּבֵיתָם, אִם בַּעֲלָהּ כֵּיוָן דְּהַמִּצְוָה מוּטֶלֶת עָלָיו וּמִצְוָה בּוֹ יוֹתֵר מִבִּשְׁלוּחוֹ, וּכְשֶׁאִשְׁתּוֹ מַדְלֶקֶת הֲוֵי מִשּׁוּם דְּאִשְׁתּוֹ כְּגוּפוֹ, אוֹ דְּעָדִיף דְּהַבַּת הַגְּדוֹלָה תַּדְלִיק, דְּאַף דְּהִיא מַדְלֶקֶת מִטַּעַם שְׁלִיחוּת, מִכָּל מָקוֹם אֶפְשָׁר דְּכֵיוָן דְּשַׁיָּיךְ בֵּיהּ גַּם טַעֲמָא דְ'הִיא כָּבְתָה נֵרוֹ שֶׁל עוֹלָם', אֶפְשָׁר דַּעֲדִיפָא מִמִּצְוָה בּוֹ יוֹתֵר מִבִּשְׁלוּחוֹ.

5. באר משה ח:סז

נִשְׁאַלְתִּי כְּשֶׁהָאֵם אֵינֶנָּה בַּבַּיִת עַל שַׁבָּת (אוֹ הוּא אַלְמָן ה"י), וְיֵשׁ בְּבַיִת בָּנוֹת שֶׁהִגִּיעוּ לְפִרְקָן (כִּי קְטַנָּה בְּוַדַּאי לֹא תַּדְלִיק בַּעֲבוּר אָבִיהָ), מִי יַדְלִיק, הָאָב אוֹ הַבַּת הַיּוֹתֵר גְּדוֹלָה שֶׁבַּבַּיִת. הֲשַׁבְתִּי.. הַדָּבָר פָּשׁוּט שֶׁעַל הָאָב לְהַדְלִיק נֵרוֹת שַׁבָּת, דְּהַלֹּא מֵעִיקַר הַדִּין מִצְוַת הַדְלָקַת נֵרוֹת עַל הַבַּעַל כְּמוֹ עַל הָאִשָּׁה, רַק מִצְוָה זוֹ נִמְסְרָה לְהָאִשָּׁה עַל פִּי תַּקָּנַת חֲזַ"ל.. לְפִי שֶׁהִיא מְצוּיָה בַּבַּיִת, וּמִפְּנֵי שֶׁעָלֶיהָ לְתַקֵּן מַה שֶּׁקִּילְקְלָה חַוָּה שֶׁכָּבְתָה נֵרוֹ שֶׁל עוֹלָם.. וּמִצְוָה שֶׁיִּהְיֶה נֵר דּוֹלֵק בְּלֵיל שַׁבָּת מִשּׁוּם כְּבוֹד שַׁבָּת וְעוֹנֶג שַׁבָּת .. וְאִם כֵּן כְּשֶׁאֵין בַּעֲלַת הַבַּיִת בְּבַיִת הַחִיּוּב מוּטָל דַּוְקָא עַל הַבַּעַל הַבַּיִת שֶׁהוּא יַדְלִיק, וְגַם אֵינֶנּוּ נָכוֹן שֶׁיִּמְסוֹר מִצְוָה זוֹ לְבִתָּהּ, הֲגַם שֶׁהִיא כְּבָר גְּדוֹלָה, מֵאַחַר שֶׁמִּנְהָגֵינוּ שֶׁאֵין בָּנוֹת פְּנוּיָה מַדְלִיקוֹת, וַאֲפִלּוּ בְּבָתִּים שֶׁהַבָּנוֹת מַדְלִיקוֹת גַּם כֵּן עִקַּר הַחִיּוּב עַל הָאָב מוּטָל, וְהוּא יַדְלִיק כְּשֶׁאֵין אִשְׁתּוֹ בַּבַּיִת..

6. שרגא המאיר ו:קכז:ב

בְּעִנְיַן הַדְלָקַת נֵר שֶׁל שַׁבָּת אִם הָאִשָּׁה אֵינֶנָּה בְּבֵיתָהּ, אִי הַבַּעַל יַדְלִיק הַנֵּר שֶׁל שַׁבָּת, אוֹ בָּנוֹת בְּתוּלוֹת גְּדוֹלוֹת שֶׁיֵּשׁ לוֹ בַּבַּיִת. בְּוַדַּאי צָרִיךְ הַבַּעַל לִדְלוֹק הַנֵּר שֶׁל שַׁבָּת, כִּי הוּא בַּעַל הַבַּיִת, וְכֵן נָהַג כ"ק אאמו"ר זצ"ל בְּעֵת שֶׁהָיָה אַלְמָן ל"ע, אַף עַל פִּי שֶׁהָיָה לוֹ בָּנוֹת גְּדוֹלוֹת בַּבַּיִת, הִדְלִיק הוּא בְּעַצְמוֹ הַנֵּר שֶׁל שַׁבָּת..

Who Should Light Instead?

QUESTION

A few weeks ago my wife was in hospital over Shabbos and I lit the candles. My teenage daughter asked if she should have lit instead of me. Who should have lit under these circumstances?

DISCUSSION

The Shulchan Aruch (OC 263:3)[1] explains that lighting the Shabbos candles is first and foremost a woman's responsibility as traditionally they are more involved in the house affairs. Rashi (Shabbos 32a)[2] quotes the Midrash that explains that as Chava caused Adam to sin, she diminished the world's light. Thus, the Bach (OC 263:3)[3] writes that even if a married man wishes to light, his wife has prerogative in performing this *mitzva* (See Magen Avraham 263:6; Baer Heitev OC 263:5).

R' Nissim Karelitz (Chut Shani 4:263:n8)[4] writes that as a couple usually share the *mitzva* in lighting, when one's wife is away, he must light instead. He notes that as Adam was also guilty for 'diminishing the world's light' when one's wife is away, he must take responsibility for lighting the candles. R' Moshe Stern (Baer Moshe 8:67)[5] adds that as one lights candles in each house *lekavod Shabbos*, it would not be right for him to delegate the lighting to anyone. Even if he has daughters over *bas mitzva* who usually light, he must still light himself.

R' Shraga Feivish Schneebalg (Shraga Hameir 6:127:2)[6] relates that when his father was widowed (from his first wife), he would light the candles himself each week even though he had teenage daughters at home (See Shemiras Shabbos Kehilchasa 43:n46; Rivevos Ephraim 6:126:1).

CONCLUSION

If a married woman is away one week, her husband should light the Shabbos candles himself.

1. שולחן ערוך או"ח תרעט:א

בְּעֶרֶב שַׁבָּת מַדְלִיקִין נֵר חֲנוּכָּה תְּחִלָּה וְאַחַר כָּךְ נֵר שַׁבָּת. **הגה** וּמְבָרֵךְ עֲלֵיהֶם כְּמוֹ בְּחוֹל אַף עַל פִּי שֶׁמַּדְלִיקִין בְּעוֹד הַיּוֹם גָּדוֹל.

2. מגן אברהם תרעט:א

בְּעֶרֶב שַׁבָּת וְכוּ': ..וְנִרְאֶה לִי דְּבְאִשָּׁה הַמַּדְלֶקֶת כֵּיוָן שֶׁהַמִּנְהָג שֶׁמְּקַבֶּלֶת שַׁבָּת בְּהַדְלָקָתָהּ כמ"ש סי' רס"ג ס"י אִם כֵּן לֹא תַּדְלִיק שׁוּב שֶׁל חֲנוּכָּה אֶלָּא תֹּאמַר לְאַחֵר לְהַדְלִיק.

3. משנה ברורה תרעט:ב

בְּעוֹד הַיּוֹם גָּדוֹל: וְדַוְקָא אַחַר פְּלַג הַמִּנְחָה שֶׁהוּא שָׁעָה וּרְבִיעַ קוֹדֶם הַלַּיְלָה.. וּכְבָר כָּתַבְנוּ בְּשֵׁם הָאַחֲרוֹנִים דְּצָרִיךְ לִיתֵּן בָּהּ שֶׁמֶן עַד שֶׁיִּדְלַק חֲצִי שָׁעָה אַחַר צֵאת הַכּוֹכָבִים.. וְכָתְבוּ הָאַחֲרוֹנִים דְּנָכוֹן לְכַתְּחִלָּה שֶׁיִּתְפַּלֵּל מִנְחָה תְּחִלָּה וְאַחַר כָּךְ יַדְלִיק.

4. מועדים וזמנים ב:קנב

..אָמְנָם הָרִאשׁוֹנִים כְּבָר נִתְקַשּׁוּ הֵיאַךְ שָׁרֵי לָן לְהַקְדִּים בְּעֶרֶב שַׁבָּת.. רַק מוּכָח שֶׁלְּדִידֵיהּ שָׁרֵי לְהַדְלִיק לִפְנֵי הַשְּׁקִיעָה וְהַיְינוּ דַּוְקָא כְּשֶׁסָּמוּךְ לָהּ כַּמְבוֹאָר ברשב"א כָּאן וְלֹא נִתְבָּאֵר מַהוּ שִׁיעוּר סָמוּךְ דְּשָׁרֵי לְהַקְדִּים, וּלְדַעְתִּי נִרְאֶה בָּרוּר שֶׁהַכַּוָּונָה הִיא חֲצִי שָׁעָה שֶׁרַק בָּזֶה מִיקְרֵי תָּמִיד סָמוּךְ וְכִמְבוֹאָר בַּפּוֹסְקִים לְעִנְיָן סָמוּךְ לִתְפִלַּת הַמִּנְחָה..

5. יחוה דעת א:עד

אוּלָם הפרי מגדים (באשל אברהם סי' תרע"א אות י') כָּתַב, שֶׁבְּעֶרֶב שַׁבָּת, בַּבַּיִת יִתְפַּלֵּל מִנְחָה תְּחִלָּה וְאַחַר כָּךְ יַדְלִיק נֵרוֹת חֲנוּכָּה, שֶׁאִם יִתְפַּלֵּל מִנְחָה אַחַר כָּךְ, נִרְאֶה כְּתַרְתֵּי דְּסָתְרֵי עַד כָּאן. וְכַוָּונָתוֹ מִשּׁוּם שֶׁתְּפִלַּת הַמִּנְחָה נִתְקְנָה כְּנֶגֶד קָרְבַּן הַתָּמִיד שֶׁל בֵּין הָעַרְבַּיִם, כַּמְבוֹאָר בברכות (כ"ו ע"ב), וברמב"ם (פרק א' מהל' תפלה הלכה ה'), וְהַדְלָקַת נֵרוֹת חֲנוּכָּה זֵכֶר לְנֵס שֶׁנַּעֲשָׂה בְּנֵרוֹת בֵּית הַמִּקְדָּשׁ (שבת כ"א ע"ב). וְהַדְלָקַת הַמְּנוֹרָה שֶׁל בֵּית הַמִּקְדָּשׁ צְרִיכָה לִהְיוֹת אַחַר הַקְרָבַת הַתָּמִיד שֶׁל בֵּין הָעַרְבַּיִם, כְּמוֹ שֶׁדָּרְשׁוּ חז"ל בפסחים (נ"ט ע"א) מֵהַמִּקְרָא. לְפִיכָךְ לְעוֹלָם צָרִיךְ לְהַדְלִיק נֵרוֹת חֲנוּכָּה אַחַר תְּפִלַּת הַמִּנְחָה.

6. ערוך השולחן או"ח תרעא:כו

וּבְבֵית הַכְּנֶסֶת נוֹהֲגִים לְהַדְלִיק בֵּין מִנְחָה לְמַעֲרִיב, דְּאָז יֵשׁ יוֹתֵר פִּרְסוּם. וּבְעֶרֶב שַׁבָּת יֵשׁ נוֹהֲגִין לְהַדְלִיק קוֹדֶם מִנְחָה בְּבֵית הַכְּנֶסֶת, וְכֵן הוּא מִנְהָגֵינוּ, שֶׁהֲרֵי גַּם הַדְלָקַת נֵרוֹת שַׁבָּת מַדְלִיקִין קוֹדֶם מִנְחָה.

Erev Shabbos Chanuka

QUESTION ———————————————————

When should we light our *menora* before Shabbos?

DISCUSSION ———————————————————

The Shulchan Aruch (OC 679:1)[1] writes that as one accepts Shabbos by lighting the Shabbos candles, one must light the Chanuka candles first. The Magen Avraham (679:1)[2] and Mishna Berura (679:1), however, point out that this is not necessarily the case with men who light Shabbos candles. The Rema adds that even though this means that they are lighting the *menora* before *shekia*, one still recites the *berachos*.

While the Magen Avraham (679:2) and Mishna Berura (679:2)[3] write that one can light the *menora* from *plag hamincha*, one and a quarter *halachic* hours before *nacht*, R' Moshe Sternbuch (Moadim Uzemanim 2:152)[4] writes that one should not light more than half an hour before *shekia* (See Igros Moshe OC 4:62).

The Mishna Berura (ibid.; Biur Halacha 672:1) writes that one must fill one's *menora* with enough oil or large enough candles to last for half an hour after *tzeis*, nightfall.

The Mishna Berura adds that ideally one should daven *mincha* before lighting the *menora*. The Kaf Hachaim (OC 671:79) and R' Ovadia Yosef (Yechave Daas 1:74)[5] explain that the *menora* serves to remind us of the *menora* in the *beis hamikdash* which was lit after the afternoon *korban tamid*, now represented by Mincha. The Aruch Hashulchan (OC 671:26)[6], however, writes that as we usually light Shabbos candles before Mincha, our *minhag* is to light the *menora* before Mincha, too.

CONCLUSION ———————————————————

One should light the menora on *Erev Shabbos* shortly before lighting Shabbos candles. One must only light after *plag hamincha*, and ideally within half an hour of *nacht*.

1. שולחן ערוך או"ח רסג:י

לבעל הלכות גדולות כֵּיוָן שֶׁהִדְלִיק נֵר שֶׁל שַׁבָּת חַל עָלָיו שַׁבָּת וְנֶאֱסַר בִּמְלָאכָה וְעַל פִּי זֶה נוֹהֲגוֹת קְצָת נָשִׁים שֶׁאַחַר שֶׁבֵּרְכוּ וְהִדְלִיקוּ הַנֵּרוֹת מַשְׁלִיכוֹת לָאָרֶץ הַפְּתִילָה שֶׁבְּיָדָן שֶׁהִדְלִיקוּ בָּהּ וְאֵין מְכַבּוֹת אוֹתָהּ וְיֵשׁ אוֹמְרִים שֶׁאִם מַתְנֶה קוֹדֶם שֶׁתַּדְלִיק שֶׁאֵינָהּ מְקַבֶּלֶת שַׁבָּת עַד שֶׁיֹּאמַר הַחַזָּן בָּרְכוּ מוֹעִיל וְיֵשׁ אוֹמְרִים שֶׁאֵינוֹ מוֹעִיל לָהּ.. **הגה** וְהַמִּנְהָג שֶׁאוֹתָהּ אִשָּׁה הַמַּדְלֶקֶת מְקַבֶּלֶת שַׁבָּת בְּהַדְלָקָה אִם לֹא שֶׁהִתְנָה תְּחִלָּה וַאֲפִלּוּ תְּנַאי בְּלֵב סַגִּי (מרדכי) אֲבָל שְׁאָר בְּנֵי הַבַּיִת מוּתָּרִין בִּמְלָאכָה עַד בָּרְכוּ..

2. משנה ברורה רסג:מג

מְקַבֶּלֶת שַׁבָּת: וְתִתְפַּלֵּל מִנְחָה תְּחִלָּה דְּהוֹאִיל דִּכְבָר קִבְּלָה שַׁבָּת שׁוּב אִי אֶפְשָׁר לְהִתְפַּלֵּל תְּפִלָּה שֶׁל חוֹל. וּבְשֶׁאֵין שָׁהוּת לָזֶה יוֹתֵר טוֹב שֶׁתִּתְפַּלֵּל עַרְבִית שְׁתַּיִם.. מִלִּכְנוֹס חַס וְשָׁלוֹם בִּסְפֵק חִלּוּל שַׁבָּת..

3. מגן אברהם רסג:כ

שֶׁהִתְנָה תְּחִלָּה: וּמִכָּל מָקוֹם נִרְאֶה לִי דְּאֵין לְהַתְנוֹת כִּי אִם לְצוֹרֶךְ מֵאַחַר שֶׁיֵּשׁ חוֹלְקִין דְּאִם לֹא כֵּן תְּבָרֵךְ תְּחִילָּה וְתִתְנֶה..

4. משנה ברורה רסג:כא

..וְהוּא הַדִּין נַמִּי בְּאִשָּׁה שֶׁחָל לֵיל טְבִילָתָהּ בְּעֶרֶב שַׁבָּת תַּדְלִיק וּתְבָרֵךְ קוֹדֶם הֲלִיכָתָהּ לְבֵית הַטְבִילָה וְתַתְנֶה שֶׁאֵינָהּ מְקַבֶּלֶת שַׁבָּת עַד אַחַר רְחִיצָה וַחֲפִיפָה

5. ציץ אליעזר י:יט

אוֹדוֹת נָשִׁים יְקָרוֹת שֶׁחָשְׁקָה נַפְשָׁן לָלֶכֶת לְקַבֵּל פְּנֵי שַׁבָּת מַלְכְּתָא עַל יַד שָׂרִיד בֵּית מִקְדָּשֵׁנוּ הַכּוֹתֶל הַמַּעֲרָבִי לְהִתְפַּלֵּל שָׁם מַעֲרִיב, דְּהַהִתְעוֹרְרוּת בָּעֵת הַזֹּאת גְּדוֹלָה שָׁם עַד מְאֹד בְּרוֹב עַם וּבְהִשְׁתַּפְּכוּת הַנֶּפֶשׁ, כַּיָּדוּעַ. אַךְ דָּא עָקָא שֶׁגָּרוֹת בְּרִיחוּק מָקוֹם וְקָשֶׁה לָהֶן לָלֶכֶת רַגְלֵי הָלוֹךְ וָשׁוֹב, אִם יֶשְׁנָהּ אֵיזֶה עֵצָה, שֶׁיּוּכְלוּ לִנְסוֹעַ לְשָׁם בַּהֲלִיכָתָן הַגַּם שֶׁהִדְלִיקוּ כְּבָר נֵרוֹת שַׁבָּת.. גַּם בְּנִידוֹנֵנוּ תּוּכַלְנָה הַנָּשִׁים לְהַתְנוֹת בִּשְׁעַת הַדְלָקַת הַנֵּרוֹת שֶׁעוֹדָן אֵינָן מְקַבְּלוֹת בָּזֶה אֶת הַשַּׁבָּת עַד בּוֹאֲנָן אֶל הַכּוֹתֶל הַמַּעֲרָבִי שֶׁשָּׁם יְקַבְּלוּ אֶת הַשַּׁבָּת יַחַד עִם הַצִּיבּוּר דְּשָׁם, וְתוּכַלְנָה לִנְסוֹעַ אֵיפוֹא עַל יְדֵי כֵּן בַּהֲלִיכָתָן לְשָׁם.. אֵין לְהַתְנוֹת כִּי אִם לְצוֹרֶךְ מֵאַחַר שֶׁיֵּשׁ חוֹלְקִין. אֲבָל יֵשׁ לוֹמַר שֶׁגַּם זֶה לְהַתְנוֹת כְּדֵי שֶׁיּוּכְלוּ עַל יְדֵי כֵּן לְמַלְאוֹת צִמְאוֹנָן הָרוּחָנִי וַעֲרִיגָתָן הַנַּפְשִׁי לְדָוִד עַד בֵּית אֱלֹקִים וְלִשְׁאוֹב הַשְׁרָאָה עִילָּאִית מְיוּחֶדֶת נִקְרָא גַּם כֵּן לְצוֹרֶךְ כְּדֵי שֶׁיּוּכְלוּ לְהַתְנוֹת.

6. שמירת שבת כהלכתה מג הערה קלז

ומהגרש"ז אויערבך זצ"ל שָׁמַעְתִּי דְּהַנְּסִיעָה לַכּוֹתֶל הַמַּעֲרָבִי לֹא נֶחְשֶׁבֶת לְצוֹרֶךְ שֶׁיְּהֵא מוּתָּר לָהּ לַעֲשׂוֹת תְּנַאי.

7. מגן אברהם רסג:יח

וְהַמִּנְהָג כו' וְאִם הָאִישׁ מַדְלִיק לֵיכָּא מִנְהָגָא וּמוּתָּר בִּמְלָאכָה וּמִכָּל מָקוֹם טוֹב לְהַתְנוֹת (ב"ח).

Melacha After Lighting

QUESTION

We're eating out on Friday night and want to light candles at home before driving to our host's home. Can I light Shabbos candles while stipulating that I'm not being *mekabel Shabbos*?

DISCUSSION

The Rema (OC 263:10)[1] writes that women are typically *mekabel Shabbos* when they light the Shabbos candles. They may, however stipulate, even mentally, that they do not wish to be *mekabel Shabbos* at that time. Therefore, the Mishna Berura (263:43)[2] writes that women must not *daven mincha* after lighting as it is no longer considered to be Friday.

Nonetheless, the Magen Avraham (263:20)[3] writes that this should only be relied on in times of great need. The *poskim* debate the parameters of this. The Mishna Berura (263:21)[4] writes that a woman who needs to prepare that night for going to *mikva* may rely on this.

R' Eliezer Waldenberg (Tzitz Eliezer 10:19)[5] writes that a woman who wishes to daven *Kabbalas Shabbos* at the kosel may light candles while stipulating that she is not being *mekabel Shabbos* yet, and then drive there. The extra inspiration she will get from *davening* there is considered to be a great need. R' Shlomo Zalman Auerbach (quoted in Shemiras Shabbos Kehilchasa 43:n137)[6], however, held that this does not qualify as a great need and so she should not do this.

The Magen Avraham (263:18)[7] writes that this does not apply to men, as they typically are not *mekabel Shabbos* when they light the Shabbos candles, though it is ideal for them to stipulate that they want to be *mekabel Shabbos* later.

CONCLUSION

Under normal circumstances, a woman who had lit Shabbos candles would not then be allowed to drive to her host, though a man who had would be able to.

1. רמ"א או"ח רסג:י

וְהַמִּנְהָג שֶׁאוֹתָהּ אִשָּׁה הַמַּדְלֶקֶת מְקַבֶּלֶת שַׁבָּת בְּהַדְלָקָה אִם לֹא שֶׁהִתְנָה תְּחִלָּה וַאֲפִלּוּ תְּנַאי בְּלֵב סַגִּי (מרדכי) אֲבָל שְׁאָר בְּנֵי הַבַּיִת מוּתָּרִין בִּמְלָאכָה עַד בָּרְכוּ..

2. משנה ברורה רסג:לא

אֵין צָרִיךְ וְכוּ' וּלְבָרֵךְ עָלָיו: אֲבָל לְהַדְלִיק צָרִיךְ אֲפִלּוּ אֵינוֹ אוֹכֵל שָׁם כְּדֵי שֶׁלֹּא יִכָּשֵׁל בָּעֵץ אוֹ בְּאֶבֶן.

3. שולחן ערוך או"ח רסג:יז

יֵשׁ אוֹמְרִים שֶׁמִּי שֶׁקִּבֵּל עָלָיו שַׁבָּת קוֹדֶם שֶׁחֲשֵׁכָה מוּתָּר לוֹמַר לְיִשְׂרָאֵל חֲבֵירוֹ לַעֲשׂוֹת לוֹ מְלָאכָה..

4. אגרות משה או"ח ב:ו

וּמָה שֶׁכָּתַב כְּבוֹד תּוֹרָתוֹ הָרָמָה שֶׁמַּה שֶׁנּוֹהֲגוֹת הַנָּשִׁים לְהַדְלִיק י"ח מינוטן קוֹדֶם הַשְּׁקִיעָה הוּא מִשּׁוּם שִׁיטַת היראים שֶׁבֵּין הַשְּׁמָשׁוֹת הוּא ג' רִבְעֵי מִיל קוֹדֶם הַתְחָלַת הַשְּׁקִיעָה שֶׁהֵבִיאוּ הב"ח והמג"א בְּסִימָן רס"א סק"ט וּמִטַּעַם זֶה אָדָם חָשׁוּב יֵשׁ לוֹ לְהַחְמִיר, הִנֵּה הגר"א שָׁם כָּתַב שֶׁבָּזֶה לֹא נִרְאוּ דְּבָרָיו וְלָכֵן לֹא מִסְתַּבֵּר שֶׁהַמִּנְהָג הוּא מִצַּד שִׁיטָה זוּ אֶלָּא הוּא לְתוֹסֶפֶת. וְגַם בְּהַרְבֵּה מְקוֹמוֹת מַדְלִיקוֹת רַק כַּעֲשָׂרָה מינוט קוֹדֶם הַשְּׁקִיעָה וְכִמְדוּמַנִי שֶׁאַף בַּעֲלֵי נֶפֶשׁ אֵין מַחְמִירִין לִפְרוֹשׁ מִמְּלָאכָה אוֹתָם שֶׁאֵין מַדְלִיקִין הַנֵּר, מִשְּׁעַת הַדְלָקַת הַנֵּרוֹת. אֲבָל וַדַּאי הַמַּחְמִיר כהיראים כִּדְאִיתָא בב"ח תָּבוֹא עָלָיו בְּרָכָה. וּבְכָל אוֹפֶן לֵיכָּא אִיסּוּר מַרְאִית עַיִן בְּעוֹשֶׂה אִישׁ אָז מְלָאכָה כִּדְכָתַבְתִּי שָׁם.

5. ביאור הלכה רסא:ב

יֵשׁ אוֹמְרִים שֶׁצָּרִיךְ וכו': ..וְדַע עוֹד דְּמִדְרַבָּנָן אֲפִלּוּ להרמב"ם מִצְוָה לְהוֹסִיף מְעַט מֵחוֹל עַל הַקּוֹדֶשׁ..

6. תוספות מועד קטן ד.

מַה לְהַלָּן הִיא אֲסוּרָה לְפָנֶיהָ וּלְאַחֲרֶיהָ מוּתָּרִין. וְאִי קַשְׁיָא וְהָא מַפְקִינָן מִקְּרָא במס' יומא פרק בתרא (דף פא:) דְּצָרִיךְ לַעֲשׂוֹת תּוֹסֶפֶת גַּבֵּי שַׁבָּת בֵּין בִּכְנִיסָתָהּ בֵּין בִּיצִיאָתָהּ לְהוֹסִיפָה מֵחוֹל עַל הַקּוֹדֶשׁ..

מקור חיים 28

Melacha after Wife has Lit Candles

QUESTION

Is there anything wrong in driving to *shul* after my wife has lit the Shabbos candles? Can I perform any *melacha* for her?

DISCUSSION

The Rema (OC 263:10)[1] writes that while women are *mekabel Shabbos* for themselves when they light, that does not affect others in their home. Thus, others may continue to do *melacha* until they accept Shabbos. The Mishna Berura (261:31)[2] writes that when one *davens kabbalas Shabbos*, they are automatically *mekabel Shabbos*.

The Shulchan Aruch (OC 263:17)[3] writes that one who has accepted Shabbos early may ask someone else who hasn't yet accepted Shabbos to do a *melacha* on their behalf. Likewise, one may ask another who had recited *havdala* at the end of Shabbos to do a *melacha* for them if they are still observing Shabbos, providing that they are not following Rabbeinu Tam's later *zeman* (See Piskei Teshuvos 263:44).

Each *kehilla* has its own *minhag* as to how long before *shekia* (sunset) they light Shabbos candles and are *mekabel Shabbos*. R' Moshe Feinstein (Igros Moshe OC 2:6)[4] writes that the reason why we are *mekabel Shabbos* so long before *shekia* is to fulfil the *halacha* of *tosefes Shabbos*, adding from the weekday onto Shabbos (See Shulchan Aruch OC 261:2). While Rambam (quoted in Biur Halacha 261:2)[5] holds that *tosefes Shabbos* is *miderabanan*, according to some *poskim*, it is *mideoraisa* (See Tosafos Moed Katan 4a;[6] Ohr Zarua, Erev Shabbos 14).

CONCLUSION

While one can do *melacha* up until just before *shekia* if absolutely necessary, one should be most particular to keep to the *minhag* of their *kehilla* and light by the time printed on the *luach* (See Igros Moshe OC 3:38). A man can drive to *shul* after his wife has lit and can do *melacha* on her behalf.

1. משנה ברכות כו.

תְּפִלַּת הַשַּׁחַר עַד חֲצוֹת רַבִּי יְהוּדָה אוֹמֵר עַד אַרְבַּע שָׁעוֹת, תְּפִלַּת הַמִּנְחָה עַד הָעֶרֶב רַבִּי יְהוּדָה אוֹמֵר עַד פְּלַג הַמִּנְחָה.

2. רמ"א או"ח רלג:א

וּלְדִידָן בִּמְדִינוֹת אֵלוּ שֶׁנּוֹהֲגִין לְהִתְפַּלֵּל עַרְבִית מִפְּלַג הַמִּנְחָה אֵין לוֹ לְהִתְפַּלֵּל מִנְחָה אַחַר כַּךְ וּבְדִיעֲבַד אוֹ בִּשְׁעַת הַדְּחָק יָצָא אִם מִתְפַּלֵּל מִנְחָה עַד הַלַּיְלָה דְּהַיְינוּ צֵאת הַכּוֹכָבִים.

3. ערוך השולחן או"ח רלג:ט

..וְכֵיוָן שֶׁהַתְּפִלָּה הִיא כְּנֶגֶד הַתָּמִיד מִמֵּילָא שֶׁאֵין לְהִתְפַּלֵּל אַחַר הַשְּׁקִיעָה..

4. משנה ברורה רלג:יד

..וְדַע דְּאַף שֶׁמֵּהַמְחַבֵּר והרמ"א מַשְׁמַע דִּלְדִידָן דְּנוֹהֲגִים לְהִתְפַּלֵּל מַעֲרִיב אַחַר צֵאת הַכּוֹכָבִים מוּתָּר לְהִתְפַּלֵּל מִנְחָה אֲפִלּוּ אַחַר שְׁקִיעָה עַד סָמוּךְ לְצֵאת הַכּוֹכָבִים יֵשׁ פּוֹסְקִים רַבִּים שֶׁחוֹלְקִים בָּזֶה וְדַעְתָּם שֶׁתְּפִלַּת הַמִּנְחָה הוּא רַק קוֹדֶם שְׁקִיעַת הַחַמָּה וְלָכֵן לְכַתְּחִלָּה צָרִיךְ כָּל אָדָם לִיזָּהֵר לְהִתְפַּלֵּל קוֹדֶם שְׁקִיעַת הַחַמָּה דַּוְקָא דְּהַיְינוּ שֶׁיִּגְמוֹר תְּפִלָּתוֹ בְּעוֹד שֶׁלֹּא נִתְכַּסָּה הַשֶּׁמֶשׁ מֵעֵינֵינוּ וּמוּטָב לְהִתְפַּלֵּל בִּזְמַנָּהּ בִּיחִידוּת מִלְּהִתְפַּלֵּל אַחַר כַּךְ בְּצִבּוּר וּבְדִיעֲבַד יוּכַל לִסְמוֹךְ עַל דַּעַת הַמְּקִילִים לְהִתְפַּלֵּל אַחַר שְׁקִיעָה עַד רֶבַע שָׁעָה קוֹדֶם צֵאת הַכּוֹכָבִים.

5. אגרות משה או"ח א:כד

וּמִנְחָה אֵין לְהִתְפַּלֵּל אַחַר שְׁקִיעָה רַק בִּשְׁעַת הַדְּחַק יְכוֹלִין לִסְמוֹךְ עַל הַמְּקִילִים.

6. רבינו יונה ברכות יח:

דְּעָבַד כְּמַר עָבַד וּדְעָבַד כְּמַר עָבַד אַף עַל פִּי שֶׁנִּרְאֶה מִכַּאן שֶׁאִם יִרְצֶה יָכוֹל לְהִתְפַּלֵּל עַרְבִית מִפְּלַג הַמִּנְחָה וָאֵילָךְ דלר' יהודה מִשָּׁם וָאֵילָךְ אֵינוֹ זְמַן תְּפִלַּת מִנְחָה וּלְדִבְרֵי רבנן יָכוֹל לְהִתְפַּלֵּל מִנְחָה עַד הָעֶרֶב אֲפִלּוּ הָכֵי אֵין לוֹ לְאָדָם לַעֲשׂוֹת בְּעִנְיָן שֶׁיִּהוּ מִנְהֲגוֹתָיו סוֹתְרִין זֶה אֶת זֶה שֶׁאִם יִתְפַּלֵּל מִנְחָה לִפְעָמִים מִפְּלַג הַמִּנְחָה וָאֵילָךְ כְּרַבָּנָן וְלִפְעָמִים יִתְפַּלֵּל עַרְבִית בְּאוֹתוֹ זְמַן קוֹדֶם שְׁקִיעַת הַחַמָּה כר' יהודה נִמְצְאוּ דְּבָרָיו סוֹתְרִין זֶה אֶת זֶה שֶׁפְּעָמִים דָּן אוֹתוֹ יוֹם וּפְעָמִים דָּן אוֹתוֹ לַיְלָה אֶלָּא יַעֲשֶׂה כָּל שָׁעָה כְּמוֹ רַבָּנָן שֶׁיִּתְפַּלֵּל מִנְחָה עַד שְׁקִיעַת הַחַמָּה וּתְפִלַּת עַרְבִית אַחַר כַּךְ אוֹ כְּמוֹ ר' יהודה שֶׁיִּתְפַּלֵּל תְּפִלַּת הַמִּנְחָה לְעוֹלָם עַד פְּלַג הַמִּנְחָה בִּלְבַד וְיִתְפַּלֵּל עַרְבִית אַחַר כָּךְ כָּל זְמַן שֶׁיִּרְצֶה וַאֲפִלּוּ קוֹדֶם שְׁקִיעַת הַחַמָּה..

7. שמירת שבת כהלכתה מו:ה

הַמִּתְפַּלֵּל תְּפִילַּת מִנְחָה בְּצִיבּוּר יִשְׁתַּדֵּל שֶׁיִּתְפַּלְּלוּ בְּעוֹד מוֹעֵד, דְּהַיְינוּ שֶׁאֶפְשָׁר יְהֵא לְקַבֵּל אֶת הַשַּׁבָּת לְפָחוֹת זְמַן מוּעָט לִפְנֵי הַשְּׁקִיעָה..

8. שולחן ערוך או"ח רסג:טו

מִי שֶׁשָּׁהָה לְהִתְפַּלֵּל מִנְחָה בְּעֶרֶב שַׁבָּת עַד שֶׁקִּבְּלוּ הַקָּהָל שַׁבָּת לֹא יִתְפַּלֵּל מִנְחָה בְּאוֹתוֹ בֵּית הַכְּנֶסֶת אֶלָּא יֵלֵךְ חוּץ לְאוֹתוֹ בֵּית הַכְּנֶסֶת וְיִתְפַּלֵּל תְּפִלָּה שֶׁל חוֹל וְהוּא שֶׁלֹּא קִבֵּל שַׁבָּת עִמָּהֶם אֲבָל אִם עָנָה וְקִבֵּל שַׁבָּת עִמָּהֶם אֵינוֹ יָכוֹל לְהִתְפַּלֵּל תְּפִלַּת חוֹל אֶלָּא יִתְפַּלֵּל עַרְבִית שְׁתַּיִם.

9. משנה ברורה רסג:סג

הוֹאִיל וְהִתְחִיל בְּהֶתֵּר: וְאַף עַל פִּי שֶׁהָיָה יוֹדֵעַ שֶׁלֹּא יוּכַל לִגְמוֹר אֲפִילּוּ חֲצִי הַתְּפִלָּה קוֹדֶם בָּרְכוּ מִכָּל מָקוֹם מִקְרֵי הִתְחִיל בְּהֶיתֵּר לְפִי שֶׁאִסּוּר זֶה שֶׁלֹּא לְהִתְפַּלֵּל תְּפִלָּה שֶׁל חוֹל אֵצֶל הַמִּתְפַּלְּלִים שֶׁל שַׁבָּת אֵינוֹ אֶלָּא חוּמְרָא בְּעָלְמָא וּמִכָּל מָקוֹם טוֹב יוֹתֵר בְּאוֹפֶן זֶה שֶׁיֵּצֵא לְחוּץ בֵּית הַכְּנֶסֶת וְיִתְפַּלֵּל שָׁם.

30 מקור חיים

Late to Shul on Friday Night

QUESTION ───────────────────────────────────

If one comes late to *shul* on Friday night, can they still *daven Mincha*?

DISCUSSION ──────────────────────────────────

The Mishna (Berachos 26a)[1] writes that one can *daven mincha* until evening. There is a *machlokes* among the *rishonim* as to when this is. While *mincha* corresponds to the afternoon *korban tamid*, there is a *machlokes* as to whether its blood had to be offered up by *shekia* (sunset), or *tzeis hakochavim* (nightfall).

Chassidim (and many *Sefardim*) typically follow the Rema (OC 233:1)[2] who writes that one can *daven mincha* until *tzeis* (See Shaagas Aryeh 17; Yechave Daas 5:22). Others, however, typically follow the Vilna Gaon (Biur Hagra OC 261:2), Aruch Hashulchan (OC 223:9)[4], Mishna Berura (233:14)[4] and R' Moshe Feinstein (Igros Moshe OC 1:24)[5] who write that one must *daven* before *shekia* and it would be better to *daven* alone before *shekia* rather than *daven* with a *minyan* after *shekia*.

Rabbeinu Yonah (Berachos 18b)[6] writes that one must be consistent and follow one opinion rather than change whenever one wants.

The Mishna Berura (233:14; Shaar Hatziyun) writes that if one who usually *davens mincha* before *shekia* had not yet *davened*, they may *daven* up until about 15 minutes before *tzeis*.

R' Yehoshua Neuwirth (Shemiras Shabbos Kehilchasa 46:5)[7] stresses the importance of *davening mincha* before *shekia* before Shabbos so that they can properly be *mekabel Shabbos* in good time.

The Shulchan Aruch (OC 263:15)[8] writes that if one had already been *mekabel Shabbos*, it is too late to *daven Mincha*, and one would have to repeat the *Maariv amida* (*tashlumin*). The Mishna Berura (263:63)[9] writes that if one came late to a *shul* which had already been *mekabel Shabbos*, they should leave the *shul* to *daven mincha* alone providing it is not too late.

CONCLUSION ──────────────────────────────────

If one arrived late to *shul* they can catch up providing there is at least 15 minutes before *nacht* (or *nacht* for those who follow the Rema). If the *shul* have already been *mekabel Shabbos*, then one must leave the room to *daven mincha* alone.

1. תוספות מנחות סו.

זֵכֶר לְמִקְדָּשׁ הוּא: נִרְאֶה דִבְסָפֵק חֲשֵׁיכָה יָכוֹל לְבָרֵךְ וְאֵין צָרִיךְ לְהַמְתִּין עַד שֶׁיְּהֵא וַדַּאי לַיְלָה כֵּיוָן שֶׁהוּא סְפֵיקָא דְּרַבָּנָן וְעוֹד אוֹמֵר דַּאֲפִילוּ בַּיּוֹם סָמוּךְ לַחֲשֵׁיכָה עָדִיף מִשּׁוּם תְּמִימוֹת כִּדְאָמְרִינַן לְעֵיל, וְאֵין נִרְאֶה וְהֵיכָא דְּשָׁכַח לִסְפּוֹר בַּלַּיְלָה פָּסַק בה"ג שֶׁסּוֹפֵר בַּיּוֹם.. אֲבָל נִרְאֶה לר"ת.. כָּל הַלַּיְלָה כָּשֵׁר לִקְצִירַת הָעוֹמֶר כו' וְדַיְיקִינַן מִינָהּ דְּקָתָנֵי לַיְלָה דּוּמְיָא דְּיוֹם מַה דְּיוֹם בַּלַּיְלָה לֹא אַף דְּלַיְלָה בְּיוֹם לֹא..

2. שולחן ערוך או"ח תפט:ז

שולחן ערוך או"ח תפט:ז שָׁכַח וְלֹא בֵּירֵךְ כָּל הַלַּיְלָה יִסְפּוֹר בַּיּוֹם בְּלֹא בְּרָכָה.

3. משנה ברורה תפט:לד

בְּלֹא בְּרָכָה: דְּיֵשׁ לָחוּשׁ לְדַעַת הַפּוֹסְקִים דְּאֵין זְמַן סְפִירָה אֶלָּא בַּלַּיְלָה וּכְשֶׁמְּבָרֵךְ בַּיּוֹם הוּא לְבַטָּלָה..

4. ט"ז או"ח תר:ב

פְּרִי חָדָשׁ: שְׁאֵלָה: קָהָל א' הָיָה לָהֶם בְּעֶרֶב רֹאשׁ הַשָּׁנָה שׁוֹפָר וּבָאוּ שׁוֹדְדִים וְגָזְלוּ אוֹתָם וְנָטְלוּ גַּם הַשּׁוֹפָר וְשָׁלְחוּ הַקָּהָל לְקָהָל אַחֵר לִשְׁלוֹחַ לָהֶם וְנִתְעַכֵּב הַשָּׁלִיחַ מֵחֲמַת אוֹנֶס וְלֹא בָּא עַד סוֹף יוֹם ב' וְהָיָה רֹאשׁ הַשָּׁנָה בְּיוֹם ה"ו וּבְשָׁעָה שֶׁבָּא הַשּׁוֹפָר כְּבָר הִתְפַּלְּלוּ שֶׁל שַׁבָּת אֲבָל עֲדַיִין הָיָה יוֹם גָּדוֹל, מַהוּ לִתְקוֹעַ בָּעֵת הַהִיא וְלֹא נָחוּשׁ לִשְׁבוּת דְּאֵין תּוֹקְעִין בְּשַׁבָּת.

תְּשׁוּבָה.. וְהוּא הַדִּין לְאַחַר תְּפִלַּת עַרְבִית יְכוֹלִין לְעָרֵב אִם הוּא יוֹם, דַּעֲנִיַּית בָּרְכוּ הִיא כִּתְקִיעַת שׁוֹפָר וְקוֹדֶם סָפֵק חֲשֵׁיכָה הָיוּ מְקַבְּלִין שַׁבָּת וְתוֹקְעִין כְּדֵי לְהוֹסִיף מֵחוֹל עַל הַקֹּדֶשׁ וַאֲפִלּוּ הָכִי מַתִּיר בְּעֶרֶב שַׁבָּת לְעָרֵב עֵרוּבֵי חֲצֵרוֹת בְּסָפֵק חֲשֵׁיכָה וְהוּא הַדִּין אַחַר עֲנִיַּת בָּרְכוּ.

5. אגרות משה או"ח ד:צט:ג

וּבִדְבַר אֶחָד שֶׁשָּׁכַח לִסְפּוֹר בְּאוֹר לְעֶרֶב שַׁבָּת וְנִזְכַּר לְמָחָר אַחַר שֶׁקִּבֵּל שַׁבָּת מִבְּעוֹד יוֹם, אִם עֲדַיִין יָכוֹל לִסְפּוֹר כְּמוֹ שֶׁסּוֹפְרִין לְמָחָר בַּיּוֹם בְּלֹא בְּרָכָה.. שַׁפִּיר דִּימָה דוֹדְךָ יְדִידִי הרה"ג ר' נטע צבי שליט"א לְהָא דְּפָסַק הט"ז בִּתְשׁוּבָתוֹ בְּסִימָן ת"ר שֶׁבְּלֹא הָיָה לְהַצִּבּוּר שׁוֹפָר וְהוּבָא לָהֶם עַל יְדֵי נָכְרִי שׁוֹפָר אַחַר קַבָּלַת שַׁבָּת מִבְּעוֹד יוֹם שֶׁצְּרִיכִין לִתְקוֹעַ שׁוֹפָר מִטַּעַם דַּהֲוֵי קַבָּלַת שַׁבָּת בְּטָעוּת.. וּכְדִכְתַב הגר"א בסק"ו דִּלְדְבָרִים דְּלֹא שַׁיָּיךְ לְשַׁבָּת וַדַּאי לַאו לַיְלָה הוּא, הוּא טַעַם גַּם לִסְפּוֹר סְפִירָה דְּשָׁכַח מֵאֶתְמוֹל.

6. יביע אומר או"ח ד:מג:ח

וּגְדוֹלָה מִזּוּ רָאִיתִי בשו"ת זרע אמת ח"א (סי' סו) שֶׁנִּשְׁאַל בְּמִי שֶׁשָּׁכַח לִסְפּוֹר הָעוֹמֶר בַּיּוֹם הַשִּׁשִּׁי, וְנִזְכַּר אַחַר שֶׁהִתְפַּלֵּל עַרְבִית שֶׁל שַׁבָּת.. וּמִכָּל מָקוֹם בְּנִידּוֹן דִּידָן הַדָּבָר בָּרוּר שֶׁיִּסְפּוֹר אָז בְּלִי בְּרָכָה וּמִכָּאן וָאֵילָךְ בִּבְרָכָה, דַּאֲפִילוּ אִם תִּמְצֵי לוֹמַר שֶׁזּוֹהִי מַחֲלוֹקֶת שְׁקוּלָה אִי מְהַנְיָא סְפִירָה שֶׁאַחַר תְּפִלַּת עַרְבִית.. מִכָּל מָקוֹם הֲרֵי זֶה דּוֹמֶה לְהַמְּסוּפָּק אִם דִּלֵּג לַיְלָה א'.. הָכָא נַמֵי אִיכָּא סְפֵיק סְפֵיקָא וְיוּכַל לְבָרֵךְ מִכַּאן וְאֵילָךְ..

מקור חיים 32

Latest time to Count the Omer on Friday

Question

I forgot to count the *omer* on Thursday night, and only remembered after *davening kabbalas Shabbos*. As that was before *shekia*, can I still continue counting with a *beracha*, or is it too late?

Discussion

Tosafos (Menachos 66a)[1] writes that there is a *machlokes* as to whether one may count the *omer* during the day, or if it must be done at night. Thus, the Shulchan Aruch (OC 489:7)[2] writes that if one did not count at night, they should count during the day without reciting a *beracha*. They may, however, continue counting with a *beracha* on future nights (See Mishna Berura 489:34;[3] Shaar Hatziyun 489:45).

The Taz (OC 600:2)[4] writes about a community who had not managed to fulfil the *mitzva* of hearing the *shofar* on the second day of Rosh Hashana that fell on a Friday. They *davened kabbalas Shabbos* early and then someone brought them a *shofar*. The Taz writes that in this scenario, even though they had already been *mekabel Shabbos*, they could still blow the *shofar* (See Taz OC 668).

R' Moshe Feinstein (Igros Moshe OC 4:99:3)[5] writes that this demonstrates that although one has brought Shabbos in early by saying *kabbalas Shabbos*, nonetheless, it is still the same day (Friday) regarding other *halachos*. One can, therefore, in this scenario, still count the *omer* and continue doing so later with a *beracha*. R' Ovadia Yosef (Yabia Omer OC 4:43:8)[6] brings multiple sources who agree that in this scenario one should count that day's *omer*.

Conclusion

One can count the previous night's *omer* before *shekia*, even if they have been *mekabel Shabbos*.

1. בבא בתרא צז:

בָּעָא מִינֵיהּ רב כהנא חמוה דרב משרשיא מרבא חֲמַר חִוַרְיָין מַהוּ אָמַר לֵיהּ (משלי כג:לא) אַל תֵּרֶא יַיִן כִּי יִתְאַדָּם.

2. רמב"ן בבא בתרא צז:

חֲמַר חִוַּרְיָן: לְעִנְיָן קִדּוּשׁ בָּעֵי דְעָלֶיהָ קַיְימִינָן. אִי נַמֵי בֵּין לְקִדּוּשׁ בֵּין לַנְסָכִים דְּאִי לִנְסָכִים דַוְקָא הֲוָה לֵיהּ לְמֵימַר מַהוּ לִנְסָכִים וְעוֹד דְּקָא פָּשִׁיט אַל תֵּרֶא יַיִן כִּי יִתְאַדֵּם אַלְמָא אֵינוֹ קָרוּי יַיִן אֶלָּא אָדוֹם..

3. רשב"ם בבא בתרא צז:

חֲמַר חִיוּורְיָן מַהוּ: לַנְּסָכִים וְיֵשׁ מְפָרְשִׁים לַקִּדּוּשׁ וְלֹא נְהִירָא.

4. שולחן ערוך או"ח רעב:ד

מְקַדְּשִׁין עַל יַיִן לָבָן והרמב"ן פּוֹסְלוֹ לַקִּדּוּשׁ אֲפִלּוּ בְּדִיעֲבַד אֲבָל מַבְדִּילִים עָלָיו וּמִנְהַג הָעוֹלָם כִּסְבָרָא רִאשׁוֹנָה.

5. הגהות רעק"א או"ח רעב:ד

אֲבָל מַבְדִּילִין עָלָיו: עַיֵּין רמב"ן דְּכָתַב דְּלֹא גָּרַע מִשֵּׁכָר. וּלְפִי זֶה בְּקִדּוּשׁ דְּשַׁחֲרִית מוּתָּר לְקַדֵּשׁ..

6. ביאור הגר"א או"ח רעב:ד

אֲבָל מַבְדִּילִין: דְּלֹא גָּרַע מִשֵּׁכָר וּמַיְירֵי שֶׁהוּא חֲמַר מְדִינָה ועס"ט.

7. משנה ברורה רעב:י

עַל יַיִן לָבָן וְכוּ': וּלְכוּלֵּי עַלְמָא מִצְוָה לְכַתְּחִלָּה לְחַזֵּר אַחַר יַיִן אָדוֹם אֶלָּא דְּאִם אֵין לוֹ אָדוֹם אוֹ שֶׁאֵינוֹ מְשׁוּבָּח סְבִירָא לֵיהּ לְדֵעָה זוּ דְּמוּתָּר לְכַתְּחִלָּה לְקַדֵּשׁ עַל לָבָן.

8. שמירת שבת כהלכתה מז הערה פט

..וְאֵין הָכִי נַמֵי דְּאִם עֵירְבְבוֹ בְּיַיִן הַלָּבָן קְצַת יַיִן אָדוֹם גַּם כֵּן מְהַנֵּי.

White Wine for Kiddush

QUESTION ───────────────────────────────────────

Is it preferable to use red wine for *kiddush* even if one prefers white wine?

DISCUSSION ──────────────────────────────────────

The Gemara (Bava Basra 97b)[1] teaches that one cannot use white wine as only red wine is considered to be proper wine. There is a *machlokes* among the *rishonim* however, as to what this applies to. According to Ramban[2], this includes both wine which is poured over the *mizbeiach* as well as wine used for *kiddush*. Rashbam[3] maintains, however, that it only refers to the wine on the *mizbeiach*, and there would be no issue in using white wine for *kiddush* (See Nimukei Yosef).

The Shulchan Aruch (OC 272:4)[4] quotes the Ramban and writes that while he does not allow using white wine for *kiddush*, one may for *havdala*. Nonetheless, he writes that the *minhag* is to allow using white wine even for *kiddush*.

R' Akiva Eiger (OC 272:4)[5] writes that as one may use *chamar medina*, national beverages, for the daytime *kiddush* (See Shulchan Aruch OC 272:9), even the Ramban would agree that one could use such wines then (See Biur Hagra OC 272:4)[6]. Following this, the Mishna Berura (272:10)[7] writes that while all agree that it is preferable to use red wine for *kiddush*, one may use white wine *lechatchila*, particularly if it is better quality (See Rema OC 472:11).

Regardless, R' Yehoshua Neuwirth (Shemiras Shabbos Kehilchasa 47:n89)[8] writes that if one added a little red wine to white wine, it would be considered red.

CONCLUSION ──────────────────────────────────────

It is preferable to use red wine for Friday night *kiddush* when one has a choice, unless the white wine is superior to the red wine.

1. שולחן ערוך או"ח רעב:ט

בְּמָקוֹם שֶׁאֵין יַיִן מָצוּי יֵשׁ אוֹמְרִים שֶׁמְּקַדְּשִׁין עַל שֵׁכָר וּשְׁאָר מַשְׁקִין חוּץ מִן הַמַּיִם וְיֵשׁ אוֹמְרִים שֶׁאֵין מְקַדְּשִׁין ולהרא"ש בַּלַּיְלָה לֹא יְקַדֵּשׁ עַל הַשֵּׁכָר אֶלָּא עַל הַפַּת וּבַבֹּקֶר יוֹתֵר טוֹב לְקַדֵּשׁ עַל הַשֵּׁכָר שֶׁיְּבָרֵךְ עָלָיו שֶׁהַכֹּל קוֹדֶם בִּרְכַּת הַמּוֹצִיא שֶׁאִם יְבָרֵךְ עַל הַפַּת תְּחִלָּה אֵין כַּאן שׁוּם שִׁנּוּי וְדִבְרֵי טַעַם הֵם.

2. שולחן ערוך או"ח רעט:ב

בְּמָקוֹם שֶׁאֵין יַיִן מָצוּי הֲוֵי שֵׁכָר וּשְׁאָר מַשְׁקִין חוּץ מֵהַמַּיִם חֲמַר מְדִינָה וּמְקַדְּשִׁין עָלָיו וְאִם אֵין לוֹ אֲפִלּוּ שֵׁכָר וּשְׁאָר מַשְׁקִין אוֹכֵל בְּלֹא קִדּוּשׁ.

3. אגרות משה או"ח ב:עה

..דְּאֵין שׁוּם אָדָם שׁוֹתֶה יַיִן וְיַיִן שָׂרָף וְשֵׁכָר לִצְמָאוֹ דְּעַל זֶה שׁוֹתִין מַיִם שֶׁיּוֹתֵר עֲדִיפִי אֶלָּא רַק לְכָבוֹד בְּעַלְמָא שׁוֹתִין אוֹתָן וְאֵלּוּ הַמִּינִים נִקְרָאִים בְּשֵׁם מַשְׁקֶה וַחֲמַר מְדִינָה..

4. משנה ברורה רעב:כט

..וּמִכָּל מָקוֹם בִּמְדִינָתֵנוּ שֶׁהַיַּיִן בְּיוֹקֶר וְרוֹב שְׁתִיַּת הַמְּדִינָה הוּא מִשְּׁאָר מַשְׁקִין לֹא נָהֲגוּ אֲפִלּוּ הַגְּדוֹלִים לְהַדֵּר אַחַר יַיִן בַּיּוֹם שֶׁהַקִּדּוּשׁ שֶׁלּוֹ הוּא רַק מִדְּרַבָּנָן לְכוּלֵי עַלְמָא וְסוֹמְכִין עַצְמָן עַל דִּבְרֵי הַמְּקִילִין בְּזֶה וּמִי שֶׁמְּבָרֵךְ גַּם בַּיּוֹם עַל הַיַּיִן וַדַּאי עוֹשֶׂה מִצְוָה מִן הַמּוּבְחָר..

5. ערוך השולחן או"ח רעב:יג

..מִיהוּ גַּם גְּדוֹלֵי הַדּוֹר נָהֲגוּ בְּשַׁחֲרִית לְבָרֵךְ אַשֵּׁכָר. (עַיֵּין ב"ח ומגן אברהם שהמהרש"ל והרש"כ עָשׂוּ כֵּן, וְהָיָה לָהֶם יַיִן ע"ש) וְטָרְחוּ הַמְּפָרְשִׁים לִיתֵּן טַעַם בְּזֶה: יֵשׁ מִי שֶׁכָּתַב שֶׁרָצוּ לִפְטוֹר הַמַּשְׁקִין שֶׁבְּתוֹךְ הַסְּעוּדָה (ב"ח) וְיֵשׁ מִי שֶׁכָּתַב מִפְּנֵי שֶׁהַיַּיִן בְּיוֹקֶר (ט"ז סק"ו) וְיֵשׁ מִי שֶׁכָּתַב מִשּׁוּם דְּבִמְדִינָתֵינוּ הֲוֵי שֵׁכָר חֲמַר מְדִינָה (מגן אברהם סק"ט), אוֹ אוּלַי הָיָה הַשֵּׁכָר חָבִיב עֲלֵיהֶם..

6. אשל אברהם (בוטשאטש) רעב

יֵשׁ לְלַמֵּד זְכוּת עַל הָעוֹשִׂים קִדּוּשׁ עַל יַיִן שָׂרָף בִּכְלִי קָטָן.. כִּי כמ"ש הט"ז שֶׁבְּבְרָכָה אַחֲרוֹנָה דְּיַיִן שָׂרָף הִיא גַּם עַל שִׁיעוּר קָטָן.

7. באר משה ו:נד

..מֵבִיא המהרש"ם מִשְּׁלֹשָׁה גְּאוֹנֵי וּקְדוֹשֵׁי עֶלְיוֹן שֶׁעָשׂוּ מַעֲשֶׂה רַב לְהֲלָכָה גַּם לְהוֹרוֹת לַאֲחֵרִים שֶׁבַּקִּדּוּשׁ שַׁחֲרִית עַל יַיִן שָׂרָף לֹא בְּעִינָן רְבִיעִית.. וְכָל הַמְּהַרְהֵר אַחֲרֵיהֶם כְּאִילּוּ מְהַרְהֵר אַחַר רַבּוֹ דְּהַוֵי כִּמְהַרְהֵר אַחַר הַשְּׁכִינָה, וְדַי בָּזֶה. אֲבָל זֶה רַק לְמִי שֶׁדַּרְכּוֹ לִשְׁתּוֹת יַיִן שָׂרָף בְּכָל בֹּקֶר.. אֲבָל מִי שֶׁאֵין דַּרְכּוֹ בְּכָךְ וְאֵינֶנּוּ עָרֵב עָלָיו בְּיוֹתֵר בְּוַדַּאי לֹא יִתְנַהֵג כֵּן עיי"ש במהרש"ם.

8. שבט הלוי ג:כו

..כֵּיוָן דְּאִיכָּא יַיִן לָרוֹב, הִנֵּה גַּם אֲנִי מֵעוֹדִי נִתְקַשֵּׁתִי בְּזֶה וְלֹא מָצָאתִי טַעַם הָגוּן לְהַנְהָגָה זֹאת.. עַל מִנְהַג הָעוֹלָם דִּמְהַדְּרִין לְקַדֵּשׁ בַּבֹּקֶר אַשְּׁאָר מַשְׁקִין, אָמְנָם יֵשׁ לוֹמַר דֶּרֶךְ אֶפְשָׁר.. שֶׁבְּמָקוֹם שֶׁשְּׁכִיחַ יַיִן כְּמוֹ בְּגָלִיל הָיָה שׁוֹתִין יַיִן בְּמָקוֹם מַיִם וְלֹא הָיָה מִשְׁתַּמְּשִׁים בַּמַּיִם רַק לִרְפוּאָה.. וּבִזְמַן הַזֶּה נִשְׁתַּנּוּ הַטְּבָעִים בְּעִנְיָן זֶה דְּגַם בְּמָקוֹם שֶׁשְּׁכִיחַ יַיִן לֹא נַעֲשָׂה הַיַּיִן סְתָם שְׁתִיָּיתָן שֶׁל בְּנֵי הָעָם וּבִפְרָט בְּאַחֵינוּ בְּנֵי יִשְׂרָאֵל, וּבְפֵירוּשׁ מְהַדְּרִין לִשְׁאָר מַשְׁקִין וְלֹא עַל הַיַּיִן, וְעַל כֵּן מַה שֶּׁהַיַּיִן מָצוּי וּשְׁכִיחַ בָּעִיר אֵין זֶה גּוֹרֵם שֶׁלֹּא יִקָּרְאוּ גַּם שְׁאָר מַשְׁקִין חֲמַר מְדִינָה בִּזְמַן הַזֶּה, זֶה הנלע"ד דֶּרֶךְ לִמּוּד זְכוּת.

9. משנה ברורה רעב:ל

..וְאִם חָבִיב לוֹ יַיִן שָׂרוּף יָכוֹל לְקַדֵּשׁ עָלָיו בַּיּוֹם לְכַתְּחִלָּה בִּמְדִינָתֵנוּ שֶׁהוּא חֲמַר מְדִינָה אַךְ שֶׁיִּזָּהֵר לִיקַּח כּוֹס מַחֲזִיק רְבִיעִית וְלִשְׁתּוֹת מִמֶּנּוּ מְלֹא לוּגְמָיו שֶׁהוּא רוֹב רְבִיעִית..

10. ט"ז או"ח רי:א

וְהַשּׁוֹתֶה פָּחוֹת מֵרְבִיעִית: נִרְאֶה לִי דְּיַיִן שָׂרָף שֶׁבִּמְדִינָתֵנוּ אֵינוֹ בִּכְלַל זֶה דְּבָזֶה אִי אֶפְשָׁר לִשְׁתּוֹת רְבִיעִית הַלּוֹג שֶׁהוּא בֵּיצָה וּמֶחְצָה וְאִם כֵּן אָזְלִינָן בָּתַר שִׁיעוּר הַשְּׁתִיָּה לְרוֹב בְּנֵי אָדָם בְּזֶה..

11. הר צבי או"ח קנט

..בְּיַיִן שָׂרָף זֶהוּ שִׁיעוּר שָׁלֵם לְכָל אָדָם אַף שֶׁהוּא פָּחוֹת מֵרְבִיעִית שַׁפִּיר יֵשׁ לוֹמַר דִּכְמוֹ דְּאָזְלִינָן לְעִנְיַן בְּרָכָה אַחֲרוֹנָה כְּפִי הַנּוֹהֵג בְּרוֹב בְּנֵי אָדָם, כֵּן לְגַבֵּי קִדּוּשׁ חָשִׁיב כְּמוֹ רְבִיעִית מַמָּשׁ..

Kiddush on Whisky

QUESTION ───

Is it okay to make *kiddush* on whisky?

DISCUSSION ──

The Shulchan Aruch (OC 272:9)[1] writes that there is a difference between the *kiddush* that one recites on Friday night and Shabbos day. On Friday night, when *kiddush* is *mideoraisa* (Rambam, Shabbos 29:4), one must make *kiddush* on wine (or grape juice). If one has no wine, one must recite *kiddush* over their *challa*.

The Shulchan Aruch (OC 289:2)[2] writes that on Shabbos morning, when *kiddush is miderabanan* (Mishna Berura 271:8; Baer Heitev 289:2) one may use *chamar medina*, popular beverages, if one does not have any wine. R' Moshe Feinstein (Igros Moshe OC 2:75)[3] writes that this includes whisky and other liquors.

Even when wine is available, many have the custom to recite *kiddush* on a shot of whisky. The Mishna Berura (272:29)[4] writes that while it is certainly best to use wine, it is okay to use other drinks when wine is more expensive and drunk less. While some *poskim* (See Aruch Hashulchan OC 272:13)[5] disapprove of this practice, others (Eshel Avraham 272[6], Baer Moshe 6:54[7]) defend it. R' Shmuel Wosner (Shevet Halevi 3:26;[8] 5:32) explains that people used to drink wine much more than water. Nowadays, however, wine is not drunk quite as much, hence the *hetter* to use other beverages.

While the Magen Avraham (190:4) and Mishna Berura (272:30)[9] write that one who does make *kiddush* on whisky should use a cup that holds a *revi'is* and drink *melo lugmav*, a cheekful (at least 1.6oz), others hold that one may use a shot glass (See Taz OC 210:1[10], Chasam Sofer OC 49). R' Zvi Pesach Frank (Har Zvi OC 159)[11] points out that one who relies on this should say *borei nefashos* afterwards, even if they have not drunk a *revi'is*.

CONCLUSION ──

Most *poskim* stress the importance of using wine for *kiddush*, though one should not disparage those who have the practice of using whisky on Shabbos morning.

1. **ברכות כ:**

אָמַר רב אדא בר אהבה נָשִׁים חַיָּיבוֹת בְּקִדּוּשׁ הַיּוֹם דְּבַר תּוֹרָה אַמַּאי מִצְוַת עֲשֵׂה שֶׁהַזְּמַן גְּרָמָא הוּא וְכָל מִצְוַת עֲשֵׂה שֶׁהַזְּמַן גְּרָמָא נָשִׁים פְּטוּרוֹת אָמַר אביי מִדְּרַבָּנָן אֲמַר לֵיהּ רבא וְהָא דְּבַר תּוֹרָה קָאָמַר וְעוֹד כָּל מִצְוַת עֲשֵׂה נְחַיְּיבִינְהוּ מִדְּרַבָּנָן אֶלָּא אָמַר רבא אָמַר קְרָא זָכוֹר וְשָׁמוֹר כָּל שֶׁיֶּשְׁנוֹ בִּשְׁמִירָה יֶשְׁנוֹ בִּזְכִירָה וְהָנֵי נָשֵׁי הוֹאִיל וְאִיתַנְהוּ בִּשְׁמִירָה אִיתַנְהוּ בִּזְכִירָה.

2. **משנה תורה שבת כט:ד**

עִקַּר הַקִּדּוּשׁ בַּלַּיְלָה. אִם לֹא קִדֵּשׁ בַּלַּיְלָה בֵּין בְּשׁוֹגֵג בֵּין בְּמֵזִיד מְקַדֵּשׁ וְהוֹלֵךְ כָּל הַיּוֹם כֻּלּוֹ. וְאִם לֹא הִבְדִּיל בַּלַּיְלָה מַבְדִּיל לְמָחָר וּמַבְדִּיל וְהוֹלֵךְ עַד סוֹף יוֹם שְׁלִישִׁי. אֲבָל אֵינוֹ מְבָרֵךְ עַל הָאוּר אֶלָּא בְּלֵיל מוֹצָאֵי שַׁבָּת בִּלְבָד.

3. **משנה ברורה רעא:ח**

יַיִן לְצוֹרֶךְ הַיּוֹם: הַיְינוּ לְצוֹרֶךְ קִדּוּשׁ הַיּוֹם וְהַטַּעַם דְּקִדּוּשׁ הַלַּיְלָה עִקָּרוֹ הוּא מִדְּאוֹרַיְיתָא וְקִדּוּשׁ הַיּוֹם הוּא רַק מִדְּרַבָּנָן..

4. **פסחים קא.**

..אָמַר שמואל אֵין קִדּוּשׁ אֶלָּא בִּמְקוֹם סְעוּדָה.

5. **תוספות פסחים קא.**

טָעִימוּ מִידֵי: נִרְאֶה דְּהַיְינוּ טְעִימַת לֶחֶם.. וְאִם מוֹעִיל מִינֵי תַּרְגִּימָא לְהַשְׁלִים ג' סְעוּדוֹת שַׁבָּת כְּמוֹ בַּסּוּכָּה הַיְינוּ דַּוְקָא בִּסְעוּדָה שְׁלִישִׁית אֲבָל לֹא בִּסְעוּדַת עַרְבִית וְשַׁחֲרִית שֶׁהֵם עִקַּר כְּבוֹד שַׁבָּת.

6. **טור או"ח רעג:ה**

כָּתְבוּ הַגְּאוֹנִים הָא דְּאָמְרִינָן אֵין קִדּוּשׁ אֶלָּא בִּמְקוֹם סְעוּדָה אֵין צָרִיךְ שֶׁיִּגְמוֹר שָׁם כָּל סְעוּדָתוֹ אֶלָּא אֲפִלּוּ אָכַל דָּבָר מוּעָט אוֹ שָׁתָה כּוֹס יַיִן שֶׁחַיָּיב עָלָיו בְּרָכָה יָצָא יְדֵי קִדּוּשׁ וְגוֹמֵר סְעוּדָתוֹ בְּמָקוֹם אַחֵר וְדַוְקָא שֶׁאָכַל לֶחֶם אוֹ שָׁתָה יַיִן אֲבָל אָכַל פֵּירוֹת לֹא.

7. **מגן אברהם רעג:יא**

פֵּירוֹת לֹא: בשׁ"ג כָּתַב דְּאַף בְּפֵירוֹת דַּיוֹ דְּכָל סְעוּדַת שַׁבָּת נֶחְשֶׁבֶת קֶבַע ע"ש וְדַעַת הטור והשולחן ערוך עִקָּר מִכָּל מָקוֹם נִרְאֶה לִי דִּבְאוֹכֵל מִינֵי תִּרְגִּימָא מֵה' מִינִים יָצָא דְּהָא עַל כָּל פָּנִים חֲשִׁיבִי טְפֵי לִסְעוּדַת שַׁבָּת מִיַּיִן וכמ"ש ססי' רצ"ג וְשֵׁכָר אַף עַל גַּב דְּהָוֵי חֲמַר מְדִינָה לֹא יָצָא בּוֹ בִּמְקוֹם סְעוּדָה דְּלֹא סָעִיד כְּמוֹ יַיִן.

8. **ביאור הלכה רעג:ה**

כָּתְבוּ הַגְּאוֹנִים וְכוּ': וּבְסֵפֶר מעשה רב כָּתַב שהגר"א אַף בְּקִדּוּשׁ הַיּוֹם לֹא הָיָה מְקַדֵּשׁ אֶלָּא בִּמְקוֹם סְעוּדָה גְּמוּרָה וְלֹא מִינֵי תַּרְגִּימָא אוֹ יַיִן.

9. **קיצור שולחן ערוך עז:יד**

וְאִם לֹא אָכַל מִיַּד לְאַחַר הַקִּדּוּשׁ, לֹא יָצָא יְדֵי קִדּוּשׁ. וּבַיּוֹם אַף שֶׁאֵינוֹ רוֹצֶה לֶאֱכוֹל מִיַּד סְעוּדָה קְבוּעָה, יָכוֹל לְקַדֵּשׁ וְלֶאֱכוֹל קְצַת פַּת כִּיסְנִין, וְאָז צָרִיךְ לִשְׁתּוֹת מִן הַכּוֹס רְבִיעִית.

10. **עין יצחק יב:יא**

לְכַתְּחִלָּה יָחוּשׁ לְהַחְמִיר לֶאֱכוֹל תֵּיכֶף לֶחֶם אַחַר הַקִּדּוּשׁ שֶׁל לַיְלָה אָכֵן בְּקִדּוּשׁ הַיּוֹם יֵשׁ לְהָקֵל וְלִסְמוֹךְ עַל מִינֵי תַּרְגִּימָא אוֹ כּוֹס יַיִן שֵׁנִי.

11. **שמירת שבת כהלכתה נד:כב**

וְגַם בְּלַיְלָה, אַף כִּי מִצְוָה הִיא לֶאֱכוֹל סְעוּדַת לֶחֶם, יוֹצֵא אָדָם יְדֵי קִדּוּשׁ בִּמְקוֹם סְעוּדָה גַּם בַּאֲכִילַת פַּת הַבָּא בְּכִיסְנִין, וְאַף בַּאֲכִילַת דַּיְיסָה אוֹ פַּשְׁטִידָא מֵחֲמֵשׁ מִינֵי הַדָּגָן..

Waiting After Friday Night Kiddush

QUESTION

We have invited some friends for Friday night dinner, though we are going to have to wait a while for them to arrive. Can we say *kiddush*, eat some cake, and then start the meal when they arrive?

DISCUSSION

The Gemara (Berachos 20b)[1] teaches that there is a *mitzva mideoraisa* to recite *kiddush* on Shabbos. Rambam (Shabbos 29:4)[2] explains that this *mitzva* applies to the first *kiddush* that we recite on Friday night. The Mishna Berura (271:8)[3] notes, however, that the *kiddush* that we say on Shabbos day is *miderabanan* (See Baer Heitev OC 289:2).

The Gemara (Pesachim 101a)[4] writes that *kiddush* must be recited *bemakom seuda*, where one is going to eat their meal. Thus, Tosafos (Pesachim 101a)[5] and the Rosh (Pesachim 10:5) write that *kiddush* must be followed by a bread meal. The Tur (OC 273:5)[6], however, writes that a *seuda* includes a snack or drinking some wine.

Following this, the Magen Avraham (OC 273:11)[7] writes that just as *mezonos* is considered to be more prominent than *hagafen*, so too eating cakes, etc. would be like having a bread *seuda*. While R' Akiva Eiger (OC 273:5) and the Vilna Gaon (quoted in Biur Halacha 273:5)[8] disagree with the Magen Avraham, most follow the Magen Avraham and rely on cakes, etc. on Shabbos day to be *kovea seuda* (See Aruch Hashulchan OC 273:8; Mishna Berura 273:25).

The Kitzur Shulchan Aruch (77:14)[9] and R' Yitzchak Elchanan Spector (Ein Yitzchak OC 12:11)[10] write that one can only have cake as part of their *kiddush* during the day when *kiddush* is *miderabanan*, but not on Friday night, when *kiddush* is *mideoraisa*.

Nonetheless, R' Yehoshua Neuwirth (Shemiras Shabbos Kehilchasa 54:22)[11] writes that one can recite *kiddush* on cake even on Friday night, though, unlike during the daytime, one cannot repeat *kiddush* before the meal.

CONCLUSION

It is preferable to have *kiddush* on Friday night immediately before one eats their meal, though if one has to wait to begin their meal, they may recite *kiddush* and eat some cake first.

1. שולחן ערוך או"ח רעא:יד

אִם לֹא טָעַם הַמְקַדֵּשׁ וְטָעַם אֶחָד מֵהַמְּסוּבִּין כִּמְלֹא לוּגְמָיו (פִּי' מָלֵא פִּיו) יָצָא וְאֵין שְׁתִיַּית שְׁנַיִם מִצְטָרֶפֶת לִמְלֹא לוּגְמָיו וּמִכָּל מָקוֹם מִצְוָה מִן הַמּוּבְחָר שֶׁיִּטְעֲמוּ כּוּלָם..

2. ט"ז או"ח קפב:ד

..אֲבָל לָמָּה שֶׁנּוֹהֲגִים שֶׁשּׁוֹתֶה הַמְבָרֵךְ וְאַחַר כַּךְ שׁוֹפֵךְ לַכּוֹסוֹת הַמְּסוּבִּין אֵין לְזֶה טַעַם. וְקָשֶׁה דְּאִם אֵין כּוֹס אֶלָּא לַמְבָרֵךְ הָא עַל כָּרְחָךְ יִשְׁתּוּ הָאֲחֵרִים מִכּוֹס פָּגוּם כֵּיוָן שֶׁכְּבָר טָעַם הַמְבָרֵךְ מִמֶּנּוּ.. וְעַל כֵּן יוֹתֵר טוֹב שֶׁכָּל אֶחָד יִהְיֶה לוֹ כּוֹס מְיוּחָד אִם אֶפְשָׁר.

3. שער הציון רעא:פט

וּכְשֶׁשּׁוֹתִין כּוּלָּם מִכּוֹס שֶׁל בְּרָכָה, אַף עַל גַּב דְּהוּא שׁוֹתֶה מִתְּחִלָּה, לֹא מִקְרֵי מִכּוֹס שֶׁאֵינוֹ פָּגוּם, דַּחֲשׁוּבִין כִּמְקַדֵּשׁ גּוּפָא וְרַק כְּשֶׁשּׁוֹפֵךְ מִכּוֹסוֹ לְכוֹסָן בְּעִינַן שֶׁיִּשְׁפּוֹךְ קוֹדֶם שֶׁיִּשְׁתֶּה בְּעַצְמוֹ..

4. משנה ברורה רעא:נא

מֵהַכּוֹס הַשֵּׁנִי: ובמגן אברהם הִסְכִּים לְדַעַת התוספות דְּכוֹס שֶׁל חוֹבָה צָרִיךְ לִהְיוֹת הַטְּעִימָה דַּוְקָא מִכּוֹס שֶׁיֵּשׁ בּוֹ רְבִיעִית יַיִן וְעַל כֵּן הַנָּכוֹן שֶׁיַּעֲשֶׂה כַּךְ: יִשְׁפּוֹךְ מִתְּחִלָּה מֵהַכּוֹס הָרִאשׁוֹן לְתוֹךְ כּוֹס אַחֵר וְיִזָּהֵר שֶׁיִּשָּׁאֵר בּוֹ רְבִיעִית יַיִן וְיִטְעַם מֵהַכּוֹס הָרִאשׁוֹן כְּשִׁיעוּר מְלֹא לוּגְמָיו וְאַחַר כַּךְ יִשְׁפּוֹךְ הַיַּיִן שֶׁבְּכוֹס אַחֵר לְתוֹךְ כּוֹס זֶה דְּבָזֶה נִתְקַן פְּגִימָתוֹ..

5. שולחן ערוך הרב או"ח רעא:כ

וְלֹא יִשְׁפּוֹךְ מִמֶּנּוּ אַחַר הַקִּדּוּשׁ קוֹדֶם הַטְּעִימָה (מִפְּנֵי שֶׁהוּא בִּזָּיוֹן הַבְּרָכָה.. וְגַם שֶׁלֹּא לְהַפְסִיק בֵּין בְּרָכָה לִטְעִימָה בְּחִנָּם..).

6. משנה ברורה רצו:ד

כְּדֵי שֶׁלֹּא יִהְיֶה וְכוּ': הַיְינוּ דְּמִשּׁוּם זֶה אֵינוֹ שׁוֹפֵךְ קוֹדֶם שֶׁמַּתְחִיל הַבְּרָכָה כְּדֵי שֶׁלֹּא יְבָרֵךְ תְּחִלַּת הַבְּרָכָה עַל כּוֹס פָּגוּם שֶׁאֵינוֹ מָלֵא וְאַחַר סִיּוּם הַבְּרָכָה גַּם כֵּן לֹא יוּכַל לִשְׁפּוֹךְ שֶׁיֵּשׁ בִּזּוּי לַכּוֹס שֶׁל בְּרָכָה כְּשֶׁשּׁוֹפֵךְ מִמֶּנּוּ אַחַר בְּרָכָה קוֹדֶם שְׁתִיָּה וְלָכֵן שׁוֹפְכִין קוֹדֶם סִיּוּם הַבְּרָכָה.

7. שולחן ערוך הרב או"ח קצ:ה

וְאִם לִפְנֵי הַמְּסוּבִּין הֵן כּוֹסוֹת רֵיקָנִים יָכוֹל לִיתֵּן מִכּוֹס הַבְּרָכָה מְעַט לְכָל כּוֹס וְכוֹס שֶׁלָּהֶם אַחַר שֶׁבֵּרַךְ בּוֹרֵא פְּרִי הַגָּפֶן קוֹדֶם שְׁתִיָּיתוֹ כְּדֵי שֶׁיִּטְעֲמוּ מִכּוֹס שֶׁאֵינוֹ פָּגוּם, וְאֵין בָּזֶה מִשּׁוּם הֶפְסֵק בֵּין בְּרָכָה לִשְׁתִיָּה כֵּיוָן שֶׁהוּא לְצוֹרֶךְ שְׁתִיַּית הַמְּסוּבִּין וּמַה שֶּׁהוּא מְבָרֵךְ הוּא כְּאִלּוּ הֵם מְבָרְכִין שֶׁהֲרֵי יוֹצְאִים בְּבִרְכָתוֹ וְכֵן אִם כּוֹסוֹת שֶׁלִּפְנֵיהֶם מְלֵאִים אֶלָּא שֶׁהֵם פְּגוּמִים יָכוֹל לִשְׁפּוֹךְ מִכּוֹס שֶׁלּוֹ לְתַקְּנָם קוֹדֶם שֶׁיִּשְׁתֶּה.

8. שמירת שבת כהלכתה מח:יא

כֵּיצַד יַעֲשֶׂה? אִם יֵשׁ לוֹ לַמְקַדֵּשׁ כּוֹס גְּדוֹלָה יִמְזוֹג לַכּוֹסוֹתֵיהֶם לִפְנֵי שֶׁיִּשְׁתֶּה, וְהֵם לֹא יִטְעֲמוּ לִפְנֵי שֶׁיִּשְׁתֶּה הוּא מִכּוֹסוֹ.

9. שמירת שבת כהלכתה מח הערה סט

וְשָׁמַעְתִּי מהגרש"ז אויערבך זצ"ל דְּהֲרֵי מְפוֹרָשׁ בשולחן ערוך סי' קע סע' טז, דְּלֹא יִשְׁתֶּה מִן הַכּוֹס וְיִתֵּן לַחֲבֵירוֹ מִפְּנֵי סַכָּנַת נְפָשׁוֹת..

10. שמירת שבת כהלכתה מח הערה עד

גַּם יָכוֹל לִמְזוֹג מִן הַבַּקְבּוּק לְכָל אֶחָד לַכּוֹס שֶׁלּוֹ לִפְנֵי שֶׁהוּא מְקַדֵּשׁ.. וְאִם אֵין לָהֶם כּוֹס.. בְּשִׁיעוּר רְבִיעִית, לֹא יִטְעֲמוּ קוֹדֶם שֶׁיִּטְעַם הַמְקַדֵּשׁ.

Ideal Way to Make Kiddush

QUESTION ——————————————————————————————

I have always made *kiddush* over my wine, and then poured some out for others after drinking though I have seen some people pour out wine for others before *kiddush*. Which is correct?

DISCUSSION ——————————————————————————————

The Shulchan Aruch (OC 271:14)[1] writes that one fulfils their obligation of *kiddush* by listening to another person reciting it (and answering *amen*), though it is ideal for everyone to drink from the *kiddush* wine.

The Taz (OC 182:4;[2] 190:1) writes that it is wrong to drink a little from the *kiddush* cup and then pour into other cups as the wine becomes *pagum*, unfit for *kiddush* after. Ideally, everyone should have wine poured out before *kiddush*. The Mishna Berura (Shaar Hatziyun 271:89)[3] writes that one may recite *kiddush*, drink from their cup, and then pass it around to others. One should not pour out from it after drinking, however. If one did so, they could fix the *pagum* wine by pouring some fresh wine into the cups. One pouring out from their own cup must ensure that they are left with a *revi'is* in their cup (Mishna Berura 271:51)[4].

The Shulchan Aruch Harav (OC 271:20)[5] adds that one should not pour wine out into other cups after reciting *kiddush* before drinking oneself, as doing so would be considered a *bizayon* disgrace, to the *mitzva* (See Mishna Berura 296:4)[6]. Nonetheless, he maintains (OC 190:5)[7] that there is no *hefsek* to pour out from one's *kos* before drinking after *bentching*.

While R' Yehoshua Neuwirth (Shemiras Shabbos Kehilchasa 48:11)[8] writes that it is preferable for those listening to drink from the main *kos*, he writes (48:n69)[9] that R' Shlomo Zalman Auerbach disapproved, as the Shulchan Aruch (OC 170:16) writes that it is dangerous for two people to drink from the same cup. Nonetheless, many have the custom to pass around the *kos* to one's family members.

Alternatively, one can pour out wine into everyone's cup before *kiddush*, though unless they have a *revi'is*, they must wait for the one reciting *kiddush* to begin drinking before they do (See Shemiras Shabbos Kehilchasa 48:n74)[10].

CONCLUSION ——————————————————————————————

One should either pour out wine for everybody before *kiddush* or pour out from their own cup into others before drinking, providing that they are left with a *revi'is* in their *kos*.

1. תוספות פסחים ק:

שֶׁאֵין מְבִיאִין וְכוּ': וְעַכְשָׁיו שֶׁלְחָנוֹת שֶׁלָּנוּ שֶׁהֵם גְּדוֹלִים יוֹתֵר מִדַּאי וְקָשֶׁה לַהֲבִיאָם אַחַר קִדּוּשׁ שֶׁלֹּא לְהַפְסִיק כָּל כַּךְ בֵּין קִדּוּשׁ לִסְעוּדָה אָנוּ רְגִילִין לִפְרוֹס מַפָּה וּלְקַדֵּשׁ.. וְיֵשׁ מְפָרֵשׁ זֵכֶר לְמָן שֶׁלֹּא הָיָה יוֹרֵד בְּשַׁבָּתוֹת וְיוֹם טוֹב וְהָיָה טַל מִלְּמַעְלָה וּמִלְּמַטָּה וְהַמָּן בֵּינְתַיִם.

2. פסקי תשובות רעא הערה 193

דִּלְטַעַם זֵכֶר לַמָּן אֵין מָקוֹם לְכַסּוֹת הַמְּזוֹנוֹת, וּלְטַעַם שֶׁתֵּיתִי סְעוּדָה' בְּיָקְרָא שַׁבְּתָא נַמִּי נָקְטִינַן לְעִקָּר שֶׁהוּא רַק בְּפַת שֶׁהוּא עִקַּר הַסְּעוּדָה.

3. לבושי מרדכי או"ח א:מו

ומע"כ טוֹעֵן עד"ז כִּי הַג' טְעָמִים לֹא שַׁיְּיכֵי בָּזֶה, כִּי הַטַּעַם דְּתֵיתִי הַסְּעוּדָה יְקָרָא דְּשַׁבְּתָא לֹא שַׁיָּךְ בְּשַׁחֲרִית.. ונלענ"ד דְּצָרִיךְ לְכַסּוֹת.. דַּהֲוָה מִכָּל מָקוֹם בּוֹשֶׁת לְפַת מִשּׁוּם דִּבְמָקוֹם אַחֵר הָיָה מַקְדִּים לְפַת מִפְּנֵי שֶׁהוּא מוּקְדָּם בַּפָּסוּק, וְהָכָא אֵינוֹ מַקְדִּים וַהֲוָה בּוֹשֶׁת, אִם כֵּן הוּא הַדִּין בְּמִינֵי מְזוֹנוֹת אַף עַל גַּב דְּאֵין מְקַדְּשִׁין עָלָיו לְדִידָן כמ"ש מַעֲלָתוֹ, עִם כָּל זֶה הוּא מוּקְדָּם בַּפָּסוּק, וּבְמָקוֹם אַחֵר הָיָה מַקְדִּים וְהָכָא אֵינוֹ מַקְדִּים, וְעַל כֵּן צָרִיךְ לְכַסּוֹת, וְכֵן אֲנִי נוֹהֵג לְכַסּוֹת מֵהַאי טַעְמָא.

4. ערוך השולחן או"ח רצט:יד

אַךְ בְּשַׁבָּת יֵשׁ עוֹד טַעַם זֵכֶר לְמָן.. אַךְ אָנוּ תּוֹפְסִין לְעִקָּר טַעַם בּוֹשֶׁת, וּרְאָיָה דִּבְסְעוּדָה שְׁלִישִׁית אֵין מְכַסִּין הַפַּת..

5. רא"ש פסחים י:ג

..ובירושלמי דְּקָאָמַר דְּפוֹרְסִין מַפָּה כְּדֵי שֶׁלֹּא יִרְאֶה הַפַּת בּוֹשְׁתּוֹ פֵּירוּשׁ שֶׁהוּא מוּקְדָּם בְּפָסוּק וְדִין הוּא שֶׁיַּקְדִּים בִּבְרָכָה וּמַקְדִּימִין בִּרְכַּת הַיַּיִן.

6. טור או"ח רעא:ט

וּכְשֶׁיֵּשֵׁב לֶאֱכוֹל יִהְיֶה לוֹ מַפָּה פְּרוּסָה עַל הַלֶּחֶם.. וּבִירוּשַׁלְמִי קָאָמַר שֶׁלֹּא יִרְאֶה הַפַּת בּוֹשְׁתּוֹ פֵּירוּשׁ שֶׁהוּא מוּקְדָּם בַּפָּסוּק וְהָיָה רָאוּי לְהַקְדִּימוֹ בִּבְרָכָה וּמַקְדִּימִין בְּבִרְכַּת הַיַּיִן..

7. קיצור שולחן ערוך נה:ה

בִּרְכַּת בּוֹרֵא מִינֵי מְזוֹנוֹת קוֹדֶמֶת גַּם לְבִרְכַּת הַיַּיִן, וּמִכָּל שֶׁכֵּן בִּרְכַּת הַמּוֹצִיא, שֶׁהֲרֵי הִיא קוֹדֶמֶת גַּם לְבִרְכַּת בּוֹרֵא מִינֵי מְזוֹנוֹת. וְלָכֵן בְּשַׁבָּת וְיוֹם טוֹב כְּשֶׁמְּקַדֵּשׁ עַל הַיַּיִן, צָרִיךְ לְכַסּוֹת אֶת הַפַּת, שֶׁלֹּא יִרְאֶה בְּשִׁתּוֹ, שֶׁמַּקְדִּימִין לוֹ בִּרְכַּת הַיַּיִן. וְכֵן בְּשַׁחֲרִית שֶׁמְּקַדֵּשׁ וְאוֹכֵל אַחַר כָּךְ מִינֵי מְזוֹנוֹת, צָרִיךְ לְכַסּוֹתָן בִּשְׁעַת הַקִּדּוּשׁ.

8. אז נדברו ב:ח

ונ"ל לְחַדֵּשׁ דְּגַם לְפִי הַטַּעַם שֶׁל בּוֹשְׁתּוֹ שֶׁל פַּת מוּתָּר בְּמִינֵי מְזוֹנוֹת ע"פ דִּבְרֵי הט"ז בְּסִימָן רצ"ט סק"ח כָּתַב וז"ל ק"ל כֵּיוָן דְּאֵין רַשַּׁאי לֶאֱכוֹל קוֹדֶם הַבְדָּלָה הָוֵי לֵהּ כְּאִילּוּ אֵינוֹ וּמַאי בּוֹשֶׁת לְפַת יֵשׁ כַּאן בִּשְׁלָמָא גַּבֵּי קִדּוּשׁ אָמְרִינָן לְעֵיל שֶׁיֵּשׁ לְכַסּוֹת הַפַּת שֶׁלֹּא יִרְאֶה בּוֹשְׁתּוֹ כֵּיוָן שֶׁאֶפְשָׁר לְקַדֵּשׁ עַל הַפַּת מַה שֶּׁאֵין כֵּן כַּאן דְּאֵין מַבְדִּילִין עַל הַפַּת אִם כֵּן אֵין שַׁיָּךְ בּוֹשֶׁת וְיֵשׁ לוֹמַר דְּזֶהוּ גּוּפָא הֲוֵי בּוֹשֶׁת דְּמַרְאֶה שֶׁאֵין מַעֲלָה לְהַפַּת כְּמוֹ יַיִן וְהוּא מוּקְדָּם עכ"ד, אִם כֵּן בְּמִינֵי מְזוֹנוֹת שֶׁאֵין מְקַדְּשִׁין עָלָיו לֹא שַׁיָּךְ בָּזֶה בּוֹשֶׁת..

9. פסקי תשובות רעא:יט

וּכְבָר נִתְבָּאֵר שֶׁעִקַּר הַטַּעַם הוּא כְּדֵי שֶׁלֹּא יִרְאֶה הַפַּת בּוֹשְׁתּוֹ.. וְיֵשׁ הַכּוֹתְבִים שֶׁלְּכֵן.. יֵשׁ לוֹ לְהַקְפִּיד לְכַסּוֹת הַמְּזוֹנוֹת שֶׁלְּפָנָיו בִּשְׁעַת הַקִּדּוּשׁ, וְיֵשׁ הַכּוֹתְבִים שֶׁגַּם לְפִי טַעַם זֶה אֵין צָרִיךְ לְהַקְפִּיד עַל כַּךְ, כִּי דַּוְקָא בְּפַת שֶׁהוּא רֹאשׁ לְכָל הַבְּרָכוֹת, וְהוּא עִקַּר הַסְּעוּדָה וְהַכֹּל טָפֵל אֵלָיו בִּבְרָכָה, שַׁיָּךְ עִנְיַן בּוֹשֶׁת, מַה שֶּׁאֵין כֵּן בְּמִינֵי מְזוֹנוֹת..

42 מקור חיים

Cover Cakes During Kiddush

QUESTION ——————————————————————————————

We have always covered our cakes when reciting *kiddush* at home though see that this is not done in *shul*. Is it necessary?

DISCUSSION ——————————————————————————————

Whilst there are three different reasons given for why we cover our *challa* while reciting *kiddush*, some argue that not all of these reasons necessarily apply to covering cake, too.

Tosafos (Pesachim 100b)[1] writes that one reason for covering the *challa* is to highlight the importance of *kiddush*. In the times of the Gemara they would wait until after *kiddush* to bring in the food, though nowadays we simply cover the *challa* instead. Additionally, the covering serves to remind us of the *mann* that fell between layers of dew to preserve it. The Piskei Teshuvos (271:n193)[2] points out that both of these reasons apply specifically to *challa* rather than cake. R' Mordechai Leib Winkler (Levushei Mordechai OC 1:46)[3] adds that the table would only be brought out after *kiddush* on Friday night and not the following day for Shabbos lunch. Thus, this reason would not apply to *kiddush* during the daytime.

The Aruch Hashulchan (OC 299:14)[4], however, writes that the main reason why we cover the *challa* is so as not to *embarrass* it, which is why there is no requirement to cover it during *seuda shelishis*. The Rosh (Pesachim 10:3)[5] and Tur (OC 271:9)[6] quote the Gemara Yerushalmi that teaches that as wheat is listed before wine in the *shivas haminim*, the *beracha* for bread should ideally be recited before the *beracha* for wine (See Mishna Berura 271:41). Based on this, the Kitzur Shulchan Aruch (55:5)[7] and R' Winkler (ibid.) write that when one is having cake at a *kiddush*, one would still need to cover it.

R' Binyamin Zilber (Az Nidberu 2:8)[8], however argues that this reason only applies to *challa* which one could, if necessary, use for *kiddush*. As one cannot use cake for *kiddush*, the *acharonim* never mentioned the necessity to cover cake.

Similarly, the Piskei Teshuvos (271:19)[9] quotes various *poskim* who write that covering cake is not as important as covering one's *challa*.

CONCLUSION ——————————————————————————————

If one is reciting *kiddush* and having some cake at home, one should ideally cover the cake. At *shul*, where it is not easy to do so, the *minhag* is not to.

1. ברכות מא:

דְאָמַר רב חייא פַּת פּוֹטֶרֶת כָּל מִינֵי מַאֲכָל וְיַיִן פּוֹטֵר כָּל מִינֵי מַשְׁקִים.

2. תוספות ברכות מא.

אִי הָכִי: ..וְהַשְׁתָּא יַיִן פּוֹטֵר כָּל מִינֵי מַשְׁקִין לְפִי שֶׁעִקַּר מַשְׁקֶה הוּא וְהוּא רֹאשׁ לְכָל מִינֵי מַשְׁקִין וּלְכָךְ הוּא הָעִקָּר וְהֵן טְפֵלִין לוֹ לְעִנְיַן בְּרָכָה..

3. שולחן ערוך או"ח קעד:ב

יַיִן פּוֹטֵר כָּל מִינֵי מַשְׁקִין. **הגה** אֲפִלּוּ מִבְּרָכָה רִאשׁוֹנָה (הר"י פֶּרֶק כיצד מברכין ובית יוסף בְּשֵׁם הַפּוֹסְקִים).

4. משנה ברורה קעד:ג

כָּל מִינֵי מַשְׁקִים: וּבִלְבַד שֶׁיִּהְיוּ לְפָנָיו עַל הַשּׁוּלְחָן בְּשָׁעָה שֶׁבֵּרַךְ עַל הַיַּיִן.. וְיֵשׁ מְקִילִין אֲפִלּוּ לֹא הָיוּ לְפָנָיו וְרַק שֶׁהָיָה דַּעְתּוֹ עֲלֵיהֶם.. וּלְכַתְּחִלָּה טוֹב יוֹתֵר לְעוֹלָם שֶׁיִּהְיוּ שְׁאָר הַמַּשְׁקִין לְפָנָיו בְּעֵת בִּרְכָתוֹ עַל הַיַּיִן.. כִּי הַטַּעַם שֶׁיַּיִן פּוֹטֵר הוּא מִשּׁוּם שֶׁכָּל הַמַּשְׁקִים טְפֵלִים לוֹ וּכְשֶׁאֵינוֹ שׁוֹתֶה לֹא שַׁיָּךְ טַעַם זֶה וְעַיֵּין בביאור הלכה מָה שֶׁכָּתַבְנוּ עוֹד בְּעִנְיָן זֶה.

5. יחוה דעת ה:כ

הַשּׁוֹמְעִים קִדּוּשׁ וּמְכַוְּנִים לָצֵאת יְדֵי חוֹבַת הַקִּדּוּשׁ, אִם טָעֲמוּ מְעַט מִן הַיַּיִן אֲפִלּוּ טְעִימָה בְּעַ־לְמָא, וְרוֹצִים לִשְׁתּוֹת שֵׁכָר אוֹ שְׁאָר מַשְׁקִים, אֵינָם צְרִיכִים לְבָרֵךְ עֲלֵיהֶם, שֶׁהַיַּיִן פּוֹטֵר כָּל מִינֵי מַשְׁקִים. אֲבָל אִם לֹא טָעֲמוּ כְּלָל מִן הַיַּיִן, צְרִיכִים לְבָרֵךְ עַל הַמַּשְׁקִים שֶׁשּׁוֹתִים אַחַר הַקִּדּוּשׁ, וְרַק הַמַּשְׁקִים שֶׁשּׁוֹתִים בְּתוֹךְ הַסְּעוּדָה אֵינָם טְעוּנִים בְּרָכָה.

6. ביאור הלכה קעד:א

יַיִן פּוֹטֵר כָּל מִינֵי מַשְׁקִין: ..נִרְאֶה דְּאֵין לְהָקֵל רַק כְּשֶׁשָּׁתָה עַל כָּל פָּנִים כִּמְלֹא לוּגְמָיו שֶׁהוּא שִׁיעוּר חָשׁוּב דְּמִיַּיתְבָא דַעְתֵּיהּ דְּגַם לְעִנְיַן קִדּוּשׁ כַּמָּה גְדוֹלֵי רִאשׁוֹנִים סוֹבְרִין דְּאֵינוֹ יוֹצֵא בְּפָחוֹת מִמְּלֹא לוּגְמָיו כִּמְבוֹאָר בְּסִימָן רע"א סי"ד בביאור הלכה עַיֵּין שָׁם. וְאַף שֶׁאָנוּ מְקִילִין בְּדִיעֲבַד וְסוֹבְרִין דְּשִׁיעוּר כּוּלָּם מִצְטָרֵף לִמְלֹא לוּגְמָיו הַיְינוּ רַק לְעִנְיָן לָצֵאת יְדֵי מִצְוַת קִדּוּשׁ אֲבָל לֹא דְּלֶהֱוֵי זֶה הַטְּעִימַת מַשֶּׁהוּ שִׁיעוּר חָשׁוּב שֶׁיִּהְיוּ כָּל הַמַּשְׁקִין שֶׁשּׁוֹתֶה אַחֲרָיו טְפֵלִין לוֹ.. וְנָכוֹן לְכַתְּחִלָּה שֶׁמִּי שֶׁיִּרְצֶה לִפְטוֹר שְׁאָר הַמַּשְׁקִין יִשְׁתֶּה עַל כָּל פָּנִים מְלֹא לוּגְמָיו וְאִם לֹא שָׁתָה מְלֹא לוּגְמָיו יְבַקֵּשׁ לְאֶחָד שֶׁלֹּא טָעַם כְּלָל מִן הַכּוֹס שֶׁיִּפְטְרֶנּוּ בִּבְרָכָה עַל הַמַּשְׁקִין אוֹ שֶׁיְּבָרֵךְ עַל מְעַט צוקע"ר לִפְטוֹר הַמַּשְׁקִין.

7. מנחת יצחק ח:יט

עַל דְּבַר הַמִּנְהָג בִּתְפוּצוֹת יִשְׂרָאֵל אֵצֶל שְׂמָחוֹת שֶׁאֶחָד עוֹשֶׂה קִדּוּשׁ וְהַרְבֵּה יוֹצְאִים מִן הַקִּדּוּשׁ וְטוֹעֲמִים מַשֶּׁהוּ וְשׁוֹתִים שְׁאָר מַשְׁקִין בְּלִי בְּרָכָה עַל סָמַךְ שֶׁהַיַּיִן פּוֹטֵר כָּל מִינֵי מַשְׁקִין, הַאִם יֵשׁ לָהֶם עַל מִי שֶׁיִּסְמְכוּ, אוֹ יוֹתֵר טוֹב שֶׁלֹּא לִטְעוֹם כְּלָל מִיַּיִן שֶׁל קִדּוּשׁ, כִּי הַטְּעִימָה אֵינוֹ מְעַכֵּב, כְּדֵי שֶׁיּוּכְלוּ לְבָרֵךְ בְּעַצְמוֹ עַל שְׁאָר הַמַּשְׁקִין.. מִכָּל מָקוֹם נִרְאֶה דְּאֵין לְהָקֵל רַק כְּשֶׁשָּׁתָה עַל כָּל פָּנִים כִּמְלֹא לוּגְמָיו, שֶׁהוּא שִׁיעוּר חָשׁוּב דְּמִיַּיתְבִי דַעְתֵּיהּ, דְּגַם לְעִנְיַן קִדּוּשׁ כַּמָּה גְּדוֹלִים סוֹבְרִין דְּאֵין יוֹצֵא בְּפָחוֹת מִמְּלֹא לוּגְמָיו..

8. תשובות והנהגות א:רסד

וְדַעַת מָרָן הַגָּאוֹן מבריסק זצ"ל שֶׁבְּקִדּוּשׁ הַיּוֹם כָּל אֶחָד חַיָּב לִטְעוֹם מִדִּינָא מִכּוֹס שֶׁל קִדּוּשׁ.. וִיסוֹד דְּבָרָיו שֶׁבְּיוֹם הַמִּצְוָה הִיא רַק בְּגֶדֶר בִּרְכַּת הַנֶּהֱנִין דְּהַיְינוּ בּוֹרֵא פְּרִי הַגָּפֶן, וְלֹא שַׁיָּךְ לְהִתְקַיֵּים אִם אֵין טוֹעֲמִין כְּלָל..

9. יחוה דעת ה:כ

..שַׁפִּיר יוֹצֵא יְדֵי חוֹבָה אַף עַל פִּי שֶׁלֹּא טָעַם מִן הַיַּיִן שֶׁל קִדּוּשׁ..

Drinking at a Kiddush

QUESTION ───────────────────────────

I know that if one has a drink after reciting *kiddush*, they do not say another *beracha*. Does that also apply to one who hears *kiddush* from another?

DISCUSSION ───────────────────────────

The Gemara (Berachos 41b)[1] teaches that wine exempts other drinks. Tosafos[2] explains that as wine is such an important drink, any other drink is considered *taful*, insignificant in comparison. Thus, the Shulchan Aruch (OC 174:2)[3] writes that saying the *beracha hagafen* on wine exempts one from saying a *beracha* on other drinks. The Mishna Berura (174:3)[4] writes, however, that this only applies when the drinks are either on the table, or one intends on having another drink at the time when one says *hagafen*.

If one heard *kiddush* from another but did not drink wine themselves, they should say *shehakol* before drinking another drink. There is a *machlokes*, however, as to whether one who hears *kiddush* from another and only sips a little, needs to say a *beracha* on other drinks. R' Ovadia Yosef (Yechave Daas 5:20)[5] writes that other drinks are covered even if one has just a sip of wine. The Mishna Berura (Biur Halacha 174:1)[6], though, writes that as there are different opinions, one should drink at least *melo lugmav*, a cheekful (at least 1.6oz). If one drinks less, there is a safek, doubt, as to whether other drinks are covered or not (See Minchas Yitzchak 8:19)[7]. One who drinks so little should either say *shehakol* on some food before drinking or listen to another person say *shehakol*.

R' Moshe Sternbuch (Teshuvos Vehanhagos 1:264;[8] Moadim Uzemanim 3:243) quotes R' Yitzchak Zev Soloveitchik that one does not fulfil their obligation of daytime *kiddush* by listening to another recite it unless they drink some wine. R' Ovadia Yosef (ibid.)[9], however writes that this is not necessary.

CONCLUSION ───────────────────────────

If one wants to have a drink at a *kiddush* then it is best if they do not drink any wine first. Alternatively, they should either ensure that they drink a *melo lugmav*, say *shehakol* on some food first, or listen to someone else say *shehakol*.

1. שולחן ערוך או"ח רעג:ה

כָּתְבוּ הַגְּאוֹנִים הָא דְאֵין קִדּוּשׁ אֶלָּא בִּמְקוֹם סְעוּדָה אֲפִלּוּ אָכַל דָּבָר מוּעָט אוֹ שָׁתָה כּוֹס שֶׁל יַיִן שֶׁחַיָּב עָלָיו בְּרָכָה יָצָא יְדֵי קִדּוּשׁ בִּמְקוֹם סְעוּדָה וְגוֹמֵר סְעוּדָתוֹ בְּמָקוֹם אַחֵר וְדַוְקָא אָכַל לֶחֶם אוֹ שָׁתָה יַיִן אֲבָל אָכַל פֵּירוֹת לֹא..

2. מגן אברהם רעג:י

לֶחֶם: וְנִרְאֶה לִי דִּכְזַיִת מִיהָא בְּעִינָן.

3. מגן אברהם רעג:יא

פֵּירוֹת לֹא: ..נִרְאֶה לִי דִּבְאוֹכֵל מִינֵי תַּרְגִּימָא מֵה' מִינִים יָצָא דְּהָא עַל כָּל פָּנִים חֲשִׁיבֵי טְפֵי לִסְעוּדַת שַׁבָּת מִיַּיִן..

4. משנה ברורה רעג:כה

אוֹ שָׁתָה יַיִן: וְכָל שֶׁכֵּן אִם אָכַל מִינֵי תַּרְגִּימָא מֵה' מִינִים דְּיָצָא דְּהֵם חֲשִׁיבֵי טְפֵי לִסְעוּדַת שַׁבָּת מִיַּיִן..

5. קיצור שולחן ערוך עז:יז

..וְכֵן כְּשֶׁמְּקַדֵּשׁ בַּיּוֹם בְּשַׁחֲרִית קֹדֶם הַסְּעוּדָה הַקְּבוּעָה וְאוֹכֵל פַּת כִּיסְנִין, יֵשׁ לָקַחַת שְׁתַּיִם שְׁלֵמוֹת (כֵּן רָאִיתִי לִנְהוֹג אֵצֶל גָּדוֹל אֶחָד).

6. מעשה רב קכב

אַף בְּקִדּוּשׁ הַיּוֹם אֵינוֹ מְקַדֵּשׁ אֶלָּא בִּמְקוֹם סְעוּדָה גְּמוּרָה וְלֹא מִינֵי תַּרְגִּימָא אוֹ יַיִן.

7. אגרות משה או"ח ד:סג

..וְלָכֵן לוּלֵא דְּמִסְתְּפִינָא הָיִיתִי אוֹמֵר דְּאֵין כַּוָּונַת הַגְּאוֹנִים דְּיָצָא יְדֵי קִדּוּשׁ לְגַמְרֵי שֶׁיּוּכַל לֶאֱכוֹל מֵעַתָּה אַף בְּמָקוֹם אַחֵר וּלְאַחַר אֵיזוֹ שָׁעוֹת דְּלָזֶה גַּם הֵם סָבְרֵי כתוספות והרא"ש דְּהוּא דַּוְקָא בַּאֲכִילַת לֶחֶם, אֲבָל הוּא רַק לְעִנְיַן הַהֶיתֵּר לִשְׁתּוֹת שָׁם יַיִן גַּם בְּלֹא אֲכִילַת לֶחֶם, וְגַם לֶאֱכוֹל שָׁם פֵּירוֹת וְכָל דָּבָר דִּבִשְׁתִיַּית יַיִן יָצָא שָׁם בְּהַקִּדּוּשׁ וְלֹא יִתְחַשֵּׁב לְבַטָּלָה..

8. תשובות והנהגות א:רסד

..אֲנִי נוֹהֵג אַף כְּשֶׁאֲנִי מְקַדֵּשׁ בְּבֵית הַכְּנֶסֶת וְאוֹכֵל מְזוֹנוֹת, כְּשֶׁאֲנִי בָּא הַבַּיְתָה לִסְעוּדַת הַיּוֹם אֲנִי מְקַדֵּשׁ עוֹד הַפַּעַם, דְּנִרְאָה שֶׁקִּדּוּשׁ הַיּוֹם לָרוֹב רִאשׁוֹנִים הוּא הֲלָכָה בִּסְעוּדַת שַׁבָּת שֶׁבָּזֶה נִיכָּר שֶׁהוּא סְעוּדַת שַׁבָּת וְחַיָּיבִין לִפְנֵי הַסְּעוּדָה דַּוְקָא. וּבְעִקָּר הַדִּין לַחֲזוֹר וּלְקַדֵּשׁ אַף עַל פִּי שֶׁקִּדֵּשׁ.. וּמִנְהָגֵינוּ בְּזֶה מִנְהָג וָתִיקִין אַף שֶׁהָעוֹלָם מְקִילִין וְיֵשׁ לָהֶם עַל מַה לִסְמוֹךְ..

9. אור לציון ב:כ:כח

אַף מִינֵי מְזוֹנוֹת שֶׁאֵין מְבָרְכִים עֲלֵיהֶם הַמּוֹצִיא לֶחֶם מִן הָאָרֶץ אַף אִם קוֹבְעִים עֲלֵיהֶם סְעוּדָה, מִכָּל מָקוֹם חֲשׁוּבִים הֵם יוֹתֵר מִיַּיִן, שֶׁהֲרֵי בִּרְכָתָם בּוֹרֵא מִינֵי מְזוֹנוֹת, וְאִם בְּיַיִן יוֹצֵא יְדֵי חוֹבַת קִדּוּשׁ בִּמְקוֹם סְעוּדָה, כמ"ש בשולחן ערוך שָׁם, הוּא הַדִּין בְּכָל מִינֵי מְזוֹנוֹת.

10. אז נדברו ח:לא

פַּעַם אַחַת הָיָה האדמו"ר מביאלא שליט"א בִּבְנֵי בְּרַק בְּשַׁבָּת וְגַם אֲנִי הָיִיתִי שָׁמָּה וְאַחֲרֵי הַתְּפִלָּה הָיָה קִדּוּשׁ וְהָיָה שָׁמָּה גַּם רַב אֶחָד וְשָׁמַעְתִּי שֶׁהוּא שָׁאַל לָרַב אֵיךְ יוֹצְאִים בקוג"ל קִדּוּשׁ בִּמְקוֹם סְעוּדָה הֲרֵי יֵשׁ עָלָיו דִּין תַּבְשִׁיל וּמְבוֹאָר בסי' רע"ג שֶׁדַּוְקָא ה' מִינֵי תַּרְגִּימָא, וּבְיַיִן יֵשׁ מַחֲלוֹקֶת וְרַק עַל יְדֵי הַדְּחַק מוּתָּר אֲבָל בִּשְׁאָר דְּבָרִים אֵין יוֹצְאִים, עכ"ד. וְנִרְאֶה לְהָבִיא רְאָיָה מהשולחן ערוך דקוג"ל מִקְּרֵי מָקוֹם סְעוּדָה יוֹתֵר מִיַּיִן, וּלְפִי השולחן ערוך דְּפוֹסֵק כְּהַגְּאוֹנִים דְּיַיִן הֲוֵי מְקוֹם סְעוּדָה כָּל שֶׁכֵּן תַּבְשִׁיל שֶׁל חֲמֵשֶׁת מִינִים.. אַף שֶׁלֹּא שַׁיָּיךְ קְבִיעוּת סְעוּדָה בקוג"ל לְעִנְיָן זֶה לֹא בְּעִינָן קְבִיעוּת סְעוּדָה כְּמוֹ בְּעוּגוֹת.

46 מקור חיים

Repeat Kiddush at Home

QUESTION ——————————————————————————

I usually hear *kiddush* in shul after *davening* on Shabbos morning. Do I need to repeat *kiddush* before lunch?

DISCUSSION ——————————————————————————

The Shulchan Aruch (OC 273:5)[1] writes that while one is only *yotzei* making *kiddush* if it is followed by the *seuda*, it is sufficient just to eat a little bit of bread or drink some wine. The Magen Avraham (273:10)[2] explains that one must eat at least a *kezayis*. The Magen Avraham (273:11)[3] and Mishna Berura (273:25)[4] write that a *kezayis* of cake will suffice and is preferable to drinking wine. Thus, the Kitzur Shulchan Aruch (77:17)[5] even writes that one making *kiddush* over cake should use two pieces of cake as *lechem mishne*, just as one would for any other *seuda* on Shabbos (See Shemiras Shabbos Kehilchasa 55:4).

The Vilna Gaon (Maaseh Rav 122)[6] and R' Moshe Feinstein (Igros Moshe OC 4:63)[7], however, hold that as one does not fulfil one's obligation to have Shabbos lunch without bread, one needs to recite *kiddush* again before the meal.

Nonetheless, R' Moshe Sternbuch (Teshuvos Vehanhagos 1:264)[8] writes that while he himself recites *kiddush* again before the meal, the general accepted *minhag* is to rely on the Magen Avraham.

R' Ben Zion Abba Shaul (Ohr Letzion 2:20:28)[9] and R' Binyamin Zilber (Az Nidberu 8:31)[10] thus write that if one eats (*mezonos*) kugel or noodles at a *kiddush* that is sufficient, too (See Shemiras Shabbos Kehilchasa 52:16; 54:22).

CONCLUSION ——————————————————————————

Providing everybody has heard *kiddush*, one does not need to recite *kiddush* again before eating lunch.

1. משנה תורה שבת כט:י

..וּמִצְוָה לְבָרֵךְ עַל הַיַּיִן בְּיוֹם הַשַּׁבָּת קֹדֶם שֶׁיִּסְעֹד סְעוּדָה שְׁנִיָּה. וְזֶה הוּא הַנִּקְרָא קִדּוּשָׁא רַבָּה. מְבָרֵךְ בּוֹרֵא פְּרִי הַגֶּפֶן בִּלְבָד וְשׁוֹתֶה וְאַחַר כָּךְ יִטֹּל יָדָיו וְיִסְעֹד. וְאָסוּר לוֹ לְאָדָם שֶׁיִּטְעֹם כְּלוּם קֹדֶם שֶׁיְּקַדֵּשׁ. וְגַם קִדּוּשׁ זֶה לֹא יִהְיֶה אֶלָּא בִּמְקוֹם סְעֻדָּה.

2. השגות הראב"ד שבת כט:י

..אִם מִסְבָרָא אָמְרָה לֹא סָבַר מִיָּמָיו סְבָרָא פְּחוּתָה מִזּוּ.. וְאֵינוֹ כְּלוּם שֶׁכְּבָר נִתְקַדֵּשׁ הַיּוֹם בִּכְנִיסָתוֹ עַל הַיַּיִן קֹדֶם שֶׁיִּטְעוֹם וְאִלּוּ בָּא לְקַדֵּשׁ עַל הַפַּת מִי לֹא מְקַדֵּשׁ וּתְחַשֵּׁב הַמּוֹצִיא בִּמְקוֹם בִּרְכַּת הַיַּיִן וְיֹאכַל..

3. כף החיים או"ח רפט:טז

..שָׁרֵי לִשְׁתּוֹת כְּדַרְכּוֹ גַּם בַּשַּׁבָּת מֵחָלָב שֶׁנֶּחְלַב מֵעֶרֶב שַׁבָּת אַף קֹדֶם תְּפִלָּה וְאֵין כַּאן שׁוּם חֲשַׁשׁ אִסּוּר שְׁתִיָּה קֹדֶם קִדּוּשׁ דְּקוֹדֶם תְּפִלָּה עֲדַיִן לֹא חָל עָלָיו חוֹבַת קִדּוּשׁ.. וּלְפִי זֶה הוּא הַדִּין לַבְּרִיאִים הַנּוֹהֲגִים לִשְׁתּוֹת קאוי אוֹ טי קֹדֶם תְּפִלָּה לְיַשֵּׁב דַּעְתָּם דְּמוּתָּר.. מוּתָּר לִשְׁתּוֹת גַּם בַּשַּׁבָּת קֹדֶם תְּפִלָּה בְּלֹא קִדּוּשׁ.

4. אגרות משה או"ח ב:כו

וּבִדְבַר הַקִּידּוּשׁ בְּחוֹלֶה שֶׁצָּרִיךְ לֶאֱכוֹל קוֹדֶם שַׁחֲרִית נִרְאֶה לְפִי עֲנִיּוּת דַּעְתִּי לְהַכְרִיעַ דְּאִם צָרִיךְ לֶאֱכוֹל פַּת אַף שֶׁהוּא רַק פַּת הַבָּאָה בְּכִיסָנִין שֶׁיֵּשׁ לוֹ דִּין פַּת בִּקְבִיעוּת סְעוּדָה צָרִיךְ לְקַדֵּשׁ..

5. אגרות קודש י עמוד שכו

הִנֵּה לֹא יַרְעִיב אֶת עַצְמוֹ עַד כַּמָּה וְכַמָּה שָׁעוֹת עַל הַיּוֹם, אֶלָּא יִשְׁתֶּה דָּבָר הַמְּחַזֵּק אֶת הַגּוּף וְגַם יֹאכַל מִינֵי מְזוֹנוֹת בַּבֹּקֶר וַאֲפִלּוּ קֹדֶם הַתְּפִלָּה.

6. אור לציון ב:ז:ח

וּמִכָּל מָקוֹם נִרְאֶה שֶׁחוֹלֶה שֶׁקָּשֶׁה לוֹ לָלֶכֶת לְהִתְפַּלֵּל בְּבֵית הַכְּנֶסֶת בְּלֹא שֶׁיִּטְעַם מַשֶּׁהוּ לִפְנֵי שֶׁיֵּצֵא, עָדִיף שֶׁיִּשָּׁאֵר בְּבֵיתוֹ וְיִתְפַּלֵּל יְחִידִי, כֵּיוָן שֶׁאֵין חִיּוּב תְּפִלָּה בְּצִבּוּר חִיּוּב גָּמוּר.. וְאִסּוּר אֲכִילָה קֹדֶם תְּפִלָּה הוּא אִסּוּר גָּמוּר, וּלְדַעַת הרמב"ם נִרְאֶה שֶׁהוּא אִסּוּר דְּאוֹרַיְיתָא..

7. משנה ברורה רעא:ג

וּכְשֵׁם שֶׁבְּאִסּוּר מְלָאכָה בְּוַדַּאי גַּם נָשִׁים מֻזְהָרוֹת דִּבְמִצְוֹת לֹא תַּעֲשֶׂה אֵין חִלּוּק בֵּין זְמַן גְּרָמָא בֵּין שֶׁאֵין הַזְּמַן גְּרָמָא כֵּן בַּעֲשֵׂה דְּזָכוֹר גַּם נָשִׁים מְצֻוּוֹת.

8. שמירת שבת כהלכתה נב הערה מו

וְשָׁמַעְתִּי מהגרש"ז אויערבך.. דְּדִבְרֵי האגרות משה צָרִיךְ עִיּוּן דַּהֲרֵי הִיא יְכוֹלָה לֶאֱכֹל קֹדֶם רַק מְעַט וְאַחַר כָּךְ גַּם תּוּכַל לֶאֱכֹל אֶת הַסְּעוּדָה יַחַד עִם בַּעֲלָהּ..

9. אגרות משה או"ח ד:קא:ב

הִנֵּה לְפִי עֲנִיּוּת דַּעְתִּי בְּאִשְׁתּוֹ אֵינָהּ צְרִיכָה לְקַדֵּשׁ דַּהֲרֵי הִיא מְשֻׁעְבֶּדֶת לְבַעֲלָהּ לֶאֱכֹל דַּוְקָא עִמּוֹ וְכֵיוָן שֶׁבַּעֲלָהּ אָסוּר לֶאֱכֹל קֹדֶם הַתְּפִלָּה וְאִי אֶפְשָׁר לוֹ לֶאֱכֹל הַסְּעוּדָה קֹדֶם הַתְּפִלָּה אֵין זֶה זְמַן אֲכִילָה גַּם לָהּ שֶׁלָּכֵן לֹא חַל חוֹבַת קִדּוּשׁ גַּם עָלֶיהָ וּמֻתֶּרֶת לֶאֱכֹל בְּלֹא קִדּוּשׁ.. אֲבָל מִכָּל מָקוֹם כְּשֶׁכְּבָר הִתְפַּלֵּל בַּעֲלָהּ וְרַשַּׁאי לְקַדֵּשׁ וְלֶאֱכֹל.. כֵּיוָן שֶׁכְּבָר חָל חוֹבַת הַקִּדּוּשׁ עַל בַּעֲלָהּ חָל מִמֵּילָא גַּם עָלֶיהָ וְתִצְטָרֵךְ לְקַדֵּשׁ אִם רוֹצָה לֶאֱכֹל אֵיזֶה דָּבָר קֹדֶם שֶׁיִּרְצֶה בַּעֲלָהּ לֶאֱכֹל.

10. מנחת יצחק ד:כח:ג

וְהַנִּרְאֶה דְּכָל זֶה בִּטְעִימָה בְּעָלְמָא, אֲבָל אִם רְצוֹנָם לֶאֱכֹל מַמָּשׁ.. צְרִיכִים לְקַדֵּשׁ, דְּאִם לֹא כֵן הָוֵי תַּרְתֵּי דְסָתְרֵי, דְּמִמָּה נַפְשָׁךְ אִם נֶאֱמַר דְּהַבַּקָּשָׁה שֶׁאָמְרוּ אַחֲרֵי נְטִילַת יָדַיִם שַׁחֲרִית, לֹא יָצְאוּ עוֹד יְדֵי חוֹבָתָהּ תְּפִלָּה, אִם כֵּן אֵינָן רַשָּׁאִין לֶאֱכֹל, וְאִם יָצְאוּ יְדֵי חוֹבָתָהּ תְּפִלָּה, צְרִיכִים לְקַדֵּשׁ, וְאִם נֶאֱמַר דְּאוֹכְלִין מֵחֲמַת חֻלְשָׁה, צְרִיכִין גַּם כֵּן לְקַדֵּשׁ..

Eating Before Kiddush on Shabbos Morning

QUESTION ―――――――――――――――――――――――――――――――――――――――

I find it difficult to wait until after *shul* to hear *kiddush*. Can I eat before *davening*?

DISCUSSION ―――――――――――――――――――――――――――――――――――――

Rambam (Shabbos 29:10)[1] and Shulchan Aruch (OC 289:1) write that one is not allowed to eat anything before *kiddush*. Ra'avad[2] disagrees, as one has already recited *kiddush* the previous night (See Magen Avraham 289:1).

While one must not eat a meal before *davening*, the Shulchan Aruch allows one to have a drink of water, as one is not obligated to make *kiddush* until after *davening*. The Kaf Hachaim (OC 289:16)[3] extends this to tea and coffee, etc. R' Moshe Feinstein (Igros Moshe OC 2:26)[4] writes, however, that one who must eat for health reasons before *shacharis*, must recite *kiddush* before eating.

Some *chassidim* (See Igros Kodesh 10:p326)[5] rely on the Ra'avad and eat a light breakfast before *shacharis* to better enable them to *daven*. However, R' Ben Zion Abba Shaul (Ohr Letzion 2:7:8)[6] writes that it would be preferable to stay home and *daven* rather than eat before going to *shul*.

While some *rishonim* (Rashba; Maharam Chalava, Pesachim 106a) hold that women do not need to hear *kiddush* during the day, the Mishna Berura (271:3)[7] writes that women must recite (or hear) *kiddush* in the same way that they have to observe all other laws of Shabbos.

R' Shlomo Zalman Auerbach (Shemiras Shabbos Kehilchasa 52:n46)[8] held that women should recite *kiddush* before eating. However, R' Moshe Feinstein (Igros Moshe OC 4:101:2)[9] permitted married women to eat before they *daven* and their husbands return from *shul*, explaining that during that time, it is like a man who has not yet *davened*, and who is not yet obligated to make *kiddush*. The Minchas Yitzchak (4:28:3)[10] allowed women to rely on the lenient *rishonim* when necessary (See Machazeh Eliyahu 1:33:3).

CONCLUSION ―――――――――――――――――――――――――――――――――――――

One can certainly have a drink before *davening* even without hearing *kiddush*. While many chassidim eat some cake before *davening*, most *poskim* say that one should not eat before hearing *kiddush*. While it is best for women to hear *kiddush* first, they may eat before *davening* if necessary.

1. פסחים ק:

..שֶׁאֵין מְבִיאִין אֶת הַשּׁוּלְחָן אֶלָּא אִם כֵּן קִידֵּשׁ וְאִם הֵבִיא פּוֹרֵס מַפָּה וּמְקַדֵּשׁ.

2. רשב"ם פסחים ק:

וְטַעְמָא כִּדְפָרִישׁ בִשְׁאִילְתוֹת דרב אחאי גאון בְּפָרָשַׁת וַיִּשְׁמַע יִתְרוֹ וְכָתוּב בָּהוּ הָכִי וּקְרוֹבִי תַּכָּא מִקַּמֵּי דְּלִיקַדֵּישׁ לִקְדוּשָּׁה דְּשַׁבְּתָא לֹא מַקְרְבִינָן מַאי טַעְמָא כִּי הֵיכִי דְּתֵיתִי סְעוּדָה לְיָקְרָא דְּשַׁבְּתָא..

3. תוספות פסחים ק:

שֶׁאֵין מְבִיאִין וְכוּ': וְעַכְשָׁיו שֻׁלְחָנוֹת שֶׁלָּנוּ שֶׁהֵם גְּדוֹלִים יוֹתֵר מִדַּאי וְקָשֶׁה לַהֲבִיאָם אַחַר קִדּוּשׁ שֶׁלֹּא לְהַפְסִיק כָּל כָּךְ בֵּין קִדּוּשׁ לִסְעוּדָה אָנוּ רְגִילִין לִפְרוֹס מַפָּה וּלְקַדֵּשׁ.. וְיֵשׁ מְפָרֵשׁ זֵכֶר לְמָן שֶׁלֹּא הָיָה יוֹרֵד בְּשַׁבָּתוֹת וְיוֹם טוֹב וְהָיָה טַל מִלְמַעְלָה וּמִלְמַטָּה וְהַמָּן בֵּינְתַיִם.

4. לקט יושר או"ח עמוד 50

אֲבָל בְּרְכַּת הַמּוֹצִיא נָתַן לָהֶם מִפְּרוּסָה שֶׁלּוֹ חֲתִיכָה אַחַת, וְהַבַּחוּרִים אֵין לָהֶם מַפָּה עַל לֶחֶם שֶׁלָּהֶם.. וְכֵן לַחֲתוּנוֹת אֵין צָרִיךְ מַפּוֹת לִפְרוֹשׂ עַל כָּל הַלֶּחֶם רַק לִפְנֵי מִי שֶׁעָשָׂה קִדּוּשׁ.. וּמִסְתָמָא מִי שֶׁלֹּא מְבָרֵךְ אֵינוֹ עוֹשֶׂה בּוֹשֶׁת לְפַּת.

5. משנה הלכות יא:רטז

..וְלִכְאוֹרָה מְבוֹאָר דְּאֵין צָרִיךְ לְכַסּוֹת רַק הַמְקַדֵּשׁ.. וְאוּלַי כֵּיוָן שֶׁהַמָּן נָפַל לְכָל הַמִּשְׁפָּחָה וְכַנִּרְאֶה דְּבַעַל הַבַּיִת הוּא שֶׁיָּצָא לִלְקוֹט וְלָקַט לְכָל הַמִּשְׁפָּחָה וּמִמֵּילָא הוּא שֶׁצָּרִיךְ לְהַסִּימָן וּלְרֶמֶז לְמָן.

6. רבבות אפרים א:ר

אִם הַרְבֵּה אוֹכְלִים בְּהַרְבֵּה שׁוּלְחָנוֹת בְּשַׁבָּת וְאֶחָד מְקַדֵּשׁ צְרִיכִין כּוּלָּם לְכַסּוֹת הַחַלּוֹת שֶׁעַל הַשּׁוּלְחָן בְּעֵת הַקִּדּוּשׁ.. דִּמְבוֹאָר טַעַם ג' ברשב"ם פסחים ק' בְּשֵׁם שאלתות דַּהֲוֵי כְּסִלּוּק הַשּׁוּלְחָן כִּי הֵיכִי דְּתֵיתִי סְעוּדָתָא לְיָקְרָא דְּשַׁבְּתָא וּלְפִי טַעַם זֶה כּוּלָּם צְרִיכִים לְכַסּוֹת. וְכֵן נוֹהֲגִין הַמְּדַקְדְּקִין אֲבָל אֵין לְהַרְעִישׁ כָּל כַּךְ בְּזֶה.. דְּשַׁיָּיךְ בְּזֶה גַּם טַעַם שֶׁל בּוֹשְׁתּוֹ דִּלְמָה לִי לָצֵאת בְּקִדּוּשׁ בְּיַיִן שֶׁל חֲבֵרוֹ הֲרֵי יָכוֹל לָצֵאת בְּקִדּוּשׁ עַל חַלּוֹתָיו וְלַהֲלָכָה וַדַּאי צְרִיכִים לְכַסּוֹת אֶת כָּל הַחַלּוֹת.. שֶׁלֹּא יָבִיאוּ הַשּׁוּלְחָן לִפְנֵי שֶׁמְּקַדֵּשׁ דְּזֶה עִקַּר הַטַּעַם מַה דִּמְכַסִּים הַחַלּוֹת מִדִּינָא דִּגְמָרָא. וְאִם כֵּן יֵשׁ לְכוּלָּם לְכַסּוֹת הַחַלּוֹת שֶׁעַל שׁוּלְחָנָם. וִידִידִי הגר"ח קניבסקי שליט"א כָּתַב לִי בְּזֶה שׁוֹמֵעַ כְּעוֹנֶה וּצְרִיכִין לְכַסּוֹת. וְהוּא כְּמוֹ שֶׁכָּתַבְנוּ שֶׁכּוּלָּם יְכַסּוּ.

7. משנה ברורה רעא:מא

עַל גַּבָּיו: בַּטּוּר בַּשֵּׁם הירושלמי שֶׁלֹּא יִרְאֶה הַפַּת בּשְׁתּוֹ שֶׁאֵין מְקַדְּשִׁין עָלָיו אֶלָּא עַל הַיַּיִן וְהוּא יֵשׁ לוֹ דִּין קְדִימָה בִּשְׁאָרֵי מְקוֹמוֹת וּלְפִי זֶה אִם מְקַדֵּשׁ עַל הַפַּת אֵין צָרִיךְ לְכַסּוֹת עָלָיו מַפָּה אֲבָל לְטַעַם אַחֵר שֶׁכָּתַב הַטּוּר שֶׁהוּא זֵכֶר לְמָן שֶׁהָיָה מוּנָּח בְּקוּפְסָא טַל לְמַעְלָה וְטַל לְמַטָּה מִמֵּילָא גַּם בִּמְקַדֵּשׁ עַל הַפַּת צָרִיךְ לְכַסּוֹת בְּמַפָּה וְכֵן נוֹהֲגִים..

Everyone Cover their Challos

Question

We were recently invited to a *sheva berachos* on Shabbos. Everyone was asked to cover their *challa* in their place before *kiddush*. Was this necessary?

Discussion

The Gemara (Pesachim 100b)[1] writes that one should not bring in the table until after one has recited *kiddush*. Rashbam[2] quotes the Sheiltos, who explains that this is to highlight the importance of *kiddush*. Tosafos[3] adds that as nowadays we sit around a large table rather than our own individual ones and it is not practical to bring the table in, we cover the *challos* instead. This way we are still honouring the *kiddush* properly. Tosafos writes that covering the *challos* also serves to remind us of the *mann* that fell between layers of dew, to preserve it.

The Leket Yosher (OC p50)[4] relates that the Terumas Hadeshen would recite *hamotzi* and then give everyone a piece from his *challa*, so that they could partake of the *lechem mishne*. While those at his table had their own *challa*, they were not covered. In an era when it was normal for people to get married on Friday and celebrate their *chasuna* at the Friday night dinner, he writes that only the one making *kiddush* would need to cover their *challos*, as only they would need to be concerned about *embarrassing the challa*. Following this, R' Menashe Klein (Mishne Halachos 11:216)[5] writes that we see that the main reason is *not to embarrass the challa*. As it would have been the man of the house who would have collected the *mann*, it is sufficient just for him to cover his *challa*.

R' Ephraim Greenblatt (Rivevos Ephraim 1:200;[6] 2:115:66), however, disagrees. Firstly, we cannot ignore these other reasons, and secondly, when people are listening to another recite *kiddush*, it is considered as if they are reciting *kiddush* themselves (*shomea keoneh*). Therefore, everyone should cover their *challos*.

Likewise, the Mishna Berura (271:41)[7] writes that when one does not have wine and so has to recite *kiddush* on one's *challa* one should still keep the *challa* covered because of these other reasons.

Conclusion

There is a *machlokes* as to whether others also need to cover their *challos* while listening to *kiddush*. Although it is commendable to do so, it is not strictly necessary.

1. **שבת קיז:**

אָמַר ר' אבא בְּשַׁבָּת חַיָּיב אָדָם לִבְצוֹעַ עַל שְׁתֵּי כִּכָּרוֹת דִּכְתִיב לֶחֶם מִשְׁנֶה.

2. **שולחן ערוך או"ח רעד:א**

בּוֹצֵעַ עַל שְׁתֵּי כִּכָּרוֹת [שְׁלֵימוֹת] שֶׁאוֹחֵז שְׁתֵּיהֶן בְּיָדוֹ וּבוֹצֵעַ הַתַּחְתּוֹנָה. **הגה** וְדַוְקָא בְּלֵיל שַׁבָּת [ד"ע] אֲבָל בְּיוֹם הַשַּׁבָּת אוֹ בְּלֵיל יוֹם טוֹב בּוֹצְעִין עַל הָעֶלְיוֹנָה וְהַטַּעַם הוּא עַל דֶּרֶךְ הַקַּבָּלָה.

3. **משנה ברורה רעד:ד**

וּבוֹצֵעַ וְכוּ': שֶׁהֲרֵי לֹא נֶאֱמַר לֶחֶם מִשְׁנֶה אֶלָּא בִּלְקִיטָה. ורש"ל ושל"ה נָהֲגוּ לַחְתּוֹךְ שְׁנֵיהֶם כְּפֵירוּשׁ הרשב"א וְכֵן הִסְכִּים הגר"א.

4. **ערוך השולחן או"ח רעד:ג**

והמהרש"ל נָהַג בַּלַּיְלָה לִבְצוֹעַ אֶחָד וּבַיּוֹם שְׁנֵי כִּכָּרוֹת, מִשּׁוּם דִּכְבוֹד יוֹם קוֹדֶם לִכְבוֹד לַיְלָה. (ב"ח ומגן אברהם) וְעַתָּה יֵשׁ הַרְבֵּה מְדַקְדְּקִים בִּמְדִינַת לִיטָא וְרֵייסִין וְזָמוֹט, שֶׁנּוֹהֲגִין זֶה מִכַּמָּה דּוֹרוֹת עַל פִּי הגר"א לִבְצוֹעַ שְׁתַּיִם בְּכָל סְעוּדָה..

5. **מגן אברהם רנד:כג**

..וְאִם יֵשׁ לוֹ פַּת אַחֵר מָזוֹן ג' סְעוּדוֹת אָסוּר לְהַצִּיל אַף עַל גַּב דְּצָרִיךְ לְכָל סְעוּדָה כִּכָּר שָׁלֵם וְלֶחֶם מִשְׁנֶה מִכָּל מָקוֹם אֵינָהּ חוֹבָה כָּל כַּךְ..

6. **ט"ז או"ח תרעח:ב**

..אֲבָל הַפַּת דְּלֶחֶם מִשְׁנֶה הוּא קוֹדֶם לְיַיִן קִדּוּשׁ דְּהָא לֶחֶם מִשְׁנֶה לְכוּלֵּי עַלְמָא דְּאוֹרַיְיתָא..

7. **דעת זקנים שמות טז:כב**

שְׁנֵי הָעוֹמֶר: וְכָל יְמוֹת הַשָּׁנָה הָיוּ עוֹשִׂין מִן הָעוֹמֶר שְׁנֵי לְחָמִים וְאִם כֵּן בַּיּוֹם הַשִּׁשִּׁי הָיוּ עוֹשִׂין מִשְּׁנֵי הָעוֹמֶר לְאֶחָד אַרְבָּעָה לְחָמִים וּבַיּוֹם הַשִּׁשִּׁי אוֹכְלִין מֵהֶן אֶחָד וְנִשְׁאָר שְׁלֹשָׁה וְהָיָה לָהֶם לַעֲשׂוֹת מִשְׁנֶה לָעֶרֶב בְּהַכְנָסַת שַׁבָּת אוֹכְלִין אֶחָד כִּי דֶּרֶךְ שֶׁלָּהֶם לֶאֱכוֹל לֶחֶם לְכָל סְעוּדָה וְנִשְׁאֲרוּ לְשַׁבָּת שְׁנֵי לְחָמִים וְהָיָה לָהֶם לֶחֶם מִשְׁנֶה וְזֶה רְאָיָה שֶׁאֵין בּוֹצְעִין בִּשְׁנֵי כִּכָּרוֹת בְּמִנְחָה בְּשַׁבָּת..

8. **רמ"א או"ח רצא:ד**

..וּלְפָחוֹת לֹא יִהְיֶה לוֹ בִּסְעוּדָה שְׁלִישִׁית פָּחוֹת מִכִּכָּר א' שָׁלֵם [טור ומרדכי פ' כ"כ] וּמִזֶּה פָּשַׁט הַמִּנְהָג לְהָקֵל לִבְצוֹעַ בִּסְעוּדָה שְׁלִישִׁית רַק בְּכִכָּר אֶחָד שָׁלֵם אֲבָל יֵשׁ לְהַחְמִיר לִיקַּח שְׁנַיִם.

9. **שמירת שבת כהלכתה נה:ב**

הַסּוֹעֵד כַּמָּה פְּעָמִים בְּיוֹם, יִבְצַע בְּכָל סְעוּדָה עַל לֶחֶם מִשְׁנֶה, אוּלָם בִּסְעוּדָה הַשְּׁלִישִׁית בַּשַּׁבָּת (וְכֵן אִם אוֹכֵל סְעוּדוֹת נוֹסָפוֹת), בִּשְׁעַת הַדְּחַק דַּי בְּלֶחֶם שָׁלֵם אֶחָד..

10. **תשובות והנהגות ב:קע**

..גַּם כְּשֶׁלֶּחֶם אֶחָד מֵהַלֶּחֶם מִשְׁנֶה הוּא קָפוּא עֲדַיִין נִיכָּר עִנְיַן הַמָּן כִּפְלַיִים בְּשַׁבָּת, וְאִם כֵּן אַף שֶׁאֵינוֹ רָאוּי לַאֲכִילָה עַכְשָׁיו כֵּיוָן דִּכְשֶׁיַּעֲבוֹר אֵיזֶה זְמַן מִמֵּילָא נַעֲשֶׂה רָאוּי לַאֲכִילָה וְהַהַקְפָּאָה הִיא כְּדָבָר אַחֵר הַמְּעַכֵּב לֶאֱכוֹל, כָּשֵׁר לְלֶחֶם מִשְׁנֶה.. לְכַתְּחִלָּה רָאוּי לְהִשְׁתַּדֵּל שֶׁתְּהֵא נָאָה וּרְאוּיָה לַאֲכִילָה, אֲבָל נִרְאֶה שֶׁיּוֹצְאִין וְנִקְרָא זֵכֶר לַמָּן בְּכָל אוֹפֶן.

11. **רבבות אפרים ב:קטו:ב**

לְהִשְׁתַּמֵּשׁ בְּחַלָּה קְפוּאָה לְלֶחֶם מִשְׁנֶה אִם מוּתָּר. תָּמִיד אֲנִי מִשְׁתַּמֵּשׁ, כִּי עַד סוֹף הַסְּעוּדָה שֶׁנִּמְשֶׁכֶת זְמַן רַב זֶה רָאוּי לַאֲכִילָה. וְכֵן כָּתַב לִי הגר"ח קניבסקי שליט"א כֵּיוָן שֶׁתִּהְיֶה רְאוּיָה לַאֲכִילָה בּוֹ בַּיּוֹם יֵשׁ לוֹמַר דְּמִצְטָרֶפֶת עכ"ל.

12. **שמירת שבת כהלכתה נה הערה לח**

וְאִלּוּ לֶחֶם שָׁלֵם בְּתוֹךְ שַׂקִּית.. נָכוֹן לְהוֹצִיאוֹ מִן הַשַּׂקִּית בִּשְׁעַת בְּרָכָה.

Lechem Mishne for Seuda Shelishis

QUESTION

Does one need *lechem mishne* for *seuda shelishis*? If so, can I use a frozen *challa*? Do I need to remove it from the bag if I'm not going to eat it?

DISCUSSION

The Gemara (Shabbos 117b)[1] writes that we are *botzeia* over two *challos* to remember that two portions of *mann* fell in the *midbar* before Shabbos. Following Rashi, the Shulchan Aruch (OC 274:1)[2] understands this to mean saying *hamotzi* over the two *challos*. The Vilna Gaon, however, follows Rashba who writes that the requirement is to cut both *challos* (See Mishna Berura 274:4;[3] Aruch Hashulchan OC 274:3[4]).

While the Magen Avraham (254:23)[5] writes that this requirement is *derabanan*, the Taz (OC 678:2)[6], Chasam Sofer (OC 46) and Aruch Hashulchan (OC 274:1) write that it is *mideoraisa*.

The Daas Zekeinim (Shemos 16:22)[7] writes that as the *Bnei Yisroel* would only have had one portion of *mann* left by Shabbos afternoon, there is no need to have *lechem mishne* for *seuda shelishis*. The Rema (OC 291:4)[8] writes that while many only use one *challa* for *seuda shelishis*, it is ideal to use two *challos* (See Shemiras Shabbos Kehilchasa 55:2)[9].

R' Ovadia Yosef (Yabia Omer OC 8:32) and R' Moshe Sternbuch (Teshuvos Vehanhagos 2:170)[10] write that ideally one should only use fresh *challa*, though R' Ephraim Greenblatt (Rivevos Ephraim 2:115:2)[11] wrote that he often used a frozen *challa* for *lechem mishne* as by the end of the meal, the *challa* had defrosted and was perfectly edible (See Betzel Hachachma 3:110:4; Minchas Yitzchak 9:42; Shemiras Shabbos Kehilchasa 55:n39).

R' Ephraim Greenblatt (Rivevos Ephraim 1:201) and R' Yehoshua Neuwirth (Shemiras Shabbos Kehilchasa 55:n38)[12] write that ideally, the second *challa* should be removed from the bag before saying *hamotzi*.

CONCLUSION

One should try one's best to have *lechem mishne* for *seuda shelishis*. While one may use frozen bread for *lechem mishne*, it should be removed from its packaging first.

1. **המאור הקטן שבת טז:**

..נָהֲגוּ לֶאֱכוֹל אֶת הַחַמִּין הַטְּמוּנִין בִּמְקוֹמוֹתֵינוּ כְּמִנְהַג הַטְמָנָתָם.. וְיֵשׁ אוֹמְרִים כִּי תַּקָּנַת רַבּוֹתֵינוּ הִיא לְעַנֵּג אֶת הַשַּׁבָּת בְּחַמִּין וְכָל מִי שֶׁאֵינוֹ אוֹכֵל חַמִּין צָרִיךְ בְּדִיקָה אַחֲרָיו אִם הוּא מִין..

2. **רמ"א או"ח רנז:ח**

וּמִצְוָה לְהַטְמִין לְשַׁבָּת כְּדֵי שֶׁיֹּאכַל חַמִּין בְּשַׁבָּת כִּי זֶה מִכְּבוֹד וְעוֹנֶג שַׁבָּת וְכָל מִי שֶׁאֵינוֹ מַאֲמִין בְּדִבְרֵי הַחֲכָמִים וְאוֹסֵר אֲכִילַת חַמִּין בְּשַׁבָּת חַיְישִׁינַן שֶׁמָּא אַפִּיקוֹרֶס הוּא (בעל המאור פרק במה טומנין וכל בו).

3. **באר משה א:א:ב**

..יָדוּעַ שֶׁבִּזְמַן הַקַּדְמוֹנִים רָבוּ כְּמוֹ רָבוּ הַקָּרָאִים הָרְשָׁעִים הַכּוֹפְרִים בִּדְרָשׁוֹת חַזַ"ל וְאָזְלוּ בְּדַרְכֵי הַמְקוּלְקָלִים צְדוֹקִים וּבַיְיתוּתִים וְדָרְשׁוּ הַכֹּל לְפִי פַּשְׁטוּת הַקְּרָא וְעַל יְדֵי זֶה הֶחֱמִירוּ בְּכַמָּה חוּמְרוֹת שֶׁל מַה בְּכַךְ וּלְעוּמָתוֹ הֵקִילוּ קוּלוֹת גְּדוֹלוֹת בְּעִנְיָנִים הָעוֹמְדִים בְּרוּמוֹ שֶׁל עוֹלָם וְעָקְרוּ גּוּפֵי הֲלָכוֹת וְהַקַּדְמוֹנִים לָחֲמוּ כְּנֶגְדָּם בְּכָל עוֹז וְכֹחַ וְעָשׂוּ כַּמָּה תַּקָּנוֹת כְּדֵי לְהוֹצִיא מִלִּבָּם שֶׁל הַקָּרָאִים. וְגַם כָּאן יָדוּעַ שֶׁהַקָּרָאִים יָשְׁבוּ בְּבֵיתָם בְּכָל יְמֵי הַשַּׁבָּת בַּחוֹשֶׁךְ וְלֹא אוֹר כִּי הֵם דָּרְשׁוּ לְפִי דַּעְתָּם הַשְּׁפֵלָה וְנִבְזֶה, אֶת הַפָּסוּק לֹא תְבַעֲרוּ אֵשׁ בְּכֹל מוֹשְׁבֹתֵיכֶם בְּיוֹם הַשַּׁבָּת הַיְינוּ שֶׁלֹּא יִהְיֶה דוֹלֵק בְּכָל הַשַּׁבָּת אוֹר בְּכָל מוֹשְׁבוֹתֵיכֶם אֲפִלּוּ אִם הִדְלִיקוּ מֵעֶרֶב שַׁבָּת גַּם כֵּן אָסוּר כִּי הַתּוֹרָה אָסְרָה, לְפִי טִפְּשׁוּתָם, שֶׁלֹּא יְהֵא אוֹר בּוֹעֵר בְּבֵית יִשְׂרָאֵל בְּיוֹם הַשַּׁבָּת.. וְכָל עִנְיָן שֶׁל בִּשּׁוּל אָסְרוּ בְּשַׁבָּת וְאָכְלוּ צוֹנֵן בְּיוֹם הַשַּׁבָּת. וּכְדֵי לְהוֹצִיא מִלִּבָּם תִּקְּנוּ הַקַּדְמוֹנִים רַבּוֹתֵינוּ הָרִאשׁוֹנִים כְּמַלְאָכִים שֶׁכָּל אֶחָד מְחֻיָּיב לֶאֱכוֹל דָּבָר חַם בְּשַׁבָּת כְּדֵי לְהוֹצִיא מִלִּבָּם שֶׁל אֵלוּ, וְלָכֵן מִי שֶׁאוֹסֵר צָרִיךְ בְּדִיקָה אַחֲרָיו..

4. **חוט שני ב:כח:ח**

..מְבוֹאָר בְּדִבְרֵי הבעל המאור כִּי הָיָה תַּקָּנָה לְעַנֵּג אֶת הַשַּׁבָּת בְּחַמִּין, אַךְ ברמ"א לֹא הֵבִיא רַק אֶת עִנְיַן "הַמִּצְוָה" וְלֹא אֶת הַתַּקָּנָה. וְעַיֵּין בִּלְשׁוֹן המשנה ברורה שֶׁכָּתַב וְכָל בַּעַל נֶפֶשׁ לֹא יָסוּר מִמִּנְהַג יִשְׂרָאֵל.. וְנִרְאֶה דִּבְפַעַם אַחַת שֶׁאוֹכֵל חַמִּין בְּשַׁבָּת סַגִּי לְקַיֵּים מִנְהָג זֶה, וְאֵין צָרִיךְ בְּכָל הַסְּעוּדוֹת לֶאֱכוֹל חַמִּין, וּלְפִי זֶה אֶפְשָׁר דְּסַגִּי אַף שֶׁיֹּאכַל אֶת הַחַמִּין בְּלֵיל שַׁבָּת.. אֶפְשָׁר דְּכֵיוָן דְּעִקַּר הַסְּעוּדָה בַּיּוֹם לֹא סַגִּי שֶׁאוֹכֵל חַמִּין בְּלֵיל שַׁבָּת.. אִם שׁוֹתֶה מַשְׁקִין חַמִּין מִטֶּרְמוּס סַגִּי בְּכָךְ לְקַיֵּים קְצַת אֶת מִצְוַת הַחַמִּין בְּשַׁבָּת, אֶלָּא דְּמִכָּל מָקוֹם בָּעִינַן לְכַתְּחִילָּה גַּם אֲכִילַת חַמִּין.

5. **משנה ברורה רנז:מט**

..וְכָל בַּעַל נֶפֶשׁ לֹא יָסוּר מִמִּנְהַג יִשְׂרָאֵל לְהַטְמִין חַמִּין עַל שַׁבָּת וּלְקַיֵּים מִצְוַת עוֹנֶג שַׁבָּת כַּאֲשֶׁר נָהֲגוּ אֲבוֹתֵינוּ מֵעוֹלָם וְשׁוֹמֵר מִצְוָה וְכוּ'..

6. **מגן אברהם רנז:כ**

וּמִצְוָה לְהַטְמִין: אֲבָל מִי שֶׁמַּזִּיק לוֹ הַחַמִּין מוּתָּר לֶאֱכוֹל צוֹנֵן (מטה משה).

7. **כף החיים או"ח רנז:מט**

וְכָל מִי שֶׁאֵינוֹ מַאֲמִין וְכוּ': אֲבָל מִי שֶׁאֵינוֹ אוֹכְלוֹ מֵחֲמַת שֶׁכּוֹאֵב לוֹ אֲכִילַת חַמִּין וְהָעוֹנֶג שֶׁלּוֹ הוּא לֶאֱכוֹל צוֹנֵן קָרוֹב הוּא בְּעֵינַי דְּאָסוּר לֶאֱכוֹל חַמִּין דְּהָא מְצַעֵר לֵיהּ בְּמַה שֶׁאוֹכֵל..

Hot Food

QUESTION

I was invited to some friends for Shabbos lunch who insisted that I must eat some *cholent* as it is a *mitzva*. Does one need to eat hot food every Shabbos?

DISCUSSION

The Baal Hamaor (Shabbos 16b)[1] writes that *chazal* decreed that we must eat hot food on Shabbos as part of *oneg Shabbos*. Refusal to do so provides reasonable grounds to suspect one of being a heretic. The Rema (OC 257:8)[2] quotes the Baal Hamaor and clarifies that it refers to one who believes that it is prohibited to eat hot food on Shabbos. R' Moshe Stern (Baer Moshe 1:1:2)[3] explains that as the Karaites denied the *Torah Shebaal Peh*, they sat in the dark all Shabbos refusing to leave any flames lit (See Ibn Ezra, Shemos 35:3). By eating hot food, such as *cholent*, on Shabbos, one is protesting against this belief and demonstrating one's belief in *chazal*.

R' Nissim Karelitz (Chut Shani 2:28:8)[4] notes that the Rema (OC 257:8) refers to it as a *mitzva*, rather than a *takana* (decree). The Mishna Berura (257:49)[5] categorises eating hot food as a *minhag*, that one should be particular to keep.

R' Karelitz writes that even one who drinks a hot drink on Friday night that was insulated in a thermos flask has fulfilled this *minhag*, though it is ideal to have hot food during lunch.

The Magen Avraham (257:20)[6] and Kaf Hachaim (OC 257:49)[7] note that if one does not enjoy or cannot tolerate such food, then they must avoid it, as it does not serve as their *oneg Shabbos*.

CONCLUSION

There is a strong *minhag* to eat hot food such as *cholent* on Shabbos, though if necessary, one can fulfil this *minhag* by having a hot drink.

1. משנה ברורה רנג:נה

..וַחֲכָמִים לֹא הִתִּירוּ אֶלָּא חֲזָרָה אֲבָל לֹא לְהוֹשִׁיב לְכַתְּחִלָּה אַף שֶׁכְּבָר נִתְבַּשְּׁלָה כָּל צָרְכָּהּ.. כֵּיוָן שֶׁמַּעֲמִידָהּ בְּמָקוֹם שֶׁדֶּרֶךְ לְבַשֵּׁל שָׁם תָּמִיד נִרְאֶה כִּמְבַשֵּׁל לְכַתְּחִלָּה בְּשַׁבָּת.

2. שער הציון רנג:לז

..ובספר הישר אִיתָא דִּלְכָךְ בָּעִינָן גְּרוּפָה מִשּׁוּם דִּכְשֶׁנּוֹטְלָהּ מִן הָאֵשׁ פְּעָמִים שֶׁמִּצְטַנֶּנֶת קְצָת וַחַיְישִׁינָן שֶׁמָּא יְחַתֶּה בַּחֲזָרָתוֹ.

3. שולחן ערוך או"ח רנג:ה

מוּתָּר לָתֵת עַל פִּי קְדֵירָה חַמִּין בְּשַׁבָּת תַּבְשִׁיל שֶׁנִּתְבַּשֵּׁל מֵעֶרֶב שַׁבָּת כָּל צָרְכּוֹ.. לְחַמְּמָן לְפִי שֶׁאֵין דֶּרֶךְ בִּשּׁוּל בְּכָךְ, אֲבָל לְהַטְמִין תַּחַת הַבְּגָדִים הַנְּתוּנִים עַל גַּבֵּי הַמֵּיחָם וַדַּאי אָסוּר.

4. חזון איש שבת לז:ט

וְהִנֵּה הָא דִּמְהַנֵּי הֶפְסֵק קְדֵירָה רֵיקָנִית נִרְאֶה דְּהוּא שִׁנּוּי שֶׁאֵין דֶּרֶךְ בִּשּׁוּל בְּכַךְ וְגַם מְמַעֵט אֶת הַחוֹם הַרְבֵּה.. וְכָתַב בְּשֵׁם הַפְּרִי מְגָדִים דִּקְדֵירָה רֵיקָנִית מְשַׁמֶּשֶׁת לְכִירָה וְחָשִׁיב כְּמַעֲמִיד עַל הַכִּירָה אֲבָל מַעֲמִיד עַל הַקְּדֵירָה שֶׁתַּבְשִׁיל בְּתוֹכָהּ חָשִׁיב כְּמַעֲמִיד עַל הַקְּדֵירָה וְלֹא כְּמַעֲמִיד עַל גַּבֵּי כִּירָה..

5. שבט הלוי א:צא

וְטַעֲמָא דִילִי, דהנה הפרי מגדים כָּתַב בְּטַעַם הַדָּבָר דְּלָמָה לְעִנְיַן קְדֵרָה רֵיקָנִית לֹא הִתִּיר הַמְּחַבֵּר אֶלָּא חֲזָרָה לֹא נְתִינָה בַּתְּחִלָּה.. וְכָתַב דְּהַאי טַעֲמָא מִשּׁוּם דִּקְדֵרָה רֵיקָנִית מְשַׁמֶּשֶׁת לְכִירָה וְחָשִׁיב כְּמַעֲמִיד עַל גַּבֵּי כִּירָה.. וְהִנֵּה דָּבָר פָּשׁוּט מְאֹד דְּזֶה לֹא שַׁיָּךְ אֶלָּא כְּשֶׁהַקְּדֵרָה הָרֵיקָנִית עוֹמֶדֶת עַל גַּבֵּי אֵשׁ.. וּבְהָא הוּא דְּאִיכָּא לְמֵימַר דְּהִיא בְּטֵלָה לְגַבֵּי כִּירָה, אֲבָל כְּשֶׁפַּח גָּדוֹל עַל גַּבֵּי כִּירָה וּמְשִׂים עוֹד בְּתוֹךְ הַפַּח קְדֵרָה רֵיקָנִית (שֶׁאֵינָהּ מוּתְאֶמֶת כְּלָל לְגוֹדֶל הַכִּירָה וְכַיּוֹצֵא בּוֹ) פָּשׁוּט מְאֹד דְּהִיא דָּבָר נִפְרָד בִּפְנֵי עַצְמוֹ מוּפְסָק מֵהַכִּירָה וּבְוַדַּאי הַדִּין נוֹתֵן דִּיהְיֶה דּוֹמֶה כִּקְדֵרָה שֶׁיִּהְיֶה מוּתָּר לִיתֵּן עָלֶיהָ קְדֵרָה מִדָּבָר שֶׁנִּתְבַּשֵּׁל כְּבָר וְהוּא חַם..

6. יחוה דעת ב:מה

תַּבְשִׁיל צוֹנֵן שֶׁנִּתְבַּשֵּׁל כָּל צָרְכּוֹ מֵעֶרֶב שַׁבָּת, וְהָיָה מוּנָח בַּמְּקָרֵר, מוּתָּר לְחַמְּמוֹ בְּשַׁבָּת עַל פְּלַטָּה חַשְׁמַלִּית שֶׁל שַׁבָּת, אֲפִלּוּ חוֹם שֶׁהַיָּד סוֹלֶדֶת בּוֹ.

7. ציץ אליעזר ח:כו:ה

..הַפְּלַטּוֹת לְשַׁבָּת אִי הַווּ כִּקְטוּמוֹת לְעִנְיַן חֲזָרָה בְּלֹא הַנָּחַת טַס עֲלֵיהֶם.. לְעֻמַּת זֶה כְּבָר הוֹרָה זְקַן רַבָּה שֶׁל יְרוּשָׁלַיִם הַגָּאוֹן הגרצ"פ פרנק ז"ל.. דְּיֵשׁ לְזֶה דִּין גְּרוּפָה וּקְטוּמָה וְאֵין צָרִיךְ לִפְרוֹס עַל הַפְּלַטָּה כְּדֵי לְהַפְסִיק בֵּין הַקְּדֵרָה וְהַפְּלַטָּה בִּהְיוֹת דְּאֵין אֶפְשָׁרוּת לְהַגְדִּיל אוֹ לְהַקְטִין אֶת כֹּחַ הַחוֹם וְלֹא שַׁיָּךְ חִתּוּי כְּלָל.. וְיֵשׁ לְהוֹסִיף דִּלְמַעֲשֶׂה נִקְרָא זֶה שֶׁיֵּשׁ גַּם פְּעוּלַּת הֶיכֵּר וְהַיְינוּ בְּזֶה שֶׁמִּשְׁתַּמֵּשׁ בְּשַׁבָּת בִּפְלַטָּה זֹאת אֲשֶׁר בִּימוֹת הַחוֹל אֵינֶנּוּ מִשְׁתַּמֵּשׁ בָּהּ בִּהְיוֹת דְּעָשׂוּי רַק לְהַחֲזִיק חוֹם הַתַּבְשִׁילִין, אוֹ אֲפִילוּ לְחַמְּמָם אֲבָל לֹא עַד כְּדֵי לְבַשֵּׁל מַמָּשׁ, דִּכַךְ שָׁמַעְתִּי מֵהַרְבֵּה שֶׁמִּשְׁתַּמְּשִׁים בָּהֶם שֶׁמִּידַּת חוּמוֹ אֵינוֹ מַגִּיעַ לְגוֹבַהּ כָּזֶה שֶׁל בִּשּׁוּל.

Heating Food

QUESTION

Can I place chicken on a hotplate on Shabbos to heat it up?

DISCUSSION

Chazal (Shabbos 36b) prohibited reheating even cooked food on Shabbos. According to the Ran (quoted by the Mishna Berura 253:55)[1], the reason is because it looks like cooking, while Rabbeinu Tam (quoted in Shaar Hatziyun 253:37)[2] writes that it is to prevent people from stoking or adjusting the flame on Shabbos.

The Shulchan Aruch (OC 253:5)[3] allows one to heat up roasted food on top of another pot on a stove on Shabbos, as this does not resemble cooking (See Magen Avraham 318:26). The Pri Megadim (Eishel Avraham 318:26 quoted by the Biur Halacha 253:1) writes that this only applies if the pot has food in. Thus, one would only be able to heat food if there was already a pot on the stove (See Chazon Ish Shabbos 37:9)[4].

Nonetheless, R' Shlomo Zalman Auerbach (quoted in Shemiras Shabbos Kehilchasa 1:n125) and R' Shmuel Wosner (Shevet Halevi 1:91)[5] hold that even the Pri Megadim would agree that one may use an empty pot on a hotplate. Thus, one may place an empty pot or upturned foil container on the hotplate to place solid food on top.

Nonetheless, R' Ovadia Yosef (Yechave Daas 2:45)[6] and R' Eliezer Waldenberg (Tzitz Eliezer 8:26:5)[7] allow one to place fully cooked solid food directly onto an electric hot plate on Shabbos provided that it cannot be used to cook and has no knobs to adjust the temperature (See Igros Moshe OC 1:93; 4:74:35; Shemiras Shabbos Kehilchasa 1:n71).

CONCLUSION

One may heat up dry food on the hotplate, even if it contains a little bit of sauce. However, any liquid food such as chicken in gravy must be on the hotplate before Shabbos.

1. שולחן ערוך או"ח רנג:ה

מוּתָּר לָתֵת עַל פִּי קְדֵירָה חַמִּין בְּשַׁבָּת תַּבְשִׁיל שֶׁנִּתְבַּשֵּׁל מֵעֶרֶב שַׁבָּת כָּל צָרְכּוֹ.. לְחַמְּמָן לְפִי שֶׁאֵין דֶּרֶךְ בִּשּׁוּל בְּכַךְ אֲבָל לְהַטְמִין תַּחַת הַבְּגָדִים הַנְּתוּנִים עַל גַּבֵּי הַמֵּיחַם וַדַּאי אָסוּר.

2. יביע אומר או"ח י:כו

נִשְׁאַלְתִּי, תַּבְשִׁיל שֶׁרוּבּוֹ רוֹטֶב וּמָרָק שֶׁנִּצְטַנֵּן, הַאִם מוּתָּר לִיתְּנוֹ עַל פְּלַאטָה שֶׁל שַׁבָּת בְּעוֹדָהּ כְּבוּיָה, וְנִדְלֶקֶת אַחַר כַּךְ עַל יְדֵי שָׁעוֹן שַׁבָּת, כַּעֲבוּר שָׁעָה, לְחַמֵּם הַמַּאֲכָל בַּחוֹם שֶׁהַיָּד סוֹלֶדֶת בּוֹ.. שֶׁאֵין לֶאֱסוֹר בְּנִידָּן דִּידָן מִטַּעַם אִסּוּר שֶׁהִיָּה אוֹ חֲזָרָה, שֶׁמָּא יַחְתֶּה בַּגֶּחָלִים, שֶׁגְּזֵירוֹת אֵלּוּ אֵינָם שַׁיָּיכוֹת לְגַבֵּי פְּלַאטָה חַשְׁמַלִּית, שֶׁאֵין כַּאן הַגְבָּהַת הָאֵשׁ כְּנוֹדָע), וְהָעֵלָה, הִילְכָּךְ נִרְאֶה לְמַסְקָנָא דְּדִינָא שֶׁיֵּשׁ לְהַתִּיר בְּנִידָּן דִּידָן, וְאֵין כָּאן חֲשַׁשׁ לֹא מִשּׁוּם מְגַיֵּס וְלֹא מִשּׁוּם זִילוּתָא דְּשַׁבָּת. ע"ש. וְכֵן עִקָּר לַהֲלָכָה וּלְמַעֲשֶׂה.

3. הר צבי או"ח קלו

אִם יֵשׁ לַתַּנּוּר חַשְׁמַלִּי דִּין גְּרוּפָה וּקְטוּמָה.. שֶׁהַעֲמָדַת קְדֵירָה עַל גַּבֵּי הַתַּנּוּר הַחַשְׁמַלִּי בְּשַׁבָּת, כֵּיוָן שֶׁבְּוַדַּאי יִדְלֹק אַחַר כָּךְ מֵעַצְמוֹ, מִבְּלִי שֶׁיְּהֵא צוֹרֶךְ בִּפְעוּלָה, דְּלֵיהֲוֵי כִּמַעֲמִיד קְדֵרָה בְּשַׁבָּת בְּמָקוֹם שֶׁסּוֹף אֵשׁ לָבוֹא, וּכְבָר כָּתַבְתִּי בַּמָּקוֹם אַחֵר שֶׁמַּעֲמִיד קְדֵרָה בְּשַׁבָּת בְּמָקוֹם שֶׁסּוֹף אֵשׁ לָבוֹא דִּיהֵא בּוֹ אִסּוּר שֶׁל תּוֹרָה..

4. חזון איש שבת לח:ב

נִרְאֶה דְּאִם שִׁלֵּב אֶת הַשָּׁעוֹן לְכַפּוֹת הַמַּנְעוּל שֶׁל הַחַשְׁמַל בְּשַׁבָּת בִּשְׁבִיל שֶׁיִּכָּבֶה לִזְמַן יָדוּעַ חָשִׁיב גְּרָמָא וְאֵין בּוֹ אִסּוּר דְּאוֹרַיְיתָא.. כְּשֶׁיֵּשׁ לוֹ תַּנּוּר הַנִּיסָק עַל יְדֵי חַשְׁמַל, וְהֵכִין מֵעֶרֶב שַׁבָּת שָׁעוֹן לִפְתּוֹחַ הַחַשְׁמַל בְּשָׁעָה יְדוּעָה, אָסוּר לְהַעֲמִיד הַקְּדֵירָה עַל גַּבֵּי תַּנּוּר קֹדֶם שֶׁנִּפְתַּח הַחַשְׁמַל, מִשּׁוּם דִּין שְׁהִיָּיה עַל גַּבֵּי כִּירָה וְתַנּוּר בְּשַׁבָּת שֶׁהֲרֵי אָסְרוּ גַּם חֲזָרָה בְּאֵינָהּ גְּרוּפָה, וּבִגְרוּפָה לֹא הִתִּירוּ אֶלָּא חֲזָרָה בְּשֶׁלֹּא הִנִּיחָהּ עַל גַּבֵּי קַרְקַע, אֲבָל שְׁהִיָּיה בַּתְּחִלָּה אָסוּר..

5. אור לציון ב:ל:יח

שְׁאֵלָה: הַאִם מוּתָּר לְהָנִיחַ בְּשַׁבָּת סִיר קַר עַל גַּבֵּי פְּלַטָה חַשְׁמַלִּית הַמְּחוּבֶּרֶת לִשְׁעוֹן שַׁבָּת בִּזְמַן שֶׁאֵינָהּ מוּפְעֶלֶת, כְּדֵי שֶׁהַתַּבְשִׁיל יִתְחַמֵּם בִּזְמַן שֶׁהַפְּלַטָה תּוּפְעַל עַל יְדֵי שְׁעוֹן הַשַּׁבָּת.

תְּשׁוּבָה: לְהַנִּיחַ אֶת הַסִּיר מֵעֶרֶב שַׁבָּת, מוּתָּר. אֲבָל אֵין לְהָנִיחַ בְּשַׁבָּת עַל גַּבֵּי הַפְּלַטָה הַחַשְׁמַלִּית, אַף בִּזְמַן שֶׁאֵין הַפְּלַטָה מוּפְעֶלֶת. לְהָנִיחַ אֶת הַסִּיר בְּשַׁבָּת אָסוּר, אַף שֶׁאֵין בְּזֶה אִסּוּר בִּשּׁוּל, כֵּיוָן דַּהֲוֵי רַק בְּדֶרֶךְ גְּרָמָא מֵהַגְרָמוֹת הַמּוּתָּרוֹת בְּשַׁבָּת, דְּמִכָּל מָקוֹם אָסְרוּ חֲכָמִים לְהַעֲמִיד קְדֵירָה עַל מָקוֹם שֶׁיָּבוֹא לְהִתְבַּשֵּׁל..

6. שמירת שבת כהלכתה א:לב

קְדֵירָה וּבָהּ אוֹכֶל מְבוּשָּׁל, בְּעֶרֶב שַׁבָּת מוּתָּר לִיתֵּן אוֹתוֹ עַל גַּבֵּי כִּירָה חַשְׁמַלִּית בְּשָׁעָה שֶׁזּוּ אֵינָהּ מוּפְעֶלֶת, אַף כְּשֶׁהִיא מְחוּבֶּרֶת לִשְׁעוֹן שַׁבָּת שֶׁיַּפְעִיל אוֹתָהּ בְּשַׁבָּת, וְהוּא שֶׁהַכִּירָה תִּהְיֶה מְכוּסָה כָּרָאוּי, וְלֹא יוֹרִיד אֶת הַקְּדֵירָה מֵעַל גַּבֵּי הַכִּירָה וְיַחֲזִירָהּ בְּשַׁבָּת לִפְנֵי חִיבּוּר זֶרֶם הַחַשְׁמַל. וְכָל שֶׁכֵּן שֶׁבְּשַׁבָּת עַצְמָהּ אָסוּר לִיתֵּן הַקְּדֵירָה עַל הַכִּירָה, אֲפִלּוּ בְּשָׁעָה שֶׁאֵין הִיא מוּפְעֶלֶת, וַאֲפִלּוּ הִיא מְכוּסָּה. אֲבָל מוּתָּר לוֹמַר לְנָכְרִי לַעֲשׂוֹת כֵּן, בְּשָׁעָה שֶׁהַכִּירָה אֵינֶנָּהּ מוּפְעֶלֶת, אַף אִם אֵינָהּ מְכוּסָּה. וְהוּא שֶׁהַתַּבְשִׁיל שֶׁבַּקְּדֵירָה כְּבָר נִתְבַּשֵּׁל כָּל צוֹרְכּוֹ, אַף אִם נִצְטַנֵּן לְגַמְרֵי.

7. ציץ אליעזר ב:ו

בִּשּׁוּל וְחִמּוּם תַּבְשִׁילִין עַל תַּנּוּר חַשְׁמַלִּי הַנִּדְלָק בְּשַׁבָּת עַל יַד שָׁעוֹן מְכוּוָּן מֵעֶרֶב שַׁבָּת.. גַּם זֶה נִרְאֶה לְפִי עֲנִיּוּת דַּעְתִּי בְּוַדַּאי, שֶׁלְּהָשִׂים הַתַּבְשִׁיל בְּשַׁבָּת אָסוּר אֲפִלּוּ לִפְנֵי הַגָּעַת זְמַן הַהַדְלָקָה.. יֵשׁ לֶאֱסוֹר לְהָנִּיחַ הַקְּדֵירָה עַל כִּירַת הַחַשְׁמַל מֵעֶרֶב שַׁבָּת דְּשֶׁמָּא יָבוֹא לְהָנִיחָהּ בְּשַׁבָּת.. אֲפִלּוּ נִתְבַּשֵּׁל כָּל צָרְכּוֹ וְשָׂם אוֹתוֹ עַל הַתַּנּוּר שֶׁיִּרְתַּח עוֹד הַפַּעַם בְּשַׁבָּת בְּשָׁעָה שֶׁיִּדְלַק, גַּם כֵּן אָסוּר.

Heating Food on a Timer

QUESTION

Can I place my cold food on the hotplate on Shabbos if the timer is set to heat it up later? If not, can I do so before Shabbos?

DISCUSSION

The Shulchan Aruch (OC 253:5)[1] writes that one may heat up a *davar gush*, dry solid food, on Shabbos by placing it on top of another pot. One may place such food onto a hotplate, regardless as to whether it is on or will later be switched on with a timer. Some are particular to put something like an upturned tray down first (See Yechave Daas 2:45; Tzitz Eliezer 8:26:5; Meor Hashabbos 10:4).

While one must not place a *davar lach*, a boiled food with liquid, on the stove or hotplate on Shabbos, R' Ovadia Yosef (Yabia Omer OC 10:26)[2] allows one to place such a pot on the hotplate while it is off even though it will later switch on through a timer.

Most *poskim*, however, disagree. R' Zvi Pesach Frank (Har Zvi OC 136)[3] compares using a timer to later heat food, to placing food on a stove that will be lit soon, which he argues is *assur mideoraisa*. The Chazon Ish (Shabbos 38:2-3)[4], R' Ben Zion Abba Shaul (Ohr Letzion 2:30:18)[5] and R' Yehoshua Neuwirth (Shemiras Shabbos Kehilchasa 1:32)[6] write that while it is not *assur mideoraisa*, one still cannot do so on Shabbos because it is a problem of *gerama*, causing something to happen (though one could ask a non-Jew to do so while it was off). R' Eliezer Waldenberg (Tzitz Eliezer 2:6)[7] adds that one cannot even place such food before Shabbos on a hotplate that is scheduled to come on as we are concerned that one may come to do so on Shabbos. However, R' Yehoshua Neuwirth (ibid.) disagrees, allowing one to place even cold food with liquid on a hotplate before Shabbos, which is set to turn on later, providing it is fully cooked.

CONCLUSION

One may put dry solid food onto a hotplate on Shabbos that will come on later. While some *Sefardim* may allow placing liquid food on, too, *Ashkenazim* must not do so. One may place food before Shabbos onto a hotplate that was off, providing the food is fully cooked.

1. שולחן ערוך או"ח שיח:ד

תַּבְשִׁיל שֶׁנִּתְבַּשֵּׁל כָּל צָרְכּוֹ יֵשׁ בּוֹ מִשּׁוּם בִּשּׁוּל אִם נִצְטַנֵּן. **הגה** ..וְהַנֵּי מִילֵּי שֶׁיֵּשׁ בּוֹ בִּשּׁוּל אַחַר בִּשּׁוּל בְּתַבְשִׁיל שֶׁיֵּשׁ בּוֹ מָרָק אֲבָל דָּבָר שֶׁנִּתְבַּשֵּׁל כְּבָר וְהוּא יָבֵשׁ מוּתָּר לִשְׁרוֹתוֹ בְּחַמִּין בְּשַׁבָּת..

2. פרי מגדים, משבצות זהב רנג:יג

רִאשׁוֹנָה צָרִיךְ לְבָרֵר אֵיזוֹ הוּא בִּשּׁוּל דִּין תּוֹרָה, וְאֵיזוֹ מִדְּרַבָּנָן.. וּמַהוּ דָּבָר לַח, הִנֵּה הבית יוסף הֵבִיא בְּשֵׁם רבינו ירוחם בח"ג בְּשֵׁם הרבינו יונה כָּל "שֶׁרוּבּוֹ" רוֹטֶב וְצוֹנֵן וּמִצְטַמֵּק וְיָפֶה לוֹ הָוֵה מְבַשֵּׁל גָּמוּר, מַשְׁמַע כְּשֶׁמִּיעוּט רוֹטֶב אֵין זֶה מְבַשֵּׁל.. וְלִכְאוֹרָה מַרְאִין הַדְּבָרִים כמ"ש הט"ז בסי' שי"ח אות ד' דְּאַף נִצְטַנֵּן בְּלַח הָוֵה מִן הַתּוֹרָה..

3. יביע אומר או"ח ט:קח:קסט

..מַה שֶּׁכָּתוּב שֶׁאֲפִלּוּ תַּבְשִׁיל יָבֵשׁ, אִם יֵשׁ בּוֹ מְעַט רוֹטֶב, אֵין לִיתְּנוֹ עַל פְּלַאטָה חַשְׁמַלִּית לְחַמְּמוֹ, (וְזֶה שֶׁלֹּא כמ"ש מָרָן הבית יוסף (סי' רנג) בְּשֵׁם רבינו ירוחם שֶׁדַּוְקָא אִם רוּבּוֹ רוֹטֶב אָסוּר).. וְנִרְאֶה לִי שֶׁאֲפִלּוּ אִם יֵשׁ מְעַט מָרָק, עִם כָּל זֶה מוּתָּר לְהַנִּיחוֹ כְּנֶגֶד הַמְּדוּרָה, שֶׁהֲרֵי אֵין לְךָ בָּשָׂר שֶׁאֵין מוֹהֵל וְשׁוּמָן יוֹצֵא מִמֶּנּוּ, וְעִם כָּל זֶה נִידּוֹן לְדָבָר יָבֵשׁ. וְנִרְאֶה שֶׁכָּל שֶׁהָרוֹב הוּא דָּבָר יָבֵשׁ, אֲפִלּוּ יֵשׁ בּוֹ קְצָת רוֹטֶב לֹא שַׁיָּיךְ בּוֹ בִּשּׁוּל.. דְּאָזְלִינַן בָּתַר רוּבָּא, וְאִם רוֹב הַתַּבְשִׁיל יָבֵשׁ, אֲפִלּוּ יֵשׁ מְעַט רוֹטֶב וּמָרָק, נִידּוֹן כְּדָבָר יָבֵשׁ, שֶׁיֵּשׁ לְהַתִּיר לִיתְּנוּ עַל הַפְּלַאטָה שֶׁל שַׁבָּת, שֶׁאֵין בִּשּׁוּל אַחַר בִּשּׁוּל. וּדְלֹא כהאור לציון.

4. שולחן ערוך הרב או"ח שיח:יא

תַּבְשִׁיל יָבֵשׁ שֶׁאֵין בּוֹ רוֹטֶב כְּלָל אֵין בּוֹ בִּשּׁוּל אַחַר בִּשּׁוּל אִם נִתְבַּשֵּׁל כְּבָר כָּל צָרְכּוֹ..

5. אור לציון ב:ל:יג

שְׁאֵלָה: הַאִם מוּתָּר לִיתֵּן בְּשַׁבָּת לֶחֶם אוֹ תַּבְשִׁיל קַר עַל גַּבֵּי פְּלַטָּה חַשְׁמַלִּית אוֹ עַל מִכְסֵה הַפַּח שֶׁעַל גַּבֵּי הָאֵשׁ, כְּדֵי לְחַמְּמָם?

תְּשׁוּבָה: מוּתָּר לִיתֵּן תַּבְשִׁיל קַר יָבֵשׁ, שֶׁאֵין בּוֹ רוֹטֶב כְּלָל, עַל גַּבֵּי מִכְסֵה הַפַּח בְּמָקוֹם שֶׁאֵין תַּחְתָּיו אֵשׁ, וְכֵן יֵשׁ לְהַתִּיר לִיתֵּן תַּבְשִׁיל עַל גַּבֵּי פְּלַטָּה חַשְׁמַלִּית בְּמָקוֹם שֶׁאֵין תַּחְתָּיו גּוּפֵי חִימּוּם, אֲבָל בְּמָקוֹם שֶׁיֵּשׁ תַּחְתָּיו אֵשׁ אֵין לָשִׂים תַּבְשִׁיל קַר, וַאֲפִלּוּ יָבֵשׁ. וְתַבְשִׁיל שֶׁיֵּשׁ בּוֹ אֲפִלּוּ מְעַט רוֹטֶב, אֵין לִיתְּנוֹ אֲפִלּוּ בְּמָקוֹם שֶׁאֵין תַּחְתָּיו אֵשׁ, אֶלָּא אִם כֵּן הוּא חַם עֲדַיִין בִּכְדֵי שֶׁהַיָּד סוֹלֶדֶת בּוֹ.

6. אגרות משה או"ח ד:עד בישול ז

אוֹכֶל שֶׁרוּבּוֹ יָבֵשׁ וּמִיעוּטוֹ לַח הַאִם יֵשׁ לְהַחְמִיר שֶׁיֵּשׁ בּוֹ בִּשּׁוּל אַחַר בִּשּׁוּל אִם נִצְטַנֵּן לְגַמְרֵי.
תְּשׁוּבָה: הִנֵּה לֹא מוּבָן חִלּוּק בֵּין רוֹב לַח לְמִיעוּט לַח מֵאַחַר דְּמִיעוּט הַלַּח יִתְבַּשֵּׁל כְּשֶׁהוּא צוֹנֵן, אֲשֶׁר עַל כֵּן הוּא הֶכְרֵחַ לְפָרֵשׁ כְּמַשְׁמָעוּת הפרי מגדים בְּסִימָן רנ"ג במשבצות זהב סקי"ג דִּבְרוֹב הוּא מִצְטַמֵּק וְיָפֶה לוֹ וּבְמִיעוּט הוּא מִצְטַמֵּק וְרַע לוֹ, שֶׁלָּכֵן יֵשׁ לֶאֱסוֹר כֵּיוָן דְּרַבִּים פְּלִיגֵי עַל הרמ"א סִימָן שי"ח סְעִיף ד' דְּכָתַב דְּדַוְוקָא בְּמִצְטַמֵּק וְיָפֶה לוֹ יֵשׁ בִּשּׁוּל אַחַר בִּשּׁוּל.. אֵין דִּין זֶה בָּרוּר וּמֵהָרָאוּי לְהַחֲמִיר. וּבִשְׁעַת הַדְּחָק גָּדוֹל אוּלַי יֵשׁ לְהַתִּיר.

7. דרשו משנה ברורה שיח הערה 37

והגרש"ז אויערבך.. כָּתַב, שֶׁאַף כְּשֶׁהַלַּחְלוּחִית הִיא 'טוֹפֵחַ עַל מְנָת לְהַטְפִּיחַ', דִּין הַמַּאֲכָל כְּדָבָר יָבֵשׁ.. וְקֶטְשׁוּפּ.. דַּעַת הגרש"ז אויערבך.. שֶׁדִּינוֹ כְּדָבָר יָבֵשׁ, כֵּיוָן שֶׁאֵינוֹ דָּבָר לַח מַמָּשׁ, וְהוּא כְּעַגְבָנִיּוֹת מְבוּשָּׁלוֹת..

מקור חיים 60

Defining Liquids and Solids

QUESTION

I know that we can heat up cooked solid foods on Shabbos but not liquids, though I am confused as to where to draw the line. Can I heat up chicken with a little bit of sauce on a hotplate?

DISCUSSION

The Shulchan Aruch (OC 318:4)[1] writes that one may heat up a *davar yavesh*, dry cooked item of food on Shabbos, but not a *davar lach*, liquid food. There is a *machlokes*, however, as to how dry the food can be to allow it to be reheated.

The Pri Megadim (Mishbetzos Zahav 253:13)[2] quotes some *rishonim* who define the *issur* of *bishul achar bishul*, cooking already cooked food, as a food made up mainly of liquid which will improve through further cooking. Thus, he writes if the dish is mainly solid then it is considered to be a *davar yavesh*.

R' Ovadia Yosef (Yabia Omer OC 7:42:6; 9:108:169;[3] Yechave Daas 2:45) quotes other *poskim* who likewise maintain that if less than half of the dish is liquid, it is still considered to be dry and may be heated on Shabbos (See Kaf Hachaim OC 253:91; Har Zvi OC 1 Mevashel:1)

The Shulchan Aruch Harav (OC 318:11)[4], Mishna Berura (318:32) and R' Ben Zion Abba Shaul (Ohr Letzion 2:30:13)[5], however, define *yavesh* as having no liquid element to the dish. Thus, one would not be able to heat up any chicken or meat in a sauce, etc. R' Moshe Feinstein (Igros Moshe 4:74 Bishul 7)[6] writes that one should ideally follow this view.

Nonetheless, R' Shlomo Zalman Auerbach (quoted in the Dirshu Mishna Berura 318:n37)[7] maintains that the food does not need to be totally dry, and even according to the Shulchan Aruch Harav, there would be no issue with heating up food with a little bit of thick sauce, such as ketchup.

CONCLUSION

One can heat up dry pieces of cooked food, even if they have a little bit of thick sauce on them. However, one should avoid heating up food in gravy, unless absolutely necessary.

1. משנה שבת לו:

כִּירָה שֶׁהִסִּיקוּהָ בְּקַשׁ וּבִגְבָבָא, נוֹתְנִים עָלֶיהָ תַּבְשִׁיל. בְּגֶפֶת וּבְעֵצִים, לֹא יִתֵּן עַד שֶׁיִּגְרֹף, אוֹ עַד שֶׁיִּתֵּן אֶת הָאֵפֶר.

2. שבת לו:

חנניה אוֹמֵר: כֹּל שֶׁהוּא כמאכל בן דרוסאי, מוּתָּר לְשַׁהוֹתוֹ עַל גַּבֵּי כִּירָה, אַף עַל פִּי שֶׁאֵינוֹ גָּרוּף וְאֵינוֹ קָטוּם..

3. חזון איש שבת לז:יא

..וְאַף אִם מַעֲמִידִין פַּח שֶׁל מַתֶּכֶת וּמְשִׂימִין הַקְּדֵירָה בְּתוֹךְ הַפַּח מִכָּל מָקוֹם לֹא חָשִׁיב כַּדִּין נָתַן קְדֵירָה רֵיקָנִית עַל הַכִּירָה לְהַפְסִיק דְּהָכָא לֹא הַוֵי רַק כְּכִסָּה אֶת הַכִּירָה בְּכִיסוּיָהּ וְהֶעֱמִיד הַקְּדֵירָה עַל הַכִּיסוּי דְּזֶה חָשִׁיב עַל גַּבָּהּ.. וְהִלְכָּךְ אִם נָטַל אֵין מַחֲזִירִין בְּשַׁבָּת אֲפִלּוּ עוֹדָהּ בְּיָדוֹ וְדַעְתּוֹ לְהַחֲזִיר..

4. כף החיים או"ח רנג:יא

..אִם נָתַן דָּבָר הַמַּפְסִיק בֵּין הַגֶּחָלִים וּבֵין הַקְּדֵירָה כְּגוֹן שֶׁהִנִּיחַ חֲתִיכַת בַּרְזֶל עַל גַּבֵּי כָּל הַגֶּחָלִים וְנִתְכַּסָּה מוּתָּר לְהָנִיחַ הַקְּדֵירָה עַל גַּבֵּי אוֹתָהּ חֲתִיכַת הַבַּרְזֶל דְּחָשִׁיב אוֹתָהּ כִּירָה כִּקְטוּמָה.. וְלָכֵן הַמַּשְׁהִין קָאוֵי עַל הָאֵשׁ אִם נָתְנוּ חֲתִיכַת בַּרְזֶל עַל הָאֵשׁ בְּעִנְיָן שֶׁנִּתְכַּסֶּה כָּל הָאֵשׁ וְנָתַן כְּלִי הַקָּאוֵי עַל אוֹתָהּ חֲתִיכָה מוּתָּר לְהַחֲזִיר כְּלִי הַקָּאוֵי בְּשַׁבָּת אַחַר שֶׁנְּטָלוֹ מִשָּׁם בְּשַׁבָּת עַל אוֹתָהּ חֲתִיכָה..

5. אגרות משה או"ח א:צג

..אֲבָל בְּתַנּוּרֵי הַגַּעז שֶׁאֵין הַדֶּרֶךְ כְּלָל לְבַשֵּׁל בְּכִסּוּי פַּח מַתָּכוֹת אֵין לְךָ הֶיכֵּר גָּדוֹל מִזֶּה שֶׁמְּסַלֵּק דַּעְתּוֹ מִלְּחַתּוֹת וְאֵין לָחוּשׁ לְחִתּוּי, וְנִמְצָא שֶׁלְּפִי זֶה יֵשׁ לְתַנּוּרֵי הַגַּעז שֶׁכִּיסָּה בְּפַח מַתָּכוֹת דִּין כִּירָה קְטוּמָה.. וְאִם כֵּן בְּגַעז שֶׁלֹּא נִמְצָא אַף אֶחָד שֶׁיְּבַשֵּׁל בְּכִסּוּי פַּח מַתָּכוֹת מִשּׁוּם שֶׁיָּכוֹל לְהַקְטִין הָאֵשׁ וּלְהַגְדִּילוֹ בְּצִמְצוּם כְּפִי שֶׁצָּרִיךְ לָכֵן אֵין הֶיכֵּר גָּדוֹל מִזֶּה וּמוּתָּר.. כֵּיוָן שֶׁיֵּשׁ הֶיכֵּר בָּרוּר אַחֲרֵי שֶׁאֵין בָּזֶה צוֹרֶךְ לְהַבִּשּׁוּל..

6. ציץ אליעזר ז:טו

שְׁאֵלָתוֹ הָרִאשׁוֹנָה הִיא בְּקֶשֶׁר לְהַנָּהוּג בְּהַטְמָנַת חַמִּים מַיִם וְתַבְשִׁיל לְצוֹרֶךְ שַׁבָּת לְהַעֲמִיד הַקְּדֵירוֹת לְמַעְלָה עַל הַפִּטְפּוּט אַף שֶׁהָאֵשׁ תַּחַת שׁוּלֵי הַקְּדֵרָה רַק שֶׁנּוֹתְנִים טַס שֶׁל בַּרְזֶל אוֹ חֲתִיכַת אַזְבֶּסְט עַל הָאֵשׁ וְעַל הנ"ל מְסַדְּרִין וּמַעֲמִידִים הַכֵּלִים עִם הַתַּבְשִׁילִין שֶׁנִּתְבַּשְּׁלוּ כְּמַאֲכַל בֶּן דְּרוּסָאִי מִבְּעוֹד יוֹם וַאֲפִלּוּ נִצְטַמֵּק וְיָפֶה לוֹ.. דְּאֵין מָקוֹם לְעַרְעֵר מִנְהָגָן שֶׁל יִשְׂרָאֵל.. אֲבָל בֶּאֱמֶת נִרְאֶה דְּדִין גְּרוּפָה וּקְטוּמָה יֵשׁ לָהּ, בַּהֲוָיוֹת וּמְשִׂימִים דָּבָר מַפְסִיק בֵּין הַקְּדֵירָה לִפְתִילֶיהָ אוֹ לַמְּנוֹרָה בְּצוּרָה שֶׁל טַס אוֹ חֲתִיכַת אַזְבֶּסְט, וְאָז מוּבָן דְּמוּתָּר זֶה אַלִּיבָּא דְּכוּלֵּי עָלְמָא.

7. שולחן שלמה שבת רנז:יג

בְּעִנְיַן הַקְּדֵירוֹת הַנִּקְרָאִים קְרָאק פָּאט.. רַק יָעַצְתִּי לוֹ לַעֲשׂוֹת קְדֵירָה פְּשׁוּטָה שֶׁל פַּח וּבְכָל עֶרֶב שַׁבָּת יַפְסִיקוּ בָּהּ בֵּין קְדֵירוֹת הַתַּבְשִׁיל וְהַמַּכְשִׁיר, וְטוֹב שֶׁתְּהֵא גַּם בּוֹלֶטֶת וְנִיכֶּרֶת שֶׁהִיא מַפְסֶקֶת בֵּינֵיהֶם וְגַם מְמַעֶטֶת קְצָת אֶת חוֹם הַחַשְׁמַל וְהָאֵשׁ הִיא כִּקְטוּמָה, וּבְאוֹפֶן שֶׁכָּזֶה אִם הַתַּבְשִׁיל מְבוּשָּׁל כָּל צָרְכּוֹ אַף שֶׁמִּצְטַמֵּק וְיָפֶה כֵּיוָן שֶׁהִיא מַמָּשׁ חוֹצֶצֶת וּמַפְסֶקֶת מִסָּבִיב לְכָל קְדֵירַת הַתַּבְשִׁיל אֶפְשָׁר לְהָקֵל וְלַעֲשׂוֹת כֵּן גַּם לְכַתְּחִלָּה וְלֹא לַחֲשׁוֹשׁ לְאִסּוּר הַטְמָנָה.

8. שבט הלוי ט:נב

אֲבָל מִצַּד הַטְמָנָה אֵין שְׁאֵלָה גַּם אִם מוּנָּחִים עַל שֶׁטַח הַחִיצוֹנִי שֶׁל רוֹב הַקְּדֵרָה, כֵּיוָן שֶׁאֵין מְכֻסָּה לְמַעְלָה.. וְכֵן לֹא נֶעֱלַם מֵאִתִּי מַה שֶּׁכָּתַב מרן החזון איש.. דְּלֹא נִקְרָא הַטְמָנָה אֶלָּא בִּמְכֻסָּה מִלְּמַעְלָה.

9. ארחות שבת ב הערה קמט

..והגרי"ש אלישיב.. נָתַן עֵצָה לְהַגְבִּיהַּ אֶת קְדֵרַת הַחֶרֶס בְּאוֹפֶן שֶׁיִּהְיֶה הֶפְסֵק אֲוִיר נִיכָּר בֵּין מַכְשִׁיר הַחִימּוּם שֶׁלְּמַטָּה לְבֵין שׁוּלֵי הַקְּדֵרָה..

Slow-Cookers on Shabbos

QUESTION

Do I need to line my slow-cooker with foil in order to use it on Shabbos?

DISCUSSION

The Mishna (Shabbos 36b)[1] teaches that one may place a pot in an oven after one has removed the coals (*garuf*) or cover the coals with ashes (*katum*). The Gemara (Shabbos 36b)[2] teaches that to prevent one from accidentally lighting a fire on Shabbos (*mavir*) there is a restriction against leaving uncooked food cooking on Shabbos (*shehiya*).

The Chazon Ish (Shabbos 37:11)[3] writes that placing a metal sheet, or *blech*, over one's stove hardly affects the cooking and so does not help on Shabbos. Nonetheless, the Kaf Hachaim (OC 253:11)[4], R' Moshe Feinstein (Igros Moshe OC 1:93)[5], R' Eliezer Waldenberg (Tzitz Eliezer 7:15)[6] and R' Shmuel Wosner (Shevet Halevi 1:91) write that placing a *blech* over one's stove would be considered *garuf vekatum*, allowing one to leave food on the flame even if it wasn't yet fully cooked when Shabbos begins (See Biur Halacha 253:1).

A second issue with slow-cookers is *hatmana*, insulating. The *poskim* debate as to whether it is enough for just the lid to be uncovered, or if part of the sides need to be exposed to avoid *hatmana*. R' Shlomo Zalman Auerbach (Shulchan Shlomo, Shabbos 257:13)[7] maintains that in order to avoid the issue of *hatmana*, one must line the pot with foil which should stick out a little so that it is noticeable. R' Shmuel Wosner (Shevet Halevi 9:52)[8], however, writes that as the pot is not covered on top, there is no issue of *hatmana* (See Rema OC 253:1; Taz OC 258:1; Shulchan Aruch Harav, Kuntres Acharon 257:3). R' Dovid Ribiat (The 39 Melochos, p633) writes that this was also the view of R' Moshe Feinstein (See Igros Moshe OC 4:74).

R' Yosef Shalom Elyashiv (quoted in Orchos Shabbos 2:n149)[9] maintained that in order to avoid *hatmana*, one must raise the pot insert a little. Thus, some place some scrunched up foil underneath the pot too.

CONCLUSION

One should ideally line their slow-cooker with a foil-*blech* and raise it, especially if one may want to return the pot to the flame.

1. שולחן ערוך או"ח רנג:ב

כִּירָה שֶׁהִיא גְרוּפָה וּקְטוּמָה וְנָטַל הַקְּדֵירָה מֵעָלֶיהָ אֲפִלּוּ בְּשַׁבָּת מוּתָּר לְהַחֲזִירָהּ כָּל זְמַן שֶׁהִיא רוֹתַחַת. **הגה** וְעוֹדָהּ בְּיָדוֹ (טור). וְלֹא הִנִּיחָהּ עַל גַּבֵּי קַרְקַע. **הגה** וְדַעְתּוֹ לְהַחֲזִירָהּ (טור). וְדַוְקָא עַל גַּבָּהּ אֲבָל לְתוֹכָהּ אָסוּר וּבְתַנּוּר אָסוּר לְהַחֲזִיר אֲפִלּוּ הוּא גָרוּף וְקָטוּם וְהוּא הַדִּין לְכֻפָּח אִם הִסִּיקוֹ בְּגֶפֶת וְעֵצִים. **הגה** וְדַוְקָא שֶׁהַתַּבְשִׁיל מְבוּשָּׁל כָּל צָרְכּוֹ (ב"י) וְאָז מוּתָּר לְהַחֲזִירוֹ אֲפִלּוּ לְכִירָה אַחֶרֶת אֲבָל אִם לֹא נִתְבַּשֵּׁל כָּל צָרְכּוֹ אָסוּר אֲפִלּוּ בְּאוֹתָהּ כִּירָה (מיי' פ"ג) וְיֵשׁ אוֹמְרִים דְּכָל זֶה אֵינוֹ אָסוּר רַק כְּשֶׁנְּטָלוֹ מִן הַכִּירָה מִבְּעוֹד יוֹם וְלֹא הֶחֱזִירוֹ עַד שֶׁחֲשֵׁכָה, אֲבָל אִם לְקָחוֹ מִשָּׁם מִשֶּׁחֲשֵׁיכָה אֲפִלּוּ הִנִּיחוֹ עַל גַּבֵּי קַרְקַע מוּתָּר (ר"ן פרק כירה וכל בו) וְכֵן נוֹהֲגִים לְהָקֵל בַּתַּנּוּרִים שֶׁלָּנוּ שֶׁיֵּשׁ לָהֶם דִּין כִּירָה וְסוֹמְכִים עַצְמָם עַל דִּבְרֵי הַמְּקִלִּין וְטוֹב לְהַחֲמִיר. מִיהוּ אִם נִצְטַנֵּן לְכוּלֵּי עַלְמָא אָסוּר [בית יוסף].

2. ביאור הלכה רנג:ב

וְדַעְתּוֹ לְהַחֲזִירָהּ: הִנֵּה מַשְׁמַע דְּתָפַס לְחוּמְרָא בְּהָאִבַּעְיוֹת שֶׁבָּעוּ לְזֶה בַּגְּמָרָא וְעַל כֵּן סְבִירָא לֵיהּ דְּתַרְתֵּי בְּעִינָן שֶׁלֹּא יַנִּיחַ עַל גַּבֵּי קַרְקַע וְגַם יִהְיֶה דַּעְתּוֹ, הָא עַל גַּבֵּי קַרְקַע אָסוּר אַף שֶׁדַּעְתּוֹ לְהַחֲזִירָה..

3. אגרות משה או"ח ד:עד בישול לח

תַּבְשִׁיל מְבוּשָּׁל כָּל צָרְכּוֹ שֶׁהָיָה מוּנָּח עַל גַּבֵּי הַבְּלֶעךְ וְכָבְתָה הָאֵשׁ בַּשַּׁבָּת וְנִצְטַנֵּן אֶלָּא שֶׁעֲדַיִין חַם קְצָת, הַאִם מוּתָּר לְהַחֲזִירוֹ לְכִירָה אַחֶרֶת גְּרוּפָה וּקְטוּמָה, וְגַם הַאִם יֵשׁ חִלּוּק בֵּין כָּבְתָה הָאֵשׁ בְּשַׁבָּת לְכָבְתָה קוֹדֶם הַשַּׁבָּת?

תְּשׁוּבָה: יֵשׁ לְהַתִּיר דְּדָמֵי זֶה כְּמוֹ שֶׁעוֹמֶדֶת עַל בְּלֶעךְ דְּתַנּוּר שֶׁהִנִּיחַ בְּמָקוֹם רָחוֹק קְצָת שֶׁמּוּתָּר לְהַעֲמִידָה בְּמָקוֹם יוֹתֵר חַם כְּשֶׁעֲדַיִין הָיָה חַם קְצָת שֶׁרָאוּי לְאוֹכְלוֹ אֲבָל הוּא דַּוְקָא כְּשֶׁנִּכְבָּה מֵאֵלָיו עַל יְדֵי אֵיזֶה סִבָּה אֲבָל אִם כָּבוּ בְּכַוָּונָה בְּעֶרֶב שַׁבָּת אָסוּר דְּהָא בִּטְּלוֹ בְּכַוָּונָה שֶׁהָיְיתָה רִאשׁוֹנָה.

4. שמירת שבת כהלכתה א הערה עט

..שָׁמַעְתִּי מהגרש"ז אויערבך זצ"ל, דְּאַפִילּוּ לְפִי מַה שֶׁכָּתַב הרמ"א דְּטוֹב לְהַחֲמִיר אִם הִנִּיחַ אֶת הַקְּדֵירָה עַל גַּבֵּי קַרְקַע, מִכָּל מָקוֹם בְּנִידָּן דִּידָן שָׁרֵי.. דְּדַוְקָא כַּאֲשֶׁר הֶעֱמִיד בַּיָּדַיִם עַל גַּבֵּי קַרְקַע וְעָשָׂה מַעֲשֶׂה שֶׁנִּרְאָה כְּאִלּוּ הִסִּיחַ דַּעְתּוֹ מִלְּהַחֲזִירָהּ, רַק אָז כָּתַב הרמ"א שֶׁטּוֹב לְהַחֲמִיר, אֲבָל לֹא כְּשֶׁנָּפְלָה הַקְּדֵירָה מֵאֵלֶיהָ, וְהָכִי נַמִּי בְּכָבְתָה..

5. שמירת שבת כהלכתה א:כז

כָּבְתָה הַלֶּהָבָה, יָשִׂים אֶת הַקְּדֵירָה, וּבָהּ הָאוֹכֶל הַמְבוּשָּׁל כָּל צָרְכּוֹ וְעוֹדֶנּוּ חַם בְּמִקְצָת, סָמוּךְ לְלֶהָבָה אַחֶרֶת.. אוֹ עַל גַּבֵּי קְדֵירָה אַחֶרֶת שֶׁיֵּשׁ בָּהּ תַּבְשִׁיל וְהִיא עַל גַּבֵּי הָאֵשׁ.. אֵין לוֹ קְדֵירָה אַחֶרֶת עַל גַּבֵּי הָאֵשׁ, יָשִׂים עַל הָאֵשׁ (בֵּין אִם הִיא מְכוּסָּה אוֹ לֹא) דָּבָר שֶׁיְּמַעֵט אֶת חוֹם הַלֶּהָבָה וְנִיכָּר שֶׁאֵינוֹ עוֹשֶׂה כְּרָגִיל בִּימוֹת הַחוֹל, כְּגוֹן שֶׁמֵּנִיחַ עַל הָאֵשׁ צַלַּחַת אוֹ תַּבְנִית אַפִיָּה הֲפוּכָה וְיַנִּיחַ אֶת הַקְּדֵירָה עָלֶיהָ.. וּבְדִיעֲבַד גַּם מוּתָּר לָשִׂים אֶת הַקְּדֵירָה יְשִׁירוּת עַל הָאֵשׁ וּלְשִׂימָהּ עָלֶיהָ..

64 מקור חיים

Hot Plate Gone Off

QUESTION

I accidentally forgot to adjust our time switch before Shabbos so our hotplate switched off earlier than expected. Was I allowed to transfer the food onto our neighbour's hotplate?

DISCUSSION

The Shulchan Aruch (OC 253:2)[1] writes that one may return a hot pot of cooked food to a flame provided that the flame is covered. The Rema adds that one should not put the pot down elsewhere before returning it to another heat source (*chazara*), and they must have intended to return it when removing it. The Biur Halacha (253:2)[2] discusses whether one needs all three conditions in order to replace food (See Shemiras Shabbos Kehilchasa 1:18).

R' Moshe Feinstein (Igros Moshe OC 4:74 Bishul 38)[3] writes that one may move hot food from one *blech* to another even if the fire went out, just as one may move food from one flame to another, providing that one did not plan on the flame going out. If one purposely set one's timer to go off at a certain time, however, they have demonstrated that they did not intend to return it to the flame.

Likewise, R' Shlomo Zalman Auerbach (quoted in Shemiras Shabbos Kehilchasa 1:n79)[4] held that there is a difference between actively removing a pot before placing it elsewhere, whereby one demonstrates that one is not planning on returning it to the flame, and a flame accidentally going out.

Nonetheless, R' Yehoshua Neuwirth (Shemiras Shabbos Kehilchasa 1:27)[5] writes that one should ideally not place the food directly onto another *blech*, but only onto another pot or upturned plate, etc.

There is a *machlokes* among *Sefardi poskim*, however, as to whether they can transfer food in this scenario (See Kaf Hachaim OC 253:46; Yalkut Yosef, Shabbos 253:10).

CONCLUSION

One would be allowed to transfer food as long as it was fully cooked and still warm from a hotplate that had switched off to another hotplate on Shabbos. It is ideal to move this food onto another pot or upturned plate, rather than place it directly onto the hotplate.

1. משנה תורה שבת ט:ג

הַמְּבַשֵּׁל עַל הָאוּר דָּבָר שֶׁהָיָה מְבֻשָּׁל כָּל צָרְכּוֹ אוֹ דָּבָר שֶׁאֵינוֹ צָרִיךְ בִּשּׁוּל כְּלָל פָּטוּר.

2. שולחן ערוך או"ח שיח:ד

תַּבְשִׁיל שֶׁנִּתְבַּשֵּׁל כָּל צָרְכּוֹ יֵשׁ בּוֹ מִשּׁוּם בִּשּׁוּל אִם נִצְטַנֵּן.

3. כתובות לד.

הַמְּבַשֵּׁל בְּשַׁבָּת, בְּשׁוֹגֵג יֹאכַל, בְּמֵזִיד לֹא יֹאכַל, דִּבְרֵי ר' מאיר. ר' יהודה אוֹמֵר בְּשׁוֹגֵג יֹאכַל לְמוֹצָאֵי שַׁבָּת, בְּמֵזִיד לֹא יֹאכַל עוֹלָמִית. רַבִּי יוחנן הסנדלר אוֹמֵר בְּשׁוֹגֵג יֹאכַל לְמוֹצָאֵי שַׁבָּת לַאֲחֵרִים וְלֹא לוֹ, בְּמֵזִיד לֹא יֹאכַל עוֹלָמִית לֹא לוֹ וְלֹא לַאֲחֵרִים.

4. משנה תורה שבת ו:כג

יִשְׂרָאֵל שֶׁעָשָׂה מְלָאכָה בְּשַׁבָּת אִם עָבַר וְעָשָׂה בְּזָדוֹן אָסוּר לוֹ לֵהָנוֹת בְּאוֹתָהּ מְלָאכָה לְעוֹלָם. וּשְׁאָר יִשְׂרָאֵל מֻתָּר לָהֶם לֵהָנוֹת בָּהּ לְמוֹצָאֵי שַׁבָּת מִיָּד.. וְאִם בִּשֵּׁל בִּשְׁגָגָה לְמוֹצָאֵי שַׁבָּת יֹאכַל בֵּין הוּא בֵּין אֲחֵרִים מִיָּד. וְכֵן כָּל כַּיּוֹצֵא בָּזֶה.

5. שולחן ערוך או"ח שיח:א

הַמְּבַשֵּׁל בְּשַׁבָּת.. בְּמֵזִיד אָסוּר לוֹ לְעוֹלָם וְלַאֲחֵרִים מוּתָּר לְמוֹצָאֵי שַׁבָּת מִיָּד, וּבְשׁוֹגֵג אָסוּר בּוֹ בַּיּוֹם גַּם לַאֲחֵרִים, וְלָעֶרֶב מוּתָּר גַּם לוֹ מִיָּד.

6. משנה ברורה שיח:ז

גַּם לַאֲחֵרִים: הִנֵּה בַּגְּמָרָא פְּלִיגֵי בְּעִנְיַן שׁוֹגֵג וּמֵזִיד ר' מאיר ור' יהודה, וְדַעַת השולחן ערוך הוּא דַּעַת ר' יהודה שֶׁכֵּן הִסְכִּימוּ הרי"ף והרמב"ם והגאונים. והגר"א הִסְכִּים בְּבֵאוּרוֹ לְשִׁיטַת התוספות וְסִיַּעְתָּם דְּפָסְקוּ כר' מאיר דִּבְמֵזִיד אָסוּר בֵּין לוֹ בֵּין לַאֲחֵרִים עַד מוֹצָאֵי שַׁבָּת, וּבְשׁוֹגֵג מוּתָּר גַּם לוֹ מִיָּד. וּבִמְקוֹם הַצּוֹרֶךְ יֵשׁ לִסְמוֹךְ עַל זֶה בְּבִשּׁוּל בְּשׁוֹגֵג.

7. פרי מגדים, אשל אברהם שיח:י

וְכָל שֶׁיֵּשׁ סָפֵק פְּלוּגְתָּא אִם הֲוָה בִּשּׁוּל אוֹ לַאו בָּזֶה סָפֵק דְּרַבָּנָן לְקוּלָא.

מקור חיים 66

Accidental Cooking

QUESTION

I took a tray out of the fridge on Shabbos morning, thinking it was *schnitzel*, and placed it on the hotplate. When I opened it up, I realised that it was cooked chicken in a sauce. Can I serve and eat it?

DISCUSSION

There is a *machlokes* among the *rishonim* as to whether the rule '*ein bishul achar bishul*, something that has been cooked cannot be cooked again', applies to liquids as well as solids. Rambam (Shabbos 9:3)[1], Rashba (Shabbos 40b) and Ran (Shabbos 19a) write that it applies to liquids, too, and so there would be no *issur mideoraisa* to reheat liquids (See Beis Yosef OC 318:4). The Shulchan Aruch (OC 318:4)[2], however, follows Rashi (Shabbos 34a), Rabbeinu Yonah and the Rosh (Shabbos 3:11), who hold that reheating liquids is *bishul* (See Biur Halacha 318:4).

The Gemara (Kesubos 34a[3], Chullin 15a) writes that if one transgressed a *melacha* on Shabbos, there is a *machlokes* as to whether they or others can benefit from it on Shabbos or afterwards. The Gemara discusses whether this prohibition is *mideoraisa* or *miderabanan*. Rambam (Shabbos 6:23)[4] and the Shulchan Aruch (OC 318:1)[5] follow R' Yehuda and write that if one accidentally cooked food on Shabbos, everyone must wait until after Shabbos to eat it. However, the Vilna Gaon (Biur Hagra OC 318:1) follows Tosafos and others who *pasken* like R' Meir, who holds that one may eat such food on Shabbos.

The Mishna Berura (318:7)[6] writes that while we should generally follow the Shulchan Aruch on this, if necessary, one can rely on the Vilna Gaon. Thus, if this was one's main dish for their Shabbos meal, one could still serve and eat it.

The Pri Megadim (Eishel Avraham 318:10)[7] and Mishna Berura (318:2) write that when there is a *machlokes* as to whether something is an *issur* or not, one does not need to wait to benefit from it. Following the opinion in the Gemara that this prohibition against benefitting from forbidden *melacha* is *miderabanan*, we apply the rule of *safek derabanan lekula*, we are lenient in matters of Rabbinic doubt. As there are rishonim who maintain that '*ein bishul achar bishul*' applies equally to liquids, one who accidentally reheated a liquid would not have to wait to eat it.

CONCLUSION

One may serve and eat food containing liquid that was accidentally reheated on Shabbos.

1. שולחן ערוך או"ח שיח:יח

הָאִלְפָּס וְהַקְּדֵירָה שֶׁהֶעֱבִירָן רוֹתְחִין מֵעַל גַּבֵּי הָאוּר אִם לֹא נִתְבַּשֵּׁל כָּל צָרְכּוֹ אֵין מוֹצִיאִין בְּכַף מֵהֶם שֶׁנִּמְצָא מֵגִיס וְאִיכָּא מִשּׁוּם מְבַשֵּׁל וְאִם נִתְבַּשֵּׁל כָּל צָרְכּוֹ מוּתָּר..

2. משנה ברורה שיח:קיג

שֶׁהֶעֱבִירָן מְרוּתָּחִין: נָקַט שֶׁהֶעֱבִירָן לְרַבּוּתָא דַּאֲפִילּוּ בְּזֶה אָסוּר כְּשֶׁלֹּא נִתְבַּשֵּׁל כָּל צָרְכּוֹ וּבְנִתְבַּשֵּׁל כָּל צָרְכּוֹ אֲפִלּוּ עוֹמֵד עַל גַּבֵּי הָאוּר מוּתָּר לְהוֹצִיא בְּכַף כֵּן מַשְׁמָע בבית יוסף אֲבָל באליה רבה מַסִּיק דְּיֵשׁ לֶאֱסוֹר בְּזֶה.

3. חזון איש שבת לז:טו

ובמשנה ברורה כָּתַב לְהַחֲמִיר לִיטּוֹל בְּכַף כָּל זְמַן שֶׁהוּא עַל הָאֵשׁ, אַף בְּנִתְבַּשֵּׁל כָּל צָרְכּוֹ, וְנִרְאֶה דְּבָרוֹצֶה לְהַשְׁאִיר הַקְּדֵירָה כְּשֶׁהִיא עַל כִּירָה שֶׁאֵינָהּ גְּרוּפָה שֶׁאִם יְסַלְּקָהּ לֹא יוּכַל לְהַחֲזִיר, וְאֵין לוֹ תַּקָּנָה אֶלָּא לִיטּוֹל בְּכַף, אֶפְשָׁר לְהָקֵל.

4. שבט הלוי י:יא:ב

וּמַה שֶּׁהֵעִיר כְּבוֹדוֹ בְּאֵלּוּ שֶׁיֵּשׁ לָהֶם קְדֵרָה גְּדוֹלָה שֶׁל חַמִּין עַל גַּבֵּי הָאֵשׁ בְּשַׁבָּת וְלֹא יְכוֹלִים לַעֲרוֹת מֵהַקְּדֵרָה עַצְמָהּ וְלוֹקְחִים כָּל אֶחָד בְּכַף כָּל זְמַן שֶׁעֲדַיִן הַקְּדֵרָה עַל הָאֵשׁ, וְשַׁפִּיר הֵעִיר כְּבוֹדוֹ לְלַמֵּד זְכוּת לְמַה שֶּׁכָּתַב החזון איש.. הִנֵּה בְּוַדַּאי יָפֶה הֵעִיר, אֲבָל הֱיוֹת כִּי לְהַרְבֵּה דֵּעוֹת לֹא שַׁיָּךְ הֲגָסָה בִּמְבוּשָּׁל כָּל צָרְכּוֹ, וַאֲפִלּוּ לְהַסּוֹבְרִים שֶׁשַּׁיָּךְ הַיְנוּ בַּהֲגָסָה מַמָּשׁ לֹא בִּלְקִיחַת כַּף בְּעַלְמָא, וּנְהִי דִּלְכַתְּחִלָּה עָלֵינוּ לְהַחֲמִיר, מִכָּל מָקוֹם בְּאִי אֶפְשָׁר בְּעִנְיָן אַחֵר וּבִפְרָט בְּמְקוֹם גְּמַ"ח כִּמְצִיאוּת כְּבוֹד תּוֹרָתוֹ, שַׁפִּיר חֲזִי לִסְמוֹךְ בְּזֶה עַל מָרָן החזון איש שַׁבָּת ל"ז–ט"ו שֶׁדַּעְתּוֹ לְהָקֵל בְּזֶה..

5. אור לציון ב:ל:טו

אִם מַשְׁאִיר אֶת הַחַמִּין לְצוֹרֶךְ מִצְוָה, כְּגוֹן לְצוֹרֶךְ אוֹרֵחַ שֶׁיָּבוֹא מְאוּחָר יוֹתֵר, אוֹ לְצוֹרֶךְ יְלָדִים קְטַנִּים שֶׁעֲדַיִין לֹא אָכְלוּ, אוֹ לְצוֹרֶךְ סְעוּדָה שְׁלִישִׁית, יָכוֹל לְהוֹצִיא אוֹכֶל מִן הַסִּיר אֲפִלּוּ כְּשֶׁהוּא עוֹמֵד עַל גַּבֵּי הַפְּלַטָה, אוֹ עַל מִכְסֵה הַפַּח שֶׁעַל גַּבֵּי הָאֵשׁ, וּבִלְבַד שֶׁהַמַּאֲכָל נִתְבַּשֵּׁל כָּל צוֹרְכּוֹ, אֲבָל בְּלֹא זֶה אֵין לְהָקֵל לְהוֹצִיא מִן הַסִּיר אֲפִלּוּ אֵינוֹ כָּעֵת עַל גַּבֵּי הָאֵשׁ, אִם דַּעְתּוֹ לְהַחְזִירוֹ.

6. אגרות משה או"ח ד:עד בישול ט

אִם הַקְּדֵרָה כְּבֵדָה אִם הוּא עַל הָאֵשׁ שֶׁאִיכָּא אִסּוּר מִדְּרַבָּנָן אָסוּר אֲפִלּוּ לְהוֹצִיא בְּכַף, וְלֹא דָּמֵי לְהָא שֶׁכָּתַב המגן אברהם בס"ק מ"ד דְּנָהֲגוּ הֶיתֵּר בְּמִינֵי קְטָנִיּוֹת שֶׁמּוֹצִיאִין אוֹתָן בְּכַף אַף שֶׁהוּא סוֹבֵר דְּאִיכָּא אִסּוּר גַּם אַחַר שֶׁהוֹרִידוּ מִן הָאֵשׁ, דְּמִכָּל מָקוֹם כְּשֶׁהוּא עַל הָאֵשׁ דְּאִיכָּא טַעַם לֶאֱסוֹר כִּדְכָתַב התפארת שמואל וְאִיכָּא גַּם דַּעַת הכל בו שֶׁהוּא אָסוּר מִדְּאוֹרַיְיתָא אַף שֶׁלֹּא מוּבָן הַדָּבָר, וְאִיכָּא קְצָת טַעַם לְפִי עֲנִיּוּת דַּעְתִּי דְּאַף שֶׁהַקְּדֵרָה הוּא מְבוּשָּׁל כָּל צָרְכּוֹ, סוֹבֵר שֶׁאֵירַע הַרְבֵּה פְּעָמִים שֶׁאִיכָּא קָרְטִין דְּלֹא נִתְבַּשְּׁלוּ כָּל צָרְכָּן אַף שֶׁהֵן רְאוּיִן לֶאֱכוֹל דְּהוּא אַגַּב רוּבָּא דְּרוּבָּא מֵהַקְּדֵרָה שֶׁהוּא מְבוּשָּׁל כָּל צָרְכּוֹ, וְהַגָּסָה שֶׁמְּעָרֵב כְּשֶׁהוּא עַל הָאֵשׁ עוֹשֶׂה שֶׁיִּתְבַּשֵּׁל גַּם הֵם, לָכֵן חָמוּר וְיֵשׁ לֶאֱסוֹר אַף בִּקְדֵרָה כְּבֵדָה, אֲבָל כְּשֶׁסִּלְּקָן מִן הָאֵשׁ אֵין לְהַחְמִיר בִּקְדֵרָה כְּבֵדָה כבמגן אברהם.

7. אגרות משה או"ח ד:עד בישול יא

מַה טַּעַם מָרָן שליט"א בְּמַה שֶּׁשָּׁמַעְתִּי מִמֶּנּוּ לְחַלֵּק לְעִנְיַן הֲגָסָה בִּקְדֵרָה הַמּוּנַּחַת עַל גַּבֵּי הבלעך שֶׁאִם הוּא עַל גַּבֵּי הָאֵשׁ מַמָּשׁ אָסוּר, וְאִם אֵינוֹ עַל גַּבֵּי הָאֵשׁ אַף שֶׁיַּד סוֹלֶדֶת בּוֹ מוּתָּר?

תְּשׁוּבָה: הַטַּעַם פָּשׁוּט.. שֶׁעַל הָאֵשׁ יֵשׁ לְטְעוּת וּכְשֶׁהוֹרִידוֹ מִן אֵשׁ וְהַיַּד סוֹלֶדֶת אֵין לְטְעוּת, וְלָכֵן גַּם עַל הבלעך בְּמָקוֹם שֶׁהַקְּדֵרָה אֵינָהּ עַל הָאֵשׁ אֶלָּא רַק יַד סוֹלֶדֶת דִּתְחִלַּת הַבִּשּׁוּל לֹא הָיָה מִתְבַּשֵּׁל שָׁם אֵין לְטְעוּת. וְאַף אִם יֵשׁ מָקוֹם לְחַלֵּק אֵין יְכוֹלִין לְהַחְמִיר בִּשְׁבִיל חֲשַׁשׁ טָעוּת יוֹתֵר מִמַּה שֶּׁמָּצִינוּ. וְאִם מִקְצָת עַל הָאֵשׁ וְאַף בְּסָמוּךְ מַמָּשׁ לְהָאֵשׁ יֵשׁ לְהַחֲמִיר.

A Heavy Pot of Soup

QUESTION ────────────────

We often host a lot of guests over Shabbos and cook our soup in a large pot. As it is so difficult to remove the pot when it is full, can we remove some soup while it is still on the hotplate?

DISCUSSION ────────────────

Rambam (Shabbos 3:11) writes that one must not put a ladle into a pot while it is on the flame on Shabbos as doing so stirs the food which aids the cooking. The Maggid Mishna explains that while it may not properly stir the food, *chazal* were concerned that one may come to stir it properly. Thus, the Shulchan Aruch (OC 252:1; 318:18[1]) writes that one must not stir food or remove any from a pot on the stove while it is still cooking.

The Mishna Berura (318:113)[2] writes that while the Shulchan Aruch allows removing fully cooked food while it is still on the flame, the Elya Rabba writes that one should remove it from the flame first in deference of the minority opinion (Kol Bo quoted in Shaar Hatziyun 318:136) which maintains that stirring fully cooked food is *assur mideoraisa* (see Biur Halacha 318:18).

The Chazon Ish (Shabbos 37:15)[3] and R' Yitzchak Yaakov Weiss (Minchas Yitzchak 5:127:6), however, write that if the food was directly on the flame and so one would not be able to remove the pot and replace it, then they can follow the Shulchan Aruch and remove the food from the pot on condition that it was fully cooked (See Shemiras Shabbos Kehilchasa 1:32).

Following this, R' Shmuel Wosner (Shevet Halevi 10:11:2)[4] writes that if one had a pot that was too heavy to move off the flame, one could take from it directly, though one should be careful not to stir it. Likewise, R' Ben Zion Abba Shaul (Ohr Letzion 2:30:15)[5] writes that if one needs to leave the pot on the flame for *mitzva* purposes, such as for *seuda shelishis*, late guests or children who wanted to eat later, then one can take food out of the pot while it is still on the flame.

However, R' Moshe Feinstein (Igros Moshe OC 4:74 Bishul 9)[6], disagrees, writing that one may only take from the pot providing that it is on a blech, and the flame is not hot enough to have cooked it or warmed it up by itself (ibid. 11)[7].

CONCLUSION ────────────────

If it is too heavy or difficult to remove the pot, one may take some soup, while being careful not to stir it.

1. שולחן ערוך או"ח שיח:ד

תַּבְשִׁיל שֶׁנִּתְבַּשֵּׁל כָּל צָרְכּוֹ, יֵשׁ בּוֹ מִשּׁוּם בִּשּׁוּל אִם נִצְטַנֵּן. **הגה** וְיֵשׁ אוֹמְרִים דַּוְקָא אִם מִצְטַמֵּק וְיָפֶה לוֹ (רבנו ירוחם ח"ג) וְאִם לֹא נִתְבַּשֵּׁל כָּל צָרְכּוֹ, וַאֲפִלּוּ נִתְבַּשֵּׁל כְּמַאֲכַל בֶּן דְּרוּסָאִי, שַׁיָּךְ בּוֹ בִּשּׁוּל אֲפִלּוּ בְּעוֹדוֹ רוֹתֵחַ; וְהַנֵּי מִילֵּי שֶׁיֵּשׁ בּוֹ בִּשּׁוּל אַחַר בִּשּׁוּל, בְּתַבְשִׁיל שֶׁיֵּשׁ בּוֹ מָרָק, אֲבָל דָּבָר שֶׁנִּתְבַּשֵּׁל כְּבָר, וְהוּא יָבֵשׁ, מֻתָּר לִשְׁרוֹתוֹ בְּחַמִּין בְּשַׁבָּת.

2. שולחן ערוך או"ח רנג:ה

יֵשׁ לִמְחוֹת בְּיַד הַנּוֹהֲגִים לְהַטְמִין מִבְּעוֹד יוֹם קוּמְקוּם שֶׁל מַיִם חַמִּין וְנוֹתְנִים אוֹתָם לְתוֹךְ הַקְּדֵרָה בְּשַׁבָּת כְּשֶׁהַתַּבְשִׁיל מִצְטַמֵּק.

3. בית יוסף או"ח רנג:טו

וּמַה שֶּׁכָּתַב רַבֵּינוּ כָּל זְמַן שֶׁהִיא רוֹתַחַת כֵּן מַשְׁמַע וַדַּאי שֶׁאִם שָׁהָה בְּיָדוֹ עַד שֶׁנִּצְטַנֵּן הַתַּבְשִׁיל אָסוּר לְהַחְזִירָהּ מִשּׁוּם דְּהַוָה לֵיהּ כִּמְבַשֵּׁל וְכֵן כָּתַב רַבֵּינוּ בְּסִימָן שיח..

4. יחוה דעת ד:כב

שְׁאֵלָה: הַאִם מֻתָּר לְעָרוֹת מַיִם רוֹתְחִים בַּשַּׁבָּת אֶל תּוֹךְ הַתַּבְשִׁיל שֶׁנִּצְטַמֵּק, לְאַחַר שֶׁהוּרַד הַתַּבְשִׁיל מֵעַל הָאֵשׁ?

..אָמְנָם אַחֵינוּ הָאַשְׁכְּנַזִּים נוֹהֲגִים בְּזֶה כְּדַעַת הרמ"א וְסִיַּעְתּוֹ לְהַתִּיר לְעָרוֹת מַיִם רוֹתְחִים בַּשַּׁבָּת אֶל תּוֹךְ הַתַּבְשִׁיל שֶׁנִּצְטַמֵּק, לְאַחַר שֶׁהוּרַד מֵעַל הָאֵשׁ וְיֵשׁ לָהֶם עַל מַה שֶּׁיִּסְמוֹכוּ, אֲבָל הַסְּפָרַדִּים וּבְנֵי עֲדוֹת הַמִּזְרָח בְּאֶרֶץ יִשְׂרָאֵל צְרִיכִים לְהַחְמִיר בְּזֶה כְּדַעַת מָרָן שֶׁאָסַר לַעֲשׂוֹת כֵּן בְּהֶחְלֵט. וְהַמַּזְהִיר וְהַנִּזְהָר יִרְבֶּה שְׁלוֹמָם כְּנָהָר..

5. שמירת שבת כהלכתה א:טז

שְׁתֵּי קְדֵירוֹת הָעוֹמְדוֹת עַל גַּבֵּי הָאֵשׁ וְהַתַּבְשִׁילִין שֶׁבָּהֶם הֵם מְבֻשָּׁלִים כָּל צוֹרְכָּם, מוּתָּר לְהַעֲבִיר מַה שֶּׁבָּהֶן מֵאַחַת לַחֲבֶרְתָּהּ. וּלְפִיכָךְ, אִם רוֹאִים שֶׁהַתַּבְשִׁיל שֶׁבְּתוֹךְ הַקְּדֵרָה הָעוֹמֶדֶת עַל גַּבֵּי אֵשׁ מְכוּסָּה הוֹלֵךְ וּמִתְיַבֵּשׁ, מֻתָּר לִיצוֹק בּוֹ בְּנַחַת מִן הַמַּיִם הָרוֹתְחִים שֶׁבַּדּוּד הַשַּׁבָּת הָעוֹמֵד עַל גַּבֵּי הָאֵשׁ אַף הוּא..

6. משנה תורה שבת ט:ד

אֶחָד נָתַן אֶת הָאוֹר וְאֶחָד נָתַן אֶת הָעֵצִים וְאֶחָד נָתַן אֶת הַקְּדֵרָה וְאֶחָד נָתַן אֶת הַמַּיִם וְאֶחָד נָתַן אֶת הַבָּשָׂר וְאֶחָד נָתַן אֶת הַתַּבְלִין וּבָא אַחֵר וְהֵגִיס כֻּלָּם חַיָּבִים מִשּׁוּם מְבַשֵּׁל. שֶׁכָּל הָעוֹשֶׂה דָּבָר מִצָּרְכֵי הַבִּשּׁוּל הֲרֵי זֶה מְבַשֵּׁל..

מקור חיים 70

Adding Hot Water to Cholent

QUESTION

If my *cholent* dries out on Shabbos, may I add hot water to the pot?

DISCUSSION

The Shulchan Aruch (OC 318:4)[1] writes that one can pour hot water into a hot dish that has already been cooked on Shabbos. Yet, elsewhere, the Shulchan Aruch (OC 253:5)[2] writes that it is forbidden to pour hot water from a kettle into a pot of food. The Beis Yosef (OC 253:15)[3] explains that we are worried that the dish has cooled down and it is now being 'cooked again' by the hot water (or vice versa). Thus, providing both pots are hot, it should be permitted to pour from one to the other.

Nonetheless, R' Ben Zion Abba Shaul (Ohr Letzion 2:17:8) writes that there are other reasons why the Shulchan Aruch writes this *halacha* and one should not add hot water to the pot regardless as to whether it is on the stove or not. Thus, R' Ovadia Yosef (Yechave Daas 4:22)[4] writes that *Sefardim* should ideally not add hot water to hot dishes.

R' Yehoshua Neuwirth (Shemiras Shabbos Kehilchasa 1:16)[5] writes that one may transfer the contents of one pot to another while they are both on a *blech* (See Mishna Berura 318:84). Quoting R' Shlomo Zalman Auerbach (1:n44), he writes that ideally one should pour the water directly from the urn, though if necessary one can use a cup (*kli sheni*) to pour the water providing the water is still hot (See Minchas Yitzchak 6:20; 10:18; Rivevos Ephraim 1:246).

As one cannot stir the pot while it is on the flame (*maygis*), one should pour the water in slowly (See Rambam, Shabbos 9:4)[6] or remove the pot from the flame before adding water.

CONCLUSION

While many *Sefardim* avoid doing so on Shabbos, *Ashkenazim* may add hot water to a hot *cholent* pot on Shabbos, ideally pouring the water directly from the urn.

1. שולחן ערוך או"ח שיח:ט

כְּלִי רִאשׁוֹן (פֵּירוּשׁ הַכְּלִי שֶׁמְּשַׁמֵּשׁ בּוֹ עַל הָאֵשׁ) אֲפִלּוּ לְאַחַר שֶׁהֶעֱבִירוּהוּ מֵעַל הָאֵשׁ מְבַשֵּׁל, כָּל זְמַן שֶׁהַיָּד סוֹלֶדֶת בּוֹ. לְפִיכָךְ אָסוּר לִתֵּן לְתוֹכוֹ תַּבְלִין, אֲבָל מֶלַח מֻתָּר לִתֵּן לְתוֹכוֹ כֵּיוָן שֶׁהֶעֱבִירוֹ מֵעַל הָאֵשׁ.. **הגה** ..וְיֵשׁ אוֹסְרִים לָתֵת מֶלַח אֲפִלּוּ בִּכְלִי שֵׁנִי כָּל זְמַן שֶׁהַיָּד סוֹלֶדֶת בּוֹ; וְהַמַּחְמִיר תָּבוֹא עָלָיו בְּרָכָה (תוספות ומרדכי פרק כירה). וְאִם עָבַר וְנָתַן מֶלַח, אֲפִלּוּ בִּכְלִי רִאשׁוֹן אֲפִלּוּ הוּא עַל הָאֵשׁ שֶׁעָבַד אִסּוּרָא, מֻתָּר הַמַּאֲכָל דְּהַמֶּלַח בָּטֵל עַל גַּבֵּי הַמַּאֲכָל ..

2. משנה ברורה שיח:עא

וְיֵשׁ אוֹסְרִים וכו': וְהַנֵי מִילֵי בְּמֶלַח שֶׁחוֹפְרִין אֲבָל מֶלַח שֶׁעוֹשִׂין מִמַּיִם שֶׁמְּבַשְּׁלִין אוֹתָם אֵין בּוֹ מִשּׁוּם בִּשּׁוּל לְכוּלֵּי עָלְמָא דְּאֵין בִּשּׁוּל אַחַר בִּשּׁוּל.. וְכֵן בצוקע"ר מֻתָּר מֵהַאי טַעְמָא לִיתְּנוֹ בִּכְלִי רִאשׁוֹן לְאַחַר שֶׁהֶעֱבִירוּהוּ מִן הָאֵשׁ וְיֵשׁ שֶׁמְּפַקְפְּקִין בְּזֶה. וְטוֹב לְיִזָּהֵר מִכְּלִי רִאשׁוֹן לְכַתְּחִלָּה.

3. משנה ברורה שיח:סה

לְתוֹכוֹ תַּבְלִין: אֲבָל בִּכְלִי שֵׁנִי מוּתָּר לָתֵת תַּבְלִין אֲפִילוּ יַד סוֹלֶדֶת בּוֹ דְּאֵין מִתְבַּשֵּׁל שָׁם וְאִם מוּנָּח בִּכְלִי שֵׁנִי דָּבָר גּוּשׁ שֶׁהַיַּד סוֹלֶדֶת בּוֹ יֵשׁ לִיזָּהֵר בְּזֶה דְּיֵשׁ פּוֹסְקִים שׁסוֹבְרִין דְּדָבָר גּוּשׁ כָּל זְמַן שֶׁהַיַּד סוֹלֶדֶת בּוֹ דִּינוֹ כִּכְלִי רִאשׁוֹן.

4. אגרות משה או"ח ד:עד:ה

הַאִם מֻתָּר לִיתֵּן קעטשאפ בְּשַׁבָּת עַל בָּשָׂר רוֹתֵחַ הַנִּמְצָא בִּכְלִי שֵׁנִי, דְּיֵשׁ כַּאן ב' חוּמְרוֹת: א'.. שֶׁדָּבָר גּוּשׁ חַם חָשַׁב כְּלִי רִאשׁוֹן. ב' לָחוּשׁ שֶׁיֵּשׁ בִּשּׁוּל אַחַר בִּשּׁוּל בְּדָבָר לַח.. וְעוֹד אוּלַי הקעטשאפ לֹא חָשִׁיב מַשְׁקֶה כֵּיוָן שֶׁהוּא עָב בְּיוֹתֵר. וְכֵן הַאִם מֻתָּר לִיתֵּן מֶלַח שֶׁלֹּא נִתְבַּשֵּׁל עַל דָּבָר גּוּשׁ חַם בִּכְלִי שֵׁנִי?

תְּשׁוּבָה: נִרְאֶה לְדִינָא.. דְּרַשָּׁאִין לִיתֵּן קעטשאפ עַל בָּשָׂר רוֹתֵחַ שֶׁנִּתַּן לִכְלִי שֵׁנִי.. אֲבָל הָכָא חוּמְרָא דְּיֵשׁ בִּשּׁוּל אַחַר בִּשּׁוּל בְּדָבָר לַח הוּא חוּמְרָא בְּעָלְמָא שֶׁגְּדוֹלֵי הַפּוֹסְקִים סָבְרֵי דְּגַם בְּלַח אֵין בִּשּׁוּל אַחַר בִּשּׁוּל.. וּמֶלַח פְּשִׁיטָא שֶׁמֻּתָּר לִיתֵּן עַל בָּשָׂר חַם בִּכְלִי שֵׁנִי.. דְּהָא לְדִינָא אֲפִלּוּ בִּכְלִי רִאשׁוֹן אֵינוֹ מִתְבַּשֵּׁל וְרַק שֶׁהוּא טוֹב לְהַחְמִיר לָכֵן בְּדָבָר גּוּשׁ שֶׁהַרְבֵּה חוֹלְקִין אֵין לְהַחְמִיר אֲבָל עַל בָּשָׂר בִּכְלִי רִאשׁוֹן טוֹב לְהַחְמִיר.

מקור חיים 72

Adding Spices to Food

QUESTION ——————————————————————————————————————

Can I add sauces and spices to hot food on Shabbos?

DISCUSSION ————————————————————————————————————

There is a big difference as to whether the sauces or spices are raw or have previously been cooked, whether the food is a *davar gush*, solid food such as a thick *cholent* or *davar lach*, food with significant liquid and if the food is in the *kli rishon*, pot that was on the flame or *kli sheni*, e.g. one's plate.

The Shulchan Aruch (OC 318:9)[1] writes that while one cannot place salt directly into a *kli rishon*, one may do so in a *kli sheni*. However, the Rema writes that ideally one should not even add salt to hot food in a *kli sheni* (See Shabbos 42b). Nonetheless, the Mishna Berura (318:64; 71[2]) writes that as regular table salt has been cooked already (in its processing), one would be allowed to add salt to a pot off the flame as we follow the rule, *ein bishul achar bishul*, food cannot be cooked again. Nonetheless, he writes one should ideally only add salt to a *kli sheni*.

The Shulchan Aruch (OC 318:9) writes that one should not add raw spices such as pepper into a *kli rishon*, though the Mishna Berura (318:65)[3] allows one to add spices to a *kli sheni*.

The Mishna Berura (318:45; 65) writes that as *davar gush* retains its heat longer than liquid, it should be treated as a *kli rishon*. Thus, one should not add spices, etc.

Nonetheless, R' Moshe Feinstein (Igros Moshe OC 4:74 Bishul 5)[4] and R' Yehoshua Neuwirth (Shemiras Shabbos Kehilchasa 1:58) write that one may add ketchup and other cooked sauces (See Meor Hashabbos 1:267) even to a *davar gush*.

CONCLUSION ————————————————————————————————————

One should avoid adding anything to the pot and should not add spices to a hot solid food.

1. שבת לד.

אֵין טוֹמְנִין בְּדָבָר שֶׁאֵינוֹ מוֹסִיף הֶבֶל מִשֶּׁחֲשֵׁכָה גְּזֵרָה שֶׁמָּא יַרְתִּיחַ.. אֵין טוֹמְנִין בְּדָבָר הַמּוֹסִיף הֶבֶל וַאֲפִלּוּ מִבְּעוֹד יוֹם גְּזֵירָה שֶׁמָּא יַטְמִין בְּרֶמֶץ שֶׁיֵּשׁ בָּהּ גַּחֶלֶת.

2. שולחן ערוך או"ח רנז:ג

אֵלּוּ הֵם דְּבָרִים הַמּוֹסִיפִּים הֶבֶל: פְּסוֹלֶת שֶׁל זֵתִים אוֹ שֶׁל שֻׁמְשְׁמִין וְזֶבֶל וּמֶלַח וְסִיד וְחוֹל, בֵּין לַחִים בֵּין יְבֵשִׁים, וְתֶבֶן וְזַגִּים וּמוֹכִין וַעֲשָׂבִים, בִּזְמַן שֶׁשְּׁלָשְׁתָּן לַחִין. וְאֵלּוּ דְּבָרִים שֶׁאֵינָם מוֹסִיפִים הֶבֶל: כְּסוּת וּפֵירוֹת וְכַנְפֵי יוֹנָה..

3. משנה תורה שבת ד:ג

וְכֵן מִן הַדִּין הָיָה לִטְמֹן הַתַּבְשִׁיל בְּדָבָר שֶׁאֵינוֹ מוֹסִיף הֶבֶל בְּשַׁבָּת עַצְמָהּ. אֲבָל אָסְרוּ חֲכָמִים דָּבָר זֶה גְּזֵרָה שֶׁמָּא יַטְמִין בְּרֶמֶץ וְיִהְיֶה בּוֹ נִיצוֹצוֹת שֶׁל אֵשׁ וְנִמְצָא חוֹתֶה בְּגֶחָלִים. לְפִיכָךְ אָסְרוּ לְהַטְמִין דָּבָר חַם בְּשַׁבָּת וַאֲפִלּוּ בְּדָבָר שֶׁאֵינוֹ מוֹסִיף הֶבֶל:

4. שולחן ערוך או"ח רנז:ח

אַף עַל פִּי שֶׁמּוּתָּר לְהַשְׁהוֹת קְדֵירָה עַל גַּבֵּי כִּירָה שֶׁיֵּשׁ בָּהּ גֶּחָלִים.. אִם הוּא מְכוּסָה בִּבְגָדִים, אַף עַל פִּי שֶׁהַבְּגָדִים אֵינָם מוֹסִיפִין הֶבֶל מַחְמַת עַצְמָן, מִכָּל מָקוֹם מֵחֲמַת אֵשׁ שֶׁתַּחְתֵּיהֶם מוֹסִיף הֶבֶל וְאָסוּר..

5. The 39 Melochos, Ribiat, p627

There are four conditions that must all be present for Hatmana to be prohibited:

1. Total enwrapment (food must be completely covered by insulation)
2. Original container (food must still be in its kli rishon)
3. Intention (the intent must be for insulating purposes)
4. Direct contact (wrapping material must be in direct contact with the food or container)

74 מקור חיים

Insulating Food

Question

Can I wrap my pot of soup in tea-towels to keep it warm on Shabbos?

Discussion

The Gemara (Shabbos 34a)[1] writes that one can only insulate food (*hatmana*) providing they use a material that does not emit heat and that they do so before Shabbos. The Shulchan Aruch (OC 257:3)[2] lists which substances are considered to be heat emitting, and therefore forbidden to place around one's pot even before Shabbos. Rambam (Shabbos 4:3)[3] explains that *chazal* were concerned that if one were to place their pot among the embers, they may come to stoke the coals.

Therefore, one would be able to wrap a pot with tea-towels, provided that they did so before Shabbos. The Shulchan Aruch (OC 257:8)[4], however, writes that while one can leave a pot on a stove on Shabbos, one would not be able to wrap it with tea-towels even before Shabbos. While the tea-towels themselves do not emit heat, they will insulate the heat coming from the stove.

For it to be considered a prohibition of *hatmana*, the insulation would have to cover the whole pot. Thus, if the tea-towels were not wrapped around the actual pot but draped over a couple of pots together with some air space between them, it would not be considered *hatmana*. Likewise, if the pot was not fully covered so that a significant part of the pot was exposed, it would not be considered *hatmana*. It is permitted to cover a pot in such a manner even on Shabbos (See The 39 Melochos, p627)[5].

Conclusion

One may not cover a pot tightly with tea-towels while it is on the stove or hotplate. One may do so if it is not on the flame, provided that they cover it before Shabbos. Alternatively, one may place a tea-towel over the pot on Shabbos so long as it does not properly touch all the sides or part of the pot remains uncovered.

1. שבת נא.

וְכֵן הָיָה רבן שמעון בן גמליאל אוֹמֵר לֹא אָסְרוּ אֶלָּא אוֹתוֹ מֵיחַם אֲבָל פִּינָה מִמֵּיחַם לְמֵיחַם מוּתָּר. הַשְׁתָּא אַקּוּרֵי קָא מֵקִיר לָהּ אַרְתּוּחֵי קָא מִירְתַּח לָהּ?

2. רש"י שבת נא.

אֲבָל מְפַנֶּה הוּא מִמֵּיחַם לְמֵיחַם אַחֵר וּמַטְמִין. זֶהוּ לְשׁוֹן התוספתא וְהַיְינוּ נַמִי פִּינְהוּ מִמֵּיחַם לְמֵיחַם מוּתָּר דְּהַשְׁתָּא לֵיכָּא לְמִיגְזַר שֶׁמָּא יַרְתִּיחַ דְּהַשְׁתָּא אַקּוּרֵי קָא מֵקִיר לְהוּ בְּמִתְכַּוֵּין אַרְתּוּחֵי מִרְתָּח לְהוּ בִּתְמִיָּה.

3. משנה תורה שבת ד:ה

פִּנָּה הַתַּבְשִׁיל אוֹ הַמַּיִם הַחַמִּין מִכְּלִי לִכְלִי אַחֵר מֻתָּר לְהַטְמִין הַכְּלִי הָאַחֵר בְּשַׁבָּת בְּדָבָר שֶׁאֵינוֹ מוֹסִיף. כְּמוֹ הַדָּבָר הַצּוֹנֵן. שֶׁלֹּא אָסְרוּ לְהַטְמִין בְּשַׁבָּת אֶלָּא דָּבָר חַם שֶׁהוּא בִּכְלִי רִאשׁוֹן שֶׁנִּתְבַּשֵּׁל בּוֹ אֲבָל אִם פִּנָּהוּ מֻתָּר.

4. שולחן ערוך או"ח רנז:ה

אִם פִּנָּה הַתַּבְשִׁיל בְּשַׁבָּת מִקְּדֵירָה שֶׁנִּתְבַּשֵּׁל בָּהּ לִקְדֵירָה אַחֶרֶת מוּתָּר לְהַטְמִינוֹ בְּדָבָר שֶׁאֵינוֹ מוֹסִיף הֶבֶל.

5. אגרות משה או"ח א:צה

..וְהָיָה לָן לֶאֱסוֹר לרש"י דִּבְנְתִינָתוֹ להטערמאס מִתְכַּוֵּין לְהַעֲמִיד הַחוֹם וְלֹא לְקָרֵר.. כֵּיוָן שֶׁמֵּעֶצֶם הַדִּין הֲרֵי פָּסְקוּ הָאַחֲרוֹנִים כהרמב"ם והר"ן וּמְפָרְשִׁים כֵּן גַּם בְּדַעַת הטור והשולחן ערוך, שֶׁלְּכֵן וַדַּאי מוּתָּר לִיתֵּן בהטערמאס שֶׁהוּא רַק בְּחוֹם כְּלִי שֵׁנִי..

6. חזון איש שבת לז:לב

..דְּמוּתָּר לְעָרוֹת מַיִם מִמֵּיחַם לְבַקְבּוּק טרמ"ו בְּשַׁבָּת, דַּאֲפִילוּ אִם נַחֲשׁוֹב אֶת הטרמ"ו כְּמוּטְמָן בְּמוּכָן אַכַּתִּי יֵשׁ כַּאן הֶיתֵּר שֶׁל כְּלִי שֵׁנִי, וְאֶפְשָׁר דִּכְלִי מְרוּצָּף סְבִיבוֹ בְּבֶגֶד לֹא חָשִׁיב הַטְמָנָה, דְּלֹא גָּזְרוּ אֶלָּא לְהַטְמִין אֶת הַכְּלִי בְּבֶגֶד, אֲבָל לִיתֵּן בְּתוֹךְ כְּלִי אֵינוֹ בִּכְלַל הַטְמָנָה, דַּהֲרֵי כָּל כְּלִי מֵגִין עַל מַה שֶּׁבְּתוֹכוֹ שֶׁלֹּא יִצְטַנֵּן בִּמְהֵרָה, וְלֹא אָסְרוּ לִיתֵּן בְּתוֹךְ הַכְּלִי בְּשַׁבָּת, וּלְפִי זֶה אַף לפרש"י שָׁרֵי.

7. מנחת שלמה ב:ח:א

..גַּם לרש"י.. מִכָּל מָקוֹם אֶפְשָׁר דְּשָׁרֵי דְּאֵין זֶה דֶּרֶךְ הַטְמָנָה.. מַה שֶּׁאֵין כֵּן בְּנִידָּן דִּידָן דְּאֵין זֶה דַּמְיָא לְהַטְמָנָה דְּמוֹסִיף הֶבֶל וְלֹא שַׁיָּיךְ הַטַּעַם הָרִאשׁוֹן אֶפְשָׁר דְּשָׁרֵי, וְאוּלַי אֵין זֶה דֶּרֶךְ הַטְמָנָה דַּחֲכָמִים אָסְרוּ רַק הֵיכִי דְּמוּטְמָן מַמָּשׁ..

8. יביע אומר או"ח א:יד

נִשְׁאַלְתִּי אִם מוּתָּר לַעֲרוֹת בְּשַׁבָּת מַיִם רוֹתְחִים מִתּוֹךְ כְּלִי רִאשׁוֹן, לְתוֹךְ קַנְקַן הֶעָשׂוּי לְהַעֲמִיד בּוֹ חוֹם הַמַּיִם בְּמֶשֶׁךְ מֵעֵת לְעֵת, הַנִּקְרָא טרמוס, אוֹ יֵשׁ לֶאֱסוֹר מִשּׁוּם הַטְמָנָה.. וְהַמְעַיֵּין יָשָׁר יֶחֱזוּ פָּנֵימוֹ שֶׁהָעִקָּר בָּזֶה לְהָקֵל.

9. ציץ אליעזר יא:כט

וּמַה שֶּׁבְּסֵפֶר שו"ת שבט הלוי הנדמ"ח סי' צ"ג דּוֹחֶה דִּבְרֵי החזון איש ז"ל, עִיַּינְתִּי בִּדְבָרָיו וְרָאִיתִי שֶׁמִּתְכַּוֵּון לִדְחוֹת דִּבְרֵי זְקַן הַהוֹרָאָה בְּקוֹצֶר אֲמָרִים וְכִמְעַט בְּגִילָא דְּחִיטְתָא.. וּלְפִי עֲנִיּוּת דַּעְתִּי אֵין בִּדְבָרָיו שֶׁל הַסֵּפֶר בִּכְדֵי לְהָשִׁיב כְּלָל עַל הָאֲרִי הַחַי, וּכְשֶׁנִּתְבּוֹנֵן נִמְצָא יְתֵידוֹת חֲזָקִים לִדְבַר הֶיתֵּרוֹ שֶׁל החזון איש ז"ל.

10. שבט הלוי א:צג

..אֲבָל לֹא נוּכַל לְהַתִּיר בַּסְּבָרָא, כֵּיוָן דְּכָל מְלֶאכֶת הטרמוס בִּשְׁבִיל לְהַטְמִין וּלְקַיֵּים הַחוֹם, וֶהֱיוֹת שֶׁרָאִיתִי מַעֲשֶׂה מִגְּדוֹלֵי הוֹרָאָה לְאִסּוּר, הִרְהַבְתִּי בְּנַפְשִׁי לְהַחֲמִיר בְּמָקוֹם שֶׁאֵין צוֹרֶךְ חוֹלִי.

Thermos Flask

QUESTION

I forgot to put my Shabbos kettle on before Shabbos so I took a thermos flask to my neighbours to fill up, though they thought it could be an issue of *hatmana*. Can one fill such a flask on Shabbos?

DISCUSSION

The Gemara (Shabbos 51a)[1] teaches that the *issur* of *hatmana*, insulating foods on Shabbos, only applies to the pots in which the food was cooked, though not to any container into which the food is transferred. As one knowingly cools the food by transferring the food, it is unlikely that one will then heat the food. Rashi[2] explains that by transferring the food, one demonstrates that they do not mind if the food loses a little bit of its heat. One would, therefore, be able to insulate the second container. Rambam (Shabbos 4:5)[3] explains that *chazal* only prohibited insulating the food in the pot in which it was cooked. The Shulchan Aruch (OC 257:5)[4] follows Rambam.

R' Moshe Feinstein (Igros Moshe OC 1:95)[5] writes that according to Rashi, one may not be allowed to transfer hot food into a thermos as one clearly does want to retain the heat. Nonetheless, as the Shulchan Aruch and others follow Rambam, one may use a thermos. Likewise, the Chazon Ish (Shabbos 37:32)[6] and R' Shlomo Zalman Auerbach (Minchas Shlomo 2:8:1)[7] allow one to use a thermos flask writing that *hatmana* is specifically using towels and blankets, etc. to insulate. Accordingly, even Rashi would allow one to use a thermos flask.

R' Ovadia Yosef (Yabia Omer OC 1:14)[8] and R' Eliezer Waldenberg (Tzitz Eliezer 11:29)[9] quote R' Shmuel Wosner (Shevet Halevi 1:93)[10] who challenges the Chazon Ish, writing that he saw *poskim* who would not fill thermos flasks, though they both disagree with R' Wosner's challenge.

CONCLUSION

One may fill a thermos flask with hot water from a Shabbos kettle on Shabbos.

1. **תוספות שבת מ:**

..כְּלִי רִאשׁוֹן מִתּוֹךְ שֶׁעָמַד עַל הָאוּר דּוֹפְנוֹתָיו חַמִּין וּמַחֲזִיק חוּמוֹ זְמַן מְרֻבֶּה וּלְכָךְ נָתְנוּ בּוֹ שִׁיעוּר דְּכָל זְמַן שֶׁהַיָּד סוֹלֶדֶת בּוֹ אָסוּר, אֲבָל כְּלִי שֵׁנִי אַף עַל גַּב דְּיָד סוֹלֶדֶת בּוֹ מֻתָּר, שֶׁאֵין דּוֹפְנוֹתָיו חַמִּין וְהוֹלֵךְ וּמִתְקָרֵר.

2. **משנה שבת מ.**

הָאִלְפָּס וְהַקְּדֵרָה שֶׁהֶעֱבִירָן מְרֻתָּחִין לֹא יִתֵּן לְתוֹכָן תַּבְלִין אֲבָל נוֹתֵן הוּא לְתוֹךְ הַקְּעָרָה אוֹ לְתוֹךְ הַתַּמְחוּי.

3. **משנה ברורה שיח:לט**

..הִנֵּה טיי"א בְּשַׁבָּת פָּשׁוּט בַּפּוֹסְקִים דְּיֵשׁ בּוֹ מִשּׁוּם בִּשּׁוּל וּבְמֵזִיד יֵשׁ בּוֹ אִסּוּר סְקִילָה וּבְשׁוֹגֵג חִיּוּב חַטָּאת וְעַל כֵּן יֵשׁ לִזָּהֵר בּוֹ מְאֹד וּבַעֲווֹנוֹת הָרַבִּים רַבִּים נִכְשָׁלִים בּוֹ וּמְקִלִּין לְעַצְמָן בְּקוּלוֹת שֶׁאֵין בָּהֶם מַמָּשׁ וְעַל כֵּן מֻכְרָח אֲנִי לְבָאֵר אוֹפַנֵּי הַהֶתֵּר וְהָאִסּוּר בָּזֶה בעזה"י. הִנֵּה לְעָרוֹת מִכְּלִי רִאשׁוֹן עַל עֲלֵי הטיי"א יֵשׁ בְּזֶה בְּוַדַּאי חֲשַׁשׁ אַב מְלָאכָה דְּקַיְמָא לַן דְּעֵרוּי מְבַשֵּׁל כְּדֵי קְלִיפָה.. וְעַל כֵּן הִסְכִּימוּ הָאַחֲרוֹנִים דְּיֵשׁ לְעָרוֹת עֲלֵיהֶם מֵעֶרֶב שַׁבָּת רוֹתְחִין מִכְּלִי רִאשׁוֹן כְּדֵי שֶׁעַל יְדֵי זֶה יִהְיֶה נִקְרָא הטיי"א מְבֻשָּׁל בְּמִקְצָת..

4. **שמירת שבת כהלכתה א הערה קעד**

..דְּלֹא מִסְתַּבֵּר שֶׁהֵם תַּבְלִינִים הָרְגִילִים בֵּינֵינוּ, שֶׁהֵם בָּאִים לְהַטְעִים הַתַּבְשִׁיל, דְּכֵיוָן שֶׁהֵם דַּקִּים מְאֹד, כָּל שֶׁכֵּן שֶׁהֵם מִתְבַּשְּׁלִים גַּם בְּכָל שֶׁהוּא..

5. **ערוך השולחן או"ח שיח:כח**

וְכֵיוָן שֶׁנִּתְבָּאֵר דְּכָל דָּבָר שֶׁהַדָּחָתָן זוֹ הִיא גְּמַר מְלַאכְתָּן הָוֵי בִּשּׁוּל וְחַיָּב בְּשַׁבָּת, לְפִי זֶה הָעֵשֶׂב שֶׁקּוֹרִין טה שֶׁמְּעָרִין עֲלֵיהֶם חַמִּין, וְדָבָר יָדוּעַ שֶׁבִּשּׁוּלָן קַל, וַאֲפִלּוּ בִּכְלִי שֵׁנִי מִתְבַּשְּׁלִים כְּמוֹ שֶׁעֵינֵינוּ רוֹאוֹת, הַמְּעָרֶה עֲלֵיהֶן חַמִּין בְּשַׁבָּת אֲפִלּוּ עַל יְדֵי כְּלִי שֵׁנִי, חַיָּב חַטָּאת.. וּמִמָּה נַפְשָׁךְ חַיָּבִים חַטָּאת, וּבִפְרָט שֶׁעֵינֵינוּ רוֹאוֹת שֶׁמִּתְבַּשְּׁלִים בִּכְלִי שֵׁנִי וּבִכְלִי שְׁלִישִׁי, שֶׁבִּשּׁוּלָן קַל.

6. **אגרות משה או"ח ד:עד בישול טו**

הִנֵּה עֲלֵי הטיי אֵינָם מְבֻשָּׁלִים בַּעֲשִׂיָּיתָם אֶלָּא רַק מְיֻבָּשִׁים בְּחֹם. הַאִם מֻתָּר לְהָכִין טיי בִּכְלִי שְׁלִישִׁי בְּשַׁבָּת?

תְּשׁוּבָה: לְפִי עֲנִיּוּת דַּעְתִּי לֹא נִרְאֶה כְּלָל לוֹמַר דְּאִיכָּא דְּבָרִים שֶׁמִּתְבַּשְּׁלִים בִּכְלִי שְׁלִישִׁי, דְּלֹא מָצִינוּ אֶלָּא שֶׁבִּכְלִי שֵׁנִי יֵשׁ דְּבָרִים הַמִּתְבַּשְּׁלִין וּמִמֵּילָא מֵאַחַר שֶׁאֵין אָנוּ יוֹדְעִין יֵשׁ לֶאֱסוֹר כָּל דָּבָר, וּבִכְלִי שְׁלִישִׁי לֹא מָצִינוּ וּמַה שֶּׁכָּתַב בְּעָרוּךְ הַשּׁוּלְחָן סִימָן שיח סְעִיף כח דְּעֵינֵינוּ רוֹאוֹת שטיי מִתְבַּשֵּׁל גַּם בִּכְלִי שְׁלִישִׁי לֹא מוּבָן זֶה וּמַה שֶּׁרוֹאִין אָנוּ בְּעֵינֵינוּ שֶׁמִּתְאַדְּמִין הַמַּיִם זֶה אֵינוֹ עִנְיַן בִּשּׁוּל דְּאַף בְּקָרִים מַמָּשׁ מִתְאַדְּמִין בְּמֶשֶׁךְ זְמַן וְכָל שֶׁכֵּן בְּחַמִּין כְּשֶׁאֵין הַיָּד סוֹלֶדֶת וְלֹא זֶהוּ עִנְיַן בִּשּׁוּל..

7. **מנחת יצחק ד:צט:ב**

אֲבָל אִם מֵסִיר הַשַּׂקִּית עִם הטעה מִכּוֹס מָלֵא מַיִם כְּנָהוּג, אָז שׁוּב יֵשׁ לָחוּשׁ.. מִשּׁוּם בּוֹרֵר.

8. **שער הציון שיח:סה**

בְּאֹפֶן זֶה טוֹב יוֹתֵר שֶׁיְּעָרֶה הַמַּיִם לְתוֹךְ העסיענס לָצֵאת בְּזֶה גַּם דַּעַת הַחוֹשְׁשִׁים לִצְבִיעָה..

78 מקור חיים

Making Tea

QUESTION ───────────────────────────

A friend just told me that I should not be making tea on Shabbos with regular tea bags. I have always used a *kli sheni*. Is that not okay?

DISCUSSION ───────────────────────────

Tosafos (Shabbos 40b)[1] writes that once water has been poured from the kettle (*kli rishon*) into a *kli sheni*, the water begins to slowly cool down and so cannot be considered *bishul*. There are some foods, however, that are cooked so easily (*kalei habishul*), that one must not add water to them even in a *kli sheni*.

The Mishna (Shabbos 40a)[2] writes that one may place spices into water in a *kli sheni*, as they will not get properly cooked. The Mishna Berura (318:39)[3], however, writes that tea is not included and must not be made in a *kli sheni*. R' Shlomo Zalman Auerbach (quoted in Shemiras Shabbos Kehilchasa 1:n174)[4] explains that the spices and tea nowadays are finely ground and cook far more easily than the coarse spices typical of the Mishnaic era.

The Mishna Berura and Aruch Hashulchan (OC 318:28)[5] do not allow one to make tea in a *kli shlishi* (i.e. pouring the water into a *kli sheni* and then into another cup) though R' Moshe Feinstein (Igros Moshe OC 4:74 Bishul 15)[6] allows it as he holds that a *kli shlishi* cannot cook *kalei habishul*. One doing so must leave the teabag in their cup or remove it with a spoon as straining the teabag would be *borer* (Minchas Yitzchak 4:99:2)[7].

The Mishna Berura writes that it is ideal to prepare tea essence before Shabbos while others use instant tea. One preparing essence should still use a *kli sheni* to pour into a *kli shlishi* (See Igros Moshe OC 4:74 Bishul 16).

Although *tzoveya*, dyeing, does not apply to food, it is best to place the tea in the cup before the water so as not to colour the water in the cup (Shaar Hatziyon 318:65)[8].

CONCLUSION ───────────────────────────

The main practice in England is to avoid using teabags on Shabbos. One who has the practice to use them may continue to do so, but only in a *kli shlishi*.

1. תוספות שבת מ:

וּשְׁמַע מִינָּהּ: ..שֶׁכְּלִי רִאשׁוֹן מִתּוֹךְ שֶׁעָמַד עַל הָאוּר דּוֹפְנוֹתָיו חַמִּין וּמַחֲזִיק חוּמּוֹ זְמַן מְרוּבֶּה וּלְכַךְ נָתְנוּ בּוֹ שִׁיעוּר דְּכָל זְמַן שֶׁהַיָּד סוֹלֶדֶת בּוֹ אָסוּר אֲבָל כְּלִי שֵׁנִי אַף עַל גַּב דְּיָד סוֹלֶדֶת בּוֹ מוּתָּר שֶׁאֵין דּוֹפְנוֹתָיו חַמִּין וְהוֹלֵךְ וּמִתְקָרֵר.

2. תוספות שבת מב:

אֲבָל נוֹתֵן הוּא לְתוֹךְ הַקְּעָרָה כו׳: ..ולר״י נִרְאֶה דְּעִירוּי כִּכְלִי רִאשׁוֹן.. וְאִי עִירוּי כִּכְלִי רִאשׁוֹן מַאי אִירְיָא מִשּׁוּם דְּבָלַע בַּנִּיצוֹצוֹת, אֲפִלּוּ בָּלַע בְּלִיעָה גְּמוּרָה פָּלַט בַּנִּיצוֹצוֹת שֶׁהוּא עִירוּי, אֶלָּא וַדַּאי לֹא מְבַשֵּׁל אֶלָּא כְּדֵי קְלִיפָּה.

3. שולחן ערוך או״ח שיח:י

אָסוּר לִיתֵּן תַּבְלִין בִּקְעָרָה וּלְעָרוֹת עֲלֵיהֶם מִכְּלִי רִאשׁוֹן.

4. משנה ברורה שיח:עד

מִכְּלִי רִאשׁוֹן: דְּאַף דְּתַבְלִין אֵין מִתְבַּשֵּׁל בְּכָל שֶׁהוּא וכנ״ל מִכָּל מָקוֹם הָעִירוּי מִכְּלִי רִאשׁוֹן קַיְימָא לָן דְּהוּא מְבַשֵּׁל כְּדֵי קְלִיפָּה וַאֲפִלּוּ בְּדִיעֲבַד אָסוּר אִם עִירָה לְהֶדְיָא עֲלֵיהֶן שֶׁלֹּא נִפְסַק הַקִּילּוּחַ.

5. שביתת השבת, פתיחה למלאכת מבשל יט

..וְלֹא אִשְׁתַּמֵּיט לְהַשְׁמִיעֵנוּ שֶׁיִּהְיֶה הַדָּבָר גּוּשׁ נָגוּב דַּוְקָא וְכֵן כְּשֶׁלּוֹקְחִים בְּכַף לַחָה מִן הַקְּדֵרָה חַמָּה לִיתָּסֵר מִשּׁוּם מְבַשֵּׁל הַלַּחְלוּחִית שֶׁעַל הַכַּף, וְכֵן כְּשֶׁשּׁוֹפְכִים חַמִּים לְתוֹךְ כּוֹס וְהַכּוֹס לַח מִשְּׁתִיָּה הָרִאשׁוֹנָה לִיתָּסֵר מִשּׁוּם מְבַשֵּׁל, וְשָׁמַעְתִּי שֶׁהַגָּאוֹן הַצַּדִּיק מוֹרֵינוּ הָרַב אריה ליב מסטאוויסק זצ״ל הָיָה נִזְהָר שֶׁלֹּא לַעֲרוֹת חַמִּים לְתוֹךְ הַכּוֹס עַד שֶׁיִּתְנַגֵּב, אַךְ לֹא רָאִינוּ לְזוּלָתוֹ לְרַבָּנַן קַשִּׁישָׁאֵי דְּעָבְדִי הָכִי.

6. יביע אומר או״ח ד:לג:א

בְּדִין פְּסִיק רֵישֵׁיהּ דְּלֹא נִיחָא לֵיהּ. עָמַדְתִּי וְאֶתְבּוֹנֵן.. לְעוֹרֵר אוֹדוֹת מַה שֶּׁמְּעָרִים מַיִם חַמִּים מִכְּלִי רִאשׁוֹן לְתוֹךְ הַכּוֹס לַעֲשׂוֹת ט״י אוֹ קָפֶה. וְהַרְבֵּה פְּעָמִים שֶׁהַכּוֹס אוֹ הַכַּפִּית שֶׁבְּתוֹכוֹ לַחִים מִשְּׁטִיפָתָם בְּצוֹנֵן, וְכֵיוָן דְּעִירוּי מְבַשֵּׁל כְּדֵי קְלִיפָּה, הֲרֵי מְבַשֵּׁל טִיפּוֹת הַמַּיִם הַצּוֹנְנִים שֶׁבַּכּוֹס וּבַכַּפִּית.. וְנִרְאֶה דְּאָתֵינַן לִפְלוּגְתָּא דהערוך נֶגֶד התוספות וּשְׁאָר פּוֹסְקִים בְּדִין פְּסִיק רֵישֵׁיהּ דְּלֹא נִיחָא לֵיהּ.. זֹאת תּוֹרַת הָעוֹלָה שֶׁמּוּתָּר מִצַּד הַדִּין לַעֲרוֹת מַיִם חַמִּים, לְתוֹךְ הַכּוֹס שֶׁהוּדַח בְּצוֹנֵן, וְעָלָיו רְסִיסֵי מַיִם שֶׁעָלוּ מִן הָרַחְצָה. וְכֵן כְּשֶׁיֵּשׁ כַּפִּית בְּתוֹכוֹ שֶׁהוּדְחָה וּמַשְׁקֶה טוֹפֵחַ עָלֶיהָ. וְאֵין צוֹרֶךְ לְנַגְּבָם קוֹדֶם שֶׁיְּעָרֶה עֲלֵיהֶם חַמִּים. וּמִכָּל מָקוֹם יֵשׁ לְנַעֵר הַכּוֹס מִן הַצּוֹנֵן שֶׁבּוֹ לִפְנֵי שֶׁיְּעָרֶה חַמִּין לְתוֹכוֹ.. וּבְכָל זֹאת הַמַּחְמִיר שֶׁלֹּא לַעֲרוֹת חַמִּין עֲלֵיהֶם.. תָּבֹא עָלָיו בִּרְכַּת טוֹב.

7. אגרות משה או״ח א:צג

וְהִנֵּה עֵרוּי מְבַשֵּׁל כְּדֵי קְלִיפָּה מִדְּאוֹרַיְיתָא.. וְלָכֵן יֵשׁ לֶאֱסוֹר לַעֲרוֹת מִתּוֹךְ כְּלִי רִאשׁוֹן רוֹתְחִין לִכְלִי שֶׁהֲדִיחוּהוּ בְּמַיִם קָרִים שֶׁלֹּא נִתְבַּשְּׁלוּ וְנִשְׁאֲרוּ בּוֹ טִפִּים שֶׁמִּתְבַּשְּׁלִים הַטִּפּוֹת, וְאַף שֶׁלֹּא נִיחָא לֵיהּ יֵשׁ לֶאֱסוֹר וְצָרִיךְ לְנַגְּבוֹ..

8. שמירת שבת כהלכתה א:נב

אָסוּר לַעֲרוֹת מִכְּלִי רִאשׁוֹן, וַאֲפִלּוּ אֵינוֹ עוֹמֵד עַל גַּבֵּי הָאֵשׁ.. וְכֵן יֵשׁ לְהַקְפִּיד שֶׁלֹּא לִשְׁפּוֹךְ.. לְתוֹךְ צַלַּחַת אוֹ כּוֹס שֶׁאֵינָן נְקִיּוֹת וְאֵינָן יְבֵשׁוֹת לְגַמְרֵי.

9. שבט הלוי ז:מב:ב

..הַאִם צָרִיךְ לְיַבֵּשׁ הַכּוֹס לִפְנֵי שֶׁשּׁוֹפְכִים בּוֹ מַיִם חַמִּים.. דַּרְכִּי לְהָקֵל אַחֲרֵי הַכָּאַת הַכּוֹס עַל הַיָּד וְכַיּוֹצֵא בּוֹ שֶׁהוֹצִיאוּ עִקַּר לֵיחַת הַמַּיִם, וְהַנִּצוֹצִים שֶׁנִּשְׁאֲרוּ עוֹד אֵינֶנּוּ עוֹד בְּגֶדֶר בִּשּׁוּל כְּלָל דְּלָא נִתּוֹסַף לוֹ כְּלוּם בָּזֶה וְאֵינוֹ נֶהֱנֶה מִן הַבִּשּׁוּל.. וְגַם בְּוַדַּאי הוּא פְּסִיק רֵישָׁא דְּלֹא אִיכְפַּת לֵיהּ כְּלָל.

Dry Kli Sheni

QUESTION ———————————————————————

I always us a cup as a *kli sheni* to fill up hot water to make coffee on Shabbos. Do I need to ensure that the cup is dry before using it?

DISCUSSION ——————————————————————

Tosafos (Shabbos 40b)[1] teaches that while a pot on a flame (*kli rishon*) retains its heat even after it has been removed from the flame, a *kli sheni* cannot cook raw food placed into it.

Tosafos (Shabbos 42a)[2] writes that there is a *machlokes* as to whether *iruy kli rishon*, pouring from a kettle, is equivalent to a *kli sheni*, secondary container, or if it is considered to be cooking *kdei klipa*, the outermost food that it is poured over (See Yabia Omer OC 3:33:16). The Shulchan Aruch (OC 318:10)[3] writes that one cannot pour from a *kli rishon* onto spices. The Mishna Berura (318:74)[4] explains that we *pasken* that *iruy kli rishon* cooks *kdei klipa*, the outer layer.

R' Yitzchak Meltzen (Shevisas Hashabbos, Hakdama to Mevashel 19)[5] relates that R' (Chaim) Aryeh Leib Mishkovsky ensured that he only poured hot water into a dry cup, though no one else adhered to this practice, and it is unnecessary. R' Ovadia Yosef (Yabia Omer OC 4:33:1)[6] explains that this difference in opinion is actually a *machlokes* as to whether *pesik reisha delo nicha lei*, (where one has no interest in the inevitable benefits), is *muttar* or *assur miderabanan*.

R' Moshe Feinstein (Igros Moshe OC 1:93;[7] 4:74 Bishul 19) writes that one must not pour hot water into a cup that contains wet droplets, as one will be heating those droplets from a *kli rishon*. While R' Yitzchak Yaakov Weiss (Minchas Yitzchak 9:30) writes that one can shake out the cup so that it is relatively dry, R' Yehoshua Neuwirth (Shemiras Shabbos Kehilchasa 1:52;[8] n153) and R' Moshe Stern (Baer Moshe 6:110) write that the cup must be totally dry.

R' Eliezer Waldenberg (Tzitz Eliezer 13:40), R' Menashe Klein (Mishne Halachos 6:67) and R' Shmuel Wosner (Shevet Halevi 7:42:2)[9], however, write that these drops are inconsequential and that there is no *melacha* involved by heating them up.

CONCLUSION ——————————————————————

If the *kli sheni* contains cold droplets, it is ideal to shake out the droplets before pouring in hot water.

1. שבת קמו.

שׁוֹבֵר אָדָם אֶת הֶחָבִית לֶאֱכֹל הֵימֶנָּה גְּרוֹגָרוֹת, וּבִלְבַד שֶׁלֹּא יִתְכַּוֵּן לַעֲשׂוֹת כְּלִי.

2. שמירת שבת כהלכתה ט:יז

אָסוּר לִפְתּוֹחַ לָרִאשׁוֹנָה אֶת מִכְסֵה הַפַּח מִבַּקְבּוּק אֲשֶׁר עִם פְּתִיחָתוֹ הוֹפֵךְ הַמִּכְסֶה לִכְלִי רָאוּי לְשִׁימּוּשׁ כִּפְקַק הַבְּרָגָה..

הערה סו מִכֵּיוָן שֶׁעַל יְדֵי הַפְּתִיחָה הוּא עוֹשֶׂה מִכְסֶה שֶׁעַד עַכְשָׁיו לֹא הָיָה רָאוּי לְשִׁימּוּשׁ.. וְכֵן הוּא דַּעַת ר׳ שלמה זלמן אויערבך זצ״ל..

3. יחוה דעת ב:מב

שְׁאֵלָה: בַּקְבּוּק מִיץ עֲנָבִים.. שֶׁסָּגוּר עַל יְדֵי מִכְסֵה פַּח.. וּבְעֵת פְּתִיחָתוֹ נִפְרֶדֶת טַבַּעַת מֵחֶלְקוֹ.. הַאִם מוּתָּר לְפוֹתְחוֹ בְּשַׁבָּת, וְאֵין אִסּוּר.. מִשּׁוּם מְקַלְקֵל, אוֹ שֶׁמָּא יֵשׁ בְּזֶה מִשּׁוּם אִסּוּר מְתַקֵּן כְּלִי בַּשַּׁבָּת..

תְּשׁוּבָה: ..לְדַעְתִּי נִרְאֶה שֶׁיֵּשׁ לְהַתִּיר.. שֶׁאַף לִפְנֵי הִידּוּק הַמִּכְסֶה בִּמְכוֹנָה בְּצַוַּאר הַבַּקְבּוּק הָיָה עָלָיו תּוֹרַת כְּלִי.. וְאִם כֵּן אֵין כָּאן תִּיקּוּן כְּלִי כְּלַל.. וְאָמְנָם טוֹב לִיזָּהֵר מִמִּדַּת חֲסִידוּת לִפְתּוֹחַ הַבַּקְבּוּק מֵעֶרֶב שַׁבָּת..

4. ילקוט יוסף שבת שיד:יט

גַּם אִם מוּדְפָּסִים אוֹתִיּוֹת עַל הַפְּקָק וּכְשֶׁפּוֹתְחוֹ נִקְרָאוּ הָאוֹתִיּוֹת, אַף עַל פִּי כֵן מוּתָּר לִפְתּוֹחַ פְּקָק זֶה בְּשַׁבָּת, וְאֵין לָחוּשׁ בְּזֶה מִשּׁוּם מוֹחֵק..

5. שולחן שלמה שבת שיד:ט:ט

בְּעִנְיַן פְּקָקֵי הַבְּרָגָה הִנֵּה לִפְנֵי שָׁנִים רַבּוֹת הָיָה נַעֲשָׂה הַכֹּל עַל צַוָּאר הַבַּקְבּוּק, אֲבָל כְּבָר הַרְבֵּה שָׁנִים שֶׁגַּם מִקֹּדֶם יֵשׁ לוֹ בֵּית קִבּוּל וְהוּא כְּעֵין טַבַּעַת שֶׁל תּוֹפְרִים, אַךְ הַהַבְרָגָה שֶׁזֶּה כָּל חֲשִׁיבוּתוֹ נַעֲשָׂה רַק עַל הַבַּקְבּוּק, וְנִמְצָא שֶׁלֹּא חָל עָלָיו שֵׁם פְּקַק הַבְּרָגָה רַק לְאַחַר הַהֲסָרָה מֵהַבַּקְבּוּק, מַה שֶּׁאֵין כֵּן בְּפְּלַסְטִיק הוּא כְּלִי חָשׁוּב וְהוּא פְּקַק הַבְּרָגָה גַּם לִפְנֵי שֶׁהִרְכִּיבוּהוּ עַל הַבַּקְבּוּק אֲשֶׁר גַּם קָבְעוּ לוֹ תּוֹסֶפֶת שֶׁל טַבַּעַת בִּשְׁבִיל פַּעַם רִאשׁוֹנָה בִּלְבַד בִּשְׁבִיל שֶׁיִּהְיֶה מְהֻדָּק יוֹתֵר חָזָק וְתִהְיֶה סְגִירָה מֻחְלֶטֶת וְהִיא גַּם יוֹתֵר דַּקָּה מֵהַפְּקָק.. נִכָּר הַדָּבָר שֶׁהוּא כְּבָר פְּקַק הַבְּרָגָה עִם תּוֹסֶפֶת שֶׁל מִיתְלָה שֶׁיִּהְיֶה אֶפְשָׁר לְהִשְׁתַּמֵּשׁ בּוֹ בְּהִדּוּק חָזָק וְלִסְגֹּר וְאֵין זֶה נֶחֱשָׁב לַעֲשֵׂה כְּלִי בְּשַׁבָּת..

6. חזון איש שבת נא:יא

קוּפְסָאוֹת שֶׁל שֶׁמֶן אוֹ שֶׁל דָּגִים הָעֲשׂוּיִן מִטָּסֵי בַּרְזֶל וּרְצוּפִין מִכָּל צַד.. וּכְשֶׁעוֹשֶׂה לוֹ פֶּתַח נַעֲשָׂה כְּלִי, וּמְקוֹם הַסָּפֵק בְּזֶה הוּא בְּשֶׁאֵין דַּעְתּוֹ עַל הַקּוּפְסָא אֶלָּא לְהוֹצִיא מַה שֶּׁבְּתוֹכָהּ וּלְזוֹרְקָהּ בָּאַשְׁפָּה.. וְהַרְבֵּה בְּנֵי אָדָם דַּעְתָּם עַל הַקּוּפְסָא לְשַׁמֵּשׁ בָּהּ לְהַנִּיחַ בָּהּ בּוֹרִית אוֹ מַסְמְרִים וּכְיוֹצֵא בּוֹ, וּזְמִינִין דְּאֵינוֹ אוֹכֵל כָּל הַדָּגִים הַשְׁתָּא, וְנִיחָא לֵיהּ בְּשִׁימּוּשָׁהּ..

7. שמירת שבת כהלכתה ט הערה י

..מִכֵּיוָן שֶׁרְגִילִים לִזְרוֹק מִיָּד אֶת הַקּוּפְסָא לָאַשְׁפָּה.. מִסְתַּבֵּר דַּחֲשִׁיב כִּכְלִי רָעוּעַ..

Opening Bottles

QUESTION ————————————————————————————————————

I have always opened bottles on Shabbos, though my husband is particular to open them before Shabbos. Is this necessary?

DISCUSSION ————————————————————————————————————

The Mishna (Shabbos 146a)[1] allows one to break a barrel to access a food container on Shabbos provided that one is not intending to make a useful container in the process. Therefore, R' Yehoshua Neuwirth (Shemiras Shabbos Kehilchasa 9:17; n66)[2] writes that one must not open new bottles with metal screw lids, as doing so will make the lid into a *kli*. One may puncture the lid first, thus rendering it useless and then open the bottle as usual (See Emes L'yaakov OC 314:8). R' Dovid Ribiat (39 Melochos p841) writes that if one has a spare lid, one may open the bottle and immediately discard the lid.

R' Ovadia Yosef (Yechave Daas 2:42)[3], R' Eliezer Waldenberg (Tzitz Eliezer 14:45) and R' Moshe Stern (Baer Moshe 3:90) permit opening such bottles, writing that if the lid is being changed, one is not intending on creating a usable *kli*. R' Ephraim Greenblatt (Rivevos Ephraim 3:267; 4:96; 6:212) however, writes that most *poskim* forbid opening such bottles.

R' Ovadia Yosef (Yalkut Yosef, Shabbos 314:19)[4] holds that one may open a bottle even if there is writing printed on the lid which will get broken, though R' Neuwirth and others forbid it.

Others follow R' Shlomo Zalman Auerbach (Shulchan Shlomo 314:9:9)[5] who permits opening plastic lids which have no intrinsic value, though not metal ones.

One who does not open bottles and cans on Shabbos should not ask someone who usually does to do so for them, though if someone else opened it, they may drink from it (Igros Moshe OC 4:119:5).

The Chazon Ish (Shabbos 51:11)[6] writes that by opening a tin, one is creating a *kli* which is an *issur mideoraisa*. Nonetheless, R' Shlomo Zalman Auerbach (Minchas Shlomo 2:12, Shemiras Shabbos Kehilchasa 9:n10[7]) and R' Ovadia Yosef allow one to open them on Shabbos providing the tins are disposed of immediately after use (See Igros Moshe OC 1:122).

CONCLUSION ————————————————————————————————————

While many *Sefardim* open all bottles on Shabbos, *Ashkenazim* generally avoid opening metal lids on Shabbos. While many *poskim* allow opening plastic bottles on Shabbos, some are particular to open them beforehand.

1. שולחן ערוך או"ח שכ:א

זֵיתִים וַעֲנָבִים, אָסוּר לְסָחְטָן. וְאִם יָצְאוּ מֵעַצְמָן, אֲסוּרִים אֲפִלּוּ לֹא הָיוּ עוֹמְדִים אֶלָּא לַאֲכִילָה. וְתוּתִים וְרִמּוֹנִים, אָסוּר לְסָחְטָן; וְאִם יָצְאוּ מֵעַצְמָן, אִם עוֹמְדִים לַאֲכִילָה, מוּתָּר; וְאִם עוֹמְדִים לְמַשְׁקִים, אָסוּר. וּשְׁאָר כָּל הַפֵּירוֹת, מוּתָּר לְסַחְטָן.

2. שולחן ערוך או"ח שכ:ו

מוּתָּר לִסְחוֹט לִימוֹנִי"ש.

3. בית יוסף או"ח שכ

..וְיֵשׁ לִתְמוֹהַּ שֶׁבְּמִצְרַיִם נוֹהֲגִים לִסְחוֹט לִימוֹנִי"שׁ לְתוֹךְ מַיִם שֶׁנָּתְנוּ בָּהֶם סוּכָּר לִשְׁתּוֹת לְתַעֲנוּג וְאֵין נִמְנָעִין מִפְּנֵי כָּךְ לְסָחְטָן בְּשַׁבָּת לְתוֹךְ אוֹתָם מַיִם וְלֹא רָאִינוּ מִי שֶׁמִּחָה בְּיָדָם וְלֹא רָאִינוּ מִי שֶׁפִּקְפֵּק בְּדָבָר וְאֶפְשָׁר דְּלֹא מִיתְסַר אֶלָּא כְּשֶׁשּׁוֹתִין מֵי סְחִיטַת הַפְּרִי בְּלֹא תַּעֲרוֹבֶת מַשְׁקֶה אַחֵר אִי נַמִּי דְּלֹא מִיתְסַר אֶלָּא כְּשֶׁסּוֹחֲטִין מֵימָיו לְבַד וְאַחַר כָּךְ מְעַרְבִין אוֹתָם אֲבָל אִם הַמִּנְהָג לִסְחוֹט מֵימָיו לְתוֹךְ מַשְׁקֶה אַחֵר שָׁרֵי וּלְסָחְטָן לְתוֹךְ הַתַּבְשִׁיל בְּלָאו הָנֵי טַעֲמֵי שָׁרֵי כִּדְבָעִינָן לְמֵימַר לְקַמָּן סוֹחֵט אָדָם אֶשְׁכּוֹל שֶׁל עֲנָבִים לְתוֹךְ הַקְּדֵרָה.

4. משנה ברורה שכ:כב

..בִּזְמַן הַזֶּה שֶׁיָּדוּעַ שֶׁמְּמַלְּאִין חָבִית לְמֵאוֹת לִשְׁתּוֹת עִם פאנ"ש בְּאֵיזֶה מְקוֹמוֹת צָרִיךְ עִיּוּן גָּדוֹל אִם מוּתָּר לְסָחְטָן בְּשַׁבָּת לְתוֹךְ מַשְׁקֶה דְּאֶפְשָׁר דְּדָמֵי לְתוּתִים וְרִמּוֹנִים כֵּיוָן דְּדֶרֶךְ לְסַחְטָן בְּכֵלִים בִּפְנֵי עַצְמָם וְעַל כֵּן צָרִיךְ לִיזָּהֵר שֶׁיִּסְחוֹט מִקּוֹדֶם עַל הצוקער בִּפְנֵי עַצְמוֹ דְּהַוֵי כְּמַשְׁקֶה הַבָּא לְאוֹכֶל. וְכֵן לְסַחֲטוֹ לְתַבְשִׁיל וְעַל גַּבֵּי הָאוֹכֶל פְּשִׁיטָא דְּשָׁרֵי וכנ"ל בס"ד.

5. כף החיים או"ח שכ:לו

מוּתָּר לִסְחוֹט לִימוֹנִישׁ: שֶׁהֵם בִּכְלַל שְׁאָר פֵּירוֹת שֶׁמּוּתָּר לְסַחְטָן לְפִי שֶׁאֵין דֶּרֶךְ כְּלָל לִסְחוֹט לִימוֹנִישׁ לְצוֹרֶךְ מַשְׁקֶה אֶלָּא לְצוֹרֶךְ אוֹכֶל, בית יוסף בְּשֵׁם תשובת הרא"ש וְעוֹד כָּתַב בבית יוסף דַּאֲפִלּוּ לְנוֹהֲגִין לְסָחֲטוֹ לְתוֹךְ מַיִם לִשְׁתּוֹתוֹ שָׁרֵי כֵּיוָן שֶׁאֵין דֶּרֶךְ לִשְׁתּוֹתוֹ לְבַדּוֹ יעו"ש.. לָמַדְתִּי לִסְחוֹט הלימוניש עַל הַסּוּכָּר קוֹדֶם שֶׁיִּתְּנוּ עֲלֵיהֶם מַיִם דְּהַוֵי מַשְׁקֶה הַבָּא לְאוֹכֶל וּמוּתָּר וּמִיהוּ עי"ש שֶׁכָּתַב טַעַם גַּם לְהַמַּתִּירִין..

6. שמירת שבת כהלכתה ה:ה

וְלָכֵן, מוּתָּר לִסְחוֹט לִימוֹן עַל גַּבֵּי סוּכָּר אוֹ עַל גַּבֵּי גְּבִינָה לְבָנָה אוֹ דָּגִים וְכַיּוֹצֵא בוֹ אֲבָל אָסוּר לִסְחוֹט לִימוֹן לְתוֹךְ כְּלִי רֵיק, גַּם אִם בְּדַעְתּוֹ לְעַרְבֵּב מִיַּד אֶת הַמִּיץ עִם סוּכָּר אוֹ גְּבִינָה אוֹ לְתִתּוֹ עַל הַדָּג.

Squeezing Lemons

QUESTION ——————————————————————————————————

Can I squeeze a lemon for salad dressing on Shabbos?

DISCUSSION ——————————————————————————————————

The Shulchan Aruch (OC 320:1)[1] writes that one must not squeeze olives and grapes on Shabbos. *Sechita*, squeezing, comes under the category of the *melacha* of *dosh*, threshing. As these fruits are planted primarily to make oil and wine squeezing them is *assur mideoraisa*. It is forbidden *miderabanan* to squeeze other fruits such as pomegranates or strawberries to make drinks on Shabbos.

The Shulchan Aruch (OC 320:6)[2] writes that one may, however, squeeze lemons on Shabbos. Elsewhere (Beis Yosef OC 320)[3], he explains that people in Egypt would squeeze lemons on Shabbos. Firstly, he reasons, as lemon juice cannot be drunk unless it has been diluted, it is not considered a regular juice. Secondly, they would do so into sugared water, rather than into an empty container (See Teshuvos Harosh 22:2).

Many of the *poskim* challenge this, as lemons are primarily grown for their juice. The Mishna Berura (320:22)[4], Kaf Hachaim (OC 320:36)[5] and R' Yehoshua Neuwirth (Shemiras Shabbos Kehilchasa 5:5)[6] write that as nowadays, lemons are primarily squeezed to make lemon juice for drinking, one must not squeeze the lemons straight into water or into an empty container. Rather, one should squeeze the lemons onto sugar before adding water. Nonetheless, squeezing lemons directly onto a salad would not pose a problem (See Shulchan Aruch OC 320:4).

CONCLUSION ——————————————————————————————————

One must not squeeze lemons into an empty cup on Shabbos, though one may do so directly onto food.

1. משנה תורה שבת ז:ו

..וְאִם גִּבְּנוֹ וַעֲשָׂהוּ גְּבִינָה חַיָּב מִשּׁוּם בּוֹנֶה.

2. לב חיים ב:קצב

..בְּדָבָר הַנּוֹגֵעַ לְשֶׁלֶג וְלַקֶּרַח.. הִנֵּה אִיכָּא נַמֵּי אִסּוּר מוֹסִיף לְעִנְיַן הַמַּשְׁקֶה גּוּפֵיהּ דְּאִיתָא בפ' המצניע דף צה מְגַבֵּן חַיָּב מִשּׁוּם מַאי מְחַיֵּיב אָמַר לְהוּ מִשּׁוּם מְגַבֵּן וְכוּ' מְגַבֵּן חַיָּיב מִשּׁוּם בּוֹנֶה..

3. ציץ אליעזר ח:יב

..סוֹף דָּבָר, אָנֹכִי עַל מִשְׁמַרְתִּי אֶעֱמוֹדָה, דְּאֵינִי רוֹאֶה כָּל מָקוֹם אִסּוּר לְהַכְנָסַת מַיִם בְּיוֹם הַשַּׁבָּת לַמְּקָרֵר כְּדֵי שֶׁיּוּקְפְּאוּ וְיוֹצִיאֵם אַחַר כַּךְ לְצוֹרֶךְ הָאֲכִילָה וְהַשְּׁתִיָּה שֶׁל יוֹם הַשַּׁבָּת וְכָל כַּדּוֹמֶה מַה שֶׁצָּרִיךְ לְאוֹתוֹ יוֹם, וּבָרוּר לְדַעְתִּי שֶׁעַל פִּי הַיְּסוֹדוֹת שֶׁבֵּרַרְתִּי שָׁם אֵין בְּכַאן לֹא מִשּׁוּם בּוֹנֶה וְלֹא מִשּׁוּם מַכֶּה בְּפַטִּישׁ, וְגַם לֹא מִשּׁוּם מוֹלִיד וְלֹא מִשּׁוּם נוֹלַד..

4. יחוה דעת א:ל

..בֶּאֱמֶת שֶׁאֵין הַנִּידוֹן דּוֹמֶה לִרְאָיָה, כִּי הַמְּגַבֵּן הוּא מְקַבֵּץ בְּמוֹ יָדָיו חֲלָקִים רַבִּים וְהוֹפְכָם לְגוּף אֶחָד עַל יְדֵי נְתִינָתָם בִּדְפוּס עָגוֹל אוֹ מְרוּבָּע כְּפִי חֶפְצוֹ וּרְצוֹנוֹ, וַהֲרֵי זֶה דּוֹמֶה לְבוֹנֶה שֶׁמְּקַבֵּץ צְרוֹרוֹת וַאֲבָנִים וּמְשַׁקְּעָם בְּבִנְיָן וְעוֹשֶׂה אוֹתָם לְגוּף אֶחָד.. אֲבָל הַנּוֹתֵן מַשְׁקִים צְלוּלִים בְּמָקוֹם קַר מְאוֹד וְעַל יְדֵי כַּךְ נִקְפָּאִים מֵעַצְמָם, אֵינוֹ דּוֹמֶה כְּלָל לְבוֹנֶה, וּלְכָל הַיּוֹתֵר נֶחֱשָׁב הַדָּבָר לִגְרָמָא בְּעָלְמָא.. וְאֵין זֶה בִּנְיָן בַּר קְיָימָא כְּלָל.. וְנִרְאֶה שֶׁאַף הגאון רבי חיים פלאג'י שֶׁאָסַר עֲשִׂיַּית גְּלִידָה בְּשַׁבָּת, שֶׁדּוֹמֶה לִמְגַבֵּן שֶׁחַיָּיב מִשּׁוּם בּוֹנֶה, לֹא דִּבֵּר אֶלָּא בְּאוֹפֶן שֶׁעוֹשֶׂה כֵּן בַּיָּדַיִם, שֶׁנּוֹתֵן כְּלִי קָטָן אֲשֶׁר בּוֹ הַמַּשְׁקִים שֶׁל פְּרִיטֵי הַגְּלִידָה לְתוֹךְ כְּלִי גָּדוֹל.. אֲבָל בְּהַקְפָּאָה שֶׁלָּנוּ שֶׁהִיא עַל יְדֵי נְתִינַת הַמַּשְׁקִים לְתוֹךְ מְקָרֵר חַשְׁמַלִּי, וְהַהַקְפָּאָה נַעֲשֵׂית מֵאֵלֶיהָ, יֵשׁ לְהָקֵל..

5. דובב מישרים א:נה

עַל דְּבַר הַשְּׁאֵלָה בַּכְּפוֹר [קֶרַח] הַנַּעֲשֶׂה בִּמְכוֹנָה [קונסט אייז] בְּשַׁבָּת עַל יְדֵי עַכּוּ"ם.. אִם עוֹשֶׂה מִמַּיִם שֶׁהוּא מַשְׁקֶה, כְּפוֹר, אִם כֵּן מַחֲשַׁבְתּוֹ לְאַפּוּקֵי מִידֵי מַשְׁקֶה, שַׁפִּיר חָשִׁיב נוֹלָד..

6. שמירת שבת כהלכתה י הערה יד

..אַךְ שָׁמַעְתִּי מהגרש"ז אויערבך זצ"ל, דְּמִכֵּיוָן שֶׁמְּבוֹאָר בסימן שכ סעיף י, דְּמוּתָּר לִשְׁבּוֹר קֶרַח מִכַּד שֶׁל מַיִם שֶׁנִּקְרַשׁ כְּדֵי לִיטּוֹל מַיִם מִתַּחְתָּיו, וְלֹא נִזְכַּר שָׁם שֶׁאִם נִקְרַשׁ בְּשַׁבָּת שֶׁיִּהְיֶה אָסוּר מִשּׁוּם נוֹלָד..

7. שולחן ערוך או"ח שכ:י

מוּתָּר לִשְׁבּוֹר הַקֶּרַח כְּדֵי לִיטּוֹל מַיִם מִתַּחְתָּיו.

8. שבט הלוי ג:נה

..וְאַף דְּנִרְאֶה לְפִי עֲנִיּוּת דַּעְתִּי לְהַחְמִיר לְכַתְּחִלָּה לְהַעֲמִיד בְּשַׁבָּת לַמְּקָרֵר וּלְדוֹנוֹ בְּנִקְרָשׁ כְּנוֹלָד לְדַעַת בעה"ת וְכָל זֶה לְכַתְּחִלָּה בְּמָקוֹם שֶׁאֵין צוֹרֶךְ אֲבָל בִּמְקוֹם צוֹרֶךְ אֶפְשָׁר לְהָקֵל בִּפְשִׁיטוּת דְּעִקָּר כְּהַסְכָּמַת הָרִאשׁוֹנִים דְּאֵין כַּאן נוֹלָד כְּלָל..

9. מנחת יצחק ח:כד

..וְעַל דְּבַר הַשְּׁאֵלָה אֲשֶׁר שָׁאַל בְּדָבָר לָשׂוּם אוֹכֶל בְּשַׁבָּת בַּמְּקָרֵר הַהַקְפָּאָה שֶׁקּוֹרִין פריזער, שֶׁשְּׁכִיחַ הַרְבֵּה פְּעָמִים שֶׁנִּשְׁאָר הַרְבֵּה אוֹכֶל, בִּפְרַט אִם חִכּוּ לְאוֹרְחִים וְהֵם לֹא הִגִּיעוּ, וְאִם לֹא שָׂמִים אוֹתָם בפריזער לֹא נִשְׁאָר כָּל כַּךְ טָרִי, אֲפִלּוּ אִם שָׂמִים בַּמְּקָרֵר, לֹא מַסְפִּיק כָּל כַּךְ, וּבִפְרַט שֶׁיֵּשׁ מִקְרִים שֶׁאֵין מָקוֹם מַסְפִּיק בַּמְּקָרֵר, וּפְעוּלַּת הפריזער יָדוּעַ שֶׁהַמַּאֲכָל נַעֲשֶׂה בְּזֶה לְאֶבֶן, וְנִשְׁאָר טָרִי אַף חֳדָשִׁים רַבִּים עכ"ד.. וּדְאִתָּאן מהנ"ל דְּעַל כָּל פָּנִים לְמָקוֹם צוֹרֶךְ יֵשׁ לְהַתִּיר כנ"ל, וּבְוַדַּאי כְּדֵי שֶׁלֹּא יִתְקַלְקְלוּ הָאוֹכְלִין הַוֵי בִּמְקוֹם צוֹרֶךְ.

Making Ice Cubes

Question

Can one put water and ice pops in the freezer on Friday night so that they can have ice cubes and ice pops on Shabbos?

Discussion

Rambam (Shabbos 7:6;[1] 10:13) writes that making cheese on Shabbos which involves combining different pieces together to form a new object is a prohibition of *boneh* (building a new substance). R' Chaim Falaji (Lev Chaim 2:192)[2] writes that one cannot, therefore, make ice on Shabbos (See Tzitz Eliezer 6:34; 8:12)[3]. R' Ovadia Yosef (Yechave Daas 1:30)[4], however, allowed one to freeze water on Shabbos, arguing that creating ice is different from cheese as it would quickly change back to water if left out. He suggests that even R' Falaji would agree that the way we make ice nowadays by placing water into a freezer would be permissible.

R' Dov Berish Weidenfeld (Dovev Mesharim 1:55)[5] writes that it is forbidden because of *nolad*, the prohibition against using things that were *born* on Shabbos. R' Shlomo Zalman Auerbach (quoted in Shemiras Shabbos Kehilchasa 10:n14)[6] held that there is no *issur* in creating ice on Shabbos. As the Shulchan Aruch (OC 320:10)[7] allows one to break ice in a jug on Shabbos, we are clearly not worried about *nolad*.

Thus, R' Shmuel Wosner (Shevet Halevi 3:55)[8] and R' Yehoshua Neuwirth (Shemiras Shabbos Kehilchasa 10:4) write that while one should ideally make the ice before Shabbos, in a case of great need (e.g. one has guests coming), one may do so on Shabbos. Likewise, R' Yitzchak Yaakov Weiss (Minchas Yitzchak 8:24)[9] writes that one can put food in the freezer on Shabbos to prevent it from getting ruined.

Conclusion

One should try to prepare ice cubes and ice pops before Shabbos. If necessary, one may place them in the freezer on Shabbos, providing that one is not doing so for after Shabbos..

1. שולחן ערוך או"ח שיט:א

הַבּוֹרֵר אוֹכֶל מִתּוֹךְ פְּסוֹלֶת אוֹ שֶׁהָיוּ לְפָנָיו שְׁנֵי מִינֵי אוֹכָלִים וּבֵרַר מִין מִמִּין אַחֵר בְּנָפָה וּבִכְבָרָה חַיָּב בְּקָנוֹן וּבַתַּמְחוּי פָּטוּר אֲבָל אָסוּר וְאִם בֵּרְרָם בְּיָדוֹ כְּדֵי לֶאֱכוֹל לְאַלְתָּר מוּתָּר.

2. רמ"א או"ח שכא:יט

..אָסוּר לִקְלוֹף שׁוּמִים וּבְצָלִים כְּשֶׁקּוֹלֵף לְהָנִיחַ אֲבָל לֶאֱכוֹל לְאַלְתָּר שָׁרִי..

3. ביאור הלכה שכא:יט

לִקְלוֹף וְכוּ': ..וְנִרְאֶה דְּכֵיוָן דְּאִי אֶפְשָׁר בְּעִנְיַן אַחֵר וְדֶרֶךְ אֲכִילָתוֹ בְּכַךְ לֹא מִקְרֵי פְּסוֹלֶת מִתּוֹךְ אוֹכֶל..

4. מגן אברהם שכא:ל

אָסוּר לִקְלוֹף: מִשּׁוּם בּוֹרֵר וְאִם כֵּן אַף תַּפּוּחִים אָסוּר לִקְלוֹף לְהַנִּיחַ..

5. אגרות משה או"ח א:קכד

..הִנֵּה פָּשׁוּט לְפִי עֲנִיּוּת דַּעְתִּי דְּאִם עַל יְדֵי הַמַּזְלֵג וְהַכַּף נִבְרַר בְּנָקֵל מִבְּיָדוֹ שֶׁנִּמְצָא שֶׁמְּסַיְּיעִים לְמַעֲשֵׂה הַבְּרֵירָה יֵשׁ לְהַחְשִׁיב זֶה בּוֹרֵר בִּכְלִי וְיֵשׁ לֶאֱסוֹר כְּמוֹ בְּקָנוֹן וְתַמְחוּי אֲבָל אִם אֵין עוֹשִׂים לְהַבְּרֵירָה כְּלוּם יוֹתֵר מִבְּיָדוֹ אֶלָּא מֵחֲמַת שֶׁאֵינוֹ רוֹצֶה לְלַכְלֵךְ יָדוֹ אוֹ מֵחֲמַת שֶׁהוּא מֵרָחוֹק וְאֵינוֹ יָכוֹל לְהַגִּיעַ שָׁם בְּיָדוֹ אוֹ מֵחֲמַת שֶׁהוּא דָּבָר לַח וְאֵינוֹ יָכוֹל לִיקַּח בְּיָדוֹ וְכַדּוֹמֶה הוּא רַק כְּבוֹרֵר בְּיָדוֹ שֶׁמּוּתָּר לְאַלְתָּר בְּאוֹכֶל מִתּוֹךְ פְּסוֹלֶת.. כֵּיוָן דִּלְעֶצֶם הַבְּרֵירָה אֵין הַסַּכִּין מְבָרֵר בְּיוֹתֵר בְּאִם הָיָה עוֹשֶׂה זֶה בְּיָד וּמַה שֶּׁעוֹשֶׂה בְּסַכִּין הוּא מֵחֲמַת שֶׁאִי אֶפְשָׁר לוֹ לַעֲשׂוֹת הַחֲתִיכָה בְּיָד אוֹ אַף שֶׁאֶפְשָׁר לוֹ בְּדוֹחַק וּבְקוֹשִׁי אֲבָל קַל הוּא לַעֲשׂוֹת עַל יְדֵי סַכִּין וְלֹא מְסַיֵּיעַ לְעִנְיַן הַבֵּרוּר כְּלוּם הוּא כְּבוֹרֵר בְּיַד שֶׁמּוּתָּר לֶאֱכוֹל לְאַלְתָּר.

6. פרי מגדים, אשל אברהם שכא:ל

אָסוּר: עַיֵּין מגן אברהם. צָרִיךְ עִיּוּן דִּקְלִיפַּת הַתַּפּוּחִים רוֹב הָעוֹלָם אוֹכְלִין אוֹתוֹ כַּךְ בְּלֹא הַדְּחַק, וְאַף לְהַנִּיחַ יֵשׁ לוֹמַר דְּשָׁרִי..

7. ערוך השולחן או"ח שיט:כב

וְלִכְאוֹרָה מַשְׁמַע מִדִּבְרֵיהֶם דִּלְקְלוֹף שׁוּמִים וּבְצָלִים הַרְבֵּה, הֲוֵי בּוֹרֵר וְאָסוּר אִם אֵינוֹ אוֹכֵל לְאַלְתָּר. וּלְבַד שֶׁאֵינוֹ מוּבָן מַה שַּׁיָּיךְ בְּרֵירָה בְּזֶה, הוּא כְּנֶגֶד גמרא מְפוֹרֶשֶׁת בביצה (יג:) בִּמְקַלֵּף שְׂעוֹרִים, דרב ורבי חייא מְקַלְּפֵי לְהוּ דְּבֵיתְהוּ כָּסֵי כָּסֵי ע"ש, וּמָה לִי קִלּוּף שְׂעוֹרִים אוֹ קִלּוּף בְּצָלִים וְשׁוּמִים..

8. אגרות משה או"ח ד:עד בורר ח

הפרי מגדים רַק מַקְשֶׁה וְלֹא חוֹלֵק לְדִינָא וְכֵן פָּסַק במשנה ברורה סִימָן שכ"א ס"ק פ"ד שֶׁאֵינוֹ מוּתָּר אֶלָּא לֶאֱכוֹל לְאַלְתָּר וְרַק בשער הציון אוֹת צ"ז מֵבִיא שהפרי מגדים הִקְשָׁה עַל זֶה וּבְעֶצֶם לֹא קָשֶׁה דְּכֵיוָן דְּאֵינוֹ רוֹצֶה לֶאֱכוֹל הַקְּלִיפִּים אֶלָּא מַשְׁלִיכָם כִּפְסוֹלֶת לֵיכָּא מַעֲלָה בְּמַה שֶּׁרְאוּיִן לַאֲכִילָה כֵּיוָן דְּהוּא עוֹשֶׂה אוֹתָם כִּפְסוֹלֶת וְלָכֵן שַׁפִּיר אוֹסֵר המגן אברהם כְּשֶׁאֵינוֹ לֶאֱכוֹל הַתַּפּוּחִים תֵּיכֶף.. וְלִקְלוֹף בֵּיצִים וְנְיָיר שֶׁעַל גַּבֵּי נִקְנִיק וְכַדּוֹמֶה דַּק לֶאֱכוֹל לְאַלְתָּר מוּתָּר.

9. שמירת שבת כהלכתה ג:לד

קְלִיפָּה הָרְאוּיָה לַאֲכִילָה, וְרוֹב בְּנֵי אָדָם אוֹכְלִים אוֹתָהּ, כְּגוֹן הַקְּלִיפָּה שֶׁל עַגְבָנִיָּה אוֹ שֶׁל תַּפּוּחַ עֵץ (בְּמָקוֹם שֶׁרוֹב בְּנֵי אָדָם אוֹכְלִים אוֹתָהּ), אֲפַרְסֵק וְאַגָּס מִמִּינֵי הַפֵּירוֹת שֶׁרוֹב בְּנֵי אָדָם אוֹכְלִים עִם קְלִיפָּתָם, הָעוֹר שֶׁל דָּג וְכֵן הָעוֹר שֶׁל עוֹף, כָּל אֵלֶּה מוּתָּר לַהֲסִירָם בְּשַׁבָּת, וּמוּתָּר לְהָסִיר אֶת הַקְּלִיפָּה אֲפִלּוּ בִּכְלִי הַמְּיוּחָד לְכָךְ (מַקְלֵף), וַאֲפִלּוּ לִקְלוֹף וּלְהַנִּיחַ אֶת הַמְּקוּלָּף עַד לְאַחַר זְמַן, כְּלוֹמַר לִסְעוּדָה אַחֶרֶת בְּאוֹתוֹ הַיּוֹם, מוּתָּר.

Using a Peeler

QUESTION ——————————————————————————

Can I use a potato peeler to peel fruits and vegetables on Shabbos?

DISCUSSION ——————————————————————————

The Shulchan Aruch (OC 319:1)[1] lists three conditions for allowing one to select an item from a mixture on Shabbos so as not to transgress the *melacha* of *borer*. One must select the *ochel*, wanted item, from the *pesoles*, unwanted item, use one's hand rather than an implement, and it must be for immediate use. While peeling requires one to remove the *pesoles* from the *ochel*, the Rema (OC 321:19)[2] writes that one may peel garlic and onions on Shabbos providing it is for immediate use. The Biur Halacha (321:19)[3] explains that this is permitted because it is the normal way of eating such food.

The Magen Avraham (321:30)[4] extends this *halacha* to peeling apples. R' Moshe Feinstein (Igros Moshe OC 1:124)[5] notes that as it is not feasible to peel an apple without a knife, doing so is considered an extension of one's hand, rather than considered to be using a special implement.

The Pri Megadim (Eishel Avraham 321:30)[6] challenges the Magen Avraham asking why one cannot peel apples even for later, writing that as both are edible, peeling an apple would be like cutting it in half (See Rivevos Ephraim 8:118:8). Thus, the Aruch Hashulchan (OC 319:22)[7] writes that peeling does not constitute *borer* and thus allows one to use a peeler on Shabbos. Likewise, the Kaf Hachaim (OC 321:141) allows one to peel apples for later as the peels are edible.

Nonetheless, R' Moshe Feinstein (Igros Moshe OC 4:74 Borer 8)[8] writes that the Mishna Berura (321:84) seems to side with the Magen Avraham, and while apple peels may be edible, if one is discarding them, then they are considered to be *pesoles*. As the peeler acts as a *kli* for *borer*, one cannot use it on Shabbos (See Machazeh Eliyahu 1:51).

R' Yehoshua Neuwirth (Shemiras Shabbos Kehilchasa 3:34)[9] writes that one may use a peeler when the peel is considered to be edible, then the peeler can be used as it is like a knife that cuts two pieces. It may not be used to remove inedible peels, however, as it is considered to be a *kli* for borer.

CONCLUSION ——————————————————————————

One may not use a peeler for inedible peels on Shabbos. While some *poskim* allow one to use a peeler to peel edible peels, one should ideally only do so if one is not going to discard the peels.

1. שולחן ערוך או"ח שיט:ח

אֵין שׁוֹרִין אֶת הַכַּרְשִׁינִין דְהַיְינוּ שֶׁמֵּצִיף מַיִם עֲלֵיהֶם בִּכְלִי כְּדֵי לְהָסִיר הַפְּסוֹלֶת וְלֹא שָׁפִין אוֹתָן בְּיַד כְּדֵי לְהָסִיר הַפְּסוֹלֶת דְּהַוָה לֵיהּ כְּבוֹרֵר אֲבָל נוֹתְנָן בִּכְבָרָה אַף עַל פִּי שֶׁנּוֹפֵל הַפְּסוֹלֶת דֶּרֶךְ נִקְבֵי הַכְּבָרָה.

2. משנה ברורה שיט:כט

הַכַּרְשִׁינִין: הוּא מַאֲכָל בְּהֵמָה וְהוּא הַדִּין תַּפּוּחֵי אֲדָמָה וְכָל כְּהַאי גַּוְונָא לֹא יִתֵּן עֲלֵיהֶם מַיִם כְּדֵי לְהָסִיר הָאָבָק וְהֶעָפָר מֵעֲלֵיהֶם.

3. אגרות משה או"ח א:קכה

וּבַפֵּרוֹת מְלוּכְלָכִין בְּאָבָק אִם יֵשׁ אִסּוּר לְרוֹחְצָן מִדִּין בּוֹרֵר כְּמוֹ שֶׁאָסוּר לִשְׁרוֹת הַכַּרְשִׁינִין בַּמַּיִם לְהָסִיר הַפְּסוֹלֶת וְכָתַב בְּמשנה ברורה שֶׁהוּא הַדִּין תַּפּוּחֵי אֲדָמָה .. הִנֵּה הָאִסּוּר בּוֹרֵר אַף שֶׁהוּא בְּרֵירַת הַפְּסוֹלֶת שֶׁאָסוּר אֲפִלּוּ לְאַלְתַּר פָּשׁוּט שֶׁכֵּיוָן שֶׁאִי אֶפְשָׁר לִיקַח הָאוֹכֶל וְדֶרֶךְ אֲכִילָה הוּא לִרְחוֹץ הַפְּסוֹלֶת מוּתָּר כְּדֵי לֶאֱכוֹל לְאַלְתַּר כְּמוֹ דְמוּתָּר לִקְלוֹף שׁוּמִים וּבְצָלִים לֶאֱכוֹל.. וּמַה שֶׁרוֹחְצִין הָעוֹלָם פֵּירוֹת הוּא רַק בִּכְהַאי גַּוְונָא כְּשֶׁמְּבִיאִין הַפֵּרוֹת לְאוֹכְלָם תֵּיכֶף. וְגַם בְּרוֹב הַפְּעָמִים רְחִיצַת הַפֵּירוֹת הוּא רַק לַיִּתְרוֹן בְּעַלְמָא דְהַרְבֵּה בְּנֵי אָדָם אוֹכְלִין אוֹתָם גַּם בְּלֹא רְחִיצָה..

4. שמירת שבת כהלכתה ג הערה נב

כֵּן שָׁמַעְתִּי מהגרש"ז אויערבך זצ"ל, לְחַלֵּק בֵּין מִנְהַג הָעוֹלָם לְהָדִיחַ פֵּירוֹת וִירָקוֹת לְבֵין דִּינָא דְּאִסּוּר שְׁרִיַּית כַּרְשִׁינִים בְּמַיִם.. וְכֵן מְקִילִים בִּפְשִׁיטוּת בַּהֲדָחַת פֵּירוֹת וִירָקוֹת..

5. שבט הלוי א:נב:ב

בְּעִנְיַן אֲשֶׁר שָׁאַלְתָּ אִם מוּתָּר לִשְׁטוֹף עֲנָבִים בַּשַּׁבָּת כְּדֵי לְהָסִיר הַלִּכְלוּךְ.. רָגִיל אֲנִי לְהוֹרוֹת דְּאִם הַשְּׁטִיפָה רַק מִפְּנֵי הַנִּקָּיוֹן כְּרָגִיל הַיּוֹם אֲבָל אֵין מַמָּשׁ שֶׁל פְּסוֹלֶת הַמְּעַכֵּב אֶת הָאֲכִילָה, מוּתָּר לְהַדִּיחָן בְּלִי פִּקְפּוּק, אֲבָל אִם יֵשׁ פְּסוֹלֶת מַמָּשׁ וְזֶה שָׁכִיחַ הַרְבֵּה, הֲרֵי זֶה כְּכַרְשִׁינִן וּכְתַפּוּחֵי הָאֲדָמָה שֶׁהִזְכִּיר המשנה ברורה וְאָסוּר..

6. שמירת שבת כהלכתה ג:מ

וְאָסוּר לִשְׁתּוֹף אוֹ לְהַשְׁרוֹת עֲלֵי הַחַסָּה וְכַדּוֹמֶה בְּתוֹךְ מֵי סַבּוֹן וְכַיּוֹצֵא בוֹ כְּדֵי לְהָסִיר אֶת הַחֲרָקִים, כִּי הַחֲרָקִים הַחַיִּים יָמוּתוּ בַּמַּיִם הָאֵלֶּה.

מקור חיים 90

Washing Lettuce

QUESTION

Is one allowed to soak lettuce on Shabbos to get rid of any bugs?

DISCUSSION

The Shulchan Aruch (OC 319:8)[1] forbids soaking *karshinim*, grain for animals, in water on Shabbos as doing so will separate the dirt and grain which is *borer*. The Mishna Berura (319:29)[2] writes that this would apply equally to washing dirty potatoes, etc.

Nonetheless, R' Moshe Feinstein (Igros Moshe OC 1:125)[3] differentiates between soaking *karshinim* and rinsing fruits and vegetables. Just as one can peel onions and garlic as that is considered *derech achila*, the normal way of eating them, so too, it is acceptable to rinse fruits before eating them. Additionally, one cannot compare dirty potatoes, that everyone would wash, to fruit and vegetables that many would eat without rinsing. While one can rinse them off under a running tap, one should not soak them in a bowl of water.

R' Shlomo Zalman Auerbach (quoted in Shemiras Shabbos Kehilchasa 3:n52)[4] also explained that there are a number of differences between soaking *karshinim* and rinsing fruits and vegetables.

Nonetheless, R' Yehoshua Neuwirth (Shemiras Shabbos Kehilchasa 3:22) and R' Shmuel Wosner (Shevet Halevi 1:52:2)[5] write that if the fruit or vegetable is particularly dirty to the extent that most people would not eat it, then one should not wash it on Shabbos.

Regular lettuce must be soaked in soapy water and inspected in order to ensure that it is bug free. If the lettuce is dirty, one must not do so on Shabbos because of *borer*. Even clean lettuce likely has bugs which will be killed in water and so should not be washed on Shabbos (Shemiras Shabbos Kehilchasa 3:40)[6]. Thus, unless one has lettuce that one knows is unlikely to be infested, one should not soak it on Shabbos. One may rinse it under a tap on Shabbos, and inspect it under a light, though any small bugs must be removed with part of the leaf.

CONCLUSION

While one can rinse clean lettuce on Shabbos, one cannot soak it. Wherever possible, lettuce should be soaked and inspected before Shabbos.

1. שולחן ערוך או"ח שכא:ט

מֻתָּר לַחְתֹּךְ בָּשָׂר מְבֻשָּׁל אוֹ צְלִי, דַּק דַּק בְּסַכִּין.

2. שמירת שבת כהלכתה ח:כח

הַבָּא לְהָכִין בַּשַּׁבָּת בֵּיצָה קְצוּצָה (מַאֲכָל עָשׂוּי מִבֵּיצִים וּבְצָלִים קְצוּצִים) כֵּיצַד יַעֲשֶׂה? יִקְלוֹף אֶת הַבֵּיצִים הַמְּבוּשָּׁלוֹת סָמוּךְ לַסְּעוּדָה וְיִרַסְקָן אֲפִלּוּ בְּשִׁינֵּי הַמַּזְלֵג, יִקְלוֹף אֶת הַבְּצָלִים וִיחַתְּכֵם, סָמוּךְ לִסְעוּדָתוֹ, לַחֲתִיכוֹת גְּדוֹלוֹת קְצָת וִיעַרְבֵּב.. אַךְ טוֹב יַעֲשֶׂה, אִם יְשַׁנֶּה מִן הַסֵּדֶר בִּנְתִינַת הַשֶּׁמֶן וּבָאוֹפֶן הַבְּחִישָׁה.

3. משנה ברורה שכא:לו

אָסוּר לִגְרֹר הַגְּבִינָה בְּשַׁבָּת בְּמוֹרַג חָרוּץ בַּעַל פִּיפִיּוֹת שֶׁקּוֹרִין ראליי"ו.. דְּכֵיוָן שֶׁהַכְּלִי מְיֻחָד לְכָךְ הֲרֵי זֶה דֶּרֶךְ חֹל וְדָמֵי לִשְׁחִיקַת תַּבְלִין בְּמַכְתֶּשֶׁת וְהוּא הַדִּין בִּכְלִי אַחֵר הַמְיֻחָד לְכַךְ וְאִם כֵּן אֲפִלּוּ לֶאֱכֹל מִיָּד אָסוּר אֲבָל מֻתָּר לְחָתְכוֹ בְּסַכִּין דַּק דַּק..

4. שמירת שבת כהלכתה ו:ג

אֵין לְהִשְׁתַּמֵּשׁ בִּכְלִי הַמְיוּחָד לַחִתּוּךְ הַבָּצָל, וְהוּא מַעֲרֶכֶת סַכִּינִים מוּתְקֶנֶת בְּצִיר וּקְפִיצִים.. אֲבָל מוּתָּר לְהִשְׁתַּמֵּשׁ בַּשַּׁבָּת בְּסַכִּין "מְקַצֵּץ-בֵּיצִים"..

5. רמ"א או"ח שכא:יט

אָסוּר לִקְלֹף שׁוּמִים וּבְצָלִים כְּשֶׁקּוֹלֵף לְהַנִּיחַ, אֲבָל לֶאֱכֹל לְאַלְתַּר, שָׁרֵי.

6. משנה ברורה שכא:סח

אִם שָׁכַח לִשְׁפֹּךְ חֹמֶץ בָּעֶרֶב שַׁבָּת לְתוֹךְ הקרי"ן צָרִיךְ שֶׁיַּעֲשֶׂה בַּשַּׁבָּת בְּלִילָה רַכָּה וְנוֹתֵן הַחֹמֶץ וְאַחַר כָּךְ הקרי"ן שֶׁלֹּא כְּדֶרֶךְ שֶׁעוֹשִׂין בְּחוֹל.. וְטוֹב לְהַחְמִיר גַּם כֵּן שֶׁיִּתֵּן הַחֹמֶץ וְאַחַר כָּךְ הַמַּאֲכָל.

7. באר משה ו:מד

הַדָּבָר פָּשׁוּט דְּמוּתָּר וּמֻתָּר לְעָרֵב בֵּיצִים בִּבְצָלִים עִם שֶׁמֶן (הַיְינוּ לַעֲשׂוֹת אייער עִם צוויבל) וְאֵין לָחוּשׁ כְּלָל עַל עִירוּר שֶׁל חֲדָשִׁים מִקָּרוֹב בָּאוּ, שֶׁיֵּשׁ לֶאֱסוֹר מִשּׁוּם לָשׁ. דְּהַלֹּא אֲבוֹתֵינוּ סִפְּרוּ לָנוּ שֶׁכֵּן הָיוּ נוֹהֲגִים לְעָרֵב בָּצָל בֵּיצָה עִם שֶׁמֶן לִפְנֵי גְּדוֹלֵי עוֹלָם וְצַדִּיקִים מְפֻרְסָמִים וְכֵן עָשׂוּ בְּבֵית אאמו"ר הגאוה"צ וּבֵית זְקֵינִי הגאוה"צ זצוק"ל הי"ד וְכֵן בְּעֵינַי רָאִיתִי אֵצֶל גְּדוֹלֵי עוֹלָם זצ"ל וּלְהַבְדִּיל בֵּין חַיִּים לְחַיִּים, וְעַל כֵּן הַדָּבָר פָּשׁוּט דְּשָׁרֵי וְשָׁרֵי בְּלֹא שׁוּם פִּקְפּוּק.

Preparing Egg and Liver

QUESTION

I have always prepared my egg and liver before Shabbos lunch. Is that a problem?

DISCUSSION

The Shulchan Aruch (OC 321:9)[1] writes that the *melacha* of *tochen*, grinding, does not apply to food that does not grow from the ground such as meat and eggs. Thus, while one needs to be careful not to chop the onion too fine, one is allowed to cut liver and eggs into very small pieces or mash it with a fork (Shemiras Shabbos Kehilchasa 8:28).[2] The Mishna Berura (321:36)[3] writes, however, that one must not use a specialised utensil such as a grater to cut such foods, as it is *uvdin dechol*, a mundane, weekday activity. R' Yehoshua Neuwirth (Shemiras Shabbos Kehilchasa 6:3)[4] writes that one may use an egg slicer even for vegetables, as it is simply a few knives placed closely together.

As shelling the eggs is considered *borer*, separating, one must only prepare them right before the meal (See Rema OC 321:19)[5].

Another potential issue with mixing the ingredients together is *losh*, kneading. R' Yehoshua Neuwirth (Shemiras Shabbos Kehilchasa 8:28) writes that while there are reasons to permit mixing the ingredients together normally, ideally one should do it slightly differently, placing the ingredients in a different order to normal and mixing it in a crisscross rather than circular fashion, etc. (See Mishna Berura 321:68;[6] Baer Moshe 6:44[7]).

CONCLUSION

While onion and other vegetables cannot be chopped too finely, egg and liver may be chopped and mashed. When mixed with other ingredients, ideally it should be done with slight variations. It should only be prepared right before use.

1. ביצה יג:

תְּנַן הָתָם הַמְקַלֵּף שְׂעוֹרִין מְקַלֵּף אַחַת אַחַת וְאוֹכֵל וְאִם קָלַף וְנָתַן לְתוֹךְ יָדוֹ חַיָּיב אָמַר רבי אלעזר וְכֵן לְשַׁבָּת.

2. שולחן ערוך או"ח שיט:ו

אֵין מוֹלְלִין מְלִילוֹת אֶלָּא מוֹלֵל בְּשִׁנּוּי מְעַט בְּרָאשֵׁי אֶצְבְּעוֹתָיו.

3. מגן אברהם שיט:ח

..וְצָרִיךְ עִיּוּן דְּכָל הָעוֹלָם נוֹהֲגִין הֶיתֵּר וְצָרִיךְ לוֹמַר כֵּיוָן שֶׁעוֹדָן לַחִין וְאַף הַשַּׁרְבִיט אוֹכְלִין אוֹתוֹ לֹא הֲוֵי מְפָרֵק רַק כְּמַפְרִיד אוֹכֶל מֵאוֹכֶל..

4. ט"ז או"ח שיט:ד

וְלָכֵן אָסוּר: וְהוּא הַדִּין בְּקִטְנִיּוֹת שֶׁעֲדַיִין הֵם מְחוּבָּרִים בַּשַּׁרְבִיטִים שֶׁגָּדְלוּ עִמָּהֶם וַאֲפִלּוּ אִם כְּבָר נִתְּקוּ מֵעֶרֶב שַׁבָּת אֵין לִיקַּח הַקִּטְנִיּוֹת מִן הַקְּלִיפּוֹת אֶלָּא מַה שֶּׁרוֹצֶה לֶאֱכוֹל מִיָּד..

5. אליה רבה שיט:יא

..בְּשֵׁם מהרי"ל וּפֵירוּשׁ הֲבָנָתוֹ נִרְאֶה דִּסְבִירָא לֵיהּ דְּאֵין שַׁיָּיךְ מְפַרֵק אֶלָּא בְּדָבָר שֶׁאֵינוֹ דָּבוּק רַק הֵם תּוֹךְ הַקְּלִיפָּה בִּלְבָד..

6. שבט הלוי א:פא

..וְאִם כֵּן הַנֵּי בָּטְנִים אֶשְׁנָטִי נוּס אִית לְהוּ כָּל הָרֵיעוּתוֹת.. דְּאָנוּ נוֹטְלִים הַקְּלִיפָּה הֲכִי חִיצוֹנָה, כְּמוֹ הַיְּרוּקָה שֶׁל אֱגוֹז דִּלְכָל הַדֵּעוֹת יֵשׁ בָּהּ מִשּׁוּם מְפָרֵק, וְגַם אוֹתָהּ קְלִיפָּה אֵינָהּ רְאוּיָה לַאֲכִילָה וְנָפַל הֶיתֵּר א' שֶׁל מהרי"ל וְגַם הָאֱגוֹז אֵינוֹ מְחוּבָּר לְשַׁרְבִיט בַּפָּנִים רַק מִיפְקָד פָּקִיד בְּתוֹכוֹ, וְנָפַל הֶיתֵּר הַשֵּׁנִי שֶׁל מהרי"ל, וְגַם לְפִי מַשֶּׁכָּתַב הט"ז וּדְעִימֵּיהּ בְּשִׁיטַת מהרי"ל דְּזֶה סִיבַּת הֶיתֵּר מַה שֶּׁאֵינוֹ מְחוּבָּר, מִכָּל מָקוֹם לֹא שַׁיָּיךְ זֶה בְּנִידָן דִּידָן..

7. מנחת יצחק ג:לב

עַל דְּבַר שְׁאֵלָתוֹ, אִם מוּתָּר לִיקַּח הַקְּלִיפָּה הַדַּקָּה בִּפְנִים, מֵעַל אֱגוֹז אֲדָמָה (פִּי נוּט) בְּשַׁבָּת.. וּבָזֶה יֵשׁ לוֹמַר, לְפִי מַה דְּכָתְבוּ הַמְּפוֹרְשִׁים, בְּפֵירוּשׁ דִּבְרֵי הַטּוּ"ז (שָׁם ס"ק ד'), דְּאִם כְּבָר נִתְקַן הַקִּטְנִית מִן הַשַּׁבְרִיטִין בִּפְנִים, לֵיכָּא אֶלָּא מִשּׁוּם בְּרֵירָה, וּמוּתָּר לֶאֱכוֹל מִיָּד, כֵּן יֵשׁ לוֹמַר גַּם כֵּן בְּזֶה, שֶׁכְּנוֹדַע הָאֱגוֹזִים אֵלּוּ, אַף כָּל זְמַן שֶׁהֵמָּה בְּתוֹךְ הַקְּלִיפָּה הַחִיצוֹנָה, אֵינָם מְחוּבָּרִים לְהַקְּלִיפָּה וַהֲוֵי כְּמוֹ נִתְקַן.. דַּוְוקָא הַרְבֵּה בְּיַחַד אָסוּר, אֲבָל אִם מְפָרֵק כָּל מַאנְקַאפֵּף בִּפְנֵי עַצְמוֹ, וְאוֹכְלוֹ מִיַּד, דֶּרֶךְ אֲכִילָה הוּא וְשָׁרִי..

8. ציץ אליעזר י:כד

מִיַּד בְּבוֹאִי הַבַּיְתָה עִייַּנְתִּי בִּשְׁאֵלַת פִּצּוּחַ הַבָּטְנִים בְּשַׁבָּת שֶׁרַב אֶחָד יָצָא לְהוֹצִיא לַעַז עַל מֵאוֹת רִבְבוֹת יְהוּדִים בְּכָל הַתְּפוּצוֹת וּבָהֶם גְּאוֹנִים וְצַדִּיקֵי עוֹלָם שֶׁנּוֹהֲגִים לְפָצְחָם וּלְאָכְלָם בְּשַׁבָּת וּפִרְסֵם אִסּוּר עַל זֶה.. דְּכָל שֶׁדַּרְכּוֹ לְקָלְפוֹ בִּשְׁעַת אֲכִילָה אֵין בּוֹ מִשּׁוּם מְפָרֵק..

Shelling Nuts and Peas

QUESTION

Can we crack open nuts and remove peas from pods on Shabbos?

DISCUSSION

The Gemara (Beitza 13b)[1] writes that one must not roll grain between one's fingers to remove its chaff on Shabbos. Such extraction, *mefarek*, is a *tolda* of the *melacha* of *dosh*, threshing. Therefore, the Shulchan Aruch (OC 319:6)[2], writes, therefore, that if one wants to eat the grain, one would have to remove the chaff with a *shinui* such as using one's fingertips. The Magen Avraham (319:8)[3] and Mishna Berura (319:21) add that this prohibition only applies when the pod or shell is inedible.

There is a *machlokes*, however, as to what exactly *mefarek* applies to. According to the Taz (OC 319:4)[4], it only applies when the food is attached to its outside shell, such as peas in a pod, while the Maharil (quoted in Elya Rabba 319:11)[5] and Pri Megadim (Eishel Avraham, Introduction to 320) write that *mefarek* applies specifically to loose food, unattached to its shell, like peanuts. Following this, R' Shmuel Wosner (Shevet Halevi 1:81)[6] forbids shelling peanuts on Shabbos.

However, R' Yitzchak Yaakov Weiss (Minchas Yitzchak 3:32)[7] follows the Taz, however, and writes that one may shell peanuts right before one wants to eat them. Likewise, R' Eliezer Waldenberg (Tzitz Eliezer 10:24)[8] writes that when it is normal for food to be removed right before it is eaten, there is no prohibition in removing its shell, especially when it is a hard shell. He was critical of another Rabbi who wanted to prevent shelling peanuts on Shabbos. Thus, pistachio and sunflower seeds, etc. may be opened and eaten on Shabbos (See Mishna Berura 319:24; Igros Moshe OC 1:125).

CONCLUSION

One may shell loose nuts on Shabbos. Peas may only be removed normally if their pods are edible. Otherwise, they must be removed with a *shinui*.

1. שבת עד.

תָּנוּ רַבָּנָן: הָיוּ לְפָנָיו מִינֵי אוֹכָלִין, בּוֹרֵר וְאוֹכֵל, בּוֹרֵר וּמַנִּיחַ. וְלֹא יִבְרוֹר, וְאִם בֵּירַר, חַיָּיב חַטָּאת..

2. שולחן ערוך או"ח שיט:ד

הַבּוֹרֵר פְּסוֹלֶת מִתּוֹךְ אוֹכֶל אֲפִלּוּ בְּיָדוֹ אַחַת חַיָּב. **הגה** וַאֲפִלּוּ הָאוֹכֶל מְרֻבֶּה וְיֵשׁ יוֹתֵר טוֹרַח בִּבְרִירַת הָאוֹכֶל אֲפִלּוּ הָכִי לֹא יִבְרוֹר הַפְּסוֹלֶת אֲפִלּוּ כְּדֵי לֶאֱכוֹל לְאַלְתָּר (ב"י).

3. שולחן ערוך או"ח שיט:טז

מַיִם שֶׁיֵּשׁ בָּהֶם תּוֹלָעִים מוּתָּר לִשְׁתּוֹתָן עַל יְדֵי מַפָּה בְּשַׁבָּת דְּלֹא שַׁיָּיךְ בּוֹרֵר וּמְשַׁמֵּר אֶלָּא בִּמְתַקֵּן הָעִנְיָן קוֹדֶם אֲכִילָה אוֹ שְׁתִיָּה אֲבָל אִם בִּשְׁעַת שְׁתִיָּה מְעַכֵּב אֶת הַפְּסוֹלֶת שֶׁלֹּא יִכָּנֵס לְתוֹךְ פִּיו אֵין זֶה מֵעֵין מְלָאכָה וּמוּתָּר.

4. חזון איש שבת נד:א

ובמשנה ברורה שָׁם פֵּירֵשׁ דַּעַת רמב"ן דַּאֲפִלּוּ חֲתִיכָה שֶׁאוֹחֵז בְּיָדוֹ לְאוֹכְלָהּ מוּתָּר לְבָרֵר מִמֶּנָּה הַפְּסוֹלֶת וְלֹא נִרְאֶה כֵּן דְּאִם כֵּן אֲפִלּוּ יֵשׁ בַּחֲתִיכָה פְּסוֹלֶת הַרְבֵּה וְקוֹבֵעַ עַצְמוֹ לְבוֹרְרָהּ מוּתָּר וּמֵהֵיכָן פְּסִיקָא לָן דְּזֶה מוּתָּר..

5. בן איש חי בשלח ב:ז

אֲבַטִּיחִים שֶׁקּוֹרִין בְּעַרְבִי רק"י שֶׁיֵּשׁ בְּקִרְבָּם גַּרְעִינִין הַרְבֵּה מְפוּזָּרִים אָנָה וָאָנָה הֶעֱלֵיתִי בסה"ק מקבציאל שֶׁיִּקַּח חֲתִיכָה בְּיָדוֹ וִינַתֵּז בְּכֹחַ בְּעוֹדָהּ בְּיָדוֹ לְהַשְׁלִיךְ מִמֶּנָּה הַגַּרְעִינִים בְּהַתָּזָה זוֹ וּמַה שֶּׁלֹּא יִפּוֹל בְּהַתָּזָה מֵחֲמַת שֶׁדְּבוּקִים בָּהּ הַרְבֵּה שָׁרֵינָן לֵיהּ לְהוֹצִיא הַגַּרְעִין בְּיָדַיִם דְּחָשִׁיב זֶה דֶּרֶךְ אֲכִילָה בְּכַךְ שֶׁאֵין מְחַיְּיבִין אוֹתוֹ לָתֵת הַחֲתִיכָה כְּמוֹ שֶׁהִיא בְּפִיו וְיֹצִיא הַגַּרְעִינִים מִפִּיו דְּאֵין זוֹ דֶּרֶךְ אֲכִילָה מִיהוּ טוֹב לְהוֹצִיאָם עַל יְדֵי שִׁנּוּי קְצָת לִדְחוֹתָם כִּלְאַחַר יָד.

6. כף החיים או"ח שיט:מז

..וְאֵין מְחַיְּיבִין אוֹתוֹ לָתֵת הַחֲתִיכָה בְּפִיו וּלְהוֹצִיא הַגַּרְעִינִים מִפִּיו דְּאֵין זוֹ דֶּרֶךְ אֲכִילָה מִיהוּ טוֹב לְהוֹצִיאָם עַל יְדֵי שִׁנּוּי קְצָת דְּהַיְינוּ לִדְחוֹתָם כִּלְאַחַר יָד.

7. אז נדברו א:כו

..דְּאֵין לְהַחֲמִיר לְהַפְרִישׁ הַגַּרְעִינִים בַּפֶּה דְּאֵין זֶה דֶּרֶךְ אֲכִילַת אָדָם, וְאֵינוֹ רָאוּי לְהַחֲמִיר יוֹתֵר כָּזֶה מַה שֶּׁרַבּוֹתֵינוּ לֹא הֶחֱמִירוּ.. וְזֶה הוּא הֶגְדֵּר אִם גַּם בַּחוֹל עוֹשֶׂה כֵּן צְרִיכִים לְהַחֲמִיר גַּם בְּשַׁבָּת.. אֲבָל מַה שֶּׁאֵין דֶּרֶךְ לֶאֱכוֹל כֵּן בַּחוֹל לִפְעָמִים, אֵין לְהַחֲמִיר גַּם בְּשַׁבָּת, דַּהֲוֵי אֲכִילָה שֶׁלֹּא כְּדַרְכָּהּ..

8. אגרות משה או"ח ד:עד בורר ז

..בַּהֲכָנַת דָּג לִקְטַנִּים יֵשׁ לְהַתִּיר.. וְלָכֵן כְּשֶׁמֵּכִין לִקְטַנִּים הוּא כְּאִי אֶפְשָׁר אֲבָל לַגְּדוֹלִים הָא אֶפְשָׁר לֶאֱכוֹל בְּפִיו וְלִזְרוֹק מִפִּיו אֶת הָעֶצֶם וְאִם יֶאֱרַע אוֹפֶן שֶׁאִי אֶפְשָׁר שֶׁלֹּא יַרְגִּישׁ בִּלְעִיסָתוֹ יֵשׁ לְהַתִּיר אֲבָל סָמוּךְ מִיַּד לַפֶּה. וּבַאֲבַטִּיחִים אִם אֶפְשָׁר לוֹ עַל יְדֵי אֲכִילָה וְלִזְרוֹק מִפִּיו יֵשׁ לוֹ לַעֲשׂוֹת כֵּן וְאִם קָשֶׁה לְפָנָיו זֶה וְכָל שֶׁכֵּן בְּאִי אֶפְשָׁר לוֹ כְּלָל כְּמוֹ לִיתֵּן לְתִינוֹק יָכוֹל גַּם לִיטּוֹל בְּיָדַיִם אֵלּוּ שֶׁאֵין נִיתְּזִין בְּנִעְנוּעַ הַיָּד בְּכֹחַ. גַּם אֲבַטִּיחִים צְהוּבִּים שֶׁהִזְכַּרְתָּ יֵשׁ לַעֲשׂוֹת עַל יְדֵי הַתָּזָה וְאִם אִי אֶפְשָׁר יָכוֹל לִיקְּחָם אִם אֵינוֹ יָכוֹל עַל יְדֵי זְרִיקָה מִפִּיו כְּשֶׁיֹּאכַל, וְאִם יָכוֹל עַל יְדֵי זְרִיקָה מִפִּיו בַּאֲכִילָתוֹ יַעֲשֶׂה דַּוְקָא כֵּן.

9. שמירת שבת כהלכתה ג:יז

הָאוֹכֵל אֲבַטִּיחַ, מַכְנִיס לְתוֹךְ הַפֶּה אֶת הַחֲתִיכָה עַל גַּרְעִינִים שֶׁבָּהּ וּמוֹצִיא אֶת הַגַּרְעִינִים מִן הַפֶּה, וְאֵין בְּזֶה חֲשַׁשׁ אִסּוּר בְּרֵירָה. אֵינוֹ רוֹצֶה לַעֲשׂוֹת כֵּן, יְנַעֵר אֶת פְּרוּסַת הָאֲבַטִּיחַ כְּדֵי לְהָסִיר אֶת הַגַּרְעִינִים בְּדֶרֶךְ זוֹ, וְהוּא שֶׁיַּעֲשֶׂה כֵּן סָמוּךְ לַאֲכִילָה.

מקור חיים 96

Watermelon

QUESTION ───────────────────────────────

How should one remove the seeds from a watermelon on Shabbos?

DISCUSSION ───────────────────────────────

The Gemara (Shabbos 74a)[1] teaches that the forbidden *melacha* of *borer* involves selecting the *pesoles*, unwanted items, from the *ochel*, one's food. The Rema (OC 319:4)[2] writes that even if it is a lot of bother to remove the *ochel*, the food that one wants, from the *pesoles*, one cannot remove the *pesoles* on Shabbos.

The Shulchan Aruch (OC 319:16)[3] is clear that the prohibition only applies to preparation of food. Eating itself, however, cannot ever be considered as a *melacha*. Thus, the Chazon Ish (Shabbos 54:1)[4] writes that one must place the piece in his mouth and spit out any seeds.

However, the Ben Ish Chai (Beshalach 2:7)[5] and Kaf Hachaim (OC 319:47)[6] do not require this, arguing that this is not the normal way of eating. One should shake the melon to shake any seeds off it and pick out any remaining seeds before one eats. Similarly, R' Binyamin Zilber (Az Nidberu 1:26)[7] argues that if one would not normally eat that way during the week, then it is not considered a normal manner of eating and one does not need to spit the seeds out on Shabbos.

R' Moshe Feinstein (Igros Moshe OC 4:74 Borer 7)[8] writes that ideally one should spit out the seeds. Where that is not feasible, such as when feeding one's children, one should shake the melon before picking any remaining seeds out.

R' Yehoshua Neuwirth (Shemiras Shabbos Kehilchasa 3:17;[9] n34) writes that while it is ideal to expel the seeds out from one's mouth or at least shake them off, if one does not wish to do so, they can pick them out. As there are *poskim* who justify the practice of those who remove fish bones, there is justification for removing the seeds by hand when necessary.

CONCLUSION ───────────────────────────────

If one is uncomfortable spitting the seeds out, one can shake each piece and remove any extra seeds. In any event, one must do so by hand and only right before they eat it.

1. שולחן ערוך או"ח שב:ג

מְקַפְּלִים כֵּלִים בְּשַׁבָּת לְצוֹרֶךְ שַׁבָּת לְלָבְשָׁם בּוֹ בְּיוֹם וְדַוְקָא בְּאָדָם (אֶחָד) וּבַחֲדָשִׁים שֶׁעֲדַיִן לֹא נִתְכַּבְּסוּ וּלְבָנִים וְאֵין לוֹ לְהַחֲלִיף וְאִם חָסֵר אֶחָד מֵאֵלּוּ הַתְּנָאִים אָסוּר וְיֵשׁ מִי שֶׁאוֹמֵר דִּלְקַפְּלוֹ שֶׁלֹּא כְּסֵדֶר קִפּוּלוֹ הָרִאשׁוֹן מוּתָּר בְּכָל עִנְיָן וְנִרְאִין דְּבָרָיו.

2. משנה תורה שבת כב:כב

..אֵין מְקַפְּלִים אֶת הַכֵּלִים בְּשַׁבָּת, כְּדֶרֶךְ שֶׁעוֹשִׂין בַּחֹל בִּבְגָדִים כְּשֶׁיְּכַבְּסוּ אוֹתָן. וְאִם לֹא הָיָה לוֹ כְּלִי אַחֵר לְהַחְלִיפוֹ, מֻתָּר לְקַפְּלוֹ וּלְפַשְּׁטוֹ וּלְהִתְכַּסּוֹת בּוֹ, כְּדֵי שֶׁיִּתְנָאֶה בּוֹ בְּשַׁבָּת, וְהוּא שֶׁיִּהְיֶה בֶּגֶד חָדָשׁ לָבָן, שֶׁהֲרֵי הוּא מִתְמַעֵךְ וּמִתְלַכְלֵךְ מִיָּד. וּכְשֶׁיְּקַפֵּל, לֹא יְקַפֵּל אֶלָּא אִישׁ אֶחָד; אֲבָל לְקַפֵּל בִּשְׁנַיִם, אָסוּר.

3. ערוך השולחן או"ח שב:יב

וְזֶהוּ וַדַּאי דְּגַם להתוספות והראב"ד דְּהַטַּעַם מִשּׁוּם טִירְחָא שֶׁלֹּא לְצוֹרֶךְ.. וּבְטוּר מְבוֹאָר הַטַּעַם מִשּׁוּם תִּקּוּן..

4. שמירת שבת כהלכתה יא:מא

אֵין לְקַפֵּל מַפִּיּוֹת נְיָיר בַּצּוּרָה מְיוּחֶדֶת כְּדֶרֶךְ שֶׁרְגִילִים לַעֲשׂוֹת לִכְבוֹד אוֹרְחִים, אֲבָל מוּתָּר לְקַפְּלָן קִיפּוּל רָגִיל.

הערה קסג וּמִשּׁוּם דְּדוֹמֶה לַבִּנְיָן, שָׁמַעְתִּי מהגרש"ז אויערבך זצ"ל..

5. רבבות אפרים א:רכג:ח

..נִרְאֶה דִּכְרָגִיל אִם מְקַפֵּל הֲלֹא אֵין נְיָיר מִתְקַמֵּט וּמִמֵּילָא אֵין בְּזֶה תִּקּוּן מָנָא דִּבְבֶגֶד הַתִּקּוּן מָנָא הוּא מַה שֶּׁמּוֹנֵעַ הַקְּמָטִים.. כָּתַב לִי בְּשֵׁם הגר"מ פיינשטיין .. דְּמוּתָּר בְּשַׁבָּת לְקַפֵּל ניפקענס וְהֵם מַה שֶּׁמְּסַדְּרִים עַל הַשּׁוּלְחָן לִפְנֵי הָאֲכִילָה דְּכֵיוָן שֶׁהוֹלֵךְ לְאִיבּוּד לֹא שַׁיָּךְ מְתַקֵּן מָנָא. וִידִידִי הרה"ג ר' בנימין זילבר (שליט"א) כָּתַב לִי וְז"ל נָכוֹן הוּא שֶׁאֵין קִיפּוּל בִּנְיָיר. וְאוּלַי קִיפּוּל הוּא מִטַּעַם כִּבּוּס וְלֹא שַׁיָּךְ זֶה בִּנְיָיר..

6. באר משה ח:קלד

וְרָאִיתִי בַּסֵּפֶר שמירת שבת כהלכתה (פי"א אות מ') שֶׁאוֹסֵר לְקַפֵּל מַפִּיּוֹת נְיָיר בַּצּוּרָה מְיוּחֶדֶת כְּדֶרֶךְ שֶׁרְגִילִים לַעֲשׂוֹת לִכְבוֹד אוֹרְחִים עיי"ש שֶׁאוֹסֵר מִשּׁוּם בּוֹנֶה, וְאֵין לְאִסּוּר זֶה יְסוֹד בַּהֲלָכָה וְגַם אֵיךְ יַעֲלֶה עַל הַדַּעַת שֶׁבִּנְיָיר רַךְ כָּרוּךְ בְּעַלְמָא יְהֵא שַׁיָּיךְ דִּין בּוֹנֶה, וְהוּא רָחוֹק מֵהַשֵּׂכֶל.. שֶׁמִּנְיָיר רַךְ שָׁרֵי לַעֲשׂוֹת כָּל צוּרָה שֶׁהוּא, רַק מִנְיָיר קָשֶׁה אָסוּר וכנ"ל בָּרוּר לַהֲלָכָה וְלַמַּעֲשֶׂה. וְעוֹד מַה צוּרָה לְהַמַּפִּיּוֹת נְיָיר בְּעַלְמָא שֶׁיִּהְיֶה אָסוּר, וּבָרוּר שֶׁאֵין שׁוּם אִסּוּר כְּלָל בְּדָבָר וּפָשׁוּט שֶׁמּוּתָּר בְּהֶיתֵּר גָּמוּר.

Folding Serviettes

QUESTION

I was recently invited to a friend's home on Shabbos and saw them folding serviettes at the table into different designs. Is this permissible?

DISCUSSION

The Shulchan Aruch (OC 302:3)[1] writes that one should not fold regular clothes on Shabbos. While different reasons are offered for this prohibition, Rambam (Shabbos 22:22)[2] writes that folding is being *mesaken*, fixing the garment (See Aruch Hashulchan OC 302:12)[3].

Therefore, R' Yehoshua Neuwirth (Shemiras Shabbos Kehilchasa 16:21), quoting R' Shlomo Zalman Auerbach, writes that one cannot fold paper into hats and boats or create origami shapes on Shabbos.

Nonetheless, he writes (ibid. 11:41; n:163)[4] that there is no prohibition of *tikkun mana*, finishing products, with disposable paper products. Thus, one may fold a serviette into a simple shape. Making fancier shapes is prohibited, though, as it is comparable to *boneh*, assembling something.

R' Ephraim Greenblatt (Rivevos Efraim 1:223:8)[5], however, writes that R' Moshe Feinstein allowed one to fold serviettes, arguing that the reasons to forbid folding clothes do not apply to disposable serviettes. Likewise, R' Moshe Stern (Baer Moshe 8:134)[6] writes that there is no issue of *boneh* with such serviettes, and one can fold them into any shape.

CONCLUSION

While it is preferable to fold them before Shabbos, one can fold disposable serviettes even on Shabbos if necessary.

1. חולין טו.

הַמְבַשֵּׁל בְּשַׁבָּת בְּשׁוֹגֵג יֹאכַל בְּמֵזִיד לֹא יֹאכַל דִּבְרֵי רבי מאיר. רבי יהודה אוֹמֵר בְּשׁוֹגֵג יֹאכַל בְּמוֹצָאֵי שַׁבָּת בְּמֵזִיד לֹא יֹאכַל עוֹלָמִית רבי יוחנן הסנדלר אוֹמֵר בְּשׁוֹגֵג יֹאכַל לְמוֹצָאֵי שַׁבָּת לַאֲחֵרִים וְלֹא לוֹ בְּמֵזִיד לֹא יֵאָכֵל עוֹלָמִית לֹא לוֹ וְלֹא לַאֲחֵרִים.

2. משנה תורה שבת ו:כג

יִשְׂרָאֵל שֶׁעָשָׂה מְלָאכָה בְּשַׁבָּת אִם עָבַר וְעָשָׂה בְּזָדוֹן אָסוּר לוֹ לֵהָנוֹת בְּאוֹתָהּ מְלָאכָה לְעוֹלָם. וּשְׁאָר יִשְׂרָאֵל מֻתָּר לָהֶם לֵהָנוֹת בָּהּ לְמוֹצָאֵי שַׁבָּת מִיָּד שֶׁנֶּאֱמַר (שמות לא:יד) 'וּשְׁמַרְתֶּם אֶת הַשַּׁבָּת כִּי קֹדֶשׁ הִיא', הִיא קֹדֶשׁ וְאֵין מַעֲשֶׂיהָ קֹדֶשׁ. כֵּיצַד. יִשְׂרָאֵל שֶׁבִּשֵּׁל בְּשַׁבָּת בְּמֵזִיד. לְמוֹצָאֵי שַׁבָּת יֵאָכֵל לַאֲחֵרִים אֲבָל לוֹ לֹא יֵאָכֵל עוֹלָמִית. וְאִם בִּשֵּׁל בִּשְׁגָגָה לְמוֹצָאֵי שַׁבָּת יֹאכַל בֵּין הוּא בֵּין אֲחֵרִים מִיָּד. וְכֵן כָּל כַּיּוֹצֵא בָּזֶה.

3. שולחן ערוך או"ח שיח:א

הַמְּבַשֵּׁל בְּשַׁבָּת [אוֹ שֶׁעָשָׂה א' מִשְּׁאָר מְלָאכוֹת] [טור] בְּמֵזִיד אָסוּר לוֹ לְעוֹלָם וְלַאֲחֵרִים מוּתָּר מוֹצָאֵי שַׁבָּת מִיָּד וּבְשׁוֹגֵג אָסוּר בּוֹ בַּיּוֹם גַּם לַאֲחֵרִים וְלָעֶרֶב מוּתָּר גַּם לוֹ מִיַּד..

4. תוספות חולין טו.

מוֹרֵי לְהוּ כרבי מאיר: מַשְׁמַע שֶׁכֵּן הֲלָכָה וְכֵן דָּרַשׁ רבא בְּפ' כירה (שבת דף לח. ע"ש) כרבי מאיר..

5. ריטב"א שבת לח.

הַמְבַשֵּׁל בְּשַׁבָּת בְּשׁוֹגֵג יֹאכַל כו' אַף עַל גַּב דר' מאיר הוּא דְּאָמַר הָכִי ור' יהודה פָּלִיג עָלֶיהָ וְאָמַר בְּשׁוֹגֵג לֹא יֹאכַל הוּא בּוֹ בַּיּוֹם בְּהָא כר' מאיר מוֹרִינָן כִּדְאָמְרִינָן הָתָם בפ"ק דחולין דרב כִּי מוֹרֶה לְהוּ לְתַלְמִידֵי מוֹרֶה לְהוּ כר' מאיר וְכִי דָּרִישׁ לְהוּ בְּפִירְקָא דָּרִישׁ לְהוּ כר' יהודה מִשּׁוּם עַמֵּי הָאָרֶץ.

6. משנה ברורה שיח:ז

גַּם לַאֲחֵרִים: הִנֵּה בגמרא פְּלִיגֵי בְּעִנְיַן שׁוֹגֵג וּמֵזִיד ר' מאיר ור' יהודה וְדַעַת השולחן ערוך הוּא דַּעַת ר' יהודה שֶׁכֵּן הִסְכִּימוּ הרי"ף והרמב"ם והגאונים והגר"א הִסְכִּים בְּבֵאוּרוֹ לְשִׁיטַת התוספות וְסִיַּיעְתָּם דְּפָסְקוּ כר' מאיר דִּבְמֵזִיד אָסוּר בֵּין לוֹ בֵּין לַאֲחֵרִים עַד מוֹצָאֵי שָׁבַת וּבְשׁוֹגֵג מוּתָּר גַּם לוֹ מִיָּד. וּבִמְקוֹם הַצּוֹרֶךְ יֵשׁ לִסְמוֹךְ עַל זֶה בְּבִשּׁוּל בְּשׁוֹגֵג.

7. משנה ברורה שיח:ו

וּבְשׁוֹגֵג: שָׁגַג בַּדִּין אוֹ שָׁכַח כָּל זֶה בִּכְלָל שׁוֹגֵג הוּא.

מקור חיים 100

Benefitting from an Adult's Melacha

Question

One of our teenage children added water to our Shabbos kettle on Shabbos mistakenly thinking that it was *muttar*. We need hot water to make baby bottles. Can we use the water?

Discussion

The Gemara (Shabbos 38a; Bava Kamma 71a; Kesubos 34a; Chullin 15a[1]) teaches that *chazal* enacted a decree that one cannot benefit from a forbidden *melacha* (*maaseh Shabbos*) that was performed on Shabbos. There is a *machlokes* as to whether this only applies to one who purposely transgresses a *melacha* and whether it applies to everyone or just the one who performed the *melacha*.

Rambam (Shabbos 6:23)[2] and the Shulchan Aruch (OC 318:1)[3] follow R' Yehuda, who maintains that one can never personally benefit from a *melacha* that one did on purpose (*bemeizid*) though others may benefit from it after Shabbos. If one did so accidentally (*beshogeg*), however, then all may benefit from it after Shabbos.

Tosafos (Chullin 15a)[4] and Ritva (Shabbos 38a)[5] however, follow R' Meir who allows one to immediately benefit from a *melacha* performed *beshogeg*. The Mishna Berura (318:7)[6] writes that the Vilna Gaon (Biur Hagra OC 318:1) follows this view and one may rely on this view in a time of need.

The Mishna Berura (318:6)[7] defines one who performs a *melacha* due to not knowing the *halacha* as *shogeg*. Thus, one who accidentally cooked food on Shabbos would usually have to leave it until after Shabbos before consuming it unless there was a particular necessity.

Conclusion

One would be allowed to use the water for baby bottles as that constitutes a real necessity. However, one should not use this water to make oneself a hot drink.

1. סוכה מב.

קָטָן הַיּוֹדֵעַ לְנַעֲנֵעַ: תָּנוּ רַבָּנָן קָטָן הַיּוֹדֵעַ לְנַעְנֵעַ חַיָּיב בַּלּוּלָב, לְהִתְעַטֵּף חַיָּיב בַּצִּיצִית, לִשְׁמוֹר תְּפִילִּין אָבִיו לוֹקֵחַ לוֹ תְּפִילִּין, יוֹדֵעַ לְדַבֵּר אָבִיו לוֹמְדוֹ תּוֹרָה וּקְרִיאַת שְׁמַע.

2. משנה ברורה קכח:קכג

..וְחִנּוּךְ זֶה אֵינוֹ כִּשְׁאָר זְמַנֵּי הַחִנּוּךְ שֶׁהוּא כְּבָר חָמֵשׁ כְּבָר שֵׁית כִּי אִם בְּשֶׁיּוֹדֵעַ לִישָּׂא כַּפָּיו כְּמִנְהֲגֵי הַכֹּהֲנִים.

3. יבמות קיד.

לֹא יֹאמַר אָדָם לַתִּינוֹק הָבֵא לִי מַפְתֵּחַ הָבֵא לִי חוֹתָם אֶלָּא מַנִּיחוֹ תּוֹלֵשׁ מַנִּיחוֹ זוֹרֵק..

4. משנה תורה מאכלות אסורות יז:כז

קָטָן שֶׁאָכַל אֶחָד מִמַּאֲכָלוֹת אֲסוּרוֹת אוֹ שֶׁעָשָׂה מְלָאכָה בְּשַׁבָּת אֵין בֵּית דִּין מְצֻוִּין עָלָיו לְהַפְרִישׁוֹ לְפִי שֶׁאֵינוֹ בֶּן דַּעַת. בַּמֶּה דְּבָרִים אֲמוּרִים בְּשֶׁעָשָׂה מֵעַצְמוֹ, אֲבָל לְהַאֲכִילוֹ בְּיָדַיִם אָסוּר וַאֲפִלּוּ דְּבָרִים שֶׁאִסּוּרָן מִדִּבְרֵי סוֹפְרִים. וְכֵן אָסוּר לְהַרְגִּילוֹ בְּחִלּוּל שַׁבָּת וּמוֹעֵד וַאֲפִלּוּ בִּדְבָרִים שֶׁהֵן מִשּׁוּם שְׁבוּת.

5. שולחן ערוך הרב או"ח שמג:א

קָטָן הָעוֹבֵר עַל דִּבְרֵי תּוֹרָה לַהֲנָאָתוֹ כְּגוֹן שֶׁאוֹכֵל נְבֵלוֹת אוֹ שֶׁמְּחַלֵּל שַׁבָּת לְצָרְכּוֹ אֵין בֵּית דִּין מְצוּוִּין לְהַפְרִישׁוֹ אֲבָל אִם עוֹשֶׂה בִּשְׁבִיל גָּדוֹל צָרִיךְ לְמְחוֹת בְּיָדוֹ מִדִּבְרֵי סוֹפְרִים..

6. משנה ברורה שיח:ה

מֻתָּר לְמוֹצָאֵי שַׁבָּת מִיָּד. וַאֲפִלּוּ לְמִי שֶׁנִּתְבַּשֵּׁל בִּשְׁבִילוֹ, דְּלֹא בָעִינָן לְהַמְתִּין בִּכְדֵי שֶׁיֵּעָשׂוּ אֶלָּא בִּמְלָאכָה הַנַּעֲשֵׂית עַל יְדֵי אֵינוֹ יְהוּדִי בִּשְׁבִיל יִשְׂרָאֵל.

7. ביאור הלכה שכה:י

אֵינוֹ יְהוּדִי שֶׁמִּלֵּא וְכוּ': עַיֵּין במגן אברהם שֶׁמַּסִּיק דְּהוּא הַדִּין חֵרֵשׁ שׁוֹטֶה וְקָטָן שֶׁמָּלְאוּ מַיִם, אֵין מוּתָּר רַק כְּשֶׁמָּלְאוּ לְצוֹרֶךְ עַצְמָן [אֲבָל לְצוֹרֶךְ יִשְׂרָאֵל אָסוּר וּבָעִינָן לְמוֹצָאֵי שַׁבָּת בִּכְדֵי שֶׁיֵּעָשׂוּ כְּמוֹ בְּאֵינוֹ יְהוּדִי. פרי מגדים] אַךְ זֶה נִרְאֶה דְּעָדִיף מֵאֵינוֹ יְהוּדִי דַּאֲפִלּוּ בְּמַכִּירוֹ מוּתָּר, דְּלֹא חָיְישִׁינָן בְּהוּ שֶׁמָּא יַרְבֶּה בִּשְׁבִילוֹ.

Benefitting from a Child's Melacha

Question

Our 11-year-old son got up on Shabbos morning and switched the kettle on to make himself a drink forgetting it was Shabbos. Could we have used that hot water?

Discussion

The Gemara (Sukka 42a)[1] teaches that parents are obligated to teach and train their children to do *mitzvos*. The Mishna Berura (128:123)[2] explains that the age that this applies to varies between different children and *mitzvos*.

The Gemara (Yevamos 114a)[3] teaches that one must not instruct children to carry in a *reshus harabim* on Shabbos, though one may allow them to do so of their own volition. Thus, Rambam (Maachalos Asuros 17:27)[4] writes that the *beis din* does not need to protest against children who are eating non-kosher food or breaking Shabbos. The Shulchan Aruch Harav (OC 343:1),[5] however, adds that one must prevent children doing a prohibited *melacha* for an adult.

The Mishna Berura (318:5)[6] writes that if a non-Jewish person performs a prohibited *melacha* on behalf of a Jewish person on Shabbos, then one must not benefit from that *melacha* on Shabbos. They must wait after Shabbos for the amount of time that it took to perform the *melacha* before benefitting from it. Thus, if the non-Jewish person cooked food for half an hour on Shabbos, one would have to wait at least half an hour after *nacht* to eat that food (See Shulchan Aruch OC 325:6).

The Biur Halacha (325:10)[7] quotes the Magen Avraham (325:22) and Pri Megadim (325:22) who write that this applies equally if a child performs a *melacha* on an adult's behalf. However, if the child performs the *melacha* for their own sake then one may benefit from the *melacha* immediately.

Conclusion

While one would not normally be able to benefit from something cooked on Shabbos even if it was cooked accidentally (See Mishna Berura 318:7), if a child did the *melacha* for themselves, one may benefit from the *melacha* and use water they had heated.

1. שבת קיח.

קְעָרוֹת שֶׁאָכַל בָּהֶן עַרְבִית מַדִיחָן לֶאֱכוֹל בָּהֶן שַׁחֲרִית.. מִן הַמִּנְחָה וְאֵילָךְ שׁוּב אֵינוֹ מֵדִיחַ.

2. רש"י שבת קיד:

..דְאָסוּר מִשּׁוּם שְׁבוּת דְקָטָרַח מִשַּׁבָּת לַחוֹל.

3. משנה תורה שבת כג:ז

..וְאָסוּר לְהַדִיחַ קְעָרוֹת וְאִילְפַסִין וּכְיוֹצֵא בָּהֶן, מִפְּנֵי שֶׁהוּא כִּמְתַקֵּן..

4. שולחן ערוך או"ח שכג:ו

מַדִיחִים כֵּלִים לְצוֹרֶךְ הַיּוֹם כְּגוֹן שֶׁנִּשְׁאַר לוֹ עֲדַיִין סְעוּדָה לֶאֱכוֹל אֲבָל לְאַחַר סְעוּדָה שְׁלִישִׁית אֵין מַדִיחִין וּכְלֵי שְׁתִיָּה מַדִיחִין כָּל הַיּוֹם שֶׁכָּל הַיּוֹם רָאוּי לִשְׁתִיָּה.

5. משנה ברורה שב:יט

..מַצִּיעִין אֶת הַמִּטּוֹת מִלֵּילֵי שַׁבָּת לְשַׁבָּת וּלְכַתְחִלָּה טוֹב יוֹתֵר שֶׁיַּצִּיעַ מֵעֶרֶב שַׁבָּת אֲבָל אֵין מַצִּיעִין מִשַּׁבָּת לְמוֹצָאֵי שַׁבָּת וּמִכָּל מָקוֹם אִם הַמִּטָּה עוֹמֶדֶת בְּבֵיתוֹ וְהוּא דָּבָר מְגוּנֶּה וּבִזָּיוֹן לְשַׁבָּת שֶׁיַּעֲמֹד כָּךְ מוּתָּר לְהַצִּיעַ דְּמִקְרֵי צוֹרֶךְ שַׁבָּת.

6. שמירת שבת כהלכתה יב:לח

וּמִי שֶׁרָגִיל כָּל יְמוֹת הַשָּׁבוּעַ לִיתֵּן אֶת כְּלֵי הַסְּעוּדָה הַמְלוּכְלָכִים הַיָּשָׁר מִן הַשּׁוּלְחָן לְמַדִיחַ כֵּלִים, וּבוֹ הוּא שׁוֹמֵר עֲלֵיהֶם עַד שְׁעַת הַשְּׁטִיפָה בִּימוֹת הַחוֹל, מוּתָּר לַעֲשׂוֹת כֵּן בְּשַׁבָּת וּבְיוֹם טוֹב, אֲבָל יַקְפִּיד לֹא לְמַיֵּין אֶת הַכֵּלִים הַשּׁוֹנִים, אֲפִלּוּ אִם עוֹשֶׂה כֵּן כְּדֵי לְהַכְנִיס בְּקַלּוּת אֶת כָּל הַכֵּלִים לְתוֹךְ הַמְּדִיחַ, כָּל אֶחָד בִּמְקוֹמוֹ..

7. אגרות משה או"ח ד:עד רחיצה ד

כֵּלִים מְלוּכְלָכִים מִסְּעוּדַת שַׁבָּת הַאִם מוּתָּר לְהַנִיחָם בְּמַדִיחַ הַכֵּלִים (דישוואשער) לְרָחְצָם לְאַחַר הַשַּׁבָּת, וְכֵן הַאִם מוּתָּר לְסַדְּרָם כְּפִי שֶׁצָּרִיךְ לְהַדְחָתָם. תְּשׁוּבָה: מוּתָּר וְאֵין בְּזֶה מִשּׁוּם הֲכָנָה שֶׁבִּשְׁבִיל הַיּוֹם, טוֹב לְאַנְשֵׁי הַבַּיִת שֶׁלֹּא יִתְרָאוּ בַּבַּיִת בְּמָקוֹם שֶׁבָּאִים לְשָׁם כֵּלִים מְלוּכְלָכִים וְטוֹב יוֹתֵר לְהָנִיחָם שָׁם מִלְּכַסּוֹתָם. אֲבָל לְסַדְּרָם בְּכַוָּונָה אָסוּר מִצַּד הֲכָנָה וְלִפְעָמִים גַּם מִשּׁוּם בּוֹרֵר וּבְלֹא כַּוָּונָה אֶלָּא שֶׁמִּתְחִלָּה לְסַלְּקָן מֵעַל הַשּׁוּלְחָן הָיָה נָקֵל לְסַלֵּק גְּדוֹלִים עִם גְּדוֹלִים וּקְטַנִּים עִם קְטַנִּים מוּתָּר.

Loading a Dishwasher

QUESTION

Can I clear off the dirty dishes from my table and load them into the dishwasher on Shabbos?

DISCUSSION

Chazal (Shabbos 114b; 118a[1]) decreed that one must not prepare on Shabbos or Yom Tov for the following day (See Shulchan Aruch OC 302:3; 503:1). Different reasons are offered for this prohibition. According to Rashi (Shabbos 114b)[2] the extra *tircha*, effort, that one has to expend is inappropriate on Shabbos (See Mishna Berura 323:28). Rambam (Shabbos 23:7)[3], however, writes that *hachana*, preparation, is akin to *mesaken*, fixing something.

The Mishna Berura (503:1) explains that this applies even to an action that is not a forbidden *melacha*, such as washing dishes. Therefore, the Shulchan Aruch (OC 323:6)[4] writes that it is forbidden to wash dishes on Shabbos for use after Shabbos.

However, the Mishna Berura (302:19)[5] writes, that while one cannot make one's bed on Shabbos for the following day, if one is bothered by the bed being unmade, then one can make it on Shabbos as that is considered to be a Shabbos necessity. Thus, R' Yehoshua Neuwirth (Shemiras Shabbos Kehilchasa 12:38)[6] writes that if one typically clears the table during the week and places the dirty dishes straight into the dishwasher they may do so on Shabbos too.

Likewise, R' Moshe Feinstein (Igros Moshe OC 4:74 Rechitza 4)[7] writes that as people do not like seeing dirty dishes left out, there is no issue with putting them into the dishwasher. One must not sort the dishes as that would be an issue of *borer*. One may remove each course at a time, and place those plates into the dishwasher together, thereby ensuring that the plates are sorted by size, etc. (See Baer Moshe 3:48).

CONCLUSION

One may put one's dirty dishes into a dishwasher on Shabbos, though one should be careful not to sort them.

1. שבת קכ:

מוֹדֶה רבי שמעון בִּפְסִיק רֵישֵׁיהּ וְלֹא יָמוּת.

2. יביע אומר או"ח ט:קח:קפז

אִם שָׁכְחוּ לְנַתֵּק אֶת הַנּוּרָה שֶׁבַּמְּקָרֵר חַשְׁמַלִּי לִפְנֵי הַשַּׁבָּת, אָסוּר לִפְתּוֹחַ בְּשַׁבָּת אֶת הַדֶּלֶת שֶׁל הַמְּקָרֵר, אֲפִלּוּ עַל יְדֵי קָטָן, שֶׁהֲרֵי שְׁבִיתָתוֹ עָלֵינוּ..

3. משנה תורה שבת א:ו

עָשָׂה מַעֲשֶׂה, וְנַעֲשֹׂת בִּגְלָלוֹ מְלָאכָה שֶׁוַּדַּאי תֵּעָשֶׂה בִּשְׁבִיל אוֹתוֹ מַעֲשֶׂה, אַף עַל פִּי שֶׁלֹּא נִתְכַּוֵּן לָהּ, חַיָּב: שֶׁהַדָּבָר יָדוּעַ, שֶׁאִי אֶפְשָׁר שֶׁלֹּא תֵעָשֶׂה אוֹתָהּ מְלָאכָה. כֵּיצַד: הֲרֵי שֶׁצָּרַךְ לְרֹאשׁ עוֹף לְשַׂחֵק בּוֹ לַקָּטָן, וְחָתַךְ רֹאשׁוֹ בְּשַׁבָּת, אַף עַל פִּי שֶׁאֵין סוֹף מְגַמָּתוֹ לַהֲרִיגַת הָעוֹף בִּלְבָד, חַיָּב: שֶׁהַדָּבָר יָדוּעַ, שֶׁאִי אֶפְשָׁר שֶׁיֵּחָתֵךְ רֹאשׁ הַחַי וְיִחְיֶה אֶלָּא הַמָּוֶת בָּא בִּשְׁבִילוֹ. וְכֵן כָּל כַּיּוֹצֵא בְּזֶה.

4. מגן אברהם רנג:מא

..מַה שֶׁאֵין כֵּן בַּאֲמִירָה לְעַכּוּ"ם דְּשָׁרֵי דְּהָא עִקַּר כַּוָּנָתָם לְחַמֵּם הַבַּיִת דְּשָׁרֵי כמ"ש ססי' רע"ו וְאַף עַל גַּב דְּהָוֵי פְּסִיק רֵישֵׁיהּ לְגַבֵּי הַתַּבְשִׁיל מִכָּל מָקוֹם בַּאֲמִירָה לְעַכּוּ"ם לֹא קָפְּדִינַן כּוּלֵי הַאי..

5. אגרות משה או"ח ב:סח

בְּשָׁכְחוּ לְהוֹצִיא אֶת הָאוֹר שֶׁבְּתוֹךְ הפרעזעדירער בְּעֶרֶב שַׁבָּת.. וַדַּאי אָסוּר לִפְתּוֹחַ שֶׁהֲרֵי פְּסִיק רֵישֵׁיה הוּא שֶׁוַּדַּאי נִדְלָק, וְהוּא גַּם נִיחָא לוֹ.. וְאִם עִקַּר הַמַּאֲכָלִים שֶׁהֵכִינוּ לַשַּׁבָּת נִמְצָא שָׁם יֵשׁ לְהַתִּיר לִפְתּוֹחַ עַל יְדֵי נָכְרִי..

6. יביע אומר או"ח י:כח

נִרְאֶה שֶׁיָּכוֹל לִסְגּוֹר אֶת הַמְּקָרֵר כִּלְאַחַר יַד, דְּהָוָה לֵיה תְּרֵי דְּרַבָּנָן, כִּי כִּבּוּי נוּרַת הַחַשְׁמַל הִיא כִּבּוּי גַּחֶלֶת שֶׁאִסּוּרָהּ הוּא רַק מִדְּרַבָּנָן.. וְעוֹד דְּהָוֵי מְלָאכָה שֶׁאֵינָהּ צְרִיכָה לְגוּפָהּ..

7. שמירת שבת כהלכתה לא:א

..וְאַף מוּתָּר לוֹמַר לְנָכְרִי, אַחֲרֵי שֶׁפָּתַח אֶת הַמְּקָרֵר וְהַנּוּרָה שֶׁבּוֹ נִדְלְקָה, שֶׁאִם יִסְגּוֹר אֶת הַמְּקָרֵר מִבְּלִי לְנַתֵּק אֶת הַנּוּרָה תְּחִלָּה, לֹא יוּכַל הַיְהוּדִי שׁוּב לִפְתּוֹחַ אוֹתוֹ.

8. משנה ברורה שטז:טז

יֵשׁ מַקִּילִין ..כֵּיוָן דְּזֶה לֹא הָוֵי אֶלָּא סָפֵק פְּסִיק רֵישֵׁיה בְּמִילְתָא דְּרַבָּנָן.. אֵין לְהַחְמִיר כָּל כָּךְ.

9. שמירת שבת כהלכתה י:טו

סָפֵק בְּיָדוֹ, אִם הוֹצִיא אוֹ נִתֵּק אֶת הַנּוּרָה, וְכֵן אִם נִיתֵּק אֶת הַפְעָלַת מַעַרְכוֹת הַחַשְׁמַל מִבְּעוֹד יוֹם, יֵשׁ מָקוֹם לְהָקֵל לִפְתּוֹחַ אֶת הַמְּקָרֵר, וְיֵשׁ מִן הַפּוֹסְקִים שֶׁמַּחְמִירִים בַּדָּבָר.

Fridge Light

QUESTION

We rented a cottage for the weekend and forgot to check if the fridge had a light that will switch on when we open the door. Could we have asked our three-year-old child to open and close the fridge on Shabbos?

DISCUSSION

The Gemara (Shabbos 120b)[1] writes that it is *assur* to do a permitted action which will inevitably cause a *melacha* to be transgressed (*pesik reisha*). Therefore, one must not open a fridge door on Shabbos if, by doing so, it is inevitable that the light will come on.

R' Ovadia Yosef (Yabia Omer OC 9:108:187)[2] writes that as one benefits from the light going on in the fridge (*pesik reisha denicha lei*), doing so is *assur mideoraisa* (see Rambam, Shabbos 1:6)[3]. One must therefore not ask a child to open the fridge for them.

While one cannot normally ask a non-Jewish person to do a *melacha* for them, the Magen Avraham (253:41;[4] 277:7; 314:5) writes that the prohibition of *pesik reisha* does not apply to them. Thus, R' Moshe Feinstein (Igros Moshe OC 2:68)[5], R' Ovadia Yosef (Yabia Omer OC 10:28)[6] and R' Yehoshua Neuwirth (Shemiras Shabbos Kehilchasa 31:1)[7] write that one can ask a non-Jewish person to open and close the fridge for them. R' Moshe adds that one may even ask them to remove the bulb if necessary to allow them to open and close the fridge normally afterwards (See Rema OC 276:2). However, R' Neuwirth writes that it is best to hint rather than ask outright.

R' Ovadia Yosef writes that one may close an open fridge in an unusual manner (*shinui*) as shutting the light off in this situation is only *miderabanan* (See Shulchan Aruch OC 334:27; Mishna Berura 334:84). As there is no constructive benefit in extinguishing the light, closing the door is considered to be *pesik reisha delo nicha lei* which is *assur miderabanan*. Alternatively, one can ask a child to close the fridge as *pesik reisha* is not forbidden for them (See Mishna Berura 277:15; Avnei Yashpei 1:63).

The Mishna Berura (316:16)[8] writes that there is a *machlokes* as to whether one can do something when there is a *safek*, doubt, of there being a *pesik reisha*. Thus, R' Yehoshua Neuwirth (Shemiras Shabbos Kehilchasa 10:15)[9] writes that if one does not know whether the light will be turned on or not, there is a *machlokes* as to whether one can open the fridge themselves or not. Nonetheless, the Mishna Berura writes that we can follow the lenient view.

CONCLUSION

It is ideal to ask a non-Jewish person to open and close the fridge. As there is a doubt in this scenario as to whether the light would even go on, one can even open the fridge themselves if necessary. If the light does go on, one should either ask a child to close it or close it with a *shinui*.

1. משנה ביצה לו:

וְאֵלּוּ הֵן מִשּׁוּם מִצְוָה: לֹא מַקְדִּישִׁין וְלֹא מַעֲרִיכִין וְלֹא מַחֲרִימִין.

2. ביצה לז.

וְאֵלּוּ הֵן מִשּׁוּם מִצְוָה: לֹא מַקְדִּישִׁין וְלֹא מַעֲרִיכִין וְלֹא מַחֲרִימִין, גְּזֵרָה מִשּׁוּם מֶקַח וּמִמְכָּר.

3. משנה תורה שבת כג:יב

..וְאָסוּר לִלְווֹת וּלְהַלְווֹת גְּזֵרָה שֶׁמָּא יִכְתֹּב. וְכֵן אָסוּר לִקְנוֹת וְלִמְכֹּר וְלִשְׂכֹּר וּלְהַשְׂכִּיר גְּזֵרָה שֶׁמָּא יִכְתֹּב.

4. שולחן ערוך או"ח שו:ו

חֶפְצֵי שָׁמַיִם מֻתָּר לְדַבֵּר בָּהֶם, כְּגוֹן חֶשְׁבּוֹנוֹת שֶׁל מִצְוָה, וְלִפְסֹק צְדָקָה, וּלְפַקֵּחַ עַל עִסְקֵי רַבִּים, וּלְשַׁדֵּךְ הַתִּינוֹק לֶאֱרֹס וּלְלַמְּדוֹ סֵפֶר אוֹ אֻמָּנוּת; וְדַוְקָא לְדַבֵּר אִם רוֹצֶה לְהִשְׁתַּכֵּר, אֲבָל לְשָׂכְרוֹ וּלְהַזְכִּיר לוֹ סְכוּם מָעוֹת אָסוּר. **הגה** יֵשׁ אוֹמְרִים דִּבְמָקוֹם שֶׁנּוֹהֲגִין לִתֵּן לַקּוֹרֵא בַּתּוֹרָה מִי שֶׁבֵּרַךְ, וְנוֹדֵר לִצְדָקָה אוֹ לְחַזָּן, דְּאָסוּר בְּשַׁבָּת לִפְסֹק יָד כַּמָּה יִתֵּן (א"ז); וְהַמִּנְהָג לְהָקֵל, דְּהָא מֻתָּר לִפְסֹק צְדָקָה.

5. ים של שלמה ביצה ה:ח

.. וז"ל הכל בו (סימן נ"ח די"ח ע"ד) בְּשֵׁם גָּאוֹן אֶחָד, דְּדַוְקָא הֶקְדֵּשׁ מִזְבֵּחַ, אוֹ בֶּדֶק הַבַּיִת, אָסוּר, שֶׁיּוֹצֵא מֵרְשׁוּת הֶדְיוֹט לִרְשׁוּת גָּבוֹהַּ, וְדוֹמֶה לְמֶקַח וּמִמְכָּר. אֲבָל עַכְשָׁו שֶׁנּוֹדְרִין לַהֶקְדֵּשׁ, אוֹ סֵפֶר תּוֹרָה, אוֹ עֲטָרָה, אוֹ שֶׁמֶן לַמָּאוֹר, וְכַיּוֹצֵא בָּהֶן, מֻתָּר, לְפִי שֶׁעֲדַיִן אֵין מְיַחֲדִים שׁוּם דָּבָר שֶׁיּוֹצֵא מֵרְשׁוּתוֹ, וְאֵין דּוֹמֶה לְמֶקַח וּמִמְכָּר ע"כ. וּמִכָּל מָקוֹם אֵין טַעַם זֶה מַסְפִּיק, אֶלָּא לִקְצֹץ דָּמִים לִנְדָרִים וְלִנְדָבוֹת, וְכַאֲשֶׁר כָּתַב הגהות מרדכי (שבת סימן תנ"ט) דַּאֲפִילּוּ לִקְצֹץ דָּמִים מֻתָּר לִדְבַר מִצְוָה, אֲבָל הַכְרָזַת הַשַּׁמָּשׁ בְּפִסּוּק דָּמִים, מִי שֶׁיִּתֵּן יוֹתֵר, יִהְיֶה הַמִּצְוָה שֶׁלּוֹ, כְּגוֹן הוֹצָאַת הַסֵּפֶר תּוֹרָה מִן הַהֵיכָל, אוֹ עֲלִיַּת סֵפֶר תּוֹרָה, אוֹ גְּלִילָה, וְהַדּוֹמֶה לוֹ, שֶׁהוּא כְּעֵין מֶקַח וּמִמְכָּר מַמָּשׁ, וְיָדוּעַ שֶׁמֶּקַח וּמִמְכָּר אָסוּר, אֲפִלּוּ לִדְבַר מִצְוָה, אִם לֹא שֶׁיֹּאמַר דְּאֵין שַׁיָּךְ מֶקַח וּמִמְכָּר בִּדְבַר מִצְוָה, כִּי אִם בְּחֵפֶץ הַנִּקְנֶה, וּבְצֵרוּף הַטַּעַם שֶׁכָּתוּב הר"ן, (דְּאִם לֹא כֵּן מ"ש מֵהָא) [דְּהָא] דְּאֵין מַעֲרִיכִין הוּא, כְּאִלּוּ פָּדָה אֶת נַפְשׁוֹ, וְקָנָה אֶת עַצְמוֹ מִן הַהֶקְדֵּשׁ, וְכָל זֶה אֵינוֹ אֶלָּא לְיַשֵּׁב הַמִּנְהָג בְּדֹחַק..

6. משנה ברורה שו:לג

לִפְסֹק צְדָקָה: ..וּבְעִנְיַן הַכְרָזַת מִצְוֹת בְּבֵית הַכְּנֶסֶת יֵשׁ אוֹסְרִין וְיֵשׁ מַתִּירִין דְּלֹא שַׁיָּךְ מֶקַח וּמִמְכָּר אֶלָּא בְּחֵפֶץ הַנִּקְנֶה וּבְמָקוֹם שֶׁנָּהֲגוּ הֶיתֵּר אֵין לִמְחוֹת בְּיָדָן..

7. כף החיים שו:מב

..וּמִנְהָג פָּשׁוּט עַכְשָׁיו לְהַכְרִיז הַשַּׁמָּשׁ הַמִּצְוֹת וְלוֹמַר כַּמָּה נוֹתֵן בְּעַד מִצְוָה זוֹ וּמִי שֶׁמַּעֲלֶה אוֹתָהּ בְּדָמִים נִשְׁאַר לוֹ הַמִּצְוָה וְהָאַחֵר אֵינוֹ נוֹתֵן כְּלוּם וְהַנָּח לָהֶם לְיִשְׂרָאֵל.. דִּבְמָקוֹם שֶׁנּוֹהֲגִין לְהָקֵל יֵשׁ לָהֶם עַל מַה לִסְמוֹךְ יעו"ש.

מקור חיים 108

Auctioning Aliyos

QUESTION

Last year I *davened* in my father-in-law's shul on Simchas Torah and they auctioned off the various *kibudim* (honours). Is this permitted on Shabbos?

DISCUSSION

The Mishna (Beitza 36b)[1] teaches that one must not sell items on Yom Tov for a fixed price, such as food or an *esrog*, dedicate anything to the Beis Hamikdash, nor vow a personal valuation on Shabbos. The Gemara (Beitza 37a)[2] explains that these acts are prohibited just like other financial transactions.

Rambam (Shabbos 23:12)[3] writes that business transactions are prohibited because we are concerned that one may record the transaction.

Nonetheless, the Shulchan Aruch (OC 306:6)[4] writes that one may discuss *mitzva* matters, such as charity. The Rema adds that the *minhag* is to allow people to pledge specific amounts to *tzedaka* when receiving an *aliyah* on Shabbos.

The Magen Avraham (306:15) quotes the Maharshal (Yam Shel Shlomo, Beitza 5:8)[5] who frowns upon auctioning *aliyos* and other *kibbudim* on Shabbos, writing that agreeing upon a price for such an honour is akin to a business transaction (See Shulchan Aruch Harav OC 306:16).

Nonetheless, the Mishna Berura (306:33)[6] and Kaf Hachaim (OC 306:42)[7] write that while it is ideal not to sell *aliyos* on Shabbos or Yom Tov, one should not protest the *shuls* that do so (See Yechave Daas 2:41).

CONCLUSION

While many are opposed to auctioning on Shabbos even for mitzva purposes, there is a good basis for this practice, and we should not criticise it.

1. שולחן ערוך או"ח רמד:א

פּוֹסֵק אָדָם [פֵּירֵשׁ מַתְנֶה] עִם הָעַכּוּ"ם עַל הַמְּלָאכָה וְקוֹצֵץ דָּמִים וְהָעַכּוּ"ם עוֹשֶׂה לְעַצְמוֹ וְאַף עַל פִּי שֶׁהוּא עוֹשֶׂה בְּשַׁבָּת מוּתָּר. בַּמֶּה דְּבָרִים אֲמוּרִים בִּצְנָעָא שֶׁאֵין מַכִּירִין הַכֹּל שֶׁזּוֹ הַמְּלָאכָה הַנַּעֲשֵׂית בְּשַׁבָּת שֶׁל יִשְׂרָאֵל הִיא אֲבָל אִם הָיְתָה יְדוּעָה וּמְפוּרְסֶמֶת אָסוּר שֶׁהָרוֹאֶה אֶת הָעַכּוּ"ם עוֹסֵק אֵינוֹ יוֹדֵעַ שֶׁקָּצַץ וְאוֹמֵר שֶׁפְּלוֹנִי שָׂכַר הָעַכּוּ"ם לַעֲשׂוֹת בּוֹ מְלָאכָה בְּשַׁבָּת..

2. שולחן ערוך או"ח רמז:א

שׁוֹלֵחַ אָדָם אִגֶּרֶת בְּיַד עַכּוּ"ם וַאֲפִלּוּ בְּעֶרֶב שַׁבָּת עִם חֲשֵׁיכָה וְהוּא שֶׁקּוֹצֵץ לוֹ דָּמִים וּבִלְבַד שֶׁלֹּא יֹאמַר לוֹ שֶׁיֵּלֵךְ בְּשַׁבָּת..

3. שולחן ערוך או"ח רנב:ב

מוּתָּר לִיתֵּן בְּגָדָיו לְכוֹבֵס נָכְרִי וְעוֹרוֹת לְעַבְּדָן (פֵּירוּשׁ הָאוּמָן שֶׁמְּעַבֵּד וּמְתַקֵּן הָעוֹרוֹת) סָמוּךְ לַחֲשֵׁיכָה אִם קָצַץ לוֹ דָּמִים אוֹ שֶׁעוֹשֶׂה אוֹתָם בְּטוֹבַת הֲנָאָה וְהוּא שֶׁלֹּא יֹאמַר לוֹ לַעֲשׂוֹת בְּשַׁבָּת וְגַם שֶׁיַּעֲשֶׂה הָעַכּוּ"ם הַמְּלָאכָה בְּבֵיתוֹ.

4. חלקת יעקב או"ח:סו

נִשְׁאַלְתִּי אִם מוּתָּר לִיתֵּן בְּעִיתּוֹנִים שֶׁל עַכּוּ"ם מוֹדָעָה (אינסעראט) עַל יוֹם הַשַּׁבָּת, וְהַשְּׁאֵלָה תְּסוֹבֵב, כֵּיוָן דְּמוֹדָעָה הַנִּדְפֶּסֶת עַל יוֹם הַשַּׁבָּת, הִיא נִדְפֶּסֶת בְּלֵיל שַׁבָּת הַקּוֹדֵם וְאִם כֵּן הַוֵי אֲמִירָה לְנָכְרִי, לַעֲשׂוֹת עֲבוּרוֹ מְלָאכָה הַהַדְפָּסָה בְּשַׁבָּת.

וְהִנֵּה שָׁמַעְתִּי מִמּוּפְלָג א' שֶׁרָצָה לְהַתִּיר, עַל פִּי הַמְּבוֹאָר בסי' רמ"ז לְעִנְיַן אִגֶּרֶת, ובסי' רנ"ב ס"ב לְעִנְיַן שְׁאָר מְלָאכוֹת, דְּאִם קָצַץ לוֹ שָׂכָר לְעַכּוּ"ם עֲבוּר מְלַאכְתּוֹ אָמְרִינַן עַכּוּ"ם אַדַּעְתָּא דְּנַפְשֵׁיהּ קָעָבִיד, וְאִם כֵּן בְּנִידָּן דִּידָן נַמִּי כֵּיוָן דְּקָצַץ וּלְפִי דַּעַת יִשְׂרָאֵל יָכוֹל לְהַדְפִּיס קוֹדֶם הַשַּׁבָּת, אִם כֵּן עַכּוּ"ם אַדַּעְתָּא דְּנַפְשֵׁיהּ עָבִיד. וּלְפִי עֲנִיּוּת דַּעְתִּי וַדַּאי אָסוּר, כֵּיוָן דִּמְבוֹאָר לְהֶדְיָא שָׁם "וּבִלְבַד שֶׁלֹּא יֹאמַר לוֹ לַעֲשׂוֹת בְּיוֹם הַשַּׁבָּת" דְּאָז אֲפִלּוּ קָצַץ אָסוּר, וְאִם כֵּן בְּנִידָּן דִּידָן, כֵּיוָן שֶׁיִּשְׂרָאֵל מַתְנֶה בְּפֵירוּשׁ דְּצָרִיךְ לִהְיוֹת נִדְפָּס עַל יוֹם הַשַּׁבָּת דַּוְקָא, וְיָדְעִינַן וַדַּאי דְּמוֹדָעָה הַנִּקְרֵאת בְּשַׁבָּת לְעוֹלָם נִדְפֶּסֶת בַּלַּיְלָה שֶׁלְּפָנָיו, אַף שֶׁלְּפִי דַּעַת יִשְׂרָאֵל הָיָה יָכוֹל לִהְיוֹת קוֹדֶם הַשַּׁבָּת, מִכָּל מָקוֹם כֵּיוָן דְּיָדְעִינָן דְּהַדְפָּסָה כַּךְ מוּכֶנֶת, הַוֵי כְּאִלּוּ אוֹמֵר לוֹ בְּפֵירוּשׁ לְהַדְפִּיס בְּשַׁבָּת, כֵּיוָן דְּזֶה תְּנַאי גָּמוּר דִּבְשַׁבָּת צָרִיךְ לִהְיוֹת נִדְפָּס לֹא לְאַחַר הַשַּׁבָּת, וְהַנִּדְפָּס בְּשַׁבָּת, יָדוּעַ שֶׁנִּגְמַר בְּלֵיל שֶׁלְּפָנָיו..

5. תשובות והנהגות א:רפ

שְׁאֵלָה: לִיתֵּן מוֹדָעָה לְנָכְרִי בְּעֶרֶב שַׁבָּת שֶׁיַּדְפִּיס בְּעִתּוֹן נָכְרִי הַמּוֹפִיעַ בְּשַׁבָּת.

לִכְאוֹרָה נִרְאֶה פָּשׁוּט שֶׁאָסוּר, שֶׁהֲרֵי מְצַוֶּה לְגוֹי לַעֲשׂוֹת מְלֶאכֶת דְּפוּס עֲבוּרוֹ בְּשַׁבָּת, וּמִיהוּ לֹא נִתְבָּרֵר לִי הַמְּצִיאוּת בְּזֶה, דְּאִם מַדְפִּיסִים כָּל הָעִתּוֹן וּמוֹדָעוֹת בְּשַׁבָּת גּוּפָא, אָז אָסוּר כמ"ש, אֲבָל אוּלַי חֵלֶק גָּדוֹל מֵהָעִתּוֹן וּבִפְרָט מוֹדָעוֹת נִדְפְּסוּ כְּבָר וּמוּכָנִים לַהֲפָצָה בְּעֶרֶב שַׁבָּת, וְאִם כֵּן אֵינוֹ מְצַוֵּהוּ כְּלָל לְהַדְפִּיס עֲבוּרוֹ בְּשַׁבָּת דַּוְקָא וְדָבָר זֶה צָרִיךְ בֵּירוּר. וּמִיהוּ אַף אִם רְגִילִים לְהַדְפִּיס הַמּוֹדָעוֹת לִפְנֵי שַׁבָּת, אִם יַחְשְׁדוּהוּ שֶׁהִדְפִּיסוּ בִּשְׁבִילוֹ בְּשַׁבָּת אֵין לְהַתִּיר, וְלָכֵן רָאוּי לִמְנוֹעַ מִלְּפַרְסֵם מוֹדָעוֹת בְּעִתּוֹן שֶׁיּוֹצֵא בְּשַׁבָּת, וּבִמְקוֹם צוֹרֶךְ גָּדוֹל נִרְאֶה שֶׁיְּבָרֵר הַמְּצִיאוּת שֶׁהֵבֵאנוּ, וְיֵשׁ לִיזָּהֵר מְאֹד מֵחִלּוּל הַשֵּׁם שֶׁאֵין עָוֹן כָּמוֹהוּ.

6. פסקי תשובות רמז הערה 21

וְלִכְאוֹרָה בִּכְלַל הָאִסּוּר גַּם אִם מַזְמִין פִּרְסוּם מוֹדָעָה יוֹם יוֹם מֶשֶׁךְ תְּקוּפָה, וּבֵינֵיהֶם גַּם שַׁבָּתוֹת, דִּבְעִיתּוֹן הַנִּדְפָּס בְּשַׁבָּת עוֹשִׂין הַנָּכְרִי מְלָאכָה עֲבוּרוֹ וּבְצִוּוּיוֹ.

Advertising over Shabbos

QUESTION

Am I allowed to advertise in the local weekend paper that gets printed on Shabbos?

DISCUSSION

The Shulchan Aruch (OC 244:1;[1] 247:1;[2] 252:2[3]) writes that one may give work to a non-Jewish person to do even though it entails a *melacha* that is prohibited on Shabbos, provided that the non-Jewish person can reasonably do the work at other times if they wish. However, any such work must not be performed publicly on Shabbos.

R' Mordechai Yaakov Breisch (Chelkas Yaakov OC:66)[4] dismisses another Rabbi's argument that one may, therefore, advertise in a newspaper over Shabbos, as the printers could technically print it beforehand. Anyone reading this paper will know that it was, in-fact, printed on Shabbos. He quotes the Taz (OC 244:5) who writes that one cannot hire a non-Jew to sew a garment or write a book and expect them to complete it by a particular deadline if they know that they can only realistically do so in time by working on Shabbos. The Pri Megadim (Mishbetzos Zahav 245:5) explains that doing so is akin to instructing them to work on Shabbos. So too, by placing such an advert, it is as if they are asking the non-Jewish printers to print the advert on Shabbos.

Likewise, R' Moshe Sternbuch (Teshuvos Vehanhagos 1:280)[5] writes that even if the adverts were placed in a supplement that is printed before Shabbos, one still must not advertise if it is distributed with a Saturday paper, as people will erroneously suspect that *melacha* was performed on Shabbos on their behalf.

The Piskei Teshuvos (247:n21)[6] adds that if one were to place a daily advert that included the Saturday edition, based on the above, that would still be prohibited.

CONCLUSION

One must avoid placing adverts in a Saturday edition newspaper.

1. משנה תורה שבת כג:יב

..וְאָסוּר לִלְווֹת וּלְהַלְווֹת גְּזֵרָה שֶׁמָּא יִכְתֹּב. וְכֵן אָסוּר לִקְנוֹת וְלִמְכֹּר וְלִשְׂכֹּר וּלְהַשְׂכִּיר גְּזֵרָה שֶׁמָּא יִכְתֹּב.

2. רש"י ביצה לז.

..וּמֶקַח וּמִמְכָּר אָסוּר מִן הַמִּקְרָא דִּכְתִיב מִמְּצוֹא חֶפְצְךָ וְדַבֵּר דָּבָר (יְשַׁעְיָהוּ נח) אִי נַמִּי מֶקַח וּמִמְכָּר אָתֵי לִידֵי כְּתִיבָה שְׁטָרֵי מְכִירָה..

3. שבת יח.

תָּנוּ רַבָּנָן פּוֹתְקִין מַיִם לַגִּינָה עֶרֶב שַׁבָּת עִם חֲשֵׁיכָה וּמִתְמַלֵּאת וְהוֹלֶכֶת כָּל הַיּוֹם כּוּלּוֹ..

4. שולחן ערוך או"ח רנב:ה

וּמוּתָּר לִפְתּוֹחַ מַיִם לְגִנָּה וְהֵם נִמְשָׁכִים וְהוֹלְכִים בְּכָל הַשַּׁבָּת.. וַאֲפִלּוּ מוּגְמָר מוּנָּח בְּכְלִי דְּאֵין אָדָם מְצוּוֶּה עַל שְׁבִיתַת כֵּלִים..

5. שו"ת רעק"א א:קנט

..אִם מָכַר לוֹ חֵפֶץ בְּעֶרֶב שַׁבָּת.. וְאָמַר תִּקְנֶה לְךָ לְמָחָר דִּבְשַׁבָּת נִגְמַר הַקִּנְיָן.. תַּרְוַויְיהוּ נִפְשַׁט דְּבֵין בִּתְנַאי וּבֵין בְּאוֹמֵר שֶׁיָּחוּל בְּשַׁבָּת הַוֵי שְׁבוּת.

6. אבני נזר או"ח נא

מַה שֶּׁנִּסְתַּפֵּק ר' עקיבא איגר בְּמַקְנֶה מֵעֶרֶב שַׁבָּת שֶׁיָּחוּל בְּשַׁבָּת.. מַאי שְׁנָא מִכָּל הַמְּלָאכוֹת שֶׁמּוּתָּר לִפְעוֹל מִבְּעוֹד יוֹם שֶׁתֵּעָשֶׂה הַמְּלָאכָה בְּשַׁבָּת. חִילּוּק גָּדוֹל יֵשׁ דִּבְכָל הַמְּלָאכוֹת הַמְּלָאכוֹת נַעֲשִׂית מֵאֲלֵיהֶם בְּשַׁבָּת וְאֵין צָרִיךְ עוֹד אֶל הָאָדָם שֶׁאֲפִלּוּ מֵת הָאָדָם טֶרֶם נַעֲשָׂה הַמְּלָאכָה, תֵּעָשֶׂה הַמְּלָאכָה אֲבָל בְּקִנְיָן הֲרֵי הַקִּנְיָן נַעֲשֶׂה בְּשַׁבָּת מֵחֲמַת הָאָדָם שֶׁאִם מֵת אוֹ מָכַר לְאַחֵר קִנְיָן הָרִאשׁוֹן בָּטֵל..

7. אור שמח שבת כג:יב

גָּדוֹל אֶחָד בְּסֵפֶר שו"ת ר' עקיבא איגר סִימָן קנ"ט נִסְתַּפֵּק בְּמוֹכֵר לוֹ חֵפֶץ בְּעֶרֶב שַׁבָּת.. וְאָמַר תִּקְנֶה לְךָ לְמָחָר אִי מוּתָּר אוֹ לֹא וְלֹא רָאוּ ירושלמי.. א"ר אלעזר אָדָם עוֹמֵד מֵעֶרֶב שַׁבָּת וְאוֹמֵר הֲרֵי זֶה תְּרוּמָה לְמָחָר כו' רבי יוסי בי רבי בון אוֹמֵר אֵין אָדָם עוֹמֵד עֶרֶב שַׁבָּת וְאוֹמֵר הֲרֵי זֶה תְּרוּמָה לְמָחָר.. הָרֵי מְפוֹרָשׁ בירושלמי דְּשָׁרֵי..

8. מהר"ם שי"ק או"ח קלא

שָׁאַל אִם יֵשׁ לְהַתִּיר.. שֶׁהַיִּשְׂרָאֵל הַחוֹכֵר הנ"ל יִמְסוֹר כְּתָב וּבְתוֹכוֹ כָּתוּב כַּמָּה הַחוֹכֵר רוֹצֶה לִיתֵּן עֲבוּר הרענדא.. וּבְיוֹם הַשַּׁבָּת יִפְתַּח.. לְפִי עֲנִיּוּת דַּעְתִּי פָּשׁוּט זֶה לְהַתִּיר דְּהָרֵי קַיְימָא לָן בְּשַׁבָּת דף י"ח ובשולחן ערוךְ או"ח סִימָן רנ"ב דְּכָל הַמְּלָאכוֹת אָדָם רַשַּׁאי לְהַתְחִיל מֵעֶרֶב שַׁבָּת וְלִיתֵּן בְּמָקוֹם שֶׁהַמְּלָאכָה נִגְמֶרֶת בְּשַׁבָּת מֵאֵלֶיהָ וּפוֹתֵחַ אָדָם מַיִם לְגִנָּתוֹ.. וְכַיּוֹצֵא בָּאֵלּוּ הַמְּלָאכוֹת וְהָכִי נָמִי.. אֵין מַעֲשֶׂה הַחֲכִירוּת נִגְמָר עַל יְדֵי האפערט הַזֶּה אֶלָּא שֶׁהוּא גִּילּוּי מִלְּתָא בְּעָלְמָא שֶׁדַּעַת הַשּׂוֹכֵר לִיתֵּן כָּךְ וְכָךְ.. וְעוֹד.. עֲדַיִין לֹא נִגְמַר הַשְּׂכִירוּת וְהַקִּנְיָן לֹא מִבָּעְיָא בְּדִינֵינוּ אֶלָּא אֲפִלּוּ בְּדִינֵיהֶם לְפִי הַנִּרְאֶה לֹא נִגְמַר וְאִם כֵּן אֵין זֶה מֶכֶר.

מקור חיים 112

eBay Bid Ending

QUESTION

Can I bid for something on eBay if the bidding ends on Shabbos?

DISCUSSION

The *rishonim* give different reasons for why one must not conduct business transactions on Shabbos. Rambam (Shabbos 23:12)[1] writes that we are concerned that one may record the transaction. Rashi (Beitza 37a)[2] adds that there is a prohibition against discussing business matters on Shabbos.

The Gemara (Shabbos 18a)[3] writes that one is allowed to open a flow of water before Shabbos that will run onto a garden on Shabbos. Thus, the Shulchan Aruch (OC 252:5)[4] writes that one is allowed to have one's utensils perform work for them on Shabbos. However, there is a *machlokes* as to whether this also applies to business too.

R' Akiva Eiger (Teshuvos 1:159)[5] writes that one cannot set up a business transaction before Shabbos that will be performed on Shabbos. R' Avraham Borenstein (Avnei Nezer OC:51)[6] explains that scheduled business transactions are different to other automated *melachos*, as they are dependent on there being a person authorizing it. If they were to die, for example, the transaction would be void. Other automated *melachos* would operate, regardless.

However, R' Meir Simcha of Dvinsk (Ohr Sameach, Shabbos 23:12)[7] maintains that there is no difference between business and other *melachos*. Likewise, the Maharam Schick (OC 131)[8] writes that one may submit a bid before Shabbos for an auction that will end on Shabbos. Although the auctioneer announces the final bid, by submitting the bid in advance, one has set the ball rolling before Shabbos. Additionally, while winning the actual bid obligates the winner to pay, the transaction is not complete until they have paid (See Teshuvos Vehanhagos 1:232).

CONCLUSION

One may bid before Shabbos for an item on eBay that ends on Shabbos.

1. שבת קכא.

נָכְרִי שֶׁבָּא לְכַבּוֹת אֵין אוֹמְרִים לוֹ כַּבֵּה וְאַל תְּכַבֶּה מִפְּנֵי שֶׁאֵין שְׁבִיתָתוֹ עֲלֵיהֶן.

2. לבוש החור רמג:א

אָמַר רז"ל שֶׁאָסוּר לְיִשְׂרָאֵל לְהַנִּיחַ אֲפִלּוּ לְעַכּוּ"ם לַעֲשׂוֹת מְלַאכְתּוֹ בֵּין בְּיוֹם טוֹב וּבֵין בְּשַׁבָּת וַאֲסְמָכוּהָ אַקְּרָא דִּכְתִיב כָּל מְלָאכָה לֹא יֵעָשֶׂה בָהֶם בְּצֵירֵי מַשְׁמָע כָּל מְלָאכָה לֹא תִּהְיֶה נַעֲשֵׂית לְךָ לֹא עַל יְדֵי עַצְמְךָ וְלֹא עַל יְדֵי אֲחֵרִים בֵּין עַל יְדֵי יִשְׂרָאֵל בֵּין עַל יְדֵי עַכּוּ"ם וְיֵשׁ אוֹמְרִים שֶׁהוּא לִמּוּד גָּמוּר וְלֹא אַסְמַכְתָּא אֶלָּא אִסּוּר דְּאוֹרַיְיתָא הוּא וְכֵן הוּא מַשְׁמַע פַּשְׁטֵיהּ דִּקְרָא לְפִיכָךְ יֵשׁ לְהַחֲמִיר בּוֹ מְאֹד מִשּׁוּם חוּמְרָא דְּשַׁבָּת.

3. משנה תורה שבת ו:א

אָסוּר לוֹמַר לְנָכְרִי לַעֲשׂוֹת לָנוּ מְלָאכָה בְּשַׁבָּת אַף עַל פִּי שֶׁאֵינוֹ מְצֻוֶּה עַל הַשַּׁבָּת. וְאַף עַל פִּי שֶׁאָמַר לוֹ מִקֹּדֶם הַשַּׁבָּת. וְאַף עַל פִּי שֶׁאֵינוֹ צָרִיךְ לְאוֹתָהּ מְלָאכָה אֶלָּא לְאַחַר הַשַּׁבָּת. וְדָבָר זֶה אָסוּר מִדִּבְרֵי סוֹפְרִים כְּדֵי שֶׁלֹּא תִּהְיֶה שַׁבָּת קַלָּה בְּעֵינֵיהֶן וְיָבוֹאוּ לַעֲשׂוֹת בְּעַצְמָן.

4. משנה ברורה רמג:ה

..וְזֶהוּ אִסּוּר גָּמוּר כְּמוֹ שֶׁאָמְרוּ בְּכַמָּה מְקוֹמוֹת דַּאֲמִירָה לְאֵינוֹ יְהוּדִי שְׁבוּת, וְאַסְמָכוּהוּ אַקְּרָא דְּ'כָל מְלָאכָה לֹא יֵעָשֶׂה בָּהֶם' וְלֹא כְּתִיב 'לֹא תַּעֲשֶׂה' לְרַמֵּז דַּאֲפִילוּ עַל יְדֵי אֲחֵרִים לֹא יֵעָשֶׂה..

5. ט"ז או"ח רעו:ה

..אוֹתוֹ נֵר שֶׁמַּדְלֶקֶת הַשִּׁפְחָה כְּדֵי שֶׁתָּדִיחַ כְּלֵי אֲכִילָה שֶׁאָכְלוּ, לֹא מִקְרֵי לְצוֹרֶךְ יִשְׂרָאֵל כֵּיוָן שֶׁאֵין גּוּף הַיִּשְׂרָאֵל נֶהֱנֶה מִמֶּנּוּ אֶלָּא כֵּלִים שֶׁלּוֹ מוּדָחִים וְהִיא חַיֶּיבֶת לַהֲדִיחָם, לְצָרְכָּהּ הִיא מַדְלֶקֶת..

6. שמירת שבת כהלכתה ל:כד

מוּתָּר לוֹמַר בְּשַׁבָּת לְנָכְרִי לַעֲשׂוֹת בִּשְׁבִיל יְהוּדִי דְּבַר הֶיתֵּר, גַּם אִם יָדוּעַ שֶׁלְּצוֹרֶךְ זֶה יַעֲשֶׂה הַנָּכְרִי דָּבָר שֶׁבַּעֲשִׂיָּתוֹ יֵשׁ מִשּׁוּם אִסּוּר תּוֹרָה.. וְלָכֵן, מוּתָּר לוֹמַר לְנָכְרִי לִשְׁטוֹף כֵּלִים בִּשְׁבִיל יְהוּדִי, גַּם אִם הוּא יוֹדֵעַ שֶׁהַנָּכְרִי יַדְלִיק אֶת הָאוֹר וִיחַמֵּם מַיִם, אוֹ יַפְעִיל אֶת מַדִּיחַ הַכֵּלִים הַפּוֹעֵל בְּצוּרָה שְׁקֵטָה..

7. רמ"א או"ח רנב:ה

וְיֵשׁ אוֹסְרִים בָּרֵחַיִם, וּבְכָל מָקוֹם שֶׁיֵּשׁ לָחוּשׁ לְהַשְׁמָעַת קוֹל, וְהָכִי נָהוּג לְכַתְּחִלָּה..

8. אגרות משה או"ח ד:ע:ו

לְעִנְיַן לְהַעֲמִיד שָׁעוֹן שֶׁיֵּשׁ בּוֹ דָּבָר הַמְּצַלְצֵל לִפְנֵי שַׁבָּת עַל הַזְּמַן שֶׁיְּצַלְצֵל שַׁבָּת בַּבֹּקֶר כְּדֵי שֶׁיָּעִירוּ לִזְמַן הַתְּפִלָּה, הִנֵּה אִם הוּא קוֹל כָּזֶה שֶׁלֹּא נִשְׁמַע אֶלָּא בְּחֶדְרוֹ שֶׁהוּא לְעַצְמוֹ, אֵין בְּזֶה אִסּוּר. אֲבָל אִם נִשְׁמַע גַּם חוּץ מֵחֶדְרוֹ שֶׁנִּשְׁמַע לְהַרְבֵּה הַלָּנִים בְּבֵיתוֹ וְכָל שֶׁכֵּן כְּשֶׁנִּשְׁמַע לַחוּץ אָסוּר מִצַּד גְּזֵירַת הַשְׁמָעַת קוֹל דְּנִתִינַת חִטִּין לְתוֹךְ רֵחַיִם שֶׁל מַיִם כְּשֶׁיִּטְחָנוּ בְּשַׁבָּת כִּדְאָמַר רבה הַטַּעַם בְּשַׁבָּת דַּף יח עָמוּד א' דְּאַוְשָׁא מִלְּתָא, וְאִפְסֵק ברמ"א סִימָן רנב סָעִיף ה'..

Shabbos Staff

QUESTION ───────────────────────────────

I had a lot of friends and family join us for lunch and I asked my regular cleaning helper to come on Shabbos to help me clean up afterwards. Was it okay for her to have used the dishwasher?

DISCUSSION ──────────────────────────────

The Mishna (Shabbos 121a)[1] teaches that one must not ask a non-Jewish person to perform a *melacha* on their behalf on Shabbos. While the Levush (OC 243:1)[2] and Elya Rabba (243:1) write that this prohibition, *amira le'akum*, is *mideoraisa*, the consensus of *poskim* (Rambam Shabbos 6:1;[3] Beis Yosef OC 244; Mishna Berura 243:5[4]) is that it is *miderabanan* (See Gemara Gittin 8b).

The Taz (OC 276:5)[5] writes that one may instruct a non-Jewish person to wash dishes on Friday night even though they will have to switch the light on to do so. As they are turning on the light for themselves, that is not considered to be *amira le'akum* (See Mishna Berura 276:27). R' Yehoshua Neuwirth (Shemiras Shabbos Kehilchasa 30:24)[6] explains that while one may ask them to do something that inevitably means they will be doing a *melacha*, that only applies if one is not going to benefit directly from this *melacha*. Thus, one may ask them to wash the dishes even though they will switch the hot water on. If the non-Jewish person chooses to use the dishwasher, they may do so, too. However, one should not ask them if they are planning on washing up together with them and using that water.

The Rema (OC 252:5)[7] writes that one must not have machinery operate on Shabbos if it creates a noise (*avsha milsa*). While some argue that one must not have a dishwasher running in one's house because of *avsha milsa* (See Shulchan Shlomo 252:14), R' Moshe Feinstein (Igros Moshe OC 4:70:6)[8] writes that one may set an alarm clock for Shabbos provided it cannot be heard outside of the room. As modern dishwashers are typically very quiet when they run, it would seem that even according to these *poskim*, they would pose no such problem.

CONCLUSION ──────────────────────────────

One may ask a non-Jewish person to wash the dishes, even if one knows that they will most probably do so by performing a *melacha*, e.g. using the dishwasher, providing that they do not ask them directly to perform it in that manner.

1. משנה תורה שבת כג:ז

..וְאָסוּר לְהָדִיחַ קְעָרוֹת וְאִלְפָּסִין וְכַיּוֹצֵא בָּהֶן מִפְּנֵי שֶׁהוּא כִּמְתַקֵּן אֶלָּא אִם כֵּן הֱדִיחָן לֶאֱכֹל בָּהֶן סְעֻדָּה אַחֶרֶת בְּאוֹתָהּ שַׁבָּת. אֲבָל כְּלֵי שְׁתִיָּה כְּגוֹן כּוֹסוֹת וְקִיתוֹנוֹת מֻתָּר לַהֲדִיחָן בְּכָל עֵת שֶׁאֵין קֶבַע לִשְׁתִיָּה.

2. השגות ראב"ד שבת כג:ז

וְאָסוּר לְהָדִיחַ וכו': כָּתַב הראב"ד ז"ל כָּל זֶה אֵינוֹ אָסוּר אֶלָּא מִפְּנֵי שֶׁהוּא טוֹרֵחַ לְחוֹל, עכ"ל.

3. נשמת שבת ד:שסד

..וְהָיָה אֶפְשָׁר לְבָאֵר הַמַּחֲלוֹקֶת שֶׁפְּלִיגֵי בְּטַעֲמָא דְּאִסּוּר הֲכָנָה, דברמב"ם (פכ"ג מהל' שבת ה"ז) מְבוֹאָר דְּטַעַם אִסּוּר הֲדָחַת כֵּלִים מִשַּׁבָּת לְחוֹל הוּא מִשּׁוּם תִּקּוּן כֵּלִים, אֲבָל הראב"ד שָׁם הִשִּׂיג עָלָיו וְכָתַב דְּטַעַם הָאִסּוּר הוּא מִשּׁוּם טִירְחָה שֶׁלֹּא לְצוֹרֶךְ, וְיֵשׁ לוֹמַר דִּלְטַעַם הרמב"ם אָסוּר לְהַדִּיחַ כֵּלִי אַף עַל יְדֵי עַכּוּ"ם (דִּשְׁבוּת גָּמוּר הוּא מֵעֵין מַכֶּה בַּפַּטִּישׁ, מִיהוּ לֹא שַׁיָּיךְ זֶה לְגַבֵּי סִדּוּר הַשּׁוּלְחָנוֹת לְמוֹצָאֵי שַׁבָּת), אֲבָל לְטַעַם הראב"ד אֵינוֹ שְׁבוּת גָּמוּר אֶלָּא שֶׁלֹּא יַטְרִיחַ עַצְמוֹ שֶׁלֹּא לְצוֹרֶךְ שַׁבָּת וְעַל כֵּן עַל יְדֵי עַכּוּ"ם יֵשׁ לְהָקֵל דְּמַה אִיכְפַּת לָן בְּמַה שֶׁעַכּוּ"ם מַטְרִיחַ עַצְמוֹ בְּשַׁבָּת..

4. מגן אברהם תקי:יג

דְּאֵין עוֹשִׂין חֶמְאָה: וְאַף עַל גַּב שֶׁחֶמְאָה בַּת יוֹמָא מַעֲלֵי מִכָּל מָקוֹם הַוֵי בּוֹרֵר וְטוֹרַח גָּדוֹל הוּא וְאָסוּר אֲפִלּוּ עַל יְדֵי עַכּוּ"ם.

5. אליה רבה רנב:יב

וְעוֹד דְּאִי הַטַּעַם מִשּׁוּם טִירְחָא אִם כֵּן יְהֵא מוּתָּר לְצוֹרֶךְ שַׁבָּת וְעוֹד דְּעַל יְדֵי כּוּתִי לֵיכָּא טִירְחָא וְאִי הַטַּעַם מִשּׁוּם עוּבְדָא דְּחוֹל עַל יְדֵי כּוּתִי לֹא הַוֵי עוּבְדָא דְּחוֹל.

6. פרי מגדים, אשל אברהם תקג

עַיֵּין מגן אברהם אֲפִלּוּ רַק הֲכָנָה בְּעָלְמָא חִפּוּשׂ סֵפֶר תּוֹרָה מִיּוֹם טוֹב לְשַׁבָּת אָסוּר.. וְנִסְתַּפַּקְנוּ עַל יְדֵי עַכּוּ"ם בְּדָבָר שֶׁאֵין מְלָאכָה יֵשׁ לוֹמַר שָׁרֵי.

7. משנה ברורה תקי:כג

וְהוּא הַדִּין דְּאֵין עוֹשִׂין חֶמְאָה וְכוּ': הַטַּעַם גַּם כֵּן מִשּׁוּם בּוֹרֵר וכנ"ל וַאֲפִלּוּ עַל יְדֵי עַכּוּ"ם יֵשׁ לְהַחֲמִיר וְיֵשׁ מְקִילִין בְּזֶה אִם הוּא לְצוֹרֶךְ שִׂמְחַת יוֹם טוֹב וְאֵין לְהָקֵל אֶלָּא לְצוֹרֶךְ גָּדוֹל..

8. תשובות והנהגות א:רפד

שְׁאֵלָה: לְבַקֵּשׁ מִנָּכְרִית לְהַדִּיחַ כֵּלִים בְּשַׁבָּת לְצוֹרֶךְ חוֹל מַהוּ.

נִרְאֶה שֶׁיֹּאמַר לָהּ שֶׁיִּהְיֶה מוּכָן עַד מָחָר, וְאָז אִם הַגּוֹיָה עוֹשָׂה בְּשַׁבָּת לִיפָּטֵר בָּעֶרֶב מֵעֲבוֹדָה זוֹ הֲלוֹא אַדַּעְתָּא דְּנַפְשָׁהּ קָעָבְדָה וְאֵין בְּזֶה אִסּוּר, וְגַם נִרְאֶה לְהַתִּיר, אִם אֵינוֹ אוֹמֵר לָהּ בִּמְפוֹרָשׁ לְהַדִּיחַ, אֶלָּא אוֹמֶרֶת שֶׁהַכֵּלִים מְלוּכְלָכִים וְהִיא מֵעַצְמָהּ מְבִינָה הָרֶמֶז וּמַדִּיחָה אֶת הַכֵּלִים בְּלִי אִסּוּר מְלָאכָה אֵין בְּזֶה אִסּוּר, כֵּיוָן שֶׁעִקָּרָהּ רַק אִסּוּר דְּרַבָּנָן דַּהֲכָנָה וּמִתְכַּוֶּונֶת לְעַצְמָהּ דַּוְקָא.

וּמִיהוּ לְצַוּוֹת לְהֶדְיָא, אָסוּר דַּאֲפִילוּ עַל יְדֵי עַכּוּ"ם יֵשׁ חֲשַׁשׁ אִסּוּר הֲכָנָה, וְכֵן מְפוֹרָשׁ במ"ב (שי"ט ס"ק ס"ב) שֶׁאִסּוּר הֲכָנָה גַּם עַל יְדֵי עַכּוּ"ם שֶׁלֹּא בִּמְקוֹם פְּסֵידָא, וְעַיֵּין במ"ב (ש"ז ס"ק ע"ו) שֶׁאִם אוֹמֵר הָרְמִיזָה שֶׁלֹּא בִּלְשׁוֹן צִוּוּי מוּתָּר כְּגוֹן שֶׁאוֹמֵר הַכֵּלִים מְלוּכְלָכִים מְאֹד וְכַדּוֹמֶה, [מַה שֶּׁאֵין כֵּן אִם רוֹמֵז לַעֲשׂוֹת כֵּן בְּשַׁבָּת אָסוּר אַף שֶׁאֵין אוֹמֵר כֵּן לְהֶדְיָא] עי"ש, וְהַיְינוּ בְּאִסּוּר דְּרַבָּנָן דַּוְקָא וְכַמְּבוֹאָר בפרי מגדים שָׁם (אשל אברהם סקל"א) שֶׁמּוּתָּר לְהָסִיר הַפֶּחָם בְּיָד אֲבָל לֹא לַחְתּוֹךְ בִּכְלִי שֶׁיֵּשׁ בְּזֶה אִסּוּר תּוֹרָה, וְכָאן אֵין אִסּוּר תּוֹרָה וְלָכֵן מוּתָּר לְרַמֵּז כְּשֶׁיֵּשׁ צוֹרֶךְ לְהַדִּיחַ הַכֵּלִים בְּשַׁבָּת.

מקור חיים 116

Non-Jew Preparing on Shabbos

Question

We are making *sheva berachos* on Shabbos. Are our non-Jewish waiters allowed to wash our dishes afterwards or do we need to ask them to come back after Shabbos?

Discussion

Rambam (Shabbos 23:7)[1] writes that one is not allowed to wash dishes on Shabbos for use afterward. Such *hachana*, preparation, is prohibited as it is akin to *mesaken*, fixing things. Ra'avad[2], however, explains that it is prohibited because it is an unnecessary *tircha*, effort.

R' Yisroel Dovid Harfenes (Nishmas Shabbos 4:364)[3] suggests that this *machlokes* would make a difference to our scenario. According to Rambam one would not be allowed to ask a non-Jewish person to do the *melacha* on their behalf while according to Ra'avad, it should be permitted as there is no reason to prevent non-Jewish people from expending effort on Shabbos. While the *poskim* generally follow Ra'avad in this *machlokes*, he writes that the *poskim* do not allow asking non-Jews to perform *hachana* unnecessarily.

The Magen Avraham (510:13)[4] writes that not only is one forbidden from making cheese on Yom Tov because it is a *tircha*, but one must not ask a non-Jewish person to do it on their behalf either (See ibid. 321:7).

The Elya Rabba (252:12)[5] and Pri Megadim (Eshel Avraham 503)[6] are more lenient, however, allowing one to ask a non-Jewish person to perform an act of *hachana*, providing no other *melacha* is involved.

Nonetheless, the Shulchan Aruch Harav (OC 319:18) and Mishna Berura (254:43; 319:62; 510:23[7]) allow one to be lenient in extenuating circumstances, such as to prevent significant financial loss (See Machazeh Eliyahu 63:35; Sharaga Hameir 2:42:7).

Therefore, R' Moshe Sternbuch (Teshuvos Vehanhagos 1:284)[8] writes that if one employed staff to work for an hourly rate on Shabbos, one would not be able to instruct them to wash the dishes. If one stipulated that one needed it done, for example, by Sunday afternoon, then the waiters are free to wash the dishes whenever they want. Likewise, if one merely states that the dishes are dirty and they understand that they need cleaning, they are allowed to wash them.

Conclusion

One should not ask a non-Jewish person to wash dishes for them on Shabbos so that they can be used after Shabbos, though one can tell them that the dishes are dirty and allow them to wash them.

1. שבת קכא.

נָכְרִי שֶׁבָּא לְכַבּוֹת אֵין אוֹמְרִים לוֹ כַּבֵּה וְאַל תְּכַבֶּה מִפְּנֵי שֶׁאֵין שְׁבִיתָתוֹ עֲלֵיהֶן.

2. שולחן ערוך או"ח רמד:א

פּוֹסֵק אָדָם [פֵּירוּשׁ מַתְנֶה] עִם הָעַכּוּ"ם עַל הַמְּלָאכָה וְקוֹצֵץ דָּמִים וְהָעַכּוּ"ם עוֹשֶׂה לְעַצְמוֹ וְאַף עַל פִּי שֶׁהוּא עוֹשֶׂה בְּשַׁבָּת מוּתָּר.

3. משנה ברורה רמז:ד

שֶׁיֵּלֵךְ בְּשַׁבָּת: וְהוּא הַדִּין שֶׁלֹּא יֹאמַר לוֹ רְאֵה שֶׁתְּהֵא שָׁם בְּיוֹם א' אוֹ בְּיוֹם ב' וְכַיּוֹצֵא בָּזֶה וְיָדוּעַ שֶׁאִי אֶפְשָׁר לוֹ לִהְיוֹת שָׁם אֶלָּא אִם כֵּן יֵלֵךְ בְּשַׁבָּת דְּזֶה הַוֵי כְּאִלּוּ אָמַר לֵיהּ לֵךְ בְּשַׁבָּת [אחרונים].

4. חלקת יעקב או"ח סו

הַהֶיתֵּר כָּזֶה לִשְׁלוֹחַ עקספרעסס בְּעֶרֶב שַׁבָּת.. כֵּיוָן שֶׁהָעַכּוּ"ם עוֹשֶׂה מְלֶאכֶת הפאסט וְהַבַּאהְן גַּם בְּלָאו הָכִי, אַף שֶׁמִּתְכַּוֵּין גַּם עֲבוּר יִשְׂרָאֵל מוּתָּר.

5. משנה ברורה שיח:יג

שֶׁמָּא יַרְבֶּה בִּשְׁבִילוֹ: לִיתֵּן בָּשָׂר לְתוֹךְ הַקְּדֵרָה וְזֶהוּ אִיסּוּר דְּאוֹרַיְיתָא כְּשֶׁמַּרְבֶּה בִּשְׁבִילוֹ אֲפִילּוּ הוּא מַרְבֶּה בְּפַעַם אַחַת קוֹדֶם שֶׁיִּתֵּן הַקְּדֵירָה עַל הָאֵשׁ וְיֵשׁ אוֹמְרִים דְּהָוֵי דְּרַבָּנָן כֵּיוָן שֶׁהוּא בְּפַעַם אַחַת עַיֵּין בית יוסף [מגן אברהם וְעַיֵּן בְּסִפְרִי אַהֲבַת חֶסֶד בפ"ז שֶׁבֵּירַרְנוּ רְאָיָה מֵהַגְּמָרָא דְּהָעִיקָּר כַּדֵּעָה הָרִאשׁוֹנָה].

6. מחזה אליהו א:לז

..חֲדָא דְּהָוֵי אֲמִירָה לְעַכּוּ"ם לְהַרְבּוֹת בְּשִׁעוּרֵי שְׁבוּת. שֵׁנִית דְּהָוֵי אֲמִירָה לְהַרְבּוֹת בַּשִּׁיעוּרִים הַנֶּאֱמָרוֹת מֵעֶרֶב שַׁבָּת דְּמוּתָּר.. שְׁלִישִׁית דְּהָוֵי אֲמִירָה לַאֲמִירָה הַנֶּאֱמֶרֶת מֵעֶרֶב שַׁבָּת דְּמוּתֶּרֶת.. רְבִיעִית.. אֵין שִׁלּוּחַ הַמִּכְתָּבִים שְׁלִיחוּת שֶׁל בַּעֲלֵי הַמִּכְתָּבִים כְּלָל.. וְהַמַּלְכוּת הִיא שֶׁמְּצַוֶּה לִשְׁלוֹחַ אוֹתָם לִמְעוֹנָם. וּלְאוֹר כָּל זֶה נִרְאֶה לְפִי עֲנִיּוּת דַּעְתִּי דְּשִׁלּוּחַ מִכְתָּבִים מוּתָּר לְכַתְּחִלָּה אֲפִלּוּ בְּשִׁלּוּחַ כָּזֶה שֶׁמַּבְטִיחַ לְהָבִיא הַמִּכְתָּב לִמְעוֹנוֹ בְּיוֹם הַשַּׁבָּת.

7. מנחת יצחק ו:יח

הַהֶיתֵּר בְּזֶה רַק בִּשְׁעַת הַדְּחַק לְצוֹרֶךְ גָּדוֹל.. אֲבָל לֹא עַל וַדָּאִית שֶׁיְּשַׁלְּחוּ תֵּיכֶף..

Next Day Delivery

QUESTION —————————————————————————

Am I allowed to order something online to arrive on Shabbos?

DISCUSSION —————————————————————————

The Mishna (Shabbos 121a)[1] writes that one must not ask a non-Jewish person to extinguish a fire on Shabbos. Rambam (Shabbos 6:1) writes that this prohibition (*amira le'akum*) is *miderabanan* (See Shaar Hatziyun 243:7).

The Shulchan Aruch (OC 244:1)[2] writes that one may pay a non-Jewish person to do a *melacha* for them if they do not specify that it needs doing on Shabbos. Thus, one may give one's car into a garage on Friday and pick it up after Shabbos providing the garage has enough time to do it before or after Shabbos if they want.

Thus, the Shulchan Aruch (OC 247:1) allows one to pay a delivery man to deliver a parcel without worrying when they will deliver it, provided that they were not specifically instructed to deliver it on Shabbos. Likewise, the Mishna Berura (247:4)[3] writes that if they have been instructed to deliver the parcel on a particular weekday, they must have enough time to travel there without travelling on Shabbos.

Nonetheless, the *poskim* write that there are a few reasons to be lenient to allow sending a parcel that will arrive on Shabbos. Firstly, R' Mordechai Yaakov Breisch (Chelkas Yaakov OC:66)[4] and others write that as the deliveryman is delivering so many other parcels along with this one, they are not performing a *melacha* especially for the Jew. The Mishna Berura (318:13;[5] Shaar Hatziyun 316:33), however, writes that this may still be problematic *mideoraisa*.

Additionally, the Chavos Yair (53) writes that while one must not instruct a non-Jewish person to perform *melacha* on their behalf, one may ask them to instruct a second person to do so (*amira leamira*). According to the Chasam Sofer (OC 60) this is especially true when the instructions were given before Shabbos. The Mishna Berura (307:24; Biur Halacha 307:2) writes that one can only do so to avoid a major financial loss.

Based on this (and other reasons), R' Pesach Eliyahu Falk (Machazeh Eliyahu 1:37)[6] says that there is no issue in sending a package to arrive on Shabbos. The consensus of *poskim* (Minchas Yitzchak 6:18;[7] Teshuvos Vehanhagos 1:278:2; Shemiras Shabbos Kehilchasa 31:20), however, is not to do so, unless there is an urgent necessity.

CONCLUSION —————————————————————————

One should avoid ordering something to specifically arrive on Shabbos unless one really needs it then.

1. משנה ברורה שו:טז

אֵינוֹ נוֹתֵן וְכוּ': מִדְרַבָּנָן גְּזֵירָה מִשּׁוּם מֶקַח וּמֶמְכָּר.

2. משנה ברורה שו:כא

אוֹ יֹאמַר וְכוּ': וּמַה שֶּׁנּוֹהֲגִים הַסּוֹחֲרִים לִשְׂכּוֹר יְהוּדִי בְּעֶרֶב שַׁבָּת לִשְׁמוֹר הָעֲגָלוֹת מִן הַגְּנֵבָה הַדָּבָר קָשֶׁה אֵיךְ הַסּוֹחֵר עוֹבֵר עַל לִפְנֵי עִוֵּר כֵּיוָן שֶׁיּוֹדֵעַ שֶׁוַּדַּאי יְקַבֵּל שְׂכַר שַׁבָּת וְלָכֵן רָאוּי שֶׁיַּתְנֶה עִם הַשּׁוֹמֵר שֶׁיִּשְׁמֹר גַּם בְּיוֹם עֶרֶב שַׁבָּת וּבְמוֹצָאֵי שַׁבָּת אֵיזֶה שָׁעוֹת וְאָז הַוֵי כִּשְׂכַר שַׁבָּת בְּהַבְלָעָה וְשָׁרֵי.

3. שמירת שבת כהלכתה כח:עו

עָבַר וְקִבֵּל שְׂכַר שַׁבָּת בְּאִסּוּר, אָסוּר לֵיהָנוֹת מִשְּׂכַר זֶה עוֹלָמִית, בֵּין לוֹ בֵּין לַאֲחֵרִים, מִפְּנֵי שֶׁשְּׂכַר שַׁבָּת הוּא.

4. שולחן ערוך או"ח שו:ד

הַשּׂוֹכֵר אֶת הַפּוֹעֵל לִשְׁמֹר זְרָעִים אוֹ דָּבָר אַחֵר, אֵינוֹ נוֹתֵן לוֹ שְׂכַר שַׁבָּת..

5. שמירת שבת כהלכתה כח:עד

וְטוֹב.. שֶׁיַּתְנוּ עִם הַחַזָּן אוֹ עִם בַּעַל הַתּוֹקֵעַ, שֶׁיְּקַבְּלוּ אֶת שְׂכָרָם דַּוְקָא בְּהַבְלָעָה, דְּהַיְנוּ הַחַזָּן שֶׁיַּעֲבוֹר לִפְנֵי הַתֵּיבָה גַּם בִּימוֹת הַחוֹל וְלוֹא רַק לִתְפִלָּה אַחַת, וְהַבַּעַל הַתּוֹקֵעַ עַל שֶׁיִּתְקַע גַּם בְּמֶשֶׁךְ חוֹדֶשׁ אֱלוּל.

6. ערוך השולחן או"ח שו:יב

וְהַגַּם דְּאֶצְלֵינוּ אֵין הֶכְרֵחַ בְּהַחַזָּנִים הַמְנַגְּנִים, שֶׁבִּיכוֹלֶת אִישׁ פָּשׁוּט לְהִתְפַּלֵּל לִפְנֵי הָעַמּוּד, מִכָּל מָקוֹם כֵּיוָן דְּהֶהָמוֹן תּוֹפְסִים זֶה לְמִצְוָה וְלִכְבוֹד שַׁבָּת וְיוֹם טוֹב וְגַם לְעוֹנֶג, מִמֵּילָא דְנַעֲשֶׂה כְּמִצְוָה, וְגַם לְהַחַזָּנִים הָעוֹבְרִים וְשָׁבִים חוֹשְׁבִים זֶה לְעוֹנֶג שַׁבָּת, וְהַמָּעוֹת נוֹתְנִים דֶּרֶךְ נְדָבָה, לְפִיכָךְ אֵין אִסּוּר בְּדָבָר (כֵּן נִרְאֶה לַעֲנִיּוּת דַּעְתִּי לְלַמֵּד זְכוּת..)

7. משנה ברורה שו:טו

הַשּׂוֹכֵר אֶת הַפּוֹעֵל: מַיְירֵי שֶׁשְּׂכָרוֹ לַיָּמִים שֶׁבְּעַד כָּל יוֹם שֶׁיִּשְׁמְרֶנּוּ יִתֵּן לוֹ כַּךְ וְכַךְ וְהוּא שׁוֹמֵר גַּם בְּשַׁבָּת וְקָאָמַר שֶׁאֵין צָרִיךְ לְשַׁלֵּם לוֹ עֲבוּר יוֹם הַשַּׁבָּת וְעַיֵּן בְּטוּר דְּמוּכָח שֶׁאֲפִלּוּ אִם הוּא רוֹצֶה לִיתֵּן לוֹ אָסוּר לוֹ לְהַשְׂכִּיר לִיקַח הַשָּׂכָר אֶלָּא אִם כֵּן הוּא נוֹתֵן לוֹ דֶּרֶךְ מַתָּנָה.

Babysitting

QUESTION ————————————————————————————————

How can I pay my Jewish babysitter for working on Shabbos?

DISCUSSION ————————————————————————————————

The Mishna Berura (306:16;[1] 21[2]) writes that *chazal* forbade one from getting paid for services performed on Shabbos as they were worried that people would inadvertently do business on Shabbos. Although the prohibition is primarily against earning money, by paying them, one causes them to transgress. Therefore, one is forbidden to pay another too.

R' Yehoshua Neuwirth (Shemiras Shabbos Kehilchasa 28:76)[3] writes that one who received money would never be allowed to benefit from it. Quoting R' Chaim Soloveitchik, he writes (28:n116) that if one worked on Shabbos, intending to get paid, that work is forbidden too.

Ideally, one should ask their babysitter to do some work for them during the week, and pay them for that work and their Shabbos babysitting as a single unit, rather than per hour (Shulchan Aruch OC 306:4)[4]. R' Shlomo Zalman Auerbach held that this extra work must be something for which one would normally pay another to do (Shemiras Shabbos Kehilchasa 28:74, n153)[5].

Likewise, the Aruch Hashulchan (OC 306:12)[6] writes that one may pay someone for any preparations they did during the week, such as travelling.

Another option is to give a gift, rather than paying them (Mishna Berura 306:15)[7]. R' Dovid Ribiat (The 39 Melochos, Kosaiv p976) stresses that this gift must not have been pre-negotiated, and both parties must understand that it is indeed a gift.

CONCLUSION ————————————————————————————————

One cannot pay Jewish babysitters normally if they just work on Shabbos. One may give them a gift for their work, though it is ideal if they do some work during the week too, and are paid, even an inflated fee, for that.

1. סוכה מב.

תָּנוּ רַבָּנָן: קָטָן הַיּוֹדֵעַ לְנַעְנֵעַ, חַיָּב בַּלּוּלָב, לְהִתְעַטֵּף, חַיָּב בַּצִּיצִית, לִשְׁמֹר תְּפִלִּין, אָבִיו לוֹקֵחַ לוֹ תְּפִלִּין, יוֹדֵעַ לְדַבֵּר, אָבִיו לוֹמְדוֹ תּוֹרָה וּקְרִיאַת שְׁמַע.

2. משנה ברורה קכח:קכג

.. וְחִנּוּךְ זֶה אֵינוֹ כִּשְׁאָר זְמַנֵּי הַחִנּוּךְ שֶׁהוּא כְּבָר חָמֵשׁ כְּבָר שִׁית, כִּי אִם בְּשֶׁיּוֹדֵעַ לִישָּׂא כַּפָּיו כְּמִנְהֲגֵי הַכֹּהֲנִים.

3. יבמות קיד.

תָּא שְׁמַע: 'לֹא תֹאכְלוּם כִּי שֶׁקֶץ הֵם' לֹא תַאֲכִילוּם לְהַזְהִיר הַגְּדוֹלִים עַל הַקְּטַנִּים..

תָּא שְׁמַע: 'כָּל נֶפֶשׁ מִכֶּם לֹא תֹאכַל דָּם' לְהַזְהִיר הַגְּדוֹלִים עַל הַקְּטַנִּים..

תָּא שְׁמַע: 'אֱמוֹר וְאָמַרְתָּ' לְהַזְהִיר גְּדוֹלִים עַל הַקְּטַנִּים..

4. שולחן ערוך או"ח שמג:א

קָטָן אוֹכֵל נְבֵלוֹת, אֵין בֵּית דִּין מְצֻוִּין לְהַפְרִישׁוֹ, אֲבָל אָבִיו מְצֻוֶּה לִגְעֹר בּוֹ לְהַפְרִישׁוֹ מֵאִסּוּר דְּאוֹרַיְיתָא; וּלְהַאֲכִילוֹ בְּיָדַיִם, אָסוּר אֲפִלּוּ דְּבָרִים שֶׁאֲסוּרִים מִדִּבְרֵי סוֹפְרִים; וְכֵן אָסוּר לְהַרְגִּילוֹ בְּחִלּוּל שַׁבָּת וּמוֹעֵד וַאֲפִלּוּ בִּדְבָרִים שֶׁהֵם מִשּׁוּם שְׁבוּת.

5. שולחן ערוך הרב או"ח שמג:י

(וְכָל זֶה בְּאִיסוּרֵי מַאֲכָלוֹת וַאֲפִלּוּ הוּא אִסּוּר שֶׁהַזְּמַן גּוֹרֵם) אֲבָל מֻתָּר לִתֵּן לַתִּינוֹק בְּשַׁבָּת חֲפֵצִים שֶׁיָּכֹל לַעֲשׂוֹת בָּהֶם מְלָאכָה לְעַצְמוֹ וַאֲפִלּוּ אִם יָדוּעַ שֶׁיַּעֲשֶׂה בָּהֶם כְּגוֹן לִתֵּן לְתִינוֹק עוּגָה שֶׁכְּתוּבִים עָלֶיהָ אוֹתִיּוֹת שֶׁאָסוּר לְאָכְלָהּ בְּשַׁבָּת כְּמוֹ שֶׁכָּתַבְתִּי בסי' ש"מ אַף עַל פִּי שֶׁהַתִּינוֹק יֹאכְלֶנָּה בְּוַדַּאי כֵּיוָן שֶׁמִּתְכַּוֵּין הוּא לַהֲנָאַת עַצְמוֹ אֵין צָרִיךְ לְהַפְרִישׁוֹ כְּמוֹ שֶׁנִּתְבָּאֵר לְמַעְלָה רַק שֶׁלֹּא יִתֵּן גָּדוֹל לְתוֹךְ פִּיו שֶׁל תִּינוֹק.

6. נשמת שבת סימן תעט

שְׁאֵלָה: רוֹצֶה לְהַדְלִיק אֶת הַנֵּר, מַהוּ לְהַעֲמִיד תִּינוֹק קָטָן (עַל סַפְסָל) אֵצֶל נֵר עֶלֶעקְטְעֶרִי מִפְּנֵי שֶׁדֶּרֶךְ הַתִּינוֹקוֹת כְּשֶׁנִּמְצָאִים לְיַד כַּפְתּוֹר הָעֶלֶעקְטְעֶרִי שֶׁמַּדְלִיקִין וּמְכַבִּין אֶת הַנֵּר (לְשֵׁם שְׂחוֹק).

תְּשׁוּבָה: לֹא נֶחְשַׁב כְּסָפֵי לֵיהּ בְּיָדַיִם, וְיֵשׁ לְהָקֵל, אֲבָל רַק בְּקָטָן שֶׁאֵינוֹ יוֹדֵעַ לַעֲשׂוֹתוֹ עַל דַּעַת אָבִיו..

Ask Child to Switch Lights

QUESTION

We left a bedroom light on by mistake before Shabbos. Can we place our two year old son in front of the light switch to turn it off on Shabbos?

DISCUSSION

The Gemara (Sukka 42a)[1] writes that parents are obligated to teach and train their children to do *mitzvos* before they become *bar / bas mitzva*. This obligation, *chinuch*, only applies when a child is old and mature enough to appreciate what they are doing and why. The Mishna Berura (128:123)[2] writes that with regards to most *mitzvos*, the age is approximately five to six.

The Gemara (Yevamos 114a)[3] writes that adults must not feed children non-kosher food or make them do things that are forbidden on Shabbos. The Shulchan Aruch (OC 343:1)[4] writes that this prohibition, known as *sefiyah*, also applies even if they are only forbidden *miderabanan*. Nonetheless, this only applies if the adult is specifically instructing the child to act (See Mishna Berura 343:4).

The Shulchan Aruch Harav (OC 343:10)[5] writes, however, that one may give things to a young child on Shabbos even though you know that they will do something that is forbidden.

Thus, R' Yisroel Dovid Harfenes (Nishmas Shabbos 7:479)[6] and the Piskei Teshuvos (343:2) write that one may stand a young child in front of a light switch on Shabbos, even though they will switch it on or off, provided that they are too young to comprehend what they are doing.

CONCLUSION

One may place a two year old child in front of a switch on Shabbos though one must not ask them specifically to switch it on or off.

1. שבת קכה:

אָמַר רבה בַר בר חנה אָמַר רבי יוחנן הַכֹּל מוֹדִים שֶׁאֵין עוֹשִׂין אֹהֶל עֲרַאי בַּתְּחִלָּה בְּיוֹם טוֹב וְאֵין צָרִיךְ לוֹמַר בְּשַׁבָּת.

2. משנה תורה שבת כב:כז

הָעוֹשֶׂה אֹהֶל קָבוּעַ חַיָּב מִשּׁוּם בּוֹנֶה. לְפִיכָךְ אֵין עוֹשִׂין אֹהֶל עֲרַאי לְכַתְּחִלָּה וְלֹא סוֹתְרִין אֹהֶל עֲרַאי גְּזֵרָה שֶׁמָּא יַעֲשֶׂה אוֹ יִסְתֹּר אֹהֶל קָבוּעַ.

3. משנה ברורה שטו:א

אָסוּר לַעֲשׂוֹת אֹהֶל וְכוּ': דְּהָעוֹשֶׂה אֹהֶל קֶבַע כְּגוֹן שֶׁפּוֹרֵס מַחְצֶלֶת אוֹ סְדִינִין וְכַיּוֹצֵא בוֹ לְאֹהֶל וְעוֹשֶׂה אוֹתָן שֶׁיִּתְקַיְּמוּ אַף דְּאֵין זֶה בִּנְיָן מַמָּשׁ חַיָּיב מִשּׁוּם בּוֹנֶה דַּעֲשִׂיַּית אֹהֶל הוּא תּוֹלְדַת בּוֹנֶה..

4. שולחן ערוך או"ח שטו:ב

..מוּתָּר לִפְרוֹס עֲלֵיהֶם בְּשַׁבָּת מַחְצָלוֹת דְּהַוָּה לֵיהּ תּוֹסֶפֶת אֹהֶל עֲרַאי וְשָׁרֵי וּמִטַּעַם זֶה מַחְצֶלֶת פְּרוּסָה כְּדֵי טֶפַח מוּתָּר לִפְרוֹס שְׁאָר הַמַּחְצֶלֶת בְּשַׁבָּת..

5. משנה ברורה שטו:יז

..גַּם לֹא אָסְרוּ כִּי אִם בְּשֶׁעָשָׂה כְּסֵדֶר מִתְּחִלָּה הַמְּחִיצוֹת וְאַחַר כַּךְ הַכִּסּוּי דְּאָז דּוֹמֶה קְצַת לְאֹהֶל קֶבַע אֲבָל אִם עָשָׂה לְהֵיפֶךְ לֹא אָסְרוּ.

6. שולחן ערוך או"ח שטו:ד

..וְכֵן אָסוּר לְסַלֵּק בֶּגֶד הַתַּחְתּוֹן מֵעָלֶיהָ מִשּׁוּם דְּקָא סָתַר אָהֳלָא.

7. שמירת שבת כהלכתה כד:כב

בִּקֵּשׁ לְפָרֵק אֶת הַשּׁוּלְחָן שֶׁעֲשׂוּי דְּפָנוֹת אוֹ חָבִיּוֹת וַעֲלֵיהֶם הַמַּדָּף, כֵּיצַד יַעֲשֶׂה? יַחֲזִיק אֶת הַמַּדָּף בְּיָדָיו, וְאָדָם אַחֵר יְסַלֵּק אֶת הַדְּפָנוֹת אוֹ אֶת הֶחָבִיּוֹת שֶׁמִּתַּחְתָּיו, וְרַק אַחַר כָּךְ יָסִיר אֶת הַמַּדָּף.

124 מקור חיים

Children's Tents

Question

My children like to create various tents and shelters by draping curtains and blankets onto furniture. Can they do this on Shabbos?

Discussion

The Gemara (Shabbos 125b)[1] writes that it is forbidden to build a temporary *ohel*, tent, on Shabbos. Rambam (Shabbos 22:27)[2] explains that building a permanent *ohel* is a *tolda* of *boneh*, building, and therefore *assur mideoraisa*. *Chazal* made a *gezeira*, decree, that one should not build a temporary *ohel* to prevent one from making a permanent one. Thus, the Mishna Berura (315:1)[3] writes that one must not spread out mats or sheets like a tent on Shabbos.

The Shulchan Aruch (OC 315:2)[4] writes that if the *ohel* existed already, then one may add to it. Thus, one may place long tablecloths over tables or add to other structures, providing the roof is at least a *tefach* wide.

Nonetheless, the Shulchan Aruch (OC 315:3) and Mishna Berura (315:17)[5] write that one may build a temporary structure if they construct it in a backwards manner. Thus, one may hold up the roof and build the walls under it.

Likewise, the Shulchan Aruch (OC 315:4)[6] writes that one must not dismantle an *ohel* on Shabbos. Yet, R' Yehoshua Neuwirth (Shemiras Shabbos Kehilchasa 24:22)[7] writes that one may do so in a backwards manner, that is by raising the roof and dismantling the walls before lowering the roof.

Conclusion

As creating tents out of blankets on Shabbos is problematic, one needs to teach one's children to build them in a backwards manner, i.e. by building the roof first, or to create them before Shabbos.

1. יחוה דעת ב:נב הערה

..בְּאוֹפַנַּיִם רָאוּי לְהַחֲמִיר כְּדִבְרֵי רוֹב הָאַחֲרוֹנִים..

2. רב פעלים או"ח א:כה

בְּעִנְיַן הַקָּרוֹן שֶׁקּוֹרִין באי"י סכ"ל דְּרוֹכְבִים בּוֹ בְּשַׁבָּת.. נִרְאֶה דְּיֵשׁ לְהַתִּיר לִרְכּוֹב.. בֵּין בְּשַׁבָּת בֵּין בְּיוֹם טוֹב בְּתוֹךְ הָעִיר שֶׁיֵּשׁ בָּהּ עֵירוּב, דְּלֵיכָּא בָּזֶה זִלְזוּל מִשּׁוּם עוּבְדִין דְּחוֹל, כֵּיוָן שֶׁהוּא בְּתוֹךְ הָעִיר שֶׁיֵּשׁ בָּהּ עֵירוּב, דְּכָל הָעִיר נֶחְשֶׁבֶת כִּרְשׁוּת הַיָּחִיד, דְּיֵשׁ לִסְמוֹךְ עַל הַמַּתִּירִים בָּזֶה בְּפֵירוּשׁ.. דְּלֹא מֶחְזֵי כְּעוּבְדִין דְּחוֹל מִשּׁוּם שֶׁבְּזֶה.. אֵינוֹ עָשׂוּי לִרְכּוֹב בּוֹ אֶלָּא רַק אָדָם אֶחָד לְבַדּוֹ, וְלָכֵן אֵינוֹ נִרְאֶה כְּהוֹלֵךְ לְמָקוֹם רָחוֹק, דְּאֵין דֶּרֶךְ לֵילֵךְ לְמָקוֹם רָחוֹק אָדָם יְחִידִי. וְדַע דְּאֵין לָנוּ לִגְזוֹר בְּנִידוֹן דִּידָן שֶׁמָּא יָבוֹאוּ לִלְמוֹד הֶיתֵּר לִרְכּוֹב בַּקָּרוֹן, שֶׁמּוֹשְׁכִין אוֹתוֹ בְּהֵמוֹת אוֹ בְּנֵי אָדָם, חֲדָא דְּלֹא אָתוּ לְמִטְעֵי, כִּי עַיִן רוֹאָה שֶׁיֵּשׁ הֶפְרֵשׁ גָּדוֹל בֵּין זֶה לָזֶה, וְעוֹד אֵין לִגְזוֹר גְּזֵירוֹת חֲדָשׁוֹת מִדַּעְתֵּינוּ, וְדַי שֶׁיַּעַמְדוּ אַנְשֵׁי הַדּוֹרוֹת הָאֵלֶּה לְהִזָּהֵר בַּגְּזֵירוֹת הַמְּפוֹרָשִׁים לְהֶדְיָא בְּדִבְרֵי חֲכָמִים, עַל כֵּן יֵשׁ לְהַתִּיר בְּשׁוֹפִי בֵּין בְּשַׁבָּת בֵּין בְּיוֹם טוֹב, בָּעִיר שֶׁיֵּשׁ בָּהּ עֵירוּב אֲפִלּוּ הוֹלֵךְ לְטַיֵּיל.

3. כף החיים או"ח תד:ח

..אָמְנָם יֵשׁ קְצָת מֵהָאַחֲרוֹנִים שֶׁדַּעְתָּם לְהַחֲמִיר בָּזֶה מִשּׁוּם דְּרוֹב הַהוֹלְכִים בְּאוֹפַנַּיִם הַנִּזְכָּר אֵינָם בְּנֵי תּוֹרָה וְאִם תַּתִּיר לָהֶם בָּעִיר יֵלְכוּ גַּם מִחוּץ לָעִיר וּבְנָקֵל יֵצְאוּ חוּץ לַתְּחוּם דְּהָא בְּרֶגַע א' יֵלֵךְ כַּמָּה אַמּוֹת וְגַם שֶׁיֵּשׁ לָחוּשׁ שֶׁמָּא יִנָּקֵב הָעוֹר בַּדֶּרֶךְ וְיָבֹא לְתַקְּנוֹ בְּעוֹר וּבַדֶּבֶק כְּמוֹ שֶׁרָגִיל לַעֲשׂוֹת בְּחוֹל וְהָוָה לֵיהּ מְתַקֵּן מָנָא וְעוֹבֵר עַל אִסּוּר דְּאוֹרַיְיתָא וְגַם לִפְעָמִים יִמְצָא מָקוֹם גָּבוֹהַּ שֶׁאֵינוֹ יָכוֹל לְהִתְגַּלְגֵּל עָלָיו וְיִצְטָרֵךְ לְנוֹשְׂאוֹ בְּיָדָיו וְהָוָה לֵיהּ מְטַלְטֵל ד' אַמּוֹת בִּרְשׁוּת הָרַבִּים אוֹ בְּכַרְמְלִית וְכֵן הוּא הַמִּנְהָג בְּאֶרֶץ צְבִי שֶׁאֵין הוֹלְכִין בְּאוֹפַנַּיִם הַנִּזְכָּר לֹא בְּשַׁבָּת וְלֹא בְּיוֹם טוֹב אֲפִלּוּ בְּתוֹךְ הָעִיר שֶׁיֵּשׁ בָּהּ עֵירוּב.

4. ציץ אליעזר א:כא:כז

נִרְאֶה פָּשׁוּט שֶׁאָסוּר לִנְסוֹעַ בְּשַׁבָּת אוֹ יוֹם טוֹב בְּאוֹפַנַּיִם אֲפִלּוּ בְּתוֹךְ הַתְּחוּם מִג' טְעָמִים. (א) גְּזֵירָה שֶׁמָּא יֵצֵא חוּץ לַתְּחוּם. (ב) מִשּׁוּם עוּבְדִין דְּחוֹל דְּיֵשׁ בָּזֶה עֲשֵׂה שֶׁל תּוֹרָה כנ"ל בְּשֵׁם הרמב"ן וחתם סופר. (ג) נוֹסָף לָזֶה יֵשׁ בְּזֶה גַּם הַגְּזֵירָה שֶׁל שֶׁמָּא יְתַקֵּן מָנָא. שֶׁבְּהַרְבֵּה פְּעָמִים מִתְפּוֹצֵץ הַגּוּמִי מִסָּבִיב לַגַּלְגַּל וְיָבוֹא לְתַקֵּן אוֹתוֹ בְּמִלּוּי אֲוִיר בְּגוּמִי וְכַדּוֹמֶה. וּפָשׁוּט.

5. אמת ליעקב או"ח שב הערה 339

..וּמִטַּעַם זֶה אָסוּר לִרְכּוֹב עַל אוֹפַנַּיִם בְּשַׁבָּת, כֵּיוָן שֶׁהוּא כְּלִי שֶׁנַּעֲשָׂה שֶׁיּוּכַל הָאָדָם לִיסַּע עַל יָדוֹ מַהֲלָךְ גָּדוֹל וְאָרוֹךְ, וְלָכֵן אַף לַמַּהֲלָךְ קָטָן אָסוּר אֲבָל עַל תְּלַת-אוֹפָן מוּתָּר שֶׁזֶּה לֹא נַעֲשָׂה לְכָךְ.

6. טלטולי שבת א הערה 21

כָּךְ שָׁמַעְתִּי מִפִּי הגאון ר' משה פיינשטיין.. וְהִסְבִּיר לִי דְּאוֹפַנַּיִם (two wheel bike) מְיוּחָד לְהוֹצָאָה וּמִשּׁוּם הָכֵי הָוָה לֵיהּ כְּלִי שֶׁמְּלַאכְתּוֹ לְאִסּוּר וְאַף בְּמָקוֹם שֶׁיֵּשׁ שָׁם חָצֵר גְּדוֹלָה הַמְּעוּרֶבֶת (כְּגוֹן בְּ-bungalow colony) אָסוּר, דְּעִקַּר הִשְׁתַּמְּשׁוּת הָאוֹפַנַּיִם הַוֵי לְהוֹצָאָה, מַה שֶּׁאֵין כֵּן תְּלַת אוֹפַן (tricycle) הַמְּיוּחָד לִרְכִיבַת קְטַנִּים בְּתוֹךְ הַבַּיִת וּבְתוֹךְ הֶחָצֵר הַוֵי כְּלִי שֶׁמְּלַאכְתּוֹ לְהֶיתֵּר.

7. שמירת שבת כהלכתה טז:יח

תְּלַת-אוֹפָן שֶׁצְּמִיגֵי גַּלְגַּלָּיו עֲשׂוּיִים מִגּוּמִי מוּצָק, אֵין לִמְנוֹעַ מִיֶּלֶד לִרְכֹּב עָלָיו.. וְהוּא הַדִּין לְגַבֵּי גַּלְגַּלַּיִם (קורקינט שֶׁאֵינוֹ חַשְׁמַלִּי).. אֲבָל אֵין לִרְכֹּב עַל אוֹפַנַּיִם.. וַאֲפִלּוּ אוֹפַנַּיִם הַמְּיוּעָדִים לִקְטַנִּים.

126 מקור חיים

Bikes and Scooters

QUESTION —————————————————————————————

Can my children ride their scooters on Shabbos where there is an *eruv*?

DISCUSSION —————————————————————————————

R' Ovadia Yosef (Yechave Daas 2:52;[1] Yabia Omer OC 7:37:3; 10:55:2) quotes the Ben Ish Chai (Rav Poalim OC 1:25)[2] who permitted cycling on Shabbos though writes that the consensus of *acharonim* is that cycling is prohibited for various reasons.

R' Ovadia Yosef quotes *acharonim* who are concerned that the tyres will leave grooves in the earth which is prohibited due to *choresh*, plowing. The Kaf Hachaim (OC 404:8)[3] writes that when riding a bike, it is very easy to mistakenly ride outside of the *techum* or carry it out of the *eruv*. In addition, it is common for things to break which could easily lead to the prohibition of *tikkun mana*, fixing things. R' Eliezer Waldenberg (Tzitz Eliezer 1:21:27;[1] 4:4:8; 7:30) adds that using a bike is also prohibited because it is *uvdin dechol*, a mundane, weekday activity.

As children's tricycles are not used to ride long distances, R' Yaakov Kamenetsky (OC 302:n339)[5] did not consider them to be the same issue of *uvdin dechol* and allowed children to ride them on Shabbos. Likewise, R' Moshe Feinstein (quoted in Tiltulei Shabbos 1:n21)[6] differentiated between bikes that are used for travels and kid's tricycles that are not typically ridden for long distances (See Baer Moshe 6:16; Ohr Letzion 2:42:1). Similarly, R' Yehoshua Neuwirth (Shemiras Shabbos Kehilchasa 16:18)[7] forbids children from riding bikes though writes that they may ride tricycles and scooters.

CONCLUSION —————————————————————————————

While adults may not ride bikes on Shabbos, children may ride on scooters.

1. בית יוסף או"ח שח:נו

..כָּתַב באגור בְּשֵׁם שבלי הלקט שֶׁאָסוּר לִשְׂחוֹק בְּשַׁבָּת וְיוֹם טוֹב בְּכַדּוּרִים שֶׁאֵינָם רְאוּיִים לָצוּר עַל פִּי צְלוֹחִית דִּמְמַאסֵי שֶׁמִּטַּנְּפֵי עַל יְדֵי טִיט וְעָפָר וְכֵן כַּדּוּר שֶׁל עֵץ אָסוּר לְטַלְטְלוֹ וְלִצְחוֹק בּוֹ אֲבָל התוספות בפ"ק דביצה (יב.) אַהָא דִּתְנַן בית שמאי אוֹמְרִים אֵין מוֹצִיאִין אֶת הַקָּטָן וְלֹא אֶת הַלּוּלָב וְלֹא אֶת סֵפֶר תּוֹרָה לִרְשׁוּת הָרַבִּים ובית הלל מַתִּירִין כָּתְבוּ פֵּירוּשׁ דְּלַאו דַּוְקָא קָטָן לְמוֹלוֹ דְּהוּא הַדִּין שֶׁלֹּא לְמוֹלוֹ דְּשָׁרֵי גַּם טִיּוּל דְּהָא אַשְׁכְּחָן דִּמְשַׂחֲקִין בְּכַדּוּר שֶׁקּוֹרִין פילוט"א בְּיוֹם טוֹב בִּרְשׁוּת הָרַבִּים אַלְמָא דְּלֵיכָּא אֶלָּא טִיּוּל עַל כֵּן מַשְׁמָע שֶׁמּוּתָּר לְטַלְטֵל הַכַּדּוּר בְּיוֹם טוֹב וְהוּא הַדִּין בְּשַׁבָּת דִּבְדְבָרִים אֵלּוּ יוֹם טוֹב וְשַׁבָּת שָׁוִים הֵם.

2. שולחן ערוך או"ח שח:מה

אָסוּר לִשְׂחוֹק בְּשַׁבָּת וְיוֹם טוֹב בְּכַדּוּר. **הגה** וְיֵשׁ מַתִּירִין וְנָהֲגוּ לְהָקֵל [תוספות פ"ק דביצה].

3. שולחן ערוך הרב או"ח שח:פג

אָסוּר לִשְׂחוֹק בְּכַדּוּר בְּשַׁבָּת וְיוֹם טוֹב לְפִי שֶׁאָסוּר לְטַלְטְלוֹ מִפְּנֵי שֶׁאֵין תּוֹרַת כְּלִי עָלָיו וְיֵשׁ מַתִּירִים לְטַלְטְלוֹ וְלִשְׂחוֹק בּוֹ בִּרְשׁוּת הַיָּחִיד וְנָהֲגוּ מִקֶּדֶם לְהָקֵל וְלֹא מִיחוּ בְּיָדָם הוֹאִיל וְיֵשׁ לָהֶם עַל מִי שֶׁיִּסְמוֹכוּ.

4. מגן אברהם תקיח:ד

וּמוּתָּר לִשְׂחוֹק: ובים של שלמה כָּתַב דְּמִנְהָג רַע הוּא דְּאֵין זֶה שִׂמְחָה וְטִיּוּל לִגְדוֹלִים אֲבָל לִקְטַנִּים אֵין מוֹחִין וְנִרְאֶה לִי דִּשְׁאָר מִינֵי שְׂחוֹק דִּינָן כְּמוֹ בְּשַׁבָּת..

5. משנה ברורה שח:קנח

וְיֵשׁ מַתִּירִין: אֶפְשָׁר שֶׁטַּעְמָם שֶׁכֵּיוָן שֶׁעָשׂוּי לְכָךְ וּמְיוּחָד לָזֶה בִּתְמִידוּת לֹא שַׁיָּךְ בּוֹ שֵׁם מוּקְצֶה.. וּמִכָּל מָקוֹם לְכוּלֵּי עָלְמָא אָסוּר לִשְׂחוֹק בִּרְשׁוּת הָרַבִּים וַאֲפִלּוּ בְּכַרְמְלִית בְּשַׁבָּת דִּבְקַל הוּא שֶׁיִּפּוֹל לְחוּץ מד' אַמּוֹת וְאָתֵי לַאֲתוּיֵי אֲבָל בְּיוֹם טוֹב מוּתָּר אֲפִלּוּ בִּרְשׁוּת הָרַבִּים לִשְׂחוֹק בּוֹ לְדֵעָה זוֹ. וְכָל זֶה כְּשֶׁשּׂוֹחֵק שֶׁלֹּא עַל גַּבֵּי קַרְקַע אֲבָל עַל גַּבֵּי קַרְקַע לְכוּלֵּי עָלְמָא אָסוּר מִשּׁוּם חֲשַׁשׁ אַשְׁוְיֵי גוּמוֹת.. וּמִכָּל מָקוֹם אֵין לִמְחוֹת בְּנָשִׁים וּקְטַנִּים דְּמוּטָב שֶׁיִּהְיוּ שׁוֹגְגִין וְאַל יִהְיוּ מְזִידִין.

6. אור לציון ב:כו:ח

..וּמִכָּל מָקוֹם לְקָטָן יֵשׁ לְהַתִּיר לְשַׂחֵק בְּכָל אוֹפֶן, שֶׁמִּכֵּיוָן שהרמ"א שָׁם מַתִּיר, וַדַּאי שֶׁיֵּשׁ לְהָקֵל לְקָטָן, שֶׁפָּשׁוּט הוּא שֶׁדָּבָר שֶׁמּוּתָּר לִבְנֵי אַשְׁכְּנַז, יֵשׁ לְהַתִּיר לְקָטָן מִבְּנֵי סְפָרַד..

128 מקור חיים

Playing Football

QUESTION ───────────────────────────────

Are our children allowed to play football in the back garden on Shabbos?

DISCUSSION ───────────────────────────────

The Beis Yosef (OC 308:56)[1] quotes opposing views as to whether one may play with a ball on Shabbos. The Shibolei Haleket (121) prohibits it as balls have no constructive use and are dirty. Tosafos (Beitza 12a), however, permits playing. Following this, the Shulchan Aruch (OC 308:45)[2] writes that one must not play with a ball on Shabbos or Yom Tov. The Rema, however, writes that the custom is to be lenient in this matter. The Rema adds (OC 518:1) that on Yom Tov one may even play with a ball in a *reshus harabim*.

Thus, the Shulchan Aruch Harav (OC 308:83)[3] and Aruch Hashulchan (OC 308:70; 518:8) write that it is commonly accepted that one may play with balls on Shabbos.

Nonetheless, the Taz (OC 518:2) and Magen Avraham (518:4)[4] write that while children can play, this is inappropriate for adults (See Shemiras Shabbos Kehilchasa 16:1; 6).

Likewise, the Mishna Berura (308:158;[5] 518:9) writes that balls are not muktze as they are made for playing with. While playing outside is problematic because one may come to smooth the ground (*ashvei gumos*, See Shulchan Aruch OC 338:5), one does not need to stop children playing. R' Shmuel Wosner (Shevet Halevi 9:78), writes too, that one may play with balls indoors.

R' Ben Zion Abba Shaul, Ohr Letzion (2:26:8)[6] writes that while *Sefardim* would follow the Shulchan Aruch who does not allow playing with balls, one can rely on the Rema's lenient position for children.

CONCLUSION ───────────────────────────────

While balls are not *muktze*, adults should ideally not play with them on Shabbos. Ideally, children also should not play football on grass or soil, though one does not need to stop them from playing.

1. חיי אדם שבת לח:יא

אֵין לִשְׂחוֹק שׁוּם שְׂחוֹק שֶׁדֶּרֶךְ לִכְתּוֹב וַאֲפִלּוּ בְּדֶרֶךְ צְחוֹק, שֶׁמָּא יִכְתְּבוּ. וּלְהַרְוִיחַ, הַכֹּל אָסוּר, דְּהַוֵי כְּמֶקַח וּמִמְכָּר.

2. Tiltulei Shabbos, I:C:2:l

Note: Games whose use involve keeping score, or "buying" or "selling", should not be used at all without prior consultation with a competent halachic authority.

3. רמ"א או"ח שלח:ה

מוּתָּר לִשְׂחוֹק בָּעֲצָמוֹת שֶׁקּוֹרִין טשי"ך אַף עַל פִּי שֶׁמַּשְׁמִיעִים קוֹל הוֹאִיל וְאֵינָן מִתְכַּוְּנִין לַשִּׁיר וְכָל זֶה בְּשׂוֹחֵק דֶּרֶךְ צְחוֹק בְּעַלְמָא אֲבָל בְּשׂוֹחֵק כְּדֵי לְהַרְוִיחַ אָסוּר אֲפִלּוּ שׂוֹחֵק בַּתָּם וּבְחָסֵר דְּהַוֵי כְּמֶקַח וּמִמְכָּר וּמִכָּל מָקוֹם אֵין לִמְחוֹת בְּנָשִׁים וּקְטַנִּים דְּמוּטָב שֶׁיִּהְיוּ שׁוֹגְגִין וְאַל יְהוּ מְזִידִין.

4. שמירת שבת כהלכתה טז:לג

אָסוּר לְשַׂחֵק בְּשַׁבָּת כָּל מִשְׂחָק שֶׁעֲשׂוּיִים לְהַרְוִיחַ אוֹ לְהַפְסִיד בּוֹ, כְּגוֹן מְשַׂחֵק הַסְּבִיבוֹן אוֹ מְשַׂחֵק זוּג אוֹ פְּרַט. וְטוֹב לְהִימָּנַע מִמִּשְׂחָקִים שֶׁבָּהֶם מִשְׁתַּמְּשִׁים בַּכֶּסֶף מְדוּמֶה, כְּגוֹן מִשְׂחַק הָרִיכּוּז (מונופול).

הערה צא ..ומהגרש"ז אויערבך זצ"ל שָׁמַעְתִּי, כֵּיוָן דְּלַאו כֶּסֶף מַמָּשׁ הוּא, שָׁרֵינָן בְּכָל גַּוְונֵי.

5. באר משה ו:ק

שְׁאֵלָה: אִם מוּתָּר לַיְלָדִים לְשַׂחֵק בַּכֶּסֶף מְדוּמֶּה?

תְּשׁוּבָה: בְּמָעוֹת מִנְּיָיר אֵין לֶאֱסוֹר אֲבָל בַּכֶּסֶף מַטְבֵּעוֹת מְדוּמֶה יֵשׁ לִמְחוֹת בְּיָדָם.

6. אור לציון ב:מב הערה ה

וְכֵן מֻתָּר לְבָנוֹת לְשַׂחֵק בְּמִשְׂחָק מונופול בְּשַׁבָּת, אַף שֶׁיֵּשׁ בּוֹ כְּעֵין שְׁטָרוֹת כֶּסֶף. כֵּיוָן שֶׁאֵין הַשְּׁטָרוֹת אֶלָּא לְמִשְׂחָק בְּעַלְמָא, וְאֵינָם מוּקְצֶה לִילָדִים, וּמוּתָּר לְשַׂחֵק בָּהֶם בְּשַׁבָּת.

130 מקור חיים

Monopoly

QUESTION ————————————————————————————————

Can children play Monopoly on Shabbos?

DISCUSSION ————————————————————————————————

The Chayei Adam (Shabbos 38:11)[1] writes that one must not play games on Shabbos that include any type of transaction. Some use this *halacha* to explain why one must not play Monopoly on Shabbos (See Tiltulei Shabbos, p28:n33)[2].

Nonetheless, it is clear from the *poskim*, that the Chayei Adam was not referring to playing with toy money. The Rema (OC 338:5)[3] forbids one to play any game on Shabbos which entails winning or losing anything tangible such as nuts, though writes that one does not need to stop one's children from playing especially if they will not listen anyway (See Aruch Hashulchan OC 338:13). One may play a regular game where the winner gains nothing upon winning.

Thus, R' Yehoshua Neuwirth (Shemiras Shabbos Kehilchasa 16:33; n91)[4] writes that while ideally adults should not play such games on Shabbos, he heard from R' Shlomo Zalman Auerbach that one can play such games as the money is not real.

R' Moshe Stern (Baer Moshe 6:100)[5] writes that while children should not play with toy coins on Shabbos, they may play with toy paper money. Similarly, R' Ben Zion Abba Shaul (Ohr Letzion 2:42:n5)[6] writes that children can play Monopoly on Shabbos.

CONCLUSION ————————————————————————————————

While there is no prohibition against playing Monopoly on Shabbos, it is best for adults to refrain, though children may play.

1. **שולחן ערוך או"ח שיד:א**

אֵין בִּנְיָן וּסְתִירָה בְּכֵלִים..

2. **ט"ז או"ח שיג:ז**

..אֶלָּא דְּנִרְאֶה דְּדַוְקָא בְּכּוֹס יֵשׁ מִי שֶׁמַּחֲמִיר שֶׁאֵין צָרִיךְ לְפוֹרְקוֹ כִּי עִקַּר תַּשְׁמִישׁוֹ שֶׁלֹּא עַל יַד פֵּירוּק מַה שֶּׁאֵין כֵּן בְּנוֹד שֶׁעִקַּר תַּשְׁמִישׁוֹ עַל יְדֵי פֵּירוּק תָּמִיד לֹא מִקְרֵי גְּמַר מְלָאכָה אֲפִלּוּ אִם הוּא תּוֹקֵעַ בְּחוֹזֶק..

3. **אור לציון ב:מב:ה**

..וְנִרְאֶה שֶׁאַף אִם רוֹצִים לְקַיֵּם מִשְׂחָק זֶה זְמַן מְרוּבֶּה גַּם כֵּן מוּתָּר, שֶׁכֵּיוָן שֶׁאֵין הַרְכָּבָתוֹ אֶלָּא לְשֵׁם מִשְׂחָק בְּעָלְמָא, אֵין עָלָיו שֵׁם בִּנְיָן וְלֹא שֵׁם כְּלִי, וְאֵין בּוֹ לֹא מִשּׁוּם בּוֹנֶה וְלֹא מִשּׁוּם סוֹתֵר, וְיֵשׁ לְהַתִּיר לְשַׂחֵק בָּהֶם בְּכָל אוֹפֶן. וְכָל זֶה לַקְּטַנִּים, אֲבָל לִגְדוֹלִים אֵין לְשַׂחֵק בְּשׁוּם מִשְׂחָק מִשּׁוּם מוּקְצֶה..

4. **באר משה ו:כה**

כָּל מִינֵי מִשְׂחָקִים מֵאֲבָנִים, מַקְּלוֹת, בְּלָאקְס מֵעֵצִים וּפְּלַעסְטִיק.. מוּתָּרִים לַתִּינוֹקוֹת לְשַׂחֵק בָּהֶם וּלְגָדוֹל לְטַלְטְלָם. שָׁרֵי כָּל אֵלּוּ לְסַדְּרָן זֶה אֵצֶל זֶה וְזֶה עַל גַּבֵּי זֶה וְלַעֲשׂוֹת מֵהֶם בִּנְיָן יִהְיֶה אֵיךְ שֶׁיִּהְיֶה כִּי הַכֹּל רוֹאִים שֶׁהֵם לִשְׂחוֹק בְּעָלְמָא וְהַגָּדוֹל יָכוֹל לַעֲזוֹר לְהַתִּינוֹקוֹת לוֹמַר לוֹ עֲשֵׂה כַּךְ וַעֲשֵׂה כַּךְ בְּהַעֲבָרָה בְּעָלְמָא בְּלֹא קְבִיעוּת.. וְגַם אִם לִפְעָמִים הַתִּינוֹקוֹת מַנִּיחִים אוֹתָם כֵּן אֲפִלּוּ עַל יוֹם אֶחָד אֵין בְּכַךְ כְּלוּם..

5. **יחוה דעת ב:נה**

הַאִם מוּתָּר לְהַרְשׁוֹת לְבָנָיו הַקְּטַנִּים שֶׁלֹּא הִגִּיעוּ לְמִצְוֹת, לְשַׂחֵק בְּשַׁבָּת בְּאַבְנֵי פֶּלֶא, בְּאוֹפֶן שֶׁמְּחַבְּרִים אוֹתָן זוֹ בָּזוֹ, וְעוֹשִׂים צוּרַת בִּנְיָן אוֹ מִגְדָּל וְכַדּוֹמֶה, וְחוֹזְרִים וּמְפָרְקִים אוֹתָן בְּשַׁבָּת? ..וְהוּא הַדִּין לַנִּידוֹן שֶׁלָּנוּ. וְכֵן כָּתַב בְּסֵפֶר שמירת שבת כהלכתה לְהַתִּיר בְּזֶה, בְּשֵׁם יְדִידֵנוּ הַגָּאוֹן רבי שלמה זלמן אוירבך (שליט"א), עַל פִּי הַמְבוֹאָר בשולחן ערוך (סימן שיד סעיף א), שֶׁאֵין דִּין בִּנְיָן וּסְתִירָה בְּכֵלִים. וְאָמְנָם בַּמִּילוּאִים שֶׁבְּסוֹף הַסֵּפֶר חָזַר הגרש"ז אוירבך לְצַדֵּד בְּזֶה.. אַף עַל פִּי שֶׁאֵין זֶה בִּנְיָן גָּמוּר וְעוֹמֵד לְסוֹתְרוֹ בּוֹ בַּיּוֹם, יֵשׁ לְהִסְתַּפֵּק בַּדָּבָר.. אוּלָם נִרְאֶה שֶׁאַף עַל פִּי כֵן הֲלָכָה בְּמִשְׁנָה רִאשׁוֹנָה לְהָקֵל..

6. **ציץ אליעזר יג:ל**

..בְּבִנְיַן עֲרַאי גַּם בַּתְּחִלָּה אֵין בִּנְיָן בְּכֵלִים מִן הַתּוֹרָה כִּי אִם מִדְּרַבָּנָן, וּמִכֵּיוָן שֶׁכֵּן, אִם כֵּן נִרְאֶה בָּרוּר שֶׁאִם נוֹסָף עַל זֶה שֶׁהוּא בִּנְיַן עֲרַאי עוֹמֵד הַדָּבָר גַּם לְהִסָּתֵר בְּיוֹמוֹ, שֶׁאֲזַי יֵשׁ לוֹמַר שֶׁמּוּתָּר בְּכַהַאי גַּוְונָא גַּם בַּתְּחִלָּה. וְהָא זֶהוּ אֵיפוֹא הַדָּבָר "בְּאַבְנֵי פֶּלֶא" שֶׁהוּא בִּנְיַן עֲרַאי, וְגַם עוֹמֵד לְסוֹתְרוֹ בּוֹ בַּיּוֹם, וּכְפִי שֶׁמּוֹדֶה עַל כַּךְ גַּם הגרשז"א (שליט"א), וְאִם כֵּן אֵין סָפֵק בְּדָבָר שֶׁמּוּתָּר בָּזֶה אֲפִלּוּ בַּתְּחִלָּה.. נֵימָא נוֹסֶפֶת לְקוּלָּא יֵשׁ בְּנִידוֹנֵנוּ (וְהוּא רַק לְרַוְוחָא מִילְּתָא) מִפְּנֵי שֶׁאַבְנֵי־הַפֶּלֶא הָא מַמָּשׁ בְּכָל עֵת וְרֶגַע לְפֵירוּד קַיְּימָא, דְּזֶהוּ דֶּרֶךְ מִשְׂחֲקֵי־הַיְּלָדִים בְּזֶה לִבְנוֹתָם וּלְסוֹתְרָם בְּכָל רֶגַע וְרֶגַע, וּלְכֵן יֵשׁ לוֹמַר דְּאֵין זֶה בִּכְלַל בְּגֶדֶר בִּנְיָן.. בְּהָא נְחִיתְנָא וּבְהָא סְלִיקְנָא דְּאֵין כָּל אִסּוּר בּוֹנֶה אוֹ סוֹתֵר בִּבְנִיַּת אוֹ סְתִירַת אַבְנֵי–פֶּלֶא שֶׁהַיְּלָדִים שׂוֹחֲקִים בָּהֶם. וְגַם לְרַבּוֹת לֹא מִשּׁוּם תִּקּוּן מָנָא. וּמוּתָּר לְשַׂחֵק בָּהֶם בְּשַׁבָּת.

7. **מחזה אליהו א:סט**

..אַף שֶׁמִּצַּד אִסּוּר מַכֶּה בְּפַטִּישׁ לְפִי עֲנִיּוּת דַּעְתִּי אֵין מָקוֹם לַחֲשׁוֹשׁ, מִכָּל מָקוֹם הוֹכַחְנוּ שֶׁבְּקַל יְכוֹלִים לִיכָּשֵׁל בְּאִסּוּר אֹהֶל בְּבִנְיַן בָּתִּים. וְעוֹד הוֹכַחְנוּ, שֶׁבַּעֲשִׂיַּית שְׁאָר דְּבָרִים, שֶׁאֵינָם אֶלָּא "תְּמוּנוֹת", וְלֹא צוֹחֲקִים בְּהַחֵפֶץ אַחַר עֲשִׂיָּתוֹ, יֵשׁ בַּעֲשִׂיָּתוֹ אִסּוּר כְּתִיבָה. וְלָכֵן נָכוֹן הוּא מְאוֹד לִפְרוֹשׁ יְלָדֵינוּ וְטַפֵּינוּ מִדָּבָר זֶה בְּשַׁבָּת.

מקור חיים 132

Lego

QUESTION

Can I play with Lego on Shabbos?

DISCUSSION

The Shulchan Aruch (OC 313:6; 341:1[1]) writes that the Torah prohibition of *binyan*, building, does not apply to *keilim*, movable items, unless the connections are particularly robust. Therefore, a cup that comes apart can be dismantled and reassembled on Shabbos. The Taz (OC 313:7)[2] and Magen Avraham (313:12) add that there is no *issur* of *boneh* to open and close something that is designed to be regularly opened and closed.

R' Ben Zion Abba Shaul (Ohr Letzion 2:42:5)[3] and R' Moshe Stern (Baer Moshe 6:25)[4] write that while adults should avoid playing with Lego, there is no specific prohibition with it and children can even build a model that will last some time.

Many *acharonim* including the Chasam Sofer (OC 72) write that temporary building does not constitute *binyan*. Following this, R' Ovadia Yosef (Yabia Omer OC 7:39; Yechave Daas 2:55[5]) writes that one should be able to play with Lego on Shabbos, especially if one is playing rather than building a specific model to last. He notes that R' Shlomo Zalman Auerbach (quoted in Shemiras Shabbos Kehilchasa 16:19: n57) initially permitted playing with Lego though later questioned it. Nonetheless, R' Ovadia concludes that one may play with Lego.

Similarly, R' Eliezer Waldenberg (Tzitz Eliezer 13:30-31)[6] answers R' Auerbach's challenges and writes that there is no prohibition in playing with Lego on Shabbos.

R' Pesach Eliyahu Falk (Machazeh Eliyahu 1:69)[7] writes that while joining two pieces together is permissible, one should not even allow one's children to play with Lego on Shabbos because building models could come under the prohibition of *kesiva*, and building a house with a roof could be creating an *ohel*.

CONCLUSION

Adults should not play with Lego on Shabbos. One does not need to prevent children from playing with Lego on Shabbos, though it is preferable if they do not build complete models or buildings.

1. שולחן ערוך חו"מ שע:ב

הַמְּשַׂחֲקִים בְּקוּבְיָא כֵּיצַד? אֵלּוּ שֶׁמְּשַׂחֲקִים בְּעֵצִים אוֹ בִּצְרוֹרוֹת אוֹ בַּעֲצָמוֹת וְעוֹשִׂים תְּנַאי בֵּינֵיהֶם שֶׁכָּל הַנּוֹצֵחַ אֶת חֲבֵירוֹ בְּאוֹתוֹ שְׂחוֹק יִקַּח כַּךְ וְכַךְ.. וְכֵן כָּל כַּיּוֹצֵא בִּדְבָרִים אֵלּוּ הַכֹּל אָסוּר וְגֶזֶל מִדִּבְרֵיהֶם הוּא.

2. משנה ברורה שכב:כב

וּלְהַטִּיל גּוֹרָל וְכוּ': הַיְינוּ דְּמִי שֶׁיִּזְכֶּה בְּגוֹרָל יִטּוֹל הַגְּדוֹלָה וּמִי שֶׁיִּתְחַיֵּיב יִטּוֹל הַקְּטַנָּה הוּא בִּכְלַל שְׂחִיקַת קוּבְיָא מַמָּשׁ.. וְקוּבְיָא הוּא אֲבַק גֶּזֶל מִדִּבְרֵיהֶם שֶׁאֵין דַּעְתּוֹ לְהַקְנוֹתוֹ בְּקִנְיָן גָּמוּר וּלְהָכִי אָסוּר אַף בַּחוֹל. וְאַף דְּבַעַל הַבַּיִת עִם בְּנֵי בֵּיתוֹ לֹא שַׁיָּיךְ גֶּזֶל כְּלָל שֶׁהֲרֵי הַכֹּל שֶׁלּוֹ, מִכָּל מָקוֹם אָסוּר דִּלְמָא אָתֵי לְסָרוּכֵי בְּקוּבְיָא עִם אֲחֵרִים. וּבַאֲחֵרִים בְּוַדַּאי אָסוּר בַּחוֹל וְכָל שֶׁכֵּן בְּשַׁבָּת דְּקוּבְיָא דָּמֵי לְמֶקָּח וּמִמְכָּר.

3. טעמי המנהגים תתנט

טַעַם שֶׁמְּשַׂחֲקִין בִּדְרֶעְדִיל (סְבִיבוֹן) בַּחֲנוּכָּה, וּבְפּוּרִים בִּגְרַאגְעָר (רַעֲשָׁן), דְּבַחֲנוּכָּה לֹא הָיְתָה הִתְעוֹרְרוּת מִלְּמַטָּה, רַק מִלְעֵילָּא, כִּי לֹא עָשׂוּ תְּשׁוּבָה כַּהוֹגֵן, רַק הַשֵּׁם יִתְבָּרַךְ בְּרַחֲמָיו, לָכֵן מְשַׂחֲקִין בִּדְרֶעְדִיל וְאוֹחֲזָן אוֹתוֹ מִלְּמַעְלָה. וּבְפּוּרִים שֶׁגָּזְרוּ 'צוֹם.. שַׂק וָאֵפֶר יֻצַּע לָרַבִּים' וְהָיְתָה הִתְעוֹרְרוּת מִלְּמַטָּה, עַל כֵּן אוֹחֲזִין מִלְּמַטָּה.

4. נטעי גבריאל חנוכה נא הערה ה

..בֶּאֱמֶת יֵשׁ חֲשַׁשׁ שֶׁל מְשַׂחֵק בְּקוּבְיָא, שֶׁמָּא אֵין הַלָּה נוֹתֵן מְעוֹתָיו בְּלֵב שָׁלֵם, אוּלָם כַּאֲשֶׁר כָּל יִשְׂרָאֵל כְּאִישׁ אֶחָד וּבְלֵב אֶחָד, וְכָל אֶחָד שָׂמֵחַ כְּשֶׁיֵּשׁ לַחֲבֵירוֹ כְּאִילּוּ הָיָה לוֹ.. אִם כֵּן שׁוּב לֹא שַׁיָּיךְ חֲשַׁשׁ גֶּזֶל, וְאֵינוֹ בְּגֶדֶר מְשַׂחֵק בְּקוּבְיָא..

5. רמ"א או"ח שלח:ה

מוּתָּר לִשְׂחוֹק בַּעֲצָמוֹת.. אַף עַל פִּי שֶׁמַּשְׁמִיעִים קוֹל הוֹאִיל וְאֵינָן מִתְכַּוְּנִין לָשִׁיר.. בְּשׂוֹחֵק דֶּרֶךְ צְחוֹק בְּעַלְמָא. אֲבָל בְּשׂוֹחֵק כְּדֵי לְהַרְוִיחַ אָסוּר אֲפִלּוּ שׂוֹחֵק בְּתָם וּבְחָסֵר דַּהֲוֵי כְּמֶקַח. וּמִכָּל מָקוֹם אֵין לִמְחוֹת בְּנָשִׁים וּקְטַנִּים דְּמוּטָב שֶׁיִּהְיוּ שׁוֹגְגִין וְאַל יְהוּ מְזִידִין.

6. אגרות משה או"ח ה:כב:י

שְׁאֵלָה: מְשַׂחֲקֵי יְלָדִים שֶׁל הַגְרָלָה, אוֹ מְשַׂחֲקֵי הַקּוּבְיָא (דייס בְּלַעַ"ז)..

תְּשׁוּבָה: אֲפִלּוּ בִּמְשַׂחֲקִים אֵלּוּ שֶׁאֲסוּרִים מִשּׁוּם עוּבְדָא דְחוֹל, אָכֵן כֵּיוָן דִּמְיוּחָדִים לִקְטַנִּים לֹא הֲוָה לֵיהּ מוּקְצֶה.

Dreidel

Question

May one play with a *dreidel* on Shabbos?

Discussion

The Shulchan Aruch (CM 370:2)[1] writes that one must not gamble or play betting games at all. Doing so is forbidden *derabanan* because it is akin to stealing, as when losing, one is not happy about giving up their money, etc. The Mishna Berura (322:22)[2] writes that this prohibition applies equally to playing with one's own children even though they would be happy to share, as it will lead to playing with others. Elsewhere, (Biur Halacha 670:2) he writes that one should not spend one's time on Chanuka playing such games.

Nonetheless, many have the *minhag* to *bet* with a *dreidel* over Chanuka (See Taamei Haminhagim 859)[3]. To avoid proper gambling, many only play with nuts and sweets rather than money.

Others justify this practice when playing with small amounts of money as people playing together with their families are particularly close and generous over Chanuka and we are not worried about the prohibition (See Nitei Gavriel, Chanuka 51:n5)[4].

Nonetheless, the Rema (OC 338:5)[5] and Mishna Berura (ibid) write that one must not play such games on Shabbos, as winning and losing involves a transaction. However, one does not need to stop one's young children from playing such games (See Shemiras Shabbos Kehilchasa 16:32).

As *dreidels* are primarily children's toys, R' Moshe Feinstein (Igros Moshe OC 5:22:10)[6] writes that they are not *muktze* and they may be spun by adults on Shabbos too.

Conclusion

Dreidels may be spun on Shabbos. While adults should avoid playing a *dreidel* game on Shabbos, one does not need to prevent children from doing so.

1. ציץ אליעזר ג:טז:יא

אֲפִלּוּ אִי לוֹ הָיָה מְצִיאוּת לְסַדֵּר שֶׁלֹּא יַעַבְרוּ בְּשַׁבָּת וְיוֹם טוֹב.. כְּגוֹן.. לְהָכִין אֶת הַתָּכְנִיּוֹת עַל לוּחוֹת גרמופון מִבְּעוֹד יוֹם וּלְשַׁדֵּר אוֹתָם בַּזְּמַן הַדָּרוּשׁ עַל יְדֵי גרמופון אוטומטי שֶׁמְּכֻוָּן עַל יְדֵי שָׁעוֹן אוטומטי מִלִּפְנֵי שַׁבָּת בְּלִי שֶׁבֶּן אָדָם יַעֲשֶׂה שׁוּם פְּעֻלָּה בְּשַׁבָּת, כְּמוֹ שֶׁרָאִיתִי הַצָּעָה כָּזֹאת.. בְּמִקְרֶה שֶׁקַּיֶּמֶת תַּחֲנַת רַדְיוֹ שֶׁעוֹבֶדֶת אוֹטוֹמָטִית, אַף עַל פִּי כֵן הָיָה גַּם כֵּן מָקוֹם גָּדוֹל לָדוּן לֶאֱסוֹר הַשְׁמָעַת הַתָּכְנִיּוֹת מִשּׁוּם אַוְושָׁא מִילְתָא וְעוּבְדִין דְחוֹל..

2. אגרות משה או"ח ד:ע:ו

וּלְעִנְיָן לְהַעֲמִיד שָׁעוֹן שֶׁיֵּשׁ בּוֹ דָּבָר הַמְּצַלְצֵל לִפְנֵי שַׁבָּת עַל הַזְּמַן שֶׁיְּצַלְצֵל שַׁבָּת בְּבֹּקֶר כְּדֵי שֶׁיָּעִירוּ לִזְמַן הַתְּפִלָּה, הִנֵּה אִם הוּא קוֹל כָּזֶה שֶׁלֹּא נִשְׁמַע אֶלָּא בְּחֶדְרוֹ שֶׁהוּא לְעַצְמוֹ אֵין בְּזֶה אִסּוּר, אֲבָל אִם נִשְׁמַע גַּם חוּץ מֵחֶדְרוֹ שֶׁנִּשְׁמַע לְהַרְבֵּה הַלָּנִים בְּבֵיתוֹ וְכָל שֶׁכֵּן כְּשֶׁנִּשְׁמַע לְחוּץ אָסוּר מִצַּד גְּזֵירַת הַשְׁמָעַת קוֹל דִּנְתִינַת חִטִּין לְתוֹךְ רֵחַיִם שֶׁל מַיִם כְּשֶׁיִּטְחֲנוּ בְּשַׁבָּת..

3. אגרות משה או"ח ד:פד

בִּדְבַר לְדַבֵּר בְּשַׁבָּת עַל יְדֵי מייקראפאן פָּשׁוּט שֶׁאָסוּר וּכְבָר פִּרְסְמוּ אֲגֻדַּת הָרַבָּנִים שֶׁהוּא אָסוּר.. וַאֲבָאֵר בְּקִצּוּר אֶת הַטְּעָמִים שֶׁהֵם שְׁנַיִם שֶׁיֵּשׁ בָּהֶם חַשַׁשׁ אִסּוּר מִדְּאוֹרַיְיתָא וּשְׁנַיִם שֶׁהֵם אִסּוּרִים וַדָּאִים מִדְּרַבָּנָן:

א) יֵשׁ עַל כָּל פָּנִים אֵיזֶה חַשַׁשׁ מְלָאכָה מֵאַחַר שֶׁנִּתְחַדֵּשׁ אֵיזֶה דָּבָר שֶׁעַל יְדֵי זֶה נִשְׁמַע קוֹל רָם וּמֵרָחוֹק אוּלַי מַכֶּה בַּפַּטִּישׁ וְאוּלַי בּוֹנֶה, וְצָרִיךְ לְעַיֵּן בְּבֵרוּר אֵיזוֹ מְלָאכָה..

ב) וְהִשְׁתַּמְּשׁוּת בְּכֹחוֹת העלעקטרי יֵשׁ חַשַׁשׁ אִסּוּר דְּאוֹרַיְיתָא אַף בְּלֹא הַבְעָרָה וְיֵשׁ לְעַיֵּן בְּזֶה טוּבָא לְמַעֲשֶׂה.

ג) ..וְלָכֵן כֵּיוָן דְּבִימֵי הַחוֹל מְחַבְּרִין אֶת המיקראפאן רַק כְּשֶׁצָּרִיךְ לְדַבֵּר, אָסוּר לְחַבְּרוֹ בְּעֶרֶב שַׁבָּת עַל כָּל הַשַּׁבָּת הֲרֵי אֶפְשָׁר לוֹמַר שֶׁהַיּוֹם קֹדֶם הַדְּרָשָׁה וְקֹדֶם הַתְּפִלָּה חִבְּרוּהוּ להעלע־קטרי.

ד) דְּאִיכָּא בְּזֶה גַּם אִסּוּר כְּלֵי שִׁיר שֶׁאָסְרוּ מִטַּעַם שֶׁמָּא יְתַקֵּן, דְּאַף אֶת המייקראפאן יְכוֹלִין כִּמְעַט רֹב בְּנֵי אָדָם לְתַקֵּן כְּשֶׁמִּתְקַלְקֵל בְּתוֹךְ הַדִּבּוּר וְזֶה אֵרַע הַרְבֵּה פְּעָמִים, וְאִסּוּר זֶה הוּא גַּם כֵּן אִסּוּר בָּרוּר מִדְּרַבָּנָן..

4. אגרות משה או"ח ד:פה

הִנֵּה בַּדָּבָר מְכוֹנַת הַשְּׁמִיעָה לְחֵרְשִׁים אִם יֵשׁ בְּזֶה הָאִסּוּר דְּיֵשׁ בַּדִּבּוּר עַל יְדֵי מייקראפאן, נוֹהֲגִין אָנוּ כָּאן לְהָקֵל אַף שֶׁאָנוּ אוֹסְרִין בַּדִּבּוּר במייקראפאן מֵאַרְבָּעָה טְעָמִים, שְׁנֵי טְעָמִים שֶׁהֵם לְחַשַׁשׁ אִסּוּר מְלָאכָה אֲבָל אֵין הָאִסּוּר בָּרוּר, וּשְׁנֵי טְעָמִים שֶׁבָּרוּר אִסּוּרָם אֲבָל הֵם מִדְּרַבָּנָן, מֵהַטַּעַם שֶׁאֲבָאֵר.

Baby Monitors

QUESTION

Can we leave a baby monitor in our baby's room on Shabbos so that we can hear her when she cries?

DISCUSSION

Contemporary *poskim* give different reasons for why one cannot use microphones on Shabbos.

R' Yitzchak Yaakov Weiss (Minchas Yitzchak 2:17), R' Eliezer Waldenberg (Tzitz Eliezer 3:16:11;[1] 4:26) and R' Moshe Sternbuch (Teshuvos Vehanhagos 1:230) write that one cannot use a microphone on Shabbos even if it has been switched on before Shabbos just like one cannot leave a radio or television playing on Shabbos. There is an *issur derabanan* of *avsha milsa*, allowing sounds to be made on Shabbos that will give people the impression that one is performing a *melacha* (See Shabbos 18a; Eruvin 104a; Rema OC 252:5). Thus, R' Moshe Feinstein (Igros Moshe OC 4:70:6)[2] wrote that one should not set very loud alarm clocks to go off on Shabbos.

R' Moshe Feinstein (ibid. OC 3:55; 4:84[3]) gives other reasons why one must not use a microphone on Shabbos, even if it was switched on beforehand. He explains that when one speaks loudly into the microphone, the electric current increases accordingly, and one must not operate anything electrical on Shabbos. While it is difficult to understand exactly how electricity works, he compares the act of amplifying one's voice to the *melachos* of *kosev*, (writing); *boneh* (constructing); and *makeh bepatish* (the finishing act).

Nonetheless, R' Moshe (ibid. 4:85)[4] permitted people to wear hearing aids, if necessary, on Shabbos. As it is not clear what the prohibition is, we do not forbid using them in case of great need.

CONCLUSION

One should not use a baby monitor under normal circumstances on Shabbos. Only under extenuating circumstances such as with an unwell child should it be used, though when doing so, adults should be careful not to talk when in the room.

1. **שולחן ערוך או"ח שלח:ג**

זוג הַמְקַשְׁקֵשׁ לַשָּׁעוֹת, עָשׂוּי עַל יְדֵי מִשְׁקָלוֹת, מוּתָּר לְעָרְכוֹ וְלַהֲכִינוֹ מִבְּעוֹד יוֹם כְּדֵי שֶׁיֵּלֵךְ וִיקַשְׁקֵשׁ כָּל הַשַּׁבָּת.

2. **משנה ברורה שלח:טו**

מוּתָּר לְעָרְכוֹ: הַיְינוּ דְּלֹא חַיְישִׁינַן כְּשֶׁיִּשְׁמְעוּ קוֹלוֹ יַחְשְׁדוּהוּ שֶׁהֶעֱרִיכוֹ בְּשַׁבָּת דְּהַכֹּל יוֹדְעִין שֶׁדַּרְכּוֹ לְהַעֲרִיכוֹ מֵאֶתְמוֹל.

3. **חיי אדם שבת מד:יט**

אָסוּר לְהַשְׁמִיעַ קוֹל שֶׁל שִׁיר בְּשַׁבָּת בִּכְלִי וְכַיּוֹצֵא בוֹ, אֲפִלּוּ לְהַכּוֹת בְּאֶצְבָּעוֹ זֶה עַל זֶה אוֹ עַל הַלּוּחַ לְהַשְׁמִיעַ קוֹל אוֹ לְקַשְׁקֵשׁ בֶּאֱגוֹז וּבְזוּג לַתִּינוֹק שֶׁלֹּא יִבְכֶּה. וְלֹא מְטַפְּחִין יָד עַל יַד, וְלֹא מְרַקְּדִין, וְכֻלָּם גְּזֵרָה שֶׁמָּא יְתַקֵּן כְּלֵי שִׁיר..

4. **חזון איש או"ח נ:ט**

כָּתַב החיי אדם.. דְּהָעוֹרֵךְ אֶת הַשָּׁעוֹן חַיָּיב חַטָּאת מִשּׁוּם תִּקּוּן מָנָא.. וְהִנֵּה הָתָם בִּכְּרִיכָה חָשִׁיב בּוֹנֶה מִשּׁוּם שֶׁמַּנִּיחוֹ לְעוֹלָם וְאַף אִם הַכְּרִיכָה חֲשִׁיבָא כְּרָפוּי מִכָּל מָקוֹם כֵּיוָן דִּמְבַטֵּל לֵיהּ וְכֵן דֶּרֶךְ עֲשִׂיָּיתוֹ חָשִׁיב מַכֶּה בְּפַטִּישׁ אוֹ בּוֹנֶה, אֲבָל הָכָא בְּעוֹרֵךְ אֶת הַשָּׁעוֹן עָשׂוּי לְהִתְפָּרֵק וְגַם אֵין כַּאן חִבּוּר פְּרָקִים כְּלַל, אֶלָּא הָכָא עַל יְדֵי עֲרִיכָתוֹ יוֹצֵר כֹּחַ חָדָשׁ בְּהַמְּסוֹבֵב שֶׁיִּדְחוֹק עַל הָאוֹפַנִּים שֶׁיָּנוּעוּ כּוּלָם, וְהַעֲמָדָתוֹ עַל תְּכוּנָה זוּ הוּא בּוֹנֶה אוֹ מַכֶּה בְּפַטִּישׁ.

5. **משנה ברורה שלח:טו**

וְלַהֲכִינוֹ מִבְּעוֹד יוֹם: אֲבָל בְּשַׁבָּת לֹא מִיבַּעְיָא דְּאִם עָמַד דְּאָסוּר לַהֲכִינוֹ שֶׁיֵּלֵךְ וַאֲפִלּוּ רַק בְּנַעְנוּעַ חוּט הַבַּרְזֶל שֶׁמִּתְנַעְנֵעַ וְיֵשׁ בָּזֶה אִסּוּר תּוֹרָה לְכַמָּה פּוֹסְקִים דְּהָוֵי בִּכְלַל תִּקּוּן מָנָא אֶלָּא אֲפִלּוּ בְּעוֹדוֹ הוֹלֵךְ אָסוּר גַּם כֵּן לִמְשׁוֹךְ הַמִּשְׁקָלוֹת שֶׁלֹּא יִפְסוֹק הִלּוּכוֹ אִם לֹא לְצוֹרֶךְ חוֹלֶה הַצָּרִיךְ. לְכַךְ יֵשׁ לְהַתִּיר לְהַעֲרִיכוֹ בְּעוֹדוֹ הוֹלֵךְ אִם בְּקוֹשִׁי לִמְצוֹא אֵינוֹ יְהוּדִי לְזֶה וְעַל יְדֵי אֵינוֹ יְהוּדִי יֵשׁ לְהַתִּיר לְהַעֲרִיכוֹ לְצוֹרֶךְ חוֹלֶה אֲפִלּוּ כְּשֶׁנִּפְסַק הִלּוּכוֹ [אחרונים].

6. **טלטולי שבת א הערה 36**

שָׁמַעְתִּי מהגאון ר' משה פיינשטין.. דַּעֲרִיכַת הַמִּשְׂחָקִים כְּאִלּוּ דּוֹמֶה מַמָּשׁ לַעֲרִיכַת הַשָּׁעוֹן..

7. **שמירת שבת כהלכתה טז:יד**

צַעֲצוּעִים הַמְּמוּנָעִים עַל יְדֵי קָפִיץ, כְּגוֹן מְכוֹנִיּוֹת וְרוֹבּוֹטִים לְמִינֵיהֶם, אֵין לִמְחוֹת בִּילָדִים הַמְשַׂחֲקִים בָּהֶם..

הערה מג שָׁמַעְתִּי מהגרש"ז אויערבך זצ"ל, וּסְבָרָתוֹ עִמּוֹ, שֶׁאֵין זֶה שַׁיָּיךְ כְּלָל לְכִינּוּן שָׁעוֹן דְּאָסְרִינַן מִשּׁוּם תִּקּוּן מָנָא.. דְּשָׁאנֵי הָתָם שֶׁהַקָּפִיץ לֹא רַק דּוֹחֵף גַּלְגַּלִּים לְשָׁעָה מוּעֶטֶת, אֶלָּא עָרוּךְ וּמְתוּקָּן הוּא לְמַעַן דַּעַת בּוֹ אֶת הַזְּמַן הַנָּכוֹן.. מַה שֶּׁאֵין כֵּן בְּנִידּוֹן דִּידָן שֶׁהַצַּעֲצוּעַ רַק נִדְחָף כַּמָּה מֶטְרִים וְשׁוּב מַפְסִיק לִפְעוֹל..

8. **THE 39 MELOCHOS, p1132**

It is permissible to wind-up a baby swing (Swing-a-matic, etc.) because the swing is a fully complete and functional item as it is, and winding it is merely the method of operation of this type of swing.

Wind up Baby Swing

QUESTION ————————————————————————

We have a mechanical baby swing that is operated by winding it up. Can we use it on Shabbos?

DISCUSSION ————————————————————————

The Shulchan Aruch (OC 338:3)[1] writes that one can set an grandfather clock before Shabbos even though it will chime throughout Shabbos. The Mishna Berura (338:14) explains that people will understand that it was set before Shabbos. The *poskim* discuss whether one can pull the chains that operate the clock on Shabbos. The Mishna Berura (338:15)[2] *paskens* like the Chayei Adam (Shabbos 44:19)[3] who writes that it is forbidden because it is akin to *tikkun mana* (fixing something), whereas the Chazon Ish (Shabbos 50:9)[4] explains that it is akin to *boneh* (building) as you are making the watch operational again.

As there is a *machlokes* as to whether one can wind a watch on Shabbos that is still ticking (See Kesav Sofer OC 55; Daas Torah OC 338:3), the Mishna Berura (338:15)[5] *paskens* that one may only do so under extenuating circumstances, such as for a *choleh* (See Shemiras Shabbos Kehilchasa 28:28).

The *poskim* discuss whether wind-up toys and swings are included. R' Yisroel Pinchos Bodner (Tiltulei Shabbos 1:n36)[6] writes that he heard from R' Moshe Feinstein that one must not play with wind-up toys on Shabbos as they are like winding up watches.

R' Yehoshua Neuwirth (ibid. 16:14; 16:n43)[7] writes that children can play with wind-up toys providing they do not make a noise, etc. He writes that R' Shlomo Zalman Auerbach differentiated between watches and toys. Watches are considered to be non-operational when not ticking, as opposed to wind-up toys that are only designed to work for a few seconds. Additionally, watches are far more complex and sophisticated than wind-up toys (See Minchas Shlomo 9; Baer Moshe 6:32). However, he writes that they may be *assur miderabanan* according to the Chazon Ish.

Thus, R' Dovid Ribiat (The 39 Melochos, p1132)[8] writes that one may wind up a baby swing on Shabbos. He writes (ibid. Makeh Bepatish n58) that while R' Moshe's prohibition of wind-up toys may apply to wind-up swings too, he heard from many *poskim* that one may wind up baby swings on Shabbos.

CONCLUSION ————————————————————————

One may wind up a baby swing on Shabbos.

1. שולחן ערוך או"ח שטו:א

אָסוּר לַעֲשׂוֹת אֹהֶל בְּשַׁבָּת וְיוֹם טוֹב אֲפִלּוּ הוּא עֲרַאי..

2. שבת קלח.

אֲבָל מִטָּה וְכִסֵּא טְרַסְקָל וְאַסְלָא, מוּתָּר לְנָטוֹתָן לְכַתְּחִלָּה.

3. שמירת שבת כהלכתה כד:כד

מוּתָּר לִפְתּוֹחַ כִּסֵּא-נוֹחַ, מִיטָּה וְשׁוּלְחָן הַמִּתְקַפְּלִים, וְכֵן לוּל שֶׁל תִּינוֹקוֹת, מִכֵּיוָן שֶׁרְגִילִים בְּכָךְ, וְכָל הַחֲלָקִים מְחוּבָּרִים לְגוּף אֶחָד, וּכְשֵׁם שֶׁמּוּתָּר לִפְתּוֹחַ אוֹתָם כֵּן מוּתָּר לְקַפְּלָם.

4. נודע ביהודה או"ח ב:ל

עַל דְּבַר נְשִׂיאַת הַפַּארְאסָאל בְּשַׁבָּת וְהוּא כְּלִי הֶעָשׂוּי לְהָגֵן בַּחַמָּה מִפְּנֵי הַחַמָּה וּבַגְּשָׁמִים מִפְּנֵי הַגְּשָׁמִים וְהָאָדָם נוֹשְׂאוֹ עַל רֹאשׁוֹ וְהוּא מַאֲהִיל עַל רֹאשׁוֹ וְהוּא עָשׂוּי שֶׁיֵּשׁ לוֹ בֵּית יָד וּקְרָסִים וְלוּלָאוֹת לְפָתְחוֹ וּלְמוֹתְחוֹ וּלְסָגְרוֹ כִּרְצוֹנוֹ.. וְהִנֵּה אֲמִינָא לֵיהּ אֵיזִי שֶׁזֶּה אֵיזֶה שָׁנִים שֶׁהוּבָא כְּלִי הנ"ל לִקְהִלָּתֵנוּ וְהוּרְגְּלוּ בּוֹ רַבִּים וּמִתּוֹךְ כַּךְ הִתְחִילוּ לְהָקֵל בּוֹ גַּם בְּשַׁבָּת וּמָחִיתִי בָּהֶם וְדָרַשְׁתִּי בְּאוֹתוֹ פַּעַם בְּבֵית הַכְּנֶסֶת שֶׁהוּא אִסּוּר גָּמוּר וְאָמַרְתִּי שֶׁאֲפִלּוּ חוֹשְׁשַׁנִי לְאִסּוּר סְקִילָה וּמֵאָז וְעַד עַתָּה אֲנִי מוֹחֶה בִּקְהִלָּתֵנוּ וְרוֹב הָעָם נִזְהָרִים..

5. חתם סופר או"ח עב

יַעַן רָאִיתִי בנודע ביהודה.. מָה שֶׁכָּתוּב אוֹדוֹת הַפַּארְאסָאל שֶׁחוֹשֵׁשׁ לָהֶם מֵחִיּוּב חַטָּאת.. וְאַחַר הָעִיּוּן הָדֵק הֵיטֵב אוֹמֵר אֲנִי, בְּוַדַּאי לִישָּׂא פַּארְאסָאל בְּשַׁבָּת לַאו מִשְׁנַת חֲסִידִים הִיא וְשׁוֹמֵר נַפְשׁוֹ יִרְחַק מִמֶּנּוּ, אֲבָל מִכָּל מָקוֹם לְפִי עֲנִיּוּת דַּעְתִּי אֵינֶנּוּ כְּמוֹ שֶׁחָשַׁב הַגָּאוֹן זצ"ל, דְּכָל מְלָאכָה דְּלָא אֶשְׁכְּחָן דְּכַוָּותֵהּ בַּמִּשְׁכָּן לֹא מְחַיֵּיב עָלֶיהָ בְּשַׁבָּת.. חֲדָא, דְּהָוֵי לֵיהּ בִּנְיַן לְשָׁעָה.. ב. דְּלֹא מָצִינוּ כַּיּוֹצֵא בָּזֶה בַּמִּקְדָּשׁ שֶׁיִּהְיֶה הָאוֹהֶל עוֹבֵר מִמָּקוֹם לְמָקוֹם עַל יְדֵי אָדָם הַנּוֹשְׂאוֹ בְּעַצְמוֹ.. וְעוֹד בָּהּ שְׁלִישִׁית שֶׁאֵין אֹהֶל דְּאוֹרַיְיתָא אֶלָּא כְּשֶׁמְּחִיצוֹת מַגִּיעוֹת לָאָרֶץ כְּמוֹ שֶׁהָיָה בַּמִּשְׁכָּן..

6. אגרות משה שבת ד:קה:ג

וּבִדְבַר לִמְתּוֹחַ הָאֹהֶל הַקָּבוּעַ בַּעֲגָלוֹת תִּינוֹקוֹת שהחזון איש הִתִּיר וְיֵשׁ לְפַקְפֵּק בִּדְבָרָיו בְּמַה שֶׁחוֹלֵק עַל הנודע ביהודה וְאֵין עִתּוֹתַי לְפִי שָׁעָה לְעַיֵּין בְּזֶה הַרְבֵּה, לָכֵן יֵשׁ לְהַחֲמִיר שֶׁיַּנִּיחַ מֵעֶרֶב שַׁבָּת שֶׁיִּהְיֶה פָּרוּס מְעַט שִׁיעוּר טֶפַח וּכְשֶׁיִּצְטָרֵךְ בְּשַׁבָּת יִמְתָּחֵם לִגְמָרֵי דְיִהְיֶה רַק הוֹסָפַת אֹהֶל עֲרַאי שֶׁמּוּתָּר וְכִמְדוּמַנִי שֶׁכֵּן נוֹהֲגִין.

7. חזון איש או"ח נב:ו

..עֲגָלוֹת שֶׁל תִּינוֹקֶת שֶׁיֵּשׁ עֲלֵיהֶן סוּכָּה הַנִּמְתַּחַת וְנִקְפֶּלֶת מוּתָּר לְמוֹתְחָהּ וּמוּתָּר לְקַפְּלָהּ אַף עַל גַּב דִּכְשֶׁמּוֹתְחָהּ עוֹשֶׂה גַּג וּמְחִיצוֹת וְגַם כַּוָּנָתוֹ לְצֵל וְיֵשׁ בְּגַגָּהּ טֶפַח מִכָּל מָקוֹם כֵּיוָן דְּהַסּוּכָּה קְבוּעָה בָּעֲגָלָה וַעֲשׂוּיָה לִנְטוֹתָהּ וּלְקַפְּלָהּ חָשִׁיב כְּדֶלֶת הַסּוֹבֶבֶת עַל צִירֶיהָ וְכַכִּסֵּא טְרַסְקָל.

8. שמירת שבת כהלכתה כד:יג

..מוּתָּר לִפְתּוֹחַ בְּשַׁבָּת גַּגּוֹן שֶׁל עֲגָלַת יְלָדִים, אִם אָמְנָם הָיָה מְחוּבָּר לָעֲגָלָה מִבְּעוֹד יוֹם.. וּמִכֵּיוָן שֶׁכְּבָר קַיָּם אוֹהֶל, אַף מוּתָּר לִפְרוֹס רֶשֶׁת אוֹ כִּילָה עַל גַּבֵּי הָעֲגָלָה כּוּלָּהּ, וְיַתְחִיל לְפוֹרְסָהּ מִצַּד הַגַּגּוֹן.

140 מקור חיים

Buggies (Strollers)

QUESTION ————————————————————————————————————

Can I open and close the hood on my baby's buggy on Shabbos? Is it okay to put a rain cover over the hood?

DISCUSSION ———————————————————————————————————

The Shulchan Aruch (OC 315:1)[1] writes that *chazal* forbade making a temporary *ohel* on Shabbos. The Gemara (Shabbos 138a)[2] writes that one may unfold a folding chair on Shabbos. While doing so creates a shelter over the space underneath the chair, that is not considered making an *ohel*. One may, therefore, open buggies and foldable cots on Shabbos (Shemiras Shabbos Kehilchasa 24:24)[3].

R' Yechezkel Landau (Noda Biyehuda OC 2:30)[4] writes that umbrellas are not included in this category and may not be opened or closed on Shabbos. While many *acharonim* (Chasam Sofer OC 72;[5] Tiferes Yisroel, Kilkeles Shabbos, Ohel) disagreed with R' Landau's arguments, they also did not allow their use.

R' Moshe Feinstein (Igros Moshe OC 4:105:3)[6] writes that the hood may only be pulled over (unfolded) provided it is already open a *tefach* when Shabbos comes in, as one is merely extending an existing *ohel*, rather than creating a new one (See Yalkut Yosef, Shabbos 315:11). Likewise, when pulling back (folding) the hood, one should not open it fully, though leave one *tefach* closed to avoid dismantling the *ohel*.

The Chazon Ish (Shabbos 52:6)[7] compares buggy hoods to *sukkah* roofs, which the Rema (OC 626:3) allows to be opened on Shabbos. As the hood is already attached to the buggy, one may open and close it fully on Shabbos. Most contemporary *poskim* follow this view (See Rivevos Ephraim 4:97:97). R' Yehoshua Neuwirth (Shemiras Shabbos Kehilchasa 24:13)[8] and R' Dovid Ribiat (The 39 Melochos p1079) write that even if the buggy's canopy is closed, one may spread a rain cover on top.

CONCLUSION ————————————————————————————————————

One may fold and unfold buggies normally and attach rain covers on Shabbos.

1. משנה תורה שבת כא:יב

מְפָרֵק, חַיָּב מִשּׁוּם דָּשׁ, וְהַסּוֹחֵט זֵיתִים וַעֲנָבִים, חַיָּב מִשּׁוּם מְפָרֵק..

2. רש"י שבת עג:

מְפָרֵק: תּוֹלָדָה דְּדָשׁ שֶׁמְּפָרֵק תְּבוּאָה מִשִּׁבֳּלֶיהָ לְשׁוֹן פּוֹרֵק מִן הַחֲמוֹר.

3. תוספות כתובות ו.

..דְּאָסוּר מִשּׁוּם סְחִיטָה וְקָשֶׁה לר"ת דְּהָא סְחִיטָה מִשּׁוּם לִיבּוּן וְלֹא שַׁיְיכָא בִּשְׁאָר מַשְׁקִים..

4. מנחת יצחק י:כה

צָדְקוּ דִּבְרֵיהֶם שֶׁל הַגְּאוֹנִים הנ"ל.. וְהִסִיקוּ דְּאֵין לְהָקֵל בְּנִידָּן דִּידָן, וּבְיוֹתֵר.. דְּכָל הַהִשְׁתַּמְּשׁוּת בְּהַבעיבי ווייפס הוּא רַק לְהָקֵל הַטִּירְחָא, דַּהֲרֵי אֶפְשָׁר לְרָחְצוֹ בַּמַּיִם וּלְנַגְּבוֹ אַחַר כָּךְ בְּזֶה בְּוַדַּאי אֵין לְהָקֵל..

5. מחזה אליהו ב:יד

..וְאָז אָמַרְתִּי.. דִּלְפִי עֲנִיּוּת דַּעְתִּי אֵין כָּל סָפֵק שֶׁיֵּשׁ בָּזֶה אִסּוּר דְּאוֹרַיְיתָא מַמָּשׁ מִשּׁוּם מְפָרֵק תּוֹלָדָה דְּדָשׁ שֶׁאִי אֶפְשָׁר לְהִשְׁתַּמֵּשׁ בִּנְיָירוֹת אֵלּוּ בְּלִי לִסְחוֹט מֵהֶם בְּמִדָּה גְּדוּשָׁה.. וְגַם אָמַרְתִּי אָז דְּאֵין לְצַדֵּד דַּהֲוֵי רַק שְׁבוּת מִדְּסוֹחֵט נוֹזֵל מִנְּיָיר וְלֹא מִבֶּגֶד וְאוּלַי לַאו דֶּרֶךְ סְחִיטָה בְּכַךְ, דִּנְיָיר זֶה שֶׁמִּמֶּנּוּ מְיַצְּרִים אֶת הבייבי ווייפס עָשׂוּי בִּמְיוּחָד לִבְלוֹעַ מַיִם וְעָשׂוּי לַאֲלָפִים וּרְבָבוֹת לְצוֹרֶךְ זֶה, וְאִי אֶפְשָׁר לוֹמַר דְּלַאו דֶּרֶךְ סְחִיטָה בְּכַךְ..

6. רבבות אפרים ז:קיח

אֲבָל יִזָּהֵר שֶׁלֹּא יִדְחוֹק הַרְבֵּה, כִּי בְּכַמָּה סְפָרִים כָּתְבוּ בְּזֶה דְּשַׁיָּךְ סְחִיטָה..

7. שבט הלוי י:נח

..דְּהָעֵצָה לְהִשְׁתַּמֵּשׁ (לְדַעַת הַמְּקִילִים) בְּאוֹפֶן שֶׁלֹּא יִדְחוֹק הַרְבֵּה עַד שֶׁיָּבֹא לִידֵי סְחִיטָה, וְאִם הוּא לְצוֹרֶךְ תִּינוֹק אֶפְשָׁר לְצַדֵּד לְהָקֵל.. דְּעַל יְדֵי שֶׁנַּעֲשִׂים מַגְבוֹנִים אֵלֶּה הַיּוֹם רְטוּבִּים הַרְבֵּה קָרוֹב שֶׁאִי אֶפְשָׁר לַעֲמוֹד בְּעֵצָה הנ"ל שֶׁלֹּא לִדְחוֹק הַרְבֵּה וְאֵין לִמְסוֹר זֶה לַהֲמוֹנִים..

8. משנה ברורה תריג:כה

וְיָבוֹא לִידֵי סְחִיטָה: אֲבָל מוּתָּר לְקַנֵּחַ יָדָיו וְרַגְלָיו עֶרֶב יוֹם כִּיפּוּר בְּמַפָּה וְלַמָּחָר מַעֲבִירָהּ עַל עֵינָיו דְּהִיא עֲדַיִין לַחָה קְצָת מִקִּנּוּחַ יָדַיִם דְּאֶתְמוֹל דְּבָזֶה לֹא חַיְישִׁינָן לִסְחִיטָה.

9. שמירת שבת כהלכתה יד הערה צט

שָׁמַעְתִּי מהגרש"ז אויערבך זצ"ל, דְּאֵין הַנּוֹזְלִים נִסְחָטִים מִן מִמְחֶטֶת-הַנְּיָיר הוֹאִיל וְאִם לֹא יִסְחָטֵם, לֹא יֵצֵא שׁוּם מַמָּשׁוּת מִמַּה שֶּׁבִּפְנִים [וְדָמִי לְהָא דסי' תריג במשנה ברורה ס"ק כח דְּאֵינוֹ אֶלָּא מַעֲבִיר אֶת הַמַּגֶּבֶת הַלַּחָה עַל עֵינָיו], וְאַף אִם יוֹצֵא קְצָת, אֵין זֶה פְּסִיק רֵישֵׁיהּ..

10. אגרות משה או"ח ב:ע

..וְלִשְׁרוֹת נְיָיר בְּמַיִם לְקַנֵּחַ אֵיזֶה דָּבָר וּמַשְׁלִיכִים לְאִבּוּד, פָּשׁוּט שֶׁאֵין לֶאֱסוֹר דְּלֹא שַׁיָּךְ מְלַבֵּן בִּנְיָיר הַהוֹלֵךְ לְאִבּוּד, וְאַף אִם הוּא נְיָיר שֶׁנִּשְׁאָר קַיָּים נָמִי לֹא מִתְלַבֵּן בְּמַיִם אֶלָּא מִתְקַלְקֵל וּכְשֶׁשּׁוֹרֵהוּ בְּמַיִם לֹא יָחוּשׁ עַל הַנְּיָיר לְהוֹצִיא הַמַּיִם מִמֶּנּוּ..

11. מנחת אשר א:יד

..וְסִבַּת הַדָּבָר הִיא מִשּׁוּם שֶׁמַּגְבוֹנִים אֵלֶּה מְיוּצָּרִים בְּאוֹפֶן שֶׁהַנּוֹזֵל טוֹפֵחַ עֲלֵיהֶם וְאֵינוֹ נִבְלָע בָּהֶם, כִּי כָּל תּוֹעֶלֶת מַגְבוֹנִים אֵלֶּה הִיא שֶׁכַּמּוּת מוּעֶטָה שֶׁל נוֹזְלִים מוּפְרֶשֶׁת מֵהֶם עַל גַּבֵּי הַגּוּף וּמִתְאַדָּה מֵאֵלֶיהָ כָּל כַּךְ שֶׁאֵין צוֹרֶךְ בְּנִיגּוּב נוֹסָף לְאַחַר הַשִּׁימּוּשׁ בָּהֶם, דְּהֲלֹא יָדוּעַ שֶׁאִם מְחַתְּלִים תִּינוֹק בְּעוֹדוֹ רָטוֹב יְגָרֵם לוֹ גֵּירוּי וְזִיהוּם, עַל כֵּן מְיוּצָּרִים מַגְבוֹנִים אֵלֶּה בְּאוֹפֶן מְיוּחָד כָּךְ שֶׁבְּלִיעָתָן מוּעֶטָה וְעִקַּר הַנּוֹזֵל טוֹפֵחַ עַל פְּנֵיהֶם.. וְכֵיוָן שֶׁכֵּן אֵין לְהַחֲמִיר לְלֹא צוֹרֶךְ בְּדָבָר שֶׁיֵּשׁ בּוֹ הֲקָלָה עֲצוּמָה..

Baby Wipes

QUESTION ────────────────────────────────────

Can we use baby wipes on Shabbos?

DISCUSSION ───────────────────────────────────

Rambam (Shabbos 8:10; 21:12[1]) writes that *sechita*, squeezing out liquid from a solid, is a form of *mefarek*, extraction, which is a *tolda* of *dosh*, threshing (See Rashi, Shabbos 73b)[2]. Tosafos (Kesubos 6a)[3], however, writes that it would also be a prohibition of *melabein*, cleaning.

R' Yitzchak Yaakov Weiss (Minchas Yitzchak 10:25)[4] considers using baby wipes to be *sechita*. Especially as one can use water instead, one should avoid using baby wipes. Likewise, R' Pesach Eliyahu Falk (Machazeh Eliyahu 2:14)[5] maintains that as the very purpose of baby wipes is to squeeze out liquid for a constructive purpose, one cannot claim that one is not transgressing on *sechita*.

R' Ephraim Greenblatt (Rivevos Ephraim 6:194:3; 7:118[6]) and R' Shmuel Wosner (Shevet Halevi 10:58;[7] 13:59) write that one may use baby wipes providing that one does so gently so that one is not forcing liquid to be extracted. Nonetheless, R' Wosner concludes that this is not practical and that one should avoid using them.

The Mishna Berura (613:25)[8] writes that one may wipe their face with a damp towel on Yom Kippur that one had previously dried one's hands on without concern for *sechita*. R' Shlomo Zalman Auerbach (quoted in Shemiras Shabbos Kehilchasa 14:n99)[9] compares this to baby wipes which may be damp, but will not drip like a wet sponge. Similarly, R' Moshe Feinstein (Igros Moshe OC 2:70)[10] writes that one may clean surfaces with wet paper towels as the water is not properly absorbed and so does not pose an issue of *sechita*. We are not concerned for *melabein* as the wipe is disposable and not fit for reuse. Additionally, the wipe itself becomes dirty rather than clean (See Har Tzvi OC 1:190).

R' Asher Weiss (Minchas Asher 1:14-17;[11] 2:33) argues that baby wipes do not pose any concern of *sechita*. Baby wipes are designed to be used without squeezing and, unlike paper towels, the liquid primarily rests on the surface.

CONCLUSION ───────────────────────────────────

While there are stricter authorities who advise using tissues with water or lotion, many rely on the more lenient authorities who allow wipes to be used. Care must be taken not to tear perforated wipes.

1. רש"י שבת קמז.

אֲבָל לֹא מִתְעַמְּלִין: לְשַׁפְשֵׁף בְּכֹחַ. וְלֹא מִתְגָּרְרִין: גָּרְסִינָן בְּמַגְרֶדֶת שֶׁקּוֹרִין אשטרייל"א דְּהַוֵי עוּבְדָא דְּחוֹל.

2. רש"י ביצה כט:

לֹא יְבִיאֵם בַּסַּל וּבַקֻּפָּה: לָתֵת שָׁלֹשׁ וְאַרְבַּע בְּתוֹךְ קֻפָּה וְיִשָּׂאֵם מִשּׁוּם דְּנִרְאֶה כְּמַעֲשֶׂה דְּחֹל לָשֵׂאת מַשָּׂאוֹת.

3. חלקת יעקב או"ח קז

אִם מוּתָּר לִיתֵּן בְּשַׁבָּת בְּגָדִים מְלוּכְלָכִים בִּמְכוֹנַת הַכְּבִיסָה..

א) וּלְפִי עֲנִיּוּת דַּעְתִּי נִרְאֶה דְּאָסוּר, דְּהָא בְּזֶה שֶׁמַּנִּיחָם שָׁם בִּמְכוֹנַת הַכְּבִיסָה, הוּא מֵכִין מִשַּׁבָּת לַחוֹל וְזֶה אָסוּר, וְאַף שֶׁכַּוָּנָתוֹ כָּעֵת אֵינָהּ לְצוֹרֶךְ כְּבִיסָה רַק בִּכְדֵי שֶׁיִּהְיוּ שְׁמוּרִים שָׁם עַד שְׁעַת כְּבִיסָה, זֶה לֹא מְהַנֵּי לָן לוֹמַר דְּהַוֵי כְּמַנִּיחָן בְּאַרְגָּז כֵּיוָן דְּמִשְׁתַּמֵּשׁ כָּעֵת בִּמְכוֹנַת הַכְּבִיסָה בְּתוֹרַת אַרְגָּז, דְּהָא סוֹף כָּל סוֹף הוּא מֵכִין מִשַּׁבָּת לְחוֹל, דְּאִם לֹא יַעֲשֶׂה עַכְשָׁיו יִצְטָרֵךְ לַעֲשׂוֹתוֹ אַחַר כָּךְ וְזֶה אָסוּר..

ב) וְעוֹד כֵּיוָן לַמָּקוֹם הַזֶּה נַעֲשָׂה לְמַעֲשֶׂה כְּבִיסָה, יֵשׁ בָּזֶה מִשּׁוּם עוּבְדִין דְּחוֹל כְּשֶׁמַּנִּיחָן שָׁם..

4. נשמת שבת ד:שסז

שְׁאֵלָה: מַהוּ לְקַבֵּץ בְּגָדִים מְלוּכְלָכִים וְלְהָנִיחָם בָּאַרְגָּז הַסָּמוּךְ עַל יַד הוּוא"ש מאשי"ן, וּמַהוּ לְהַנִּיחָהּ לְתוֹךְ המאשי"ן.

תְּשׁוּבָה: פָּשׁוּט דְּמוּתָּר מֵאַחַר שֶׁאֵין כַּוָּנָתוֹ כְּדֵי לְהָכִין לְהַכִּיבּוּס רַק כְּדֵי לְסַדֵּר הַבַּיִת שֶׁלֹּא יִהְיֶה מְהוּפָּךְ אוֹ מִשּׁוּם שֶׁבְּגָדִים הַמְשׁוּמָּשִׁים יֵשׁ לָהֶם רֵיחַ זֵיעָה.. אָמְנָם אִם אֵין לוֹ מָקוֹם אַחֵר לְהַצְנִיעָם שָׁמָּה, אוֹ שֶׁחוֹשֵׁשׁ שֶׁבִּשְׁאָר הַמְּקוֹמוֹת יִדְלוֹף רֵיחַ רַע מִן הַבְּגָדִים עַל כֵּן רוֹצֶה לְסוֹגְרָם בְּתוֹךְ המאשי"ן נִרְאֶה דְּשַׁפִּיר דָּמֵי. שֶׁעִקַּר כַּוָּנָתוֹ לֹא כְּדֵי לַהֲכִינוֹ לְהַכְּבִיסָה רַק לְהַעֲבִירוֹ מֵעַל פָּנָיו בְּשַׁבַּת קוֹדֶשׁ.. וְלֹא נִרְאֶה מַה שֶּׁכָּתַב לֶאֱסוֹר בְּזֶה בשו"ת חלקת יעקב (ח"ג סִימָן פה) מִשּׁוּם עוּבְדָא דְּחוֹל וּמִשּׁוּם גְּזֵירָה שֶׁמָּה יַנִּיחֶנָּה לְתוֹכָהּ כְּשֶׁיֵּשׁ שָׁם מַיִם וְיַעֲבוֹר עַל אִסּוּר כִּיבּוּס (דִּשְׁרִיָּיתוֹ זֶה כִּיבּוּסוֹ) עיי"ש, שֶׁאֵין לָנוּ כֹּחַ לֶאֱסוֹר מִשּׁוּם עוּבְדָא דְּחוֹל מַה שֶּׁלֹּא נִמְצָא בְּחַזַ"ל.. וְכֵן מַה שֶּׁחָשַׁשׁ שֶׁמָּא יִהְיֶה שָׁם מַיִם הוּא גְּזֵירָה שֶׁלֹּא שָׁכִיחַ כְּלָל כַּיָּדוּעַ שֶׁבְּשׁוּם פַּעַם לֹא נִשְׁאָר מַיִם בְּתוֹךְ המאשי"ן אֶלָּא אִם כֵּן נִתְקַלְקְלָה אוֹ נִפְסַק כֹּחַ הַעֶלֶעקְטֶער בְּאֶמְצַע הִלּוּךְ הַכְּבִיסָה.. וּלְאַחַר שֶׁהִנִּיחַ בְּתוֹכוֹ הַבְּגָדִים מוּתָּר שׁוּב לִסְגּוֹר דֶּלֶת פֶּתַח הַמְּכוֹנָה וְאֵין בְּזֶה מִשּׁוּם אִסּוּר טִלְטוּל מוּקְצֶה, דְּאִם לֹא יִסְגְּרֶנּוּ יֵצֵא רֵיחַ רַע שֶׁל עִיפּוּשׁ הַבְּגָדִים מִמֵּילָא שֶׁמִּיקְרֵי טִלְטוּל לְצוֹרֶךְ גּוּפוֹ..

5. משנה הלכות ד:מד

בְּגָדִים מְלֻכְלָכִים אִי מוּתָּר לַהֲשִׂימָם בִּמְכוֹנַת כְּבִיסָה (וָואשׁ מַאֲשִׁין בְּלַעַ"ז).. אוֹ דִּילְמָא נִרְאֶה כְּמֵכִין לַכְּבִיסָה לְמוֹצָאֵי שַׁבַּת קוֹדֶשׁ הִנֵּה אִי מִשּׁוּם הָא גְּדוֹלָה הָיָה לֵיהּ לָחוּשׁ דְּהָרוֹאֶה יֹאמַר דְּרוֹצֶה לְכַבֵּס בְּשַׁבָּת וְיָבֹא לִידֵי חֲשַׁד אֲבָל כַּנִּרְאֶה דְּגַם זֶה תָּלוּי בְּדֶרֶךְ הַשִּׁימּוּשׁ שֶׁאִם הַדֶּרֶךְ לְהִשְׁתַּמֵּשׁ כֵּן בִּימֵי הַחוֹל שֶׁמְּשִׂימִים בְּגָדִים הַצּוֹאִים בַּמְּכוֹנָה וְלֹא מְכַבְּסִים מִיָּד אֶלָּא מוּנָּח שָׁם אִם כֵּן אֵין זֶה הֲכָנָה לַכְּבִיסָה אֶלָּא שֶׁזֶּה דֶּרֶךְ וּמָקוֹם לְהָנִיחַ בְּגָדִים הַמְּלֻכְלָכִים אִם כֵּן גַּם בְּזֶה לֵיכָּא אִסּוּר. וְאִי מִשּׁוּם מַרְאִית הָעַיִן אֵין אָנוּ גּוֹזְרִים גְּזֵרוֹת מָה שֶׁלֹּא גָּזְרוּ חֲזַ"ל. וְאִי מִשּׁוּם מֻקְצֶה שֶׁהַמְּכוֹנָה הֲוָה מֻקְצֶה הִנֵּה כָּתַבְתִּי לְעֵיל סִי' מ"ג לְעִנְיַן מְכוֹנַת כְּבִיסַת כֵּלִים וְהַדִּין אֶחָד הוּא גַּם כַּאן שֶׁאִם מִשְׁתַּמֵּשׁ כֵּן בִּימֵי הַחוֹל אֵינָהּ מֻקְצֶה וְגַם אִי נֹאמַר כֵּן מִכָּל מָקוֹם אִם אֵינָהּ מְזִיזָהּ בְּשָׁעָה שֶׁנּוֹתֵן שָׁם הַבְּגָדִים לֵיכָּא מֻקְצֶה בִּכְהַאי גַּוְונָא וְלָכֵן נִרְאֶה דְּמוּתָּר לָשׂוּם הַבְּגָדִים בִּמְכוֹנַת כְּבִיסָה אִם דַּרְכּוֹ בַּחוֹל כֵּן.

Placing Clothes in Washing Machine

Question

Can we place dirty clothes into the washing machine on Shabbos?

Discussion

The Gemara (Shabbos 138a) teaches that there are certain acts that are prohibited *miderabanan* on Shabbos because they are *uvdin dechol,* a mundane, weekday activities. Included in this would be a vigorous massage (Rashi, Shabbos 147a)[1] or weightlifting (Rashi, Beitza 29b)[2].

R' Mordechai Yaakov Breisch (Chelkas Yaakov OC 107)[3] writes that one must not place dirty clothes in a washing machine on Shabbos as it is considered *uvdin dechol.* Additionally, as one would normally fill the washing machine after Shabbos, putting clothes in on Shabbos is considered *hachana,* preparing for after Shabbos.

R' Yisroel Dovid Harfenes (Nishmas Shabbos 4:367)[4], however, disagrees. While emptying a basket into the washing machine would be *hachana*, if one would put dirty clothes straight into the machine during the week, even long before they put the wash on, then doing so now is not considered *hachana.* As washing machines are typically dry when open, we do not need to be concerned that the clothes will become wet.

R' Menashe Klein (Mishne Halachos 4:44)[5] adds that providing that one would do so during the week, one does not need to be concerned that others will suspect them of washing their clothes on Shabbos. Nor would the washing machine be *muktze* if one would normally put soiled laundry into the machine hours before washing them.

Conclusion

One may place dirty clothes straight into the washing machine on Shabbos if they would normally do so during the week even before putting the wash on. One may not, however, sort clothes or empty the washing basket into it.

1. שולחן ערוך או"ח שא:מו

בְּגָדִים הַשְּׁרוּיִם בְּמַיִם אָסוּר לְנַגְּבָם סָמוּךְ לָאֵשׁ. **הגה** וְאָסוּר לְטַלְטְלָם שֶׁמָּא יָבֹא לִידֵי סְחִיטָה וְהוּא שֶׁמַּקְפִּיד עַל מֵימָיו (מרדכי פ' חבית) וְאָסוּר לֵילֵךְ בְּשַׁבָּת בְּמָקוֹם שֶׁיָּכוֹל לְהַחֲלִיק וְלִיפּוֹל בַּמַּיִם שֶׁמָּא יִשָּׁרוּ כֵּלָיו וְיָבֹא לִידֵי סְחִיטָה (רי"ו ח"ג).

2. מגן אברהם שא:נז

סָמוּךְ לָאֵשׁ: מִשּׁוּם מְלַבֵּן אוֹ מִשּׁוּם מְבַשֵּׁל כְּמוֹ אוֹנִין שֶׁל פִּשְׁתָּן [שָׁם] וְאִם כֵּן אֲפִלּוּ בִּשְׁרִיָּיה מוּעֶטֶת אָסוּר.

3. משנה ברורה שא:קסט

אָסוּר לְנַגְּבָם וְכוּ': אַף עַל גַּב דַּאֲפִילוּ בְּחַמָּה אָסוּר וכנ"ל הָתָם מִשּׁוּם מַרְאִית הָעַיִן לְחוּד הוּא וְקָא מַשְׁמַע לָן הָכָא דְּנֶגֶד הָאֵשׁ יֵשׁ אִסּוּר תּוֹרָה מִשּׁוּם מְבַשֵּׁל וּמִשּׁוּם מְלַבֵּן [דְּדֶרֶךְ לְהִתְלַבֵּן עַל יְדֵי הַתַּנּוּר כִּדְאָמְרִינָן (שבת כז) הָאוֹנִין שֶׁל פִּשְׁתָּן מִשֶּׁיִּתְלַבְּנוּ] וְגַם דְּאָסוּר מֵחֲמַת זֶה לְנַגְּבָן אֲפִלּוּ כְּשֶׁהוּא לָבוּשׁ בָּהֶם אִם הוּא עוֹמֵד נֶגֶד הַחוֹם בְּמָקוֹם שֶׁהַיָּד סוֹלֶדֶת בָּהֶם.

4. משנה שבת קמו:

מִי שֶׁנָּשְׁרוּ כֵּלָיו בַּדֶּרֶךְ בְּמַיִם מְהַלֵּךְ בָּהֶן וְאֵינוֹ חוֹשֵׁשׁ הִגִּיעַ לֶחָצֵר הַחִיצוֹנָה שׁוֹטְחָן בְּחַמָּה אֲבָל לֹא כְּנֶגֶד הָעָם.

5. רש"י שבת קמו:

אֲבָל לֹא כְּנֶגֶד הָעָם: שֶׁיְּחַשְׁדוּהוּ שֶׁכִּבְּסָן.

6. שולחן ערוך או"ח שא:מה

מִי שֶׁנָּשְׁרוּ כֵּלָיו בַּמַּיִם הוֹלֵךְ בָּהֶם וְאֵינוֹ חוֹשֵׁשׁ שֶׁמָּא יָבֹא לִידֵי סְחִיטָה וְלֹא יַשְׁטִיחֵם לְנַגְּבָם מִפְּנֵי מַרְאִית הָעַיִן שֶׁלֹּא יַחְשְׁדוּהוּ שֶׁכִּבְּסָן בְּשַׁבָּת וַאֲפִלּוּ בְּחַדְרֵי חֲדָרִים שֶׁאֵין שָׁם רוֹאִים אָסוּר וְלֹא אָסְרוּ אֶלָּא לְשׁוֹטְחָן בְּשַׁבָּת אֲבָל אִם שָׁטַח מֵעֶרֶב שַׁבָּת כֵּלִים הַמְכוּבָּסִים אֵינוֹ חַיָּיב לְסַלְּקָן בְּשַׁבָּת.

7. שמירת שבת כהלכתה טו:לח

בֶּגֶד שֶׁנִּרְטַב מִמֵּי גְּשָׁמִים, אָסוּר לְתָלוֹתוֹ כְּדֵי לְיַיבְּשׁוֹ.. אַךְ לְתְלוֹתוֹ בִּמְקוֹמוֹ הָרָגִיל מוּתָּר.

הערה קכד וְשָׁמַעְתִּי מהגרש"ז אויערבך זצ"ל דְּמוּתָּר לִתְלוֹת בֶּגֶד רָטוֹב עַל קוֹלָב, דְּכֵיוָן שֶׁעוֹשֶׂה כֵּן כְּדֵי לִשְׁמוֹר עַל הַבֶּגֶד, לֵית לָן בָּהּ.

Wet Clothes

QUESTION

What can one do if clothes get soaked in the rain over Shabbos? Can they stand next to the radiator wearing their wet clothes or hang their wet clothes up near the radiator?

DISCUSSION

The Shulchan Aruch (OC 301:46)[1] writes that one cannot dry wet clothes next to a fire on Shabbos. The Magen Avraham (301:57)[2] explains that it is forbidden both because of *bishul* (cooking or heating) as well as *melaben* (whitening or improving the colour).

Thus, the Mishna Berura (301:169)[3] writes that one cannot stand next to a heater while wearing wet clothes. This only applies if the water could get heated up to *yad soledes bo* (approx. 43 °C, See Igros Moshe OC 4:74).

The Mishna (Shabbos 146b)[4] writes that it is prohibited *miderabanan* to lay out wet clothes to dry on Shabbos. Rashi[5] explains that it will give the impression that it is permissible to wash them on Shabbos. Thus, the Shulchan Aruch (OC 301:45)[6] writes that one must not hang wet clothes up normally to dry, even where others will not be able to see them.

R' Yehoshua Neuwirth (Shemiras Shabbos Kehilchasa 15:38; n124)[7] writes that one may, however, hang up a wet raincoat. Similarly, R' Dovid Ribiat (The 39 Melochos, p719) writes that this prohibition does not apply to clothes that are not normally washed, as people will not suspect they've been washed. Thus, one may hang up a jacket that is normally dry-cleaned.

CONCLUSION

One may hang up clothes such as raincoats that got soaked in the rain, though not other clothes such as shirts. One should avoid standing with wet clothes next to a hot radiator.

1. שולחן ערוך או"ח שא:מו

בְּגָדִים הַשְּׁרוּיִם בְּמַיִם אָסוּר לְנַגְּבָם סָמוּךְ לָאֵשׁ. **הגה** וְאָסוּר לְטַלְטְלָם שֶׁמָּא יָבֹא לִידֵי סְחִיטָה וְהוּא שֶׁמַּקְפִּיד עַל מֵימָיו (מרדכי פ' חבית)..

2. משנה ברורה שח:סג

..דְּאִם הָיָה טוֹפֵחַ עַל מְנָת לְהַטְפִּיחַ בְּבֵין הַשְּׁמָשׁוֹת אָסוּר לְטַלְטֵל הֶחָלוּק כָּל הַשַּׁבָּת דְּמִיגּוֹ דְּאִתְקַצָּאִי לְבֵין הַשְּׁמָשׁוֹת וּכְדִלְעֵיל בסי' ש"א סמ"ו בהג"ה אִתְקַצָּאִי לְכוּלֵי יוֹמָא.

3. מנחת יצחק א:פא

וְעַל דְּבַר שֶׁשָּׁאַל אִם תָּלוּ לְיַבֵּשׁ חֲתוּלִים שֶׁל יְלָדִים, וּבְבֵין הַשְּׁמָשׁוֹת עֲדַיִן הֵם לַחִים עַד שֶׁאִי אֶפְשָׁר לְהִשְׁתַּמֵּשׁ בָּהֶם, הַאִם מוּתָּר לְהִשְׁתַּמֵּשׁ בָּהֶם בְּשַׁבָּת כְּשֶׁנִּתְיַבְּשׁוּ.. וְאוּלַי מִיִּירֵי המשנה ברורה בְּאוֹפֶן דְּאֵין וַדַּאי שֶׁיִּתְיַבֵּשׁ בְּשַׁבָּת, וְאַף אִם יִתְיַבֵּשׁ עַל יְדֵי חַמָּה דּוֹמֶה לִגְרוֹגֶרֶת וְצִמּוּקִים דְּגוֹמְרוֹ בִּידֵי שָׁמַיִם, דְּסָפֵק דִּלְמָא לֹא יִהְיֶה חַמָּה, ועיי"ש בלבו"ש. וְאַף דְּאִם תָּלוּ בַּחוּץ וּבַבַּיִת בִּפְנִים הָיָה מִתְנַגֵּב יוֹתֵר, דִּבְחוּץ יֵשׁ לָחוּשׁ דְּיָרְדוּ גְּשָׁמִים, הָיָה אֶפְשָׁר לוֹמַר דְּלֹא הָיָה מוּקְצֶה אִם צָרִיךְ לוֹ לְמָחָר, וְאָז מוּתָּר לְטַלְטְלוֹ בְּבֵין הַשְּׁמָשׁוֹת מִחוּץ לַבַּיִת, וְהַוֵי גּוֹמְרוֹ בִּידֵי אָדָם.

4. שבט הלוי א:סב:ג

..אָמְנָם נִרְאֶה לְהַתִּיר עַל פִּי הַמְבוֹאָר בַּפּוֹסְקִים סִימָן ש"י לְעִנְיַן תְּמָרִים שֶׁנָּתַן עֲלֵיהֶם מַיִם מֵעֶרֶב שַׁבָּת אַף דְּוַדַּאי אֵינָם רְאוּיִים בֵּין הַשְּׁמָשׁוֹת, מִכָּל מָקוֹם בְּוַדַּאי שֶׁיִּקְלְטוּ בְּשַׁבָּת לֹא אַסַּח דַּעְתֵּיהּ וְהָוָה לֵיהּ כִּגְמָרוֹ בִּידֵי אָדָם.. אֲבָל בֶּאֱמֶת אֵינוֹ דּוֹמֶה דְּהָתָם צְרִיכִים חוֹם מַמָּשׁ וְגַם צְרִיכִים לְהַרְבֵּה שֶׁמֶשׁ מַה שֶּׁאֵין כֵּן בְּגָדִים דְּאֵינָם צְרִיכִים שֶׁמֶשׁ וְחוֹם רַק יִבּוּשׁ לְאַפּוּקֵי גְּשָׁמִים וְאִם כֵּן בִּימֵי הַקַּיִץ בִּפְרַט בְּאֶרֶץ יִשְׂרָאֵל דְּוַדַּאי יִהְיֶה יִבּוּשׁ פָּשׁוּט דְּאִיכָּא לְהָקֵל..

5. מנחת שלמה א:י:ז

..אִם נָתַן אֶת הַכְּבִיסָה בְּעֶרֶב שַׁבָּת בְּתוֹךְ מְכוֹנָה אוֹטוֹמַטִית שֶׁהִיא גַּם מְיַיבֶּשֶׁת וּלְאַחַר שֶׁהַכֹּל נִגְמַר הִיא נִפְסֶקֶת מֵאֵלֶיהָ, דִּבְכְהַאי גַּוְונָא אִי לַאו דְּאָסוּר מִפְּנֵי שֶׁהַמְּכוֹנָה מַשְׁמַעַת קוֹל וְאַוְושָׁא מִילְּתָא וְחָשִׁיב כְּמוֹ רֵחַיִם שֶׁל מַיִם דְּאָסוּר, מִסְתַּבֵּר שֶׁזֶּה דּוֹמֶה לִמְבַשֵּׁל דָּגִים סָמוּךְ לְשַׁבָּת דְּאַף שֶׁבֵּין הַשְּׁמָשׁוֹת אָסוּר לְטַלְטֵל אֶת הַדָּגִים וְגַם אָסוּר לְהוֹרִיד אוֹתָם מֵעַל הָאֵשׁ מִפְּנֵי שֶׁהֵם מוּקְצֶה אֲפִלּוּ הָכִי מוּתָּרִין אַחַר כָּךְ בְּטִלְטוּל וּבַאֲכִילָה מִפְּנֵי שֶׁגְּמָרוֹ בִּידֵי אָדָם וְהָכָא נַמִי גַּם כַּאן..

6. אגרות משה או"ח ה:כב:לח

שְׁאֵלָה: בְּגָדִים שֶׁנִּשְׁאֲרוּ בִּמְכוֹנַת הַיִּבּוּשׁ בְּבֵין הַשְּׁמָשׁוֹת אִם דִּינָם כְּמוּקְצֶה.

תְּשׁוּבָה: אָסוּר לְהַכְנִיס בְּגָדִים לִמְכוֹנָה בְּעֶרֶב שַׁבָּת כְּדֵי שֶׁיִּתְיַיבְּשׁוּ בְּתוֹךְ הַשַּׁבָּת, דְּהָוָה לֵיהּ כְּהַאי דִּין דְּרֵיחַיִם (סִימַן רנ"ב סְעִיף ה' בהגה בְּשֵׁם יֵשׁ אוֹסְרִים), וְלָכֵן אִם הִכְנִיס בְּגָדִים לִמְכוֹנָה בְּעֶרֶב שַׁבָּת שֶׁיִּתְיַיבְּשׁוּ בְּשַׁבָּת, דִּינָם דְּהָוָה לֵיהּ מוּקְצֶה..

מקור חיים 148

Clothes from the Dryer

Question

Can I remove clothes from the washing line or dryer on Shabbos?

Discussion

The Rema (OC 301:46)[1] writes that as one is not allowed to squeeze clothes out on Shabbos (*sechita*), wet clothes are *muktze* on Shabbos. The Mishna Berura (308:63)[2] adds that clothes that are wet when Shabbos came in are *muktze* the entire day.

Nonetheless, the Shulchan Aruch (OC 301:19) writes that something which will automatically become usable does not become *muktze* during *bein hashmashos*. R' Yitzchak Yaakov Weiss (Minchas Yitzchak 1:81)[3] explains that the Mishna Berura may be referring to clothes that one is not sure would dry over Shabbos. As the owner clearly never intended on using them over Shabbos, they are *muktze*. Thus, R' Shmuel Wosner (Shevet Halevi 1:62:3)[4] writes that if one was sure that clothes will dry on Shabbos, they are not *muktze* (See Shemiras Shabbos Kehilchasa 15:15).

R' Shlomo Zalman Auerbach (Minchas Shlomo 1:10:7)[5] and R' Moshe Feinstein (Igros Moshe OC 5:22:38)[6] write that if it wasn't for the noise, one would be allowed to put the clothes in on Friday and let the dryer finish on Shabbos. As long as the machine ended before Shabbos, however, one may remove the clothes from a dryer on Shabbos.

Conclusion

One may remove dry clothes from a washing line or dryer to wear on Shabbos, even if they were wet when Shabbos came in, provided that they were certain that the clothes would dry on Shabbos.

1. שבת קכד:

..דרבא הֲוָה קָאָזִיל בְּרִיתְקָא דִּמְחוֹזָא אִתְווֹסַאי מְסָאנֵיהּ טִינָא אָתָא שַׁמְעֵיהּ שָׁקַל חַסְפָּא וְקָא מְכַפֵּר לֵיהּ.

2. שבת קמא.

אָמַר אביי וְאִיתֵּימָא רב יהודה טִיט שֶׁעַל גַּבֵּי רַגְלוֹ מְקַנְּחוֹ בַּקַּרְקַע וְאֵין מְקַנְּחוֹ בַּכּוֹתֶל אָמַר רבא מַאי טַעְמָא בַּכּוֹתֶל לֹא מִשּׁוּם דְּמֶיחְזֵי כְּבוֹנֶה הָא בִּנְיַן חַקְלָאָה הוּא אֶלָּא אָמַר רבא מְקַנְּחוֹ בַּכּוֹתֶל וְאֵין מְקַנְּחוֹ בְּקַרְקַע דִּילְמָא אָתֵי לְאַשְׁוּויֵי גּוּמוֹת.

3. משנה ברורה שב:כח

בִּשְׁנֵיהֶם: דִּלְמוֹסִיף עַל הַבִּנְיָן לֹא חָיְישִׁינַן מִשּׁוּם דְּבִנְיָן חַקְלָאָה הוּא..

4. שולחן ערוך או"ח שב:ז

טִיט שֶׁעַל בִּגְדוֹ מְשַׁפְשְׁפוֹ מִבִּפְנִים דְּלֹא מוּכְחָא מִלְּתָא לְאִתַּחְזוּיֵי כִּמְלַבֵּן אֲבָל לֹא בְּחוּץ דְּדָמֵי לִמְלַבֵּן וּמְגָרְדוֹ בְּצִפּוֹרֶן וְיֵשׁ אוֹמְרִים דְּהַנֵּי מִילֵּי לַח אֲבָל יָבֵשׁ אָסוּר דְּהָוֵי טוֹחֵן.

5. משנה ברורה שב:כו

..לֹא אָסְרִינַן אֶלָּא בְּגַב סַכִּין שֶׁעַל יְדֵי הַגְּרֵירָה מְמַחֵק הָעוֹר מַה שֶּׁאֵין כֵּן בְּקִנּוּחַ בַּכּוֹתֶל אוֹ בַּקּוֹרָה אֵין הֶכְרֵחַ שֶׁיִּהְיֶה מוֹחֵק עַל יְדֵי זֶה [בית יוסף] וְכָתַב הט"ז וּלְפִי זֶה הָא דְּיֵשׁ בֶּחָצֵר שֶׁלִּפְנֵי פִּתְחֵי בָּתֵּי כְּנֵסִיּוֹת עַל הַקַּרְקַע בַּרְזֶל אֶחָד וְהוּא חַד לְמַעְלָה וְשָׁם מְקַנְּחִין הַמִּנְעָלִים קוֹדֶם שֶׁיִּכָּנֵס בְּבֵית הַכְּנֶסֶת אָסוּר לַעֲשׂוֹת כֵּן בְּשַׁבָּת דְּזֶה דּוֹמֶה לְגַב הַסַּכִּין וְאָסוּר לְכוּלֵּי עָלְמָא וכו' עי"ש.

6. ערוך השולחן או"ח שב:יז

.. וּמִנְעָל בַּבַּרְזֶל, אָסוּר, דְּהָוֵי מְמַחֵק אִם הַבַּרְזֶל חַד בְּרֹאשׁוֹ. וְלָכֵן אֶצְלֵנוּ שֶׁלִּפְנֵי הַבֵּית הַכְּנֶסֶת יֵשׁ בַּרְזֶל חַד, שֶׁבְּחוֹל מְקַנְּחִין בּוֹ הַמִּנְעָלִים, יִזָּהֲרוּ שֶׁלֹּא לַעֲשׂוֹת כֵּן בְּשַׁבָּת (ט"ז סק"ג). אָמְנָם אִם הַבַּרְזֶל עָב בְּרֹאשׁוֹ, מוּתָּר, וּמִכָּל מָקוֹם יֵשׁ לְהַחְמִיר גַּם בִּכְהַנֵּי גַּוְונֵי (עַיֵּין מגן אברהם סקי"ז).

7. שמירת שבת כהלכתה טו:מב

נַעֲלַיִם אוֹ מַגָּפַיִם שֶׁסּוּלְיוֹתֵיהֶם אוֹ עֲקֵבֵיהֶם עֲשׂוּיִים עוֹר, אוֹ גּוּמִי אוֹ חוֹמֶר פְּלַאסְתִּי, וְהֵם רוּפְשׂוּ וְהַבּוֹץ נִדְבַּק בָּהֶם, אִם הַבּוֹץ לֹא נִתְיַיבֵּשׁ עֲדַיִן, מוּתָּר לְקַנֵּחַ אוֹתָם..

8. אור לציון ב:כד:ה

..שֶׁאַף שבמשנה ברורה.. הֵבִיא בְּשֵׁם הָאַחֲרוֹנִים לֶאֱסוֹר אִם הַבַּרְזֶל חַד מִשּׁוּם אִסּוּר מְמַחֵק, נִרְאֶה שֶׁכַּיּוֹם מוּתָּר, מִשּׁוּם שֶׁרוֹב הַנַּעֲלַיִם כַּיּוֹם אֵין הַסּוּלְיָה עֲשׂוּיָה מֵעוֹר, וְלֹא שַׁיָּיךְ בָּהֶם מְמַחֵק. וְאַף אֵלּוּ הָעֲשׂוּיִים מֵעוֹר, הָעִבּוּד כַּיּוֹם הוּא בְּאוֹפֶן שׁוֹנֶה מִבְּעָבַר, וְאֵין הָעוֹר מִשְׁתַּפְשֵׁף עַל יְדֵי הַנִּיקּוּי בַּבַּרְזִלִּים.

מקור חיים 150

Cleaning Shoes

QUESTION

I walked through some muddy grass on Shabbos. Can I wipe the mud off my shoes before going back inside?

DISCUSSION

There are a few potential issues with scraping off mud from one's shoes on Shabbos:

The Gemara (Shabbos 124b)[1] relates that Rava's shoes got muddy one Shabbos and he used a piece of earthenware to clean them off. The Gemara (ibid 141a)[2] discusses whether one may use the back of a knife, and whether this applies equally to old and new shoes. The Gemara discusses whether one may scrape one's shoes on the ground or wall as doing so may be fixing a small crack, an issue of *boneh*, building. According to the Mishna Berura (302:28)[3] this would not normally be so problematic, especially when rubbing them against a wall (See Shevet Halevi 5:37).

The Shulchan Aruch (OC 302:7)[4] writes that one must not remove mud that has properly dried up as scraping the shoe would cause the soil to crumble which would be considered *tochen*, grinding.

A third concern that the *poskim* discuss is *memachek*, smoothing the shoe. Thus, the Mishna Berura (302:26)[5] allows one to scrape the mud off using a blunt boot scraper, though not with the back of a knife (See Kaf Hachaim OC 302:47; 59). Likewise, the Aruch Hashulchan (OC 302:17)[6] writes that one may use something blunt to remove any mud.

R' Shlomo Zalman Auerbach (Shemiras Shabbos Kehilchasa 15:42)[7] writes that this *issur* applies equally to non-leather shoes.

R' Ben Zion Abba Shaul (Ohr Letzion 2:24:5)[8], however, writes that as leather is processed differently nowadays, there is no issue of *memachek*.

CONCLUSION

One may scrape the mud off one's shoes with something that is not too sharp.

1. שולחן ערוך או"ח שיז:ג

מַתִּירִין בֵּית הַצַּוָּאר מִקֶּשֶׁר שֶׁקְּשָׁרוֹ כּוֹבֵס שֶׁאֵינוֹ קֶשֶׁר שֶׁל קַיָּמָא אֲבָל אֵין פּוֹתְחִין אוֹתוֹ מֵחָדָשׁ דִּמְתַקֵּן מָנָא הוּא. **הגה** אֲפִלּוּ כְּבָר נִפְתַּח רַק שֶׁחָזַר הָאוּמָן וּקְשָׁרוֹ אוֹ תְּפָרוֹ בְּיַחַד כְּדֶרֶךְ שֶׁהָאוּמָנִים עוֹשִׂין. וְלָכֵן אָסוּר לְנַתֵּק אוֹ לַחְתּוֹךְ זוּג שֶׁל מִנְעָלִים הַתְּפוּרִים יַחַד כְּדֶרֶךְ שֶׁהָאוּמָנִים עוֹשִׂין אַף עַל גַּב דְּהַתְּפִירָה אֵינָהּ שֶׁל קַיָּמָא דְּאֵין חִלּוּק בִּתְפִירָה בֵּין שֶׁל קַיָּמָא לְאֵינוֹ שֶׁל קַיָּמָא. וְיֵשׁ מַתִּירִין בִּתְפִירָה שֶׁאֵינָהּ שֶׁל קַיָּמָא וְאֵין לְהַתִּיר בִּפְנֵי עַם הָאָרֶץ.

2. ט"ז או"ח שיז:ז

..וְנִרְאֶה לִי דְּהַךְ דְּנוֹהֲגִין בּוֹ הֶיתֵּר הַיְינוּ בְּקֶשֶׁר הָעוֹמֵד לְהַתִּיר בְּיוֹמוֹ שֶׁאֵין חוּמְרָתוֹ אֶלָּא מִצַּד שֶׁמָּא הוּא מַעֲשֵׂה אוּמָן.. אֲבָל בְּאֵין עָשׂוּי לְהַתִּיר בְּיוֹמוֹ כְּגוֹן בַּלּוּלָב וְכַיּוֹצֵא בּוֹ..

3. לבוש החור שיז:ג

מַתִּירִין בֵּית הַצַּוָּאר מִקֶּשֶׁר שֶׁקּוֹשְׁרוֹ כּוֹבֵס שֶׁאֵינוֹ קֶשֶׁר שֶׁל קַיָּמָא שֶׁלֹּא קְשָׁרוֹ הַכּוֹבֵס שֶׁיִּתְקַיֵּים זְמַן רַב עַד שֶׁזֶּה יִקָּחֶנּוּ מִמֶּנּוּ..

4. משנה ברורה שיז:כא

שֶׁאֵינוֹ קֶשֶׁר שֶׁל קַיָּמָא: שֶׁאֵינוֹ עָשׂוּי לְהִתְקַיֵּם רַק עַד שֶׁיִּקָּחֶנּוּ הַבַּעַל הַבַּיִת לְבֵיתוֹ וְיֵשׁ מַחְמִירִין בַּדָּבָר אֶלָּא אִם כֵּן עָשׂוּי לְהַתִּיר בְּאוֹתוֹ יוֹם שֶׁל הַכְּבִיסָה.

5. ערוך השולחן או"ח שיז:כב

..וְיֵשׁ שֶׁכָּתְבוּ דְּזֶה דְּמַתִּירִין בֵּית הַצַּוָּאר זֶהוּ כְּשֶׁרְגִילִים לְהַתִּיר בְּיוֹמֵיהּ, וַאֲנִי תָּמֵהַּ עַל זֶה.. דְּהַלָּשׁוֹן 'שֶׁאֵינוֹ שֶׁל קַיָּמָא' שֶׁכָּתְבוּ הטור והשולחן ערוך לֹא מַשְׁמַע כֵּן. וּלְעֲנִיַּת דַּעְתִּי נִרְאֶה דְּקֶשֶׁר זֶה הוּא לְכַמָּה יָמִים שֶׁהַכְּבִיסָה נִמְשֶׁכֶת, וּמִכָּל מָקוֹם מוּתָּר לְכַתְחִלָּה כֵּיוָן דְּעָשׂוּי לְכָךְ שֶׁיִּפְתָּחֶנּוּ אַחַר הַכְּבִיסָה..

6. שמירת שבת כהלכתה טו:סז

דִּבְרֵי הַלְבָּשָׁה חֲדָשִׁים הַקְּשׁוּרִים יַחַד, כְּגוֹן גַּרְבַּיִם וּכְפָפוֹת, יַפְרִידֵם זֶה מִזֶּה מִבְּעוֹד יוֹם. שָׁכַח לְהַפְרִידָם מִבְּעוֹד יוֹם, הֲרֵי הוּא רַשַּׁאי לְהַתִּיר אֶת הַחִיבּוּר אַף בְּשַׁבָּת מִכֵּיוָן שֶׁדִּבְרֵי הַלְבָּשָׁה אֵלּוּ מוּכָנִים לִלְבִישָׁה אֶלָּא שֶׁנִּקְשְׁרוּ כְּדֵי לִשְׁמוֹר עַל הַפְּרִיטִים בְּיַחַד עַד לְשִׁימּוּשׁ בָּהֶם שֶׁהוּא בְּהֶכְרֵחַ בְּנִפְרָד. וְאִם אֵינוֹ יָכוֹל לְהַתִּיר, מוּתָּר לוֹ אַף לְנַתֵּק אֶת הַחוּט, אִם אָמְנָם עוֹשֶׂה כֵּן דֶּרֶךְ קִלְקוּל (וְאֵין לַעֲשׂוֹת כֵּן בִּפְנֵי עַם הָאָרֶץ).

מקור חיים 152

Removing Clothing Tags

QUESTION ─────────────────────────────

I bought some new gloves, but when I came to use them, they were stitched together. Was I allowed to cut through the thread connecting them on Shabbos?

DISCUSSION ─────────────────────────────

The Shulchan Aruch (OC 317:3)[1] writes that one must not open a knot that ties new clothing together. The Rema brings an opinion that concurs with the Shulchan Aruch, writing that one must not, therefore, open temporary stitching tying clothes together, etc. He then writes that there are those who allow opening temporary stitching providing one does not do so in front of one ignorant of *hilchos Shabbos* (See Beis Yosef OC 317:8).

The Taz (OC 317:7)[2] defines a temporary stitch as one that was supposed to be undone within twenty-four hours. The Levush (OC 317:3)[3], however, writes that even if the cleaners tied it, knowing that their customers would not open it for a while, that is still considered to be temporary.

The Mishna Berura (317:21)[4] writes, that while the *halacha* follows the Levush, some follow the Taz. Nonetheless, the Aruch Hashulchan (OC 317:22)[5] and R' Shlomo Zalman Auerbach (Shemiras Shabbos Kehilchasa 9:n55) maintain that we follow the Levush.

Following this, R' Yehoshua Neuwirth (Shemiras Shabbos Kehilchasa 15:67)[6] writes, that if one forgot to separate a new pair of socks or gloves, one may cut through the string that attaches them on Shabbos, provided that one destroys the string by doing so. R' Dovid Ribiat (The 39 Melochos p828) adds that if necessary, one may even use scissors to cut the string.

CONCLUSION ─────────────────────────────

If one forgot to separate gloves that were stitched together, one may do so on Shabbos.

1. שולחן ערוך או"ח שב:ג

מְקַפְּלִים כֵּלִים בְּשַׁבָּת לְצוֹרֶךְ שַׁבָּת לְלָבְשָׁם בּוֹ בַּיּוֹם וְדַוְקָא בְּאָדָם (אֶחָד) וּבַחֲדָשִׁים שֶׁעֲדַיִין לֹא נִתְכַּבְּסוּ וּלְבָנִים וְאֵין לוֹ לְהַחֲלִיף וְאִם חָסֵר אֶחָד מֵאֵלּוּ הַתְּנָאִים אָסוּר וְיֵשׁ מִי שֶׁאוֹמֵר דִּלְקָפְלוֹ שֶׁלֹּא כְּסֵדֶר קִיפּוּלוֹ הָרִאשׁוֹן מוּתָּר בְּכָל עִנְיָן וְנִרְאִין דְּבָרָיו.

2. משנה ברורה שב:יט

וְנִרְאִין דְּבָרָיו: וְכֵן סָתְמוּ הָאַחֲרוֹנִים לְדִינָא. וּמִכָּל מָקוֹם מִי שֶׁרוֹצֶה לְהַחֲמִיר עַל עַצְמוֹ שֶׁלֹּא לְקַפֵּל כְּלָל וַדַּאי עָדִיף [מחצית השקל].

3. ערוך השולחן או"ח שב:יב

..וְזֶהוּ וַדַּאי דְּגַם להתוספות והראב"ד דְּהַטַּעַם מִשּׁוּם טִירְחָא שֶׁלֹּא לְצוֹרֶךְ, גַּם כֵּן יֵשׁ נַפְקָא מִינָּהּ בֵּין סֵדֶר קִיפּוּלוֹ לְלֹא סֵדֶר קִיפּוּלוֹ, והמרדכי סְבִירָא לֵיהּ גַּם כֵּן, וְלָכֵן מְחַלֵּק בְּזֶה. ובטור מְבוֹאָר הַטַּעַם מִשּׁוּם תִּקּוּן, שֶׁכָּתַב: דַּחֲדָשִׁים וּלְבָנִים אֵין הַתִּקּוּן כָּל כָּךְ ע"ש, וְגַם מרש"י מְבוֹאָר כֵּן ע"ש. וּבִזְמַנֵּינוּ יֵשׁ הַרְבֵּה שֶׁמְּקַפְּלִין טַלִּיתוֹתֵיהֶם בְּשַׁבָּת, וְיֵשׁ לוֹמַר דִּסְבִירָא לֵיהּ דִּבְקִיפּוּל שֶׁלָּנוּ לֵיכָּא שׁוּם תִּקּוּן, וְטַעְמָא דְּטִירְחָא לֹא סְבִירָא לֵיהּ, כְּדַעַת רש"י והרמב"ם והטור והשולחן ערוך.

4. יפה ללב או"ח שב

..וְכָל שֶׁכֵּן טַלִּית שֶׁל צִיצִית שֶׁהוּא בֶּגֶד מִצְוָה.. שֶׁמּוּתָּר לְקַפְּלוֹ בְּשַׁבָּת דְּהַקִּיפּוּל הוּא גַּם גֶּן הִידּוּר מִצְוָה שֶׁאִם לֹא יְקַפְּלֶנּוּ מִיַּד מִתְקַלְקֵל הַטַּלִּית וְאִם בְּכָל שַׁבָּת יְשַׁנֶּה מֵהַקִּיפּוּל שֶׁהָיָה בּוֹ תִּיקּוּנוֹ הוּא קִלְקוּלוֹ דְּמֵיחְזֵי כִּמְנוּמָר וּמִתְקַלְקֵל.. וְאֵין זֶה נִקְרָא טַלִּית נָאֶה..

5. כל בו שבת עמוד לג.

..וְעַכְשָׁיו שֶׁנּוֹהֲגִין לְקַפֵּל כָּל הַכֵּלִים אֶפְשָׁר דְּקִפּוּל דִּידָן לֹא דָּמֵי לְקִפּוּל שֶׁלָּהֶן שֶׁהָיוּ קְפֵדִין מְאוֹד לִפְשֹׁט קְמָטָיו וּלְהַנִּיחוֹ תַּחַת הַמַּכְבֵּשׁ וְלֹא כֵּן אֲנַחְנוּ עוֹשִׂין.

6. בן איש חי ויחי ב:יג

..צָרִיךְ לְהִזָּהֵר בְּטַלִּית שֶׁל צִיצִית לְקַפְּלוֹ בְּשַׁחֲרִית שֶׁלֹּא כְּדֶרֶךְ קִיפּוּלוֹ.

7. אור לציון ב:כד:ג

..טוֹב לְהַחֲמִיר לְקַפֵּל שֶׁלֹּא כְּדֶרֶךְ קִיפּוּלָהּ הָרִאשׁוֹן, אַךְ לֹא יַנִּיחֶנָּה בְּלֹא קִיפּוּל, שֶׁהֲרֵי אֵין כְּבוֹד הַטַּלִּית בְּכָךְ.

8. יחוה דעת ב:מ

מוּתָּר לְקַפֵּל הַטַּלִּית בְּשַׁבָּת שֶׁלֹּא כְּסֵדֶר קִיפּוּלוֹ הָרִאשׁוֹן, אֲפִלּוּ אֵינוֹ חוֹזֵר לְלוֹבְשׁוֹ בּוֹ בַּיּוֹם. וְהַנּוֹהֲגִים לְהַתִּיר לְקַפְּלוֹ כְּסֵדֶר קִיפּוּלוֹ הָרִאשׁוֹן, אֵין לִמְחוֹת בְּיָדָם, שֶׁיֵּשׁ לָהֶם עַל מַה שֶּׁיִּסְמוֹכוּ.

9. מגן אברהם ש:א

..מהרי"ל הָיָה לוֹ טַלִּית שֶׁל שַׁבָּת וְהָיָה קוֹפְלוֹ בְּכָל מוֹצָאֵי שַׁבָּת כְּדֵי לְהִתְעַסֵּק בְּמִצְוָה מִיַּד עכ"ל וְכֵן הָיוּ עוֹשִׂין אַנְשֵׁי צִיפּוֹרִי.

Folding a Tallis

QUESTION

I have seen some people fold their *tallis* on Shabbos, while some just stuff it into their *tallis* bag. What is the *halacha*?

DISCUSSION

The Gemara (Shabbos 113a) teaches that folding clothing on Shabbos is only permitted if the following five conditions are met: (1) It will be worn again on Shabbos, (2) No one assists in folding it, (3) it has not been washed since its last use, (4) it is white, and (5) they have no other to wear.

The Shulchan Aruch (OC 302:3)[1] adds that one may, however, fold something provided that it is not folded on its original crease. Nonetheless, the Mishna Berura (302:19)[2] writes that though it is permitted even if it will not be worn again that day, ideally one should be stringent and avoid folding it.

The Aruch Hashulchan (OC 302:12)[3] explains that there are two different reasons for the prohibition: Rambam (Shabbos 22:22) writes that folding is being *mesaken*, fixing the garment, while Ra'avad (Shabbos 23:7) holds that folding is a *tircha yesera*, additional effort. Neither of these reasons, he suggests, apply to folding a *tallis*. Certainly, it is inappropriate to stuff one's *tallis* into his *tallis* bag without folding it at all.

Likewise, the Kaf Hachaim (OC 302:32) quotes R' Yitzchak Falaji (Yafeh Lalev OC 302)[4] who writes that the folding is actually a *hiddur mitzva* and not treating it properly will lead to it getting ruined.

The Beis Yosef (OC 302) quotes the Kol Bo (Shabbos p33a)[5] who allows one to fold clothes nowadays, arguing that we are no longer as particular to place our clothes in the press as people once were. Nonetheless, the Ben Ish Chai (Vayechi 2:13)[6], R' Ben Zion Abba Shaul (Ohr Letzion 2:24:3)[7] and R' Ovadia Yosef (Yechave Daas 2:40)[8] concede that one should not rely on this. Rather, one should fold up their *tallis* while avoiding the original folds.

The Magen Avraham (300:1)[9] notes that the Maharil would fold his *tallis* straight after Shabbos.

CONCLUSION

While one who folds their *tallis* properly should not be criticised, it is best to fold it while avoiding its original creases. However, it is commendable to refold it properly after Shabbos.

1. רש"י שבת מב.

גַּחֶלֶת שֶׁל מַתֶּכֶת: שֶׁמַּשְׁלִיכִין לַחוּץ פְּסוֹלֶת שֶׁל בַּרְזֶל דְּלָא שַׁיָּיךְ כִּבּוּי בְּהָכִי מִדְּאוֹרַיְיתָא וּמִדַּרְבָּנָן אֲסוּרָה וְהֵיכָא דְּאִיכָּא נִזְקָא לָרַבִּים לֹא גָּזְרוּ עַל הַשְּׁבוּת.

2. רש"י שבת קלד.

בְּגַחֶלֶת שֶׁל עֵץ: אָסוּר דְּשַׁיָּיךְ בָּהּ כִּבּוּי לְפִי שֶׁעוֹשֶׂה פֶּחָם. גַּחֶלֶת שֶׁל מַתֶּכֶת לֹא שַׁיָּיךְ בָּהּ כִּבּוּי דְּאֵינוֹ נַעֲשֶׂה פֶּחָם.

3. שבת קכ:

מוֹדֶה רַבִּי שִׁמְעוֹן בִּפְסִיק רֵישֵׁיהּ וְלָא יָמוּת. אָמַר רַב יְהוּדָה פּוֹתֵחַ אָדָם דֶּלֶת כְּנֶגֶד מְדוּרָה בְּשַׁבָּת.. דְּאָמַר רַבִּי שִׁמְעוֹן בֶּן נַנָּס מִפְּנֵי שֶׁהוּא מְחָרֵךְ גְּרַם כִּיבּוּי מִי אָמַר אִין מִדְּקָתָנֵי סֵיפָא רַבִּי יוֹסֵי אוֹסֵר בִּכְלֵי חֶרֶס חֲדָשִׁים מְלֵאִים מַיִם שֶׁאֵינָן יְכוֹלִים לְקַבֵּל אֶת הָאוּר וְהֵן מִתְבַּקְּעִין וּמְכַבִּין אֶת הַדְּלֵיקָה מִכְּלַל דְּתַנָּא קַמָּא שָׁרֵי.

4. משנה תורה שבת ה:יז

נֵר שֶׁאֲחוֹרֵי הַדֶּלֶת אָסוּר לִפְתֹּחַ הַדֶּלֶת וְלִנְעֹל כְּדַרְכּוֹ מִפְּנֵי שֶׁהוּא מְכַבֵּהוּ אֶלָּא יִזָּהֵר בְּשָׁעָה שֶׁפּוֹתֵחַ וּבְשָׁעָה שֶׁנּוֹעֵל. וְאָסוּר לִפְתֹּחַ אֶת הַדֶּלֶת כְּנֶגֶד הַמְּדוּרָה בְּשַׁבָּת כְּדֵי שֶׁתְּהֵא הָרוּחַ מְנַשֶּׁבֶת בָּהּ וְאַף עַל פִּי שֶׁאֵין שָׁם אֶלָּא רוּחַ מְצוּיָה.

5. שולחן ערוך או"ח שלד:כב

תֵּיבָה שֶׁאָחַז בָּהּ הָאוּר יָכוֹל לִפְרוֹס עוֹר שֶׁל גְּדִי מִצְּדָהּ הָאַחַת שֶׁלֹּא תִּשָּׂרֵף וְעוֹשִׂים מְחִיצָה בְּכָל הַכֵּלִים לְהַפְסִיק בֵּין הַדְּלֵיקָה אֲפִלּוּ כְּלֵי חֶרֶס חֲדָשִׁים מְלֵאִים מַיִם שֶׁוַּדַּאי יִתְבַּקְּעוּ כְּשֶׁתַּגִּיעַ לָהֶם הַדְּלֵיקָה דִּגְרַם כִּיבּוּי מוּתָּר. **הגה** בִּמְקוֹם פְּסֵידָא.

6. אור לציון ב:מא:ד

..וּבְכָל אוֹפֶן מוּתָּר לִסְגּוֹר אֶת בֶּרֶז הַהַסָּקָה אוֹ לִפְתּוֹחַ חַלּוֹן, אַף עַל פִּי שֶׁגּוֹרֵם כִּיבּוּי מוּקְדָּם יוֹתֵר שֶׁל הָאֵשׁ כְּתוֹצָאָה מִמַּה שֶׁאֵין הָאֵשׁ מְחַמֶּמֶת גַּם דִּירָה זוֹ, מִשּׁוּם דַּהֲוֵי פְּסִיק רֵישָׁא בִּתְרֵי דְּרַבָּנָן, שֶׁהֲרֵי הַכִּיבּוּי אֵינוֹ אֶלָּא מִדְּרַבָּנָן, וְכֵיוָן דַּהֲוֵי גְּרָמָא, שֶׁאֵין הַכִּיבּוּי נִגְרָם מִיָּד, הַוֵי תְּרֵי דְּרַבָּנָן, וּפְסִיק רֵישֵׁיהּ בִּתְרֵי דְּרַבָּנָן שָׁרִי.

7. שערים מצויינים בהלכה פ:ד

..וְעַל הַסְּגִירָה לֵיכָּא שׁוּם חַשַׁשׁ וַאֲפִלּוּ חַשַׁשׁ מוּקְצֶה נַמִּי לֵיכָּא דְּכֵיוָן דִּבְסְגִירָה עַצְמָהּ לֵיכָּא חַשַׁשׁ מְלָאכָה אִם כֵּן הַבֶּרֶז הַמְּיוּחֶדֶת לִפְתִיחָה וְלִסְגִירָה הוּא מְיוּחֶדֶת לְאִסּוּר וּלְהֶיתֵּר.. וְעוֹד דַּאֲפִילּוּ אִם תִּמְצֵי לוֹמַר דְּהַסְּגִירָה לָאו שֵׁם מְלֶאכֶת הֶיתֵּר עָלָה, מִכָּל מָקוֹם יֵשׁ לְהַתִּיר לְצוֹרֶךְ גּוּפוֹ כְּשֶׁאֵינוֹ יָכוֹל לִסְבּוֹל הַחוֹם וְאֵינוֹ סוֹגְרוֹ מִפְּנֵי שֶׁחָס עַל הַשֶּׁמֶן וְהַגַּאז שֶׁדּוֹלֵק..

8. שמירת שבת כהלכתה כג:כג

מוּתָּר לִסְגּוֹר אֶת הַבְּרָזִים שֶׁל גּוּפֵי הַחִימּוּם אוֹ שֶׁל הַצִּנּוֹרוֹת הַמֶּרְכָּזִיִּים. שֶׁאֵינָם גּוֹרְמִים לְכִבּוּי מִיָּדִי שֶׁל מַעֲרֶכֶת הַחִימּוּם. וְאָמְנָם, אִם הַמַּיִם שֶׁבְּגוּפֵי הַחִימּוּם אוֹ שֶׁבַּצִּנּוֹרוֹת הַלָּלוּ מִתְחַמְּמִים וְהוֹלְכִים וְטֶרֶם הַשִּׁיעוּר שֶׁל יָד סוֹלֶדֶת בּוֹ, מִן הָרָאוּי לְהִימָּנַע מִלְּסוֹגְרָם בְּשַׁבָּת בִּזְמַן שֶׁהַהַסָּקָה פּוֹעֶלֶת.

מקור חיים 156

Turning Down a Radiator

QUESTION

We were not expecting the weather to be so hot over Shabbos. Are we allowed to turn the radiators off by closing the valve to stop the hot water coming in?

DISCUSSION

Rashi (Shabbos 42a;[1] 134a[2]) writes that the *melacha mideoraisa* of *kibui*, extinguishing, is specifically when one puts the fire out in order to create something constructive such as charcoal. Otherwise, extinguishing a flame is *assur miderabanan*.

The Gemara (Shabbos 120b)[3] teaches that it is *assur* to do a permitted action which will inevitably cause a *melacha* to be transgressed (*pesik reisha*). Thus, Rambam (Shabbos 5:17)[4] writes that one must not open a door near a candle as the breeze will inevitably extinguish or fan the flame (See Mishna Berura 277:9).

The Gemara[3] writes that one has not transgressed a *melacha mideoraisa* unless one does so in a direct action. While one cannot usually perform such an action, a *gerama*, on Shabbos, it is often permitted in actions which are *assur miderabanan*. Thus, the Rema (OC 334:22)[5] allows one to place containers of water near a flame knowing that it will later extinguish it to stop it destroying something.

Following this, R' Ben Zion Abba Shaul (Ohr Letzion 2:41:4)[6] writes that one is allowed to close a radiator valve even though by doing so one is causing the flame to go down. While it is a *pesik reisha* that the flame will lower itself, the *issur* is *miderabanan*. In addition, one is not causing this to happen directly, but as a *gerama*. The Shearim Metzuyanim Behalacha (80:4)[7] adds that this must only be done to prevent discomfort, rather than to conserve energy.

R' Yehoshua Neuwirth (Shemiras Shabbos Kehilchasa 23:23)[8] writes that one should only close the valve if the radiator is hot. If the water is still heating up then one should ideally wait until it is *yad soledes bo* (approx. 43 °C) so as not to speed up the heating in the water tank. Likewise, if the boiler was off, one would be allowed to turn the radiator off to prevent it from coming on (See Orchos Shabbos 26).

CONCLUSION

One can turn a radiator off if one is uncomfortable, though they must ensure that it is either off or hot, rather than in the process of heating up.

1. **שבת צה.**

הַמְכַבֵּד הַמְרַבֵּץ וְהָרוֹדֶה חַלּוֹת דְּבַשׁ שׁגֵג בְּשַׁבָּת חַיָּיב חַטָּאת..

2. **שולחן ערוך או"ח שלז:ב**

אָסוּר לְכַבֵּד הַבַּיִת אֶלָּא אִם כֵּן הַקַּרְקַע מְרוּצָף וְיֵשׁ מַתִּירִין אֲפִלּוּ אֵינוֹ מְרוּצָף. **הגה** וְיֵשׁ מַחְמִירִין אֲפִלּוּ בִּמְרוּצָף.. וְאָסוּר לְכַבֵּד הַבְּגָדִים עַל יְדֵי מְכַבְּדוֹת הָעֲשׂוּיִים מִקְּסָמִים שֶׁלֹּא יִשְׁתַּבְּרוּ קִסְמֵיהֶם (הגהות אלפסי פרק הזורק ועיין הג"מ דף קכ"ד).

3. **ערוך השולחן או"ח שלז:ה**

..וְכָתַב רַבֵּינוּ הרמ"א.. שֶׁכֵּן הַמִּנְהָג וְאֵין לְשַׁנּוֹת ע"ש. אָמְנָם אֶצְלֵינוּ מְכַבְּדִים מִטַּעַם דְּכָל הָרִצְפּוֹת שֶׁלָּנוּ מְרוּצָפִין וְלֹא שַׁיָּיךְ לִגְזוֹר אָטוּ אֵינוֹ מְרוּצָף, דְּאֲפִילּוּ עִיר אַחַת אָטוּ עִיר אַחֶרֶת לֹא גָּזְרִינָן כמ"ש, וְכָל שֶׁכֵּן הָאִידְנָא שֶׁבְּכָל הַמְּקוֹמוֹת מְרוּצָפִין הָרִצְפּוֹת..

4. **משנה ברורה שלז:ט**

אֲפִלּוּ בִּמְרוּצָף: בֵּין בַּאֲבָנִים וּבֵין בִּקְרָשִׁים דִּסְבִירָא לֵיהּ דִּבְאֵין מְרוּצָף הַוֵי פְּסִיק רֵישֵׁיהּ וְגָזְרִינָן מְרוּצָף אָטוּ אֵינוֹ מְרוּצָף..

5. **שערים מצויינים בהלכה פ:סח**

וּבְנִדּוֹן מְנַקֶּה שְׁטִיחִים בְּמִין מִבְרֶשֶׁת קְבוּעָה בְּתוֹךְ תֵּיבָה וּכְשֶׁגּוֹרְרִים אוֹתָהּ עַל הָאָרֶץ מְלַקֶּטֶת הַפֵּירוּרִים וְאֵינָהּ מוּפְעֶלֶת בְּכֹחַ עֶלֶעקְטרִי לִכְאוֹרָה יֵשׁ לוֹמַר דְּאוֹתָן שְׁטִיחִים שֶׁמִּדּוֹפֶן לְדוֹפֶן וְאֵינָן מְסַלְּקִים מִשָּׁם לְעוֹלָם בָּטְלוּ לְגַבֵּי אֶרֶץ וְאֵין שֵׁם בֶּגֶד עֲלֵיהֶם.. וְגַם בַּבֶּגֶד עַצְמוֹ כָּתַב בביאור הלכה (סי' שב ד"ה י"א) דְּהָא דְּמַשְׁמַע ברמ"א לְקַמָּן (סי' שלז ס"ב) דְּמוּתָּר לְכַבֵּד בְּגָדִים בִּמְכַבְּדוֹת שֶׁאֵינָן עֲשׂוּיִים מִקְּסָמִים שֶׁאֵין חֲשַׁשׁ שְׁבִירַת קִיסְמִים הַיְינוּ דַּוְקָא לְהַעֲבִיר הַנּוֹצוֹת וְהָאָבָק אֲבָל לֹא לְשַׁפְשֵׁף לְהָסִיר הַכְּתָמִים. וּמִמֵּילָא בַּנִּדּוֹן דִּידָן שֶׁהוּא מְלַקֵּט הַפֵּירוּרִים אֵין אִסּוּר..

6. **באר משה א:לב:טו**

וְעוֹד טַעַם פָּשׁוּט לֶאֱסוֹר לְהִשְׁתַּמֵּשׁ בקארפעט, סוויפער בְּיוֹם הַשַּׁבָּת, דִּכְמוֹ שֶׁאָסוּר לְהִשְׁתַּמֵּשׁ עִם בארשט (בראש בְּלַעַ"ז) בְּשַׁבָּת מִפְּנֵי שֶׁמְּלַבֵּן כְּמוֹ כֵן מַמָּשׁ הוּא בקארפעססוויפער..

7. **אמת ליעקב או"ח שב הערה 339**

לְהִשְׁתַּמֵּשׁ בִּמְנַקֶּה שְׁטִיחִים (carpet sweeper) בְּשַׁבָּת אֶפְשָׁר שֶׁאֵין בְּזֶה מִשּׁוּם כִּיבּוּס וְלִיבּוּן אֲבָל אָסוּר מִשּׁוּם עוּבְדָּא דְחוֹל, מִפִּי הַשְּׁמוּעָה..

8. **שמירת שבת כהלכתה כג:ד**

אֵין לְנַקּוֹת שָׁטִיחַ, לֹא בְּמִבְרֶשֶׁת וְלֹא בְּמַכְשִׁיר הַמְּיוּחָד לְכַךְ, אַף אִם אֵינֶנּוּ מוּפְעָל עַל יְדֵי חַשְׁמַל. וְגַם לְנַעֵר אֶת הַשָּׁטִיחַ בְּחוֹזְקָה כְּדֵי לְהָסִיר אֶת אֲבַק שֶׁבּוֹ, אָסוּר, אֲבָל מוּתָּר לְנַעֲרוֹ בְּמִקְצָת, וְשָׁטִיחַ כֵּהֶה וְהוּא חָדָשׁ אוֹ נִרְאֶה כְּחָדָשׁ, לֹא יְנַעֲרוֹ אַף בְּמִקְצָת, וּמִכָּל מָקוֹם מוּתָּר לְטַאֲטֵא אֶת הַשָּׁטִיחַ בְּיָד רַכָּה בִּמְטַאֲטֵא רַךְ וְלֶאֱסוֹף אֶת הַפְּסוֹלֶת שֶׁעָלָיו.

Brushing Carpet

QUESTION

Is one allowed to brush a carpeted floor on Shabbos?

DISCUSSION

The Gemara (Shabbos 95a)[1] teaches that one must not sweep a dirt floor on Shabbos. While Rambam (Shabbos 21:3) and the Shulchan Aruch (OC 327:2)[2] allow one to sweep a tiled or stoned floor, the Rema writes that the custom is not to.

Nonetheless, the Aruch Hashulchan (OC 337:5)[3] and Mishna Berura (337:9;[4] Biur Halacha 337:2) explain that the Rema (and other *rishonim*) forbade sweeping such floors as one may come to sweep dirt floors. As we do not have dirt floors in our houses nowadays, one may sweep tiled floors.

The Rema (OC 337:2) writes that one must not use a hard brush on Shabbos if doing so means that some of its bristles will break (See Mishna Berura 337:14).

The Shearim Metzuyanim Behalacha (80:68)[5] and R' Yisroel Dovid Harfenes (Nishmas Shabbos 6:297) write that one may use a carpet sweeper (*Ewbank*) on Shabbos, provided that they do not press down too hard.

R' Yitzchak Yaakov Weiss (Minchas Yitzchak 3:50; 5:39:1), R' Moshe Stern (Baer Moshe 1:32:15)[6] and R' Mordechai Yaakov Breisch (Chelkas Yaakov OC 160), however, forbid using them. Among other reasons, by brushing the carpet, one is cleaning the carpet pile, which is a prohibition of *melaben*, whitening.

R' Yaakov Kamenetsky (OC 302:n339)[7], however, maintained that one must not use them due to it being *uvdin dechol*, a mundane, weekday activity.

R' Dovid Ribiat (The 39 Melochos, p710), however, notes that not all of these reasons apply to a regular brush. Thus, R' Yehoshua Neuwirth (Shemiras Shabbos Kehilchasa 23:4)[8] writes that one may sweep a carpet with a soft brush, though one must be careful not to brush vigorously.

CONCLUSION

One may sweep a carpet softly with a soft brush, providing one knows that the bristles will not break. It is best to avoid using a Ewbank, however.

1. כתובות ס.

צִינּוֹר שֶׁעָלוּ בּוֹ קַשְׁקְשִׁין מְמַעֲכָן בְּרַגְלוֹ בִּצְנְעָא בְּשַׁבָּת וְאֵינוֹ חוֹשֵׁשׁ. מַאי טַעֲמָא מְתַקֵּן כִּלְאַחַר יַד הוּא וּבִמְקוֹם פְּסֵידָא לֹא גָּזְרוּ בָּהּ רַבָּנָן.

2. משנה ברורה שלו:מז

מְמַעֲכָן: פֵּירַשׁ דּוֹרְסָן וּמַשְׁפִּילָן בְּרַגְלָיו וְכָתַב המאירי פרק חבית דִּלַהֲסִירָם הֵנָּה וָהֵנָּה אָסוּר אֲפִלּוּ בְּרַגְלוֹ.

3. אגרות משה או״ח ד:מ:ט

פְּתִיחַת הַכִּיּוֹר שֶׁנִּסְתַּם בְּשַׁבָּת וּכְשֶׁנִּסְתַּם הַכִּיּוֹר (סינק) בְּשַׁבָּת אִם מוּתָּר לָקַחַת כַּפַּת שְׁאִיבָה (פלענגער) וּלְנַקּוֹתוֹ, נִרְאֶה לְפִי עֲנִיַּת דַּעְתִּי דְּאִם הוּא דָּבָר הַמָּצוּי אֵין זֶה עִנְיַן קִלְקוּל וְתִקּוּן וְיֵשׁ לְהַתִּיר גַּם בְּכִיפַּת שְׁאִיבָה, דְּהָא מְיוּחָד לְכַךְ וְהַוֵי זֶה רַק כְּהַדָּחַת כֵּלִים לְצוֹרֶךְ הַשַּׁבָּת, אֲבָל אִם אֵינוֹ מָצוּי יֵשׁ לְהַחֲשִׁיב זֶה כְּתִקּוּן קְצָת אַף אִם אֵין צוֹרֶךְ לְאוּמָּן, שֶׁלָּכֵן בְּכַפַּת שְׁאִיבָה אָסוּר אַף אִם לֹא נִסְתַּם מַמָּשׁ שֶׁיּוֹצְאִין הַמַּיִם מְעַט מְעַט שֶׁהֲרֵי אֵינוֹ מְיוּחָד שׁוּב לְשַׁבָּת וְגַם יֵשׁ לְהַצְרִיךְ לַעֲשׂוֹת שֶׁלֹּא כְּדֶרֶךְ שֶׁמְּנַקִּין וְאִם נִסְתַּם לְגַמְרֵי שֶׁהוּא תִּקּוּן מַמָּשׁ כַּעֲשִׂיַּית פֶּתַח יֵשׁ לֶאֱסוֹר לְגַמְרֵי אַךְ אִם יֵשׁ צוֹרֶךְ גָּדוֹל יֵשׁ לְהַתִּיר עַל יְדֵי נָכְרִי.

4. מנחת יצחק ה:עה

בְּעִנְיַן אִם מוּתָּר לִפְתּוֹחַ בְּשַׁבָּת אֶת נֶקֶב בֵּית הַכִּסֵּא שֶׁנִּסְתַּם.. הָעוֹלָם נָהֲגוּ לְהַתִּיר, וְאַף לֹא יַעֲלֶה עַל הַדַּעַת לְמִי שֶׁהוּא לְהַחֲמִיר.. נִרְאֶה דְּמוּתָּר לְהַדִּיחָן, וְגַם לִפְתּוֹחַ הַסְּתִימָה, אִם יֵשׁ לָהֶם צוֹרֶךְ בְּשַׁבָּת, וְאִי אֶפְשָׁר בְּעִנְיַן אַחֵר, מִטַּעַם מְרוּצָּף.. וְגַם יֵשׁ צוֹרֶךְ גָּדוֹל, דְּהַוֵי כְּמוֹ גְּרַף שֶׁל רֵיעִי, וְיֵשׁ מִשּׁוּם כְּבוֹד הַבְּרִיּוֹת, וּבְזֶה לֹא מִבָּעֵי בְּנוֹגֵעַ לְהַדָּחָה, כֵּיוָן שֶׁנָּהֲגוּ הָעוֹלָם לְהַתִּיר גַּם בְּסִינְק, דְּאֵין לְהַחֲמִיר, אֶלָּא אַף בְּנוֹגֵעַ לִפְתִיחַת הַסְּתִימָה, אִם יֵשׁ צוֹרֶךְ גָּדוֹל יֵשׁ מָקוֹם לְהַתִּיר כנ״ל.

5. באר משה א:כט

נִשְׁאַלְתִּי הַרְבֵּה פְּעָמִים עַל הָא דִּשְׁכִיחַ בְּבָתִּים שֶׁיֵּשׁ יְלָדִים קְטַנִּים שֶׁהַבֵּית הַכִּסֵּא נִסְתַּם עַל יְדֵי דְּבַר מַה בְּשַׁבַּת קוֹדֶשׁ אִם מוּתָּר לְיִשְׂרָאֵל לְתַקֵּן הַקִּלּוּחַ שֶׁיֵּרְדוּ הַמַּיִם. הֱשַׁבְתִּי לְהָקֵל, וְלֹא עוֹד אֶלָּא גַּם בִּכְלִי אַחֵר הַנִּקְרָא ״סנעיק״ בִּלְשׁוֹן הַמְּדִינָה הַיְינוּ שלאנגע (נָחָשׁ) שָׁרֵי כַּאֲשֶׁר אֲבָאֵר.. נִרְאֶה לְפִי עֲנִיַּת דַּעְתִּי שֶׁאֵין עִנְיָנֵינוּ דּוֹמֶה כְּלָל וּכְלַל לְהָא דמס׳ כתובות צִינּוֹר שֶׁעָלוּ בּוֹ עֲשָׂבִים. דְּהָתָם עַל יְדֵי עָפָר וַאֲדָמָה הַמִּתְאַסְּפִים עַל יְדֵי זְמַן זְמַנִּים טוּבָא עַד שֶׁעָלוּ בּוֹ עֲשָׂבִים הַסְּתִימָה הוּא סְתִימָה מְעַלְיוּתָא וְאִלוּלֵי לְמַעֲכָן בְּרַגְלוֹ שֶׁהוּא מַעֲשֶׂה כִּלְאַחַר יָד, הָיָה אָסוּר דְּהַוֵי מְתַקֵּן מַמָּשׁ עַל יְדֵי הֲסָרַת הַקַּשְׁקַשִּׁים כְּדֶרֶךְ שֶׁמְּסִירִים, וְרַק כִּלְאַחַר יַד הִתִּירוּ. אֲבָל בַּנִּידּוֹן דִּידָן שֶׁנִּסְתַּם בְּשַׁבָּת, אוֹ אֲפִלּוּ נִסְתַּם שָׁעָה וּשְׁתַּיִם לִפְנֵי שַׁבָּת וְלֹא עָלָה בְּיָדוֹ לְהָסִיר הַמּוֹנֵעַ יְרִידַת הַמַּיִם, שֶׁאֵין כַּאן סְתִימָה מְעַלְיוּתָא, וְהִיא גּוּפָא מֵעִיד עַל זֶה שֶׁלֹּא נִסְתַּם סְתִימָה מְעַלְיוּתָא מֵאַחַר שֶׁעַל יְדֵי דְּחִיקַת אֲוִיר שֶׁל כְּלִי כַּחֲצִי כַּדּוּר הַסְּתִימָה יוֹרֵד לְמַטָּה, בְּוַדַּאי שָׁרֵי וְאֵין כַּאן שׁוּם יְסוֹד עַל פִּי הֲלָכָה לֶאֱסוֹר הַדָּבָר, וּבְיוֹתֵר דְּהַלֹּא אֵינֶנּוּ נִסְתַּם לְגַמְרֵי וּקְצָת מַיִם נוֹזְלִים לְמַטָּה.. וְכֵן הִתַּרְתִּי כַּמָּה פְּעָמִים לִדְחוֹק הַסִּינק שֶׁנִּסְתַּם עַל יְדֵי שִׁיּוּרֵי מַאֲכָלִים וְשׁוּמָן וּלְבָבִיּוֹת בְּשַׁבָּת וְיוֹם טוֹב עִם כְּלִי מֶחֱצִי כַּדּוּר (הַמְּכוּנֶּה פאמף)..כִּי כָּל סְתִימָה דִּכְהַאי גַּוְונָא לֹא הַוֵי סְתִימָה כְּלַל, וְכָל הַמַּחְמִיר אֵינוֹ אֶלָּא טוֹעֶה בְּדָבָר פָּשׁוּט וְלֹא מָצָא יָדָיו וְרַגְלָיו בְּבֵית הַמִּדְרָשׁ.

Unblocking Sinks

QUESTION ————————————————————————

My kitchen sink often gets clogged up. Can I use a plunger to unblock it on Shabbos?

DISCUSSION ————————————————————————

The Gemara (Kesubos 60a)[1] writes that one cannot normally dislodge debris from a gutter on Shabbos. If the blockage would potentially cause them a financial loss, one may step on the debris to unblock the gutter (See Shulchan Aruch OC 336:9).

The Mishna Berura (336:47)[2] writes that while one can step on the debris to help the water flow, it is always forbidden to remove the debris.

Based on this, R' Moshe Feinstein (Igros Moshe OC 4:40:9)[3] writes that if the sink is totally blocked then it is considered to be broken and unblocking the broken pipe would be similar to creating a new one. One can ask a non-Jew to unblock it for them if necessary, though should not unblock it by themselves. If it happens regularly, however, the sink is not considered to be broken, and one may unblock it with a plunger (See Yabia Omer OC 5:33).

Other *poskim* take a more lenient view. R' Yitzchak Yaakov Weiss (Minchas Yitzchak 5:75)[4] writes that ideally one should ask a non-Jew to unblock it for them. If absolutely necessary, one can unblock the sink oneself as clogged up sinks can be very unpleasant, *graf shel re'i* (See Shemiras Shabbos Kehilchasa 12:n50).

R' Moshe Stern (Baer Moshe 1:29)[5] writes that there is a big difference between unclogging a sink or toilet with a plunger and clearing a blocked gutter. A plunger merely dislodges a temporary blockage, whereas a blocked gutter may have a solid accumulation of soil that requires a new hole. Thus, one may use a plunger, especially in a time of need.

CONCLUSION ————————————————————————

One may unblock a sink that gets clogged up regularly.

1. שולחן ערוך או"ח שמ:ח

מוֹכִין שֶׁנָּפְלוּ מִן הַכֶּסֶת, מוּתָּר לְהַחֲזִירָם אֲבָל אָסוּר לִיתְּנָם בַּתְּחִלָּה בַּכֶּסֶת.

2. משנה ברורה שמ:לב

מוּתָּר לְהַחֲזִירָם: לְאוֹתוֹ הַכֶּסֶת דְּכֵיוָן דִּכְבַר הָיוּ שָׁם אֵין בְּזֶה מִשּׁוּם תִּקּוּן מָנָא אַף שֶׁיִּזָּהֵר שֶׁלֹּא יִתְפּוֹר.

3. מנחת יצחק ו:ל

שְׁאֵלָה: נִשְׁאַלְתִּי מֵאֵיזֶה מֵחֶבְרֵי הַכּוֹלֵל בגייטסהעאד, אִם מוּתָּר לְנַפֵּחַ אֲוִיר בְּכָרִים שֶׁל גּוּמִי, לִשְׁכַּב עֲלֵיהֶם, בְּשַׁבָּת וְיוֹם טוֹב.

תְּשׁוּבָה: הֵשַׁבְתִּי.. לֶאֱסוֹר מב' טַעְמֵי, דְּהִנֵּה זֶה לְשׁוֹן השולחן ערוך שָׁם, מוֹכִין שֶׁנָּפְלוּ מִן הַכֶּסֶת מוּתָּר לְהַחֲזִירָם, אֲבָל אָסוּר לִיתְּנָם בַּתְּחִלָּה בַּכֶּסֶת.. וְעוֹד לְפִי.. דְּגַם בְּהָא דְּמוֹכִין אָסוּר בְּטוֹרֵחַ, וּבְיֵשׁ חֲשַׁשׁ יִתְקַע, וּבְנִידּוֹן דִּידָן, אִיכָּא מִשּׁוּם תַּרְתֵּי, דְּהָוֵי טוֹרֵחַ, וְגַם מִשּׁוּם שֶׁמָּא יִתְקַע וְיִקְשׁוֹר כְּנוֹדָע.

4. מחזה אליהו א:סט:ב

..אִם מוּתָּר לִנְפּוֹחַ אֲוִיר לְתוֹךְ כַּר גּוּמִי שֶׁיְּשֵׁנִים עָלָיו בַּלַּיְלָה.. וּלְפִי עֲנִיּוּת דַּעְתִּי מוּתָּר לְכַתְּחִלָּה לִנְפּוֹחַ בּוֹ אֲוִיר בְּשַׁבָּת, וּלְהַעֲמִידוֹ בְּמַצָּב שֶׁרָאוּי לְהִשְׁתַּמֵּשׁ בּוֹ. דְּאַף דְּנָכוֹן הוּא שֶׁהָ"אֲוִיר" הֶחָדָשׁ שֶׁהוּכְנַס בּוֹ נַעֲשֵׂית הַמּוֹכִין לְכַר הַזֶּה, וְאֵינוֹ "הָאֲוִיר" שֶׁהָיָה בּוֹ מֵאֶתְמוֹל, וְיֵשׁ לְהַחֲשִׁיבוֹ כְּהַרְכָּבָה חֲדָשָׁה וּכְנְתִינַת מוֹכִין חַדְּתֵי לְכַר יָשָׁן שֶׁאָסוּר. מִכָּל מָקוֹם כַּאן שַׁאנִי וְשַׁאנִי, מֵאַחַר דְּזֶהוּ הַרְכָּבָה לִזְמַן בִּלְבַד וְאֵין הַכַּר וְהָאֲוִיר מִתְאַחֲדִים לִהְיוֹת כְּלִי אֶחָד. וּכְבָר הוֹכַחְנוּ שֶׁאֵין בָּזֶה אִסּוּר כְּלָל..

5. בצל החכמה ד:צב:א

..וּבְנִידָן דִּידָן שֶׁהוּא מַכְנִיס אֲוִיר לְתוֹךְ הַכַּר יֵשׁ לְעַיֵּין אִם יֵשׁ לְחַלֵּק בֵּין חַדְתָּא לְעַתִּיקָא, דְּאוּלַי דַּוְקָא בְּמוֹכִין שֶׁהוּא מִידֵי דְּאִית בֵּיהּ מַמָּשָׁא שַׁיָּיךְ לְחַלֵּק בְּהָכֵי אֲבָל לֹא בַּאֲוִיר שֶׁאֵין בּוֹ מַמָּשׁ.. לְפִי שֶׁבֶּאֱמֶת גַּם בְּכַר וְכֶסֶת דַּרְכּוֹ לְהַכְנִיס וּלְהוֹצִיא הַמּוֹכִין שֶׁבְּתוֹכָן.. מִכָּל מָקוֹם אֵין דַּרְכּוֹ לְהוֹצִיא מַה שֶּׁבְּתוֹכָם רַק אַחַר זְמַן מְרוּבֶּה כְּשֶׁיִּתְלַכְלְכוּ אוֹ יִקָּרְעוּ.. לָכֵן בְּהַכְנָסַת הַמּוֹכִין לְתוֹכָם נֶחֱשָׁב עָבִיד כְּלִי מַשֶּׁאֵין כֵּן אַבְנֵט דַּרְכּוֹ לְהַכְנִיס וּלְהוֹצִיא מִן הַמִּכְנָסַיִם וּלְתוֹכָם תָּדִיר, הַיְינוּ שֶׁאֵינוֹ מַשְׁאִירוֹ בְּתוֹכָם לִזְמַן מְרוּבֶּה.. אֲבָל הָכָא "דְּלֹא מְבַטֵּל לֵיהּ" לָכֵן שָׁרֵי..

6. שמירת שבת כהלכתה טו:פט

מִזְרָן גּוּמִי שֶׁעָשׂוּי לִשְׁכַּב עָלָיו, מוּתָּר לְנַפְּחוֹ בְּשַׁבָּת גַּם בְּמַשְׁאֵבָה הַמְּיוּחֶדֶת לְכָךְ (בִּתְנַאי שֶׁאֵינָהּ מַשְׁאֵבָה חַשְׁמַלִּית), אִם אָמְנָם כְּבָר הִשְׁתַּמֵּשׁ בּוֹ מִבְּעוֹד יוֹם אַךְ לֹא יְנַפְּחוֹ לָרִאשׁוֹנָה בְּשַׁבָּת.

מקור חיים 162

Inflatable Beds

QUESTION ────────────────────────────────

Can we inflate an airbed with a foot-pump on Shabbos for an unexpected guest?

DISCUSSION ───────────────────────────────

The Shulchan Aruch (OC 340:8)[1] writes that one can put feathers back into a cushion on Shabbos though one cannot replace it with fresh feathers as this is *tikkun mana*, fixing an object (See Mishna Berura 340:32)[2]. Based on this, R' Yitzchak Yaakov Weiss (Minchas Yitzchak 6:30)[3] forbids pumping up a mattress on Shabbos, as one is putting 'new air' into the mattress. Additionally, one should avoid acts that involve a lot of *tircha*, exertion, on Shabbos.

R' Pesach Eliyahu Falk (Machazeh Eliyahu 1:69:2)[4] however disagrees. There is a big difference between a cushion that is considered broken minus its stuffing, and an inflatable mattress, that is more like a water bottle that is supposed to be emptied and filled as needed (See Minchas Shlomo 1:11:5)

Similarly, R' Betzalel Stern (Betzel Hachachma 4:92:1;[5] 93) writes that one may inflate a mattress on Shabbos. One cannot compare air that has no real substance to feather stuffing (See Igros Moshe CM 2:47:3).

R' Yehoshua Neuwirth (Shemiras Shabbos Kehilchasa 15:89;[6] 34:24) writes that one may only inflate the mattress if it had previously been inflated, though not for the first time it is being used.

CONCLUSION ───────────────────────────────

While it is ideal to inflate the mattresses before Shabbos, one can do so on Shabbos for a guest, especially if the mattress has been used before.

1. רמ"א או"ח שלו:יא

וּמוּתָּר לְהַעֲמִיד עַנְפֵי אִילָנוֹת בְּמַיִם בְּשַׁבָּת וּבִלְבַד שֶׁלֹּא יִהְיוּ בָּהֶם פְּרָחִים וְשׁוֹשַׁנִּים שֶׁהֵם נִפְתָּחִים מִלַּחְלוּחִית הַמַּיִם (מהרי"ל וְעַיֵּין לְקַמָּן סימן תרנ"ד).

2. משנה ברורה שלו:נד

וְעַיֵּין לְקַמָּן סִימָן תרנ"ד: רָצָה לוֹמַר דְּשָׁם מְבוֹאָר דְּאֵינוֹ מוּתָּר בְּשַׁבָּת כִּי אִם לְהַחֲזִיר בְּמַיִם שֶׁעָמְדוּ בּוֹ מִכְּבָר בְּעֶרֶב שַׁבָּת וְלֹא לְהוֹסִיף עוֹד מַיִם צוֹנְנִים וְכָל שֶׁכֵּן שֶׁלֹּא לְהַחֲלִיף הַמַּיִם לְגַמְרֵי וּלְפִי זֶה הָא דְּכָתַב מִקּוֹדֶם דְּמוּתָּר לְהַעֲמִידָן הַיְינוּ לְהַחֲזִירָן בְּשַׁבָּת לְתוֹכָן אֲפִלּוּ אִם כְּבָר נִיטְּלוּ מֵהֶן אֲבָל לֹא לְהַעֲמִידָן לְכַתְּחִלָּה [תו"ש וחיי אדם]..

3. שער הציון שלו:מח

פרי מגדים ושולחן ערוך הגר"ז וְאֶפְשָׁר דְּיֵשׁ לִסְמוֹךְ עַל זֶה אִם שָׁכַח לְהַעֲמִידָן מִבְּעוֹד יוֹם כֵּיוָן שֶׁאֵין בָּהֶן פְּרָחִים וְלֵית בְּזֶה חֲשַׁשׁ דְּאוֹרַיְיתָא.

4. שולחן ערוך הרב או"ח שלו:יח

עַנְפֵי אִילָנוֹת שֶׁהוּכְנוּ לְתַשְׁמִישׁ מִבְּעוֹד יוֹם בְּעִנְיָן שֶׁיֵּשׁ תּוֹרַת כְּלִי עֲלֵיהֶם וּמוּתָּרִים בְּטִלְטוּל.. מוּתָּר לְהַעֲמִידָם בְּמַיִם בְּשַׁבָּת וּבִלְבַד שֶׁלֹּא יִהְיוּ בָּהֶם פְּרָחִים וְשׁוֹשַׁנִּים שֶׁהֵם נִפְתָּחִים מִלַּחְלוּחִית הַמַּיִם וְצָרִיךְ לִיזָּהֵר שֶׁלֹּא לִיתֵּן מַיִם אֶל כְּלִי כְּדֵי לְהַעֲמִידָם שָׁם אֶלָּא יַעֲמִידֵם בְּמַיִם שֶׁהָיוּ בִּכְלִי מִכְּבָר וַאֲפִלּוּ הֶעֱמִידָם בְּמַיִם מִבְּעוֹד יוֹם אָסוּר לְהוֹסִיף עֲלֵיהֶם מַיִם בְּשַׁבָּת וְיוֹם טוֹב מִפְּנֵי שֶׁטּוֹרֵחַ לְתַקֵּן כְּלִי..

5. שמירת שבת כהלכתה כו:כה

אֲגַרְטָל, אַף שֶׁיֵּשׁ בּוֹ פְּרָחִים וְעַנְפֵי אִילָנוֹת, אֵינוֹ מוּקְצֶה וּמוּתָּר לְטַלְטְלוֹ.

6. דרשו משנה ברורה שלו הערה 48

וּפִרְחֵי נוֹי הַנִּפְתָּחִים עַל יְדֵי הַכְנָסָתָם לְמַיִם, וּמוּנָּחִים בַּאֲגַרְטָל עִם מַיִם, דַּעַת הגרי"ש אלישיב (שלמי יהודה פ"ג ס"ק סז) שֶׁכְּשֶׁהֵם בְּתַהֲלִיךְ פְּתִיחָתָם אֵין לְטַלְטֵל אֶת הָאֲגַרְטָל אֶלָּא בְּנַחַת, מִשּׁוּם שֶׁנִּדְנוּד הַמַּיִם עָלוּל לְזָרֵז אֶת פְּתִיחַת הַפְּרָחִים וְגִדּוּלָם.

מקור חיים 164

Fresh Flowers

QUESTION

A guest brought us a bunch of flowers on Shabbos. What could we have done with them?

DISCUSSION

The Rema (OC 336:11)[1] writes that one may place branches and flowers in water on Shabbos only if there are no flowers that will open up as a result. The Mishna Berura (336:54)[2] clarifies that this only applies to branches and flowers that were already in water and had fallen out. One cannot add any new flowers or water to the vase though. He writes (Shaar Hatziyun 336:48)[3] that if necessary, one may rely on the Pri Megadim (Eishel Avraham 336:13) and Shulchan Aruch Harav (OC 336:18)[4] who allow one to place a fresh bouquet of flowers in a vase on Shabbos provided that the flowers had fully opened and the water had been filled before Shabbos. Thus, one who had forgotten to place them in the vase before Shabbos would be allowed to add them to an existing vase of flowers (See Shemiras Shabbos Kehilchasa 26:26; n91).

Providing the flowers were picked before Shabbos, they are not *muktze* as they were picked for a bouquet. Thus, R' Yehoshua Neuwirth (Shemiras Shabbos Kehilchas 26:25)[5] writes that a vase containing flowers is not *muktze* and may be moved on Shabbos. Likewise, one may remove flowers from a vase on Shabbos (See Rivevos Ephraim 1:258).

R' Yosef Shalom Elyashiv (Dirshu Mishna Berura 336:n48)[6] notes though, that if the flowers haven't fully opened, one must be careful when moving the vase not to shake the water around which could aid their growth.

CONCLUSION

One may gently move a vase with flowers and remove flowers from water. One may only put flowers into water if they have fully opened and the water was in the vase before Shabbos. No water may be added on Shabbos. Otherwise, one should place them into an empty vase.

1. מועד קטן ב:

אִתְּמַר הַמְנַכֵּשׁ וְהַמַּשְׁקֶה מַיִם לִזְרָעִים בְּשַׁבָּת מִשּׁוּם מַאי מַתְרִינַן בֵּיהּ רַבָּה אָמַר מִשּׁוּם חוֹרֵשׁ רַב יוֹסֵף אָמַר מִשּׁוּם זוֹרֵעַ.

2. משנה תורה שבת ח:ב

הַזּוֹרֵעַ כָּל שֶׁהוּא חַיָּב. הַזּוֹמֵר אֶת הָאִילָן כְּדֵי שֶׁיִּצְמַח הֲרֵי זֶה מֵעֵין זוֹרֵעַ. אֲבָל הַמַּשְׁקֶה צְמָחִין וְאִילָנוֹת בְּשַׁבָּת הֲרֵי זֶה תּוֹלְדַת זוֹרֵעַ וְחַיָּב בְּכָל שֶׁהוּא. וְכֵן הַשּׁוֹרֶה חִטִּין וּשְׂעוֹרִין וְכַיּוֹצֵא בָּהֶן בְּמַּיִם הֲרֵי זֶה תּוֹלְדַת זוֹרֵעַ וְחַיָּב בְּכָל שֶׁהוּא.

3. שולחן ערוך או"ח רנב:ה

וּמוּתָּר לִפְתּוֹחַ מַיִם לְגִנָּה וְהֵם נִמְשָׁכִים וְהוֹלְכִים בְּכָל הַשַּׁבָּת.. וַאֲפִלּוּ מוּגְמָר מוּנָּח בִּכְלִי דְּאֵין אָדָם מְצֻוֶּה עַל שְׁבִיתַת כֵּלִים..

4. שולחן ערוך הרב או"ח רסה:ח

וְאֵין חוֹשְׁשִׁים שֶׁמָּא יָבֹא לַעֲשׂוֹת כֵּן מִשֶּׁתֶּחְשַׁךְ לְפִי שֶׁהַכֹּל יוֹדְעִים אִסּוּר עֲשִׂיַּית מְלָאכָה בְּשַׁבָּת וְלֹא יִטְעוּ בְּזֶה..

5. ציץ אליעזר ה:ו:ג

מַה שֶּׁכָּתַב לִי בְּעִנְיָנִים אֵלֶּה.. כְּבוֹד הַגָּאוֹן הגרצ"פ פרנק.. מֵבִיא פְּסָקוֹ שֶׁל בַּעַל חזון איש הָאוֹסֵר לִסְגּוֹר בֶּרֶז הַמַּיִם גַּם בַּבַּיִת בְּשַׁבָּת שֶׁעַל יְדֵי זֶה יַגְבִּיר הַלַּחַץ בַּצִּנּוֹר הַהַשְׁקָאָה הַפָּתוּחַ לַגִּינָּה. לְדַעְתִּי לְחוּמְרָא זוּ אֵין פָּנִים בַּהֲלָכָה, רֵאשִׁית אֵין סְבָרָא שֶׁסְּגִירַת בֶּרֶז זֶה יִגְרוֹם לְהַגְדִּיל הַשֶּׁטֶף בַּבֶּרֶז הַשֵּׁנִי שֶׁעַל פִּי רוֹב יֵשׁ מַיִם הַרְבֵּה דַּי לְהָמִיר.. וְעוֹד הָא אֵינוֹ מְכַוֵּין בִּסְגִירָתוֹ לְהַגְבִּיר זֶרֶם עַל הַזְּרָעִים וְאִם כֵּן הֲוָה לֵיהּ דָּבָר שֶׁאֵינוֹ מִתְכַּוֵּין וּבְלִי פְּסִיק רֵישָׁא מוּתָּר.

וְעוֹד הָא הַבֶּרֶז הַהוּא כְּבָר הוֹלֵךְ וְיוֹצֵק מַיִם עַל הַזְּרָעִים מֵאֵלָיו, וְאַף אִם תִּמְצִי לוֹמַר שֶׁהוּא מַגְבִּיר הַזֶּרֶם הַיְינוּ שֶׁהַמַּיִם יֵצְאוּ בִּמְהֵרָה, אֲבָל גַּם בְּלִי סְגִירַת הַבֶּרֶז בְּבֵיתוֹ גַּם כֵּן בְּכָל זֶה הַהַשְׁקָאָה עוֹשָׂה אֶת שֶׁלּוֹ וּמַאי נַפְקָא מִינָהּ בָּזֶה שֶׁמְּמַהֵר יְצִיאַת הַמַּיִם לְהַזְּרָעִים, וּמַאי נַפְקָא מִינָהּ בְּגִידּוּל הַזְּרָעִים אִם בָּאִים בִּמְרוּצָה אוֹ לְאַט לְאַט, אֵין זֶה שַׁיָּךְ לְגִידּוּל הַזְּרָעִים.

Sprinklers

QUESTION ————————————————————————

We just planted new grass and need to water it every day. Are we allowed to place a sprinkler on a timer so that it waters the grass on Shabbos?

DISCUSSION ————————————————————————

The Gemara (Moed Katan 2b)[1] writes that there is a *machlokes* as to whether one who waters plants on Shabbos transgresses the *melacha* of *choresh*, plowing, or *zorea*, planting. Rambam (Shabbos 8:2)[2] writes that it is considered *zorea*. Thus, one must not turn on a sprinkler on Shabbos.

The Shulchan Aruch (OC 252:5)[3] writes that one is allowed to open a flow of water before Shabbos that will run onto a garden on Shabbos (See Shabbos 18a). The Rema adds that if the action creates a noticeable sound (*avsha milsa*), such as a flour mill, then it must not operate on Shabbos.

While the sprinkler may be seen, the Shulchan Aruch Harav (OC 265:8)[4] notes that *chazal* were not concerned that people will jump to the wrong conclusions and think that such *melachos* may be operated on Shabbos.

R' Eliezer Waldenberg (Tzitz Eliezer 4:31; 5:6:3[5]) writes that one may set one's sprinkler before Shabbos to run on Shabbos, comparing this to switching lights on before Shabbos. While they can clearly be seen, *avsha milsa* only applies to sound. While one can also switch the taps off, he quotes the Chazon Ish who writes that one must be careful when doing so if there is more than one sprinkler to ensure that they do not cause the water pressure to increase in the other, thereby causing extra watering. Thus, one must switch it off at the main tap (See Shemiras Shabbos Kehilchasa 8:228).

Nonetheless, R' Ovadia Yosef (Yalkut Yosef, Shabbos 252:2) and R' Zvi Pesach Frank (Tzitz Eliezer 5:6:3) maintain that this is not such a concern.

CONCLUSION ————————————————————————

One may place sprinklers on a timer to water one's lawn on Shabbos, and switch the taps off as necessary.

1. שולחן ערוך או"ח שלו:ג

מוּתָּר לֵילֵךְ עַל גַּבֵּי עֲשָׂבִים בֵּין לַחִים בֵּין יְבֵשִׁים כֵּיוָן שֶׁאֵינוֹ מִתְכַּוֵּין לִתְלוֹשׁ אֲבָל הָאוֹכְלִים בְּגַנּוֹת אֲסוּרִים לִיטוֹל יְדֵיהֶם עַל הָעֲשָׂבִים שֶׁמַּשְׁקִים אוֹתָם אַף עַל פִּי שֶׁאֵינָם מְכַוְּונִים פְּסִיק רֵישֵׁיהּ הוּא אֲבָל מוּתָּר לְהַטִּיל בָּהֶם מֵי רַגְלַיִם אוֹ שְׁאָר מַשְׁקִים שֶׁאֵינָם מַצְמִיחִין. **הגה** וְלָכֵן טוֹב לְהַחְמִיר שֶׁלֹּא לֶאֱכוֹל בְּגַנּוֹת אִם יִשְׁתַּמֵּשׁ שָׁם מַיִם דִּבְקוֹשִׁי יֵשׁ לִיזָּהֵר שֶׁלֹּא יִפְּלוּ שָׁם מַיִם (בית יוסף בשם סה"ת):

2. משנה ברורה שלו:כז

פְּסִיק רֵישֵׁיהּ הוּא: דְּאִי אֶפְשָׁר שֶׁלֹּא יוֹעִיל לְגַדְּלָם וְאִם אוֹכֵל בְּגִינָּה שֶׁאֵינָהּ שֶׁלּוֹ וְלֹא שֶׁל אָדָם הָאוֹהֲבוֹ יֵשׁ מַתִּירִין דִּסְבִירָא לֵיהּ כֵּיוָן דִּפְסִיק רֵישֵׁיהּ דְּלֹא נִיחָא לֵיהּ הוּא שָׁרֵי אַף לְכַתְּחִלָּה וְהַרְבֵּה פּוֹסְקִים אוֹסְרִין גַּם בִּפְסִיק רֵישֵׁיהּ דְּלֹא נִיחָא לֵיהּ לְכַתְּחִלָּה וְכִמְבוֹאָר בְּסוֹף סִימָן ש"כ עַיֵּין שָׁם.

3. ערוך השולחן או"ח שלו:כב

אֲבָל לִשְׁפּוֹךְ מַיִם עַל עֲשָׂבִים, הֲוֵי אִסּוּר דְּאוֹרַיְיתָא, דְּעַל יְדֵי זֶה הֵם גְּדֵלִים וַהֲוָה תּוֹלֶדֶת זוֹרֵעַ, דְּהַמַּשְׁקֶה מַיִם לִזְרָעִים חַיָּיב (רֵישׁ מועד קטן). וְלָכֵן אוֹתָן הַשּׁוֹמְרִים בְּגִינּוֹת, יִזָּהֲרוּ שֶׁלֹּא יִטְּלוּ יְדֵיהֶם עַל הָעֲשָׂבִים, וְלָכֵן לֹא יֹאכְלוּ שָׁם בְּשַׁבָּת וְיוֹם טוֹב, שֶׁיִּצְטָרְכוּ לִיטּוֹל יְדֵיהֶם עַל הָעֲשָׂבִים, וְהוּא אִסּוּר דְּאוֹרַיְיתָא, אַף עַל פִּי שֶׁאֵינוֹ מְכַוֵּין, דַּהֲוָה פְּסִיק רֵישָׁא. וְאִי מִשּׁוּם פְּסִיק רֵישָׁא דְּלֹא נִיחָא לֵיהּ, הֲרֵי יֵשׁ דֵּיעוֹת בָּזֶה כמ"ש בְּסִימָן רמ"ב, וְעוֹד מִי יֵימַר דְּלֹא נִיחָא לֵיהּ, וְלָכֵן יֵשׁ לְהַזְהִירָן בָּזֶה מְאֹד מְאֹד.. מִיהוּ עַל כָּל פָּנִים יֵשׁ לִמְנוֹעַ מִלֶּאֱכוֹל בְּגִינּוֹת, דִּבְקוֹשִׁי הוּא שֶׁלֹּא יָבֹא שָׁם מַיִם, וְהַנִּזְהָר בְּזֶה זְכוּת הַשַּׁבָּת יָגֵן עָלָיו.

4. כף החיים או"ח שלו:כו

וּמִיהוּ בְּגִינַּת חֲבֵירוֹ שֶׁאֵינוֹ נֶהֱנֶה בְּגִדּוּל הָעֲשָׂבִים לְדִבְרֵי הערוך דְּסָבַר דִּפְסִיק רֵישֵׁיהּ דְּלֹא נִיחָא לֵיהּ שָׁרֵי הָכִי נַמִּי שָׁרֵי אֲבָל לְדִבְרֵי הַחוֹלְקִין עָלָיו וַדַּאי אָסוּר.. אֲבָל מִסְתָמָא אָמְרִינָן דְּאַף חֲבֵירוֹ נִיחָא לֵיהּ..

Shabbos Picnic

Question

Is there any issue with having a picnic in a nearby park on Shabbos within an *eruv*?

Discussion

The Shulchan Aruch (OC 336:3)[1] writes that one may walk normally on wet or dry grass on Shabbos as one is not intending to rip up the grass. One who eats in the garden must be careful not to wash their hands there as they will inevitably be watering the grass, which is an issue of *zorea*, planting (Mishna Berura 336:26). The Rema adds that as it is so difficult not to spill any water while eating, it is commendable not to bring drinks out to the garden.

The Mishna Berura (336:27)[2] writes that some argue that there is less of a concern in someone else's garden, as one is not bothered if the plants grow there or not (*pesik reshei delo niche lei*). Nonetheless, the Aruch Hashulchan (OC 336:22)[3] writes that it is difficult to say that people are not bothered at all, and therefore urges people to be most vigilant, advising people not to hold meals there. Likewise, the Kaf Hachaim (OC 336:26)[4] points out that even the lenient authorities would concede that one is bothered about a close friend's garden.

Seemingly, therefore, all *poskim* would agree that as people want their parks to look good, any water that spills on the grass would be advantageous, and therefore an issue of *pesik reshei denicha lei.*

Conclusion

One eating outdoors should ideally not bring any drinks onto the grass unless they have put a cloth down first to absorb any spillages.

1. שולחן ערוך או"ח שג:כה

אָסוּר לְאִשָּׁה שֶׁתַּעֲבִיר בְּשַׁבָּת סְרַק עַל פָּנֶיהָ מִשּׁוּם צוֹבֵעַ וּמִטַּעַם זֶה אֲסוּרָה לִכְחוֹל בְּשַׁבָּת וּמִטַּעַם זֶה אֲסוּרָה לָטוּחַ עַל פָּנֶיהָ בָּצֵק וּכְשֶׁנִּטַּלְתּוֹ מַאְדִּים הַבָּשָׂר.

2. מנחת יצחק ה:לב:ב

..אִם נָכוֹן לְקַבֵּל בְּשַׁבָּת זאנענבאד, (הַיְינוּ שֶׁמַּנִּיחִים עַצְמָם כְּנֶגֶד הַשֶּׁמֶשׁ, שֶׁהַשֶּׁמֶשׁ יִשְׂרוֹף אוֹתָם), הַרְבֵּה עוֹשִׂין זֹאת לִרְפוּאָה, וְהַרְבֵּה עוֹשִׂין זֹאת, בִּשְׁבִיל לְיַפּוֹת עַצְמָן, אִם מוּתָּר לַעֲשׂוֹת זֹאת בְּשַׁבָּת וּבִפְרַט שֶׁיֵּשׁ שֶׁמְּשִׂימִים נֶגֶד פְּנֵיהֶם, לוּחַ הַמְּצוּפֶּה כֶּסֶף כְּדֵי שֶׁיַּמְשִׁיכוּ כֹּחַ הַשֶּׁמֶשׁ בְּיוֹתֵר עֲלֵיהֶם. הִנֵּה לְדַעְתִּי אָסוּר לַעֲשׂוֹת כֵּן בְּשַׁבָּת.. דְּהָא גּוּפָא אָסוּר.. דְּבְהַעֲבָרַת סְרַק עַל פָּנֶיהָ, אִיכָּא מִשּׁוּם צוֹבֵעַ.. וְאִם כֵּן בְּוַדַּאי גַּם מַה דְּמֵנִיחַ עַצְמוֹ כְּנֶגֶד הַשֶּׁמֶשׁ לְיַפּוֹת עַצְמוֹ גַּם כֵּן הָוֵי מִשּׁוּם כָּל אֵלֶּה.. וְעוֹד כָּל זֶה, אִם יֵשׁ לוֹ תַּעֲנוּג וַהֲנָאָה בְּשָׁעָה שֶׁמּוּנָח כְּנֶגֶד הַשֶּׁמֶשׁ, אֲבָל כְּנוֹדָע, דִּבְשָׁעָה שֶׁהַשֶּׁמֶשׁ בּוֹעֵר בְּיוֹתֵר, יֵשׁ לוֹ צַעַר מִזֶּה, וְאִם כֵּן שׁוּב שַׁיָּיךְ, גַּם לֶאֱסוֹר מִטַּעַם הרמב"ם (פכ"א מה' שבת הכ"ט), דִּלְהָכִי אֵין רוֹחֲצִים בְּמֵי מִשְׁרָה וְכוּ', מִפְּנֵי שֶׁכָּל אֵלּוּ צַעַר הֵן, וּכְתִיב וְקָרָאתָ לַשַּׁבָּת עוֹנֶג עַיֵּין שָׁם. וְעוֹד שַׁיָּיךְ בְּכָל אֵלֶּה.. שֶׁנִּכְוִים וְנִשְׂרָפִים מֵחוֹם הַשֶּׁמֶשׁ, וְנִצְרָכִים לִמְשִׁיחוֹת מִקּוֹדֶם וּלְאַחֲרָיו, וּבָאִים לִידֵי חִלּוּל שַׁבָּת דְּאוֹרַיְיתָא וּדְרַבָּנָן, וְחוּץ לָזֶה, הַמַּעֲשֶׂה בְּעַצְמוֹ גּוֹרֵם לַעֲשׂוֹת מִשַּׁבָּת חוֹל ח"ו, עַל כֵּן אֵין לַעֲשׂוֹת כֵּן בְּשַׁבָּת קוֹדֶשׁ.

3. אז נדברו ב:ל

וּבַסּוֹף סִימָן ש"כ מְבוֹאָר דְּמוּתָּר לֶאֱכוֹל תּוּתִים וּשְׁאָר פֵּירוֹת הַצּוֹבְעִים וְזֶה מוּתָּר גַּם בְּאִשָּׁה שֶׁאֵין זוּ דֶּרֶךְ צְבִיעָה מִיהָא אִם מִתְכַּוֶּונֶת לְזֶה יִהְיֶה אָסוּר מִדְּרַבָּנָן.. מֵהָאָמוּר נִתְבָּאֵר שֶׁאֵין שׁוּם אִסּוּר בְּשִׁזּוּף בַּשֶּׁמֶשׁ בֵּין אִישׁ בֵּין אִשָּׁה שֶׁהֲרֵי אֵין הַכַּוָּונָה לִצְבִיעָה וְאֵין דֶּרֶךְ צְבִיעָה בְּכַךְ גַּם בְּאִשָּׁה.

4. אגרות משה או"ח ג:מה

הִנֵּה בִּדְבַר זְכוּכִית שֶׁל מִשְׁקָפַיִם שֶׁנִּקְרָא פוטגור שֶׁנַּעֲשׂוּ בְּאוֹפֶן זֶה דִּכְשֶׁהוֹלְכִים בַּשֶּׁמֶשׁ הֵם כְּמוֹ מִשְׁקְפֵי שֶׁמֶשׁ וּכְשֶׁהוֹלְכִים בְּצֵל נַעֲשָׂה בַּחֲזָרָה מֶשֶׁךְ רְגָעִים בָּהִיר כִּזְכוּכִית רְגִילוֹת שֶׁל מִשְׁקָפַיִם אֵינִי רוֹאֶה בָּזֶה אִסּוּר לֹא מִשּׁוּם צוֹבֵעַ וְלֹא מִשּׁוּם מְתַקֵּן מָנָא, דְּהָא לֹא נִצְבַּע כְּלוּם מִדְּבָא מַרְאֶה הָרִאשׁוֹן בַּחֲזָרָה וְכֵן חוֹזֵר חָלִילָה כַּמָּה פְּעָמִים, דְּאַף אִם נִיתַּן לְשָׁם דָּבָר שֶׁנִּכְנַס עַל הַזְּכוּכִית וּבָאֶ־מְצַע אֵיזֶה צֶבַע הַמְּכַסֶּה הֲרֵי לֹא מַצְבִּיעַ אֶת הַזְּכוּכִית אֶלָּא שֶׁמְּכַסֶּה אוֹתָהּ..

5. שמירת שבת כהלכתה יח הערה ע

וְאֵין בְּזֶה מִשּׁוּם אִסּוּר צְבִיעָה, מִכֵּיוָן שֶׁהָאָדָם עַצְמוֹ אֵינוֹ צוֹבֵעַ, וְהָוָה דּוּמְיָא דְּאָדָם שֶׁיּוֹשֵׁב בַּשֶּׁמֶשׁ וּמִשְׁתַּזֵּף (דְּאִם אֵינוֹ מִתְכַּוֵּון לִרְפוּאָה, דְּשָׁרֵינָן..), וְגַם אֵין לַצֶּבַע הַזֶּה כָּל קִיּוּם מִכֵּיוָן שֶׁמִּיַּד כְּשֶׁנִּכְנַס הָאָדָם לְצֵל, הַצֶּבַע חוֹזֵר לִכְמוֹ שֶׁהָיָה בַּתְּחִלָּה, וַהֲוָה כְּעָשׂוּי לִנְעוֹל וְלִפְתּוֹחַ תָּמִיד.. וְעַיֵּין שו"ת אגרות משה או"ח ח"ג סימן מה.

6. מחזה אליהו א:סה:ו:כד

..יְשִׁיבַת אָדָם כְּנֶגֶד הַשֶּׁמֶשׁ בְּכַוָּנָה מְפוֹרֶשֶׁת שֶׁיְּשַׁחֵר עוֹרוֹ קְצָת עַל יְדֵי חוֹם הַשֶּׁמֶשׁ, הַאִם זֶה בִּכְלַל אִסּוּר צְבִיעָה אוֹ לֹא. וּבְלִי כַּוָּונָה נִרְאֶה פָּשׁוּט שֶׁמּוּתָּר, דְּהַוֵי פְּסִיק רֵישֵׁיהּ בִּגְרָמָא דְּמוּתָּר לְהַרְבֵּה פּוֹסְקִים, עַיֵּין אבני נזר או"ח סימן קצ"ד, וְסוֹף חַמָּה לָבֹא גְּרָמָא הוּא. דְּאֵין הַחַמָּה צוֹבֵעַ בִּזְרִיחָתוֹ הָרִאשׁוֹנָה וַהֲוֵי בְּגֶדֶר סוֹף חַמָּה לָבֹא. וּבִפְרַט דִּצְבִיעַת גּוּף הָאָדָם וַאֲפִלּוּ בְּיָדַיִם, צְבִיעָה דְּרַבָּנָן הִיא..

מקור חיים 170

Sunbathing

QUESTION ───────────────────────────────

Can I sunbathe on Shabbos?

DISCUSSION ───────────────────────────────

The Shulchan Aruch (OC 303:25)[1] writes that the *melacha* of *tzoveia*, dyeing, applies to colouring one's body. R' Yitzchak Yaakov Weiss (Minchas Yitzchak 5:32:2)[2] writes, therefore, that one must not sunbathe on Shabbos, whether for medical reasons or just because they would like a tan. Additionally, he argues, that when it is exceedingly hot, sunbathing can be a painful experience and so must be avoided on Shabbos (See Rambam, Shabbos 21:29). Lastly, sunbathing is normally preceded by rubbing sun-cream onto oneself, and often ointments afterwards which is prohibited on Shabbos (See Chelkas Yaakov OC 152:1).

R' Binyamin Zilber (Az Nidberu 2:30)[3] writes that while one cannot sunbathe for health reasons, one may do so on one's own balcony for relaxation.

R' Moshe Feinstein (Igros Moshe OC 3:45)[4] writes that while photochromic lenses change colour in the sun, there is no issue of *tzoveia* as it is temporary and changes right back. R' Yehoshua Neuwirth (Shemiras Shabbos Kehilchasa 18:n70)[5] compares this to sunbathing, which leaves a temporary tan, implying that sunbathing is not an issue.

R' Pesach Eliyahu Falk (Machazeh Eliyahu 1:65:6:24)[6] writes that while purposely sunbathing may be problematic, one can certainly relax outside in the sun if their intention is not to get a tan.

CONCLUSION ───────────────────────────────

One may relax outdoors on Shabbos if they are not purposely trying to tan provided that they will not burn.

1. משנה שבת קמז.

סָכִין וּמְמַשְׁמְשִׁין בִּבְנֵי מֵעַיִם אֲבָל לֹא מִתְעַמְּלִין וְלֹא מִתְגָּרְדִין אֵין יוֹרְדִין לַקּוֹרְדִּימָה וְאֵין עוֹשִׂין אַפִּיקְטוֹזִין וְאֵין מְעַצְּבִין אֶת הַקָּטָן וְאֵין מַחֲזִירִין אֶת הַשֶּׁבֶר מִי שֶׁנִּפְרְקָה יָדוֹ וְרַגְלוֹ לֹא יִטְרְפֵם בְּצוֹנֵן אֲבָל רוֹחֵץ הוּא כְּדַרְכּוֹ וְאִם נִתְרַפֵּא נִתְרַפֵּא.

2. משנה תורה שבת כא:כח

סָכִין וּמְמַשְׁמְשִׁין בִּבְנֵי מֵעַיִם בְּשַׁבָּת וְהוּא שֶׁיָּסוּךְ וִימַשְׁמֵשׁ בְּבַת אַחַת כְּדֵי שֶׁלֹּא יַעֲשֶׂה כְּדֶרֶךְ שֶׁהוּא עוֹשֶׂה בַּחוֹל, וְאֵין מִתְעַמְּלִין בְּשַׁבָּת, אֵי זֶה הוּא מִתְעַמֵּל זֶה שֶׁדּוֹרְסִים עַל גּוּפוֹ בְּכֹחַ עַד שֶׁיִּיגַע וְיַזִּיעַ אוֹ שֶׁיְּהַלֵּךְ עַד שֶׁיִּיגַע וְיַזִּיעַ, שֶׁאָסוּר לְיַגֵּעַ אֶת עַצְמוֹ כְּדֵי שֶׁיַּזִּיעַ בְּשַׁבָּת מִפְּנֵי שֶׁהִיא רְפוּאָה..

3. ציץ אליעזר ו:ד

נִשְׁאַלְתִּי אִם מוּתָּר לַעֲשׂוֹת בְּשַׁבָּת תַּרְגִּילֵי גּוּף בְּאֶמְצָעוּת כְּלִי הַמְּיוּחָד לְכָךְ הַנִּקְרָא בַּשֵּׁם אכספנדר הַמּוּרְכָּב מִכַּמָּה קְפִיצִים, וְהוּא בְּגוֹדֶל שֶׁל כִּשְׁלוֹשָׁה רִבְעֵי מֶטֶר, וּמִשְׁתַּמְּשִׁים בּוֹ לְשֵׁם אִמּוּן וְחִזּוּק שְׁרִירֵי הַגּוּף לְכָל חֲלָקָיו, הָאִמּוּנִים נַעֲשִׂים לְשֵׁם כָּךְ עַל פִּי הוֹרָאוֹת מְיוּחָדוֹת בְּמֶתַח עַל פְּנֵי חֶלְקֵי הַגּוּף בִּגְוָנִים שׁוֹנִים בְּכִיּוּון וְכִינּוּן יָדַיִם וְרַגְלַיִם פָּנִים וְאָחוֹר מַעְלָה וּמַטָּה, כֵּן יֶשְׁנוֹ גַּם כְּלִי תַּרְגִּיל קָטָן הַמְּשַׁמֵּשׁ רַק לְשֵׁם אִימּוּן כַּף הַיָּד וְאֶצְבְּעוֹתָיו.. לְפִי כָּל תֵּיאוּרֵי הַתַּרְגִּילִים שֶׁעוֹשִׂים בִּכְלֵי האכספנדר בָּרוּר שֶׁמַּגִּיעִים לִידֵי יְגִיעָה רַבָּה וְזֵיעָה, וּבָרוּר גַּם שֶׁיֵּשׁ בְּזֶה גַּם מִשּׁוּם עוּבְדָּא דְחוֹל הֵן בְּעֶצֶם עֲשִׂיַּית הַתַּרְגִּילִים וְהַיְיגָעַת הַגּוּף, וְהֵן בְּשִׁמּוּשׁ בִּכְלִי הַמְּיוּחָד הַזֶּה, אִם כֵּן יֵשׁ לֶאֱסוֹר הַדָּבָר הֵן מִשּׁוּם עוּבְדָּא דְחוֹל וְהֵן מִשּׁוּם רְפוּאָה בֶּהֱיוֹת וּבָרוּר דְּמִתְיַיגְּעִים וּמַזִּיעִים עַל יְדֵי כֵּן פָּחוֹת אוֹ יוֹתֵר.

4. שבת דף קיג.

וְכִבַּדְתּוֹ מֵעֲשׂוֹת דְּרָכֶיךָ, וְכִבַּדְתּוֹ, שֶׁלֹּא יְהֵא מַלְבּוּשְׁךָ שֶׁל שַׁבָּת כְּמַלְבּוּשְׁךָ שֶׁל חוֹל.. מֵעֲשׂוֹת דְּרָכֶיךָ, שֶׁלֹּא יְהֵא הִילּוּכְךָ שֶׁל שַׁבָּת כְּהִילּוּכְךָ שֶׁל חוֹל. מִמְּצוֹא חֶפְצְךָ, חֲפָצֶיךָ אֲסוּרִין, חֶפְצֵי שָׁמַיִם מוּתָּרִין. וְדַבֵּר דָּבָר, שֶׁלֹּא יְהֵא דִּבּוּרְךָ שֶׁל שַׁבָּת כְּדִבּוּרְךָ שֶׁל חוֹל.

5. שולחן ערוך או"ח שא:א

אֵין לָרוּץ בְּשַׁבָּת אֶלָּא אִם כֵּן הוּא לִדְבַר מִצְוָה כְּגוֹן לְבֵית הַכְּנֶסֶת אוֹ כַּיּוֹצֵא בּוֹ.

6. משנה ברורה שא:ז

וְכֵן מוּתָּר לְטַיֵּיל: אֲפִלּוּ אִם כַּוָּנָתוֹ לְהִתְעַמֵּל וּלְהִתְחַמֵּם מִשּׁוּם רְפוּאָה מִכָּל מָקוֹם שָׁרֵי כֵּיוָן דְּלָא מוּכְחָא מִילְּתָא שֶׁעוֹשֶׂה כֵּן לִרְפוּאָה אֲבָל אָסוּר לָרוּץ כְּדֵי שֶׁיִּתְחַמֵּם לִרְפוּאָה כֵּיוָן דְּמוּכְחָא מִילְּתָא וְאָסוּר מִשּׁוּם שְׁחִיקַת סַמְמָנִין וְיֵשׁ מַחְמִירִין אֲפִלּוּ בְּטִיּוּל אִם כַּוָּנָתוֹ לְהִתְעַמֵּל לִרְפוּאָה.

7. שבט הלוי א:נח

..הֲגַם שֶׁאֵינוֹ נִיכָּר בִּשְׁעַת הָרִיצָה שֶׁאֵינוֹ רָץ מִפְּנֵי חֲפָצָיו, מִכָּל מָקוֹם כֵּיוָן דְּלִדְבַר מִצְוָה הוּא לֹא גָּזְרוּ, אֲבָל כְּהַאי דִּגְשָׁמִים שֶׁנִּיכָּר בִּשְׁעַת הָרִיצָה שֶׁאֵינָהּ רִיצָה שֶׁל חוֹל, וְיֵשׁ בָּהּ צוֹרֶךְ וְתוֹעֶלֶת הַמּוּתָּר בְּשַׁבָּת, וּמְשׁוּנָּה הִיא הָרִיצָה מֵרִיצָה סְתָם, בְּוַדַּאי כְּהַאי גַּוְונָא לֹא נִגְזַר מֵעִקָּרָא..

8. שולחן ערוך או"ח שא:ב

בַּחוּרִים הַמִּתְעַנְּגִים בִּקְפִיצָתָם וּמְרוּצָתָם, מוּתָּר. וְכֵן לִרְאוֹת כָּל דָּבָר שֶׁמִּתְעַנְּגִים בּוֹ (וְכֵן מוּתָּר לְטַיֵּיל בית יוסף).

9. נשמת אברהם או"ח שא:א

מוּתָּר לְטַיֵּיל אֲפִלּוּ אִם כַּוָּנָתוֹ לְהִתְעַמֵּל וּלְהִתְחַמֵּם מִשּׁוּם רְפוּאָה, מִכָּל מָקוֹם שָׁרֵי כֵּיוָן דְּלָא מוּכְחָא מִילְּתָא שֶׁעוֹשֶׂה כֵּן לִרְפוּאָה, אֲבָל אָסוּר לָרוּץ כְּדֵי שֶׁיִּתְחַמֵּם לִרְפוּאָה כֵּיוָן דְּמוּכְחָא מִילְּתָא וְאָסוּר מִשּׁוּם שְׁחִיקַת סַמְמָנִין..

Exercise

QUESTION

Am I allowed to jog or jump on a trampoline on Shabbos?

DISCUSSION

The Mishna (Shabbos 147a)[1] writes that there is a prohibition against being *misamel* on Shabbos. While Rashi translates this as massage, Rambam (Shabbos 21:28)[2] understands it to mean exercise. Exerting oneself enough to bring out a sweat is a form of *refuah*, which is generally forbidden on Shabbos (See Shulchan Aruch OC 328:42). Thus, R' Eliezer Waldenberg (Tzitz Eliezer 6:4)[3] writes that one cannot work out with gym equipment.

The Gemara (Shabbos 113a)[4] writes that one's actions on Shabbos should be different to those during the week. According to Ramban (Vayikra 23:24), there is a *mitzva mideoraisa* to rest on Shabbos. Thus, the Shulchan Aruch (OC 301:1)[5] writes that one must not run on Shabbos unless it is to do a *mitzva*, such as running to shul (See Aruch Hashulchan OC 301:44). While the Mishna Berura (301:7)[6] forbids jogging on Shabbos, R' Shmuel Wosner (Shevet Halevi 1:58)[7] writes that one may run to escape the rain.

The Shulchan Aruch (OC 301:2)[8] does allow one to jump and run for pleasure. One would therefore be allowed to jump on a trampoline for fun, though not for health reasons (See Shemiras Shabbos Kehilchasa 16:39).

R' Avraham Avraham (Nishmat Avraham OC 301:1)[9] points out that if one had a medical condition and had to jog for medical reasons they can certainly do so.

CONCLUSION

One should not jog to keep fit on Shabbos, though one may run to *shul* or to avoid the rain.

1. משנה תורה שבת ג:א

מֻתָּר לְהַתְחִיל מְלָאכָה מֵעֶרֶב שַׁבָּת אַף עַל פִּי שֶׁהִיא נִגְמֶרֶת מֵאֵלֶיהָ בְּשַׁבָּת. שֶׁלֹּא נֶאֱסַר עָלֵינוּ לַעֲשׂוֹת מְלָאכָה אֶלָּא בְּעַצְמוֹ שֶׁל יוֹם. אֲבָל כְּשֶׁתֵּעָשֶׂה הַמְּלָאכָה מֵעַצְמָהּ בְּשַׁבָּת מֻתָּר לָנוּ לֵהָנוֹת בְּמַה שֶּׁנַּעֲשָׂה בְּשַׁבָּת מֵאֵלָיו.

2. חלקת יעקב או"ח עא

..כִּיבּוּי הַחַשְׁמַל בְּעֶרֶב שַׁבָּת עַל יְדֵי הַשָּׁעוֹן מוּתָּר כֵּיוָן דְּלֹא הֲוֵי רַק גּוֹרֵם אִי מִשּׁוּם דַּהֲוֵי רַק כֹּחַ שֵׁנִי.. אִי מִשּׁוּם דְּיֵשׁ אֶפְשָׁרִיּוּת שֶׁלֹּא יִתְכַּבֶּה לְאֵיזוֹ סִבָּה וְלֹא הֲוֵי הַכִּיבּוּי בָּרוּר.. אֲבָל בְּחַשְׁמַל דְּמַתֶּכֶת לֹא נַעֲשֶׂה מֵעוֹלָם פֶּחָם וְלֹא שַׁיָּיךְ גַּבֵּי חַשְׁמַל צְרִיכָה לְגוּפוֹ.. גַּם אִם לֹא נַתִּיר, מִשּׁוּם הֶפְסֵד מָמוֹן שֶׁלֹּא יִצְטָרֵךְ לְהַדְלִיק כָּל יוֹם הַשַּׁבָּת, מִמְּנְעֵי וְלֹא יַדְלִיקוּ כְּלָל בְּשַׁבָּת וְיִתְבַּטֵּל עוֹנֶג שַׁבָּת, וַדַּאי יֵשׁ לָנוּ לְהַתִּיר לִהְיוֹת לְכָל בְּנֵי יִשְׂרָאֵל אוֹר בְּמוֹשְׁבוֹתָם בְּיוֹם הַשַּׁבָּת.

3. אגרות משה או"ח ד:ס

הִנֵּה בְּדָבָר שֶׁעַל יְדֵי חַשְׁמַל (עִנְיָן הָעֶלֶעקְטְרִי) אֶפְשָׁר עַל יְדֵי מוֹרֶה שָׁעוֹת הַנַּעֲשֶׂה לְכָךְ שֶׁיַּעֲמִידֵנוּ בְּעֶרֶב שַׁבָּת בְּאוֹפֶן שֶׁיַּתְחִיל לְבַשֵּׁל לְמָחָר בְּיוֹם הַשַּׁבָּת כְּשָׁעָה לִפְנֵי זְמַן הָאֲכִילָה.. הִנֵּה לְפִי עֲנִיּוּת דַּעְתִּי פָּשׁוּט שֶׁאָסוּר לְהַתִּיר זֶה דַּהֲרֵי עַל יְדֵי מוֹרֶה שָׁעוֹת כָּזֶה יְכוֹלִים לַעֲשׂוֹת כָּל הַמְּלָאכוֹת בְּשַׁבָּת וּבְכָל בָּתֵּי הַחֲרוֹשֶׁת (פעקטעריס) וְאֵין לְךָ זִלְזוּל גָּדוֹל לְשַׁבָּת מִזֶּה, וּבָרוּר שֶׁאִם הָיָה זֶה בִּזְמַן הַתַּנָּאִים וְהָאֲמוֹרָאִים הָיוּ אוֹסְרִין זֶה, כְּמוֹ שֶׁאָסְרוּ אֲמִירָה לְעַכּוּ"ם מִטַּעַם זֶה, וְגַם אוּלַי הוּא מִמֵּילָא בִּכְלַל אִסּוּר זֶה דְּאָסְרוּ אֲמִירָה לְעַכּוּ"ם, דְּאָסְרוּ כָּל מְלָאכָה הַנַּעֲשֵׂית בִּשְׁבִיל יִשְׂרָאֵל מִצַּד אֲמִירַת הַיִּשְׂרְאֵל וְכָל שֶׁכֵּן מִצַּד מַעֲשֶׂה הַיִּשְׂרְאֵל.. אֲבָל עַל כָּל פָּנִים מַה שֶּׁכְּבָר נָהֲגוּ לְהַעֲמִיד עַל יְדֵי מוֹרֶה שָׁעוֹת לְכַבּוֹת הַנֵּרוֹת דְּעֶלֶעקְטְרִי שֶׁהוּדְלְקוּ וְגַם שֶׁיַּחְזְרוּ לְהִדָּלֵק אַחַר כָּךְ בְּסוֹף הַיּוֹם, אֵין לֶאֱסוֹר מֵאַחַר דְּלִכְבּוּי הַנֵּרוֹת שֶׁל הַמְּנוֹרוֹת הַגְּדוֹלוֹת.. וְהרמ"א בסימן רע"ו סעי' ב' שֶׁנָּהֲגוּ רַבִּים לְהָקֵל לְצַוּוֹת לְעַכּוּ"ם לְהַדְלִיק לְצוֹרֶךְ סְעוּדָה..

4. אגרות משה או"ח ד:צא:ה

וּלְהָזִיז אֶת הַשָּׁעוֹן שַׁבָּת שֶׁמַּעֲמִידִים מֵעֶרֶב שַׁבָּת שֶׁיִּכְבֶּה וְשֶׁיִּדָּלֵק לְשָׁעָה פְּלוֹנִית, כְּדֵי לְקָרֵב הַזְּמַן אוֹ לְהַרְחִיק הַזְּמַן דְּהַדְלָקָה אָסוּר כִּמַדְלִיק בְּעֶלֶעקְטְרִי מִתְּחִלָּה..

5. ציץ אליעזר א:כ:ט

דְּבַר הַעֲרָכַת הַשָּׁעוֹן הָאוֹטוֹמָטִי הַמַּדְלִיק וּמְכַבֶּה מְאוֹר הַחַשְׁמַל. הִנֵּה לְהַעֲרִיכוֹ מֵעֶרֶב שַׁבָּת שֶׁיַּדְלִיק אוֹ יְכַבֶּה בְּשַׁבָּת, כְּבָר דָּנוּ בָּזֶה וּכְדוֹמֶה לָזֶה גְּאוֹנֵי הַדּוֹר שֶׁבַּדּוֹר הַקּוֹדֵם וְהָיוּ שֶׁאָסְרוּ מִטְּעָמִים שׁוֹנִים.. אֲבָל רַבּוּ הַמַּתִּירִים עַל הָאוֹסְרִים.. מִכֵּיוָן שֶׁעֶצֶם פְּעוּלַּת הָאִסּוּר שֶׁל הַהַדְלָקָה אוֹ הַכִּיבּוּי אֵין הָאָדָם עוֹשֶׂה עִם הַכְּלִי אַף פַּעַם, אֵין לֶאֱסוֹר בִּכְהַאי גַּוְונָא כְּשֶׁהַכְּלִי עוֹשֶׂה מֵאֵלֶיהָ פְּעוּלָה זוֹ בְּשַׁבָּת עַל יְדֵי הַהַעֲרָכָה שֶׁמֵּעֶרֶב שַׁבָּת, מִשּׁוּם שְׁבִיתַת כֵּלִים.. אֶלָּא שֶׁכָּאן לְעִנְיַן שַׁבָּת יֵשׁ בָּזֶה עִכּוּב מִצַּד אַחֵר, שֶׁהֲרֵי אָסוּר לַעֲשׂוֹת בְּשַׁבָּת אֵיזֶה נִעְנוּעַ שֶׁל טִלְטוּל בְּהַשָּׁעוֹן אוֹ בְּכַפְתּוֹרֵי הַחַשְׁמַל מִשּׁוּם מוּקְצֶה וּבָסִיס לַדָּבָר הָאָסוּר.. אַף כְּשֶׁלֹּא הוּדְלַק בְּשַׁבָּת זֶה הַמְּנוֹרָה שֶׁל הַכַּפְתּוֹר, אָסוּר לְסוֹבְבוֹ שֶׁהַשָּׁעוֹן יַדְלִיק מְנוֹרָה זוֹ גַּם מִטַּעַם מִשּׁוּם דַּהֲוֵי מוּקְצֶה מֵחֲמַת אִסּוּר שֶׁהוּקְצָה לְכָךְ בְּבֵין הַשְּׁמָשׁוֹת.. וְכֵיוָן דְּאִיתְקַצַּאי בְּבֵין הַשְּׁמָשׁוֹת אִיתְקַצַּאי לְכוּלֵּיהּ יוֹמָא.

6. שמירת שבת כהלכתה יג:כח

שָׁעוֹן שַׁבָּת שֶׁהָיָה מְכוּוָן מִבְּעוֹד יוֹם לְהַפְסִיק אֶת זֶרֶם הַחַשְׁמַל בְּשָׁעָה מְסוּיֶּימֶת, מוּתָּר לַעֲשׂוֹת בְּשַׁבָּת אֶת הַדְּרוּשׁ כְּדֵי שֶׁיַּפְסִיק בְּשָׁעָה מְאוּחֶרֶת יוֹתֵר..

7. יביע אומר או"ח ג:יז

נִשְׁאַלְתִּי לְחַוּוֹת דַּעְתִּי בְּמַה שֶּׁנּוֹהֲגִים הָעוֹלָם לְכַוֵּין הַשָּׁעוֹן הַמְעוֹרֵר בִּכְדֵי לְכַבּוֹת אֶת הַחַשְׁמַל בְּלֵיל שַׁבָּת. וְכֵן יֵשׁ נוֹהֲגִים לְכַוֵּין הַשָּׁעוֹן לְהַדְלִיק אֶת הַחַשְׁמַל בְּשַׁבָּת, אִם אֵין בָּזֶה שׁוּם חֲשַׁשׁ אִסּוּר.. וַאֲנִי אָמַרְתִּי בְּחָפְשִׁי שֶׁרַבּוּ הָאַחֲרוֹנִים הַמְּקִילִים בָּזֶה..

מקור חיים 174

Time Switches

Question

I leave my hotplate on a (manual) time-switch on Shabbos. Can I adjust it on Shabbos if I want it to come on or go off earlier or later?

Discussion

Rambam (Shabbos 3:1)[1] and the Shulchan Aruch (OC 252:1) write that one can begin a *melacha* on Friday even though the action will continue running into Shabbos. Thus, R' Mordechai Yaakov Breisch (Chelkas Yaakov OC 71)[2], R' Shlomo Zalman Auerbach (Minchas Shlomo 1:13), R' Eliezer Waldenberg (Tzitz Eliezer 1:20:9), R' Yehoshua Neuwirth (Shemiras Shabbos Kehilchasa 13:26) and R' Ovadia Yosef (Yabia Omer OC 3:17) write that one may set timers before Shabbos.

R' Moshe Feinstein (Igros Moshe OC 4:60)[3], however, disagrees, writing that one may only use timers for one's lights. Firstly, timers are akin to instructing a non-Jew to perform a *melacha* on one's behalf which is prohibited. While the Gemara does allow certain actions to be set up beforehand to run on Shabbos, that only applies when the action process began before Shabbos. Additionally, it undermines the sanctity of Shabbos and had such technology existed at the time of *chazal*, they would have prohibited its use. As people always had non-Jews come into their houses to light and extinguish their lights, lights remain an exception (See Rema OC 276:2).

R' Moshe Feinstein (Igros Moshe OC 4:91:5;[4] YD 3:47:4), R' Yitzchak Yaakov Weiss (Minchas Yitzchak 2:110; 3:37), R' Binyamin Zilber (Az Nidberu 3:25; 4:46:7) and R' Eliezer Waldenberg (Tzitz Eliezer 1:20:9)[5] hold that timers are *muktze* and must therefore not be adjusted on Shabbos.

However, R' Shlomo Zalman Auerbach, R' Yehoshua Neuwirth (Shemiras Shabbos Kehilchasa 13:28)[6] and R' Ovadia Yosef (Yabia Omer OC 3:17)[7] hold that timers are not *muktze*. While one is not allowed to adjust the timer to switch on or off earlier than planned, one may adjust the timer to prevent or delay the timer from switching the appliance off by pulling pins out (Minchas Shlomo 1:13). Likewise, one may adjust the timer to prevent or delay an appliance that is off from coming on.

Conclusion

One may adjust a manual timer on Shabbos if necessary, but only to extend the current on or off status. One doing so must be careful not to turn the dial or knock the switch.

1. שולחן ערוך או"ח שח:ג

כְּלִי שֶׁמְּלַאכְתּוֹ לְאִסּוּר, מוּתָּר לְטַלְטְלוֹ.. בֵּין לְצוֹרֶךְ גּוּפוֹ כְּגוֹן קוּרְנָס שֶׁל זָהָבִים אוֹ נַפָּחִים לְפְצוֹעַ בּוֹ אֱגוֹזִים, קוֹרְדּוֹם לַחְתּוֹךְ בּוֹ דְּבֵילָה; בֵּין לְצוֹרֶךְ מְקוֹמוֹ דְּהַיְינוּ שֶׁצָּרִיךְ לְהִשְׁתַּמֵּשׁ בַּמָּקוֹם שֶׁהַכְּלִי מוּנָּח שָׁם, וּמוּתָּר לוֹ לִיטּוֹל מִשָּׁם וּלְהַנִּיחוֹ בְּאֵיזֶה מָקוֹם שֶׁיִּרְצֶה..

2. אגרות משה או"ח ג:מט

בְּדָבָר שָׁעוֹן עֶלֶעקְטְרִי וְכֵן פַּעַן שֶׁמְּחוּבָּר לְעֶלֶעקְטְרִי בְּחוּט אָרוֹךְ אִם רַשָּׁאִין לְטַלְטְלוֹ בְּשַׁבָּת בְּאוֹפֶן שֶׁאֵין לָחוּשׁ שֶׁיִּנַּתְּקוּ מִמְּקוֹם חִבּוּרָם לְהָעֶלֶעקְטְרִי.. אֲבָל לְצוֹרֶךְ גּוּפָן וּמְקוֹמָן מוּתָּר מִשּׁוּם שֶׁהֵם כֵּלִים דְּהַשָּׁעוֹן הוּא כְּלִי.. וְכֵן הַפַּעַן הוּא כְּלִי שֶׁהֲרֵי מִשְׁתַּמְּשִׁים בָּהֶם לֵידַע הַשָּׁעוֹת וּלְקָרֵר הַבַּיִת וְכֵלִים שֶׁמְּלַאכְתָּן לְאִסּוּר מוּתָּר לְטַלְטְלָן לְצוֹרֶךְ גּוּפָן וּמְקוֹמָן אַף כְּשֶׁעֶצֶם הַמְּלָאכָה הוּא עִנְיַן אִסּוּר כְּקוּרְנָס שֶׁל זַהָבִים וּנְפָּחִים.. וְכָל שֶׁכֵּן בְּאֵלּוּ שֶׁעֶצֶם מְלַאכְתָּן אֵינוֹ עִנְיַן אִסּוּר רַק שֶׁנַּעֲשׂוּ עַל יְדֵי אִסּוּר שֶׁיֵּשׁ לְהַתִּיר לְצוֹרֶךְ גּוּפָן וּמְקוֹמָן..

3. אגרות משה או"ח ד:צא:ה

אִם מוּתָּר לְהָזִיז שָׁעוֹן שַׁבָּת בְּשַׁבָּת וְכָל כְּלֵי הָעֶלֶעקְטְרִי כְּשָׁעוֹן וּמְנוֹרָה וְכַדּוֹמֶה הֵם מוּקְצֶה אֲבָל כַּדִּין כֵּלִים שֶׁמְּלַאכְתָּן לְאִסּוּר שֶׁלְּצוֹרֶךְ גּוּפוֹ וּמְקוֹמוֹ מוּתָּר לַהֲזִיזָם.

4. רבבות אפרים א:רלה

וִידִידִי הגר"א אזבאנד שליט"א כָּתַב לִי בָּזֶה בְּנוֹגֵעַ פַּעַן (דַּנְתִּי) אִם מוּתָּר לְטַלְטְלוֹ וְשָׁאַלְתִּי אֶת פִּי הגר"מ פיינשטיין (שליט"א) וְהֵשִׁיב לְהֶיתֵּר כַּמּוּבָן שֶׁזֶּה רַק בְּמָקוֹם שֶׁאֵין חֲשַׁשׁ נִיתּוּק הַחוּט דְּהַוָּה לֵיהּ כְּלִי שֶׁמְּלַאכְתּוֹ לְאִסּוּר שֶׁמְּטַלְטְלִין לְצוֹרֶךְ גּוּפוֹ בְּמָקוֹם שֶׁאֵין לוֹ כְּלִי אַחֵר דְּהוּתַּר..

.5 THE 39 MELOCHOS p1235

It is permitted to adjust an oscillating fan, either by causing it to oscillate or to stop oscillating.. However, some contemporary Poskim advise that the control knob or switch of the fan.. should be taped before Shabbos.

הערה 166 כֵּן שָׁמַעְתִּי מהגאון ר"י בעלסקי (שליט"א) וְכַמְּדוּמֶּה מִטַּעַם דְּאוּלַי יֵשׁ לָחוּשׁ שֶׁמָּא יִשְׁכַּח וְיַגְבִּיר אוֹ יַמְעִיט זֶרֶם הַחַשְׁמַל, וְהַוֵי בִּכְלַל הַגְּזֵירָה דְּשֶׁמָּא יַטֶּה.

6. יביע אומר או"ח ז:לח:ג

וּלְעִנְיַן אִם מוּתָּר לְהָזִיז אֶת הַמְּאַוְורֵר וּלְכַוְּונוֹ לְצַד אַחֵר.. וְכֵן הֶעֱלָה באגרות משה שם (חאו"ח סימן מט) לְהַתִּיר טִלְטוּל הַמְּאַוְורֵר לְצוֹרֶךְ גּוּפוֹ אוֹ מְקוֹמוֹ, כַּדִּין כָּל כְּלִי שֶׁמְּלַאכְתּוֹ לְאִסּוּר. ע"ש.. וּבֶאֱמֶת שֶׁרִבּוּי הַחוּמְרוֹת גּוֹרֵם לְהָקֵל בְּגוּפֵי תּוֹרָה, וכמ"ש רַבּוֹתֵינוּ הָאַחֲרוֹנִים. וּכְיוֹצֵא בּוֹ כָּתַב הכרתי ופלתי (סימן קצה ס"א) אַל תּוֹסִיפוּ פֶּן תִּגְרְעוּ ח"ו. ע"ש. ואכמ"ל). וְכֵן רָאִיתִי הֲלוֹם בספר שמירת שבת כהלכתה (סימן יג סעיף לה) שֶׁמּוּתָּר לְשַׁנּוֹת כִּיוּוּנוֹ שֶׁל הַמְּאַוְורֵר לְצַד שֶׁיִּרְצֶה. ע"ש. וְכֵן עִקָּר. והנלע"ד כָּתַבְתִּי.

מקור חיים 176

Adjusting a Fan

QUESTION ───────────────────────────────────────

Can one adjust a fan on Shabbos to blow in one direction or oscillate?

DISCUSSION ──────────────────────────────────────

The Shulchan Aruch (OC 308:3)[1] writes that one may move *kelim shemelachtam leissur*, items that serve a forbidden action on Shabbos, if one needs either the space (*letzorech mekomo*), or for personal need (*letzorech gufo*). R' Moshe Feinstein (Igros Moshe OC 3:49;[2] 4:91:5[3]) categorises electric appliances such as lamps and fans as such *kelim*.

Therefore, R' Moshe Feinstein, R' Ephraim Greenblatt (Rivevos Ephraim 1:235;[4] 5:250; 6:206) and R' Binyamin Zilber (Az Nidberu 8:33) allow one to move a fan on Shabbos so that it blows in the right direction. Similarly, one can adjust its mechanical levers to allow it or prevent it from oscillating.

R' Moshe warns, however, that one must be careful to ensure that the plug does not get pulled out. Likewise, R' Yisroel Belsky (quoted in The 39 Melochos, p1235; n166)[5] advises that the speed dial is taped down before Shabbos to prevent people from accidentally adjusting it.

R' Ovadia Yosef (Yabia Omer OC 7:38:3)[6] notes that while there are *poskim* who take a stringent view on this, one may follow the lenient authorities.

CONCLUSION ──────────────────────────────────────

One may adjust a fan to blow in one direction on Shabbos providing one is careful not to adjust the speed, etc.

1. ביצה לו:

..וְלֹא מְטַפְּחִין וְלֹא מְסַפְּקִין וְלֹא מְרַקְּדִין, גְּזֵרָה שֶׁמָּא יְתַקֵּן כְּלֵי שִׁיר..

2. עירובין קד.

עולא אִיקְלַע לְבֵי רב מנשה, אֲתָא הַהוּא גַּבְרָא טָרַף אַבָּבָא. אָמַר מַאן הַאי? לִיתְחַל גוּפֵיהּ דְּקָא מְחִיל לֵיהּ לְשַׁבְּתָא. אָמַר לֵיהּ רבה לֹא אָסְרוּ אֶלָּא קוֹל שֶׁל שִׁיר.

3. משנה תורה שבת כג:ד

כָּל דָּבָר שֶׁהוּא גְּמַר מְלָאכָה חַיָּיב עָלָיו מִשּׁוּם מַכֶּה בְּפַטִּישׁ, וּמִפְּנֵי זֶה הַגּוֹרֵר כָּל שֶׁהוּא אוֹ הַמְתַקֵּן כְּלִי בְּאֵיזֶה דָּבָר שֶׁיְּתַקֵּן חַיָּיב, לְפִיכָךְ אָסוּר לְהַשְׁמִיעַ קוֹל שֶׁל שִׁיר בְּשַׁבָּת בֵּין בִּכְלִי שִׁיר כְּגוֹן כִּנּוֹרוֹת וּנְבָלִים בֵּין בִּשְׁאָר דְּבָרִים, אֲפִלּוּ לְהַכּוֹת בְּאֶצְבַּע עַל הַקַּרְקַע אוֹ עַל הַלּוּחַ אוֹ אַחַת כְּנֶגֶד אַחַת כְּדֶרֶךְ הַמְשׁוֹרְרִים אוֹ לְקַשְׁקֵשׁ אֶת הָאֱגוֹז לַתִּינוֹק אוֹ לְשַׂחֵק לוֹ בַּזּוּג כְּדֵי שֶׁיִּשְׁתּוֹק כָּל זֶה וְכַיּוֹצֵא בּוֹ אָסוּר גְּזֵירָה שֶׁמָּא יְתַקֵּן כְּלִי שִׁיר.

4. בית יוסף או"ח שלח:א

..וְדַעַת הרמב"ם כְּדַעַת הרי"ף.. וּבְהֶדְיָא כָּתַב בפרק כ"ג (ה"ד) אָסוּר לְהַשְׁמִיעַ קוֹל שֶׁל שִׁיר בְּשַׁבָּת מַשְׁמַע דַּוְקָא שֶׁל שִׁיר אֲבָל קוֹל שֶׁאֵינוֹ שֶׁל שִׁיר מוּתָּר.

5. משנה ברורה שלח:א

בִּכְלִי שִׁיר: לָאו דַּוְקָא בִּכְלִי שִׁיר אֶלָּא אַף בְּיַד כְּגוֹן לְהַכּוֹת כַּף אֶל כַּף הֵיכָא שֶׁהוּא דֶּרֶךְ שִׂמְחָה וְשִׁיר אָסוּר.. מִטַּעַם שֶׁמָּא יְתַקֵּן כְּלִי שִׁיר.

6. ביאור הלכה שלח:א

עַל הַדֶּלֶת: ..אֶפְשָׁר דִּבְשַׁעַת הַדְּחָק נוּכַל לִסְמוֹךְ עַל מַה שֶּׁהֵבֵאנוּ לְעֵיל בְּשֵׁם פירוש המשנה להרמב"ם דְּמַשְׁמַע דִּסְבִירָא לֵיהּ דְּגַם זֶה מוּתָּר הוֹאִיל וְאֵינוֹ קוֹל שֶׁל שִׁיר..

7. רמ"א או"ח שלח:א

..וְאָסוּר לְהַכּוֹת בְּשַׁבָּת עַל הַדֶּלֶת בְּטַבַּעַת הַקָּבוּעַ בַּדֶּלֶת, אַף עַל פִּי שֶׁאֵינוֹ מְכַוֵּין לְשִׁיר, מִכָּל מָקוֹם הוֹאִיל וְהַכְּלִי מְיוּחָד לְכָךְ, אָסוּר. וְלָכֵן אָסוּר לְשַׁמָּשׁ לְהַכּוֹת עַל הַדֶּלֶת לִקְרוֹא לְבֵית הַכְּנֶסֶת עַל יְדֵי הַכְּלִי הַמְיוּחָד לְכָךְ, אֶלָּא מַכֶּה בְּיָדוֹ עַל הַדֶּלֶת (אגור ובית יוסף בשם פסקי תוספות דעירובין).

8. שמירת שבת כהלכתה כח:מא

כֵּלִים שֶׁאֵינָם מְיוּעָדִים לְהַשְׁמָעַת קוֹל (וְלָאו דַּוְקָא כֵּלִים, אֶלָּא הוּא הַדִּין כָּל דָּבָר שֶׁבְּעֶזְרָתוֹ אֶפְשָׁר לְהַשְׁמִיעַ קוֹל, וּבִכְלַל זֶה דֶּלֶת, חַלּוֹן אוֹ רִצְפַּת הַבַּיִת) מוּתָּר לְהַשְׁמִיעַ בָּהֶם קוֹל שֶׁלֹּא בְּדֶרֶךְ שִׁיר, אַךְ בְּדֶרֶךְ שִׁיר אוֹ לְפִי קֶצֶב אָסוּר. וְלָכֵן מוּתָּר לִדְפּוֹק בְּכַף וְכַדּוֹמֶה עַל בַּקְבּוּק אוֹ עַל כּוֹס כְּדֵי לְבַקֵּשׁ שֶׁקֶט מִצִּיבּוּר הַמְסוּבִּים, וְכֵן מוּתָּר לִדְפּוֹק בְּמַפְתֵּחַ וְכַדּוֹמֶה עַל הַדֶּלֶת, כְּדֵי שֶׁיִּפְתְּחוּ לוֹ, אֲבָל אֵין לַעֲשׂוֹת זֹאת לְפִי קֶצֶב מְסוּיָּם.

178 מקור חיים

Door Knocker

Question

Can one use a door knocker on Shabbos?

Discussion

The Gemara (Beitza 36b)[1] writes that *chazal* forbade one from dancing and playing with musical instruments on Shabbos as they were worried that they may come to fix a broken instrument (*makeh bepatish*).

The Gemara (Eruvin 104a)[2] discusses whether one may make sounds that have no melody such as knocking on a door. Based on this, Rambam (Shabbos 23:4)[3] and the Beis Yosef (OC 338:1)[4] write that one must not use any instrument that makes noise as we are concerned that one will use it to play music. The Mishna Berura (338:1)[5] adds that the same applies to objects that are not created for noise. Thus, one should even avoid clapping in the normal way.

The Biur Halacha (338:1)[6] quotes Rambam (Mishnayos, Eruvin 104a) who implies that one may use a door knocker on Shabbos. Nonetheless, the Rema (OC 338:1)[7] writes that one must only knock on a door on Shabbos with one's hand and not with a door knocker.

R' Yehoshua Neuwirth (Shemiras Shabbos Kehilchasa 28:41)[8] writes that one may use something else, such as a key, to bang on the door, providing one does not do so in a specific rhythm.

Conclusion

One should not use a door knocker on Shabbos nor should one knock in a specific rhythm.

1. משנה ברורה רעז:ט

כְּנֶגֶד הַמְּדוּרָה: מִפְּנֵי שֶׁהָרוּחַ הַמְנַשֵּׁב גּוֹרֵם לְהַבְעִיר הַמְּדוּרָה יוֹתֵר וְאַף עַל פִּי שֶׁאֵינוֹ מְכַוֵּין בְּזֶה מִכָּל מָקוֹם פְּסִיק רֵישֵׁיהּ הוּא.

2. פסקי תשובות רעז:ח

..לְעִנְיַן עַיִן אֶלֶקְטְרוֹנִית וּשְׁאָר חַיְישָׁנִים הַמַּפְעִילִים אוֹר שֶׁיֵּשׁ בּוֹ חוּט לַהַט אוֹ אֵשׁ שֶׁאִסּוּרוֹ מִן הַתּוֹרָה, וּבִכְלַל זֶה שְׁאָר מַכְשִׁירִים שֶׁיֵּשׁ בָּהֶם אֵשׁ לוֹהֵט (שֶׁאִסּוּרָם מִשּׁוּם 'מַבְעִיר' דְּאוֹרַיְיתָא)..

3. חשב האפוד ג:פג

נִשְׁאַלְתִּי כַּאֲשֶׁר יֵשׁ הַיּוֹם הַמְצָאָה חֲדָשָׁה לִשְׁמִירָה מִגַּנָּבִים, וְהַיְינוּ שֶׁיֵּשׁ אוֹר אֶלֶעקְטְרִי אֲשֶׁר אִם אֵיזֶה אִישׁ מִתְקָרֵב לוֹ, נִדְלָק וְזֶה מַפְרִיעַ לְהַגַּנָּב כַּמּוּבָן, וְהַרְגָּשַׁת הָאוֹר הַזֶּה כָּל כַּךְ חֲזָקָה אֲשֶׁר אִם רַק אִישׁ מִתְקָרֵב לְהַבַּיִת מִבַּחוּץ הוּא נִדְלָק. וְהַשְּׁאֵלָה הִיא אִם מוּתָּר לַעֲבוֹר בְּשַׁבָּת עַל יַד הַבַּיִת כֵּיוָן שֶׁעַל יְדֵי זֶה יִהְיֶה נִדְלָק אוֹתוֹ אוֹר, וּכְשֶׁמַּמְשִׁיךְ בְּדַרְכּוֹ הָלְאָה הוּא נִכְבָּה. וְכַמּוּבָן הָאִישׁ הָעוֹבֵר עוֹבֵר לְפִי תּוּמּוֹ וְהוּא דָּבָר שֶׁאֵינוֹ מִתְכַּוֵּין, אֶלָּא שֶׁהוּא פְּסִיק רֵישָׁא דְּלֹא נִיחָא לֵיהּ כִּי לֹא נִיחָא לֵיהּ כְּלָל שֶׁיִּהְיֶה הָאוֹר הַזֶּה נִדְלָק.

4. THE 39 MELOCHOS p1214

If a certain home or building on a street is known to have this kind of light, one should not walk through that street if doing so will cause the light to go on.. In large cities and well-developed residential neighbourhoods, the Halachic question involved with motion-sensor lights is less severe because these areas are generally well-lit. It is therefore permissible to permit one to go through on the basis of a combination of Halachic principles.

5. שבט הלוי ט:סט

עַל דָּבָר הַמָּצוּי אֶצְלְכֶם שֶׁנִּדְלָק מָאוֹר עֶלֶעקְטְרִי לִפְנֵי הַבָּתִּים כְּשֶׁאָדָם עוֹבֵר לִפְנֵי הַבַּיִת.. וְנִמְצָא שֶׁאָדָם הָעוֹבֵר גּוֹרֵם לַהַדְלָקָה, וּכְבָר הֵבִיא בְּזֶה מַה שֶּׁכָּתַב בִּתְשׁוּבַת חשב האפוד.. לְהַתִּיר מִטַּעַם פְּסִיק רֵישֵׁיהּ דְּלֹא נִיחָא לֵיהּ, וּבְצֵירוּף דַּעַת הרשב"א לְעִנְיַן צֵידָה.. אֵין חֲשַׁשׁ אִסּוּר בְּזֶה עַל כָּל פָּנִים מֵעִקַּר הַדִּין.. דִּיסוֹד מְלֶאכֶת שַׁבָּת פְּעוּלַּת מְלָאכָה, וְגַם שֶׁיִּהְיֶה מְלֶאכֶת מַחְשֶׁבֶת אֲבָל מַחְשֶׁבֶת בְּלִי מְלָאכָה הַמִּצְטָרֶפֶת לְזֶה לֹא אָסְרָה תּוֹרָה.. אֲבָל לֹא כֵּן כְּשֶׁאָדָם אֵינוֹ עוֹשֶׂה כְּלוּם מַמָּשׁ וְהוֹלֵךְ לְדַרְכּוֹ לְפִי תּוּמּוֹ וְאֵינוֹ מוֹסִיף אַף תְּנוּעָה אַחַת לְמַעַן מְלָאכָה אַף שֶׁבְּגְרָמָתוֹ נִדְלָק אוֹר אוֹ דָּבָר כְּיוֹצֵא בּוֹ, בְּזֶה פְּשִׁיטָא שֶׁכָּל זְמַן שֶׁאֵינוֹ חוֹשֵׁב מַמָּשׁ לָלֶכֶת לְמַעַן הַדְלִיק וְכַיּוֹצֵא בּוֹ שֶׁאֵין אָנוּ מְצָרְפִים הֲלִיכָתוֹ הָרְגִילָה לְהַתּוֹצָאָה הַנִּרְאֶה לְעֵיל, וְאֵין כַּאן פְּעוּלָּה שֶׁל מְלָאכָה..

6. שרגא המאיר ח:קלז

..הִנֵּה פֹּה עִירֵינוּ לוֹנְדוֹן הוּא כִּמְעַט תָּמִיד פְּסִיק רֵישֵׁיהּ דְּלֹא נִיחָא לֵיהּ כִּי יֵשׁ מָאוֹר בְּהָרְחוֹב.. וְעוֹד לְפִי עֲנִיּוּת דַּעְתִּי שֶׁיֵּשׁ לוֹמַר שֶׁאֵין כַּאן כְּלָל פְּסִיק רֵישֵׁיהּ, כֵּיוָן דִּבְאֱמֶת אֵינוֹ מִתְכַּוֵּין לְהַדְלִיק הַמָּאוֹר, וְגַם אֵינוֹ מוּכְרָח וְאֵינוֹ בָּרוּר שֶׁעַל יָדוֹ יִדְלַק הַמָּאוֹר, דְּאֶפְשָׁר שֶׁכְּרֶגַע זוֹ יָבֹא אָדָם אַחֵר בָּרְחוֹב זֶה וְיִדְלַק הַמָּאוֹר עַל יְדֵי הָאַחֵר, אוֹ בַּעַל הַבַּיִת גּוּפֵיהּ יֵצֵא מִבֵּיתוֹ וְעַל יְדֵי זֶה יִדְלַק הַמָּאוֹר..

180 מקור חיים

Light Sensors

Question

Do I need to cross the road on Shabbos to avoid triggering a motion sensor light?

Discussion

The Mishna Berura (277:9)[1] writes that one must not open a door near a candle. As the breeze will inevitably fan the flame, this is considered to be *pesik reisha denicha lei* as one may benefit from this too. The Piskei Teshuvos (277:8)[2] writes that this *halacha* applies equally to walking past a light that will be triggered by a sensor.

Nonetheless, R' Chanoch Padwa (Cheshev Haefod 3:83)[3] and R' Ephraim Greenblatt (Rivevos Ephraim 7:123:1; 8:532:1) argue that when one is not interested in triggering someone else's light it is considered to be *pesik reisha delo nicha lei*. Thus, they write that while it is ideal to avoid triggering such lights, one may walk past them if necessary.

R' Dovid Ribiat (The 39 Melochos, p1214)[4] differentiates between a regular residential road and a rural area. Only if the street is lit up enough that one can see where they are going clearly is this extra light considered *pesik reisha delo nicha lei*. Even then, one should avoid triggering this light if possible. Such a light on a dark street would be akin to walking into a building with a light sensor which would be *assur* (See Orchos Shabbos 26:28).

R' Shmuel Wosner (Shevet Halevi 9:69)[5], however, disagrees. He quotes the Gemara Yerushalmi (Shabbos 13:6) which writes that one may close one's house door as normal even though a deer will inevitably be trapped as this is not considered to be *pesik reisha* (See Rashba, Shabbos 107a; Magen Avraham 316:11). Unlike an automatic door that opens as you walk up to it, when one has no interest in triggering the light sensor, there is no issue with walking normally down the street (See Yechave Daas 5:29). R' Yosef Shalom Elyashiv, R' Nissim Karelitz (quoted in Orchos Shabbos 26:31) and R' Shraga Feivish Schneebalg (Shraga Hameir 8:137)[6] concur.

Conclusion

It is preferable not to walk past a light on Shabbos if one knows that they will trigger it, though one does not need to go out of one's way to avoid it on a regular residential street.

1. שולחן ערוך או"ח שח:לט

אָסוּר לְטַלְטֵל בְּהֵמָה, חַיָּה וְעוֹף; וְאַף עַל פִּי כֵן מוּתָּר לִכְפּוֹת אֶת הַסַּל לִפְנֵי הָאֶפְרוֹחִים, כְּדֵי שֶׁיַּעֲלוּ וְיֵרְדוּ בּוֹ, וּבְעוֹדָם עָלָיו, אָסוּר לְטַלְטְלוֹ.

2. תוספות שבת מה:

..פֵּירֵשׁ הר"ר יוסף דְּלֹא נָקַט אֶפְרוֹחַ חַי מִשּׁוּם דְּחַי חָזֵי לְשַׁתֵּק בּוֹ תִּינוֹק כְּשֶׁבּוֹכֶה וְאֵין נִרְאֶה דְּהָא בְּהַהִיא דְּכוֹפִין אֶת הַסַּל לִפְנֵי הָאֶפְרוֹחִין (לְעֵיל שבת דף מג.) מַשְׁמַע דְּאָסוּר לְטַלְטֵל. וְעוֹד אִי מֵחַיִּים שָׁרֵי אַמַּאי קָאָמַר בְּסָמוּךְ דְּמוֹדֶה ר' שמעון בְּבַעֲלֵי חַיִּים שֶׁמֵּתוּ שֶׁאֲסוּרִין אֶלָּא וַדַּאי בַּעֲלֵי חַיִּים מוּקְצִין הֵם כִּגְרוֹגָרוֹת וְצִימּוּקִין..

3. מרדכי שבת שטז

מוּקְצִין הֵן וְטַעֲמָא מִשּׁוּם דְּבַעֲלֵי חַיִּים מוּקְצִין הֵן כִּגְרוֹגָרוֹת וְצִימּוּקִין..

4. מגיד משנה שבת כה:כה

..הָאֶפְרוֹחִים וְשׁוּם בְּהֵמָה חַיָּה וְעוֹף חַיִּים אֵינָן מוּתָּרִין בְּטִלְטוּל לְפִי שֶׁאֵינָן רְאוּיִין.

5. משנה ברורה שח:קמו

אָסוּר לְטַלְטֵל וכו': דְּהֵם בִּכְלַל מוּקְצֶה כְּעֵצִים וַאֲבָנִים דְּהָא לֹא חָזוּ..

6. שולחן ערוך הרב או"ח שח:עח

אָסוּר לְטַלְטֵל בְּהֵמָה אוֹ חַיָּה אוֹ עוֹף מִפְּנֵי שֶׁאֵינָן רְאוּיִים בְּשַׁבָּת כְּשֶׁהֵם חַיִּים וַאֲפִלּוּ עוֹף שֶׁרָאוּי לְצַחֵק בּוֹ תִּינוֹק כְּשֶׁבּוֹכֶה אָסוּר לְטַלְטְלוֹ.

7. יביע אומר או"ח ה:כו

..וּלְעִנְיַן הֲלָכָה אִם מוּתָּר לְטַלְטֵל עוֹפוֹת הַמְּצַפְצְפִים בְּקוֹל עָרֵב אוֹ לֹא, שֶׁהַדָּבָר שָׁנוּי בְּמַחֲלוֹקֶת בֵּין המהר"ח או"ז שֶׁמַּתִּיר, וּבֵין הרא"ש שֶׁאוֹסֵר, נִרְאֶה דְּנָקְטִינָן כְּדִבְרֵי הרא"ש לֶאֱסוֹר לְטַלְטְלָן, הוֹאִיל והרא"ש פּוֹסֵק מְפוּרְסָם אֶחָד הַמְּיוּחָד מֵעַמּוּדֵי הַהוֹרָאָה, וְהוּא רַב מוּבְהָק בְּהוֹרָאָה.. דְּנָקְטִינַן כהרא"ש, כֵּיוָן שֶׁהוּא פּוֹסֵק מְפוּרְסָם יוֹתֵר, וּמִמֵּימָיו שׁוֹתִים כָּל בְּנֵי סְפָרַד.. וּמִכָּל מָקוֹם נִרְאֶה שֶׁאִם הַחַמָּה זוֹרַחַת עֲלֵיהֶם, וְיֵשׁ בָּזֶה צַעַר בַּעֲלֵי חַיִּים, וְלִפְעָמִים קַיָּים חֲשַׁשׁ גַּם כֵּן שֶׁיָּמוּתוּ, יֵשׁ לִסְמוֹךְ עַל סְבָרַת המהר"ח או"ז בִּשְׁעַת הַדְּחַק כְּזֹאת וּלְהַתִּיר לְטַלְטְלָם לַצֵּל. הנלע"ד כָּתַבְתִּי. והשי"ת יָאִיר עֵינֵינוּ בַּתּוֹרָה הַקְּדוֹשָׁה אָמֵן.

8. משנה ברורה שכד:דח

..וְדַע דְּהָא שֶׁמַּתִּירִין לַמָּקוֹם שֶׁיְּכוֹלִין לְהַחֲזִיר הַיְינוּ דַּוְקָא אִם הוּא זָהִיר אָז שֶׁלֹּא לְטַלְטְלָהּ דְּכָל בַּעֲלֵי חַיִּים הֵם מוּקְצִים.

9. משנה ברורה שה:ע

וְנוֹתֵן תַּחְתֶּיהָ: אֲבָל אָסוּר לְהַעֲלוֹתָהּ בְּיָדַיִם דְּכָל בַּעֲלֵי חַיִּים הֵם מוּקְצִים וְאַף עַל גַּב דְּאִיכָּא צַעַר בַּעֲלֵי חַיִּים אָסוּר דְּאֵין לָנוּ לְדַמּוֹת גְּזֵירוֹת חֲכָמִים זֶה לְזֶה [מגן אברהם ותו"ש שֶׁכֵּן מוּכָח מרמב"ם] וְעַיֵּין באליה רבה שֶׁהֵבִיא דְּיֵשׁ פּוֹסְקִים שֶׁמְּקִילִים אַף לְהַעֲלוֹתָהּ בְּיָדַיִם אִם אִי אֶפְשָׁר עַל יְדֵי כָּרִים וּכְסָתוֹת וְעַל יְדֵי אֵינוֹ יְהוּדִי לְכוּלֵּי עָלְמָא מוּתָּר לְהַעֲלוֹתָהּ וְזֶה עָדִיף יוֹתֵר מֵהַנָּחַת כָּרִים וּכְסָתוֹת וּשְׁאָר כֵּלִים תַּחְתֶּיהָ.

10. אגרות משה או"ח ד:טז

וּלְטַלְטֵל בְּשַׁבָּת וְיוֹם טוֹב הַכְּלִי עִם דָּגִים קְטַנִּים שֶׁנַּעֲשׂוּ לְנוֹי וּלְקַשֵּׁט הַבַּיִת נִרְאֶה שֶׁאָסוּר דְּבַעֲלֵי חַיִּים מוּקְצִין הֵם אַף בְּכְהַאי גַּוְונָא דְּהֵם כִּגְרוֹגָרוֹת וְצִימּוּקִין..

Muktze Pets

QUESTION

We recently got a pet rabbit. Are we allowed to play with her on Shabbos?

DISCUSSION

The Shulchan Aruch (OC 308:39)[1] writes that animals and birds are *muktze* and so must not be moved on Shabbos (See Shabbos 128b). Tosafos (Shabbos 45b)[2] and the Mordechai (Shabbos 316)[3] write that there is a view that as children can play with pets, they serve a practical use. Nonetheless, they write that animals are *muktze*. Likewise, the Maggid Mishna (Shabbos 25:25)[4] explains that animals are considered to have no practical use on Shabbos (See Mishna Berura 308:146)[5]. The Shulchan Aruch Harav (OC 308:78)[6] adds that this prohibition applies even to giving a pet bird to a crying child to quieten them (See Shemiras Shabbos Kehilchasa 27:n101).

R' Ovadia Yosef (Yabia Omer OC 5:26)[7] quotes other *poskim* who do not consider animals to be *muktze* but writes that we follow the great *rishonim* such as the Rosh who disagrees. The Mishna Berura (324:28)[8] cautions that when one feeds one's animal on Shabbos, one must ensure that they do not move the animal at the same time.

Nonetheless, the Mishna Berura (305:70)[9] and R' Ovadia Yosef write that if one's animal is in distress one can move it if necessary. Thus, while R' Moshe Feinstein (Igros Moshe OC 4:16)[10] writes that fish and aquariums are *muktze*, R' Yehoshua Neuwirth (Shemiras Shabbos Kehilchasa 27:28) allows one to return a fish that had jumped out of its aquarium.

CONCLUSION

One cannot play with or handle animals under normal circumstances on Shabbos.

1. **שבת קנה:**

נוֹתְנִין מְזוֹנוֹת לִפְנֵי כֶּלֶב וְאֵין נוֹתְנִין מְזוֹנוֹת לִפְנֵי חֲזִיר וּמַה הֶפְרֵשׁ בֵּין זֶה לְזֶה זֶה מְזוֹנוֹתָיו עָלֶיךָ וְזֶה אֵין מְזוֹנוֹתָיו עָלֶיךָ..

2. **רש"י שבת קנה:**

אֶלָּא יוֹנֵי שׁוֹבָךְ וְכוּ': בִּתְמִיָּה וְאַמַּאי לֹא מַאי טִרְחָא אִיכָּא.

3. **משנה תורה שבת כא:לה**

אֵין מַאֲכִילִין בְּהֵמָה חַיָּה וְעוֹף בְּשַׁבָּת כְּדֶרֶךְ שֶׁהוּא מַאֲכִיל בְּחֹל שֶׁמָּא יָבוֹא לִידֵי כְּתִישַׁת קִטְנִיּוֹת אוֹ לִידֵי לִישַׁת קֶמַח וְכַיּוֹצֵא בּוֹ..

4. **שולחן ערוך או"ח שכד:יא**

אֵין נוֹתְנִין מַיִם וְלֹא מְזוֹנוֹת לִפְנֵי דְּבוֹרִים וְלֹא לִפְנֵי יוֹנֵי שׁוֹבָךְ וְיוֹנֵי עֲלִיָּה וְלֹא לִפְנֵי חֲזִיר אֲבָל נוֹתְנִין לִפְנֵי אַוָּזִין וְתַרְנְגוֹלִים וְיוֹנֵי בַּיְיתוֹת וְכֵן לִפְנֵי כֶּלֶב שֶׁמְּזוֹנוֹתָיו עָלֶיךָ.

5. **ביאור הלכה שכד:יא**

וְיוֹנֵי בַּיְיתוֹת: שֶׁמְּגַדְּלוֹת אוֹתָן בַּבַּיִת וְכָל זֶה מַיְירֵי כְּשֶׁהֵם שֶׁלּוֹ כֵּן מוּכַח מאליה רבה וּלְפִי עֲנִיּוּת דַּעְתִּי אֵין זֶה בָּרוּר דִּכֵיוָן שֶׁהֵם שֶׁל יִשְׂרָאֵל וְאֵינָם אוֹכְלִין מֵהֶפְקֵר כִּי הֵיכִי דְּמוּתָּר לְבַעֲלֵיהֶן לְהָכִין לָהֶם מְזוֹנוֹת הָכֵי נַמִי מוּתָּר לְאָדָם אַחֵר.

6. **מגן אברהם שכד:ז**

לִפְנֵי כֶּלֶב: מַשְׁמַע בַּגְּמָרָא אֲפִלּוּ כֶּלֶב שֶׁאֵינוֹ מְגַדְּלוֹ בְּבֵיתוֹ מוּתָּר דְּמִצְוָה לִיתֵּן לוֹ מְזוֹנוֹת.. יֵשׁ נוֹהֲגִין לָתֵת חִטִּין בְּשַׁבַּת שִׁירָה לִפְנֵי הָעוֹפוֹת וְאֵינוֹ נָכוֹן שֶׁהֲרֵי אֵין מְזוֹנָתָן עָלֶיךָ.

7. **משנה ברורה שכד:לא**

לִפְנֵי כֶּלֶב: וַאֲפִלּוּ כֶּלֶב שֶׁאֵינוֹ מְגַדְּלוֹ בְּבֵיתוֹ מוּתָּר דְּמִצְוָה קְצַת גַּם כֵּן לִיתֵּן לוֹ מְזוֹנוֹת כְּמוֹ שאחז"ל שֶׁחָס הקב"ה עָלָיו לְפִי שֶׁמְּזוֹנוֹתָיו מוּעָטִין וּמַשְׁהֶה אֲכִילָתוֹ בְּמֵעָיו שֶׁלֹּא יִתְעַכֵּל ג' יָמִים וְעַיֵּין באליה רבה. וְלִפְנֵי כֶּלֶב רַע אָסוּר כְּמוֹ לִפְנֵי חֲזִיר דְּאָסוּר מִשּׁוּם דְּאָסוּר לְגַדֵּל חֲזִירִים וְכֶלֶב רַע [אחרונים]. יֵשׁ נוֹהֲגִין לִיתֵּן חִטִּים לִפְנֵי עוֹפוֹת בְּשַׁבָּת שִׁירָה וְאֵינוֹ נָכוֹן שֶׁהֲרֵי אֵין מְזוֹנוֹתָן עָלֶיךָ.

8. **ציץ אליעזר יד:כח**

בְּדָבָר הַנָּחַת תַּבְשִׁיל לָעוֹפוֹת בְּחַצֵרוֹת וּבְגַגּוֹת בְּשַׁבָּת פַּרְשַׁת שִׁירָה. כַּךְ הוּא מִנְהָגָן שֶׁל יִשְׂרָאֵל, וּזְכוּרַנִי מִמִּנְהָג זֶה מִיַּלְדוּתִי, וְנָהֲגוּ כָּכָה בְּבָתִּים שֶׁל תַּלְמִידֵי חֲכָמִים יְרֵאִים וּשְׁלֵמִים בְּאֵין פּוֹצֶה פֶּה וּמְפַקְפֵּק. וְאֵין מָקוֹם לָבוֹא וּלְהַתְרִיעַ עַל כָּךְ, וּמִנְהָגָן שֶׁל יִשְׂרָאֵל תּוֹרָה הִיא..

184 מקור חיים

Feeding the Birds

Question

I know that some have the *minhag* to put bread out for birds on *parshas beshalach*. Does that mean that we can feed the ducks in the park on Shabbos?

Discussion

The Gemara (Shabbos 155b)[1] teaches that while one may feed one's own animals, one may not feed stray animals on Shabbos that do not depend on them for food. According to Rashi[2], this is to avoid one performing extra *tircha*, bothersome acts, on Shabbos. Rambam (Shabbos 21:35)[3], however, understands that the reason is to prevent one breaking Shabbos when preparing the food.

Thus, the Shulchan Aruch (OC 324:11)[4] writes that one may feed one's own animals and any other animals that depend on you for food on Shabbos. The Mishna Berura (Biur Halacha 324:11)[5] extends this to feeding someone else's pets. One may not, however, go to the park and feed the birds.

The Magen Avraham (324:7)[6] writes that as there is a *mitzva* to feed stray dogs one may feed them on Shabbos too (See Mishna Berura 324:31; Aruch Hashulchan OC 324:2).

Based on this, the Magen Avraham, Shulchan Aruch Harav (OC 324:8), Kitzur Shulchan Aruch (87:18) and Mishna Berura (324:31)[7] disapprove of the minhag to feed stray birds on *parshas beshalach*. However, other *poskim* (Daas Torah OC 324:11; Aruch Hashulchan OC 324:3; Tzitz Eliezer 14:28;[8] Shearim Metzuyanim Behalacha 87:7) justify the *minhag*.

Conclusion

Even though some justify putting bread out for birds on *parshas beshalach*, one cannot, otherwise, feed wild birds such as ducks in the park, on Shabbos.

1. משנה שבת מד.

ר' שמעון אוֹמֵר כָּל הַנֵּרוֹת מְטַלְטְלִין חוּץ מִן הַנֵּר הַדּוֹלֵק בְּשַׁבָּת.

2. שבת מה.

אֵין מוּקְצֶה לרבי שמעון אֶלָּא כְּעֵין שֶׁמֶן שֶׁבַּנֵּר בְּשָׁעָה שֶׁהוּא דּוֹלֵק, הוֹאִיל וְהוּקְצָה לְמִצְוָתוֹ, הוּקְצָה לְאִסּוּרוֹ.

3. חזון איש שבת מא:טז

..וְיֵשׁ לוֹמַר דִּלְעוֹלָם אֵין דֶּרֶךְ הַנֵּר לְטַלְטֵל בְּשַׁבָּת דִּלְמָא תִּכְבֶּה. אִי נַמִּי לְעוֹלָם הִשְׁתַּמְּשׁוּת הַנֵּר הוּא בִּמְקוֹמָהּ וְאֵין דֶּרֶךְ לְטַלְטְלָהּ, וְדָבָר שֶׁאֵין עָשׂוּי לְטַלְטֵל כְּלָל אַף עַל גַּב דְּנֶהֱנֶה מִמֶּנּוּ בְּשַׁבָּת חָשִׁיב מוּקְצֶה, וְהִלְכָּךְ שַׁלְהֶבֶת חָשִׁיב מוּקְצֶה..

4. מנחת שלמה א:יד:א

..דְּעַל כָּל פָּנִים נִרְאֶה דְּאוֹתָן מְנוֹרוֹת חַשְׁמַל שֶׁאֶפְשָׁר לְטַלְטְלָן מִמָּקוֹם לְמָקוֹם שֶׁהִזְכַּרְנוּ בִּתְחִלַּת דְּבָרֵינוּ, אוֹ תַּנּוּר חִימּוּם חַשְׁמַלִּי שֶׁמַּעֲבִירִים אוֹתוֹ מִמָּקוֹם לְמָקוֹם, יִתָּכֵן שֶׁמּוּתָּר לְטַלְטֵל אוֹתָם גַּם בְּשַׁבָּת, וְזֶה אֵינוֹ דַּוְקָא לְדִידָן אֶלָּא כֵּן הוּא גַּם להחזון איש כֵּיוָן דְּלֵית בָּהוּ חֲשַׁשׁ כִּבּוּי וְגַם אֵין לָהֶם קְבִיעַת מָקוֹם וְגַם הַחוּטִים הָאֲדוּמִּים שֶׁבְּתוֹךְ הַתַּנּוּר אוֹ הַחוּט הַלּוֹהֵט שֶׁבַּמְּנוֹרָה הוּא קָבוּעַ כָּל הַזְּמַן בְּלִי שׁוּם תּוֹסֶפֶת מֵרֶגַע לְרֶגַע..

5. אגרות משה או"ח ג:מט

בִּדְבַר שְׁעוֹן עלעקטרי וְכֵן פעון שֶׁמְּחוּבָּר לעלעקטרי בְּחוּט אָרוֹךְ אִם רַשָּׁאִין לְטַלְטְלוֹ בְּשַׁבָּת בְּאוֹפֶן שֶׁאֵין לָחוּשׁ שֶׁיִּנָּתְקוּ מִמְּקוֹם חִבּוּרָם להעלעקטרי.. אֲבָל לְצוֹרֶךְ גּוּפָן וּמְקוֹמָן מוּתָּר מִשּׁוּם שֶׁהֵם כֵּלִים דְּהַשָּׁעוֹן הוּא כְּלִי כִּמְפוֹרָשׁ בכלים פי"ב מ"ד וְכֵן הפעון הוּא כְּלִי שֶׁהֲרֵי מִשְׁתַּמְּשִׁים בָּהֶם לֵידַע הַשָּׁעוֹת וּלְקָרֵר הַבַּיִת וְכֵלִים שֶׁמְּלַאכְתָּן לְאִסּוּר מוּתָּר לְטַלְטְלָן לְצוֹרֶךְ גּוּפָן וּמְקוֹמָן..

6. שולחן ערוך או"ח שח:ג

כְּלִי שֶׁמְּלַאכְתּוֹ לְאִסּוּר מוּתָּר לְטַלְטְלוֹ.. בֵּין לְצוֹרֶךְ גּוּפוֹ.. בֵּין לְצוֹרֶךְ מְקוֹמוֹ דְּהַיְינוּ שֶׁצָּרִיךְ לְהִשְׁתַּמֵּשׁ בַּמָּקוֹם שֶׁהַכְּלִי מוּנָּח שָׁם וּמוּתָּר לוֹ לִיטוֹל מִשָּׁם וּלְהַנִּיחוֹ בְּאֵיזֶה מָקוֹם שֶׁיִּרְצֶה..

7. מנחת יצחק ג:מג

..וּדְאַתָאן מִזֶּה, בְּנֵר אֶלֶקְטְרִי דּוֹלֵק בְּיוֹם טוֹב, אֵין לֶאֱסוֹר לֹא מִשּׁוּם מְלַאכְתּוֹ לְאִסּוּר, כנ"ל, וְלֹא מִשּׁוּם בָּסִיס.. וְיִמְצָא לְפִי זֶה דִּבְנֵר אֶלֶקְטְרִי שֶׁאֵינוֹ דּוֹלֵק, חָמִיר, דְּאֵינוֹ מוּתָּר לְטַלְטֵל אַף בְּיוֹם טוֹב רַק לְצוֹרֶךְ גּוּפוֹ וּמְקוֹמוֹ, כְּמוֹ כְּלִי שֶׁמְּלַאכְתּוֹ לְאִסּוּר..

8. פסקי תשובות רעט:א

..יֵשׁ שֶׁכָּתְבוּ לְהַסִּיק לַהֲלָכָה לְעִנְיַן מְנוֹרוֹת חַשְׁמַל וְתַנּוּרֵי חִימּוּם חַשְׁמַלִּיִּים וְכַיּוֹצֵא בָּזֶה הָעוֹמְדִים לְטִלְטוּל וְלַהֲזָזָה (כִּמְנוֹרוֹת לַיְלָה וּפַנָּסִים וְכַדּוֹמֶה) שֶׁאֵין אִסּוּר מוּקְצֶה עֲלֵיהֶם, וּמוּתָּר לְטַלְטְלָם, כֵּיוָן שֶׁבִּמְנוֹרוֹת אֵלּוּ אֵין שַׁלְהֶבֶת הָעוֹמֶדֶת בִּפְנֵי עַצְמָהּ, אֶלָּא הַחוּטִים עַצְמָם לוֹהֲטִים, וְכֵיוָן שֶׁהַחוּטִים הֵם בְּגֶדֶר כְּלִי וּמְחוּבָּרִים לְמַכְשִׁיר, יֵשׁ לָדוּן אֶת כָּל הַכְּלִי כְּמִקְשָׁה אַחַת וְכִכְלִי הַמּוּכָן לְשִׁימּוּשׁ בְּשַׁבָּת.. וְאוֹתָם מַכְשִׁירִים חַשְׁמַלִּיִּים שֶׁאֵין בָּהֶם חוּטֵי לַהַט (כְּגוֹן: מְאַוְורֵר וּמַזְגָן וּמַצְנֵן אֲוִיר וּמַכְשִׁיר אֵדִים קָרִים וְכָל סוּגֵי מְנוֹרוֹת לַיְלָה וּפַנָּסִים עַל בָּסִיס שֶׁל אוֹר נִיאוֹן וּפְלוּרֶסְנְט וְכַיּוֹצֵא בָּזֶה), לְדִבְרֵי הַכֹּל אֵין בָּהֶם אִסּוּר מוּקְצֶה מֵחֲמַת גּוּפוֹ, אֶלָּא נֶחְלְקוּ הַדֵּיעוֹת אִם דִּינָם כִּכְלִי שֶׁמְּלַאכְתּוֹ לְהֶיתֵּר, אוֹ כֵּיוָן שֶׁעֲבוֹדָתָם עַל יְדֵי זֶרֶם חַשְׁמַלִּי דִּינָם כִּכְלִי שֶׁמְּלַאכְתּוֹ לְאִסּוּר וּמוּתָּרִים בְּטִלְטוּל רַק לְצוֹרֶךְ גּוּפָם וּמְקוֹמָם, וּכְשֶׁאֵינָם מְחוּבָּרִים לַזֶּרֶם לְדִבְרֵי הַכֹּל דִּינָם כִּכְלִי שֶׁמְּלַאכְתּוֹ לְאִסּוּר.

מקור חיים 186

Moving Lamps

QUESTION ────────────────────────────────

Am I allowed to move an electric lamp on Shabbos?

DISCUSSION ────────────────────────────────

The Mishna (Shabbos 44a)[1] teaches us that burning oil lamps must not be moved on Shabbos. The Gemara (Shabbos 45a)[2] explains that there is a specific type of *muktze* prohibition for a fire. The Chazon Ish (Shabbos 41:16)[3] explains that lamps are *muktze* as they are not usually moved around so as to avoid extinguishing their flame. R' Shlomo Zalman Auerbach (Minchas Shlomo 1:14:1)[4] explains that even the Chazon Ish may concede that one may move an electric lamp on Shabbos.

R' Moshe Feinstein writes (Igros Moshe OC 3:49;[5] 4:91:5) that lamps, like fans, etc. are *kelim shemelachtam leissur*, items that serve a forbidden action on Shabbos. These may be moved either *letzorech mekomo*, if one needs the space, or *letzorech gufo*, for personal need (See Shulchan Aruch OC 308:3)[6]. Electric blankets may be used on Shabbos (ibid. OC 3:50) and an appliance is only *muktze machmas chisaron kis* (concern for monetary loss, a more stringent category) if one is reluctant to use it out of fear that it will become ruined (ibid. OC 5:21:3).

Accordingly, regular lights would be allowed to be moved *letzorech gufo umekomo*, for their permitted functions or if their place is needed. According to R' Moshe (OC 5:23) this would include brightening or darkening a room (See Tiltulei Shabbos, Teshuvos 11).

Nonetheless, some *poskim* write that one must not move electric lamps on Shabbos. R' Yitzchak Yaakov Weiss (Minchas Yitzchak 3:43)[7] writes that while one cannot move lights on Shabbos, one may do so on Yom Tov, providing it is switched on.

The Piskei Teshuvos (279:1)[8] argues that the reason lamps are *muktze*, is because the actual flame is *muktze machmas gufo*, inherently *muktze*. Even the *poskim* that forbid moving lamps on Shabbos will only forbid moving incandescent lamps. As those without a filament, such as LED and fluorescent lamps, do not fall under this category, they may be moved on Shabbos.

CONCLUSION ────────────────────────────────

As there is a *machlokes* concerning moving incandescent lamps on Shabbos, one should only move them if absolutely necessary. One may move LED and fluorescent lamps around as one needs them.

1. שבת קכב:

קוּרְנָס שֶׁל אֱגוֹזִין לְפַצֵּעַ בּוֹ אֶת הָאֱגוֹזִין אֲבָל שֶׁל נַפָּחִין לֹא קָסָבַר דָּבָר שֶׁמְּלַאכְתּוֹ לְאִיסּוּר אֲפִילּוּ לְצוֹרֶךְ גּוּפוֹ אָסוּר.

2. שולחן ערוך או״ח שח:ג

כְּלִי שֶׁמְּלַאכְתּוֹ לְאִסּוּר מוּתָּר לְטַלְטְלוֹ.. בֵּין לְצוֹרֶךְ גּוּפוֹ.. בֵּין לְצוֹרֶךְ מְקוֹמוֹ דְּהַיְינוּ שֶׁצָּרִיךְ לְהִשְׁתַּמֵּשׁ בַּמָּקוֹם שֶׁהַכְּלִי מוּנָּח שָׁם וּמוּתָּר לוֹ לִיטּוֹל מִשָּׁם וּלְהַנִּיחוֹ בְּאֵיזֶה מָקוֹם שֶׁיִּרְצֶה..

3. שולחן ערוך או״ח שח:א

כָּל הַכֵּלִים נִטָּלִים בְּשַׁבָּת חוּץ מִמּוּקְצֶה מֵחֲמַת חִסָּרוֹן כִּיס כְּגוֹן סַכִּין שֶׁל שְׁחִיטָה אוֹ שֶׁל מִילָה וְאִזְמֵל שֶׁל סַפָּרִים וְסַכִּין שֶׁל סוֹפְרִים שֶׁמְּתַקְּנִים בָּהּ הַקּוּלְמָסִים כֵּיוָן שֶׁמַּקְפִּידִים שֶׁלֹּא לַעֲשׂוֹת בָּהֶם תַּשְׁמִישׁ אַחֵר אָסוּר לְטַלְטְלוֹ בְּשַׁבָּת וַאֲפִילּוּ לְצוֹרֶךְ מְקוֹמוֹ אוֹ לְצוֹרֶךְ גּוּפוֹ..

4. מגן אברהם שח:ב

שֶׁמַּקְפִּידִין עָלָיו: אֲבָל בְּמָקוֹם שֶׁאֵין מַקְפִּידִין עָלָיו שָׁרֵי כמ״ש ס״ג.

5. משנה ברורה שט:י

אֲבָל אִם הֵם וְכוּ׳: כֵּיוָן שֶׁיּוּכַל בְּאֵיזֶה עֵצָה לְתַקֵּן שֶׁלֹּא יְטַלְטֵל הָאֶבֶן לֹא הֵקִילוּ בְּזֶה אַף שֶׁהוּא בָּסִיס לְאִסּוּר וּלְהֶיתֵּר וְכֵן אִם יָכוֹל לְנַעֵר הָאֶבֶן לְבַד מִתּוֹךְ הַכַּלְכָּלָה וּלְהַשְׁלִיכוֹ גַּם כֵּן מְחוּיָּב בְּזֶה..

188 מקור חיים

Muktze Mobile

Question

I accidentally left my smartphone on my bed on Friday night. Was I allowed to move it?

Discussion

The Gemara (Shabbos 122b)[1] teaches that one may use a small hammer to crack open nuts but not a blacksmith's hammer which is primarily used for prohibited acts. The Shulchan Aruch (OC 308:3)[2] writes that items that are primarily used for prohibited acts (*kli shemalachto leissur*) can be moved on Shabbos if one needs the space. Thus, one can move a hammer on a bookcase to access books or from a chair which one wants to sit on. This does not apply, however, to items that are *muktze machmas chisaron kis*, *muktze* for fear of financial loss.

Where one is very particular about an item, be it an expensive item or a delicate tool, etc. it takes on a higher level of *muktze*. Unlike regular *muktze* items, such items are not used for other functions. Thus, craft knives and expensive electronics cannot be moved just because they are in the way (See Shulchan Aruch OC 308:1)[3].

As people are generally particular about their smartphones, they would fit into this category, and thus may not be moved in a regular way (See Magen Avraham 308:2)[4].

The Mishna Berura (309:10)[5] writes that in such a scenario, the *muktze* item should ideally be tilted off by lifting the base. Thus, one may lift the covers (or mattress) allowing the phone to fall. If the phone is on and doing so may cause a button to be knocked, or if doing so may cause damage to the phone, then one may lift the blanket with the phone on it and place it down elsewhere.

Conclusion

While the phone may not be moved normally, one may either lift the covers to shake it off or if necessary, lift the covers off and place them elsewhere.

1. שולחן ערוך או"ח שח:ד

כְּלִי שֶׁמְּלַאכְתּוֹ לְהֶיתֵּר מוּתָּר לְטַלְטְלוֹ אֲפִלּוּ אֵינוֹ אֶלָּא לְצוֹרֶךְ הַכְּלִי שֶׁלֹּא יִשָּׁבֵר אוֹ יִגָּנֵב אֲבָל שֶׁלֹּא לְצוֹרֶךְ כְּלָל אָסוּר לְטַלְטְלוֹ. וְכִתְבֵי הַקֹּדֶשׁ וְאוֹכָלִים מוּתָּר לְטַלְטְלָם אֲפִלּוּ שֶׁלֹּא לְצוֹרֶךְ כְּלָל. **הגה** וּתְפִלִּין אֵין לְטַלְטְלָם כִּי אִם לְצוֹרֶךְ (תרומת הדשן ועיין בבית יוסף) וְשׁוֹפָר אָסוּר לְטַלְטְלוֹ כִּי אִם לְצוֹרֶךְ גּוּפוֹ אוֹ מְקוֹמוֹ (הגהות אשירי סוף פרק במה מדליקין).

2. מגן אברהם שח:יא

וְשׁוֹפָר כו': מַשְׁמַע דִּתְפִילִּין אֲפִלּוּ שֶׁלֹּא לְצוֹרֶךְ גּוּפוֹ כְּלָל שָׁרֵי לְטַלְטְלוֹ אֶלָּא דְּלֹא הַוֵי כְּכִתְבֵי קֹדֶשׁ דְּשָׁרֵי לְטַלְטְלוֹ שֶׁלֹּא לְצוֹרֶךְ כְּלָל אֲבָל תְּפִילִּין שָׁרֵי וְלֹא הַוֵי כִּכְלִי שֶׁמְּלַאכְתּוֹ לְאִסּוּר דְּשַׁבָּת אֵין צָרִיךְ אוֹת אֲבָל אִם יִרְצֶה לַהֲנִיחָם אֵין אִסּוּר בַּדָּבָר.. וּמִכָּל מָקוֹם הַוֵי כִּכְלִי שֶׁמְּלַאכְתּוֹ לְאִסּוּר וְאָסוּר לְטַלְטְלוֹ כִּי אִם לְצוֹרֶךְ גּוּפוֹ וּמְקוֹמוֹ..

3. שמירת שבת כהלכתה כ הערה לג

..וְצָרִיךְ עִיּוּן לָמָּה אֵין הַתְּפִילִּין בִּכְלַל מוּקְצֶה מֵחֲמַת חִיסָּרוֹן כִּיס. הֲלֹא הֵן כְּלִי שֶׁמְּלַאכְתָּם לְאִסּוּר. וְאָדָם מַקְפִּיד שֶׁלֹּא לְהִשְׁתַּמֵּשׁ בְּהוּ שׁוּם שִׁימּוּשׁ אַחֵר.. שָׁמַעְתִּי מהגרש"ז אויערבך זצ"ל, דְּכֵיוָן שֶׁלְּבִישַׁת תְּפִילִּין בְּשַׁבָּת חָשִׁיב דֶּרֶךְ מַלְבּוּשׁ, וְגַם מוּתָּר לְהַנִּיחָן בְּשַׁבָּת לִנְטוּרֵי נַפְשֵׁיהּ.. וְגַם מִפְּנֵי שֶׁאֶפְשָׁר לְהִתְלַמֵּד בָּהֶן דִּינֵי תְּפִילִּין.. לָכֵן אַף אִי חָשְׁבִינָן כִּכְלִי שֶׁמְּלַאכְתּוֹ לְאִסּוּר מִפְּנֵי שֶׁסְּתָמָן לְמִצְוָה דְּאָסוּר בְּשַׁבָּת, מִכָּל מָקוֹם מוּקְצֶה מֵחֲמַת חִיסָּרוֹן כִּיס מִיהוּ לֹא הֲוָה כֵּיוָן שֶׁאוֹתוֹ הַשִּׁימּוּשׁ שֶׁמִּשְׁתַּמְּשִׁין בַּחוֹל מוּתָּר גַּם בְּשַׁבָּת כְּשֶׁאֵינוֹ מִתְכַּוֵּין לְמִצְוָה..

4. משנה ברורה שח:לה

..אֲבָל בְּדַלְתוֹת הַבַּיִת אוֹ הַחַלּוֹנוֹת אַף עַל פִּי שֶׁרְאוּיִין לְאֵיזֶה תַּשְׁמִישׁ וְכִכְלִי חֲשׁוּבִין מִכָּל מָקוֹם כֵּיוָן שֶׁלֹּא הוּכְנוּ לְכָךְ אֲסוּרִים בְּטִלְטוּל דִּסְתָמָן עוֹמְדִין לְהִתְחַבֵּר עִם הַבַּיִת וְלָכֵן אָסוּר בֵּין נִתְפָּרְקוּ בַּחוֹל וּבֵין בְּשַׁבָּת.

5. מנחת שבת פח:לח

וּלְעִנְיַן אִם מוּתָּר לְטַלְטֵל מְזוּזָה בְּשַׁבָּת לִכְאוֹרָה נִרְאֶה דְּשָׁרֵי דְּדָמֵי לִסְפָרִים.. וְאִם בְּעֵת שֶׁנִּכְנַס הַשַּׁבָּת הָיְתָה מְחוּבֶּרֶת וְקָבוּעַ בִּמְזוּזוֹת הַמַּשְׁקוֹף וּלְאַחַר שֶׁנִּכְנַס הַשַּׁבָּת נָפְלָה מִשָּׁם יֵשׁ לְעַיֵּין אִם מוּתָּר לְטַלְטְלָהּ בְּשַׁבָּת וְלִכְאוֹרָה נִרְאֶה דְּאָסוּר וּכְמוֹ דַּלְתוֹת הַבַּיִת שֶׁנִּתְפָּרְקוּ מִן הַבַּיִת דְּאָסוּר לְטַלְטְלָם.

6. באר משה ח:עב

נִשְׁאַלְתִּי מְזוּזָה אִם הִיא מוּקְצָה בְּשַׁבָּת.. וְעַיֵּין במשנה ברורה (סי' ש"ז סקס"ג) שֶׁשָּׁרֵי לְטַלְטֵל גֵּט כִּי יָכוֹל לִלְמוֹד מִמֶּנּוּ דִּינֵי גֵּט כְּמוֹ כֵן וְקַל וָחוֹמֶר בִּמְזוּזָה.. וְכִי יַעֲלֶה עַל הַדַּעַת שֶׁמְּזוּזָה יִגְרַע מִשְּׁאָר כִּתְבֵי הַקּוֹדֶשׁ, וְלָמָּה, בְּאוֹפֶן שֶׁאֵינֶנִּי יוֹדֵעַ כְּלָל מַה זֶּה שְׁאֵלָה וּפָשׁוּט וּבָרוּר שֶׁמּוּתָּר לְטַלְטְלָהּ..

7. ציץ אליעזר יג:נג

אִם נוֹדַע לְאָדָם בְּשַׁבָּת שֶׁאֵין מְזוּזָה בְּפֶתַח דִּירָתוֹ אִם מוּתָּר לָדוּר בָּהּ. וְאִם אָסוּר אִם מוּתָּר לְהַחֲזִירָהּ בְּשַׁבָּת לְנַרְתִּיקָהּ וְאֵין בְּזֶה מִשּׁוּם מִיחְזֵי כִּמְתַקֵּן.. אִם מוּתָּר לְהַחֲזִירָהּ לְהַחוֹר שֶׁלָּהּ בְּשַׁבָּת דְּלֹא עָבִיד שׁוּם מְלָאכָה, אוֹ דִּילְמָא אָסוּר מִשּׁוּם דְּמִיחְזֵי כִּמְתַקֵּן דְּעַל יְדֵי הַנָּחָתָהּ מַתִּיר דִּירַת הַבַּיִת, וְהֶאֱרִיךְ בִּטְעָמִים.. וּמִמֵּילָא גַּם פָּשׁוּט שֶׁאֵין כָּל אִסּוּר בִּנְתִינַת אוֹ בְּהַחְזָרַת הַמְּזוּזָה אֶל נַרְתִּיקָהּ שֶׁבְּמַשְׁקוֹף (כְּשֶׁלֹּא צְרִיכִים לְמַסְמְרָהּ בְּמַסְמְרִים) וְאֵין כָּל חֲשַׁשׁ מִשּׁוּם מִיחְזֵי כִּמְתַקֵּן..

8. שבט הלוי ד:קמג

..אֲבָל לְהַחֲזִיר הַקְּלָף לְבַד לְקָנֶה שֶׁלָּהּ אוֹ לְתוֹךְ חֲפִירָה כנ"ל וְאֵין כַּאן אֶלָּא חֲזָרַת קְלַף הַמְּזוּזָה מַאן דְּעָבִיד בָּזֶה כְּהוֹרָאַת גָּאוֹן עוֹלָם בַּעַל חקרי לב ושדי חמד יֵשׁ לוֹ עַל מַה לִסְמוֹךְ, הָיָה עוֹד מָקוֹם לְהַאֲרִיךְ בְּזֶה אֲבָל מַה אֶעֱשֶׂה כִּי בַּעַל מְלָאכוֹת מְרוּבּוֹת אֲנִי.

190 מקור חיים

Fallen Mezuza

QUESTION ——————————————————————

Our *mezuza* fell out of its case on Shabbos. Should we have picked it up and replaced it?

DISCUSSION ——————————————————————

The Shulchan Aruch (OC 308:4)[1] writes that one is allowed to move *kisvei kodesh*, holy writings, on Shabbos, though the Rema adds that *tefillin* are *muktze*. The Magen Avraham (308:11)[2], however, writes that one may move *tefillin* to protect them if they are in the way (*gufo umekomo*). While *tefillin* are expensive and have a very specific purpose, R' Yehoshua Neuwirth (Shemiras Shabbos Kehilchasa 20:n33)[3] explains that they are categorised as *muktze machmas issur* (items with a prohibited use) rather than *muktze machmas chisaron kis* (valuable items which cannot be moved even for such reasons).

The Magen Avraham (308:19) and Mishna Berura (308:35)[4] write that a door that fell off is *muktze*. R' Neuwirth quotes R' Shmuel Burstein (Minchas Shabbos 88:38)[5] who compares this to a *mezuza* that fell, and writes, therefore, that one must not move it unless it is in a place where it may be trampled on, etc.

R' Moshe Stern (Baer Moshe 8:72)[6] however, disagrees, writing that *mezuzos* are not *muktze*. The Mishna Berura (307:63) allows one to read a *get* on Shabbos as one can learn from it. Likewise, *mezuzos* are not *muktze* and may be handled on Shabbos as one can read the *shema* and learn from them.

R' Eliezer Waldenberg (Tzitz Eliezer 13:53)[7] quotes the Sedei Chemed (4:115) who writes that there is a *machlokes* as to whether one can return a *mezuza* that fell on Shabbos to its case as there are *poskim* that hold that one must not live in a house without a *mezuza*. As replacing the *mezuza* would allow one to live in that room, doing so is considered *tikkun kli*, fixing something, and therefore prohibited.

R' Waldenberg and R' Shmuel Wosner (Shevet Halevi 4:143)[8] write, however, that there is no issue in replacing the *mezuza* in such a manner. One must not, however, reattach a *mezuza* with a nail on Shabbos as this is *boneh*, building (Rivevos Ephraim 2:29:10).

CONCLUSION ——————————————————————

While one cannot affix a *mezuza* case on Shabbos, one may replace a *mezuza* that fell out of its case.

1. משנה תורה שבת כה:ו

וְכָל שֶׁאֵינוֹ כְּלִי כְּגוֹן אֲבָנִים וּמָעוֹת וְקָנִים וְקוֹרוֹת וְכַיּוֹצֵא בָּהֶן אָסוּר לְטַלְטְלָן..

2. משנה ברורה שי:כד

וַאֲפִלּוּ לְצוֹרֶךְ גּוּפוֹ: דְּדִין הַבָּסִיס כְּאוֹתוֹ הַמּוּקְצֶה שֶׁעָלָיו וְכֵיוָן דְּמָעוֹת הַוֵי מוּקְצֶה מֵחֲמַת גּוּפוֹ דְּאָסוּר אֲפִלּוּ לְצוֹרֶךְ גּוּפוֹ וּמְקוֹמוֹ גַּם דִּין הַמִּטָּה כַּךְ הוּא.

3. שולחן ערוך או"ח שח:כב

אָסוּר לְכַסּוֹת פִּי הֶחָבִית בְּאֶבֶן אוֹ בִּבְקַעַת אוֹ לִסְגּוֹר בָּהֶן אֶת הַדֶּלֶת אוֹ לְהַכּוֹת בָּהֶן בְּבַרְזָא.. אֶלָּא אִם כֵּן יִיחֲדָהּ לְכָךְ לְעוֹלָם אֲבָל יִיחֲדָהּ לְשַׁבָּת זוֹ בִּלְבַד לֹא וְהָנֵי מִילֵּי בְּדָבָר שֶׁאֵין דַּרְכּוֹ לְיַיחֲדָהּ לְכָךְ כְּגוֹן הָנֵי דְּאָמְרָן אֲבָל בְּכָל מִידֵי דְּאוֹרְחֵיהּ בְּהָכִי כְּגוֹן לִפְצוֹעַ בָּהּ אֱגוֹזִים בְּיִחוּד לְשַׁבָּת אַחַת סַגִּי..

4. משנה ברורה שג:עד

וְלֹא מְהַנֵּי בָּהּ יִחוּד: הַיְינוּ לְשַׁבָּת אַחַת אֲבָל אִם יְחָדָהּ מֵעֶרֶב שַׁבָּת לְעִנְיָן זֶה לְעוֹלָם גַּם בְּמַטְבֵּעַ מְהַנֵּי דְּשׁוּב אָזִיל מִינֵיהּ אִסּוּר טִלְטוּל [תו"ש וחדושי רע"א].

5. חזון איש שבת מב:יג

..וְהִנֵּה עִקַּר דִּין הַשָּׁנוּי כַּאן הוּא דְּאֶבֶן סַגִּי בְּיִחָדוֹ, וְנִרְאֶה דְּאֶבֶן לִפְרִיפָה אוֹרְחָהּ לְיַחֲדָהּ וְגַם לָאו בַּת מִיַּעֲבַד מַעֲשֶׂה הִיא וּלְכוּלֵּי עָלְמָא סַגִּי בְּיִחוּד.. וּמַטְבֵּעַ לֹא מְהַנֵּי יִחוּד דְּיִחוּד סְתָמָא אֵינָהּ אֶלָּא לְשַׁעְתָּה וְלֹא מְהַנֵּי.. אֲבָל הַמַּטְבֵּעַ יֵשׁ לוֹמַר דְּעָתִיד לְהַחֲזִירָהּ, וְלֹא מְהַנֵּי יִחוּד לְעוֹלָם דְּנִמְלָךְ עָלֶיהָ וּמַחֲזִירָהּ, וְשֵׁם מַטְבֵּעַ עָלָה וְלֹא שֵׁם כְּלִי תַּשְׁמִישׁ.

6. מנחת אשר ב:לו

..מִי שֶׁיֵּשׁ לוֹ אוֹסֶף מַטְבְּעוֹת עַתִּיקוֹת הַאִם מוּתָּר לְטַלְטְלָן בְּשַׁבָּת, וְנִסְתַּפַּקְתִּי בָּזֶה, דְּהִנֵּה מְבוֹאָר בְּדִבְרֵי הרמב"ם דְּמַטְבֵּעַ הַוֵי מוּקְצֶה מֵחֲמַת גּוּפוֹ וּכְמוֹ עֵצִים וַאֲבָנִים שֶׁאֵין לָהֶם תּוֹרַת כְּלִי.. וְיֵשׁ לְעַיֵּין לְפִי זֶה בְּמַטְבְּעוֹת שֶׁאֵינָם עוֹבֵר לַסּוֹחֵר וְאֵינָם עוֹמְדִים כְּלָל לְהִשְׁתַּמֵּשׁ בָּהֶם כְּמָעוֹת, הַאִם מִשּׁוּם כֵּן עֲדִיפֵי וְהַוֵי כִּכְלִי אוֹ שֶׁמָּא נֹאמַר סוֹף סוֹף מַטְבְּעוֹת הֵמָּה וְאֵין בָּהֶם כָּל שִׁימּוּשׁ בְּגוּפָן, וּשְׁמִירָתָן כְּאוֹסֶף אֵינוֹ מְשַׁנֶּה אֶת מַהוּתָן וַעֲדַיִין מוּקְצִין הֵן מִצַּד עַצְמָם.

וְאַף דִּמְבוֹאָר במשנה ברורה דְּאִם יִיחֵד מַטְבֵּעַ לְדָבָר אַחֵר לִתְמִידוּת וְלֹא רַק לְשַׁבָּת אַחַת מְהַנֵּי הַיִּיחוּד וּמוּתָּר לְטַלְטְלוֹ.. אֲבָל אוֹסֶף מַטְבְּעוֹת שֶׁאֵין כַּאן יִיחוּד לְדָבָר אֶחָד וְלַשִּׁימּוּשׁ בְּגוּפָן עֲדַיִין תּוֹרַת מַטְבֵּעַ עֲלֵיהֶן וּבְתוֹרַת מוּקְצֶה הֵן עוֹמְדוֹת.

וּנְטִיַּית לִבִּי דְּמוּתָּר לְטַלְטֵל מַטְבְּעוֹת אֵלֶּה.. אָמְנָם עֲדַיִין מְסוּפָּק אֲנִי בָּזֶה וְרָאוּי לְהַחֲמִיר לְפִי עֲנִיּוּת דַּעְתִּי.

7. נשמת שבת ג:שלא

שְׁאֵלָה: מִי שֶׁאוֹסֵף מָעוֹת כֶּסֶף שֶׁל מְדִינוֹת שׁוֹנוֹת לְשֵׁם אוֹצָר (האב"י, קאלעקשע"ן בְּלַעַ"ז) מַהוּ לְטַלְטֵל בְּשַׁבָּת?

תְּשׁוּבָה: מוּתָּר. בְּעָלְמָא קַיְימָא לָן דְּמָעוֹת הֵן מוּקְצִין מֵחֲמַת גּוּפָן כַּאֲבָנִים וּצְרוֹרוֹת.. וְהִנֵּה מְבוֹאָר במשנה ברורה.. דְּמִי שֶׁיִּחֵד מַטְבֵּעַ לְעוֹלָם לְאֵיזֶה שִׁימּוּשׁ מְהַנֵּי לְשַׁוְּיֵהּ כְּלִי וּמוּתָּר בְּטִלְטוּל.. מִיהוּ בחזון איש (מב:יג) כָּתַב דְּלֹא מְהַנֵּי, מִשּׁוּם שֶׁאֵין הַדֶּרֶךְ לְיַיחֵד מַטְבֵּעַ לְעוֹלָם לִשְׁאָר שִׁימּוּשִׁים, עַל כֵּן חַיְישִׁינַן שֶׁמָּא יִמָּלֵךְ בְּדַעְתּוֹ וְיַחֲזוֹר לְהִשְׁתַּמֵּשׁ בּוֹ בְּתוֹרַת מַטְבֵּעַ. מִיהוּ מִסְתַּבֵּר פָּשׁוּט שֶׁאַף החזון איש מוֹדֶה דְּמִי שֶׁהִטְרִיחַ עַצְמוֹ לֶאֱסוֹף הַרְבֵּה מִינֵי מַטְבְּעוֹת מִמְּדִינוֹת וּמִתְּקוּפוֹת שׁוֹנוֹת, שֶׁאֵין אָדָם טוֹרֵחַ בִּסְעוּדָה וּמַפְסִידוֹ, וּבְוַדַּאי שֶׁלֹּא יְבַטְּלֶנּוּ מֵאוֹצָרוֹ הַטּוֹב, וּבִפְרַט מַטְבְּעוֹת מִמְּדִינוֹת שׁוֹנוֹת שֶׁאֵינָן יוֹצְאִין בְּהוֹצָאָה בִּמְדִינָה זוֹ כְּלָל.. וּבִפְרַט כְּשֶׁקָּבַע הַמַּטְבְּעוֹת באלבו"ם מְיוּחָד, זֶה לוֹ לְאוֹת וּלְזִכָּרוֹן שֶׁלֹּא יַחֲזוֹר בּוֹ לְהִשְׁתַּמֵּשׁ עִמָּהֶם בְּתוֹרַת מַטְבֵּעַ.

192 מקור חיים

Coin Collection

QUESTION

I have a coin collection including ancient coins and coins from different countries. Some of it has been organised into albums. Are these coins *muktze*?

DISCUSSION

Rambam (Shabbos 25:6)[1] writes that as coins cannot be used on Shabbos, they are *muktze* just like raw wood and stones that have not been fashioned into anything. The Mishna Berura (310:24)[2] writes that they are *muktze machmas gufo*, inherently *muktze*.

While the Shulchan Aruch (OC 308:22)[3] writes that rocks are usually *muktze*, this is only when they do not have a specific use. If one prepares a rock for a specific permitted use before Shabbos such as to keep a door open or to crack nuts, it would no longer be *muktze*. Thus, the Mishna Berura (303:74)[4] writes that if one set a coin aside for a particular purpose it is considered to be non-*muktze*. This only applies when one does so in a permanent manner, such as creating jewellery out of a coin, but not if one sets it aside for just one Shabbos (See Shemiras Shabbos Kehilchasa 20:38).

The Chazon Ish (Shabbos 42:13)[5], disagrees, writing that one cannot set a coin aside, as one may choose to use it again as money. Thus, coins will remain *muktze*.

R' Asher Weiss (Minchas Asher 2:36)[6] writes that when one sorts such coins into a collection, one is treating them like a photo album whose purpose is simply to be viewed at one's leisure. Nonetheless, he suggests that it is ideal to be stringent and avoid touching them on Shabbos.

R' Yisroel Dovid Harfenes (Nishmas Shabbos 3:331)[7] argues, however, that even the Chazon Ish would agree that a coin collection is not *muktze*. One who goes to the bother to collect various coins of different denominations and time periods is certainly not going to break up their collection to spend the money. Such coins would not, therefore, be *muktze*.

CONCLUSION

A coin collection is not *muktze* and may be handled on Shabbos, especially if the coins are no longer in circulation.

1. שולחן ערוך או"ח רסו:יג

מָצָא אַרְנְקִי בְּשַׁבָּת אָסוּר לִיטְלוֹ אַף עַל פִּי שֶׁיָּרֵא פֶּן יְקַדְּמֶנּוּ אַחֵר.

2. ביאור הלכה רסו:יג

אָסוּר לִיטְלוֹ: ..אַךְ לְעִנְיַן אִסּוּר מוּקְצֶה יֵשׁ לְעַיֵּין וְעַיֵּין בְּסִימָן תקפ"ו סכ"ב ובבאור הגר"א שָׁם, פֶּן יְקַדְּמֶנּוּ אַחֵר, וְעַל יְדֵי טִלְטוּל בְּרֶגֶל יֵשׁ לְהָקֵל.

3. ביאור הגר"א או"ח תקפו:כב

..אֲבָל המרדכי מַתִּיר אֲפִלּוּ בְּמוּקְצֶה מֵהָא דפ"ג דפסחים..

4. מנחת יצחק ה:מב:יב

אֲבָל כָּל זֶה תְּמִיהָ, דְּהָרֵי לְהַלָּכָה לֵיכָּא סָפֵק, דְּאַף שְׁבוּת אָסוּר בְּמִצְוָה, וּכְמוֹ שֶׁסְּבִירָא לֵיהּ לְכָל הַפּוֹסְקִים שָׁם, וּדְבְרֵי המרדכי לֹא הוּבְאוּ כְּלָל בשולחן ערוך וּפוֹסְקִים שָׁם, חוּץ מִבְּדִבְרֵי הגר"א, וּבְוַדַּאי גַּם הגר"א לֹא סְבִירָא לֵיהּ כֵּן לַהֲלָכָה, כְּנֶגֶד מַשְׁמָעוּת כָּל הַפּוֹסְקִים..

5. שולחן ערוך חו"מ רסד:א

מִי שֶׁאָבְדָה לוֹ אֲבֵידָה וּפָגַע בַּאֲבֵידָתוֹ וּבַאֲבֵידַת חֲבֵירוֹ אִם יָכוֹל לַחֲזוֹר אֶת שְׁתֵּיהֶן חַיָּיב לְהַחֲזִירָם וְאִם לֹא, יַחֲזִיר אֶת שֶׁלּוֹ שֶׁאֲבֵידָתוֹ קוֹדֶמֶת..

6. חתם סופר או"ח פב

אִיבָּעֵי לֵיהּ אִי מִצְוַת עֲשֵׂה שֶׁל הַשָּׁבַת אֲבֵדָה דּוֹחֶה שְׁבוּת דְּטִלְטוּל מוּקְצֶה בְּשַׁבָּת אִי הֶעֱמִידוּ חֲכָמִים דִּבְרֵיהֶם אוֹ לֹא.. כָּל שֶׁהִתִּירוּ לְטַלְטֵל בְּמָמוֹן שֶׁל עַצְמוֹ מוּתָּר נַמִּי בַּהֲשָׁבַת אֲבֵדָה לַחֲבֵירוֹ.. אָמְנָם בְּמָקוֹם דִּלְדִידֵיהּ אָסוּר אִי שָׁרֵי אֲבֵידָה דְּאַחְרִינֵי דְּאָתֵי עֲשֵׂה דְּאוֹרַיְיתָא וְדָחֵי שְׁבוּת דְּרַבָּנָן אוֹ לֹא וְאִם כֵּן בַּחוֹל קַיְימָא לָן אֲבֵידָתוֹ קוֹדֶמֶת לַאֲבֵידַת חֲבֵירוֹ וּבְשַׁבָּת יִהְיֶה הַהֵיפֶךְ..

7. שולחן ערוך הרב חו"מ מציאה מ

..אֲבָל נִדְחֵית הִיא מִצְוַת הַשָּׁבַת אֲבֵדָה וְכָל כַּיּוֹצֵא בָּהּ מִמִּצְוֹת שֶׁל הַצָּלַת מָמוֹן חֲבֵירוֹ הֵן נִדְחוֹת מִפְּנֵי כְּבוֹד הַמָּקוֹם כְּגוֹן שֶׁהָאֲבֵדָה בְּבֵית הַקְּבָרוֹת וְהוּא כֹּהֵן לֹא יִטַּמֵּא לָהּ. וַאֲפִלּוּ אִסּוּר שֶׁל דִּבְרֵיהֶם לֹא יַעֲשֶׂה בִּשְׁבִיל מָמוֹן חֲבֵירוֹ כְּגוֹן לְהַגְבִּיהַּ מָעוֹת שֶׁמָּצָא בְּשַׁבָּת שֶׁאֵין דוֹחִין אִסּוּר מִפְּנֵי מָמוֹן שֶׁנֶּאֱמַר אֲנִי ה', כּוּלְּכֶם חַיָּיבִים בִּכְבוֹדִי.

מקור חיים 194

Returning Muktze Items

QUESTION

I came to shul on Friday night and saw that my friend had left his phone charger on the windowsill. Was I allowed to place it in his seat so that he would not lose it?

DISCUSSION

The Shulchan Aruch (OC 266:13)[1] writes that if one finds a purse on Shabbos, one must not pick it up.

The Mishna Berura (Biur Halacha 266:13)[2] writes that it is questionable whether the prohibition of *muktze* is waved for the *mitzva* of *hashavas aveida*. He notes that the Vilna Gaon (Biur Hagra OC 586:22)[3] quotes the Mordechai (Sukka 747) who allows one to use a *shofar* that would otherwise be *muktze* on Rosh Hashana. Nonetheless, R' Yitzchak Yaakov Weiss (Minchas Yitzchak 5:42:12)[4] writes that even the Vilna Gaon does not *pasken* like the Mordechai and the consensus is that one cannot pick up something *muktze* even to perform such *mitzvos*.

The Shulchan Aruch (CM 264:1)[5] writes that one may recover one's own lost objects before bothering with others' objects. Thus, the Chasam Sofer (OC 82)[6] writes that as one would not be able to recover one's own *muktze* items on Shabbos, one would not be able to return another's *muktze* items either. He compares finding a *muktze* item on Shabbos to finding *chametz* on Pesach which one must cover rather than move (See Shulchan Aruch OC 446:1; Magen Avraham 446:2).

The Shulchan Aruch Harav (CM Metzia 40)[7] adds that the *mitzva* of *hashavas aveida* does not take precedence over certain other *mitzvos*. Although *muktze* is *assur miderabanan*, one still may not pick up a *muktze* item to perform this *mitzva*.

CONCLUSION

One may not pick up a *muktze* item on Shabbos, even to return someone's lost item.

1. שולחן ערוך או"ח רעט:א

נֵר שֶׁהִדְלִיקוּ בּוֹ בְּאוֹתוֹ שַׁבָּת אַף עַל פִּי שֶׁכָּבָה אָסוּר לְטַלְטְלוֹ וְכֵן מוֹתַר הַשֶּׁמֶן שֶׁבְּנֵר שֶׁהִדְלִיקוּ בּוֹ בְּאוֹתוֹ שַׁבָּת אָסוּר לְטַלְטְלוֹ לְהִסְתַּפֵּק מִמֶּנּוּ בְּאוֹתוֹ שַׁבָּת.

2. שולחן ערוך או"ח שט:ד

..וְאִם הִנִּיחָם עָלֶיהָ מִדַּעְתּוֹ עַל דַּעַת שֶׁיִּשָּׁאֲרוּ שָׁם בִּכְנִיסַת שַׁבָּת אָסוּר לְהַטּוֹת וּלְנַעֵר וְיֵשׁ אוֹמְרִים דַּאֲפִילוּ הִנִּיחָם שָׁם עַל דַּעַת שֶׁיִּשָּׁאֲרוּ שָׁם בִּכְנִיסַת הַשַּׁבָּת כְּדֵי שֶׁיִּטְּלֵם בְּשַׁבָּת מוּתָּר לְהַטּוֹת וּלְנַעֵר בְּשַׁבָּת וְלֹא אָסְרוּ אֶלָּא בְּמַנִּיחָם עַל דַּעַת שֶׁיִּשָּׁאֲרוּ שָׁם כָּל הַשַּׁבָּת. **הגה** וְאָז אֲפִלּוּ נָטַל הָאִסּוּר מִשָּׁם אָסוּר לְטַלְטֵל הַכְּלִי דְּמֵאַחַר שֶׁנַּעֲשֶׂה בָּסִיס לַדָּבָר הָאָסוּר לְמִקְצָת הַשַּׁבָּת אָסוּר כָּל הַשַּׁבָּת כּוּלָהּ וְכֵן בְּכָל מוּקְצֶה..

3. שולחן ערוך הרב או"ח רעז:ו

וְאַף אִם נָפַל הַנֵּר אוֹ שְׁאָר מוּקְצֶה שֶׁעַל הַשּׁוּלְחָן שֶׁנַּעֲשָׂה בָּסִיס לְהַנֵּר שֶׁהָיָה מוּנָּח עָלָיו בִּכְנִיסַת הַשַּׁבָּת מִכָּל מָקוֹם אִם הָיָה מוּנָּח עַל הַשּׁוּלְחָן בִּכְנִיסַת הַשַּׁבָּת דְּהַיְינוּ בְּבֵין הַשְּׁמָשׁוֹת גַּם לֶחֶם (שֶׁלְּצוֹרֶךְ הַשַּׁבָּת) הֲרֵי נַעֲשָׂה בָּסִיס לְאִסּוּר וּלְהֶיתֵּר בִּכְנִיסַת הַשַּׁבָּת וְאַף לְאַחַר שֶׁסִּלְּקוֹ הַלֶּחֶם מִמֶּנּוּ לֹא נַעֲשָׂה בָּסִיס לְהַנֵּר בִּלְבַדּוֹ כֵּיוָן שֶׁהוּא כְּבָר אַחַר כְּנִיסַת הַשַּׁבָּת וּלְפִיכָךְ יָכוֹל לְנַעֲרוֹ לְהַפִּיל מֵעָלָיו הַנֵּר וּשְׁאָר מוּקְצֶה לְטַלְטְלוֹ אַחַר כָּךְ כְּמוֹ שֶׁיִּרְצֶה וְכֵן אִם הָיוּ מוּנָּחִים עָלָיו בֵּין הַשְּׁמָשׁוֹת שְׁאָר דְּבָרִים שֶׁאֵינָם מוּקְצִים וְהוּא שֶׁיִּהְיוּ (הַלֶּחֶם אוֹ) שְׁאָר הַדְּבָרִים חֲשׁוּבִים יוֹתֵר מִן דְּלֵיקַת הַנֵּר דְּהַיְינוּ מִן הַשַּׁלְהֶבֶת שֶׁהַנֵּר נַעֲשֶׂה בָּסִיס אֵלֶיהָ..

4. שולחן ערוך הרב או"ח שי:טז

כְּבָר נִתְבָּאֵר בְּסִימַן ש"ט שֶׁכְּלִי שֶׁנַּעֲשָׂה בָּסִיס לְאִסּוּר וּלְהֶיתֵּר מוּתָּר לְטַלְטְלוֹ וְהוּא שֶׁדָּבָר הַמּוּתָּר חָשׁוּב מִדָּבָר הָאָסוּר אֲבָל אִם דְּבַר הָאָסוּר חָשׁוּב יוֹתֵר מִדָּבָר הַמּוּתָּר הֲרֵי הַהֶיתֵּר בָּטֵל אֵצֶל הָאִסּוּר וְאָסוּר אֲפִלּוּ לְנַעֵר הָאִסּוּר כְּמוֹ שֶׁאִם הָיָה בָּסִיס לְאִסּוּר בִּלְבַדּוֹ שֶׁאָסוּר אֲפִלּוּ לְנַעֵר..

5. משנה ברורה רעז:יח

וְאִם הָיָה מוּנָּח עַל הַשּׁוּלְחָן בֵּין הַשְּׁמָשׁוֹת גַּם כִּכָּרוֹת וּשְׁאָר דְּבָרִים שֶׁצָּרִיךְ לְשַׁבָּת פְּשִׁיטָא דְּהֵם חֲשׁוּבִים יוֹתֵר מִן הַנֵּר דְּהַיְינוּ מִן שַׁלְהֶבֶת הַנֵּר הַדּוֹלֶקֶת וְנַעֲשָׂה בָּסִיס לְגַבַּיְיהוּ וּכְמוֹ שֶׁכָּתוּב בְּסִימָן ש"י ס"ח דְּהֵיכִי דַּהֲוָא בָּסִיס לְהֶיתֵּר וּלְאִסּוּר וְהַהֶיתֵּר חָשִׁיב יוֹתֵר דַּהֲוָא בָּטִיל לְגַבֵּי הַהֶיתֵּר וְשָׁרֵי לְכוּלֵּי עָלְמָא לְנַעֵר.

6. שמירת שבת כהלכתה כ הערה רמד

וְשָׁמַעְתִּי מהגרש"ז אויערבך זצ"ל דְּהַיְינוּ כְּגוֹן יַיִן לַקִּדּוּשׁ אוֹ שְׁאָר דָּבָר חָשׁוּב שֶׁהוּא לְצוֹרֶךְ שַׁבָּת..

7. שבט הלוי ח:נב

הֱיוֹת שֶׁשָּׁמַעְתִּי דְּאִית מַאן דְּמַחְמִיר בְּשׁוּלְחָן שֶׁל שַׁבָּת שֶׁמּוּנָּחִים עָלָיו הַפָּמוֹטוֹת שֶׁל כֶּסֶף הַיְּקָרִים דְּאֵין לְטַלְטֵל הַשּׁוּלְחָן בְּשַׁבָּת הַגַּם שֶׁהָיוּ מוּנָּחִים עָלָיו לַחְמֵי כִּכְּרֵי שַׁבָּת אוֹ שְׁאָר מַאֲכָלִים מִטַּעַם דִּבְעִינָן בְּבָסִיס לַדָּבָר הָאָסוּר וּמוּתָּר שֶׁהַהֶיתֵּר צָרִיךְ לִהְיוֹת חָשׁוּב יוֹתֵר.. פְּשִׁיטָא דְּהֵם חֲשׁוּבִים יוֹתֵר מֵהַנֵּר אֵין זֶה מִצַּד מְחִירוֹ וְשָׁוְיוֹ עַד שֶׁנֵּימָא דְּאִם נָדוּן עַל פָּמוֹטוֹת שֶׁל כֶּסֶף אוֹ זָהָב שֶׁהֵם מוּקְצֶה מֵחֲמַת עַצְמָן, דְּיִתְבַּטֵּל עַל יְדֵי זֶה חֲשִׁיבַת הַכִּכָּרוֹת אוֹ שְׁאָר מַאֲכָלִים וְכַיּוֹצֵא בּוֹ אֲבָל פְּשִׁיטָא דַּחֲשִׁיבוּת נִמְדָּד בַּצּוֹרֶךְ, מַה שֶּׁהוּא חָשׁוּב וְנִצְרָךְ אֶצְלוֹ עַכְשָׁיו..

מקור חיים 196

Moving Menora

QUESTION ───────────────────────────

We plan on placing our *menora* on a table near the window. Is there any way that we can move the table on Shabbos morning as we are having guests?

DISCUSSION ───────────────────────────

The Shulchan Aruch (OC 279:1)[1] writes that even after a candle has gone out on Shabbos, it remains *muktze* for the rest of Shabbos. If one places their candles on a tray, the tray itself is considered to be a *bassis*, a base, and is rendered *muktze*, too (ibid. 309:4)[2].

The Magen Avraham (277:8) and Shulchan Aruch Harav (OC 277:6;[3] 310:16[4]) write that if one places something such as *challa* on the *bassis* before Shabbos comes in, then the table becomes a *bassis* for the permissible item, too. This item must be more important than the *muktze* item. In this way, one would be able to move the *bassis* after the candles have gone out (See Shulchan Aruch 310:8). The Mishna Berura (277:18)[5] adds that it must be an item that one needs for Shabbos. Thus, R' Shlomo Zalman Auerbach (quoted in Shemiras Shabbos Kehilchasa 20:n244)[6] suggests placing a bottle of wine on the table. R' Shmuel Wosner (Shevet Halevi 8:52)[7] explains that this prominence does not mean that it is worth more, but is evaluated according to its necessity. As the *challa* or wine is needed for the Shabbos meal, it is more important than the candles.

CONCLUSION ───────────────────────────

If one wants to move the table after the *menora* has gone out, one should place something important that one will later use such as *challos* or wine on the table before Shabbos, thereby ensuring that the table is not just a *bassis* for the *muktze* item.

1. שבת קלח:

כִּירָה שֶׁנִּשְׁמְטָה אַחַת מִיַּרְכוֹתֶיהָ, מוּתָּר לְטַלְטְלָהּ, שְׁתַּיִם, אָסוּר. רב אָמַר: אֲפִלּוּ חַד נַמִי אָסוּר, גְּזֵירָה שֶׁמָּא יִתְקַע.

2. משנה ברורה שח:לז

שֶׁמָּא יִתְקַע: בְּיָתֵד אוֹ בְּמַסְמֵר בַּחֲזָקָה וְחַיָּיב מִשּׁוּם מַכֶּה בְּפַטִּישׁ דְּהַוָּה לֵיהּ גְּמַר מְלָאכָה. וְיֵשׁ אוֹמְרִים דְּיֵשׁ גַּם בְּכֵלִים מִשּׁוּם בּוֹנֶה הֵיכָא דְּהוּא עוֹשֶׂה עַל יְדֵי תְּקִיעָה דְּהוּא מַעֲשֶׂה אוּמָן.

3. שולחן ערוך או"ח שח:טז

..כִּירָה שֶׁנִּשְׁמְטָה אֲפִלּוּ אַחַת מִיַּרְכוֹתֶיהָ, אָסוּר לְטַלְטְלָהּ. **הגה** וְכֵן סַפְסָל אָרוֹךְ שֶׁנִּשְׁמַט אַחַת מֵרַגְלֶיהָ, כָּל שֶׁכֵּן שְׁתַּיִם, דְּאָסוּר לְטַלְטְלָהּ וּלְהַנִּיחָהּ עַל סַפְסָל אַחֶרֶת וְלֵישֵׁב עָלֶיהָ אֲפִלּוּ נִשְׁבְּרָה מִבְּעוֹד יוֹם (תרומת הדשן סי' ע"א), אֶלָּא אִם כֵּן יָשַׁב עָלֶיהָ כַּךְ פַּעַם אַחַת קוֹדֶם הַשַּׁבָּת (בית יוסף ס"ס שי"ג). גַּם אָסוּר לְהַכְנִיס הָרֶגֶל לְשָׁם מִשּׁוּם בִּנְיָן (בית יוסף שם).

4. שמירת שבת כהלכתה טו:פב

עֲדָשָׁה שֶׁנָּפְלָה מִן הַמִּשְׁקָפַיִים, אָסוּר לְהַחֲזִירָהּ לִמְקוֹמָהּ מִשּׁוּם שֶׁיֵּשׁ בְּזֶה מִשּׁוּם תִּקּוּן כְּלִי..

5. ציץ אליעזר ט:כח

..מִכָּל הָאָמוּר נִלְמַד דְּמִיהַת הַחְזָרַת זְכוּכִית בְּמִשְׁקְפֵי שֶׁמֶשׁ פְּשׁוּטִים וְכַדּוֹמֶה שֶׁאֵין שָׁם בִּכְלַל הַדַּקָּה וְהַבְרָגָה וּמַחֲזִירִים בִּלְחִיצָה פְּשׁוּטָה דְּמוּתָּר זֹאת אַלִּיבָּא דְּכוּלֵּי עָלְמָא, בֶּהֱיוֹת דְּלֹא קַיָּים שָׁם בִּכְלַל חֲשַׁשׁ לְשֶׁמָּא יְהַדּוֹק, וּפָשׁוּט, וְאֶקָּצֵר.

6. אז נדברו ח:לג:ד

אִם נָפַל אֶחָד מֵהַזְּכוּכִיּוֹת מֵהַמִּשְׁקָפַיִם אִם זֶה דּוֹמֶה לסעיף ט"ז יֵשׁ לוֹמַר דְּשַׁאנִי בְּמִשְׁקָפַיִם דְּרָאוּי קְצַת לְהִשְׁתַּמֵּשׁ, וצ"ע. וְנִרְאֶה דְּאִם אֵינוֹ רָאוּי לְהַחֲזִיר רַק עַל יְדֵי אוּמָן יֵשׁ לְהָקֵל. וְאֶפְשָׁר דְּכֵן הוּא אִם קָשֶׁה לְתַקֵּן כְּגוֹן שֶׁנִּשְׁבַּר הַבּוֹרֶג וְצָרִיךְ בּוֹרֶג אַחֵר, דְּהַוֵי כְּמוֹ שֶׁנִּשְׁבַּר הָרֶגֶל שֶׁל הַסַּפְסָל דְּכָתְבוּ הָאַחֲרוֹנִים דְּמוּתָּר, וְגַם הַטַּעַם שֶׁכָּתַבְנוּ מִשּׁוּם דְּרָאוּי לְהִשְׁתַּמֵּשׁ קְצַת בְּלֹא הַתִּקּוּן הוּא נָכוֹן וְאֵינוֹ דּוֹמֶה לְסַפְסַל שֶׁאֵינוֹ רָאוּי לְשִׁימּוּשׁ כְּלָל מִצַּד עַצְמוֹ רַק אִם יִסְמֹךְ הַסַּפְסָל עַל סַפְסָל אַחֵר שֶׁאֵין זוֹ כְּלָל דֶּרֶךְ תַּשְׁמִישׁוֹ.

7. בצל החכמה ו:קכג

בִּזְכוּכִית שֶׁל מִשְׁקָפַיִים שֶׁנָּפְלָה מִתּוֹךְ הַמִּסְגֶּרֶת בְּשַׁבָּת, אִם מוּתָּר לְהַחֲזִירָהּ.

כְּבָר נִשְׁאַלְתִּי עַל זֶה הַרְבֵּה פְּעָמִים לִפְנֵי כְּאַרְבָּעִים שָׁנָה, וּבְכָל פַּעַם הוֹרֵיתִי, שֶׁאִם כְּבָר נָפְלָה הַזְּכוּכִית מִתּוֹךְ הַמִּסְגֶּרֶת פַּעַם וּפַעֲמַיִם לִפְנֵי הַשַּׁבָּת וְהֶחֱזִירָהּ, כְּשֶׁנָּפְלָה אַחַר כָּךְ בְּשַׁבָּת מוּתָּר לְהַחֲזִירָהּ, אֲבָל אִם זֶה עַתָּה הִיא נָפְלָה בַּפַּעַם הָרִאשׁוֹנָה, אָסוּר לְהַחֲזִירָהּ, כִּי לְפִי עֲנִיּוּת דַּעְתִּי הָיָה נִרְאֶה פָּשׁוּט שֶׁזֶּה דּוֹמֶה לְרֶגֶל סַפְסָל שֶׁנָּפְלָה..

Broken Glasses on Shabbos

QUESTION ——————————————————

One of the lenses in my glasses falls out on occasion and needs popping back into the frame. Can I do this on Shabbos?

DISCUSSION ——————————————————

The Gemara (Shabbos 138b)[1] writes that if an oven leg broke on Shabbos, it is *assur miderabanan* to move the oven and the leg as one may come to fix it which would be *assur mideorasia*. The Mishna Berura (308:37)[2] explains that one would either transgress the *issur* of *boneh* (building) or *makeh bepatish* (the finishing act).

The Rema (OC 308:16)[3], however, writes that if a chair broke before Shabbos and one sat on it before Shabbos, then they may continue using that chair on Shabbos. Thus, R' Yehoshua Neuwirth (Shemiras Shabbos Kehilchasa 15:82)[4] writes that one cannot put a lens back into its frame on Shabbos.

R' Eliezer Waldenberg (Tzitz Eliezer 9:28)[5] and R' Binyamin Zilber (Az Nidberu 8:33:4)[6], however, write that there would be no issue in popping the lens back into the frame, as this is not considered firmly fixing and one does not need to be concerned that they will fix it.

R' Betzalel Stern (Betzel Hachachma 6:123)[7] adopts a middle position. He writes that this scenario is similar to that of the broken chair. Thus, if the glasses broke on Shabbos, one would not be allowed to fix them and they would be *muktze*. If the lens had come out before, then one would be allowed to pop it back in on Shabbos.

CONCLUSION ——————————————————

If the lens had come out before, one could pop it back into its frame on Shabbos. If they broke on Shabbos, it would be better to find a spare pair of glasses. If absolutely necessary, one could pop it back in.

1. משנה שבת קט:

אֵין אוֹכְלִין אֵזוֹב יָוָן בְּשַׁבָּת, לְפִי שֶׁאֵינוֹ מַאֲכַל בְּרִיאִים, אֲבָל אוֹכֵל הוּא אֶת יוֹעֶזֶר וְשׁוֹתֶה אַבּוּב רוֹעֶה. כָּל הָאֳכָלִין אוֹכֵל אָדָם לִרְפוּאָה, וְכָל הַמַּשְׁקִין שׁוֹתֶה, חוּץ מִמֵּי דְקָלִים וְכוֹס עִקָּרִים, מִפְּנֵי שֶׁהֵן לַיְרוֹקָה. אֲבָל שׁוֹתֶה הוּא מֵי דְקָלִים לִצְמָאוֹ, וְסָךְ שֶׁמֶן עִקָּרִין שֶׁלֹּא לִרְפוּאָה.

2. גמרא שבת נג:

בְּהֵמָה שֶׁאָחֲזָהּ דָּם אֵין מַעֲמִידִין אוֹתָהּ בַּמַּיִם בִּשְׁבִיל שֶׁתִּצְטַנֵּן, אָדָם שֶׁאֲחָזוֹ דָּם מַעֲמִידִין אוֹתוֹ בַּמַּיִם בִּשְׁבִיל שֶׁיִּצְטַנֵּן אָמַר עוּלָּא גְּזֵירָה מִשּׁוּם שְׁחִיקַת סַמְמָנִין.

3. ציץ אליעזר ח:טו:טו:ד

צָרִיךְ לִהְיוֹת אֵיפוֹא הַדִּין בִּזְמַנֵּינוּ שֶׁיֶּשְׁנָם רְפוּאוֹת כָּאֵלֶּה לְסוּגֵי מַחֲלוֹת שֶׁאָדָם פְּרָטִי לֹא יוּכַל בְּשׁוּם פָּנִים לַהֲכִינָם וְלַעֲשׂוֹתָם, דִּלְסוּג מַחֲלָה כָּזֹאת שֶׁאֵין תְּרוּפָה לָהּ כִּי אִם מִסּוּגֵי הַתְּרוּפוֹת שֶׁאָדָם פְּרָטִי לֹא יוּכַל בְּשׁוּם פָּנִים לַעֲשׂוֹתָם.. וּבְאוֹפֶן כְּלָלִי קָשֶׁה לָדוּן לְהַתִּיר בִּזְמַן הַזֶּה כִּי רָבּוּ עוֹד רָבּוּ בְּקֶרֶב הָעֵדוֹת הַשּׁוֹנוֹת שֶׁמִּשְׁתַּמְּשִׁים גַּם בִּתְרוּפוֹת בֵּיתִיּוֹת שֶׁעוֹרְכִין אוֹתָן בְּעַצְמָם בְּאוֹפֶן שֶׁקַּיָּים שַׁפִּיר טַעַם הַגְּזֵירָה שֶׁל שְׁחִיקַת סַמְמָנִים.

4. משנה ברורה שכח:א

מֵיחוּשׁ בְּעַלְמָא וְהוּא מִתְחַזֵּק וְכוּ': דְּאִם כָּאִיב לֵיהּ טוּבָא וְחָלָה כָּל גּוּפוֹ עַל יְדֵי זֶה אוֹ שֶׁנָּפַל לְמִשְׁכָּב אַף שֶׁאֵין בּוֹ סַכָּנָה מוּתָּר לַעֲשׂוֹת בִּשְׁבִילוֹ רְפוּאָה שֶׁאֵין בָּהּ מְלָאכָה.. וּכְהַאי גַּוְנָא וְעַל יְדֵי אֵינוֹ יְהוּדִי מוּתָּר לַעֲשׂוֹת אֲפִלּוּ מְלָאכָה גְּמוּרָה..

5. שמירת שבת כהלכתה לד:טז

הַכּוֹאֵב כְּאֵב קַל, אָסוּר לוֹ לָקַחַת שׁוּם תְּרוּפָה.. אוּלָם אִם קַיָּם חַשַׁשׁ, שֶׁאִם לֹא יִקַּח תְּרוּפוֹת, יִגְבַּר הַכְּאֵב וְהוּא יֶחֱלֶה, כָּךְ שֶׁיִּשְׁתַּנֶּה דִּינוֹ לְדִין חוֹלֶה שֶׁאֵין בּוֹ סַכָּנָה, כְּגוֹן הֶחָשׁ בְּרֹאשׁוֹ וְקַיֶּימֶת אֶצְלוֹ נְטִיָּה למיגרינה, מוּתָּר לוֹ לָקַחַת תְּרוּפוֹת.

6. ילקוט יוסף שבת שכח:נב

יֵשׁ אוֹמְרִים שֶׁכָּל תְּרוּפָה שֶׁאֵין מַטְּרָתָהּ לִרְפוּאָה אֶלָּא רַק לְשִׁיכּוּךְ כְּאֵבִים, כְּגוֹן גְּלוּלוֹת 'אקמול', אֵינָהּ בִּכְלַל גְּזֵירַת שְׁחִיקַת סַמְמָנִים, וּמוּתָּר לִבְלוֹעַ תְּרוּפָה זוֹ אַף בְּמֵיחוּשׁ בְּעַלְמָא.. מִי שֶׁהִתְרַגֵּל לִבְלוֹעַ כַּדּוּרֵי הַרְגָּעָה לְשִׁיכּוּךְ כְּאֵבִים, וְנִצְרַךְ אֲלֵיהֶם כָּל כָּךְ עַד שֶׁהַגּוּף הִתְמַכֵּר אֲלֵיהֶם, וְאִם אֵינוֹ לוֹקְחָם מַרְגִּישׁ חֻלְשָׁה וּכְאֵבִים, מוּתָּר לְלוֹקְחָם בְּשַׁבָּת.

200 מקור חיים

Medicine

QUESTION ⎯⎯⎯⎯⎯⎯⎯⎯⎯⎯⎯⎯⎯⎯⎯⎯⎯⎯⎯⎯⎯⎯⎯⎯⎯⎯⎯⎯⎯⎯⎯⎯⎯⎯

May I take Paracetamol for a headache on Shabbos?

DISCUSSION ⎯⎯⎯⎯⎯⎯⎯⎯⎯⎯⎯⎯⎯⎯⎯⎯⎯⎯⎯⎯⎯⎯⎯⎯⎯⎯⎯⎯⎯⎯⎯⎯

The Mishna (Shabbos 109b)[1] writes that one cannot take medicine on Shabbos. The Gemara (Shabbos 53b)[2] explains that *chazal* prohibited us to take medicine on Shabbos as doing so may lead to the *melacha* of *tochen*, grinding. R' Eliezer Waldenberg (Tzitz Eliezer 8:15:15:4)[3] explains that while it is relatively unheard of for our medicines to need grinding, this is still the reality elsewhere, and the prohibition still applies.

The Mishna Berura (328:1)[4] writes that one who is bedridden, however, or whose pain in so severe that it prevents them from functioning properly (*choleh she'ein bo sakana*) may take painkillers (See Minchas Yitzchak 3:35:2).

R' Yehoshua Neuwirth (Shemiras Shabbos Kehilchasa 34:16)[5] writes that if one suspects that their mild headache will develop into a more severe one and they will be bedridden one may take painkillers rather than wait until one is in such a state.

Nonetheless, R' Ovadia Yosef (Yalkut Yosef, Shabbos 328:52)[6] writes that Paracetamol relieves pain rather than heals.

CONCLUSION ⎯⎯⎯⎯⎯⎯⎯⎯⎯⎯⎯⎯⎯⎯⎯⎯⎯⎯⎯⎯⎯⎯⎯⎯⎯⎯⎯⎯⎯⎯⎯⎯

One who can feel a headache coming on may take Paracetamol before it turns into a severe headache. Certainly, one who must take pills regularly or one who is bedridden due to their discomfort may take painkillers on Shabbos.

1. משנה ביצה כח.

ר' יהודה אוֹמֵר שׁוֹקֵל אָדָם בָּשָׂר כְּנֶגֶד הַכְּלִי אוֹ כְּנֶגֶד הַקּוֹפִיץ וחכמים אוֹמְרִים אֵין מַשְׁגִּיחִין בְּכַף מֹאזְנַיִם כָּל עִקָּר.

2. תוספות שבת קכו:

..מְדִידָה דְהָתָם לֹא הֲוֵי אִסּוּר כָּל כָּךְ אֶלָּא מִשּׁוּם דְּהַוֵי כְּעוּבְדָא דְּחוֹל..

3. משנה תורה שבת כג:יג

אֶחָד הַמּוֹכֵר בַּפֶּה אוֹ בִּמְסִירָה אָסוּר. [וְאָסוּר לִשְׁקֹל] בֵּין בְּמֹאזְנַיִם בֵּין שֶׁלֹּא בְּמֹאזְנַיִם. וּכְשֵׁם שֶׁאָסוּר לִשְׁקֹל כָּךְ אָסוּר לִמְנוֹת וְלִמְדֹּד בֵּין בִּכְלִי מִדָּה בֵּין בַּיָּד בֵּין בְּחֶבֶל.

4. שולחן ערוך או"ח שכג:א

מוּתָּר לוֹמַר לַחֲבֵירוֹ מַלֵּא לִי כְּלִי זֶה אֲפִלּוּ הוּא מְיוּחָד לְמִדָּה וְהַנֵּי מִילֵי כְּשֶׁנּוֹטֵל הַלּוֹקֵחַ מִדָּה שֶׁל מוֹכֵר וּמוֹלִיכָהּ לְבֵיתוֹ וְאֵין צָרִיךְ לוֹמַר אִם מֵבִיא הַלּוֹקֵחַ מִתּוֹךְ בֵּיתוֹ וְאוֹמֵר לוֹ מַלֵּא לִי כְּלִי זֶה אֲבָל לִמְדּוֹד בִּכְלִי הַמְּיוּחָד לְמִדָּה וְלִשְׁפּוֹךְ לְתוֹךְ כֵּלָיו שֶׁל לוֹקֵחַ אָסוּר.

5. שולחן ערוך או"ח שו:ז

מוּתָּר לִמְדּוֹד בְּשַׁבָּת מְדִידָה שֶׁל מִצְוָה כְּגוֹן לִמְדּוֹד אִם יֵשׁ בְּמִקְוֶה מ' סְאָה וְלִמְדּוֹד אֵזוֹר מִי שֶׁהוּא חוֹלֶה וְלִלְחוֹשׁ עָלָיו כְּמוֹ שֶׁנּוֹהֲגוֹת הַנָּשִׁים מוּתָּר דְּהַוֵי מְדִידָה שֶׁל מִצְוָה.

6. אגרות משה או"ח א:קכח

..אֵין שַׁיָּיךְ אַף דְּרַבָּנַן בִּמְדִידַת הַחוֹם שֶׁעַל יְדֵי טערמאמעטער שֶׁאֵינוֹ עִנְיָן כְּלָל לַמְּדִידָה הָאֲסוּרָה אַךְ הוּא חוּמְרָא בְּעָלְמָא שֶׁיֵּשׁ מַעֲלָה לְהַחֲמִיר וְהָרוֹצֶה לְהָקֵל אֵין לִמְחוֹת בּוֹ. וְאִם הוּא לִמְדּוֹד אִישׁ חוֹלֶה אַף בְּאוֹפֶן שֶׁאֵינוֹ סַכָּנָה פָּשׁוּט שֶׁמּוּתָּר אַף מְדִידָה גְּמוּרָה.

7. ציץ אליעזר יד:ל

..נִרְאֶה דְּשָׁפִיר יֵשׁ לְהַתִּיר הַהִשְׁתַּמְּשׁוּת בְּשַׁבָּת בְּמַד-חוֹם זֶה שֶׁל נִידוֹנֵנוּ לְצוֹרֶךְ חוֹלֶה שֶׁלֹּא מַרְגִּישׁ כָּל כָּךְ בְּטוֹב, וְכַדּוֹמֶה, וְאֵין לוֹ אוֹ שֶׁיֵּשׁ לוֹ קוֹשִׁי לִמְדּוֹד בְּמַד חוֹם רָגִיל, וּבִפְרָט לְצוֹרֶךְ תִּינוֹקוֹת וִילָדִים קְטַנִּים שֶׁרוֹאִים שֶׁלֹּא מַרְגִּישִׁים בְּטוֹב וְרוֹצִים לַעֲמוֹד עַל הַמַּצָּב וּלְבָרֵר אִם יֵשׁ לָהֶם חוֹם.

8. שמירת שבת כהלכתה מ:ב

מוּתָּר לִמְדּוֹד חוֹם בְּשַׁבָּת, וְכֵן מוּתָּר לִמְדּוֹד אֶת לַחַץ הַדָּם שֶׁל הַחוֹלֶה וּלְמַשֵּׁשׁ אֶת הַדּוֹפֶק שֶׁלּוֹ. וּבְכָל אֵלֶּה לֹא יִשְׁתַּמֵּשׁ בְּמַכְשִׁירִים חַשְׁמַלִּיִּים אוֹ דִּיגִיטָלִיִּים.. גַּלַּאי-חוֹם, אוֹ מַבְחִין-חוֹם (רְצוּעַת צֶלוּלוֹאִיד שֶׁעוּבְדָה בְּאוֹפֶן כִּימִי כָּךְ שֶׁנַּעֲשָׂה בָּהּ שִׁנּוּי בְּהֶתְאֵם לְחוֹם הַגּוּף, כְּשֶׁמְּנִיחִים אוֹתוֹ עַל מִצְחוֹ אוֹ בְּפִיו שֶׁל אָדָם), מוּתָּר לְהִשְׁתַּמֵּשׁ בָּהּ כַּאֲשֶׁר יֵשׁ בָּהּ צוּרַת אוֹת אוֹ סִימָן וְהֵם נִיכָּרִים כְּבָר לִפְנֵי הַשִּׁימּוּשׁ, אֶלָּא שֶׁהֵם מִתְחַזְּקִים בְּמַגָּע עַל הָאָדָם, וּלְאַחַר זְמַן חוֹזְרִים לְמַצָּבָם הָרִאשׁוֹן. אֲבָל אִם צוּרַת הָאוֹת אוֹ הַסִּימָן לֹא נִיכָּרִים לִפְנֵי הַשִּׁימּוּשׁ, וְהֵם מוֹפִיעִים רַק עִם הַשִּׁימּוּשׁ, אָסוּר. אֲבָל מוּתָּר לְהִשְׁתַּמֵּשׁ בְּגַלַּאי חוֹם שֶׁעַל יְדֵי שִׁנּוּי בְּדַרְגַּת הַחוֹם מִשְׁתַּנֶּה בּוֹ רַק הַצֶּבַע.

הערה ט שָׁמַעְתִּי מהגרש"ז אוירבך זצ"ל, דִּבְגַלַּאי-חוֹם כָּזֶה שֶׁהָאוֹתִיּוֹת אוֹ הַסִּימָנִים כְּבָר יְשָׁנִם, וְנִיכָּרִים קְצָת לָעַיִן.. אֵין לַחֲשׁוֹשׁ בְּזֶה לַכּוֹתֵב כֵּיוָן שֶׁהַכֹּל כְּבָר הָיָה קוֹדֶם וְלֹא הוֹסִיף כְּלוּם וְהַשִּׁנּוּי הוּא רַק בְּצֶבַע. וּמִשּׁוּם צוֹבֵעַ גַּם כֵּן נִרְאֶה דְּמִכֵּיוָן שֶׁאֵינוֹ מִתְקַיֵּים וְהוּא רַק לְשַׁעְתּוֹ.. מִסְתַּבֵּר דְּכֵיוָן שֶׁזֶּה לְצוֹרֶךְ חוֹלֶה קְצָת, דְּשַׁפִּיר מוּתָּר אֲפִלּוּ מִדְּרַבָּנָן.. אַךְ בְּגַלַּאי-חוֹם כָּזֶה שֶׁהָאוֹתִיּוֹת אוֹ הַסִּימָנִים לֹא נִיכָּרִים.. נִרְאֶה דְּאָסוּר לַעֲשׂוֹת כָּךְ אֲפִלּוּ לְצוֹרֶךְ חוֹלֶה שֶׁאֵין בּוֹ סַכָּנָה. וְאַף עַל גַּב שֶׁהַכְּתָב נֶעֱלָם תֵּיכֶף וְאֵינוֹ מִתְקַיֵּים, מִכָּל מָקוֹם אֶפְשָׁר דְּגַם זֶה אָסוּר.

9. יחוה דעת ד:כט

מוּתָּר לְהִשְׁתַּמֵּשׁ בְּשַׁבָּת בְּמַד-חוֹם שֶׁעָשׂוּי כִּרְצוּעַת סֶרֶט שֶׁאִם יֵשׁ חוֹם לְחוֹלֶה נִרְאוֹת אוֹתִיּוֹת, וּכְשֶׁמְּסִירִים אוֹתוֹ מֵעַל הַחוֹלֶה, נִמְחָקִים הָאוֹתִיּוֹת וְנֶעֱלָמוֹת כִּלְעוּמַּת שֶׁבָּאוּ, וְאֵין בְּזֶה לֹא מִשּׁוּם כּוֹתֵב וְלֹא מִשּׁוּם מוֹחֵק.

Thermometers

QUESTION

May one use a non-electric thermometer on Shabbos?

DISCUSSION

The Mishna (Beitza 28a)[1] teaches that one must not measure things on Shabbos or Yom Tov. Tosafos (Shabbos 126b)[2] explains that doing so is *uvdin dechol*, a mundane, weekday activity, while Rambam (Shabbos 23:13)[3] implies that it is *assur* because it may lead to writing (See Shulchan Aruch OC 323:1)[4]. The Shulchan Aruch (OC 306:7)[5] writes that one may measure, however, for a *mitzva* or health purpose (See Shabbos 157b).

Thus, R' Moshe Feinstein (Igros Moshe OC 1:128)[6], R' Yitzchak Yaakov Weiss (Minchas Yitzchak 3:142; 7:22; 10:31:8), R' Eliezer Waldenberg (Tzitz Eliezer 3:10; 14:30[7]), R' Yehoshua Neuwirth (Shemiras Shabbos Kehilchasa 40:2)[8] and R' Ovadia Yosef (Yabia Omer OC 9:108:156; Yechave Daas 4:29[9]) write that one may use a mercury or alcohol thermometer on Shabbos.

There is a *machlokes*, however, as to whether one can use a strip thermometer which changes colour according to the temperature. R' Neuwirth writes that R' Shlomo Zalman Auerbach only allowed one to use it if they can read the numbers or symbols beforehand. Otherwise, one transgresses the *melacha* of *koseiv*, writing (See Minchas Yitzchak 7:22). R' Waldenberg, however, writes that while glass thermometers are preferable, one may use such thermometers if necessary. R' Ovadia Yosef, however, maintains that there is no issue whatsoever in using strip thermometers (See Nishmat Avraham OC 306:7).

CONCLUSION

One may use a glass (alcohol) thermometer on Shabbos even if one is not particularly unwell. If necessary, one may even use a strip thermometer.

1. שולחן ערוך או"ח שכח:א

מִי שֶׁיֵּשׁ לוֹ מֵיחוּשׁ בְּעַלְמָא וְהוּא מִתְחַזֵּק וְהוֹלֵךְ כַּבָּרִיא אָסוּר לַעֲשׂוֹת לוֹ שׁוּם רְפוּאָה וַאֲפִלּוּ עַל יְדֵי עַכּוּ"ם גְּזֵירָה מִשּׁוּם שְׁחִיקַת סַמָּנִים.

2. שמירת שבת כהלכתה לד:ג

מוּתָּר לְאָדָם הַסּוֹבֵל מֵהַכְּאֵבִים הנ"ל לִפְתּוֹחַ וּלְהַדְבִּיק עַל גּוּפוֹ פְּלַסְתֵּר רְפוּאִי..

3. שולחן ערוך או"ח שמ:יד

הַמְדַבֵּק נְיָירוֹת אוֹ עוֹרוֹת בְּקוֹלָן שֶׁל סוֹפְרִים וְכַיּוֹצֵא בּוֹ הֲרֵי זֶה תּוֹלְדַת תּוֹפֵר וְחַיָּב..

4. ציץ אליעזר ח:טו:יד:ו

..כְּשֶׁיֵּשׁ הֶכְרֵחַ לְהַדְבִּיק בַּפְּלַסְטֵר נִרְאֶה דְּבְאִם בְּאֶפְשָׁרִי יֵשׁ לִבְחוֹר בְּיוֹתֵר לְהַדְבִּיק ב' הַקְּצָווֹת אוֹ לְפָחוֹת קְצוֹת אַחַת אֶל עוֹר הָאָדָם, דִּבְכְהַאי גַּוְונָא יֵשׁ לוֹמַר דְּאֵינוֹ דּוֹמֶה לְתוֹפֵר..

5. רמ"א או"ח שיז:ג

אֲפִלּוּ כְּבָר נִפְתַּח רַק שֶׁחָזַר הָאוּמָן וְקָשְׁרוֹ אוֹ תְּפָרוֹ בְּיַחַד כְּדֶרֶךְ שֶׁהָאוּמָנִים עוֹשִׂין (ר' ירוחם חי"ד) וְלָכֵן אָסוּר לְנַתֵּק אוֹ לַחְתּוֹךְ זוּג שֶׁל מִנְעָלִים הַתְּפוּרִים יַחַד כְּדֶרֶךְ שֶׁהָאוּמָנִים עוֹשִׂין אַף עַל גַּב דְּהַתְּפִירָה אֵינָהּ שֶׁל קַיָּימָא דְּאֵין חִילּוּק בַּתְּפִירָה בֵּין שֶׁל קַיָּימָא לְאֵינוֹ שֶׁל קַיָּימָא (הגהות מרדכי פ' במה טומנין) וְיֵשׁ מַתִּירִין בַּתְּפִירָה שֶׁאֵינָהּ שֶׁל קַיָּימָא וְאֵין לְהַתִּיר בִּפְנֵי עַם הָאָרֶץ: (בית יוסף):

6. מנחת יצחק ה:לט:ב

אִם מוּתָּר לְהָסִיר בְּשַׁבָּת מֵהָאִיסְפְּלָנִית, אֶת הַכִּיסּוּי שֶׁנִּדְבָּק עָלָיו, לְהָגֵן מִן הָאָבָק, וְצִיֵּין להמשנה ברורה (סוס"י ש"מ), שֶׁמִּשָּׁם מַשְׁמָע שֶׁאֶפְשָׁר לְהַתִּיר. הִנֵּה במשנה ברורה אִיתָא לְהַתִּיר רַק הֵיכָא שֶׁלֹּא נַעֲשָׂה לְקִיּוּם, וְהוּא מִדִּבְרֵי המגן אברהם שָׁם, וְצִיֵּין (לְסִימָן שי"ד ס"י), וְשָׁם אִיתָא, רַק שֶׁאֵינוֹ עָשׂוּי לְקִיּוּם כְּלָל, מַה שֶּׁאֵין כֵּן בְּנִידָּן דִּידָן, נַעֲשָׂה לְקִיּוּם לַהֲגָנָה עַד עֵת הַמִּצְטָרֵךְ..

7. שמירת שבת כהלכתה ט הערה ס

מִכָּל מָקוֹם חָזִינָן מִן הַפּוֹסְקִים שֶׁהִתִּירוּ מֵעִקַּר הַדִּין לְהַפְרִיד זוּ מִזּוּ זוּג נְעָלִים הַמְּדוּבָּקוֹת אוֹ הַתְּפוּרוֹת יַחַד.. אַף דִּבְוַדַּאי אֵינָן עוֹמְדוֹת לִהְיוֹת מוּפְרָדוֹת בּוֹ בַּיּוֹם.. חָשִׁיב כְּעוֹמֵד לְהַתִּיר לְאַלְתָּר.. כָּל זֶה שָׁמַעְתִּי מהגרש"ז אויערבך זצ"ל..

8. מחזה אליהו א:ע:א

בִּשְׁאִילְתָּא קַמָּא נִסְתַּפַּקְנוּ אִם מוּתָּר לְהָסִיר הַמִּכְסֶה מֵעַל גַּבֵּי הַשְּׁנִיצִין. וִיסוֹד הַסָּפֵק הוּא מִדְּהָוֵי קְרִיעַת תְּפִירָה שֶׁאֵינָהּ שֶׁל קַיָּימָא, וְלִכְאוֹרָה אֵין קְרִיעָה כָּזוֹ אֲסוּרָה. דְּהָא כַּאֲשֶׁר מְיַיצְּרֵי הַחִיתּוּלִים דָּבְקוּ הַמִּכְסֶה עַל גַּבֵּי הַשְּׁנִיצִין הָיָה זֶה בִּכְדֵי לַהֲסִירוֹ בְּאֶחָד הַיָּמִים, כַּאֲשֶׁר יִרְצוּ לְהַלְבִּישׁ הַחִיתּוּל עַל תִּינוֹק.. וכ"כ דִּיבּוּק דִּילָן דְּהוּא בְּדֶבֶק הֶעָשׂוּי רַק לִזְמַן, לִכְאוֹרָה אֵין לְאוֹסְרוֹ אֲפִלּוּ לִפְנֵי עַם הָאָרֶץ.

9. ציץ אליעזר טז:ו:ה

אֲבָל הָעֵצָה הַיְּעוּצָה בָּזֶה עַל כֵּן לְיִרְאֵי ה' לְדַקְדֵּק בְּסוּגֵי סְרָטִים כָּאֵלֶּה לִקְרוֹעַ מֵעֲלֵיהֶם אֶת הַפְּלַסְטִיק הַדִּבּוּק לָהֶם בְּעֶרֶב שַׁבָּת סָמוּךְ לַחֲשֵׁיכָה, וְתוּ אֵין קְפֵידָא אִם לְאַחַר מִיכֵּן יַחֲזוֹר מִיָּד וְיַדְבִּיק אוֹתוֹ עֲלֵיהֶם בַּחֲזָרָה..

Plasters (Band Aids)

QUESTION

Can we use plasters (band aids) on Shabbos? Do they need to be prepared beforehand?

DISCUSSION

The Shulchan Aruch (OC 328:1)[1] writes that one must not perform any act of healing for one who is healthy but slightly uncomfortable (*mechush*) on Shabbos. Nonetheless, as plasters primarily serve to protect the wound from becoming infected, one may apply plasters to cuts on Shabbos (See Shemiras Shabbos Kehilchasa 34:3)[2].

The Shulchan Aruch (OC 340:14)[3] writes that sticking is a *tolda* of *tofer*, sewing. Thus, R' Eliezer Waldenberg (Tzitz Eliezer 8:15:14:6)[4] writes that ideally one should stick the plaster onto one's body, rather than stick the ends over each other.

The Rema (OC 317:3)[5] cites a *machlokes* as to whether one may undo temporary stitching on Shabbos or not (See Mishna Berura 317:21). Accordingly, there is a machlokes as to whether one may remove the plastic tabs from plasters on Shabbos.

R' Yitzchak Yaakov Weiss (Minchas Yitzchak 5:39:2;[6] 9:41) writes that one would only be allowed to undo threads or remove something sticky that was tied or stuck on for very temporary use. As tabs on plasters prior to use are not so temporary, one must not remove them on Shabbos (See Baer Moshe 1:36).

Nonetheless, R' Shlomo Zalman Auerbach (Shulchan Shlomo 328:45; Shemiras Shabbos Kehilchasa 9:n60[7]) held that the *halacha* follows the lenient opinion, and one may undo or unstick something that is not supposed to be tied or stuck long-term. Thus, the tabs may be removed on Shabbos. Likewise, R' Ben Zion Abba Shaul (2:36:15), R' Ovadia Yosef (Yechave Daas 6:24) and R' Pesach Eliyahu Falk (Machazeh Eliyahu 1:70:1)[8] explain that although the tabs were placed on the plasters during production and may have been there for a while, that does not preclude them from being considered temporary, and one may remove them (See Zachor Veshamor, Tofer 6; Az Nidberu 7:34; 35).

CONCLUSION

R' Eliezer Waldenberg (Tzitz Eliezer 16:6:5)[9] writes that it is ideal to remove the tabs and replace them before Shabbos. Regardless, most *poskim* allow one to open and apply a plaster on Shabbos.

1. שולחן ערוך או"ח שמ:יד

הַמְדַבֵּק נְיָרוֹת אוֹ עוֹרוֹת בְּקוּלָן שֶׁל סוֹפְרִים וְכַיּוֹצֵא בוֹ הֲרֵי זֶה תּוֹלְדַת תּוֹפֵר וְחַיָּיב וְכֵן הַמְּפָרֵק נְיָרוֹת דְּבוּקִים אוֹ עוֹרוֹת דְּבוּקִים וְלֹא נִתְכַּוֵּין לְקַלְקֵל בִּלְבַד הֲרֵי זֶה תּוֹלְדַת קוֹרֵעַ וְחַיָּיב.

2. משנה ברורה שיד:כה

דְּלָאו לְפֶתַח מְכַוֵּין: אֶלָּא לְהַרְחִיב מוֹצָא שְׂפָתֶיהָ שֶׁיּוּכַל בְּקַל לִיקַּח מַה שֶּׁבְּתוֹכָהּ. וְדַוְקָא כְּשֶׁהוּא עוֹשֶׂה זֶה מִפְּנֵי הָאוֹרְחִים [א"ר בְּשֵׁם רש"ל] וּמוּתָּר גַּם כֵּן לִקְרוֹעַ הָעוֹר מֵעַל פִּי חָבִית שֶׁל יַיִן וּבִלְבַד שֶׁלֹּא יְכַוֵּון לַעֲשׂוֹת זִינוּק [פִּי' כְּעֵין מַרְזֵב] (תוספתא).

3. משנה ברורה שמ:יז

דְּהָוֵי מוֹחֵק: וְאַף דְּאֵינוֹ עַל מְנָת לִכְתּוֹב אִסּוּרָא דְּרַבָּנָן מִיהוּ אִיכָּא וְאַף שֶׁאֵינוֹ מְכַוֵּין לִמְחוֹק פְּסִיק רֵישָׁא הוּא וְאָסוּר אַף בִּדְרַבָּנָן..

4. שמירת שבת כהלכתה ט הערה נא

וּבְעִנְיַן הַקְּרִיעָה בֵּין שְׁתֵּי אוֹתִיּוֹת שֶׁל מִלָּה אַחַת.. שָׁמַעְתִּי מהגרש"ז אויערבך זצ"ל, דְּאֵין לָחוּשׁ, דְּדַוְקָא לְעִנְיַן מְחִיקַת הַשֵּׁם יִתְבָּרַךְ מָצָאנוּ בִּכְהַאי גַּוְונָא כֵּיוָן שֶׁהַצֵּירוּף הָאוֹתִיּוֹת הוּא גּוֹרֵם לִשְׁמוֹ יִתְבָּרַךְ, וְאִם יַפְרִיד בֵּין הַדְּבָקִים הֲרֵי הוּא בִּטֵּל אֶת הַצֵּירוּף, מַה שֶּׁאֵין כֵּן בְּנִידָּן דִּידָן אֵין לָחוּשׁ בְּמַה שֶּׁמַּפְרִיד בֵּין הָאוֹתִיּוֹת, כִּי כָּל אוֹת עוֹמֶדֶת בְּנִפְרָד, וּכְמוֹ שֶׁהַכּוֹתֵב שְׁתֵּי אוֹתִיּוֹת אַחַת בִּטְבֶרְיָה וְאַחַת בְּצִיפּוֹרִי..

5. ערוך השולחן או"ח שמ:כג

..וְיֵשׁ שֶׁמַּתִּיר לְגַמְרֵי אֲפִלּוּ בִּכְתִיבָה מִשְּׁאָרֵי דְּבָרִים (דגול מרבבה), כִּי אֵין בְּזֶה שֵׁם כְּתִיבָה כְּלָל, וְהוּא מְקַלְקֵל וּכִלְאַחַר יַד וְאֵין בָּזֶה שׁוּם אִסּוּר..

6. ילקוט יוסף שבת שכח:מו

מוּתָּר לִקְרוֹעַ בְּשַׁבָּת אֶת הַנְּיָיר הָעוֹטֵף אֶת הַגְּלוּלָה. וּמוּתָּר לִקְרוֹעַ אֶת הַנְּיָיר גַּם בִּמְקוֹם הָאוֹתִיּוֹת, וְאֵין בָּזֶה אִסּוּר מוֹחֵק בְּשַׁבָּת. וּמִכָּל מָקוֹם הַמַּחְמִיר לִקְרוֹעַ שֶׁלֹּא בִּמְקוֹם הָאוֹתִיּוֹת תָּבֹא עָלָיו בְּרָכָה.

הערה נא מֵאַחַר שֶׁאֵינוֹ מִתְכַּוֵּין לִמְחִיקַת הָאוֹתִיּוֹת, וְאַף שֶׁהוּא פְּסִיק רֵישֵׁיהּ, מִכָּל מָקוֹם הֲוָה לֵיהּ פְּסִיק רֵישֵׁיהּ דְּלֹא אִיכְפַּת לֵיהּ בִּדְרַבָּנָן, שֶׁהֲרֵי אֵינוֹ מוֹחֵק עַל מְנָת לִכְתּוֹב, וְגַם לֹא אִיכְפַּת לוֹ בִּמְחִיקָה זוּ, וְלֹא אִיכְפַּת לֵיהּ חָשִׁיב כְּלֹא נִיחָא לֵיהּ.. וְאַף הָאַחֲרוֹנִים שֶׁהֶחֱמִירוּ נִרְאֶה שֶׁאֵין לְהַחֲמִיר כֵּיוָן שֶׁמְּקַלְקֵל, וְלֹא מִשְׁכַּחַת כְּלָל בְּאוֹפֶן זֶה לִהְיוֹת מוֹחֵק עַל מְנָת לִכְתּוֹב.

Removing Pills from Packaging

QUESTION

I am on a course of antibiotics and forgot to remove the pills before Shabbos. There is writing on the blister pack which will be torn if I pop them out. What can I do?

DISCUSSION

The Shulchan Aruch (OC 340:14)[1] writes that one must not tear in a constructive manner on Shabbos. The Mishna Berura (314:25)[2] writes that while one is usually forbidden *miderabanan* to tear even in a destructive manner, they may do so if they have specific Shabbos needs, such as for guests.

The prohibition of *mocheik*, erasing, however, is more severe. While destroying writing is forbidden *mideoraisa* under the *melacha* of *mocheik* (Shulchan Aruch OC 340:3), the Mishna Berura (340:17;[3] 41) writes that one would not be able to do so even for specific Shabbos needs (See Shemiras Shabbos Kehilchasa 9:n47)[4].

One should, therefore, ideally remove the pills before Shabbos. If one forgot to do so, they should attempt to cut them out from the back where no writing will be destroyed.

If necessary, however, R' Shlomo Zalman Auerbach (quoted in Shemiras Shabbos Kehilchasa 9:n51) allows one to cut betweeen the letters provided that no letters get torn (See Nishmat Avraham OC 316:B). If one is unable to do so, one should pop them out with a *shinui*, an unusual manner (Aruch Hashulchan OC 340:23;[5] Mishna Berura 340:17).

Nonetheless, R' Shlomo Zalman Auerbach (quoted in Shemiras Shabbos Kehilchasa 33:n29) and R' Ovadia Yosef (Yalkut Yosef, Shabbos 328:46)[6] hold that if one is not well, there is more room for leniency and one may pop the pills out even if letters will be torn.

CONCLUSION

If one did not open one's pills before Shabbos, they must try their utmost not to tear any lettering when removing them.

1. שולחן ערוך או"ח שכח:כב

מַעֲבִירִין גִּלְדֵי הַמַּכָּה וְסָכִין אוֹתָהּ בְּשֶׁמֶן אֲבָל לֹא בְּחֵלֶב, מִפְּנֵי שֶׁהוּא נִימּוֹחַ.

2. משנה ברורה שכח:עא

אֲבָל לֹא בְּחֵלֶב: וְהוּא הַדִּין אִם הַשֶּׁמֶן הָיָה קָרוּשׁ דְּדָמֵי לְחֵלֶב.

3. רמ"א או"ח שכו:י

..וְאָסוּר לִרְחוֹץ יָדָיו בְּמֶלַח, וְכָל שֶׁכֵּן בְּבוֹרִית.. אוֹ בִּשְׁאָר חֵלֶב שֶׁנִּימּוֹחַ עַל יָדָיו וַהֲוֵי נוֹלָד.

4. משנה ברורה שכו:ל

וַהֲוֵי נוֹלָד: וְדָמֵי לְרִסּוּק שֶׁלֶג וְכַדּוֹמֶה.. וְעַיֵּין בְּסֵפֶר תפארת ישראל (כלכלת שבת מלאכת דש) שֶׁכָּתַב דִּבְבוֹרִית שֶׁלָּנוּ שֶׁהִיא רַכָּה לְכוּלֵּי עָלְמָא אָסוּר מִשּׁוּם מְמַחֵק.

5. אגרות משה או"ח א:קיג

וּבִדְבַר לְהִתְרַחֵץ עִם בּוֹרִית בְּשַׁבָּת וְיוֹם טוֹב, הִנֵּה פָּשׁוּט שֶׁאָסוּר מִשּׁוּם מְמַחֵק. וְאַף בְּבוֹרִית שֶׁהוּא לַח כְּמַיִם אַף שֶׁהַרְבֵּה נוֹהֲגִין לְהַתִּיר, אֵין בָּרוּר לִי כָּל כָּךְ הַהֶיתֵּר, מִכֵּיוָן שֶׁנַּעֲשֶׂה מִזֶּה המולינעס (קֶצֶף) וּמִתְפַּשֵּׁט הַרְבֵּה יוֹתֵר מִכְּפִי שֶׁהוּא עַל יְדֵי הָרְחִיצָה, וְאִם כֵּן נִיכָּר שֶׁעֲדַיִין יֵשׁ בָּזֶה קְצָת מְמַחֵק לֹא כִּשְׁאָר דְּבָרִים לַחִים כְּמַיִם וְשֶׁמֶן, אַף שֶׁאֶפְשָׁר שֶׁבְּדָבָר לַח לֵיכָּא אִסּוּר מְמַחֵק, לָכֵן אֵין נוֹהֲגִין בְּבֵיתִי הֶיתֵּר זֶה וְכֵן רָאוּי לְהַחֲמִיר.

6. ערוך השולחן או"ח שכו:יא

..אַךְ יֵשׁ שֶׁמְּכִינִים מֵעֶרֶב שַׁבָּת בּוֹרִית שֶׁנִּיתַּךְ, שֶׁקּוֹרִין מוליענע"ס, וּמוּתָּר בְּזֶה לְנַקּוֹת הַיָּדַיִם..

7. כף החיים או"ח שכו:מג

..וְהָרוֹצִין לִרְחוֹץ בְּמֵי בּוֹרִית בְּשַׁבָּת מְמַחֵק הַבּוֹרִית בְּמַיִם מֵעֶרֶב שַׁבָּת עַד וְנַעֲשָׂה כּוּלּוֹ מַיִם וְאָז רוֹחֲצִין בְּאוֹתוֹ מַיִם בְּשַׁבָּת (בן איש חי ב:יתרו).

8. קיצור הלכות שבת לב:ד

אָסוּר לְהִשְׁתַּמֵּשׁ בְּשַׁבָּת בְּסַבּוֹן קָשֶׁה, וְטַעַם מִשּׁוּם מְמָרֵחַ. אֲבָל בְּסַבּוֹן נוֹזֵל, אַף שֶׁיֵּשׁ מַחְמִירִים בּוֹ וּמַצְרִיכִים לְעָרֵב עִמּוֹ מְעַט מַיִם מִבְּעוֹד יוֹם.. כְּבָר נָהֲגוּ הָעוֹלָם לְהִשְׁתַּמֵּשׁ בּוֹ בְּשַׁבָּת.

9. קובץ תשובות א:לח

..וּבְעִנְיַן מְזִיגַת כּוֹס בִּירָה שֶׁעַל יְדֵי זֶה נוֹלָד קֶצֶף, בארץ הצבי סימן צ"ו כּוֹתֵב, אָנוּ רוֹאִים בְּשֵׁכָר שָׁחוֹר שֶׁיֵּשׁ לוֹ 'אופיא' קֶצֶף וְאִם כֵּן יִהְיֶה אָסוּר לִשְׁפּוֹךְ שֵׁכָר שָׁחוֹר בְּשַׁבָּת לְתוֹךְ הַכּוֹס מִשּׁוּם מוֹלִיד שֶׁמּוֹלִיד קֶצֶף לְמַעְלָה, אַתְּמֵהָה..

מקור חיים 208

Liquid Soap

QUESTION ─────────────────────────────────────

I know that we are not supposed to use soap bars on Shabbos but can we use liquid hand soap?

DISCUSSION ─────────────────────────────────────

The Shulchan Aruch (OC 328:22)[1] writes that one may rub oil into a (minor) wound on Shabbos, but not fat that will melt. The Mishna Berura (328:71)[2] adds that this applies equally to oil that has solidified. The Rema (OC 326:10)[3] explains that one cannot use bar soap on Shabbos because it is *nolad*, (creating a new entity). The Mishna Berura (326:30)[4] explains that doing so is also an *issur* of *memachek* (smoothing).

R' Moshe Feinstein (OC 1:113)[5] writes that he did not allow liquid soap in his house either, as it is also a potential *issur* of *memachek*.

However, the Aruch Hashulchan (OC 326:11)[6] and Kaf Hachaim (OC 326:43)[7] write that one can prepare liquid soap before Shabbos. R' Yaakov Yechezkel Posen (Kitzur Hilchos Shabbos 32:4)[8] writes that while some water down their soap before Shabbos to make it more liquidy, common practice is to be lenient like these *poskim*. Similarly, R' Yosef Shalom Elyashiv (Kovetz Teshuvos 1:38,[9] quoted in Orchos Shabbos 17:n40; Dirshu Mishna Berura 327:n32) permits using liquid soap on Shabbos, writing that the foam produced is no different to pouring beer on Shabbos, which is permitted even though it produces a foamy head.

CONCLUSION ─────────────────────────────────────

While one must not use soap bars on Shabbos, one may wash one's hands with liquid soap.

1. **שבת קמו:**

מִישְׁתָּא רב אָסַר ושמואל שָׁרִי מַאן דְּאָסַר גָּזְרִינָן מִשּׁוּם שַׁעֲוָה וּמַאן דְּשָׁרֵי לֹא גָּזְרִינָן.

2. **משנה תורה שבת כג:יא**

הַמְּמָרֵחַ רְטִיָּה בְּשַׁבָּת חַיָּב מִשּׁוּם מוֹחֵק אֶת הָעוֹר. לְפִיכָךְ אֵין סוֹתְמִין נֶקֶב בְּשַׁעֲוָה וְכַיּוֹצֵא בָּהּ שֶׁמָּא יְמָרֵחַ וַאֲפִלּוּ בְּשֶׁמֶן אֵין סוֹתְמִין אֶת הַנֶּקֶב גְּזֵרָה מִשּׁוּם שַׁעֲוָה.

3. **THE 39 MELOCHOS p919**

Creams, salves, ointments and pastes may not be smeared on Shabbos because these thick substances have considerable density and therefore give the outward appearance of Memarayach when smeared onto a surface. The cream or salve becomes 'smoothed', so to speak, as it is smeared and spread.

Examples: Facial creams, Hand creams (e.g. Nivea..), Petroleum jelly, etc..

Loose substances whose consistencies are liquid-like, are permitted to be smeared onto a surface or one's skin because the Rabbinic restrictions related to Memarayach apply only to substances that have some degree of solidity and with which an act of "smoothing" is somewhat possible..

4. **NISHMAT AVRAHAM OC 328:22b**

Although spreading any ointment evenly on skin is a Torah forbidden melachah, this is only if it remains on the surface and one wishes to spread it evenly. However, where the intention is to completely rub the ointment into the body.. Rav Auerbach zt"l rules that this melachah does not apply. The Tzitz Eliezer also permits it if the intention is to rub in the cream until it is entirely absorbed.

5. **דעת תורה או"ח שכח:כו**

וְעַיֵּן ירושלמי פרק י"ד דשבת הלכה ג.. וּמְבוֹאָר דְּמוּתָּר לְמְשׁוֹחַ הָרֹאשׁ בַּשֶּׁמֶן וְלָסוּךְ לְכָאן וְלְכָאן שֶׁלֹּא לִרְפוּאָה, וּמוּכָח דְּלֵיכָּא מִשּׁוּם מְמָרֵחַ. וְאוּלַי הירושלמי מַיְירִי בַּשֶּׁמֶן שֶׁאֵינוֹ עָב..

210 מקור חיים

Skin Cream

Question

I have just been prescribed cream for mild eczema. Can I apply it on Shabbos?

Discussion

The Gemara (Shabbos 146)[1] writes that it is forbidden *miderabanan* to spread oil, as it is similar to the act of *memareiach*, which is forbidden *mideoraisa* (See Rambam, Shabbos 23:11)[2]. R' Dovid Ribiat (The 39 Melochos p919)[3] writes that this applies to hand creams such as Nivea and Vaseline, etc. One may, however, use a liquid hand lotion (which can be poured).

R' Avraham Avraham writes (Nishmat Avraham OC 328:22b)[4] that both R' Shlomo Zalman Auerbach (quoted in Shemiras Shabbos Kehilchasa 33:n58) and R' Eliezer Waldenberg (Tzitz Eliezer 7:30:2) held that while spreading an ointment evenly on one's skin is forbidden, this is only if it remains on the surface. One may, however, rub cream into the skin if it becomes properly absorbed (See Daas Torah OC 328:26;[5] Minchas Yitzchak 7:20).

As one should not take medicine on Shabbos, this leniency does not apply to medicinal creams, though a bedridden patient (*choleh she'ein bo sakana*) may rub such cream in. The same applies to young children.

For creams that are not absorbed, one may press cream (with the back of a spoon, etc.) providing one does not rub the cream in. One is allowed to rub off excess ointments.

Conclusion

One may only apply a cream with a liquid consistency or one that is totally absorbed into the skin on Shabbos. One should avoid medicinal creams for mild symptoms on Shabbos.

1. שבת לט:

חַמִין שֶׁהוּחַמּוּ מֵעֶרֶב שַׁבָּת לְמָחָר רוֹחֵץ בָּהֶן פָּנָיו יָדָיו וְרַגְלָיו אֲבָל לֹא כָּל גּוּפוֹ..

2. שולחן ערוך או"ח שכו:א

אָסוּר לִרְחֹץ כָּל גּוּפוֹ, אֲפִלּוּ כָּל אֵבֶר וְאֵבֶר לְבַד, אֲפִלּוּ בְּמַיִם שֶׁהֻחַמּוּ מֵעֶרֶב שַׁבָּת.. וַאֲפִלּוּ לִשְׁפֹּךְ הַמַּיִם עַל גּוּפוֹ וּלְהִשְׁתַּטֵּף, אָסוּר; אֲבָל מֻתָּר לִרְחֹץ בָּהֶם פָּנָיו יָדָיו וְרַגְלָיו.

3. שולחן ערוך או"ח שכו:ד

לֹא יִשְׁתַּטֵּף אָדָם בְּצוֹנֵן כָּל גּוּפוֹ וְיִתְחַמֵּם כְּנֶגֶד הַמְּדוּרָה, מִפְּנֵי שֶׁמַּפְשִׁיר מַיִם שֶׁעָלָיו וְנִמְצָא כְּרוֹחֵץ כָּל גּוּפוֹ בְּחַמִּין; אֲבָל מֻתָּר לְהִשְׁתַּטֵּף בְּצוֹנֵן אַחַר שֶׁנִּתְחַמֵּם אֵצֶל הָאֵשׁ.

4. משנה ברורה שכו:כא

הָרוֹחֵץ בַּנָּהָר וכו': כָּתְבוּ הַפּוֹסְקִים דְּנָהֲגוּ שֶׁלֹּא לִרְחוֹץ כְּלָל בַּנָּהָר אוֹ בַּמִּקְוֶה דְּמָצוּי לָבוֹא לִידֵי סְחִיטַת שֵׂעָר וְעוֹד כַּמָּה טְעָמִים, עַיֵּין במגן אברהם. וּלְעִנְיַן טְבִילָה עַיֵּין לְקַמֵּיה. מִיהוּ יָדָיו וְרַגְלָיו מֻתָּר לִרְחוֹץ בַּנָּהָר כְּשֶׁמְּנַגֵּב קֹדֶם שֶׁיֵּלֵךְ ד' אַמּוֹת.

5. אגרות משה או"ח ד:עד רחיצה ג

בְּלֹא צַעַר יֵשׁ לְהַחְמִיר בְּשַׁבָּת אַף שֶׁלֹּא מָצִינוּ בְּסִפְרֵי רַבּוֹתֵינוּ מִנְהָג זֶה. אֲבָל כְּשֶׁמִּצְטַעֵר מֵחוֹם הַיּוֹם רַשַּׁאי לְהָקֵל.

6. באר משה ו:עג

בְּעִנְיַן לִרְחוֹץ בְּשַׁבָּת עַל יְדֵי מִקְלַחַת "שאוער" בְּמַיִם צוֹנְנִים דַּרְכֵּנוּ לֶאֱסוֹר.. אוּלָם בְּחָדְשֵׁי הַקַּיִץ שֶׁהַחוֹם גָּדוֹל מְאוֹד וּבְנֵי אָדָם מִצְטַעֲרִים הַרְבֵּה מֵהַזֵּעָה, הַמֵּקֵל לִרְחֹץ בַּמִּקְלַחַת שֶׁל מַיִם צוֹנְנִים בְּאֹפֶן שֶׁמֵּעֶרֶב שַׁבָּת יָסִיר הַבּוֹרִית מִמְּקוֹם הַמִּקְלַחַת וְגַם יִקְשֹׁר אוֹ עַל יְדֵי סִימָן יְצַיֵּן הַבֶּרֶז שֶׁל הַמַּיִם חַמִּים מֵעֶרֶב שַׁבָּת יֵשׁ לוֹ עַל מַה וְעַל מִי לִסְמֹךְ וְשַׁפִּיר עָבִיד, אֲבָל בְּלַאו הָכִי אֵין בְּיָדֵי לְהָקֵל. וּבְוַדַּאי, מְאוֹד צָרִיךְ לִהְיוֹת נִזְהָר שֶׁלֹּא יִסְחוֹט שְׂעָרוֹ, וְאִם אֶפְשָׁר יְכַסֶּה שְׂעַר רֹאשׁוֹ בָּעֵת נְטִילַת הַמִּקְלַחַת עִם כִּסּוּי ניילאן אוֹ גּוּמִי.

7. הגהות רעק"א או"ח שכו:א

אֲפִלּוּ בְּמַיִם שֶׁהֻחַמּוּ מֵעֶרֶב שַׁבָּת. מִצְטַעֵר אַף שֶׁאֵינוֹ חוֹלֶה כָּל הַגּוּף יֵשׁ לוֹמַר דְּמוּתָּר לִרְחוֹץ..

Cold Showers

QUESTION ────────────────────────────────

Can one take a cold shower on Shabbos?

DISCUSSION ───────────────────────────────

The Gemara (Shabbos 39b)[1] writes that *chazal* decreed that one must not wash one's entire body with hot water on Shabbos, as they suspected that if it would be allowed, people would heat up water on Shabbos. The Shulchan Aruch (OC 326:1)[2] writes, however, that one is allowed to wash one's face, hands and feet with water that was heated before Shabbos.

The Shulchan Aruch (OC 326:4)[3] does allow one to pour cold water over one's whole body. Nonetheless, the *poskim* write that the *Ashkenazi* custom is to avoid showering on Shabbos. The Magen Avraham (326:8) writes that one cannot dip in a river as we are concerned that one may carry (outside of an *eruv*), or squeeze water out of one's hair, etc. (See Maharil 139; Mishna Berura 326:21[4]).

R' Moshe Feinstein (Igros Moshe OC 4:74 Rechitza 3;[5] 4:75) writes that while the reasons for this *minhag* may not apply to taking a cold shower in one's house, one should not do so under normal circumstances. Only if one is particularly uncomfortable (*mitztaer*) such as during a heat wave, may they do so. R' Moshe Stern (Baer Moshe 6:73)[6] adds that one doing so under such circumstances should cover up their hot tap and avoid wetting their hair.

R' Akiva Eiger (OC 326:1; 5)[7] even allows one who is uncomfortable to use hot water provided it was heated before Shabbos (e.g. from a Shabbos kettle), though one doing so must ensure that they do not pour the water directly from the kettle (*kli rishon*) into the cold water.

CONCLUSION ───────────────────────────────

One should not take a cold shower on Shabbos unless one is particularly uncomfortable.

1. אגרות משה או"ח א:קיב

וּבִדְבַר לְנַקּוֹת שִׁנַּיִם בְּשַׁבָּת וְיוֹם טוֹב עִם 'טוּט פֶּעִיסְט' (מִשְׁחַת שִׁנַּיִם) פָּשׁוּט דְּאָסוּר שֶׁהוּא מְמַחֵק. וּבְלֹא טוּט פֶּעִיסְט הַמְיֻחָד מֻתָּר שֶׁהוּא כְּמוֹ רְחִיצַת שְׁאָר אֵבֶר אֶחָד אֲבָל יִשְׁטֹף רַק בְּצוֹנֵן. וְאֶת 'הַבְּרַאשׁ' טוֹב שֶׁלֹּא לְלַכְלֵךְ בַּמַּיִם קֹדֶם הַנִּקּוּי מֵחֲשַׁשׁ סְחִיטָה בְּשֵׂעָר, וְאַחַר הַנִּקּוּי לֹא יִרְחַץ אֶת 'הַבְּרַאשׁ' אַף שֶׁלֹּא בַּשִּׁפְשׁוּף שֶׁאֵין שָׁם סְחִיטָה מִשּׁוּם שֶׁאֵין לוֹ צוֹרֵךְ שׁוּב הַיּוֹם וְאֵין לִרְחוֹץ בִּשְׁבִיל מָחָר.

2. מנחת יצחק ג:מח

ע"ד אֲשֶׁר נִשְׁאַל מִתַּלְמִידָיו, אִם מוּתָּר לְמְשׁוֹחַ וּלְנַקּוֹת הַשִּׁינַּיִם בְּשַׁבָּת בְּמִבְרֶשֶׁת שִׁינַּיִם, וְכָתַב שֶׁפָּשׁוּט לְאִיסּוּרָא מִכַּמָּה טְעָמִים, א' מִצַּד סְחִיטָה, ב' מִצַּד עֲקִירַת אוֹ שְׁבִירַת הַנִּימִין. ג' מִצַּד הַחְלָקַת הַמְּשִׁיחָה שֶׁיֵּשׁ כָּאן מִשּׁוּם מְמָרֵחַ, וְרוֹצֶה לָדַעַת חַוּוֹת דַּעַת בָּזֶה.

תְּשׁוּבָה, גַּם לְדִידִי נִרְאֶה לְאִיסּוּרָא מִטְּעָמִים שֶׁכָּתַב כמ"ה.. מִכָּל מָקוֹם בְּמִבְרֶשֶׁת קָשָׁה שֶׁל שִׁינַּיִם, בְּוַדַּאי יֵשׁ לָחוּשׁ מִשּׁוּם עֲשִׂיַּית חֲבוּרָה, כָּרָגִיל הַרְבֵּה פְּעָמִים כְּשֶׁנּוֹגֵעַ בָּזֶה בַּבָּשָׂר שֶׁעַל וּבֵין הַשִּׁינַּיִם, ועי' במשנה ברורה (שם סק"ט), דְּאַף בְּיָד יֵשׁ לִיזָּהֵר שֶׁלֹּא יַעֲשֶׂה חֲבוּרָה, וְאִם כֵּן מִכָּל שֶׁכֵּן בְּמִבְרֶשֶׁת, וְכִמְעַט אִי אֶפְשָׁר לְהִזָּהֵר בָּזֶה, וּמִמֵּילָא יֵשׁ עוֹד טַעַם נוֹסָף לְאִיסּוּרָא, וְאֵין הֶיתֵּר אֶלָּא אִם כָּל אֵלֶּה לֹא יַעֲשֶׂה לָהּ, לֹא מַיִם, וְלֹא מְשִׁיחָה, וְלֹא יִהְיֶה חֲשָׁשׁ עֲקִירַת נִימִין, וְלֹא עֲשִׂיַּית חֲבוּרָה, וּבִכְלִי הַמְּיוּחֶדֶת לְשַׁבָּת כנ"ל.

3. יביע אומר או"ח ד:כח

נִשְׁאַלְתִּי אִם מֻתָּר לְהִשְׁתַּמֵּשׁ בְּשַׁבָּת בְּמִשְׁחַת שִׁינַּיִם עַל יְדֵי שִׁפְשׁוּף בַּמִּבְרֶשֶׁת, וּבְיִחוּד לָאָדָם הָרָגִיל בָּזֶה, שֶׁיֵּשׁ לוֹ צַעַר בְּהִמָּנְעוֹ מִלְּצַחְצֵחַ שִׁנָּיו בְּמִשְׁחַת שִׁינַּיִם, כְּמַעֲשֵׂהוּ בַּחֹל.. אֶלָּא וַדַּאי שֶׁכָּל שֶׁנַּעֲשָׂה דֶּרֶךְ סִיכָה שַׁפִּיר דָּמֵי.. וּמִכָּל זֶה, יֵשׁ לָדוּן בְּמִשְׁחַת שִׁינַּיִם שֶׁאֵין בָּהּ מִשּׁוּם מְמַחֵק וּמְמָרֵחַ לָרֹב רַכּוּתָהּ.

4. ציץ אליעזר ז:ל

..אֲבָל בַּשִּׁפְשׁוּף הַשִּׁנַּיִם בַּמִּשְׁחָה שֶׁיֵּשׁ לוֹ גַּם כַּוָּנָה תּוֹעֶלֶת מֻקְדֶּמֶת שֶׁתַּעֲלֶה שִׁכְבַת הַמִּשְׁחָה עַל הַשִּׁנַּיִם וְתִשָּׁאֵר כָּכָה לְרִגְעֵי קָט וְרַק לְאַחַר מִיכֵּן הוּא דִּרְצוֹנוֹ שֶׁתִּתְמַסְמֵס וְתִבְלַע, וְאִם כֵּן יֵשׁ לוֹמַר דִּבְכְהַאי גַּוְונָא שַׁפִּיר הוּא דְּאָסוּר דַּהֲרֵי אֵין שִׁעוּר לְמֵירוּחַ.. וּבְכָל שֶׁהוּ חַיָּב.. וְכֵן לִפְעָמִים גַּם גּוֹרֵם הַשִּׁיפְשׁוּף לְהוֹצָאַת דָּם מֵהַחֲנִיכַיִים.. וְאוּלַי גַּם מִשּׁוּם נוֹלָד בֶּהֱיוֹת דְּהַמִּשְׁחָה מִתְמַסְמֶסֶת בַּפֶּה וְנֶהְפֶּכֶת עִם הָעִירְבּוּב בְּמַיִם לַנּוֹזֵל.

5. שרידי אש א:ל

וְתוּ, דִּבְהָא לֹא שַׁיָּיךְ סְחִיטָה, דְּהִנֵּה בְּפֵירוֹת הַדִּין הוּא שֶׁאִם הַנִּסְחָט הוֹלֵךְ לְאִיבּוּד לֹא שַׁיָּךְ סְחִיטָה.. וּבְבֶגֶד אָסוּר אֲפִילוּ אִם הַנִּסְחָט הוֹלֵךְ לְאִבּוּד, וְהַטַּעַם, מִשּׁוּם דִּסְחִיטַת פֵּירוֹת הִיא מִשּׁוּם מְפָרֵק וּלְהָכֵי בְּהוֹלֵךְ לְאִיבּוּד אֵין בּוֹ מִשּׁוּם מְפָרֵק, מַשֶּׁאֵין כֵּן בְּבֶגֶד הָאִסּוּר הוּא מִשּׁוּם מְלַבֵּן.. וּלְפִיכָךְ בְּבֶגֶד שֶׁשָּׁרוּ בְּשֶׁאֵינָן מְלַבְּנִין, כְּמוֹ שֶׁמֶן אוֹ יַיִן אָדוֹם, אֵינוֹ חַיָּיב אִם הַמַּשְׁקִים הוֹלְכִים לְאִבּוּד.. וְאִם כֵּן בְּנִידּוֹן דִּידָן גַּם כֵּן הַמִּבְרֶשֶׁת עֲשׂוּיָה לְכָךְ וְאֵינוֹ חוֹשֵׁשׁ לְלַבְּנָהּ.

6. יביע אומר או"ח ד:ל

..אוּלָם זֶה דַּוְקָא לְאֵלֶּה שֶׁהוּרְגְּלוּ בְּכָךְ, וְאֵין חֲשַׁשׁ וַדַּאי שֶׁיּוֹצִיאוּ דָּם מֵהַשִּׁינַּיִם אוֹ הַחֲנִיכַיִם בְּעֵת שִׁפְשׁוּפָם בְּמִבְרֶשֶׁת. אֲבָל לְאֵלֶּה שֶׁלֹּא הוּרְגְּלוּ בְּכָךְ וְהָוֵי פְּסִיק רֵישֵׁיהּ בְּעִנְיָן הוֹצָאַת דָּם, יֵשׁ לֶאֱסוֹר לָהֶם. וְהַכֹּל לְפִי מָה שֶׁהוּא אָדָם, וְכָל אִינִישׁ יָדַע בְּנַפְשֵׁיהּ, שֶׁאִם רַק לִפְעָמִים יוֹצֵא מִמֶּנּוּ דָּם (וַאֲפִילוּ עַל פִּי הָרוֹב), כָּל שֶׁאֵין זֶה בְּגֶדֶר וַדַּאי מוּתָּר לְהִשְׁתַּמֵּשׁ בְּמִשְׁחַת שִׁינַּיִם עַל יְדֵי מִבְרֶשֶׁת. וּמִיהוּ נָכוֹן לְהַחֲמִיר לְיַחֵד מִבְרֶשֶׁת שִׁינַּיִם לְשַׁבָּת.

7. מנחת שלמה ב:לה:ג

כֵּנִים הֵם דִּבְרֵי הדר"ג שֶׁיֵּשׁ כַּמָּה פָּנִים לְהֶיתֵּר וּלְפִי עֲנִיּוּת דַּעְתִּי הוּא מֵהַדְּבָרִים הַמֻּתָּרִים שֶׁנָּהֲגוּ בָּהֶם אִסּוּר, וְרַבִּים מֵהַיְּרֵאִים רוֹאִים בּוֹ אִסּוּר חָמוּר עַד מְאֹד וַאֲנִי לֹא יָדַעְתִּי אִסּוּר..

Brushing Teeth

QUESTION ————————————————————————————

My local *sefarim* shop sells *Shabbos Toothbrushes*. What is wrong with brushing my teeth with a regular toothbrush?

DISCUSSION ———————————————————————————

There are a few potential Halachic issues to be aware of. R' Moshe Feinstein (Igros Moshe OC 1:112)[1] and R' Yitzchak Yaakov Weiss (Minchas Yitzchak 3:48;[2] 50) write that one must not brush one's teeth with regular toothpaste on Shabbos, as smoothing the toothpaste onto one's teeth is the transgression of *memareiach*, smoothing out a solid (or semi-solid) object, as well as *sechita*, squeezing the liquid out of the bristles.

However, R' Ovadia Yosef (Yabia Omer OC 4:27:2; 28[3]) disagrees, maintaining that the *memareiach* only applies when one leaves a layer of paste and not when it gets brushed off immediately. Nonetheless, R' Eliezer Waldenberg (Tzitz Eliezer 7:30)[4] challenges this, explaining that one purposely rubs the toothpaste into one's gums and teeth. Even if it gets washed away soon after, one has transgressed the *issur* of *memareiach*.

R' Yechiel Yaakov Weinberg (Seridei Eish 30)[5] explains that as the water is immediately discarded, there is no issue of *sechita*. Unlike washing clothes where the water is added and extracted in order to clean them, the brush is not being cleaned by the water.

R' Eliezer Waldenberg suggests that brushing teeth is also an *issur* of *molid*, forming a new substance, as one changes the solid consistency of the paste into a liquid (See Rema OC 326:10). However, R' Ovadia Yosef (Yabia Omer OC 4:30)[6] writes that this is not *nolad* as the paste is not a proper solid to begin with.

R' Yitzchak Yaakov Weiss and R' Eliezer Waldenberg write that another issue is that brushing frequently causes one's gums to bleed. R' Ovadia Yosef writes that people know whether this is likely when they do so. If it rarely happens, one does not need to be concerned.

R' Shlomo Zalman Auerbach (Minchas Shlomo 2:35:3;[7] Comments to Seridei Eish ibid.) writes that while there are strong challenges against the prohibition, the accepted practice is to avoid brushing one's teeth in the usual manner on Shabbos.

CONCLUSION ——————————————————————————

Many Sefardim follow R' Ovadia Yosef and brush their teeth normally on Shabbos. *Ashkenazim* should ideally use either a Shabbos Toothbrush or a dry soft brush, that avoids the aforementioned issues.

1. משנה שבת קמח:

מוֹנֶה אָדָם אֶת אוֹרְחָיו וְאֶת פַּרְפְּרוֹתָיו מִפִּיו אֲבָל לֹא מִן הַכְּתָב..

שבת קמט.

מַאי טַעְמָא? רב ביבי אָמַר גְּזֵירָה שֶׁמָּא יִמְחוֹק, אביי אָמַר גְּזֵירָה שֶׁמָּא יִקְרָא בִּשְׁטָרֵי הֶדְיוֹטוֹת..

2. שולחן ערוך או"ח שז:יז

אָסוּר לִלְמוֹד בְּשַׁבָּת וְיוֹם טוֹב זוּלַת בְּדִבְרֵי תוֹרָה וַאֲפִלּוּ בְּסִפְרֵי חָכְמוֹת אָסוּר וְיֵשׁ מִי שֶׁמַּתִּיר וְעַל פִּי סְבָרָתוֹ מוּתָּר לְהַבִּיט באסטרול"ב בְּשַׁבָּת [וּלְהָפְכָה וּלְטַלְטְלָהּ כִּדְלְקַמָּן סִי' ש"ח]

3. פירוש המשניות להרמב"ם שבת כג:ב

..גְּזֵירָה שֶׁמָּא יִקְרָא אִגֶּרֶת שָׁלוֹם בְּשַׁבָּת וְהוּא אָסוּר כִּי לְבַד סִפְרֵי הַנְּבוּאוֹת אוֹ פֵּירוּשֵׁיהֶם אָסוּר לִקְרוֹת בְּשַׁבָּת אוֹ בְּיוֹם טוֹב וַאֲפִלּוּ הָיָה אוֹתוֹ הַסֵּפֶר בְּחָכְמָה מִן הַחָכְמוֹת.

4. רשב"א שבת קמא.

..וּלְעִנְיַן קְרִיאָה בְּאִגְּרוֹת שָׁלוֹם בְּשַׁבָּת, אָסוּר גְּזֵירָה מִשּׁוּם קְרִיאָה בִּשְׁטָרֵי הֶדְיוֹטוֹת דְּהַיְינוּ שְׁטָרוֹת שֶׁל מֶקַח וּמִמְכָּר..

5. משנה ברורה שז:סה

וְיֵשׁ מִי שֶׁמַּתִּיר: וְכֵן נוֹהֲגִין לְהָקֵל. וְכָתַב באליה רבה דִּירֵא שָׁמַיִם רָאוּי לְהַחְמִיר בְּזֶה כִּי הרמב"ם והר"ן אוֹסְרִים.

6. שמירת שבת כהלכתה כח:צב

מוּתָּר לִלְמֹד בְּשַׁבָּת גַּם דְּבָרִים שֶׁצָּרִיךְ לָהֶם לַיּוֹם הַמָּחֳרָת, וְאֵין בְּזֶה מִשּׁוּם אִסּוּר הַכָנָה.

הערה רכ וּמִסְתַּפֵּק הגרש"ז אויערבך זצ"ל אִם מוּתָּר לַעֲשׂוֹת כֵּן גַּם בְּלִימוּדֵי חוֹל בְּמִי שֶׁאֵין כַּוָּנָתוֹ בִּשְׁבִיל לָדַעַת, אֶלָּא רַק כְּדֵי לְהַצְלִיחַ בַּבְּחִינָה שֶׁתֵּיעָרֵךְ בְּיוֹם חוֹל..

7. ילקוט יוסף שבת ב:שז הערה כד

וְאָמְנָם.. הֶעֱלָה לְהָקֵל בִּצְעִירִים הַלּוֹמְדִים רְפוּאָה לִהְיוֹת רוֹפְאִים חֲרֵידִים, שֶׁמִּזֶּה יָכֹל לִצְמֹחַ תּוֹעֶלֶת רַבָּה.. וְהָכִי נַמִּי כֵּיוָן שֶׁהוּא גַּם כֵּן מִצְוָה..

מקור חיים 216

Studying Secular Subjects

QUESTION

Can I study for my medical exams on Shabbos?

DISCUSSION

The Gemara (Shabbos 149a)[1] writes that one must not read a *shtar hedyot* (common document) on Shabbos. The Shulchan Aruch (OC 307:17)[2] writes that there is a *machlokes* as to what this includes. Rambam (Mishnayos Shabbos 23:2)[3] and the Baal Hamaor (quoted by the Beis Yosef OC 307:17) write that it refers to regular letters. Thus, one must not read anything other than Torah on Shabbos. Accordingly, one should not read any secular books, etc.

The Rashba (Shabbos 149a;[4] Teshuvos Harashba 7:288) understands *shtar hedyot* to be business documents. One may, however, read scholarly works including medical journals on Shabbos (See Beis Yosef ibid).

The Mishna Berura (307:65)[5] writes that while the *halacha* follows the Rashba, it is commendable to be strict on oneself and avoid reading secular works on Shabbos. Similarly, R' Yehoshua Neuwirth (Shemiras Shabbos Kehilchasa 29:47) allows one to read professional magazines and textbooks except business ones.

R' Yehoshua Neuwirth (Shemiras Shabbos Kehilchasa 28:92)[6] writes that one may learn Torah on Shabbos for an upcoming test However, R' Shlomo Zalman Auerbach (ibid. 28:n220)[6] hesitated allowing one to prepare for a secular exam, due to it being an issue of *hachana*, preparing for after Shabbos.

While *Sefardim* follow the Shulchan Aruch's stricter view, R' Ovadia Yosef (Yalkut Yosef, Shabbos 2:307:n24)[7] makes an exception for medical students who cannot learn at any other time, as after all, studying medicine is a noble endeavour.

CONCLUSION

One may study for medical exams on Shabbos if absolutely necessary.

1. **שבת קיג.**

'וְדַבֵּר דָּבָר' שֶׁלֹּא יְהֵא דִּבּוּרְךָ שֶׁל שַׁבָּת כְּדִבּוּרְךָ שֶׁל חוֹל.

2. **שולחן ערוך או"ח שז:א**

'וְדַבֵּר דָּבָר' שֶׁלֹּא יְהֵא דִּבּוּרְךָ שֶׁל שַׁבָּת כְּדִבּוּרְךָ שֶׁל חוֹל. הִילְכָּךְ אָסוּר לוֹמַר דְּבַר פְּלוֹנִי אֶעֱשֶׂה לְמָחָר אוֹ סְחוֹרָה פְּלוֹנִית אֶקְנֶה לְמָחָר וַאֲפִלּוּ בְּשִׂיחַת דְּבָרִים בְּטֵלִים אָסוּר לְהַרְבּוֹת.

3. **שולחן ערוך או"ח שז:יז**

אָסוּר לִלְמוֹד בְּשַׁבָּת וְיוֹם טוֹב זוּלַת בְּדִבְרֵי תוֹרָה וַאֲפִלּוּ בְּסִפְרֵי חָכְמוֹת אָסוּר וְיֵשׁ מִי שֶׁמַּתִּיר..

4. **פירוש המשניות להרמב"ם שבת כג:ב**

מוֹנֶה אָדָם אֶת אוֹרְחָיו וְאֶת פַּרְפְּרוֹתָיו מִפִּיו כו': טַעַם מַה שֶּׁאָסְרוּ לִמְנוֹת מִן הַכְּתָב גְּזֵירָה שֶׁמָּא יִקְרָא אִגֶּרֶת שָׁלוֹם בְּשַׁבָּת וְהוּא אָסוּר כִּי לְבַד סִפְרֵי הַנְּבוּאוֹת אוֹ פֵּירוּשֵׁיהֶם אָסוּר לִקְרוֹת בְּשַׁבָּת..

5. **רשב"א שבת קמט.**

וּלְעִנְיַן קְרִיאָה בְּאִגְּרוֹת שָׁלוֹם בְּשַׁבָּת, אָסוּר גְּזֵירָה מִשּׁוּם קְרִיאָה בִּשְׁטָרֵי הֶדְיוֹטוֹת דְּהַיְינוּ שְׁטָרוֹת שֶׁל מֶקַח וּמֶמְכָּר..

6. **שולחן ערוך או"ח שז:יג**

שְׁטָרֵי הֶדְיוֹטוֹת דְּהַיְינוּ שְׁטָרֵי חוֹבוֹת וְחֶשְׁבּוֹנוֹת וְאִגְּרוֹת שֶׁל שְׁאֵלוֹת שָׁלוֹם אָסוּר לִקְרוֹתָם וַאֲפִלּוּ לְעַיֵּין בָּהֶם בְּלֹא קְרִיאָה אָסוּר.

7. **מגן אברהם שא:ד**

וְכֵן לִרְאוֹת: פֵּירוּשׁ אַף עַל פִּי שֶׁאָסוּר לִרְאוֹת דְּיוֹקְנָאוֹת.. מִכָּל מָקוֹם אִם הָרְאִיָּה עֹנֶג לוֹ מוּתָּר לִרְאוֹת, והב"ח פֵּירַשׁ דְּמוּתָּר לָרוּץ כְּדֵי לִרְאוֹת דְּבַר עֹנֶג.

8. **שאילת יעב"ץ קסב**

וּלְעִנְיַן לִקְרוֹת בַּקּוּרַנְטִין הַנִּדְפָּסִים בִּכְרַכִּים וַעֲיָירוֹת גְּדוֹלוֹת מִדֵּי שָׁבוּעַ בְּשָׁבוּעַ בִּמְדִינָה זוֹ לְהוֹדִיעַ בְּקֶרֶב הָאָרֶץ חֲדָשׁוֹת וְקוֹרוֹת מִתְרַגְּשׁוֹת מֵעִנְיָנֵי מִלְחָמָה וּשְׁאָר מְאוֹרָעוֹת זוּלָתִיּוֹת הַהוֹוִים בְּעוֹלָם יוֹם יוֹם. נִרְאֶה לִי פָּשׁוּט שֶׁאֵינָם בִּכְלַל אִסּוּר שְׁטָרֵי הֶדְיוֹטוֹת מִידֵי דְּהַוֵי אַאִגֶּרֶת הַשָּׁלוּחַ וְאֵינוֹ יוֹדֵעַ מַה כָּתוּב בּוֹ שֶׁמּוּתָּר לִקְרוֹתוֹ.. וְצַעַר לַמּוֹנֵעַ בִּפְרָט הָרָגִיל לִקְרוֹתָן שֶׁנַּפְשׁוֹ שׁוֹקְקָה וְכוֹסֶפֶת לָדַעַת הַמִּתְחַדֵּשׁ בָּהֶם.. אָמְנָם עֲדַיִין חוֹכֵךְ אֲנִי לְהַחְמִיר.. מִפְּנֵי שֶׁבְּסוֹפָן רְגִילִים לְהוֹדִיעַ.. וּשְׁאָר עִנְיָנֵי מֶקַח וּמֶמְכָּר וְעִסְקֵי תַּגָּרִים שֶׁזֶּה וַדַּאי אָסוּר לִקְרוֹתוֹ בְּשַׁבָּת..

9. **משנה ברורה שז:סג**

..וּלְעִנְיַן קְרִיאַת צייטונגי"ן בְּשַׁבָּת אַף שֶׁבִּתְשׁוּבַת שבות יעקב מֵקִיל בְּזֶה הַרְבֵּה אַחֲרוֹנִים אוֹסְרִין מִפְּנֵי שֶׁיֵּשׁ בָּהֶם יְדִיעָה מֵעִנְיְנֵי מַשָּׂא וּמַתָּן.

10. **שמירת שבת כהלכתה כט:מו**

אָסוּר לִקְרוֹא בַּפֶּה, וְאַף אָסוּר לְעַיֵּין בִּלְבַד, בִּשְׁטָרֵי הֶדְיוֹטוֹת, דְּהַיְינוּ שְׁטָרֵי חוֹב, חֶשְׁבּוֹנוֹת וּמִיסְמָכִים אֲחֵרִים הַקְּשׁוּרִים לַעֲסָקִים, כְּגוֹן עִתּוֹנֵי כַּלְכָּלָה אוֹ חֲדָשׁוֹת הַבּוּרְסָה, וּבִכְלַל זֶה גַּם שִׁלְטֵי הַצָּעַת מְחִירִים שֶׁל סְחוֹרָה הַמּוּצֶּגֶת בְּחַלּוֹן הָרַאֲוָה שֶׁל חֲנוּת, אוֹ בַּקָּטָלוֹג מְכִירוֹת, מְחִירוֹנִים, לוּחַ זְמַנֵּי הַנְּסִיעוֹת וְכַדּוֹמֶה.

מקור חיים 218

Reading Newspapers

QUESTION

I have always enjoyed relaxing on Friday night with the newspaper, though someone told me that I must not read it on Shabbos. Is that true?

DISCUSSION

The Gemara (Shabbos 113a)[1] teaches us that the manner of speech on Shabbos should be different to that of the weekday. Thus, the Shulchan Aruch (OC 307:1)[2] writes that one must not discuss future business deals on Shabbos. The Mishna Berura (317:5) writes that this is the reason for wishing others 'Good Shabbos' or 'Shabbat Shalom' rather than 'Good morning', etc.

Elsewhere, the Gemara (Shabbos 149a) writes that one must not read a *shtar hedyot* (common document) on Shabbos. The Shulchan Aruch (OC 307:17)[3] writes that there is a *machlokes* as to what this includes. Rambam (Mishnayos Shabbos 23:2)[4] and the Baal Hamaor (quoted by the Beis Yosef OC 307:17) write that it refers to regular letters. Thus, one must not read anything other than Torah on Shabbos. The Rashba (Shabbos 149a;[5] Teshuvos Harashba 7:288) understands *shtar hedyot* as business documents and quotes the Ramban who agrees.

Based on this, the Shulchan Aruch (OC 307:13)[6] writes that one should not read business related works on Shabbos.

Nonetheless, the Magen Avraham (301:4)[7] writes that if one really enjoys reading something, they may do so on Shabbos. Thus, R' Yaakov Emden (She'elas Yaavetz 1:162)[8] allows one to read newspapers on Shabbos if they enjoy it, though he cautions against reading relevant business news or adverts. Similarly, the Mishna Berura (307:63;[9] Shaar Hatziyun 307:71) writes that while some permit reading newspapers, others prohibit it because it contains business related information. R' Yehoshua Neuwirth (Shemiras Shabbos Kehilchasa 29:46)[10] agrees, though he points out that the newspaper content must be appropriate for Shabbos.

CONCLUSION

One who enjoys reading the newspaper may do so on Shabbos though they must be careful not to read the business section or relevant adverts.

1. משנה ברורה שו:לג

וְגַם אָסוּר לִיתֵּן מַתָּנָה לַחֲבֵרוֹ דְּדָמֵי לְמֶקַח וּמִמְכָּר שֶׁהֲרֵי יוֹצֵא מֵרְשׁוּתוֹ אֶלָּא דִּבְמַתָּנָה מוּתָּר כְּשֶׁהוּא לְצוֹרֶךְ שַׁבָּת וְיוֹם טוֹב כְּמוֹ שֶׁכָּתַב סִימָן שכ"ג ס"ז וְכֵן לְצוֹרֶךְ מִצְוָה..

2. שולחן ערוך או"ח שכג:ז

מֻתָּר לְהַטְבִּיל כְּלִי חָדָשׁ הַטָּעוּן טְבִילָה, וְיֵשׁ אוֹסְרִים. וִירֵא שָׁמַיִם יֵצֵא אֶת כֻּלָּם, וְיִתֵּן הַכְּלִי לְעַכּוּ"ם בְּמַתָּנָה וְיַחֲזֹר וְיִשְׁאָלֶנּוּ מִמֶּנּוּ, וְאֵינוֹ צָרִיךְ טְבִילָה..

3. בית יוסף או"ח תקכז:כ

והמרדכי.. הִתִּיר לְהַקְנוֹתוֹ בְּיוֹם טוֹב מִשּׁוּם מִצְוָה וְכֵן לוּלָב וְאֶתְרוֹג יוֹצְאִין בָּהֶם כָּל הָעָם עַל יְדֵי מַתָּנָה עַל מְנָת לְהַחְזִיר..

4. מגן אברהם שו:טו

צָרִיךְ עִיּוּן מַה שֶּׁנּוֹהֲגִין לִיתֵּן בְּמַתָּנָה כֵּלִים לֶחָתָן הַדּוֹרֵשׁ בְּשַׁבָּת..

5. ערוך השולחן או"ח שו:יז

וְיֵשׁ מִי שֶׁתָּמַהּ עַל מַה שֶּׁנּוֹתְנִין מַתָּנוֹת לְהֶחָתָן בְּשַׁבָּת, אֲבָל בֶּאֱמֶת אֵין אִסּוּר בְּזֶה, דְּמִקְרֵי דְּבַר מִצְוָה, שֶׁהֲרֵי מִצְוָה לְשַׂמֵּחַ חָתָן וְכַלָּה. וְגַם הַוָּה צוֹרֶךְ הַיּוֹם, דְּאַחֲרֵי שֶׁהַמִּנְהָג בְּשַׁבָּת הָרִאשׁוֹן אַחַר הַנִּשּׂוּאִין לַעֲשׂוֹת מִשְׁתֶּה, וְהִיא זְמַן שִׂמְחָה לְהֶחָתָן וְהַכַּלָּה, וּבְוַדַּאי מֻתָּר לְשַׂמְּחָם בְּמַתָּנוֹת. וְכֵן הַמִּנְהָג לִיתֵּן לְהַכַּלָּה אָז מַתָּנוֹת, וְאֵין בְּזֶה דְּרָרָא דְּאִיסוּרָא כְּלַל, וּמִנְהָג יִשְׂרָאֵל תּוֹרָה הִיא (כֵּן נִרְאֶה לַעֲנִיּוּת דַּעְתִּי)..

6. יחוה דעת ג:כא

וּמַה שֶּׁגַּם שֶׁרְגִילִים לָתֵת לַחֲתַן הַבַּר מִצְוָה סִפְרֵי קוֹדֶשׁ, שֶׁאֶפְשָׁר שֶׁיִּלְמוֹד בָּהֶם בְּשַׁבָּת, וְנֶחְשַׁב לְצוֹרֶךְ מִצְוָה..

7. שמירת שבת כהלכתה כט:לא

..וְהַבָּא לִיתֵּן מַתָּנָה בְּשַׁבָּת אוֹ בְּיוֹם טוֹב לֶחָתָן הַדּוֹרֵשׁ, אוֹ לְבַר מִצְוָה, יַקְנֶה אוֹתָהּ לוֹ עַל יְדֵי אַחֵר מִבְּעוֹד יוֹם, וְאִם לֹא עָשָׂה כֵּן, יִתְכַּוֵּן הַמְקַבֵּל שֶׁלֹּא לִזְכּוֹת בְּמַתָּנָה אֶלָּא אַחַר צֵאת הַיּוֹם.

מקור חיים 220

Gifts

Question

I am invited to a *Shabbos sheva berachos* in an area where there is an *eruv*. Can I bring a gift on Shabbos?

Discussion

When one gives a present, the item transfers ownership which is akin to a transaction. Therefore, one is generally forbidden to give others presents on Shabbos (Mishna Berura 306:33)[1].

One may give a present that may be used on Shabbos, such as food. One who receives a bottle of wine, for example, is not obligated to open it that day. The Shulchan Aruch (OC 323:7;[2] Mishna Berura 323:34) allows one to give a new dish that requires *tevila* to a gentile on Shabbos and subsequently borrow it off him, thus permitting the dish for use.

Likewise, the Beis Yosef (OC 527:20)[3] allows one to give a gift on Shabbos if it will be used for *mitzva* purposes. This is the basis for allowing one to give their *lulav* and *esrog* to another as a gift on the first day (or second day) of Sukkos.

The Magen Avraham (306:15)[4] questions the practice of giving presents to a *chassan* who delivers a speech on Shabbos. The Chasam Sofer (OC 306), however disagrees, as such a gift serves a *mitzva* purpose by giving true *kavod* to the Torah. The Aruch Hashulchan (OC 306:17)[5] extends this, allowing one to give wedding presents at the *Shabbos sheva berachos*, as doing so brings *simcha* to the *chassan* and *kalla*; itself a great *mitzva*.

Likewise, R' Ovadia Yosef (Yechave Daas 3:21)[6] allows giving *Bar Mitzva* presents on Shabbos (especially *sefarim* that may be used that day) as they can serve to encourage the boy in his Torah learning and religious lifestyle.

Nonetheless, when giving (non-food) gifts, the Shemiras Shabbos Kehilchasa (29:31)[7] advises having a third party acquire the gift on behalf of the one receiving the gift. Alternatively, the recipient should intend not to acquire it until after Shabbos.

Conclusion

One may give someone a food gift that may be consumed that day. One should avoid giving other gifts, even for a *chassan* and *kalla* unless one has asked somebody else to acquire it on their behalf before Shabbos.

1. שבת לה.

..דְּאָמַר רבה חַלְּתָא בַּת תְּרֵי כּוּרֵי שָׁרֵי לְטַלְטוּלָהּ, וּבַת תְּלָתָא כּוּרֵי אָסוּר לְטַלְטוּלָהּ. ורב יוסף אָמַר בַּת תְּלָתָא כּוּרֵי נַמִי שָׁרִי, בַּת אַרְבָּעָה כּוּרֵי אָסוּר.

2. תוספות שבת לה.

וַאֲפִלּוּ בַּת תְּרֵי כּוּרֵי לֹא שָׁרָא לִי: לֵית הִילְכְתָא הָכִי שֶׁיִּתְבַּטֵּל מִמֶּנּוּ תּוֹרַת כְּלִי מִשּׁוּם כּוֹבְדוֹ..

3. שולחן ערוך או"ח שח:ב

כָּל כְּלִי, אֲפִלּוּ הוּא גָּדוֹל וְכָבֵד הַרְבֵּה, לֹא נִתְבַּטֵּל שֵׁם כְּלִי מִמֶּנּוּ לֹא מִפְּנֵי גָּדְלוֹ וְלֹא מִפְּנֵי כָּבְדוֹ.

4. משנה ברורה שח:ט

וְלֹא מִפְּנֵי כָּבְדוֹ: וַאֲפִלּוּ אִם הוּא מַשּׂוֹי שֶׁל כַּמָּה בְּנֵי אָדָם [עירובין קב].

5. משנה ברורה שח:ח

..וְנִרְאֶה דְּאִם בִּימוֹת הַחוֹל הוּא זָהִיר לַהֲנִיעָהּ מִמְּקוֹמָהּ כְּדֵי שֶׁלֹּא תִּפָּסֵד וְתִתְקַלְקֵל מִמֵּילָא הוּא בִּכְלַל מוּקְצֶה מֵחֲמַת חִסָּרוֹן כִּיס וְאָסוּר לְטַלְטְלָהּ.

6. שמירת שבת כהלכתה כ:כב

כָּל דָּבָר שֶׁאָדָם קוֹבֵעַ לוֹ מָקוֹם מֵחֲמַת עֶרְכּוֹ הָרַב, וּמַקְפִּיד שֶׁלֹּא לְטַלְטֵל אוֹתוֹ מֵחֲשַׁשׁ שֶׁמָּא יִתְקַלְקֵל, כְּגוֹן שְׁעוֹן קִיר, תְּמוּנָה אוּמָּנוּתִית שֶׁמַּקְפִּיד עָלֶיהָ, גַּם זֶה בִּכְלַל מוּקְצֶה מֵחֲמַת חֶסְרוֹן כִּיס הוּא, וְאֵין כָּל הֶיתֵּר לְטַלְטְלוֹ. וְכֵן אָרוֹן כָּבֵד שֶׁאָדָם נִזְהָר שֶׁלֹּא לְטַלְטְלוֹ מִמְּקוֹמוֹ, שֶׁמָּא יִתְקַלְקֵל עֵקֶב הַטִּלְטוּל, מוּקְצֶה הוּא וְאָסוּר לְטַלְטְלוֹ, אַךְ מוּתָּר לִפְתּוֹחַ אֶת דַּלְתוֹתָיו..

7. שבת קלח.

..אֶלָּא אָמַר אביי: מִדְּרַבָּנָן הִיא, שֶׁלֹּא יַעֲשֶׂה כְּדֶרֶךְ שֶׁהוּא עוֹשֶׂה בַּחוֹל.

8. רבבות אפרים א:רכב:ד

לְסַדֵּר רָהִיטִים וְלַהֲזִיזָן מִמָּקוֹם לְמָקוֹם אַחֵר בְּשַׁבָּת נִרְאֶה דְּאָסוּר מִשּׁוּם עוּבְדָּא דְּחוֹל. ובספר מנוחה נכונה עמוד ע"ד כָּתַב דְּאָסוּר לְהַשְׁפִּיל אֶת הַשַּׁבָּת וְכוּ' וּמֵאוֹתוֹ הַטַּעַם אָסוּר בְּשַׁבָּת לְהָזִיז כָּל הַיּוֹם רָהִיטִים מִמָּקוֹם לַמָּקוֹם אֲפִלּוּ בְּבֵיתוֹ.

Moving Furniture

Question

We are having a lot of people over for Shabbos lunch. Are we allowed to move the bookcase into the other room to create extra space?

Discussion

The Gemara (Shabbos 35a)[1] cites a *machlokes* as to how heavy an item needs to be in order for it to be rendered *muktze*. Tosafos,[2] however, demonstrate that the *halacha* does not follow this Gemara as elsewhere (ibid. 45b; Eruvin 102a), the Gemara allows moving large items on Shabbos. Therefore, the Shulchan Aruch (OC 308:2)[3] writes that an item does not become *muktze* based on its size or status. The Mishna Berura (308:9)[4] adds that this applies even if it takes a few people to lift the item.

The Mishna Berura (308:8)[5] and R' Yehoshua Neuwirth (Shemiras Shabbos Kehilchasa 20:22)[6] write, however, that if one would normally be hesitant about moving something, e.g. because they are concerned about it getting ruined, then it is considered to be *muktze machmas chisaron kis* (a valuable item which cannot be moved).

The Gemara (Shabbos 138a)[7] teaches that there are certain acts that are prohibited *miderabanan* on Shabbos because they are *uvdin dechol*, a mundane, weekday activities. R' Ephraim Greenblatt (Rivevos Ephraim 1:222:4)[8] quotes R' Chaim Biberfeld (Menucha Nechona 4), who writes that moving one's furniture around on Shabbos is considered *uvdin dechol.*

Conclusion

While it is preferable to move one's furniture before Shabbos, it would be permitted to move a regular bookshelf on Shabbos provided it is not an expensive one and one is concerned that it may get damaged.

1. שולחן ערוך או"ח תקנא:א

מִשֶּׁנִּכְנַס אַב מְמַעֲטִין בְּשִׂמְחָה.. **הגה** מִילָה שֶׁהִיא מֵרֹאשׁ חוֹדֶשׁ עַד ט' בְּאָב נוֹהֲגִין שֶׁהַמּוֹהֵל וּבַעַל בְּרִית וַאֲבִי הַבֵּן לוֹבְשִׁין בִּגְדֵי שַׁבָּת (מנהגים) אֲבָל בְּלָאו הָכִי אָסוּר אֲפִלּוּ בְּשַׁבָּת שֶׁל חֲזוֹן אֵין מַחֲלִיפִין לִלְבּוֹשׁ בִּגְדֵי שַׁבָּת כִּי אִם הַכְּתוֹנֶת לְבַד (מרדכי הל' ט"ב והגהות אשירי פ"ד דתענית ואגודה ורוקח).

2. משנה ברורה תקנא:ו

..וּבִקְהִילָּה קְדוֹשָׁה ווילנא נוֹהֲגִין עַל פִּי הגר"א לִלְבּוֹשׁ בִּגְדֵי שַׁבָּת וְיֵשׁ מְשַׁנִּים בֶּגֶד אֶחָד וְכֵן כָּתַב ר' יעקב עמדין בְּשֵׁם אָבִיו הַגָּאוֹן שֶׁצָּרִיךְ לִלְבּוֹשׁ בִּגְדֵי שַׁבָּת אֲפִלּוּ בְּשַׁבָּת שֶׁחָל בּוֹ ט' בְּאָב.

3. ערוך השולחן או"ח תקנא:יא

וְדַע שֶׁאֶצְלֵינוּ יֵשׁ שְׁנַיִם אוֹ שְׁלוֹשָׁה דּוֹרוֹת שֶׁאֵין נוֹהֲגִין כְּמִנְהַג הַזֶּה בְּשַׁבָּת חֲזוֹן, אֶלָּא לוֹבְשִׁין כָּל בִּגְדֵי שַׁבָּת. וּגְדוֹלֵי הַדּוֹר שֶׁהָיוּ אָז הִנְהִיגוּ כֵּן, בְּאָמְרָם שֶׁזֶּהוּ כְּמַרְאִים אֲבֵילוּת בְּשַׁבָּת בְּפַרְהֶסְיָא. וְלָכֵן אֲפִלּוּ בְּשַׁבָּת שֶׁחָל בּוֹ תִּשְׁעָה בְּאָב וְנִדְחֶה, אָנוּ לוֹבְשִׁין בִּגְדֵי שַׁבָּת מִטַּעַם זֶה. וְלָכֵן בְּיָמֵינוּ אֵלֶּה, כִּמְעַט נִשְׁכַּח הַדָּבָר שֶׁאֵין לִלְבּוֹשׁ בִּגְדֵי שַׁבָּת בְּשַׁבַּת חֲזוֹן. וְתָמוּהַּ אֶצְלִי דָּבָר זֶה, דְּאָטוּ קַדְמוֹנֵינוּ לֹא יָדְעוּ זֶה? וְעִם כָּל זֶה נָהֲגוּ בְּזֶה, אַף שֶׁאֵינוֹ כֵּן מִדִּינָא; וְאֵיךְ נְבַטֵּל מִנְהָגָם? וְלָכֵן נִרְאֶה לַעֲנִיּוּת דַּעְתִּי דְּזֶה תָּלוּי בְּאוֹפֶן הַהַלְבָּשָׁה. דְּאֵצֶל הַקַּדְמוֹנִים הָיְתָה הַלְבָּשַׁת שַׁבָּת וְחוֹל שָׁוִים בִּדְמוּתָם וּבִתְמוּנָתָם, אֶלָּא שֶׁהַהֶפְרֵשׁ הָיָה בֵּין סְחוֹרָה יְקָרָה וּבֵין סְחוֹרָה פְּשׁוּטָה, וְלֹא הָיָה הַהֶפְרֵשׁ נִיכָּר כָּל כָּךְ, שֶׁהֲרֵי עֲנִיִּים גַּם בְּשַׁבָּת יוֹצְאִין בִּסְחוֹרָה פְּשׁוּטָה. וְלָכֵן הִנְהִיגוּ לִלְבּוֹשׁ בִּגְדֵי חוֹל. מַה שֶּׁאֵין כֵּן זֶה כַּמָּה דּוֹרוֹת מִקּוֹדֶם, שֶׁבְּשַׁבָּת הָיְתָה תְּמוּנָה אַחֶרֶת לְגַמְרֵי לְהַבְּגָדִים, בֵּין עָנִי בֵּין עָשִׁיר. כְּמוֹ שֶׁבְּחוֹל הָיוּ נוֹשְׂאִין כּוֹבַע שֶׁל קלאפי"ן, וּבְשַׁבָּת שטריימי"ל. וְכֵן שְׁאָרֵי בְּגָדִים, הָיָה נִיכָּר לַכֹּל שֶׁזֶּה בֶּגֶד חוֹל, כְּמוֹ קיטאי"י, וְזֶה בֶּגֶד שַׁבָּת, כְּמוֹ שֶׁל מֶשִׁי לְעָשִׁיר, וּמֶשִׁי פָּשׁוּט לֶעָנִי. וּלְפִיכָךְ הִנְהִיגוּ הַגְּדוֹלִים שֶׁלֹּא לִנְהוֹג מִנְהָג זֶה, מִפְּנֵי שֶׁהַהֶפְרֵשׁ נִיכָּר הַרְבֵּה, וַהֲוֵי כַּאֲבֵילוּת בְּשַׁבָּת. וְלָכֵן אֲנִי אוֹמֵר דְּבִזְמַנֵּינוּ זֶה, שֶׁעַל פִּי פְּקוּדַּת הַמַּלְכוּת כְּבָר הֶחְלַפְנוּ תְּמוּנַת הַבְּגָדִים, וְשַׁבָּת וְחוֹל תְּמוּנָה אַחַת לָהֶן, אֶלָּא שֶׁהַהֶפְרֵשׁ בֵּין זוֹל לְיוֹקֶר, וּוַדַּאי נָכוֹן לְקַיֵּים מִנְהַג הַקַּדְמוֹנִים.

מקור חיים 224

Shabbos Clothes on Shabbos Chazon

QUESTION

I have heard conflicting things about whether we should wear Shabbos clothes on Shabbos Chazon. What should we do?

DISCUSSION

The Shulchan Aruch (OC 551:1)[1] writes that we should limit our rejoicing from Rosh Chodesh Av. Thus, the Rema writes that one should not wear Shabbos clothes on Shabbos Chazon (Shabbos before Tisha B'Av).

The Mishna Berura (551:6)[2] writes, however, that the Vilna Gaon and R' Yaakov Emden both held that one should wear their Shabbos clothes as normal (See Chayei Adam 333:1; Kaf Hachaim OC 551:13).

The Aruch Hashulchan (OC 551:11)[3] explains that nowadays people wear Shabbos clothes as one is not allowed to publicly display acts of mourning on Shabbos (See Shulchan Aruch YD 400:1). He explains that the Rema was writing about a time and place (Krakow, 16th Century) when one's Shabbos clothes typically looked no different to one's weekday clothes even if they were of better quality. In 19th Century Europe, however, where people dressed differently on Shabbos to how they did during the week, one who did not wear their Shabbos clothes would be publicly displaying mourning.

He writes, however, that where one's Shabbos and weekday clothes are similar, one should wear one's weekday clothes.

Especially as people are generally more fashion conscious today, one who wore their weekday clothing on Shabbos Chazon would probably be noticed. It is possible, therefore, that even the Rema would agree that nowadays one should wear their Shabbos clothes.

CONCLUSION

One should wear one's regular Shabbos clothes on Shabbos as doing otherwise would be showing a public sign of mourning on Shabbos.

1. שולחן ערוך או"ח תקנב:י

אִם חָל תִּשְׁעָה בְּאָב בְּאֶחָד בְּשַׁבָּת אוֹ שֶׁחָל בְּשַׁבָּת וְנִדְחָה לְאַחַר הַשַּׁבָּת אוֹכֵל בָּשָׂר וְשׁוֹתֶה יַיִן בִּסְעוּדָה הַמַּפְסֶקֶת וּמַעֲלֶה עַל שֻׁלְחָנוֹ וַאֲפִלּוּ כִּסְעוּדַת שְׁלֹמֹה בְּעֵת מַלְכוּתוֹ (מִיהוּ צָרִיךְ לְהַפְסִיק מִבְּעוֹד יוֹם) (סמ"ק).

2. מגן אברהם תקנב:יד

כִּסְעוּדַת שְׁלֹמֹה: וּמִכָּל מָקוֹם יֵשֵׁב בְּדַאֲבַת נֶפֶשׁ שֶׁלֹּא יִנְהוֹג בְּשִׂמְחָה (רוקח וש"ל) וְלָכֵן לֹא יֵשֵׁב בִּסְעוּדַת חֲבֵרִים וְאִם חָל מִילָה בְּאוֹתוֹ שַׁבָּת יַעֲשֶׂה הַסְּעוּדָה קוֹדֶם מִנְחָה כנ"ל.

3. ערוך השולחן או"ח תקנב:יב

אִם חָל תִּשְׁעָה בְּאָב בְּאֶחָד בְּשַׁבָּת, אוֹ שֶׁחָל בְּשַׁבָּת וְנִדְחָה לְיוֹם רִאשׁוֹן, אוֹכֵל בָּשָׂר וְשׁוֹתֶה יַיִן בַּסְּעוּדָה הַמַּפְסֶקֶת, וּמַעֲלֶה עַל שׁוּלְחָנוֹ אֲפִלּוּ כִּסְעוּדַת שְׁלֹמֹה בְּשַׁעֲתוֹ. וּמִכָּל מָקוֹם לֹא יִנְהוֹג בְּשִׂמְחָה כְּבִשְׁאָרֵי שַׁבָּתוֹת, וְלֹא יֵשֵׁב בִּסְעוּדַת חֲבֵירִים. וְאִם חָל מִילָה בְּאוֹתוֹ שַׁבָּת, יַעֲשׂוּ הַסְּעוּדָה קוֹדֶם מִנְחָה (מגן אברהם סעיף קטן יד). וְגַם יַפְסִיק מִבְּעוֹד יוֹם קוֹדֶם הַשְּׁקִיעָה.

4. משנה ברורה תקנב:כג

אוֹכֵל בָּשָׂר: וְאָסוּר לִמְנוֹעַ מִמֶּנּוּ אַף עַל גַּב דְּאֵין חִיּוּב לֶאֱכוֹל בָּשָׂר בְּשַׁבָּת מִכָּל מָקוֹם כֵּיוָן שֶׁנִּמְנַע מִשּׁוּם אָבֵל עֲבֵירָה הִיא. וְהִנֵּה אַף דְּכָתַב הַמְּחַבֵּר כִּסְעוּדַת שְׁלֹמֹה מִכָּל מָקוֹם יֵשֵׁב בְּדַאֲבוֹן נֶפֶשׁ שֶׁלֹּא יִנְהַג בְּשִׂמְחָה וְלָכֵן לֹא יֵשֵׁב בִּסְעוּדַת חֲבֵרִים [מגן אברהם] בספר בכור שור חוֹלֵק עַל זֶה וְדַעְתּוֹ דְּמִי שֶׁרָגִיל בְּכָל שַׁבָּת לִסְעוֹד סְעוּדָה זוֹ עִם חֲבֵרָיו וּמְיוּדָּעָיו וּמוֹנֵעַ בְּשַׁבָּת זוֹ הַוָּה לֵיהּ כַּאֲבֵלוּת פַּרְהֶסְיָא..

5. אגרות משה או"ח ד:קיב:א

בִּדְבַר זְמִירוֹת בְּשַׁבָּת חָזוֹן לְהַמְזַמְּרִין בְּכָל שַׁבָּת וַדַּאי רַשָּׁאִין גַּם בְּשַׁבַּת חֲזוֹן וְאַף לְהָאֵין נוֹהֲגִין מִסְתַּבֵּר שֶׁאֵין לֶאֱסוֹר כֵּיוָן שֶׁעַל כָּל פָּנִים הוּא לִכְבוֹד שַׁבָּת כְּמוֹ שֶׁאַף שֶׁאֵין נוֹהֲגִין לֶאֱכוֹל בְּכָל שַׁבָּת בָּשָׂר בִּסְעוּדָה שְׁלִישִׁית מוּתָּרִין לֶאֱכוֹל אַף בְּשַׁבָּת עֶרֶב תִּשְׁעָה בְּאָב וּכְמוֹ כֵן נִרְאֶה גַּם לְעִנְיַן זְמִירוֹת כֵּיוָן שֶׁהוּא עִנְיַן כָּבוֹד שַׁבָּת אַף שֶׁאֵין רָגִיל בְּכָל שַׁבָּת אֵין לֶאֱסוֹר.

מקור חיים 226

Guests on Shabbos Tisha B'av

QUESTION ────────────────────────────────

Can I invite guests on Shabbos Tisha B'av?

DISCUSSION ────────────────────────────────

The Shulchan Aruch (OC 552:10)[1] writes that if Tisha B'av falls either on Sunday, or on Shabbos, (when it is observed on Sunday), then one may eat meat and drink wine during *seuda shelishis*. Even though normally the *seuda hamafsekes*, the meal before the fast is eaten in a state of mourning, one is not allowed to mourn on Shabbos.

The Magen Avraham (552:14)[2] and Aruch Hashulchan (OC 552:12)[3] write that while it is prohibited to limit oneself from eating properly because of Tisha B'av, one must eat this meal in a solemn mood and must not invite guests.

The Mishna Berura (552:23)[4] writes, however, that if one usually spends *seuda shelishis* in company of friends then not doing so because of Tisha B'av is a public demonstration of mourning which is prohibited on Shabbos. Likewise, R' Moshe Feinstein (Igros Moshe OC 4:112:1)[5] writes that one may sing *zemiros* during *seuda shelishis* even if one does not regularly sing.

CONCLUSION ────────────────────────────────

One may invite guests throughout Shabbos Tisha B'av, though one should not do so for *seuda shelishis* unless they regularly do so.

1. שולחן ערוך או"ח רסג:יז

יֵשׁ אוֹמְרִים שֶׁמִּי שֶׁקִּבֵּל עָלָיו שַׁבָּת קוֹדֶם שֶׁחֲשֵׁכָה מוּתָּר לוֹמַר לְיִשְׂרָאֵל חֲבֵירוֹ לַעֲשׂוֹת לוֹ מְלָאכָה.

2. ציץ אליעזר יח:לב:ד

לְדַעַת הבית יוסף.. בְּדָבָר לַח שֶׁאֵינוֹ חַם כְּשִׁיעוּר שֶׁהַיָּד סוֹלֶדֶת בּוֹ אִיכָּא בֵּיהּ אִסּוּר בִּשּׁוּל מֵהַתּוֹרָה, יֵשׁ לְהִסְתַּפֵּק אִם לְהַנּוֹהֵג כהרמ"א דְּכָל זְמַן שֶׁלֹּא נִצְטַנֵּן לְגַמְרֵי אֵין בְּזֶה מִשּׁוּם אִסּוּר בִּשּׁוּל, אִם מוּתָּר לוֹ לְחַמֵּם תַּבְשִׁיל עֲבוּר חֲבֵירוֹ הַנּוֹהֵג כהבית יוסף. וְאִם תִּמְצֵי לוֹמַר שֶׁמּוּתָּר, הַאִם מוּתָּר לְהַנּוֹהֵג כהבית יוסף לִרְמֹז לַחֲבֵירוֹ הַנּוֹהֵג כהרמ"א שֶׁיְּחַמֵּם עֲבוּרוֹ תַּבְשִׁיל זֶה שֶׁלֹּא נִצְטַנֵּן לְגַמְרֵי.. וּמַה שֶּׁעוֹלֶה בְּדַעְתּוֹ לְדַמּוֹת זֶה.. לְגַבֵּי מִי שֶׁקִּיבֵּל עָלָיו שַׁבָּת קוֹדֶם שֶׁחֲשֵׁיכָה שֶׁמּוּתָּר לְיִשְׂרָאֵל חֲבֵירוֹ לַעֲשׂוֹת לוֹ מְלָאכָה, וּמוּתָּר לֵיהָנוֹת מֵאוֹתָהּ הַמְּלָאכָה בְּשַׁבָּת וְכוּ' אֵין הַנִּידּוֹן דּוֹמֶה לָרְאָיָה, דְּשָׁם שַׁאֲנִי דְּאוֹתָהּ שָׁעָה לֹא קְבִיעָא וְקַמָּא בְּשַׁבָּת וְהוּא לֹא בְּגֶדֶר שֶׁל אִסּוּר חֶפְצָא, אֶלָּא רַק בְּגֶדֶר שֶׁל אִסּוּר גֶּבֶר דְּקָבִּיל עָלֶיהָ זֹאת, בִּבְחִינַת קַבָּלָה, וּבְיָדוֹ הָיָה שֶׁלֹּא לְקַבֵּל עָלָיו, וְכָל שֶׁיֵּשׁ לוֹ הֶיתֵּר מוּתָּר אֲמִירָה.

3. שולחן ערוך או"ח רעו:א

עַכּוּ"ם שֶׁהִדְלִיק אֶת הַנֵּר בִּשְׁבִיל יִשְׂרָאֵל אָסוּר לַכֹּל אֲפִלּוּ לְמִי שֶׁלֹּא הוּדְלַק בִּשְׁבִילוֹ.

4. אגרות משה או"ח ד:קיט:ה

בְּדָבָר עַכּוּ"ם שֶׁפָּתַח קֶען אִם לְצוֹרֶךְ עַצְמוֹ רַשַּׁאי גַּם הַיִּשְׂרָאֵל לֶאֱכוֹל וְאִם לְצוֹרֶךְ יִשְׂרָאֵל יֵשׁ לֶאֱסוֹר. וְאִם פָּתַח יִשְׂרָאֵל שֶׁסּוֹבֵר עַל פִּי הוֹרָאַת חָכָם לְהֶיתֵּר אִם מוּתָּר לְאֶחָד שֶׁסּוֹבֵר שֶׁאָסוּר לִפְתּוֹחַ עַל פִּי הוֹרָאַת חָכָם אַחֵר יֵשׁ לְהִסְתַּפֵּק דְּכֵיוָן שֶׁנַּעֲשָׂה בְּהֶיתֵּר אֵין זֶה בִּכְלַל אִסּוּר מַעֲשֵׂה שַׁבָּת וּבִפְרַט בְּאִסּוּר דְּרַבָּנָן וְיֵשׁ לְהָקֵל כְּדֵי שֶׁלֹּא יִתְדַּמֶּה כְּחוֹלֵק עֲלֵיהֶם.

5. משנה ברורה שיח:ב

בְּשַׁבָּת: וְכָל שֶׁיֵּשׁ סָפֵק פְּלוּגְתָּא בְּזֶה אִי הַוֵי בִּכְלַל בִּשּׁוּל אוֹ לַאו אוֹ בִּשְׁאָר מְלָאכוֹת כְּהַאי גַּוְונָא אֵין לֶאֱסוֹר בְּדִיעֲבַד דְּכָל הָאִסּוּר הַזֶּה הוּא רַק מִדְּרַבָּנָן שֶׁקְּנָסוּהוּ וּסְפֵיקָא דְּרַבָּנָן לְקוּלָּא.

6. R' Dovid Ribiat (The 39 Melochos, p93)

One who adheres to the stringent ruling of Poskim on a certain Halachic question of melocho.. may not ask a fellow Jew who relies upon a lenient ruling to perform that act for him..

Using the Eruv for Someone Else

QUESTION ————————————————————————————————————

My neighbour does not use the *eruv* but he sometimes asks me to carry things on his behalf. Is that allowed?

DISCUSSION ————————————————————————————————————

The Shulchan Aruch (OC 263:17)[1] writes that one who accepted Shabbos early may ask another who has not yet accepted Shabbos to perform a *melacha* on their behalf (See Tosafos, Shabbos 151a).

Nonetheless, R' Eliezer Waldenberg (Tzitz Eliezer 18:32:4)[2] differentiates between this scenario and asking another to perform a *melacha* when it is Shabbos for him, too. Thus, a *Sefardi* who follows a stricter position must not ask an *Ashkenazi* who follows a more lenient position to perform a *melacha* on his behalf.

The Gemara (Shabbos 150a; Bava Metzia 90a) teaches us that it is *assur miderbanan* to ask a non-Jewish person to do *melacha* for them on Shabbos. The Shulchan Aruch (OC 276:1)[3] writes that if one mistakenly did so, they would be forbidden to benefit from that action on Shabbos.

Thus, R' Moshe Feinstein (Igros Moshe OC 4:119:5)[4] writes that one who does not open cans on Shabbos must not ask a non-Jewish person to open it for them. If a non-Jewish person opened it for them, they would not be allowed to eat that food on Shabbos. Nonetheless, if another Jew opened it for him as they follow poskim who allow doing so (See Minchas Shlomo 2:12, Shemiras Shabbos Kehilchasa 9:n10; Yechave Daas 2:42), then they may eat from the can. Similarly, the Mishna Berura (318:2;[5] 27) and R' Waldenberg (ibid.) allow one to benefit from any such *melacha* performed.

Based on this, R' Dovid Ribiat (The 39 Melochos, p93)[6] writes that one who does not open bottles or cans on Shabbos, should not ask those who do, to do so for them.

CONCLUSION ————————————————————————————————————

One who does not use the *eruv* on Shabbos should not ask you to carry on their behalf. They may benefit from you doing so, however.

1. שולחן ערוך או"ח שע:ד

אַנְשֵׁי חָצֵר שֶׁהָיוּ כּוּלָּם אוֹכְלִים עַל שׁוּלְחָן אֶחָד אַף עַל פִּי שֶׁכָּל אֶחָד יֵשׁ לוֹ בַּיִת בִּפְנֵי עַצְמוֹ אֵינָם צְרִיכִים עֵירוּב מִפְּנֵי שֶׁהֵם כְּאַנְשֵׁי בַּיִת אֶחָד..

2. להורות נתן ה:כט

..וְהִנֵּה בְּכָל חֶדֶר שֶׁבְּבֵית חוֹלִים יֵשׁ עַל כָּל פָּנִים מְנוֹרַת עֶלֶעקְטְרִיק.. וַהֲרֵי מְנוֹרַת הָעֶלֶעקְטְרִיק נוֹחַ לְהִשָּׁבֵר, וְלִפְעָמִים עַל יְדֵי דְּחִיפָה קַלָּה נִקְרַע הַחוּט הַדַּק שֶׁבְּתוֹכָהּ אוֹ שֶׁנִּשְׁבֶּרֶת הַזְּכוּכִית.. וְנִמְצָא שֶׁיֵּשׁ לְבַעַל בֵּית הַחוֹלִים תְּפִיסַת יָד בְּכָל מָקוֹם וּמָקוֹם.. וְגַם יֵשׁ כֵּלִים אֲחֵרִים כְּגוֹן פַּעֲמוֹנִים וְכַיּוֹצֵא בּוֹ שֶׁבְּהֶכְרֵחַ הֵם נִמְצָאִים שָׁם, וְכֵלִים אֵלּוּ הֵם שֶׁל בַּעַל הַבַּיִת כִּי הוּא רַשַּׁאי לְהַחֲלִיפָם כָּל שָׁעָה בְּלִי נְטִילַת רְשׁוּת מֵהַחוֹלֶה, אֲבָל מִכָּל מָקוֹם לֹא יִתָּכֵן שֶׁלֹּא יַשְׁאִירוּ כְּלִי אַחֵר.. וְנִמְצָא דְּתָמִיד יֵשׁ לוֹ תְּפִיסַת יַד בְּמָקוֹם זֶה.. דְּאַף דְּלֹא מָצֵי לְסַלְּקוֹ בְּלֹא שׁוּם סִיבָּה, מִכָּל מָקוֹם הֲוֵי בְּגֶדֶר מָצֵי לְסַלְּקוֹ, כֵּיוָן דְּהַסִּילּוּק אֵינוֹ תָּלוּי כְּלָל בְּדַעְתּוֹ שֶׁל הַחוֹלֶה אֶלָּא בְּדַעְתָּם שֶׁל הַבְּעָלִים, וְאִם לְפִי דַּעְתָּם כְּבָר נִתְרַפֵּא אוֹ שֶׁאֵין תּוֹעֶלֶת שֶׁיִּשְׁהֶה בְּבֵית הַחוֹלִים אוֹ שֶׁלְּדַעְתָּם מְקוֹמוֹ בְּבֵית חוֹלִים אַחֵר, הֲרֵי מָצֵי לְסַלְּקוֹ בַּעַל כָּרְחוֹ שֶׁל הַחוֹלֶה..

3. אבני נזר יו"ד שפ

דְּבַר בֵּית הַחוֹלִים אִם מְחוּיָּב בִּמְזוּזָה כִּי יֵשׁ חוֹלִים מִשְׁתַּהִים שָׁם ב' אוֹ ג' חֲדָשִׁים. וְדוֹמֶה לַשּׂוֹכֵר בַּיִת לְאַחַר שְׁלֹשִׁים יוֹם חַיָּיב בִּמְזוּזָה.. שֶׁהַחוֹלִים אֵינָם שׂוֹכְרִים הַבַּיִת רַק שֶׁנּוֹתְנִים שָׂכָר עֲבוּר מַה שֶּׁהֵם שָׁם. וְדוֹמֶה לְהָא דְּאָמַר בבא בתרא (קמז:) שכ"מ שֶׁאָמַר יָדוּר פְּלוֹנִי בְּבַיִת זֶה לֹא אָמַר כְּלוּם שֶׁלֹּא הִקְנָה לוֹ בַּיִת לַדִּירָה. הָכָא נַמִי בְּנִידָּן דִּידָן לֹא חָשִׁיב הַבַּיִת שֶׁלּוֹ כְּלָל..

4. שולחן ערוך או"ח שע:ב

בַּעַל הַבַּיִת שֶׁיֵּשׁ לוֹ הַרְבֵּה בָּתִּים בְּחָצֵר וְהִשְׁאִילָן אוֹ הִשְׂכִּירָן לַאֲחֵרִים וְיֵשׁ לוֹ בְּכָל א' מֵהֶם דְּבָרִים שֶׁאֵינָם נִיטָּלִים בְּשַׁבָּת מֵחֲמַת כָּבְדָן אוֹ מֵחֲמַת אִסּוּר שֶׁהֵם דְּבָרִים שֶׁאָסוּר לְטַלְטְלָם אֲפִלּוּ לְצוֹרֶךְ מְקוֹמוֹ אֵין הַדָּרִים בָּהֶם אוֹסְרִים עָלָיו לְפִי שֶׁנַּעֲשׂוּ כּוּלָּם כְּאוֹרְחִים אֶצְלוֹ לְפִיכָךְ גַּם הֵם מוּתָּרִים לְהוֹצִיא מִבָּתֵּיהֶם לֶחָצֵר אַף עַל פִּי שֶׁלֹּא נָתְנוּ עֵירוּב..

Carrying in Hospitals

QUESTION ────────────────────────────────

Our local hospital is outside our *eruv*. Can I carry food from the Shabbos room to a patient in a ward?

DISCUSSION ────────────────────────────────

The Shulchan Aruch (OC 370:4)[1] writes that neighbours whose houses back onto a shared courtyard where they eat together do not require an *eruv* as they are considered to be like one family. A boarder does not need to make an *eruv* with their host even if they sleep on a separate floor. As they use the house for functions other than sleeping, it is all considered to be one house for purposes of *eruvin* (ibid. 370:3).

R' Nosson Gestetner (Lehoros Nosson 5:29)[2] compares this to a hospital where patients receive their food, bedding and medication from the hospital. Unlike a hotel where guests rent a specific room, the hospital reserves the right to move patients around from one ward to another as they deem fit (See Biur Halacha 370:1). Thus, R' Avraham Borenstein (Avnei Nezer YD 380)[3] writes that patients are not considered to be renting their own space, thus obviating the need for an *eruv*. Likewise, they would not be obligated to affix a *mezuza* even if they were there for over thirty days.

The Shulchan Aruch (OC 370:2)[4] writes that if a landlord rents out various rooms that contain heavy furniture, then the residents are considered to be the landlord's guests and so would not need an *eruv* to carry to a shared courtyard. As hospitals keep valuable equipment in each room which only their medical staff can use, R' Gestetner writes that this, too, means that this space does not belong to the patient.

CONCLUSION ────────────────────────────────

One may carry indoors within a hospital's building on Shabbos.

1. משנה תורה שבת יב:ט

אֵין הַמּוֹצִיא מֵרְשׁוּת לִרְשׁוּת חַיָּב עַד שֶׁיּוֹצִיא כַּשִּׁעוּר הַמּוֹעִיל. מֵרְשׁוּת הַיָּחִיד לִרְשׁוּת הָרַבִּים אוֹ מֵרְשׁוּת הָרַבִּים לִרְשׁוּת הַיָּחִיד. וְיַעֲקֹר מֵרְשׁוּת זוֹ וְיַנִּיחַ בִּרְשׁוּת שְׁנִיָּה. אֲבָל אִם עָקַר וְלֹא הִנִּיחַ אוֹ הִנִּיחַ וְלֹא עָקַר אוֹ שֶׁהוֹצִיא פָּחוֹת מִכַּשִּׁעוּר פָּטוּר. וְכֵן הַמַּעֲבִיר מִתְּחִלַּת אַרְבַּע לְסוֹף אַרְבַּע בִּרְשׁוּת הָרַבִּים אֵינוֹ חַיָּב עַד שֶׁיַּעֲקֹר כַּשִּׁעוּר מִצַּד זֶה וְיַנִּיחֶנּוּ מִצַּד אַחֶרֶת.

2. משנה תורה שבת יג:ה

כְּבָר אָמַרְנוּ שֶׁאֵין הַמּוֹצִיא מֵרְשׁוּת לִרְשׁוּת חַיָּב עַד שֶׁיַּעֲקֹר וְיַנִּיחַ. אֲבָל אִם עָקַר וְלֹא הִנִּיחַ אוֹ הִנִּיחַ וְלֹא עָקַר פָּטוּר. לְפִיכָךְ מִי שֶׁהָיָה עוֹמֵד בְּאַחַת מִשְּׁתֵּי רְשׁוּיוֹת וּפָשַׁט יָדוֹ לִרְשׁוּת שְׁנִיָּה וְחֵפֶץ בְּיָדוֹ וּנְטָלוֹ אַחֵר מִמֶּנּוּ אוֹ שֶׁנָּתַן אַחֵר לְיָדוֹ חֵפֶץ וְהֶחֱזִיר יָדוֹ אֵלָיו שְׁנֵיהֶם פְּטוּרִים שֶׁזֶּה עָקַר וְזֶה הִנִּיחַ.

3. שבת ו.

..וְהַכַּרְמְלִית אֵינָהּ לֹא כִּרְשׁוּת הָרַבִּים וְלֹא כִּרְשׁוּת הַיָּחִיד וְאֵין נוֹשְׂאִין וְנוֹתְנִין בְּתוֹכָהּ וְאִם נָשָׂא וְנָתַן בְּתוֹכָהּ פָּטוּר וְאֵין מוֹצִיאִין מִתּוֹכָהּ לִרְשׁוּת הָרַבִּים וְלֹא מֵרְשׁוּת הָרַבִּים לְתוֹכָהּ וְאֵין מַכְנִיסִין מֵרְשׁוּת הַיָּחִיד לְתוֹכָהּ וְלֹא מִתּוֹכָהּ לִרְשׁוּת הַיָּחִיד וְאִם הוֹצִיא וְהִכְנִיס פָּטוּר.

4. שולחן ערוך או"ח שמו:א

מִן הַתּוֹרָה אֵינוֹ חַיָּיב אֶלָּא בְּמוֹצִיא וּמַכְנִיס וְזוֹרֵק וּמוֹשִׁיט מֵרְשׁוּת הַיָּחִיד לִרְשׁוּת הָרַבִּים אוֹ מֵרְשׁוּת הָרַבִּים לִרְשׁוּת הַיָּחִיד וַחֲכָמִים אָסְרוּ מִכַּרְמְלִית לִרְשׁוּת הַיָּחִיד אוֹ לִרְשׁוּת הָרַבִּים אוֹ מֵהֶם לְכַּרְמְלִית.

5. משנה תורה שבת יג:ח

הָיָה עוֹמֵד בְּאַחַת מִשְּׁתֵּי רְשׁוּיוֹת אֵלּוּ וְנָתַן חֲבֵרוֹ חֵפֶץ בְּיָדוֹ אוֹ עַל גַּבָּיו וְיָצָא בְּאוֹתוֹ הַחֵפֶץ לִרְשׁוּת שְׁנִיָּה וְעָמַד שָׁם חַיָּב. מִפְּנֵי שֶׁעֲקִירַת גּוּפוֹ בַּחֵפֶץ שֶׁעָלָיו כַּעֲקִירַת חֵפֶץ מֵאוֹתָהּ רְשׁוּת וַעֲמִידָתוֹ בְּאוֹתוֹ הַחֵפֶץ כַּהֲנָּחַת הַחֵפֶץ בַּקַּרְקַע שֶׁעָמַד בָּהּ. לְפִיכָךְ אִם יָצָא בַּחֵפֶץ שֶׁבְּיָדוֹ אוֹ עַל גַּבָּיו וְלֹא עָמַד בִּרְשׁוּת שְׁנִיָּה אֶלָּא חָזַר וְנִכְנַס וְהוּא בְּיָדוֹ אֲפִלּוּ יָצָא וְנִכְנַס כָּל הַיּוֹם כֻּלּוֹ עַד שֶׁיָּצָא הַיּוֹם פָּטוּר. לְפִי שֶׁעָקַר וְלֹא הִנִּיחַ. וַאֲפִלּוּ עָמַד לְתַקֵּן הַמַּשּׂאוֹי שֶׁעָלָיו עֲדַיִן הוּא פָּטוּר עַד שֶׁיַּעֲמֹד לָנוּחַ.

6. שולחן ערוך או"ח רסו:יא

הָיְתָה חֲבִילָתוֹ מוּנַחַת עַל כְּתֵיפוֹ וְקִדֵּשׁ עָלָיו הַיּוֹם רָץ תַּחְתֶּיהָ עַד בֵּיתוֹ וְדַוְקָא רָץ אֲבָל לֵילֵךְ לְאַט לֹא כֵּיוָן דְּלֵית הֶיכֵּירָא אָתֵי לְמֶעְבַּד עֲקִירָה וַהֲנָחָה דִּזְמְנִין קָאֵי וְלָאו אַדַּעְתֵּיהּ אֲבָל רָץ אִית לֵיהּ הֶיכֵּירָא וְכִי מָטָא לְבֵיתֵיהּ כִּי הֵיכִי דְּלָא קָאֵי פּוּרְתָּא וְאֶשְׁתַּכַּח דְּקָא מְעַיֵּיל מֵרְשׁוּת הָרַבִּים לִרְשׁוּת הַיָּחִיד זָרִיק לָהּ כִּלְאַחַר יָד דְּהַיְינוּ שֶׁלֹּא כְּדֶרֶךְ זְרִיקָה כְּגוֹן מִכְּתֵפָיו וּלְאַחֲרָיו.

7. שולחן ערוך או"ח שמה:יח

מָקוֹם פְּטוּר הוּא מָקוֹם שֶׁאֵין בּוֹ ד' עַל ד' וְגָבוֹהַּ מִשְּׁלֹשָׁה וּלְמַעְלָה עַד לָרָקִיעַ אוֹ חָרִיץ שֶׁאֵין בּוֹ ד' עַל ד' וְעָמוֹק יוֹתֵר מִשְּׁלֹשָׁה וְכֵן הַמְּחִיצוֹת הַגְּבוֹהוֹת מִשְּׁלֹשָׁה וּלְמַעְלָה וְאֵין בֵּינֵיהֶם אַרְבָּעָה עַל אַרְבָּעָה. **הגה** וְכָל זֶה דַוְקָא בְּעוֹמֵד בִּרְשׁוּת הָרַבִּים אֲבָל בְּכַּרְמְלִית אָמְרִינַן מָצָא מִין אֶת מִינוֹ וְנֵיעוֹר וְדִינוֹ כְּכַּרְמְלִית (ר"ן פֶּרֶק כֵּיצַד מִשְׁתַּתְּפִין והגהות מרדכי פֶּרֶק ט"ו דְּשַׁבָּת וטור ובית יוסף בְּשֵׁם רמב"ם) וְיֵשׁ חוֹלְקִים וְאוֹמְרִים דְּאֵין חִילּוּק בֵּין רְשׁוּת הָרַבִּים לְכַּרְמְלִית (רש"י ומ"מ פי"ד בְּשֵׁם רשב"א) אֲבָל אִם עוֹמֵד בִּרְשׁוּת הַיָּחִיד לְכוּלֵּי עָלְמָא דִּינוֹ כִּרְשׁוּת הַיָּחִיד (בית יוסף):

Accidentally Carried Outside Eruv

Question

I walked out of our holiday home on Shabbos which had no *eruv* and realised that there were some papers in my pocket. What should I have done?

Discussion

Rambam (Shabbos 12:9;[1] 13:5[2]) writes that in order to transgress the *melacha mideoraisa* of *hotza'a*, carrying on Shabbos, one needs to have done three things: 1) picked an item up (*akira*), 2) carried it into another *reshus* (domain) or at least four *amos* in a *reshus harabim* (*hiluch*) and 3) have put it back down again (*hanacha*). If one finds oneself inadvertently carrying on Shabbos, one should try one's utmost to eliminate one of these stages in order to help prevent the prohibition.

An area enclosed by an *eruv* is considered a *reshus hayachid* while most streets and parks would be a *carmelis*. Carrying from one to the other is *assur miderabanan* (See Shabbos 6a;[3] Shulchan Aruch OC 346:1[4]).

Rambam (Shabbos 13:8)[5] writes that if one stops walking, it is considered to be *hanacha*. Thus, one who accidentally carried something to another domain and immediately brought it back without stopping would not have transgressed the *melacha* of *hotza'a mideoraisa*. The Shulchan Aruch (OC 266:11)[6] writes that in such a scenario one should run which will remind them not to stop.

In the event that one had stopped walking since one walked outside, they must not carry it back inside as they are considered to have done *hanacha* there. In this case, it would be best to place it down on a *makom petur*, an object that is at least three *tefachim* high, though is less than four *tefachim* by four *tefachim* across (See Rema OC 345:18)[7]. Failing that, one should allow the item to drop with a *shinui* such as by throwing it over one's shoulder.

Conclusion

One who accidentally carried something out of the *eruv* into a *carmelis* should hurry back to where they came from without stopping. If they had stopped walking since entering the *carmelis*, they should find a small place to put it on or allow the item to fall to the ground with a *shinui* while walking.

1. שולחן ערוך או"ח שי:ז

מִטָּה שֶׁיֵּשׁ עָלֶיהָ מָעוֹת אוֹ אֲפִלּוּ אֵין עָלֶיהָ עַתָּה וְהָיוּ עָלֶיהָ בֵּין הַשְּׁמָשׁוֹת אָסוּר לְטַלְטְלָהּ דְּמִגּוּ דְּאִתְקְצָאֵי לְבֵין הַשְּׁמָשׁוֹת אִתְקְצָאֵי לְכוּלֵּי יוֹמָא.

2. משנה ברורה שי:כד

וַאֲפִלּוּ לְצוֹרֶךְ גּוּפוֹ: דְּדִין הַבָּסִיס כְּאוֹתוֹ הַמּוּקְצֶה שֶׁעָלָיו וְכֵיוָן דְּמָעוֹת הֲוֵי מוּקְצֶה מֵחֲמַת גּוּפוֹ דְּאָסוּר אֲפִלּוּ לְצוֹרֶךְ גּוּפוֹ וּמְקוֹמוֹ גַּם דִּין הַמִּטָּה כַּךְ הוּא.

3. בית יוסף או"ח שט:ה

..שׁוֹכֵחַ מָעוֹת בְּכִיס שֶׁעוֹשִׂין בְּצִידֵי הַמַּלְבּוּשׁ.. אִם אֵינָהּ תְּפוּרָה לְאָרְכָּהּ בְּמַלְבּוּשׁ אֶלָּא שֶׁפִּיהָ לְבַד תָּפוּר בְּחוֹר שֶׁבְּמַלְבּוּשׁ וְהִיא כּוּלָּהּ תְּלוּיָה דְּשָׁרֵי לְטַלְטֵל הַמַּלְבּוּשׁ, אַךְ לְלָבְשׁוֹ נִרְאֶה שֶׁאָסוּר שֶׁמָּא יִשְׁכַּח וְיֵצֵא בּוֹ לִרְשׁוּת הָרַבִּים..

4. שמירת שבת כהלכתה כ:עה

..הַמּוֹצֵא דָּבָר מוּקְצֶה בְּכִיס שֶׁל בִּגְדֵי שַׁבָּת שֶׁהוּא לָבוּשׁ בָּהֶם, אֵינוֹ צָרִיךְ לָחוּשׁ לְדִין בָּסִיס, לֹא לְגַבֵּי הַבֶּגֶד וְלֹא לְגַבֵּי הַכִּיס, כִּי לַבֶּטַח לֹא הָיְתָה דַּעְתּוֹ שֶׁיְּהֵא הַמּוּקְצָה מוּנָח שָׁם בְּשַׁבָּת, אֶלָּא שֶׁשָּׁכַח לְהוֹצִיאוֹ מִבְּעוֹד יוֹם, וּבִכְגוֹן זֶה אֵין הַבָּסִיס נֶאֱסָר.. וְאִם אֶפְשָׁר, יְנַעֵר אֶת הַמּוּקְצָה מִכִּיסוֹ בְּמָקוֹם שֶׁבּוֹ הוּא נִמְצָא. אַךְ אִם חוֹשֵׁשׁ שֶׁיְּאַבֵּד הַמּוּקְצָה אוֹ יִתְקַלְקֵל אִם יְנַעֲרֶנּוּ שָׁם, אוֹ שֶׁהוּא כְּבָר לָבוּשׁ בַּבֶּגֶד וְאִי אֶפְשָׁר לוֹ לִפְשֹׁט אוֹתוֹ שָׁם כְּדֵי לְנַעֵר אֶת הַמּוּקְצָה מִכִּיסוֹ, אוֹ שֶׁהוּא מִתְבַּיֵּשׁ לְנַעֲרוֹ שָׁם בִּפְנֵי הַבְּרִיּוֹת, מוּתָּר לְטַלְטֵל אֶת הַבֶּגֶד (בְּמָקוֹם שֶׁיֵּשׁ בּוֹ עֵירוּב וּמוּתָּר לְטַלְטֵל) כְּשֶׁהַמּוּקְצָה בְּכִיסוֹ, וִינַעֲרֶנּוּ בְּמָקוֹם שֶׁיּוּכַל.

5. משנה ברורה שי:לא

..אַךְ אִם יֵשׁ בְּתוֹכָם רַק אֵיזֶה פְּרוּטוֹת בְּטֵלִים לְגַבֵּי הַבֶּגֶד וְהַשּׁוּלְחָן דְּאֵין אָדָם מְבַטֵּל בִּגְדוֹ וְשֻׁלְחָנוֹ בִּשְׁבִיל אֵיזֶה פְּרוּטוֹת [חיי אדם].

Money in Coat Pocket

QUESTION

I was walking back from *shul* with others on Shabbos and realised that there was some money in my coat pocket. What should I have done?

DISCUSSION

The Shulchan Aruch (OC 310:7)[1] writes that if one left money on a bed, the bed becomes a *bassis* (base) and is itself *muktze* just like the money on it. The Mishna Berura (310:24)[2] writes that as coins are *muktze machmas gufo* (inherently *muktze*) one would not be able to move them just because one needed the space. The same would apply to bank notes which are *muktze machmas chesron kis*, valuable. (See Shemiras Shabbos Kehilchas 20:20).

The Beis Yosef (OC 309:5)[3] writes that only money in pockets that are fully attached would render the clothing *muktze*. If it was in a pocket that hangs, however, then it would not be *muktze* as the pocket is considered to be somewhat separate to the main clothing. One still should not wear the coat on Shabbos, however, as we are concerned that you may come to carry the contents outside of an *eruv* (See Rema OC 310:8; Magen Avraham 310:7).

While money is *muktze*, clothing with money in the pocket does not necessarily become a *bassis*. R' Yehoshua Neuwirth (Shemiras Shabbos Kehilchasa 20:75)[4] writes that providing one did not purposely leave the money in one's pocket, the clothing would not be considered a *bassis* (See Shulchan Aruch OC 309:4). The Mishna Berura (310:31)[5] writes that as people are not that bothered about a little bit of change that would not make the clothing *muktze*, either.

R' Neuwirth writes that if one was walking in the street when one realised that there was money they should ideally shake it out of their pocket (See Mishna Berura 310:29). If it will incur a real loss, however, or it is difficult to do so without removing the clothing or if one is embarrassed to empty it out in front of others, one may keep walking provided that they are in an *eruv*.

CONCLUSION

While the money is clearly *muktze*, your coat is not necessarily so. While it would be ideal in such a scenario to empty the pocket out immediately, you can keep walking home without stopping if there was a significant amount, or if it would be difficult or embarrassing to throw out the money in the street.

1. משנה שבת קיג.

מְקַפְּלִין אֶת הַכֵּלִים אֲפִלּוּ אַרְבָּעָה וַחֲמִשָּׁה פְּעָמִים וּמַצִּיעִין אֶת הַמִּטּוֹת מִלֵּילֵי שַׁבָּת לְשַׁבָּת אֲבָל לֹא מִשַּׁבָּת לְמוֹצָאֵי שַׁבָּת..

2. שולחן ערוך או"ח שכג:ו

מְדִיחִים כֵּלִים לְצוֹרֶךְ הַיּוֹם, כְּגוֹן שֶׁנִּשְׁאָר לוֹ עֲדַיִין סְעוּדָה לֶאֱכוֹל; אֲבָל לְאַחַר סְעוּדָה שְׁלִישִׁית אֵין מְדִיחִין; וּכְלֵי שְׁתִיָּה, מְדִיחִין כָּל הַיּוֹם שֶׁכָּל הַיּוֹם רָאוּי לִשְׁתִיָּה.

3. משנה ברורה רצ:ד

כִּי עוֹנֶג וְכוּ': אֲבָל לֹא יֹאמַר נֵלֵךְ וְנִישַׁן כְּדֵי שֶׁנּוּכַל לַעֲשׂוֹת מְלַאכְתֵּנוּ בְּמוֹצָאֵי שַׁבָּת שֶׁמַּרְאֶה בָּזֶה שֶׁנּוֹחַ וְיָשֵׁן בִּשְׁבִיל יְמוֹת הַחוֹל.

4. שמירת שבת כהלכתה כח:עז

..וְאִסּוּר הֲכָנָה זֶה תֵּקֶף אֲפִלּוּ כְּשֶׁהַהֲכָנָה נְחוּצָה לְצוֹרֶךְ מִצְוָה, שֶׁחָלָה מִיַּד עִם כְּנִיסַת הַיּוֹם שֶׁבִּשְׁבִילוֹ מֵכִין.

5. שמירת שבת כהלכתה כח:פט

כָּל דָּבָר שֶׁאֵינוֹ מְלָאכָה וְלֹא אִסּוּר דְּרַבָּנָן וְשֶׁאֵין בַּעֲשִׂיָּתוֹ מִשּׁוּם טִירְחָה, וְגַם רְגִילִים לַעֲשׂוֹתוֹ מִבְּלִי לַחֲשׁוֹב עַל הַתּוֹעֶלֶת שֶׁבַּעֲשִׂיָּיתוֹ, מוּתָּר לַעֲשׂוֹתוֹ בְּשַׁבָּת, גַּם אִם תֵּצֵא מֵעֲשִׂיָּתוֹ זוּ תּוֹעֶלֶת לִימוֹת הַחוֹל, וּבִלְבַד שֶׁלֹּא יֹאמַר בִּמְפוֹרָשׁ, שֶׁהוּא מֵכִין לִימוֹת הַחוֹל. וְלָכֵן הַלּוֹקֵחַ טַלִּית לְבֵית הַכְּנֶסֶת (בְּמָקוֹם שֶׁיֵּשׁ עֵירוּב), מוּתָּר אַף לְהַחֲזִירָהּ הַבַּיְתָה; מוּתָּר לְהַחֲזִיר סֵפֶר לִמְקוֹמוֹ בַּאֲרוֹן הַסְּפָרִים אַחֲרֵי גְּמַר הַלִּימּוּד..

6. ילקוט יוסף קיצור שולחן ערוך שכג:יב

הַלּוֹקֵחַ טַלִּית לְבֵית הַכְּנֶסֶת, מוּתָּר לוֹ לְהַחְזִירָהּ לְבֵיתוֹ, אַף שֶׁאֵין לוֹ צוֹרֶךְ בָּהּ בּוֹ בַּיּוֹם, וְאֵין בָּזֶה אִסּוּר מִשּׁוּם מֵכִין מִשַּׁבָּת לַחוֹל..

Carrying Tallis Home

QUESTION

I live within an *eruv*. Can I carry my *tallis* home after Shul even though I will not be using it before next Shabbos?

DISCUSSION

The Mishna (Shabbos 113a)[1] teaches that one must not prepare one's bed on Shabbos for after Shabbos as it is a prohibition of *hachana*, preparing. Therefore, the Shulchan Aruch (OC 323:6)[2] allows one to wash dishes that they will use again on Shabbos, but not for use after Shabbos.

Accordingly, one would not be able to take one's *tallis* home on Shabbos because he wants to take it to a different *shul* the following day.

The Mishna Berura (290:4)[3] writes that one should not say that they are sleeping on Shabbos in order that they will be able to work after Shabbos. This applies to all forms of *hachana* if it is clear that one is doing so in order to prepare for after Shabbos. R' Yehoshua Neuwirth (Shemiras Shabbos Kehilchasa 28:77)[4] writes that this even applies to *mitzvos*. Thus, one may not prepare for *havdala* while it is still Shabbos.

R' Shlomo Zalman Auerbach (quoted in Shemiras Shabbos Kehilchasa 28:89)[5] and R' Ovadia Yosef (Yalkut Yosef, Kitzur Shulchan Aruch 323:12)[6] maintained that things that one regularly does as a matter of course may be done on Shabbos even if it may be preparing for another day. Otherwise, one would not be able to put books back on the shelf after using them! Thus, one may take one's *tallis* home after wearing it. Likewise, one may carry one's keys even though they will not be used until after Shabbos.

CONCLUSION

One may take one's *tallis* home after wearing it provided that they do not say that they are specifically doing so in order to use it after Shabbos.

1. שולחן ערוך או"ח שז:א

'וְדַבֵּר דָּבָר' שֶׁלֹּא יְהֵא דִּבּוּרְךָ שֶׁל שַׁבָּת כְּדִבּוּרְךָ שֶׁל חוֹל. הִילְכָּךְ אָסוּר לוֹמַר דְּבַר פְּלוֹנִי אֶעֱשֶׂה לְמָחָר אוֹ סְחוֹרָה פְּלוֹנִית אֶקְנֶה לְמָחָר וַאֲפִלּוּ בְּשִׂיחַת דְּבָרִים בְּטֵלִים אָסוּר לְהַרְבּוֹת.

2. משנה ברורה שז:א

אֶעֱשֶׂה לְמָחָר: וְדַוְקָא אִם הוּא דָּבָר שֶׁאָסוּר לַעֲשׂוֹתוֹ בְּשַׁבָּת וַאֲפִלּוּ אִם הוּא רַק אִסּוּר דְּרַבָּנָן. יֵשׁ שֶׁכָּתְבוּ דַּאֲפִלּוּ דְּבַר מִצְוָה כְּגוֹן כְּתִיבַת סֵפֶר תּוֹרָה וּכְהַאי גַּוְונָא אָסוּר לוֹמַר אֶעֱשֶׂה לְמָחָר אֲבָל באליה רבה וְכֵן במאמר מרדכי וברכי יוסף חוֹלְקִים עֲלֵיהֶם וְסוֹבְרִים דְּכָל לִדְבַר מִצְוָה שָׁרֵי וּמִכָּל מָקוֹם נָכוֹן לְכַתְּחִלָּה לְהַחְמִיר כְּשֶׁאֵין צוֹרֶךְ לָזֶה בְּדִבּוּרוֹ הַיּוֹם [עַיֵּין בתו"ש] וְאִם מִתְיָרֵא שֶׁיִּתְרַשֵּׁל בַּדָּבָר אָז לְכוּלֵּי עָלְמָא שָׁרֵי לְזָרוּזֵי נַפְשֵׁיהּ דַּאֲמִירָה לְגָבוֹהַּ הֲוֵי כְּנֶדֶר [שם בתו"ש].

3. לב חיים ג:עב

נָשָׂאתִי לְמִנְהַג עִירֵנוּ אזמיר יע"א שֶׁנָּהֲגוּ מִימֵי עוֹלָם לְהַזְמִין לִקְרוּאָיו וּמְיוּדָּעָיו בְּיוֹם ד' אוֹ בְּיוֹם ה' שֶׁקּוֹדֶם שַׁבָּת הַכְּנִיסָה שֶׁמְּסַבְּבִים בְּכָל חָצֵר וְחָצֵר הַשּׁוֹשְׁבִינִים וְשַׁמָּשׁ הַכְּנֶסֶת וְגַם בְּיוֹם הַשַּׁבָּת עַצְמוֹ סוֹבְבִים הַקְּהִלּוֹת וְהַמִּדְרָשִׁים עַל זֶה נִשְׁאַלְתִּי אִם יֵשׁ בָּזֶה צַד אִסּוּר דְּאִיכָּא טִירְחָא יְתֵירָה וְכָל שֶׁכֵּן אִם אֵירַע יוֹם טוֹב בְּיוֹם ד' וְיוֹם ה' דְּמַטְרִיחִין הַשּׁוֹשְׁבִינִין אֶת עַצְמָן הַרְבֵּה מְאֹד וְאוּלַי הָיָה אֶפְשָׁר לַעֲשׂוֹתוֹ מִקּוֹדֶם כְּנִיסַת יוֹם טוֹב אוֹ לְאַחֲרָיו בַּיּוֹם הַשִּׁשִּׁי וְלֹא בְּיוֹם טוֹב עַצְמוֹ.

תְּשׁוּבָה: הֲגַם דְּמָצִינוּ כַּמָּה דְּבָרִים דְּנֶאֶסְרוּ לַעֲשׂוֹת בְּיוֹם טוֹב כָּל שֶׁכֵּן בְּשַׁבָּת מִשּׁוּם טִירְחָא כִּמְבוֹאָר בא"ח סי' תק"י מִכָּל מָקוֹם הָכָא שָׁאנֵי דְּאִיכָּא שִׂמְחָה יְתֵירָה דְּמֵי שֶׁזִּיכָּהוּ השי"ת לָצֵאת וּלְהַזְמִין קְרוּאָיו לְיוֹם הַכְּנִיסָה וּלְקִדּוּשִׁין וּלְחוּפַּת בְּנוֹ בְּוַדַּאי שֶׁהוּא שָׂמֵחַ שִׂמְחָה רַבָּה וְנוֹתֵן שֶׁבַח וְהוֹדָאָה לַמָּקוֹם מִתּוֹךְ רוֹב שִׂמְחָה וְכָל שֶׁכֵּן אֲבִי הַכַּלָּה דְּטוֹרֵחַ גָּדוֹל וְהוֹצָאָה מְרוּבָּה הָיָה לוֹ עַד שֶׁבָּא לְשָׁעָה זוֹ וְהוּא שָׂמֵחַ הַרְבֵּה הֲגַם שֶׁנִּתְרַבּוּ חוֹבוֹתָיו לִמְאֹד וְאִם כֵּן נֶגֶד הַשִּׂמְחָה יְתֵירָה שֶׁיֵּשׁ לָהֶם בְּיוֹם טוֹב שֶׁחַיָּיב אָדָם לִשְׂמוֹחַ בְּיוֹם טוֹב כִּמְבוֹאָר בסי' תקכ"ט ס"ב אֵין הַטִּירְחָא חֲשִׁיבָא טִירְחָא..

4. רבבות אפרים ח:קפה:א

לְהָכִין בְּשַׁבָּת וְיוֹם טוֹב לְחוֹל. הַאִם כְּשֶׁיֵּשׁ לוֹ שִׂמְחָה בִּימוֹת הַחוֹל, וְרוֹאֶה אֲנָשִׁים בְּשַׁבָּת וְיוֹם טוֹב הַיָּכוֹל לְהַזְמִין אוֹתָם שֶׁיָּבוֹאוּ אוֹ לֹא, וּמִסְתַּבְּרָא דְּיָכוֹל מִשּׁוּם דְּיֵשׁ בָּזֶה שִׂמְחָה לִמְזַמֵּין, וְזֶה לֹא טִירְחָא אוֹ עֲבוֹדָה בְּשַׁבָּת אוֹ יוֹם טוֹב [ועיין שו"ת לב חיים ח"ג סימן ע"ב].

5. רבבות אפרים ח:תק

מִי שֶׁעוֹשֶׂה בַּר מִצְוָה לִבְנוֹ, אוֹ שֶׁמְּחַתֵּן אֶת אֶחָד מִיְּלָדָיו, הַאִם מוּתָּר לוֹ לְחַלֵּק אֶת הַהַזְמָנוֹת בְּשַׁבָּת בְּבֵית הַכְּנֶסֶת לַמִּתְפַּלְּלִים. הַאִם אֵין בְּכָךְ מֵכִין מִשַּׁבָּת לְיוֹם חוֹל, שֶׁהֲרֵי בְּזֶה שֶׁהוּא מְחַלְּקָם בְּבֵית הַכְּנֶסֶת, הוּא מִפְּנֵי שֶׁרוֹצֶה לַחֲסוֹךְ אֶת הוֹצָאוֹת הַדּוֹאַר, שֶׁהֲרֵי בְּיוֹם חוֹל הוּא אֵינוֹ פּוֹגֵשׁ אֶת הָאֲנָשִׁים הַלָּלוּ וְאָז יִצְטָרֵךְ לִשְׁלוֹחַ לָהֶם אֶת הַהַזְמָנָה בַּדּוֹאַר. וְעוֹד, הַאִם אֵין כַּאן חֲשַׁשׁ שֶׁל שְׁטָרֵי הֶדְיוֹטוֹת בְּשַׁבָּת? ..אִם מְחַלֵּק הַהַזְמָנוֹת בְּשַׁבָּת יֵשׁ בְּזֶה מִשּׁוּם הֲכָנָה וּמִשּׁוּם שְׁטָרֵי הֶדְיוֹטוֹת, וְלֹא רָאִיתִי בְּנֵי תּוֹרָה שֶׁיַּעֲשׂוּ כָּךְ, וּבְוַדַּאי יֵשׁ לִמְנוֹעַ מִזֶּה.

6. ילקוט יוסף שבת שז:כא

בִּמְקוֹם צוֹרֶךְ מוּתָּר לְחַלֵּק בְּשַׁבָּת הַזְמָנוֹת לִסְעוּדַת מִצְוָה, כְּגוֹן סְעוּדַת נִישּׂוּאִין, אוֹ סְעוּדַת בַּר-מִצְוָה, וְכַדּוֹמֶה, שֶׁמֵּעִקַּר הַדִּין מוּתָּר לִקְרוֹא בְּהַזְמָנוֹת אֵלֶּה בְּשַׁבָּת, וְאֵין לָהֶם דִּין שְׁטָרֵי הֶדְיוֹטוֹת אוֹ מִכְתָּבִים, מֵאַחַר שֶׁהֵם עוֹסְקִים בִּסְעוּדַת מִצְוָה. וְכָל זֶה בִּתְנַאי שֶׁאֵינוֹ מַכְשִׁילָם בְּטִלְטוּל הַהַזְמָנָה מֵרְשׁוּת לִרְשׁוּת. וּמִיהוּ נָכוֹן יוֹתֵר לְהַחְמִיר וּלְחַלֵּק אֶת הַהַזְמָנוֹת בִּימֵי הַחוֹל.

Distributing Invitations

Question

Can I deliver *bar mitzva* invitations on Shabbos to people who I only see then?

Discussion

The Shulchan Aruch (OC 307:1)[1] writes that one should not make plans on Shabbos for what they are going to do after Shabbos. The Mishna Berura (307:1)[2] explains that this prohibition only applies to actions that are otherwise forbidden on Shabbos.

As there is a *machlokes* as to whether one can discuss *mitzva* matters that involve *melachos*, he writes that it is best to avoid such conversation. However, there would be no issue in talking about such a *mitzva* if it means that they are more likely to perform it afterwards. Thus, one is allowed to pledge money to *tzedaka* when receiving an *aliya*, etc.

R' Chaim Falaji (Lev Chaim 3:72)[3] writes that as one gets such *simcha*, enjoyment, from inviting people to special occasions, one may do so on Shabbos. R' Ephraim Greenblatt (Rivevos Ephraim 8:185:1;[4] 8:500[5]) quotes this but adds that one should not hand out printed invitations on Shabbos simply to avoid paying the postage.

R' Ovadia Yosef (Yalkut Yosef, Shabbos 307:21)[6] however, disagrees. While it is certainly ideal to distribute such invitations during the week, one may distribute invitations to a *seudas mitzva* on Shabbos when necessary. However, one must be careful not to give one to anyone who may come to carry it to their home outside of an *eruv*.

Conclusion

One should try one's utmost not to distribute such invitations on Shabbos. Ideally, one should bring them to *shul* before Shabbos for their friends to take home afterwards.

1. שבת קיח.

קְעָרוֹת שֶׁאָכַל בָּהֶן עַרְבִית מַדִיחָן לֶאֱכוֹל בָּהֶן שַׁחֲרִית.. מִן הַמִּנְחָה וְאֵילָךְ שׁוּב אֵינוֹ מֵדִיחַ.

2. רש"י שבת קיד:

..דְּאָסוּר מִשּׁוּם שְׁבוּת דְּקָטָרַח מִשַּׁבָּת לַחוֹל.

3. משנה תורה שבת כג:ז

..וְאָסוּר לְהָדִיחַ קְעָרוֹת וְאִילְפָּסִין וְכַיּוֹצֵא בָּהֶן, מִפְּנֵי שֶׁהוּא כִּמְתַקֵּן..

4. שולחן ערוך או"ח שו:א

'מִמְּצוֹא חֶפְצְךָ' חֲפָצְךָ אֲסוּרִים אֲפִלּוּ בְּדָבָר שֶׁאֵינוֹ עוֹשֶׂה שׁוּם מְלָאכָה כְּגוֹן שֶׁמְּעַיֵּין נְכָסָיו לִרְאוֹת מַה צָרִיךְ לְמָחָר אוֹ לֵילֵךְ לְפֶתַח הַמְּדִינָה כְּדֵי שֶׁיְּמַהֵר לָצֵאת בַּלַּיְלָה לְמֶרְחָץ..

5. מגן אברהם שו:א

שֶׁמְּעַיֵּין נְכָסָיו: וְדַוְקָא הֵיכָא דְּמִנְכְּרָא מִילְּתָא..

6. מרפא לנפש ג:מ:ב

וּמַה שֶּׁשָּׁאַל לֵילֵךְ בְּשַׁבָּת לַמָּקוֹם הַמְיוּחָד לְאוּיטָאבּוּס כְּדֵי שֶׁבְּמוֹצָאֵי שַׁבָּת יוּכַל לִיקַּח תֵּיכֶף הָאוֹטָאבּוּס, זֶה גַּם כֵּן מְפוֹרָשׁ בְּרֵישׁ סִימָן ש"ו דְּאָסוּר לְהַחֲשִׁיךְ עַל פֶּתַח הַמְּדִינָה בִּמְקוֹם הַמֶּרְחֲצָאוֹת מִשּׁוּם דְּנִיכָּר דִּלְצוֹרֶךְ לִרְחוֹץ מִיַּד בְּמוֹצָאֵי שַׁבָּת הוֹלֵךְ לְשָׁם ע"ש וְהָכִי נַמִּי דְּכַוָּותֵהּ, אֶלָּא מִיהַת אִם מְטַיֵּיל בְּשַׁבָּת עַד בִּרְחוּק מָקוֹם מִמָּקוֹם הַמְיוּחָד שֶׁל אוּיטָאבּוּסְעם בְּאוֹפֶן שֶׁאֵינוֹ נִיכָּר שֶׁלְּצוֹרֶךְ זֶה מְטַיֵּיל שָׁם בְּזֶה אֵין אִסּוּר כִּמְפוֹרָשׁ שָׁם במגן אברהם.

7. שמירת שבת כהלכתה כט:יג

וְלָכֵן מוּתָּר אָדָם לָלֶכֶת, סָמוּךְ לַחֲשֵׁיכָה, לְתַחֲנַת אוֹטוֹבּוּסִים וּלְהַמְתִּין שָׁם כְּדֵי לִנְסוֹעַ לִדְבַר מִצְוָה מִיַּד עִם צֵאת הַשַּׁבָּת.

הערה לו וְהַיְינוּ אֲפִלּוּ בְּמָקוֹם שֶׁנִּיכָּר שֶׁרְצוֹנוֹ לִנְסוֹעַ בְּמוֹצָאֵי שַׁבָּת קוֹדֶשׁ..

הערה לז סִימָן ש"ו ס"ג, וְעַיֵּין שָׁם דְּמַשְׁמַע דְּגַם אִם הַמִּצְוָה אֵינָהּ מוּטֶּלֶת עָלָיו אֶלָּא עַל חֲבֵירוֹ, כְּגוֹן שֶׁכְּבָר יֵשׁ לוֹ אַרְבַּעַת הַמִּינִים וּרְצוֹנוֹ לִקְטוֹף אוֹ לִקְנוֹת עֲבוּר חֲבֵירוֹ גַּם כֵּן שָׁרִינָן וְכֵן הוּא בתורת שבת סק"ד.

מקור חיים 240

Wait at a Bus Stop

QUESTION

I want to go to visit someone in hospital on *Motzaei Shabbos*. Can I walk to the bus stop on Shabbos and wait for the bus that will come a few minutes after Shabbos? My sister will meet me there with the fare.

DISCUSSION

The Gemara (Shabbos 114b; 118a[1]) rules that one must not prepare on Shabbos or Yom Tov for the following day (See Shulchan Aruch OC 302:3; 503:1). Different reasons are offered for this prohibition. According to Rashi (Shabbos 114b)[2] the extra *tircha*, effort, that one has to expend is inappropriate on Shabbos (See Mishna Berura 323:28). Rambam (Shabbos 23:7)[3], however, writes that *hachana*, preparation, is akin to *mesaken*, fixing something.

The Shulchan Aruch (OC 306:1)[4] writes that the prohibition of *hachana* includes actions that are not otherwise *melachos*. One of the examples given is walking to the city gates in order that they can rush to the bathhouse when Shabbos is out. The Magen Avraham (306:1)[5], however, writes that this is only problematic when it is apparent that one is preparing.

Thus, R' Ephraim Greenblatt (Rivevos Ephraim 4:97:92) quotes R' Refael Zilber (Marpe Lanefesh 3:40:2)[6] who writes that while it would be wrong to wait at a bus stop, one can walk towards it and wait nearby so that it is not obvious that they are catching the bus.

R' Yehoshua Neuwirth (Shemiras Shabbos Kehilchasa 29:13; n36-37)[7] only allowed one to walk until the end of one's *techum* before Shabbos was out though only if they were travelling for a *mitzva*. Under such circumstances, one would even be allowed to do so if it was apparent.

CONCLUSION

One who is going to perform a *mitzva* may walk to a bus stop to catch a bus after Shabbos. They must ensure that they are not carrying anything *muktze*. Preferably, they should not stand by the actual stop where it is obvious that they are waiting for a bus.

1. שולחן ערוך או"ח שז:ד

מוּתָּר לָתֵת לְעַכּוּ"ם מָעוֹת מֵעֶרֶב שַׁבָּת לִקְנוֹת לוֹ וּבִלְבַד שֶׁלֹּא יֹאמַר לוֹ קְנֵה בְּשַׁבָּת.

2. ט"ז או"ח שז:ג

..וְנִרְאֶה לִי עוֹד דַּאֲפִלּוּ בְּהַנְהוּ דְּמַתִּירִין בֵּין הַשְּׁמָשׁוֹת עִם הַשֶּׁמֶשׁ כְּגוֹן נוֹתְנִין כְּלִי לְכוֹבֵס עַכּוּ"ם יֵשׁ אִסּוּר אִם נוֹתֵן לוֹ הַכֵּלִים סָמוּךְ לְשַׁבָּת וְאָמַר לֵיהּ רְאֵה שֶׁאֲנִי צָרִיךְ לָהֶם בְּמוֹצָאֵי שַׁבָּת דְּהַוָה לֵיהּ כְּאוֹמֵר בְּפֵירוּשׁ שֶׁיְּכַבְּסֵם בְּשַׁבָּת וְכֵן לְעִנְיָן אִם נוֹתֵן לוֹ מָעוֹת בְּעֶרֶב שַׁבָּת לִקְנוֹת וְאָמַר לֵיהּ שֶׁיֵּלֵךְ לְדַרְכּוֹ בְּמוֹצָאֵי שַׁבָּת כנלע"ד.

3. מנחת יצחק ו:כה

אִם מוּתָּר לְהַזְמִין מוֹנִית (טעקסי) שֶׁל נָכְרִי מֵעֶרֶב שַׁבָּת שֶׁיִּהְיֶה מוּכָן בְּמוֹצָאֵי שַׁבָּת קוֹדֶשׁ לִנְסוֹעַ.

הִנֵּה אַחֲרֵי עָבְרִי עַל כָּל הַצְּדָדִים לֹא מָצָאתִי הֶיתֵּר רַק לְהַזְמִינוֹ לִנְסִיעָה אַחֲרֵי הַזְּמַן שֶׁאֶפְשָׁר לְהַגִּיעַ בְּמוֹצָאֵי שַׁבָּת מֵעִיר תַּחֲנוּתָם. וְאַף אֵין מוֹעִיל לוֹמַר לוֹ כִּי מִצִּדִּי אַתָּה יָכוֹל לָבוֹא בִּזְמַן הַנִּזְכָּר, אֲבָל אִם תָּבוֹא קוֹדֶם אוֹתוֹ הַזְּמַן בְּמוֹצָאֵי שַׁבָּת, אֶסַּע גַּם כֵּן.. כֵּיוָן שֶׁאִי אֶפְשָׁר לִיסַּע מִיָּד בְּמוֹצָאֵי שַׁבָּת רַק אִם הַנָּכְרִי יִסַּע לְשָׁם בְּשַׁבָּת, שׁוּב הָוֵי הַמְּלָאכָה בְּשַׁבָּת אַדַּעְתָּא שֶׁיִּשְׁתַּמֵּשׁ הַיִּשְׂרָאֵל מִיָּד וְאָסוּר בִּכְדֵי שֶׁיֵּעָשֶׂה.. וְחָשַׁבְתִּי מִקּוֹדֶם דְּאוּלַי הֵיכָא דִּמְזַמֵּין מֵחֶבְרָה שֶׁל מְכוֹנִיּוֹת נְסִיעָה נָכְרִים, וְהַנַּהָג רַק פּוֹעֵל שֶׁל הַחֶבְרָה, דְּיֵשׁ לְצַדֵּד עפי"ד הפמ"ג (סי' רע"ו מ"ז סוֹף הַסִּימָן), דְּעַכּוּ"ם שֶׁהִדְלִיק נֵר בִּשְׁבִיל חֲבֵירוֹ וּבֶאֱמֶת חֲבֵירוֹ לְצוֹרֶךְ יִשְׂרָאֵל כַּוָּונָתוֹ יֵשׁ לוֹמַר לְהָקֵל.. אֲבָל הֵיכָא שֶׁהַנָּכְרִי הָעוֹשֶׂה הַמְּלָאכָה יוֹדֵעַ שֶׁהַמְּלָאכָה הִיא לְצוֹרֶךְ יִשְׂרָאֵל, אַף אִם הַיִּשְׂרָאֵל לֹא צִוָּה לוֹ כְּלוּם, אָסוּר לְהַיִּשְׂרָאֵל לֵהָנוֹת מִמֶּנּוּ עַד מוֹצָאֵי שַׁבָּת בִּכְדֵי שֶׁיֵּעָשֶׂה, דַּהֲרֵי הַחֲכָמִים אָמְרוּ מְלֶאכֶת הַנָּכְרִי לְצוֹרֶךְ יִשְׂרָאֵל אַף אִם הַיִּשְׂרָאֵל לֹא צִוָּה לוֹ כְּלוּם אָסוּר לְהַיִּשְׂרָאֵל לֵיהָנוֹת מִמְּלָאכָה זוֹ..

4. ארחות שבת כג:סה

יִשְׂרָאֵל שֶׁהִזְמִין מֵעֶרֶב שַׁבָּת נַהַג נָכְרִי שֶׁיִּקָּחֶנּוּ מִיָּד בְּצֵאת הַשַּׁבָּת, וּלְצוֹרֶךְ כַּךְ צָרִיךְ הַנָּכְרִי לָצֵאת מִבֵּיתוֹ בְּשַׁבָּת יֵשׁ לָדוּן וּלְהַתִּיר זֹאת.

הערה קלג עַיֵּין בשו"ת מנחת יצחק ח"ו סי' כה שֶׁכָּתַב לֶאֱסוֹר זֹאת. וְלִכְאוֹרָה יל"ע לָמָּה לֹא יִהְיֶה הֶיתֵּר בָּזֶה ע"פ הט"ז סו"ס רע"ו הַמּוּבָא בְּמשנה ברורה שָׁם ס"ק כ"ז שֶׁכָּתַב דְּמוּתָּר לוֹמַר לְנָכְרִי לְהָדִיחַ כֵּלִים אַף אִם לְשֵׁם כַּךְ צָרִיךְ הַנָּכְרִי לְהַדְלִיק נֵר.. וַהֲרֵי זֶה בְּגֶדֶר נֵר שֶׁהִדְלִיק נָכְרִי לְצוֹרֶךְ עַצְמוֹ לְהַשְׁלִים פְּעוּלָּתוֹ.. וְהָכִי נָמִי יֵשׁ לוֹמַר דְּהַנְּסִיעָה שֶׁל הַנָּכְרִי מִבֵּיתוֹ אֶל הַיִּשְׂרָאֵל אֵינָהּ חֵלֶק מֵהַפְּעוּלָּה שֶׁנִּצְטַוָּוה עָלֶיהָ אֶלָּא הִיא רַק מְאַפְשֶׁרֶת לוֹ לַעֲשׂוֹת אֶת הַפְּעוּלָּה, וְאִם כֵּן מִיקְרֵי שֶׁהַנָּכְרִי עוֹשֶׂה זֹאת אַדַּעְתָּא דְּנַפְשֵׁיהּ לְהַשְׁלִים פְּעוּלָּתוֹ. וְאַף שֶׁהַיִּשְׂרָאֵל נֶהֱנֶה מֵהַמְּכוֹנִית שֶׁהֵבִיא הַנָּכְרִי אֵין בָּזֶה כְּדֵי לֶאֱסוֹר, דְּהַנָּכְרִי הֵבִיא אֶת הַמְּכוֹנִית לְצוֹרֶךְ עַצְמוֹ, כְּדֵי שֶׁיּוּכַל לַעֲשׂוֹת אֶת הַפְּעוּלָּה שֶׁנִּשְׂכַּר אֵלֶיהָ וּלְהַסִּיעַ אֶת הַיִּשְׂרָאֵל..

5. משנה ברורה רעו:כז

..אִם מְשַׁלְּחָם בִּשְׁלִיחוּתוֹ שֶׁיֵּלְכוּ בְּעַצְמָם וְהִדְלִיקוּ אֶת הַנֵּר לְהָאִיר לָהֶם אֵין זֶה מִקְרֵי לְצָרְכּוֹ אַף שֶׁעִקַּר הֲלִיכָתָם הוּא בִּשְׁבִילוֹ כֵּיוָן שֶׁאֵין גּוּפוֹ נֶהֱנֶה מֵהַנֵּר בְּעֵת הַהַדְלָקָה וּמוּתָּר אַחַר כַּךְ לְיִשְׂרָאֵל לְהִשְׁתַּמֵּשׁ אֵצֶל הַנֵּר וּכְעֵין זֶה כָּתַב הט"ז בְּסוֹף הַסִּימָן וְז"ל נ"ל אוֹתוֹ הַנֵּר שֶׁמַּדְלֶקֶת הַשִּׁפְחָה כְּדֵי לְהָדִיחַ כְּלֵי אֲכִילָה שֶׁאָכְלוּ לֹא מִיקְרֵי לְצוֹרֶךְ יִשְׂרָאֵל כֵּיוָן שֶׁאֵין גּוּף הַיִּשְׂרָאֵל נֶהֱנֶה מִמֶּנּוּ אֶלָּא כֵּלִים שֶׁלּוֹ מוּדָחִים וְהִיא חַיֶּיבֶת לְהַדִּיחָם לְצָרְכָּהּ הִיא מַדְלֶקֶת וּמוּתָּר אַחַר כַּךְ יִשְׂרָאֵל לְהִשְׁתַּמֵּשׁ לְנֵר זֶה אַף צָרְכֵי גּוּפוֹ כֵּיוָן דִּבְעֵת הַדְלָקַת הַנֵּר הִדְלִיקָה לְצָרְכָּהּ..

מקור חיים 242

Ordering a Taxi for when Shabbos Ends

QUESTION ———————————————————————

We are going on holiday on *Motzaei Shabbos*. Can we order a taxi before Shabbos to be waiting outside our house the moment Shabbos ends?

DISCUSSION ———————————————————————

The Shulchan Aruch (OC 307:4)[1] allows one to give a non-Jewish person money before Shabbos for them to purchase something provided that they do not specify that they should buy it on Shabbos. The Taz (OC 307:3)[2] writes, however, that if one tells the non-Jewish person that they are leaving on *Motzaei Shabbos*, it is as if they specified that it must be purchased on Shabbos as there is no other realistic time for them to purchase it.

Following this, R' Yitzchak Yaakov Weiss (Minchas Yitzchak 6:25)[3] writes that one must not book a taxi to be waiting for when Shabbos ends as inevitably, one is instructing the taxi driver to drive to their location on Shabbos. One would have to wait at least as long as it would take for the driver to arrive from the taxi rank or an average journey.

However, R' Shalom Gelber and R' Yitzchak Rubin (Orchos Shabbos 23:65)[4] argue that the taxi driver's journey to pick one up is incidental and not part of the instruction. They quote the Taz (OC 276:3) and Mishna Berura (276:27)[5] who write that one is allowed to ask a non-Jewish person to wash their dishes even if that means that they will inevitably switch the lights on. Although they are doing so in order to perform something on your behalf, this is considered as doing so for themselves. Likewise, as the driver brings their car in order to perform their job, this is considered as if they are doing so for their own needs.

CONCLUSION ———————————————————————

One is allowed to ask a non-Jewish driver to pick them up immediately after Shabbos, even though the taxi will be driving on Shabbos to get there.

1. שולחן ערוך או"ח רצט:א

אָסוּר לֶאֱכוֹל שׁוּם דָּבָר, אוֹ אֲפִלּוּ לִשְׁתּוֹת יַיִן אוֹ שְׁאָר מַשְׁקִין חוּץ מִמַּיִם, מִשֶּׁתֶּחְשַׁךְ עַד שֶׁיַּבְדִּיל. אֲבָל אִם הָיָה יוֹשֵׁב וְאוֹכֵל מִבְּעוֹד יוֹם וְחָשְׁכָה לוֹ, אֵין צָרִיךְ לְהַפְסִיק אֲפִלּוּ מִשְּׁתִיָּיה (בית יוסף).

2. משנה ברורה רצט:א

וּמִכָּל מָקוֹם נִרְאֶה לִי דִּלְעִנְיַן אֲכִילַת סְעוּדָה שְׁלִישִׁית אִם לֹא אָכַל מִקּוֹדֶם בְּוַדַּאי צָרִיךְ לֶאֱכוֹל אֲפִלּוּ אַחַר שְׁקִיעָה וַאֲפִלּוּ לִשְׁאָר אֲכִילָה אִם הוּא תָּאֵב לֶאֱכוֹל וְלִשְׁתּוֹת גַּם כֵּן אֵין לְהַחֲמִיר עַד חֲצִי שָׁעָה שֶׁקּוֹדֶם צֵאת הַכּוֹכָבִים.

3. שער הציון רצט:ב

כֵּיוָן שֶׁהוּא דְּבַר מִצְוָה יָכוֹל לִסְמוֹךְ עַל שִׁיטַת הרז"ה, וְגַם הרא"ש אֶפְשָׁר דְּסוֹבֵר כֵּן. וְאֶפְשָׁר עוֹד דְּאָתֵי סְפֵק עֲשֵׂה דְּרַבָּנָן וְדוֹחֶה סְפֵק אִסּוּר דְּרַבָּנָן, וְגַם מֵהַטְּעָמִים שֶׁכָּתַבְנוּ בביאור הלכה, וְגַם הָעוֹלָם נוֹהֲגִין לְהָקֵל בָּזֶה.

4. תשובות והנהגות ב:רג

..וּמֵאִידָךְ גִּיסָא שָׁמַעְתִּי עַל רַבֵּינוּ החזון איש זצ"ל שֶׁהֶחֱמִיר מְאֹד לֹא לֶאֱכוֹל אַחֲרֵי הַשְּׁקִיעָה וַאֲפִלּוּ בְּדִיעֲבַד אֵין לְהַתִּיר כְּשֶׁלֹּא אָכַל קוֹדֶם.. וּמִיהוּ נִרְאֶה שֶׁעִקַּר הַמִּצְוָה הִיא מִפְּנֵי עוֹנֶג שַׁבָּת לְרוֹב הַפּוֹסְקִים, וְג' פְּעָמִים בַּיּוֹם הוּא אַסְמַכְתָּא בְּעָלְמָא, וְעוֹנֶג שַׁבָּת תָּלוּי בִּזְמַן הַשַּׁבָּת, וְשַׁפִּיר נָהֲגוּ בָּזֶה לְהָקֵל וּכְדִבְרֵי הגר"ח מבריסק זצ"ל שֶׁהֵבֵאנוּ לְעֵיל, וְכֵן הַמִּנְהָג פָּשׁוּט אֶצְלֵינוּ בס"ד וְיֵשׁ לַמִּנְהָג עַל מַה לִסְמוֹךְ..

5. שמירת שבת כהלכתה נו:ד

לְכַתְּחִלָּה יֹאכַל לְפָחוֹת כַּזַּיִת לֶחֶם שֶׁל סְעוּדָה שְׁלִישִׁית מִבְּעוֹד יוֹם. וְאוּלָם אִם לֹא עָשָׂה כֵּן מוּתָּר לוֹ לְהַתְחִיל לֶאֱכוֹל כָּל עוֹד לֹא שָׁקְעָה חַמָּה, דְּהַיְינוּ שֶׁלְּפָחוֹת יִטּוֹל יָדַיִם וִיבָרֵךְ בִּרְכַּת הַמּוֹצִיא, אַף אִם לֹא יַסְפִּיק לֶאֱכוֹל כַּזַּיִת לֶחֶם לִפְנֵי שְׁקִיעַת הַחַמָּה.. אֲבָל אַחֲרֵי שְׁקִיעַת הַחַמָּה כָּל בַּעַל נֶפֶשׁ לֹא יִטּוֹל יָדָיו וְלֹא יַתְחִיל לֶאֱכוֹל.

Late Seuda Shelishis

QUESTION

Our *shul davens mincha* on Shabbos about an hour before Shabbos ends. By the time I get home, it is after *shekia*. Is that too late to start eating *seuda shelishis*?

DISCUSSION

The Shulchan Aruch (OC 299:1)[1] writes that one should not start eating when it gets dark on Shabbos afternoon until after *havdala*. If one had started eating a meal before this time, one can continue eating (See Aruch Hashulchan OC 299:3).

The Mishna Berura (299:1)[2] writes that while it is preferable to eat before *shekia*, if one has not yet eaten *seuda shelishis*, then one should eat up to half an hour before *tzeis hakochavim*. Among other reasons, he explains (Shaar Hatziyun 299:2)[3] that we are not accustomed to be so strict about *shekia*, especially when there is a *mitzva* to eat *seuda shelishis*.

R' Moshe Sternbuch (Teshuvos Vehanhagos 2:203)[4] writes that while the Chazon Ish was particular not to eat after *shekia*, nonetheless, most *poskim* allow one to begin eating *seuda shelishis* a few minutes after *shekia* (See Shemiras Shabbos Kehilchasa 56:4;[5] Rivevos Ephraim 1:264).

CONCLUSION

It is preferable to begin eating *seuda shelishis* before *shekia*, though it is justifiable to begin a few minutes afterwards if necessary.

1. **יומא פא:**

'וְעִנִּיתֶם אֶת נַפְשֹׁתֵיכֶם בְּתִשְׁעָה לַחֹדֶשׁ', יָכוֹל יַתְחִיל וְיִתְעַנֶּה בְּתִשְׁעָה, תַּלְמוּד לוֹמַר 'בָּעֶרֶב'.. מִכַּאן שֶׁמּוֹסִיפִין מֵחוֹל עַל הַקּוֹדֶשׁ. שַׁבָּתוֹת מִנַּיִין? תַּלְמוּד לוֹמַר 'תִּשְׁבְּתוּ'..

2. **משנה ברורה רסא:יט**

שֶׁצָּרִיךְ לְהוֹסִיף: בֵּין בִּכְנִיסָתוֹ וּבֵין בִּיצִיאָתוֹ.. וְאֵין עַל הַזְּמַן הַזֶּה לֹא לַאו וְלֹא כָּרֵת כִּי אִם מִצְוַת עֲשֵׂה מִן הַתּוֹרָה..

3. **שולחן ערוך או"ח רצג:א**

מְאַחֲרִין תְּפִלַּת עַרְבִית, כְּדֵי לְהוֹסִיף מֵחוֹל עַל הַקּוֹדֶשׁ.

4. **משנה ברורה רצג:א**

לְכַתְּחִלָּה רָאוּי וְנָכוֹן וְכֵן מִנְהַג כָּל יִשְׂרָאֵל לְאַחֵר אֶת הַתְּפִלָּה כְּדֵי שֶׁיִּתּוֹסֵף יוֹתֵר מֵחוֹל עַל הַקּוֹדֶשׁ.

5. **שולחן ערוך או"ח רצג:ג**

מִי שֶׁהוּא אָנוּס, כְּגוֹן שֶׁצָּרִיךְ לְהַחְשִׁיךְ עַל הַתְּחוּם לִדְבַר מִצְוָה, יָכוֹל לְהִתְפַּלֵּל שֶׁל מוֹצָאֵי שַׁבָּת מִפְּלַג הַמִּנְחָה וּלְמַעְלָה וּלְהַבְדִּיל מִיַּד אֲבָל לֹא יְבָרֵךְ עַל הַנֵּר, וְכֵן אָסוּר בַּעֲשִׂיַּית מְלָאכָה, עַד צֵאת הַכּוֹכָבִים. **הגה** וְנוֹהֲגִים לוֹמַר וְהוּא רַחוּם וּבָרְכוּ בַּאֲרִיכוּת נוֹעַם, כְּדֵי לְהוֹסִיף מֵחוֹל עַל הַקּוֹדֶשׁ (א"ז).

6. **מגן אברהם רצג:ד**

יָכוֹל לְהִתְפַּלֵּל: וְאֵין לַעֲשׂוֹת כֵּן דְּדָבָר תָּמוּהַּ הוּא לְרַבִּים [ב"ח רש"ל] וְעַיֵּין סִימָן ש"ו בטור כָּתוּב דְּהוּא הַדִּין אִם הָיָה לָהֶם שׁוּם אוֹנֶס שֶׁלֹּא יִהְיֶה לוֹ יַיִן לְהַבְדִּיל בְּמוֹצָאֵי שַׁבָּת רַשָּׁאִי לְהִתְפַּלֵּל מִבְּעוֹד יוֹם ע"ש וְנִרְאֶה לִי דְּהָכִי פֵּירוּשׁוֹ כְּגוֹן שֶׁהוּא דָּר בָּעִיר וּבְחוּץ לָעִיר יֵשׁ יַיִן וּבְשַׁבָּת אִי אֶפְשָׁר לַהֲבִיאוֹ וּמוֹצָאֵי שַׁבָּת מִתְיָרֵא מִפְּנֵי הָעַכּוּ"ם אוֹ לִסְטִים וְאִי אֶפְשָׁר לוֹ לָלוּן חוּץ לָעִיר רַשַּׁאי לְהַבְדִּיל מִבְּעוֹד יוֹם..

7. **משנה ברורה רצג:ט**

יָכוֹל וְכוּ': וּמִכָּל מָקוֹם כָּתְבוּ הָאַחֲרוֹנִים דְּאֵין לַעֲשׂוֹת כֵּן דְּדָבָר תָּמוּהַּ הוּא לְרַבִּים גַּם שֶׁמָּא יָבוֹאוּ לְהָקֵל בִּמְלָאכָה וּבִפְרַט בְּיָמֵינוּ דְּנוֹהֲגִין לַעֲשׂוֹת תָּמִיד כְּרַבָּנָן שֶׁמִּתְפַּלְּלִין מִנְחָה עַד הָעֶרֶב בְּוַדַּאי מִדִּינָא אָסוּר לְהַקְדִּים מַעֲרִיב בְּמוֹצָאֵי שַׁבָּת וְאַף דִּבְעֶרֶב שַׁבָּת יֵשׁ שֶׁמַּקְדִּימִין הַיְינוּ מִשּׁוּם דְּמִצְוָה לְהוֹסִיף מֵחוֹל עַל הַקּוֹדֶשׁ מַה שֶׁאֵין כֵּן בְּמוֹצָאֵי שַׁבָּת.

Early Maariv on Motzaei Shabbos

QUESTION

My neighbour has started a *minyan* for *maariv* in his house on *Motzaei Shabbos*. They begin fifteen minutes before *nacht*. Is this ideal?

DISCUSSION

The Gemara (Rosh Hashana 9a; Yuma 81b[1]) teaches that there is a *mitzva* of *tosefes Shabbos*, to add on a little bit of time both at the beginning and at the end of Shabbos. One should therefore endeavour to bring Shabbos in a few minutes early and not end it until a few minutes after *nacht* (See Mishna Berura 261:19)[2].

Thus, the Shulchan Aruch (OC 293:1)[3] writes that one should delay *davening maariv* on *Motzaei Shabbos* in order to add some time onto Shabbos. The Mishna Berura (293:1)[4] writes that this is the universal practice. The Rema (OC 293:3)[5] adds that there is even a *minhag* to say the opening words of *maariv*, *vehu rachum*, very slowly to add on a few extra seconds.

The Shulchan Aruch (OC 293:3)[5] writes that in extenuating circumstances, such as one had a pressing *mitzva* matter, they can *daven maariv* after *plag hamincha*. Nonetheless, the Magen Avraham (293:4)[6] writes that the *acharonim* disapprove of this as it does not look right when most people are waiting until *nacht* and some are *davening* earlier. The Mishna Berura (293:9)[7] adds that we also need to be concerned that people may come to perform *melacha* before it is *nacht*.

CONCLUSION

It is important to wait until *nacht* to daven *maariv* on *Motzaei Shabbos*.

1. שולחן ערוך או"ח רסג:יז

יֵשׁ אוֹמְרִים שֶׁמִי שֶׁקִּבֵּל עָלָיו שַׁבָּת קוֹדֶם שֶׁחֲשֵׁכָה מוּתָּר לוֹמַר לְיִשְׂרָאֵל חֲבֵירוֹ לַעֲשׂוֹת לוֹ מְלָאכָה..

2. תשובות והנהגות ה:צב

וּבְמוֹצָאֵי שַׁבָּת כְּשֶׁכַּאן בְּאֶרֶץ יִשְׂרָאֵל עָבְרָה שַׁבָּת, ובאמריקה עֲדַיִין שַׁבָּת, וְרוֹצֶה לִשְׁלוֹחַ פאקס בְּעִנְיְנֵי מִסְחָר לַיְהוּדִי באמריקה לְאַחַר שֶׁיָּצְאָה כַּאן הַשַּׁבָּת, נִרְאֶה שֶׁאֵין בָּזֶה אִסּוּר כֵּיוָן שֶׁאֶצְלוֹ אֵינוֹ שַׁבָּת וּבְוַדַּאי אֵינוֹ אָסוּר, וּלְחֲבֵירוֹ בַּחוּץ לָאָרֶץ הֲלוֹא לֹא נַעֲשָׂה בְּצִיווּיוֹ, (וּכְשֶׁעוֹשֶׂה מֵעַצְמוֹ אֵין צָרִיךְ לִמְחוֹת בְּיָדוֹ וכמ"ש לְעֵיל), וּמִיהוּ אִם יְהוּדִי עָלוּל לִפְתּוֹחַ שָׁם וּלְקוֹרְאוֹ אָסוּר מִפְּנֵי שֶׁמַּכְשִׁילוֹ. אֲבָל אֵין לְהַתִּיר לִיהוּדִי באמריקה לְצַוּוֹת לִיהוּדִי מֵאֶרֶץ יִשְׂרָאֵל לִשְׁלוֹחַ לוֹ פאקס בְּמוֹצָאֵי שַׁבָּת בְּאֶרֶץ יִשְׂרָאֵל לְכַאן באמריקה, דְּאַף דבשולחן ערוך (סי' רס"ג סעיף י"ז) אִיתָא, יֵשׁ אוֹמְרִים שֶׁמִי שֶׁקִּבֵּל עָלָיו שַׁבָּת קוֹדֶם שֶׁחֲשֵׁיכָה מוּתָּר לוֹמַר לְיִשְׂרָאֵל חֲבֵירוֹ לַעֲשׂוֹת לוֹ מְלָאכָה, וּלְפִי זֶה לִכְאוֹרָה הוּא הַדִּין דְּמוּתָּר לִיהוּדִי מאמריקה לְצַוּוֹת לִיהוּדִי מֵאֶרֶץ יִשְׂרָאֵל לִשְׁלוֹחַ לוֹ פאקס בְּמוֹצָאֵי שַׁבָּת בְּאֶרֶץ יִשְׂרָאֵל לְכַאן לאמריקה, כֵּיוָן שֶׁאֶצֶל עוֹשֶׂה הַמְּלָאכָה אֵינוֹ שַׁבָּת, אֲבָל זֶה אֵינוֹ, דְּהָתָם מְפוֹרָשׁ הַטַּעַם בְּ'באר היטב', דְּהָא אִי בָּעֵי לֹא הָיָה מְקַבֵּל שַׁבָּת, דְּהַיְינוּ דְּכָל שֶׁיֵּשׁ לוֹ עַצְמוֹ אוֹפֶן לַעֲשׂוֹת מְלָאכָה לֵיכָּא אִסּוּר לַעֲשׂוֹת מְלָאכָה בִּשְׁבִילוֹ, אֲבָל כַּאן שֶׁיְּהוּדִי באמריקה חַיָּיב לִשְׁבּוֹת אָסוּר לוֹ לְצַוּוֹת לַעֲשׂוֹת מְלָאכָה בִּשְׁבִילוֹ, וְלֹא הוּתַּר אֶלָּא כְּשֶׁאֵינוֹ מְצַוֵּהוּ לִשְׁלוֹחַ לוֹ הפאקס.

3. רבבות אפרים ח:קנב:ג

הֶאֱרַכְנוּ בפקס בְּשַׁבָּת, וְנָבִיא כַּאן פִּסְקֵי הגר"י בעלסקי.. אֲבָל לִשְׁלוֹחַ פקס בָּעֶרֶב שַׁבָּת מִכַּאן לְאֶרֶץ יִשְׂרָאֵל מוּתָּר אַף עַל פִּי שֶׁשָּׁם הוּא כְּבָר יוֹם שַׁבָּת [בְּשֵׁם הגרי"ש אלישיב (שליט"א)].. וְאִם יוֹדֵעַ שֶׁהַמְּקַבֵּל הפקס בְּשַׁבָּת בְּאֶרֶץ יִשְׂרָאֵל יִקְרָאֶנּוּ אוֹ יְטַלְטְלֶנּוּ אָז אָסוּר לִשְׁלוֹחַ לוֹ מִשּׁוּם לִפְנֵי עִוֵּר לֹא תִתֵּן מִכְשׁוֹל.

4. רבבות אפרים ח:קנח:ב

בְּעֶרֶב שַׁבָּת בְּאַרְצוֹת הַבְּרִית מוּתָּר לִשְׁלוֹחַ פעק"ס לְאֶרֶץ יִשְׂרָאֵל שֶׁהוּא כְּבָר שַׁבָּת, שֶׁהָאִסּוּר לַעֲשׂוֹת מְלָאכָה הוּא בְּמָקוֹם שֶׁהוּא שָׁם, וְלֹא בְּמָקוֹם שֶׁהַמְּלָאכָה נַעֲשֵׂית [הגרי"י (פישר), והגר"י בְּשֵׁם הגרי"ש] (יֵשׁ דֵּעוֹת חֲלוּקוֹת בָּזֶה, הַמְּחַבֵּר).

5. אבני ישפה ה:מז:א

נִשְׁאַלְתִּי אִם מוּתָּר לִשְׁלוֹחַ פאקס בְּמוֹצָאֵי שַׁבָּת שֶׁיַּגִּיעַ בְּשַׁבָּת לְחוּץ לָאָרֶץ, שֶׁהֲרֵי בִּזְמַן שֶׁאֶצְלוֹ בְּאֶרֶץ יִשְׂרָאֵל הוּא כְּבָר מוֹצָאֵי שַׁבָּת, באמריקה הוּא עֲדַיִין שַׁבָּת. וְהִנֵּה כֵּיוָן שֶׁאֶצֶל הַשּׁוֹלֵחַ הוּא כָּעֵת מוֹצָאֵי שַׁבָּת, לֹא שַׁיָּיךְ לִקְרוֹא לְמַעֲשֶׂה שֶׁלּוֹ חִלּוּל שַׁבָּת שֶׁהֲרֵי אָנוּ מִסְתַּכְּלִים עַל הַמָּקוֹם שֶׁהוּא עוֹשֶׂה אֶת הַפְּעוּלָּה וּבְמָקוֹם זֶה כְּבָר נִגְמְרָה הַשַּׁבָּת. וְכֵן אָנוּ יוֹדְעִים שֶׁבְּכָל הָעוֹלָם בְּמָקוֹם אֶחָד יֵשׁ שַׁבָּת וּבְמָקוֹם אַחֵר אֵינֶנּוּ שַׁבָּת, אֲבָל בְּכָל אוֹפֶן כָּל אֶחָד שׁוֹמֵר שַׁבָּת לְפִי מְקוֹמוֹ. וְכֵן הַדִּין כַּאן שֶׁלֹּא אִיכְפַּת לָנוּ מַה שֶּׁהוּא שַׁבָּת בְּמָקוֹם שֶׁמַּגִּיעַ הפאקס כֵּיוָן שֶׁאֵינֶנּוּ שַׁבָּת בְּמָקוֹם שֶׁהוּא עוֹשֶׂה אֶת הַפְּעוּלָה. וְכֵיוָן שֶׁהוּא אֵינוֹ עוֹמֵד בַּמָּקוֹם הַזֶּה, הֲרֵי אֵין כַּאן אֶלָּא חִצִּים שֶׁלּוֹ שֶׁהֵם נִשְׁלְחוּ לַמָּקוֹם, אֲבָל הוּא עַצְמוֹ אֵין לוֹ שׁוּם שַׁיְּיכוּת לַמָּקוֹם. וְלָכֵן מוּתָּר לְיִשְׂרָאֵל לִשְׁלוֹחַ פאקס בְּמוֹצָאֵי שַׁבָּת אַף עַל פִּי שֶׁהוּא יַגִּיעַ בְּשַׁבָּת בְּחוּץ לָאָרֶץ.

248 מקור חיים

Messaging Someone on their Shabbos

QUESTION ————————————————————————

Am I allowed to message my family in America after Shabbos goes out here even though it is still Shabbos there?

DISCUSSION ————————————————————————

The Shulchan Aruch (OC 263:17)[1] writes that one who has accepted Shabbos early may ask another Jew who has not yet accepted Shabbos to do a *melacha* on their behalf. Following this, R' Moshe Sternbuch (Teshuvos Vehanhagos 5:92)[2] allows one in Eretz Yisroel to send a fax after Shabbos to someone in America even though it is still Shabbos there provided that they will not come to break Shabbos by reading business communication.

Likewise, R' Ephraim Greenblatt (Rivevos Ephraim 6:115:2; 8:152:3;[3] 8:158:2[4]) quotes R' Yisroel Yaakov Fisher, R' Yosef Shalom Elyashiv and R' Yisroel Belsky who allowed one to send a fax before or after Shabbos to one abroad even though it was Shabbos for the recipient. R' Yisroel Pesach Feinhandler (Avnei Yashpei 5:47:1)[5] explains that we only look at where the *melacha* is being performed. As it is not Shabbos for the one performing the *melacha*, they may send the fax then (See Shevet Halevi 8:40:3; Cheshev Haefod 3:86).

R' Moshe Sternbuch adds, however, that one may not specifically ask another person to send them a fax while it is still Shabbos for the one requesting.

CONCLUSION ————————————————————————

One may message people before or after Shabbos even if they are in a different time zone and it is still Shabbos there, provided that they will not come to break Shabbos by doing so. One must not specifically ask another to message them during Shabbos.

1. משנה ראש השנה כז:

הַתּוֹקֵעַ לְתוֹךְ הַבּוֹר אוֹ לְתוֹךְ הַדּוּת אוֹ לְתוֹךְ הַפִּטָּס, אִם קוֹל שׁוֹפָר שָׁמַע, יָצָא. וְאִם קוֹל הֲבָרָה שָׁמַע, לֹא יָצָא.

2. מנחת אלעזר ב:עב

לְעִנְיַן מְגִילָּה נִשְׁאַלְתִּי אִם יוֹצֵא הַשּׁוֹמֵעַ מֵהַקּוֹרֵא בטעלעפאן וּמִכָּל הַצְּדָדִים שֶׁחָתַר הַשּׁוֹאֵל לֹא מָצָאתִי לֶאֱסוֹר. דְּבֶאֱמֶת בַּמְּגִילָּה לֹא פָּסַל אִם נִתְעֲבָה קוֹל הַקּוֹרֵא בַּהֲבָרָה בִּשְׁמִיעָה בְּרִיחוּק מָקוֹם וְכַיּוֹצֵא וְזֶה פָּשׁוּט.

3. אגרות משה או"ח ד:צא:ד

בְּעִנְיָן.. אִשָּׁה הַנִּמְצֵאת בְּבֵית הַחוֹלִים הִנֵּה אִם אִי אֶפְשָׁר לָהּ שֶׁתִּשְׁמַע הַבְדָּלָה בִּמְקוֹמָהּ וַדַּאי יֵשׁ לָהּ לִשְׁמוֹעַ עַל הַטעלעפאן שֶׁיּוֹתֵר נוֹטֶה שֶׁיּוֹצְאָה בָּזֶה.. מִשּׁוּם דְּכָל מִצְוֹת דִּבּוּר דִּבְחוֹל הוּא כִּמְגִי־לָה לְבַד קְרִיאַת שְׁמַע וּבִרְכַּת הַמָּזוֹן שֶׁצָּרִיךְ לִמְחוֹת בְּאֵלּוּ הָרוֹצִים לָצֵאת במייקראפאן.. וְכֵן צָרִיךְ לַעֲנוֹת אָמֵן עַל בְּרָכָה שֶׁשּׁוֹמְעִין עַל יְדֵי טעלעפאן וְעַל יְדֵי מייקראפאן מִסָּפֵק.

4. ציץ אליעזר ח:יא

לְמַסְקָנָא דְּדִינָא נִרְאֶה לְפִי עֲנִיּוּת דַּעְתִּי, דִּנְהִי דִּלְכַתְּחִלָּה בְּוַדַּאי יֵשׁ לַעֲשׂוֹת כָּל טַצְדְּקֵי לְחַזֵּר שֶׁלֹּא לְהַשְׁמִיעַ קְרִיאַת הַמְּגִילָּה דֶּרֶךְ מיקרופון.. אוֹ כְּפִי שֶׁנִּשְׁאַלְתִּי בְּמִקְרֶה אַחֵר עַל בֵּית חוֹלִים גָּדוֹל שֶׁאִי אֶפְשָׁר לְהַעֲבִיר שְׁמִיעַת קְרִיאַת הַמְּגִילָּה לַחוֹלִים כִּי אִם דֶּרֶךְ המיקרופון, אֲזַי הַמּוֹרֶה עַל כְּגוֹן דָּא לְהַתִּיר אֲפִלּוּ לְכַתְּחִלָּה הַשְׁמָעַת קְרִיאָתָהּ בְּאֶמְצָעוּת כְּלֵי המיקרופון אֵין מַזְחִיחִין אוֹתוֹ..

5. מנחת שלמה א:ט

..אֲבָל טָעוּת גְּדוֹלָה הִיא לַחֲשׁוֹב שֶׁהַחוּטִים מוֹלִיכִים מַמָּשׁ אֶת הַקּוֹל כְּמוֹ שֶׁהֵם מוֹלִיכִים זֶרֶם.. לָכֵן תָּמֵהַּ אֲנִי מְאֹד עַל כַּמָּה מִגְּדוֹלֵי הָרַבָּנִים שֶׁהִתִּירוּ לִשְׁמוֹעַ מִקְרָא מְגִילָּה דֶּרֶךְ מַגְבִּיר קוֹל וְאֵיךְ לֹא שָׂמוּ לִבָּם.. וְלֹא קוֹל מִקְרָא מְגִילָּה שֶׁל אָדָם..

הערה 3 ..נִזְדַּמֵּן לִי לְדַבֵּר עִם מָרָן בַּעַל החזון איש זצ"ל וְאָמַר לִי שֶׁלְּדַעְתּוֹ אֵין זֶה כָּל כַּךְ פָּשׁוּט, וְיִתָּכֵן דְּכֵיוָן שֶׁהַקּוֹל הַנִּשְׁמָע נוֹצָר עַל יְדֵי הַמְּדַבֵּר וְגַם הַקּוֹל נִשְׁמַע מִיַּד כְּדֶרֶךְ הַמְּדַבְּרִים "אֶפְשָׁר" דְּגַם זֶה חָשִׁיב כְּשׁוֹמֵעַ מַמָּשׁ מִפִּי הַמְּדַבֵּר אוֹ הַתּוֹקֵעַ.. וּלְפִי עֲנִיּוּת דַּעְתִּי הוּא חִידּוּשׁ גָּדוֹל מְאֹד וְאֵין אֲנִי מֵבִין אוֹתוֹ.

6. יביע אומר או"ח א:יט:יח

וְכָעֵת דִּבַּרְתִּי בָּזֶה עִם יְדִידִי הָרַב הַגָּאוֹן הַמְּפוּרְסָם כמהר"ר שלמה זלמן אוירבך.. כּוּלָּם לֹא הֵעִירוּ בָּזֶה שֶׁהַזֶּרֶם הוּא קוֹל אַחֵר, וְאֵינוֹ חָשׁוּב קוֹל הַמְּדַבֵּר.. וְלָכֵן אַף לִדְבָרָיו יָפֶה עָשִׂינוּ שֶׁבִּטַּלְנוּ אֶת הָרַם קוֹל, כִּי אַף בַּחוֹל אֵין יְכוֹלִים לָצֵאת בּוֹ יְדֵי חוֹבָתוֹ תְּפִלָּה וְלַעֲנוֹת קַדִּישׁ וּקְדוּשָּׁה. וּכְמוֹ כֵן לְעִנְיַן קְרִיאַת הַמְּגִילָּה לֹא מְהַנֵּי לָצֵאת בּוֹ יְדֵי חוֹבָתוֹ. וְכֵן הַדִּין בְּרַדְיוֹ.

7. שולחן ערוך או"ח רצו:ב

אֵין מַבְדִּילִין עַל הַפַּת אֲבָל עַל הַשֵּׁכָר מַבְדִּילִין אִם הוּא חֲמַר מְדִינָה וְהוּא הַדִּין לִשְׁאָר מַשְׁקִין חוּץ מִן הַמַּיִם.

8. אגרות משה או"ח ב:עה

וְאַף הַמַּתִּירִין לְקַדֵּשׁ וּלְהַבְדִּיל עַל טיי מָתוּק עַיֵּין בערוך השולחן סימן ערב סעיף י"ד נִרְאֶה שבטיי דֶּרֶךְ הָעוֹלָם שֶׁמְּכַבְּדִין וְשׁוֹתִים זֶה אַף שֶׁאֵין צְרִיכִים כְּלָל לִשְׁתּוֹת אֶלָּא מִפְּנֵי הַכָּבוֹד וְלָכֵן מַחֲשִׁיבִים זֶה לְמַשְׁקֶה.

9. תשובות והנהגות ד:עז

..אֲבָל בִּזְמַנֵּנוּ הַשְּׁתִיָּה הַקְּבוּעָה הִיא כּוֹס קָפֶה אוֹ תֵּה וְזֶה כְּמוֹ יַיִן בִּזְמַנָּם דְּמִיקְרֵי חֲמַר מְדִינָה לרמב"ם.. וְאִם כֵּן עָדִיף לְהַבְדִּיל עַל כּוֹס תֵּה אוֹ קָפֶה..

מקור חיים 250

Watching Havdala Online

QUESTION

I ran out of grape juice on Shabbos and so do not have enough for *havdala*. Can I be *yotze* by watching someone saying it live online?

DISCUSSION

The Mishna (Rosh Hashana 27b)[1] teaches that one who blew a *shofar* into a barrel only fulfils their obligation to listen to the *shofar* if they hear the actual sound rather than an echo. The *poskim* discuss whether a phone or microphone with (virtually) no delay is equivalent to hearing the actual sound or not.

R' Chaim Elazar Shapira (Minchas Elazar 2:72)[2] and R' Zvi Pesach Frank (quoted in Minchas Yitzchak 2:113) allow one to use a microphone for *mitzvos derabannan*.

R' Moshe Feinstein (Igros Moshe OC 2:108; 4:91:4[3]) writes, however, that as the electronic sound produced is not the actual human voice, it is not ideal to listen to the *megilla* through a microphone. Nonetheless, *bedieved,* one fulfils their obligation this way. Likewise, he allowed a woman in hospital to fulfil her obligation to hear *havdala* over the phone when there was no other choice (See Shevet Halevi 5:84). Similarly, R' Eliezer Waldenberg (Tzitz Eliezer 8:11)[4] permits one to use a microphone for patients in hospital to be able to listen to the *megilla* when necessary (See Minchas Yitzchak 2:113).

However, R' Shlomo Zalman Auerbach (Minchas Shlomo 1:9; n3)[5] writes that one cannot fulfil one's obligation of *havdala* or *megilla* over the microphone or phone, even *bedieved*. He writes that he does not understand how other *poskim* could have allowed it, comparing the sound heard to witnessing seeing a crime in the reflection of the mirror which cannot be admitted as evidence in *beis din*. R' Yitzchak Yaakov Weiss (Minchas Yitzchak 3:38:16), R' Ovadia Yosef (Yabia Omer OC 1:19:18;[6] Yechave Daas 3:54) and R' Moshe Sternbuch (Moadim Uzemanim 6:105) agree, explaining that the electronic sound produced is not the actual voice.

The Shulchan Aruch (OC 296:2)[7] writes that one may use *chamar medina*, popular beverage for *havdala*. Thus, one may use tea or coffee for *havdala* (See Aruch Hashulchan OC 272:14; Igros Moshe OC 2:75;[8] Tzitz Eliezer 8:16; Teshuvos Vehanhagos 4:77[9]).

CONCLUSION

One does not fulfil their obligation of *havdala* by watching online or listening over the phone. If necessary, one could recite it over a cup of coffee or tea.

1. שולחן ערוך או"ח תרפא:ב

מַדְלִיקִין נֵר חֲנוּכָה בְּבֵית הַכְּנֶסֶת קוֹדֶם הַהַבְדָּלָה. **הגה** וְכָל שֶׁכֵּן בְּבֵיתוֹ שֶׁמַּדְלִיק וְאַחַר כַּךְ מַבְדִּיל שֶׁהֲרֵי כְּבָר הִבְדִּיל בְּבֵית הַכְּנֶסֶת.

2. ט"ז או"ח תרפא:א

מַדְלִיקִין נֵר חֲנוּכָה כו': בבית יוסף הֵבִיא זֶה בְּשֵׁם ת"ה סי' ס' וְאַחַר כָּךְ הֵבִיא בְּשֵׁם הרד"א שֶׁיֵּשׁ שֶׁמַּדְלִיקִין אוֹתָם אַחַר שֶׁיַּבְדִּיל עַל הַכּוֹס וְכָאן פָּסַק בש"ע כת"ה כָּתַב דְּבָרָיו אַחֵר שֶׁנִּמְצָא בְּמִנְהָגִים כֵּן דְּעוֹשִׂין כֵּן כְּדֵי לְאַחוֹרֵי בְּאִפּוּקֵי יוֹמָא דְּשַׁבְּתָא וַאֲנִי שָׁמַעְתִּי שֶׁהָרַב מהר"ל מפראג עָשָׂה הֲלָכָה לְמַעֲשֶׂה כְּדַעַת הַשֵּׁנִי לְהַבְדִּיל קוֹדֶם וְכֵן כָּתַב הוּא ז"ל בַּסֵּפֶר אור חדש שֶׁלּוֹ: וְנָתַתִּי אֶת לִבִּי לְפִי עֲנִיּוּת דַּעְתִּי עַל זֶה וְזֶה אֲשֶׁר הֶעֱלֵיתִי בס"ד דְּשַׁפִּיר יֵשׁ לְמֵיעֲבַד כֵּן וּלְהַקְדִּים הַהַבְדָּלָה לְנֵר חֲנוּכָּה דְּאִיתָא במשנה בפ' כל התדיר דְּתָדִיר קוֹדֶם לְאֵינוֹ תָּדִיר וְיָלִיף לָהּ מִקְרָא דִּכְתִיב אֲשֶׁר לְעוֹלַת הַתָּמִיד וְזֶה בָּרוּר דְּכָל מִידֵי שֶׁאֵין לָנוּ הוֹכָחָה בְּרוּרָה מִן הַתַּלְמוּד לִדְחוֹת הַתָּדִיר מִשּׁוּם אֵיזֶה טַעַם אָמְרִינָן לֵיהּ לָאו כְּלוּם עָבַדְתְּ דְּמָנָא לָךְ לִסְתּוֹר הַכְּלָל וּבְזֶה אֵין לְךָ טַעַם לִדְחוֹת הַתָּדִיר..

3. ערוך השולחן או"ח תרפא:ב

וְרַבֵּינוּ הרמ"א כָּתַב עַל זֶה: וְכָל שֶׁכֵּן בְּבֵיתוֹ, שֶׁמַּדְלִיק וְאַחַר כַּךְ מַבְדִּיל, שֶׁהֲרֵי כְּבָר הִבְדִּיל בְּבֵית הַכְּנֶסֶת. עַד כַּאן לְשׁוֹנוֹ, וּמַשְׁמַע מִשּׁוּם שֶׁכְּבָר הִבְדִּיל בְּבֵית הַכְּנֶסֶת, הָא בְּלַאו הָכִי הַוֵי הַבְדָּלָה קוֹדֶמֶת. וְכֵן נִרְאֶה, דְּוַדַּאי קָשֶׁה הַדָּבָר לְבָרֵךְ "בּוֹרֵא מְאוֹרֵי הָאֵשׁ" אַחַר שֶׁכְּבָר הִשְׁתַּמֵּשׁ בָּאֵשׁ שֶׁל חֲנוּכָּה.

4. מלמד להועיל א:קכב

וְהִנֵּה אֲנִי מִתְּחִילָה כַּאֲשֶׁר בָּאתִי הֵנָּה לבערלין הִתְחַלְתִּי לִנְהוֹג כט"ז וְכֵן נָהַגְתִּי כ"ה שָׁנִים, וְאַחַר כָּךְ רָאִיתִי בְּעִיּוּן בַּסֵּפֶר אליה רבא שֶׁדָּחָה דִּבְרֵי הט"ז בְּטוּב טַעַם וָדַעַת, וְהִסְכַּמְתִּי בְּדַעְתִּי לִנְהוֹג כרמ"א וּלְהַדְלִיק תְּחִלָּה, בְּשֶׁגַּם שֶׁבְּמוֹצָאֵי שַׁבָּת תָּמִיד עַד שֶׁבָּאתִי לְבֵיתִי וְהִבְדַּלְתִּי הָיָה יוֹתֵר מֵחֲצִי שָׁעָה אַחַר לַיְלָה, וְעַל כֵּן חָשַׁבְתִּי כִּי טוֹב לְהַדְלִיק תְּחִלָּה, כִּי אָז אֶפְשָׁר שֶׁאַדְלִיק טֶרֶם יַעֲבוֹר חֲצִי שָׁעָה מִשֶּׁחֲשֵׁכָה, אוּלָם כַּאֲשֶׁר הֶעֱלֵיתִי זֹאת עַל לִבִּי אִיתְרַמִּי שֶׁשָּׁכַחְתִּי הַבְדָּלָה בְּחוֹנֵן הַדָּעַת, וְגַם הַצִּבּוּר הֶאֱרִיכוּ בְּמַעֲרִיב עַד שֶׁבֵּין כָּךְ וּבֵין כָּךְ הָיִיתִי מוּכְרָח לְהַדְלִיק חֲצִי שָׁעָה אַחַר הַלַּיְלָה, וְכֵיוָן שֶׁשָּׁכַחְתִּי לְהַבְדִּיל בִּשְׁמוֹנֶה עֶשְׂרֵה הוּכְרַחְתִּי כְּדֵי לָצֵאת יְדֵי דַּעַת המג"א לְהַבְדִּיל תְּחִלָּה וּלְהַדְלִיק אַחַר כָּךְ. עַל כֵּן אָמַרְתִּי בְּלִבִּי שֶׁמִּן הַשָּׁמַיִם הוּא שֶׁלֹּא אֲשַׁנֶּה אֶת מִנְהָגִי וְהִסְכַּמְתִּי לִנְהוֹג כְּמִקֹּדֶם כְּדִבְרֵי הט"ז.

מקור חיים 252

Motzaei Shabbos Chanuka

QUESTION ──────────────────────────────

When should we light our *menora* after Shabbos?

DISCUSSION ──────────────────────────────

The Rema (OC 681:2)[1] writes that one should light the *menora* immediately after Shabbos, even before saying *havdala*.

The Taz (OC 681:1)[2] argues, however, that we should recite *havdala* first, following the rule of *tadir vesheino tadir, tadir kodem*, the more regular of two *mitzvos* is performed first. The Aruch Hashulchan (OC 681:2)[3] adds that it makes less sense to say the *beracha* of *meorei haeish* after one has already lit the *menora*. Additionally, even the Rema seems to imply that if one did not hear *havdala* in *shul* that one should say it first (See Yechave Daas 1:75; Shevet Halevi 6:85).

R' Dovid Zvi Hoffman (Melamed Lehoyil 1:122)[4] relates that while he used to always recite *havdala* first, he once lit the *menora* first as he was running out of time. Just before he was about to light, he realised that he had forgotten to say *ata chonantanu*, and so it was still Shabbos for him! He took this as a sign from heaven that he should not change his *minhag*.

CONCLUSION ──────────────────────────────

Unless one has a specific *minhag* to do otherwise, one should ideally recite *havdala* on *Motzaei Shabbos* before lighting the *menora*.

1. שולחן ערוך או"ח רצו:ו

..וְאוֹחֵז הַיַּיִן בְּיָמִין וְהַהֲדַס בִּשְׂמֹאל וּמְבָרֵךְ עַל הַיַּיִן וְשׁוּב נוֹטֵל הַהֲדַס בְּיָמִין וְהַיַּיִן בִּשְׂמֹאל וּמְבָרֵךְ עַל הַהֲדַס וּמַחֲזִיר הַיַּיִן לִימִינוֹ.

2. משנה ברורה שו:יח

בִּימִינוֹ: הַטַּעַם מִשּׁוּם חֲשִׁיבוּת.. וְכֵן בְּכָל בְּרָכָה שֶׁמְּבָרֵךְ עַל אֵיזֶה מִצְוָה יֵשׁ לוֹ לֶאֱחוֹז הַדָּבָר בְּיַד יְמִינוֹ בִּשְׁעַת בְּרָכָה..

3. ערוך השולחן או"ח רצו:יז

.. וְדַע, דְּהָאֲחִיזָה בִּשְׂמֹאל, אֵינָהּ חוֹבָה כְּלַל, וְלָכֵן אֶצְלֵינוּ אֵין מַחְזִיקִין הַבְּשָׂמִים בִּשְׁעַת בִּרְכַּת הַיַּיִן, וּכְשֶׁמְּבָרְכִין עַל הַבְּשָׂמִים, מַנִּיחִין הַכּוֹס עַל הַשּׁוּלְחָן, וְנוֹטֵל הַבְּשָׂמִים בִּימִינוֹ. אֶלָּא דְּהַכַּוָּנָה הִיא הָעִקָּר לֶאֱחוֹז הַיַּיִן בְּיָמִין וְהַהֲדַס בְּיָמִין בִּשְׁעַת בִּרְכָתָם, וּמִמֵּילָא דְּהַדָּבָר הַשֵּׁנִי בִּשְׂמֹאל, אֲבָל אֵין זֶה בְּהֶכְרֵחַ.

4. להורות נתן ח:יז

יְקָרְתוֹ הִגִּיעַנִי עַל דָּבָר אִם צָרִיךְ לֶאֱחוֹז אֶת כּוֹס הַיַּיִן בִּשְׁעַת בִּרְכַּת הַבְּשָׂמִים וְהַנֵּר שֶׁל הַהַבְדָּלָה.. וְעַיֵּין בבית יוסף (או"ח סוף סימן רו), וּמְבוֹאָר דְּגַם כְּשֶׁאֵינוֹ אוֹחֵז אֶת הַכּוֹס בְּיָדוֹ אֶלָּא שֶׁהַכּוֹס מוּנָּח עַל הַשּׁוּלְחָן, הָוֵי גַּם כֵּן בְּגֶדֶר מְקַדֵּשׁ עַל הַכּוֹס, וּמוּכָח דַּאֲחִיזַת הַכּוֹס בְּיַד אֵינוֹ לְעִיכּוּבָא לְעִנְיָן שֶׁיִּתְחַשֵּׁב שֶׁמְּקַדֵּשׁ עַל הַכּוֹס, וְסַגֵּי אִם הַכּוֹס מוּנָּח לְפָנָיו. וּמִמֵּילָא גַּם לְעִנְיָנֵנוּ, אַף עַל גַּב דְּאָמְרוּ בְּהַבְדָּלָה דִּמְסַדֵּר אֶת כָּל הַבְּרָכוֹת עַל הַכּוֹס, אֵין צָרִיךְ שֶׁיֹּאחַז דַּוְקָא אֶת הַכּוֹס בְּיָדוֹ, דְּגַם אִם הַכּוֹס מוּנָּח לְפָנָיו הָוֵי בְּגֶדֶר מְסַדְּרָן עַל הַכּוֹס.

5. תשובות והנהגות ג:צב

שְׁאֵלָה: הַחְזָקַת הַבְּשָׂמִים בְּיָמִין בְּהַבְדָּלָה.. וַאֲנִי תָּמֵהַּ דִּלְכְאוֹרָה בִּרְכַּת בְּשָׂמִים וְנֵר כָּל אֶחָד הִיא מִצְוָה בִּפְנֵי עַצְמָהּ וְלֹא שַׁיָּיךְ בָּהוּ עַל הַכּוֹס, וְרַק סִידְּרוּם בְּיַחַד עִם הַהַבְדָּלָה שֶׁעַל הַכּוֹס, אֲבָל לֹא תִּיקְּנוּם לוֹמַר עַל הַכּוֹס דַּוְקָא, רַק הַסֵּדֶר תִּיקְּנוּ שֶׁיְּבָרֵךְ בּוֹרֵא פְּרִי הַגָּפֶן, בְּשָׂמִים, נֵר וְהַבְדָּלָה, דְּתַקָּנַת בְּשָׂמִים וְנֵר בְּהַבְדָּלָה אֵינָהּ מִפְּנֵי חֲשִׁיבוּתָן שֶׁצָּרִיךְ גַּם כּוֹס רַק חֲשִׁיבוּתָן שֶׁשַּׁיָּיכִים לְבִרְכַּת הַבְדָּלָה שֶׁחָשׁוּב, אֲבָל לֹא מָצִינוּ שֶׁתִּיקְּנוּ בָּהֶם שֶׁהֵם חֵלֶק מֵהַבְדָּלָה וּצְרִיכִים כּוֹס..

254 מקור חיים

Holding Havdala

Question

I have always held the wine in my right hand while reciting *havdala*. Last week, I watched a Rabbi making *havdala* online and saw him switch hands in the middle. What is the ideal way of doing this?

Discussion

The Shulchan Aruch (OC 296:6)[1] writes that when reciting *havdala* one should begin by holding the wine in their right hand and the *besamim* in their left hand until they reach the *beracha* on *besamim* at which point they should switch hands, holding the *besamim* in their right hand. The Mishna Berura (306:18)[2] explains that as one's right hand is considered to be more prominent, one should use it to hold *mitzva* items while reciting the appropriate *beracha*.

The Aruch Hashulchan (OC 296:17)[3], however, explains that this is not strictly necessary as nowadays we place the *besamim* and candle on the table in front of us. Rather, one should simply hold each one in their right hand as they recite the *beracha*. Thus, when saying the *beracha* on *besamim*, one should put the cup down and pick up the *besamim*. R' Nosson Gestetner (Lehoros Nosson 8:17)[4] quotes the Beis Yosef (OC 206) who writes that it is sufficient for the cup of wine to be in front of them on the table while reciting *kiddush*. Likewise, one would not have to specifically hold the *besamim* or candle, providing they were on the table in front of them. Similarly, R' Moshe Sternbuch (Teshuvos Vehanhagos 3:92)[5] writes that when the Shulchan Aruch writes that one should hold the wine in one's left hand, it does not necessarily mean that one cannot put it down.

Conclusion

One should hold the *besamim* and candle in one's right hand while reciting the appropriate *beracha*, though one can put the wine down in front of them while doing so.

1. משנה ברכות נא:

..וְאֵין מְבָרְכִין עַל הַנֵּר עַד שֶׁיֵּאוֹתוּ לְאוֹרוֹ.

2. ברכות נג:

וְאֵין מְבָרְכִין עַל הַנֵּר עַד שֶׁיֵּאוֹתוּ. אָמַר רב יהודה אָמַר רב: לֹא יְאוֹתוּ יְאוֹתוּ מַמָּשׁ, אֶלָּא: כָּל שֶׁאִילּוּ עוֹמֵד בְּקָרוֹב וּמִשְׁתַּמֵּשׁ לְאוֹרָהּ, וַאֲפִלּוּ בִּרְחוּק מָקוֹם. וְכֵן אָמַר רב אשי: בִּרְחוּק מָקוֹם שָׁנִינוּ.. ורבא אָמַר: יְאוֹתוּ מַמָּשׁ. וְכַמָּה? אָמַר עולא: כְּדֵי שֶׁיַּכִּיר בֵּין אִיסָּר לְפוּנְדְּיוֹן; חזקיה אָמַר: כְּדֵי שֶׁיַּכִּיר בֵּין מְלוּזְמָא שֶׁל טְבֶרְיָא לִמְלוּזְמָא שֶׁל צִפּוֹרִי..

3. משנה תורה שבת כט:כה

אֵין מְבָרְכִין עַל הַנֵּר עַד שֶׁיֵּאוֹתוּ לְאוֹרוֹ כְּדֵי שֶׁיַּכִּיר בֵּין מַטְבֵּעַ מְדִינָה זוֹ לְמַטְבֵּעַ מְדִינָה אַחֶרֶת..

4. מועדים וזמנים ו:צ

..וְיֵשׁ מְדַקְדְּקִין לְכַבּוֹת הָאוֹר הָאֶלֶקְטְרִי שֶׁהַחֶדֶר חָשׁוּךְ, וּבְאוֹר הַבְדָּלָה הַחֶדֶר מֵאִיר וְאָז לְבָרֵךְ..

5. תשובות והנהגות ה:פו

..וְכֵן בְּבִרְכַּת מְאוֹרֵי הָאֵשׁ שֶׁנָּהֲגוּ לִשְׁמוֹעַ בִּישִׁיבָה גַּם מִמֶּרְחָק כָּזֶה שֶׁבְּלִי אֶלֶקְטְרִיק (אוֹר הַחַשְׁמַל) אִי אֶפְשָׁר לְהַכִּיר הַמַּטְבֵּעַ.. כֵּיוָן שֶׁבְּדִיעֲבַד אֵינוֹ הֶפְסֵק לַשּׁוֹמְעִים כְּשֶׁאֵינָם טוֹעֲמִים מֵהַיַּיִן, וְיֵשׁ חֲשַׁשׁ שֶׁאִם אֵינוֹ עוֹנֶה הוּא מְבַטֵּל אָמֵן, רָאוּי לַעֲנוֹת, [וּבִישִׁיבוֹת שֶׁנָּהֲגוּ שֶׁאֵין מְכַבִּים אוֹר הָאֶלֶקְטְרִי בִּשְׁעַת הַבְדָּלָה, נִרְאֶה שֶׁאֵין הָאָמֵן עַל הַבְּרָכָה נֶחֱשָׁב הֶפְסֵק כֵּיוָן שֶׁאֵצֶל הַשּׁוֹמֵעַ שַׁיָּךְ בִּרְכַּת מְאוֹרֵי הָאֵשׁ עַל הָאֶלֶקְטְרִי, שֶׁיֵּשׁ שְׁמוּעָה שהגרח"ע זצ"ל וְלִפְעָמִים גַּם הגר"ח מבריסק בָּרְכוּ עַל אוֹר אֶלֶקְטְרִי..

6. משנה הלכות טו:צב

..הִנֵּה אוֹר הָאֲבוּקָה אֲפִלּוּ נֶגֶד אוֹר הָאֶלֶקְטְרִי מְהַנֵּי וְנִרְאֵית, וְזֵכֶר לַדָּבָר שֶׁנָּשִׁים מַדְלִיקוֹת הַרְבֵּה בְּחֶדֶר אֶחָד וּבִפְרַט בִּימוֹת הַקַּיִץ בְּבָתֵּי מְלוֹנִים (האטעלין) שֶׁכָּל אוֹסִיפֵי אוֹר מִצְוָה הוּא וְהָכִי נַמִּי אִיכָּא אוֹסִיפֵי אוֹר, וְאֶפְשָׁר לֵיהָנוֹת מֵאוֹר אֲבוּקָה אֲפִלּוּ בְּבַיִת שֶׁיֵּשׁ שָׁם אוֹר עֶלֶקְטְרִי.. וּכְבַר הֶאֱרַכְתִּי גַּם לְעִנְיַן בְּדִיקַת חָמֵץ שֶׁאֵין לְכַבּוֹת אוֹר הַחַשְׁמַל.

7. תהלה לדוד חצר:ד

כָּתַב הַמְּחַבֵּר ס"ד אֵין מְבָרְכִין עַל הַנֵּר עַד שֶׁיֵּאוֹתוּ לְאוֹרוֹ דְּהַיְינוּ שֶׁיִּהְיֶה סָמוּךְ לוֹ בִּכְדֵי שֶׁיּוּכַל לְהַכִּיר בֵּין מַטְבֵּעַ לְמַטְבֵּעַ ע"כ.. לֹא בְּעֵינָן אֶלָּא שֶׁיּוּכַל לֵיהָנוֹת אִם יִרְצֶה וְאַף עַל פִּי שֶׁאֵין נֶהֱנֶה..

8. פסקי תשובות חצר:ה

..וּמִלְּשׁוֹן השולחן ערוך עַל פִּי הָרִאשׁוֹנִים שֶׁיּוּכַל לְהַכִּירָהּ מְדַיְּיקִינָן שֶׁאֵין צָרִיךְ שֶׁבְּפוֹעַל יִרְאֶה וְיַכִּיר, אֶלָּא כָּל שֶׁעוֹמֵד סָמוּךְ לַאֲבוּקָה, שֶׁאִם בִּרְצוֹנוֹ הָיָה מַכִּיר וּמְזַהֶה לְאוֹרוֹ בֵּין מַטְבֵּעַ לְמַטְבֵּעַ אוֹ בֵּין הַצִּפּוֹרֶן לַבָּשָׂר דַּי בְּכָךְ. וְלָכֵן נְהִיגֵי עַלְמָא לְבָרֵךְ בּוֹרֵא מְאוֹרֵי הָאֵשׁ, אֲפִלּוּ כְּשֶׁיֵּשׁ אוֹר חָזָק בַּחֶדֶר מִמְּאוֹר הַחַשְׁמַל, וְנֵר הַהַבְדָּלָה הוּא בִּבְחִינַת 'שְׁרַגָא בְּטִיהֲרָא מַאי אַהֲנֵי', מִכָּל מָקוֹם כֵּיוָן שֶׁעוֹמֵד קָרוֹב לְנֵר בְּאוֹפֶן שֶׁאִילוּלֵא אוֹר הַחַשְׁמַל הָיָה יָכוֹל לֵיהָנוֹת מֵאוֹר הַנֵּר לְהַכִּיר וּלְהַבְדִּיל בֵּין צִיפּוֹרֶן לְבָשָׂר, שַׁפִּיר דָּמֵי.

מקור חיים 256

Turn Lights off for Havdala

QUESTION ————————————————————————————————————

I see that some people switch off the lights during *havdala* before saying the *beracha, borei meorei haeish*. Is this necessary?

DISCUSSION ———————————————————————————————————

The Mishna (Berachos 51b)[1] teaches that one does not recite the *beracha, borei meorei haeish*, unless one benefits from the light, though there is a *machlokes* in the Gemara (ibid. 53b)[2] as to whether one actually needs to benefit from the light or not. Thus, Rambam (Shabbos 29:25)[3] and the Shulchan Aruch (OC 298:4) write that one should ensure that the flame is close enough so that one would be able to distinguish between various types of currency.

R' Moshe Sternbuch (Moadim Uzemanim 6:90)[4] writes that some are particular to switch the lights off during *havdala*. Elsewhere (Teshuvos Vehanhagos 5:86)[5], he writes that one would still say *amen* upon hearing the *beracha* while the lights were on and they were far away from the *havdala* candle, as if necessary, one can rely on the electric lights themselves (See Rivevos Ephraim 2:115:32).

Similarly, R' Menashe Klein (Mishne Halachos 15:92)[6] writes that there are some *poskim* who even allow using an electric light for *havdala*. He compares our scenario to many people lighting Shabbos candles next to each other. While everyone's candles only add a little bit of extra light, one still performs the *mitzva* of lighting. Likewise, there is no need to switch off one's electric lights when performing *bedikas chametz* with a candle. Based on all of this, he writes that there is no need to switch the lights off.

R' Dovid Ortenberg (Tehilla Ledovid 298:4)[7] writes that the language of the Shulchan Aruch (and others) implies that one does not actually need to benefit from the light. One simply needs to be close enough so that they could distinguish coins from each other. The Piskei Teshuvos (298:5)[8] writes that this is why we typically recite this *beracha* even where there is otherwise ample light.

CONCLUSION ——————————————————————————————————

There is no need to switch the lights off during *havdala* before saying the *beracha, meorei haeish*.

1. משנה ברכות נא:

..וְאֵין מְבָרְכִין עַל הַנֵּר עַד שֶׁיֵּאוֹתוּ לְאוֹרוֹ.

2. ברכות נג:

אָמַר רב יהודה אָמַר רב לֹא יֵאוֹתוּ יֵאוֹתוּ מַמָּשׁ אֶלָּא כָּל שֶׁאִילּוּ עוֹמֵד בְּקָרוֹב וּמִשְׁתַּמֵּשׁ לְאוֹרָהּ וַאֲפִלּוּ בְּרִחוּק מָקוֹם, וְכֵן אָמַר רב אשי בְּרִחוּק מָקוֹם שָׁנִינוּ.. ורבא אָמַר יֵאוֹתוּ מַמָּשׁ. וְכַמָּה אָמַר עוּלָא כְּדֵי שֶׁיַּכִּיר בֵּין אִיסָּר לְפוּנְדְּיוֹן. חזקיה אָמַר כְּדֵי שֶׁיַּכִּיר בֵּין מְלוּזְמָא שֶׁל טְבֶרְיָא לִמְלוּזְמָא שֶׁל צִפּוֹרִי..

3. משנה תורה שבת כט:כה

אֵין מְבָרְכִין עַל הַנֵּר עַד שֶׁיֵּאוֹתוּ לְאוֹרוֹ כְּדֵי שֶׁיַּכִּיר בֵּין מַטְבֵּעַ מְדִינָה זוֹ לְמַטְבֵּעַ מְדִינָה אַחֶרֶת..

4. טור או"ח רחצ:א

וְנָהֲגוּ הָרִאשׁוֹנִים לְהַבִּיט בְּשִׂרְטוּטֵי הַכַּפַּיִם עַד שֶׁיַּכִּיר בֵּינֵיהֶן מִפְּנֵי שֶׁהֵן מְצוּיוֹת.

5. מנחת אשר, בראשית ב:ב

וְהִנֵּה נֶחְלְקוּ הַפּוֹסְקִים בְּבִרְכַּת הַנֵּר בְּמוֹצָאֵי שַׁבָּת מַה גִּדְרָהּ, וְשָׁלֹשׁ מַחֲלוֹקוֹת בַּדָּבָר:

א. בְּרָכָה זוֹ לֹא בִּרְכַּת הַנֶּהֱנִין הִיא שֶׁהֲרֵי אֵין מְבָרְכִין אֶלָּא עַל הֲנָאַת הַגּוּף..

ב. יֵשׁ אוֹמְרִים שֶׁבְּרָכָה זוֹ כְּעֵין בִּרְכוֹת הַמְּאוֹרוֹת שֶׁהִיא בִּרְכַּת הַשֶּׁבַח..

ג. וְיֵשׁ אוֹמְרִים דְּהִיא בִּרְכַּת הַנֶּהֱנִין וְכֵיוָן שֶׁבְּשַׁבָּת אָסוּר לְהַדְלִיק אֵשׁ מְבָרְכִין בְּמוֹצָאֵי שַׁבָּת וּבְרָכָה זוֹ פּוֹטֶרֶת אֶת הֲנָאַת הָאוֹר שֶׁל כָּל הַשָּׁבוּעַ כֵּיוָן שֶׁכָּל שָׁעָה אָדָם צָרִיךְ לָאֵשׁ וְאֵינוֹ מֵסִיחַ דַּעַת הֵימֶנּוּ..

6. כל בו מא

וְכֵיוָן שֶׁבֵּרַךְ עָלָיו בְּמוֹצָאֵי שַׁבָּת שׁוּב אֵין צָרִיךְ לְבָרֵךְ עָלָיו כָּל הַשָּׁבוּעַ כְּמוֹ שֶׁמְּבָרְכִין בְּכָל שְׁאָר הֲנָאוֹת בִּרְכַּת הַנֶּהֱנִין לְפִי שֶׁאֵין הֶפְסֵק לַהֲנָאָתוֹ שֶׁכָּל הַיּוֹם הוּא צָרִיךְ לֶאֱפוֹת וּלְבַשֵּׁל בּוֹ וּלְחַמֵּם כְּנֶגְדּוֹ. וְכֵיוָן שֶׁכֵּן אֵין אָדָם מֵסִיחַ דַּעְתּוֹ מִמֶּנּוּ.

7. חידושי הרמב"ן ברכות נא:

נִרְאֶה לִי דְּבִרְכַּת הָאוֹר אֵינָהּ בִּרְכַּת הַנֶּהֱנִין, דְּאִם כֵּן כָּל שַׁעְתָּא וְשַׁעְתָּא מְחַיֵּיב בָּהּ, שֶׁלֹּא תִּקְּנוּ בְּרָכָה בַּהֲנָאוֹת שֶׁאֵינָן נִכְנָסוֹת לַגּוּף, כְּגוֹן רְחִיצַת מַיִם קָרִים וְחַמִּין, וּכְגוֹן נָשְׁבָה הָרוּחַ וְנֶהֱנֶה, וְכָל שֶׁכֵּן בְּאוֹר שֶׁאֵינוֹ נוֹגֵעַ בַּגּוּף כְּלַל, לֹא אָמְרוּ אֶלָּא בִּדְבָרִים הַנִּכְנָסִין לַגּוּף וְהַגּוּף נֶהֱנֶה מֵהֶן כְּגוֹן אֲכִילָה וּשְׁתִיָּה, וְרֵיחַ נַמִּי דָּבָר הַנִּכְנָס לַגּוּף וְסוֹעֵד הוּא וְכַאֲכִילָה וּשְׁתִיָּה דָּמֵי, אֲבָל בִּרְכַּת הָאוֹר כְּבִרְכָה שֶׁל יוֹצֵר הַמְּאוֹרוֹת וּשְׁתֵּיהֶן בִּרְכַּת הַשֶּׁבַח הֵן.. וְיֵשׁ לוֹמַר שֶׁאֵין אָנוּ מְבָרְכִין בִּרְכַּת הַשֶּׁבַח אֶלָּא בְּמַה שֶּׁנִּבְרָא בְּמַעֲשֵׂה בְּרֵאשִׁית תָּמִיד בָּעוֹלָם..

8. ט"ז או"ח רחצ:ב

..ובית יוסף בְּשֵׁם שבולי הלקט כָּתַב כַּךְ הַמִּנְהָג תְּחִלָּה מַכְנִיס אֶצְבְּעוֹתָיו לְתוֹךְ יָדוֹ וּמַחֲשִׁיךְ תַּחְתֵּיהֶן וְאַחַר כֵּן פּוֹשְׁטָן וְנִמְצָא אוֹר בִּמְקוֹם חוֹשֶׁךְ וּמְבָרֵךְ שֶׁכַּךְ הוּא נָאוֹת מֵהָאוֹר..

9. משנה ברורה רצו:לא

וּמְבָרֵךְ עַל הַהֲדַס: וּמַנִּיחוֹ וְרוֹאֶה בְּצִפָּרְנָיִם וּמְבָרֵךְ בּוֹרֵא מְאוֹרֵי הָאֵשׁ..

10. אגרות משה או"ח ה:ט:ט

אִם יֵשׁ לְהִסְתַּכֵּל בַּצִּפָּרְנַיִים קוֹדֶם בִּרְכַּת בּוֹרֵא מְאוֹרֵי הָאֵשׁ, מִשּׁוּם דְּהַוְיָא בִּרְכַּת הַשֶּׁבַח. הָעִקָּר בְּבִרְכַּת מְאוֹרֵי הָאֵשׁ כְּמִנְהַג הָעוֹלָם, לְבָרֵךְ תְּחִלָּה וְאַחַר כָּךְ לְהִסְתַּכֵּל בְּצִפָּרְנָיִים. וּמְפוֹרָשׁ כֵּן בסידור הריעב"ץ ובסדור הגר"א. וְהַטַּעַם דַּאֲפִילּוּ שֶׁאֵינוֹ בִּרְכַּת הַנֶּהֱנִין.. הוּא כִּבְרָכָה גַּם עַל הַהֲנָאָה, שֶׁצָּרִיךְ שֶׁתְּהֵא הַבְּרָכָה לִפְנֵי הַהֲנָאָה..

Looking at the Havdala Candle

QUESTION

I watched a Rabbi sing *havdala* online and noticed that he looked at his hands before saying the *beracha* over the candle. Do we not usually recite the *beracha* before performing the *mitzva* or benefitting from anything?

DISCUSSION

The Mishna (Berachos 51b)[1] teaches that one should not recite the *beracha* of *meorei haeish* unless they benefit from the light of the candle. The Gemara (Berachos 53b)[2] cites a *machlokes* as to whether one needs to benefit from the light or if it is sufficient for it to be bright, and a further *machlokes* as to what is considered benefitting. Following this, Rambam (Shabbos 29:25)[3] and the Shulchan Aruch (OC 289:4) write that one needs to actually benefit from the flame and it must be bright enough that one can differentiate between different types of currency. The Tur (OC 298:1)[4] notes that nowadays we look at our hands, particularly as we do not have money on us.

R' Asher Weiss (Bereishis 2:2)[5] explains that there is a *machlokes* as to how to classify the *beracha* of *meorei haeish* said over the flame. According to the Kol Bo (41)[6] it is considered to be a *birchas hanehenin*, a *beracha* that one says before partaking of something such as food. Tosafos (Pesachim 53b) and Ramban (Berachos 51b)[7] write, however, that this *beracha* serves simply to remind us that fire was created on *Motzaei Shabbos*. Alternatively, R' Weiss suggests that it may be a *beracha* of *shevach*, praise.

Following this, there is a *machlokes* as to whether we say the *beracha* before or after looking at our hands. The Taz (OC 298:2)[8] writes that according to the Shibolei Haleket (Shabbos 130) one would look at one's hands before reciting the *beracha*. The Mishna Berura (296:31)[9] also writes that this is the correct order.

R' Moshe Feinstein (Igros Moshe OC 5:9:9)[10] however, challenges this, writing that the common practice is to recite the *beracha* first and that is how the Yaavetz and Vilna Gaon *paskened* (See Rivevos Ephraim 3:286:1).

CONCLUSION

While some people say the *beracha* after looking at their hands, the mainstream practice is to recite the *beracha* first.

1. ערובין סה.

אָמַר רבי חנין בר פפא כָּל שֶׁאֵין יַיִן נִשְׁפָּךְ בְּתוֹךְ בֵּיתוֹ כַּמַּיִם אֵינוֹ בִּכְלַל בְּרָכָה שֶׁנֶּאֱמַר 'וּבֵרַךְ אֶת לַחְמְךָ וְאֶת מֵימֶיךָ'..

2. רמ"א או"ח רצו:א

..וְנוֹהֲגִין לִשְׁפּוֹךְ מִכּוֹס שֶׁל יַיִן עַל הָאָרֶץ קוֹדֶם שֶׁיְּסַיֵּים בּוֹרֵא פְּרִי הַגָּפֶן כְּדֵי שֶׁלֹּא יִהְיֶה הַכּוֹס פָּגוּם וְטַעַם הַשְּׁפִיכָה דְּאָמְרִינָן כָּל בַּיִת שֶׁלֹּא נִשְׁפָּךְ בּוֹ יַיִן כַּמַּיִם אֵין בּוֹ סִימַן בְּרָכָה וְעוֹשִׂין כֵּן לְסִימָן טוֹב בִּתְחִלַּת הַשָּׁבוּעַ גַּם שׁוֹפְכִים מִן הַכּוֹס לְאַחַר הַבְדָּלָה וּמְכַבִּין בּוֹ הַנֵּר..

3. ט"ז או"ח רצו:א

..וְתוּ נִרְאֶה דְּאֵין מִנְהָג זֶה יָפֶה לְבָרֵךְ בְּרָכָה וְלִשְׁפּוֹךְ עַל הָאָרֶץ דְּאֵין לְךָ בִּזָּיוֹן בְּרָכָה גָּדוֹל מִזֶּה וכ"כ בס"ח בְּסִי' קי"א דְּאַחַר שֶׁבֵּרַךְ עַל מִינֵי שְׁתִיָּה אָסוּר לִשְׁפּוֹךְ הֵימֶנּוּ אֶלָּא נִרְאֶה לִנְהוֹג.. שֶׁבְּשָׁעָה שֶׁמְּמַלְּאִין הַכּוֹס שֶׁל בְּרָכָה לְהַבְדָּלָה יְמַלְּאֶנּוּ עַל כָּל גְּדוֹתָיו וְיִשְׁפּוֹךְ עוֹד בְּעִנְיַן שֶׁיִּשְׁפּוֹךְ עַל הָאָרֶץ מֵחֲמַת שֶׁהַכְּלִי מָלֵא מְאוֹד וְזֶה לְסִימָן יַיִן שֶׁנִּשְׁפַּךְ כַּמַּיִם וְאַחַר כַּךְ לֹא יִשְׁפּוֹךְ כְּלוּם וְזֶהוּ נָכוֹן מְאוֹד וְכֵן נָהַגְתִּי מֵעוֹדִי. וּבְעִקָּר הַפֵּירוּשׁ שֶׁל אוֹמְרִים כָּל בַּיִת שֶׁאֵין נִשְׁפָּךְ בּוֹ יַיִן כַּמַּיִם כו' לֹא נִרְאֶה לִי דְּצִוּוּ חֲכָמִים לִשְׁפּוֹךְ יַיִן דְּאַדְּרַבָּה יֵשׁ אִסּוּר בְּזֶה.. אֶלָּא נִרְאֶה לִי דְּכַוָּונַת רז"ל בְּנִשְׁפָּךְ יַיִן כַּמַּיִם הוּא.. דְּנִתְכַּוְּנוּ לוֹמַר שֶׁלֹּא יִתְרַגֵּז אָדָם בְּבֵיתוֹ אֲפִלּוּ אִם יֶאֱרַע לוֹ הֶיזֵּק דְּהַיְינוּ שֶׁכְּבָר נִשְׁפָּךְ יַיִן בְּשׁוֹגֵג עַל יְדֵי שׁוּם א' מִבְּנֵי הַבַּיִת וְדַרְכָּן שֶׁל בְּנֵי אָדָם לְהִתְרַגֵּז בִּשְׁבִיל זֶה עַל כֵּן אָמַר כָּל בַּיִת שֶׁאֵין הַיַּיִן שֶׁנִּשְׁפַּךְ בְּשׁוֹגֵג נֶחְשָׁב לוֹ כְּאִלּוּ הָיָה מַיִם אֶלָּא אַדְּרַבָּה מִתְרַגֵּז אָז אֵין בּוֹ סִימָן בְּרָכָה..

4. שולחן ערוך הרב או"ח רצו:ה

וְנוֹהֲגִין לִשְׁפּוֹךְ מְעַט יַיִן מֵהַכּוֹס.. וְאֵין בְּזֶה אִסּוּר מִשּׁוּם בִּיזּוּי מַשְׁקֶה שֶׁשּׁוֹפְכוֹ לְאִיבּוּד כֵּיוָן שֶׁאֵינוֹ שׁוֹפֵךְ אֶלָּא דָּבָר מוּעָט.. גַּם נוֹהֲגִין לִשְׁפּוֹךְ עַל הַשּׁוּלְחָן מִן יַיִן הַנִּשְׁאָר בְּכוֹס אַחַר שְׁתִיַּית הַמַּבְדִּיל וּמְכַבִּין בּוֹ הַנֵּר כְּדֵי שֶׁיְּהֵא נִרְאֶה לַכֹּל שֶׁלֹּא הוּדְלַק נֵר זֶה אֶלָּא לְמִצְוָה לְנֵר שֶׁל הַבְדָּלָה לְבָרֵךְ עָלָיו.

Pouring out Havdala Wine

Question

I see people pouring out some of their *havdala* wine to extinguish their *havdala* candle. My family do not ever do this. Is this not a waste?

Discussion

The Gemara (Eruvin 65a)[1] teaches that there is a special *beracha* given to a house in which wine is spilled. Following this, the Rema (OC 296:1)[2] writes that we pour some wine out after *havdala*, and extinguish the candle in it, in order to start the week off with a *siman beracha.*

The Taz (OC 296:1)[3] writes however, that pouring out wine in such a way would be wasteful and considered a disgrace. Rather, the Gemara means that one should fill one's cup to the brim, allowing it to overfill a little. He explains that the Gemara does not ask for one to pour out some wine, but teaches us that one who does not become angry when wine is spilled in their home, will be blessed.

The Shulchan Aruch Harav (OC 296:5)[4] writes that it is not disrespectful to overfill the cup as one is only wasting a little bit. After drinking some of the wine, one should pour out a little wine to extinguish the *havdala* candle to demonstrate that one only lit it in order to perform the *mitzva* of *havdala.*

Conclusion

While one must not purposely waste any wine, it is commendable to overfill one's *havdala* cup slightly and to extinguish the candle in the wine.

1. שולחן ערוך או"ח רצו:ח

נָשִׁים חַיָּיבוֹת בְּהַבְדָּלָה כְּשֵׁם שֶׁחַיָּיבוֹת בַּקִּדּוּשׁ, וְיֵשׁ מִי שֶׁחוֹלֵק. **הגה** עַל כֵּן לֹא יַבְדִּילוּ לְעַצְמָן רַק יִשְׁמְעוּ הַבְדָּלָה מִן הָאֲנָשִׁים.

2. משנה ברורה רצו:לד

נָשִׁים חַיָּיבוֹת: אַף עַל גַּב דְּהַוֵי מִצְוָה שֶׁהַזְּמַן גְּרָמָא דְּבְדִינֵי שַׁבָּת אִישׁ וְאִשָּׁה שָׁוִין דְּאִיתְקַשׁ זָכוֹר לְשָׁמוֹר.. וְהַבְדָּלָה נַמִּי בִּכְלַל זָכוֹר הוּא לְמַאן דְּאָמַר הַבְדָּלָה דְּבַר תּוֹרָה.. וַאֲפִלּוּ לְמַאן דְּאָמַר הַבְדָּלָה דְּרַבָּנָן דּוּמְיָא דְּקִדּוּשׁ תִּקְּנוּהָ וְהַיֵּשׁ מִי שֶׁחוֹלֵק סְבִירָא לֵיהּ דְּהַבְדָּלָה כֵּיוָן שֶׁהִיא בַּחוֹל אֵינָהּ תְּלוּיָה בְּעִנְיְנֵי דִּינֵי שַׁבָּת וְהִיא בִּכְלַל שְׁאָר מִצְוֹת שֶׁהַזְּמַן גְּרָמָא דְּנָשִׁים פְּטוּרוֹת.

3. ט"ז או"ח רצו:ז

..נָשִׁים יֹאמְרוּ הַמַּבְדִּיל בֵּין קוֹדֶשׁ לְחוֹל בְּלֹא בְּרָכָה וְיַעֲשׂוּ מְלָאכָה.

4. ביאור הלכה רצו:ח

לֹא יַבְדִּילוּ לְעַצְמָן: עַיֵּין במגן אברהם שֶׁכָּתַב דְּפָשׁוּט דְּרַשָּׁאִים לְבָרֵךְ לְעַצְמָן עַל הַבְּשָׂמִים וְעַל הַכּוֹס דְּבִרְכַּת הַנֶּהֱנִין הֵם וְהָא דְּלֹא נָקַט המגן אברהם בִּרְכַּת הַנֵּר דְּבִרְכַּת הַנֵּר לַאו בִּרְכַּת הֲנָאָה הוּא דְּלֹא נִתְקַן עַל הֲנָאַת הָאוֹר.

5. ערוך השולחן או"ח רצו:ה

..וּתְמִיהֲנִי, הֲלֹא לוּלָב כָּל יְמֵי הֶחָג הֵם דְּרַבָּנָן לְבַד יוֹם הָרִאשׁוֹן, וְנָשִׁים מְבָרְכוֹת. וְיֵשׁ מִי שֶׁרוֹצֶה לְחַלֵּק דְּדַוְקָא בְּמִצְוֹת מַעֲשִׂיּוֹת יְכוֹלוֹת לְבָרֵךְ, וְלֹא בְּמִצְוָה שֶׁהוּא רַק דִּיבּוּר בְּעַלְמָא (עַיֵּין מגן אברהם שָׁם). וְגַם זֶה אֵינוֹ, דְּהֲרֵי גַּם בְּהַבְדָּלָה יֵשׁ מַעֲשֶׂה דִּשְׁתִיַּית הַכּוֹס, וְעוֹד אֵיזֶה סְבָרָא יֵשׁ לְחַלֵּק בָּזֶה, וְעוֹד דְּרוֹב הַפּוֹסְקִים סוֹבְרִים דְּהַוֵי דְּאוֹרַיְיתָא וּמְחֻיָּיבוֹת מִדִּין תּוֹרָה, וִיכוֹלוֹת לְהוֹצִיא גַּם הָאֲנָשִׁים..

6. אגרות משה חו"מ ב:מז

..וּלְפִי עֲנִיּוּת דַּעְתִּי יֵשׁ לָהֶן לְבָרֵךְ עַל בִּרְכַּת הַנֵּר דְּכֵן הָא מַשְׁמַע מִמַּה שֶׁהַמְּחַבֵּר כָּתַב לַדֵּעָה הָרִאשׁוֹנָה סְתָם דְּנָשִׁים חַיָּיבוֹת בְּהַבְדָּלָה וְלֹא מַסִּיק אֲבָל לֹא תְּבָרֵךְ עַל הַנֵּר. וְגַם אַף אִם נֵימָא דְּשַׁיָּיךְ גַּם בָּזֶה פְּטוּר בְּנָשִׁים מִצַּד שֶׁהוּא זְמַן גְּרָמָא הָא נָשִׁים מְקַיְּימוֹת כְּשֶׁרוֹצוֹת גַּם מִצְוַת עֲשֵׂה שֶׁהַזְּמַן גְּרָמָא וּמְבָרְכוֹת עֲלֵיהֶן, וּמַה שֶּׁכָּתַב המגן אברהם טַעַם דְּאוּלַי בְּדָבָר שֶׁאֵין אֶלָּא הַבְּרָכָה אֵין רַשָּׁאוּת הוּא טַעַם קָלוּשׁ מְאֹד..

7. ציץ אליעזר יד:מג

מַה שֶּׁבְּלוּחַ אֶרֶץ יִשְׂרָאֵל מוּדְפָּס (מִדֵּי שָׁנָה) דִּלְפִי מַה שֶּׁכָּתוּב המשנה ברורה לֹא יְבָרְכוּ הַנָּשִׁים בְּעַצְמָן מְאוֹרֵי הָאֵשׁ, וּמִתְפָּרֵשׁ כְּאִילוּ בָּא לִקְבּוֹעַ שֶׁיֵּשׁ לִנְהוֹג בְּכָזֹאת. אֵין לְהַשְׁגִּיחַ בָּזֶה, וְאֵין לְשַׁנּוֹת מִנְהַג הַנָּשִׁים שֶׁכֵּן מְבָרְכוֹת גַּם מְאוֹרֵי הָאֵשׁ כְּשֶׁיּוֹצֵא לָהֶן הַהֶכְרֵחַ לְהַבְדִּיל לְעַצְמָן, וְכֵן גַּם לֹא מַה שֶּׁהַרְבֵּה מֵהַנָּשִׁים מְבָרְכוֹת מְאוֹרֵי הָאֵשׁ לְעַצְמָן גַּם כְּשֶׁשּׁוֹמְעוֹת הַבְדָּלָה מֵאִישׁ. וּמִכָּל שֶׁכֵּן מִלִּמְחוֹת בְּיָדָן. כִּי שַׁפִּיר יְכוֹלוֹת לְהַכְנִיס אֶת עַצְמָן בְּחִיּוּב בָּזֶה כְּשֵׁם שֶׁעוֹשׂוֹת זֹאת בְּעֶצֶם הַהַבְדָּלָה גַּם לְהַשִּׁיטוֹת דִּפְטוּרוֹת מִשּׁוּם מִצְוַת עֲשֵׂה שֶׁהַזְּמַן גְּרָמָא..

8. מגן אברהם רצו:ד

..נָהֲגוּ הַנָּשִׁים שֶׁלֹּא לִשְׁתּוֹת מִכּוֹס הַבְדָּלָה וְעַיֵּין הַטַּעַם בשל"ה.

9. רבבות אפרים ד:צז:נו

..וְאִם כֵּן אֶצְלָם לְפִי מִנְהָגָם נִמְשָׁךְ עוֹד קְדוּשַּׁת הַשַּׁבָּת יוֹתֵר מִלְּגַבֵּי אֲנָשִׁים, וּלְכָךְ לֹא נָהֲגוּ לִשְׁתּוֹת מִכּוֹס הַבְדָּלָה, וּכְבָר הֵבִיא רש"י בְּפָסוּק 'הָאֹהֱלָה' שֶׁבְּאֹהֶל אִמֵּנוּ שָׂרָה וְרִבְקָה, הָיָה הַנֵּר דּוֹלֵק מֵעֶרֶב שַׁבָּת לְעֶרֶב שַׁבָּת, כַּנִּרְאֶה שֶׁהִמְשִׁיכוּ קְדוּשַּׁת הַשַּׁבָּת מִשַּׁבָּת לְשַׁבָּת, וּלְכָךְ לֹא נָהֲגוּ לִשְׁתּוֹת מִכּוֹס הַהַבְדָּלָה, לִרְמוֹז שֶׁאֶצְלָם עוֹד נִמְשָׁכָה קְדוּשַּׁת הַשַּׁבָּת קוֹדֶשׁ.

Women and Havdala

QUESTION ───────────────────────────────

I have heard conflicting things about women saying *havdala*. As a single woman, what should I do?

DISCUSSION ───────────────────────────────

The Rema (OC 296:8)[1] writes that as the Shulchan Aruch brings two opinions as to whether women are obligated to say *havdala* or not, they should not recite it themselves, but should listen to a man saying it instead. The Mishna Berura (296:34)[2] explains that women are obviously obligated to keep all laws of Shabbos. The difference of opinion lies in whether *havdala* is treated as a part of Shabbos, or as a regular time-bound *mitzva* (such as *tefillin* which women are exempt from). However, the Taz (OC 296:7)[3] points out that women must say *hamavdil bein kodesh lechol* before doing any *melacha*.

The Biur Halacha (296:8)[4] writes that women may make *havdala*, though they should omit the *beracha* of *meorei haeish* on the candle. However, the Aruch Hashulchan (OC 296:5)[5], R' Moshe Feinstein (Igros Moshe CM 2:47)[6] and R' Ephraim Greenblatt (Rivevos Ephraim 1:273; 6:172) write that women may say this *beracha*, too, in the same way as they would on shaking a *lulav* if they wish to do so. Likewise, R' Eliezer Waldenberg (Tzitz Eliezer 14:43)[7] criticises the calendars that advise women against making the *beracha* on *havdala* candles.

One reason why women avoid making *havdala* is because the Shelah (quoted by the Magen Avraham 296:4)[8] writes that women should not drink the *havdala* wine (for Kabbalistic reasons). The Aruch Hashulchan points out that not everyone keeps this custom, and it is more important to properly fulfill *havdala*.

R' Ephraim Greenblatt (Rivevos Ephraim 4:97:56)[9] suggests a second reason. Women were loathe to rush to end Shabbos. The custom of not drinking the *havdala* wine was to demonstrate that they wanted Shabbos to continue.

CONCLUSION ───────────────────────────────

Women may say *havdala*, complete with all the *berachos*, and drink the wine, if necessary.

1. משנה ברורה שמג:ג

..וְדַע דְּשִׁעוּר הַחִינּוּךְ בְּמִצְוֹת עֲשֵׂה הוּא בְּכָל תִּינוֹק לְפִי חֲרִיפוּתוֹ וִידִיעָתוֹ בְּכָל דָּבָר לְפִי עִנְיָנוֹ כְּגוֹן הַיּוֹדֵעַ מֵעִנְיַן שַׁבָּת חַיָּיב לְהַרְגִּילוֹ לִשְׁמוֹעַ קִדּוּשׁ וְהַבְדָּלָה, הַיּוֹדֵעַ לְהִתְעַטֵּף כַּהֲלָכָה חַיָּיב בַּצִּיצִית וכנ"ל בְּסִימָן י"ז וְכֵן כָּל כַּיּוֹצֵא בּוֹ בֵּין בְּמִצְוֹת עֲשֵׂה שֶׁל תּוֹרָה בֵּין בְּשֶׁל דִּבְרֵי סוֹפְרִים..

2. שולחן ערוך או"ח רצט:ו

שָׁכַח וְלֹא הִבְדִּיל בְּמוֹצָאֵי שַׁבָּת מַבְדִּיל עַד סוֹף יוֹם ג' וְיֵשׁ אוֹמְרִים שֶׁאֵינוֹ מַבְדִּיל אֶלָּא כָּל יוֹם רִאשׁוֹן וְלֹא יוֹתֵר וְדַוְקָא בּוֹרֵא פְּרִי הַגֶּפֶן וּמַבְדִּיל בֵּין קוֹדֶשׁ לְחוֹל אֲבָל עַל נֵר וּבְשָׂמִים אֵינוֹ מְבָרֵךְ אֶלָּא בְּמוֹצָאֵי שַׁבָּת.

3. טור או"ח רצט

..אָסוּר לֶאֱכוֹל שׁוּם דָּבָר אוֹ אֲפִלּוּ לִשְׁתּוֹת יַיִן אוֹ שְׁאָר מַשְׁקִין מִשֶּׁתֶּחְשַׁךְ עַד שֶׁיַּבְדִּיל בֵּין בַּלַּיְלָה בֵּין לְמָחֳרָתוֹ וּמַיִם מוּתָּר לִשְׁתּוֹת..

4. משנה ברורה רסט:א

..וַאֲפִלּוּ לְפִי מַה שֶּׁמְּבוֹאָר לְקַמָּן בְּסִימָן שמ"ג דְּאָסוּר לְהַאֲכִיל בַּיָּדַיִם לַקָּטָן אֲפִלּוּ דְּבָרִים שֶׁאֲסוּרִים מִדְּרַבָּנָן הָכָא שָׁרֵי מִפְּנֵי כַּמָּה טְעָמִים עַיֵּין במגן אברהם וְהוּא הַדִּין דְּמוּתָּר לְהַאֲכִיל לַקְּטַנִּים בְּשַׁבָּת בְּשַׁחֲרִית לִפְנֵי קִדּוּשׁ וְאָסוּר לְעַנּוֹתוֹ.

5. חינוך הבנים למצוות כד

וּבִמְקוֹמוֹת שֶׁזְּמַן מוֹצָאֵי שַׁבָּת וּמוֹצָאֵי יוֹם טוֹב הוּא מְאוּחָר מְאֹד, וְהַיְּלָדִים אֵינָם שׁוֹמְעִים הַבְדָּלָה, יִנְהֲגוּ שֶׁאֶחָד מֵהֶם יַבְדִּיל בִּשְׁבִיל כּוּלָּם בְּיוֹם רִאשׁוֹן בַּבּוֹקֶר, וְהוּא גַּם יָכוֹל לְהוֹצִיא אֶת הַקְּטַנִּים הָאֲחֵרִים, אֲבָל אֵינוֹ מְבָרֵךְ לֹא עַל הַבְּשָׂמִים וְלֹא עַל הַנֵּר.

מקור חיים 264

Havdala on Sunday for Children

QUESTION ———————————————————————————————

It is too late for my daughter to hear *havdala* on *Motzaei Shabbos*. Should she say it on Sunday?

DISCUSSION ——————————————————————————————

Parents have a *mitzva derabanan* of *chinuch*, to train their children to observe *mitzvos*. Thus, the Mishna Berura (343:3)[1] writes that when a child is old enough to appreciate what is permitted and forbidden on Shabbos, they should listen to *kiddush* and *havdala*.

The Shulchan Aruch (OC 299:6)[2] writes that if one did not hear *havdala* on *Motzaei Shabbos*, then one can do so until Tuesday. One saying *havdala* after *Motzaei Shabbos* should omit the *berachos* on *ner* and *besamim*.

While the Tur (OC 299)[3] writes that one should recite *havdala* before eating anything (See Rema OC 299:6), the Mishna Berura (269:1)[4] writes that we should not keep children waiting until after *kiddush* to eat. Likewise, they may eat even before hearing *havdala*.

R' Yehoshua Neuwirth (Chinuch Habanim Lemitzvos 24)[5] writes that when Shabbos ends too late for children to stay up to hear *havdala*, they should recite it on Sunday morning, without the *berachos* on *ner* and *besamim*.

While some schools encourage their students to say the full *havdala* complete with the berachos on *ner* and *besamim*, this is an incorrect practice as *havdala* is never performed that way when performed late.

CONCLUSION ——————————————————————————————

Children who miss hearing *havdala* on *Motzaei Shabbos* should be encouraged to recite *havdala* on Sunday, but without the *berachos* on *ner* and *besamim*.

1. שולחן ערוך או"ח תקנא:י

..וּמוּתָּר לִשְׁתּוֹת יַיִן הַבְדָּלָה וּבִרְכַּת הַמָּזוֹן.

2. כף החיים או"ח תקנא:קנב

וּמוּתָּר לִשְׁתּוֹת יַיִן הַבְדָּלָה וכו': הִנֵּה בְּהַבְדָּלָה נוֹהֲגִין בְּנֵי סְפָרַד כְּמָרָן אֲבָל בְּבִרְכַּת הַמָּזוֹן נוֹהֲגִין לְהַחֲמִיר..

3. ערוך השולחן או"ח תקנא:כו

..וּבְיַיִן לְבִרְכַּת הַמָּזוֹן, גַּם בְּלֹא זֶה אֵין אָנוּ נוֹהֲגִין בַּחוֹל בַּכּוֹס לְבִרְכַּת הַמָּזוֹן. וּפָשׁוּט הוּא דְאִם יֵשׁ כּוֹס, יִהְיֶה שֶׁל שֵׁכָר אוֹ מֵי דְּבַשׁ. אַךְ בְּהַבְדָּלָה יֵשׁ נוֹהֲגִין לִשְׁתּוֹת, וַאֲנַחְנוּ אֵין שׁוֹתִים, וְעוֹשִׂים הַבְדָּלָה עַל הַשֵּׁכָר..

4. משנה ברורה רעב:כד

שֶׁמְּקַדְּשִׁין עַל שֵׁכָר: וְדַוְקָא בְּמָקוֹם דְּהַוֵי חֲמַר מְדִינָה דְהַיְינוּ שֶׁאֵין יַיִן מָצוּי בְּכָל הָעִיר בַּשָּׁנָה הַזּוּ וְעִקָּר שְׁתִיָּתָן הוּא מִשֵּׁכָר וּשְׁאָר מַשְׁקִין וְאִם יֵשׁ שָׁם יַיִן אֶלָּא שֶׁהוּא בְּיוֹקֶר מִקְרֵי מָצוּי וְאִם אֵין יַיִן יִשְׂרָאֵל מָצוּי אַף עַל פִּי שֶׁיַּיִן אֵינוֹ יְהוּדִי מָצוּי לֹא מִקְרִי מָצוּי עַל יְדֵי זֶה.

5. תשובות והנהגות ד:עז

כָּתַב הרמב"ם (שבת פכ"ט י"ז) מְדִינָה שֶׁרוֹב יֵינָהּ שֵׁכָר מַבְדִּילִין עָלָיו. וְנִרְאֶה לְפִי עֲנִיּוּת דַּעְתִּי דְּהַיְינוּ דַּוְקָא בִּזְמַן חֲזַ"ל דְּשָׁתוּ יַיִן אוֹ שֵׁכָר לִפְנֵי הַסְּעוּדָה, בְּתוֹךְ הַסְּעוּדָה וּלְאַחַר הַסְּעוּדָה וְזֶהוּ דֶּרֶךְ שְׁתִיָּיתָן, וְלָכֵן חָשׁוּב. אֲבָל בִּזְמַנֵּנוּ הַשְּׁתִיָּה הַקְּבוּעָה הִיא כּוֹס קָפֶה אוֹ תֵּה וְזֶה כְּמוֹ יַיִן בִּזְמַנָּם דְּמִיקְרֵי חֲמַר מְדִינָה לרמב"ם, (לרשב"ם רַק אִם אֵין יַיִן מָצוּי בָּעִיר). וְאֵין רְגִילִין בְּכָל סְעוּדָה בְּשֵׁכָר, בִּירָה כְּבְיַיִן, וְאִם כֵּן עָדִיף לְהַבְדִּיל עַל כּוֹס תֵּה אוֹ קָפֶה.

6. שמירת שבת כהלכתה ס:ה

וְכֵן מַבְדִּילִים עַל מִיץ תַּפּוּחַ-זָהָב אוֹ אֶשְׁכּוֹלִיּוֹת, אוֹ עַל יֵין תַּפּוּחִים, אִם אָמְנָם מַשְׁקָאוֹת אֵלֶּה חֲשׁוּבִים בִּמְקוֹמוֹ וְשׁוֹתִים אוֹתָם בִּשְׁבִיל כְּבוֹד הַסְּעוּדָה וּכְבוֹד הָאוֹרְחִים.

Havdala during the Nine Days

QUESTION ————————————————————

What should I use for *havdala* during the *nine days*?

DISCUSSION ————————————————————

While one may not drink wine during the *nine days* unless it is within a *seudas mitzva*, the Shulchan Aruch (OC 551:10)[1] writes that one may drink wine for *havdala* as it is no different from a *seudas mitzva* (Mishna Berura 551:67). Thus, common *Sefardi* practice is to drink the wine (Kaf Hachaim OC 551:152)[2].

The Rema disagrees, saying that we should give it to a child when possible. The Mishna Berura (551:70) explains that this child should have reached the age of *chinuch* though not be old enough to understand what we are mourning about (six to nine years old).

The Aruch Hashulchan (OC 551:26)[3] writes that one should rather use beer. It is debatable, however, whether beer is still considered to be *chamar medina* nowadays. The Mishna Berura (272:24)[4] writes that this only applies where beer is commonly drunk; R' Moshe Sternbuch (Teshuvos Vehanhagos 4:77)[5] writes that coffee and tea are more suitable. R' Yehoshua Neuwirth (Shemiras Shabbos Kehilchasa 60:5)[6] allows one to use cider or fruit juice if necessary, providing that they are considered *important drinks* in that locale.

CONCLUSION ————————————————————

It would seem that those who make *havdala* on *Motzaei Pesach* over beer should do so during the *nine days*. Otherwise they should make *havdala* on wine. If there is a child (preferably a boy between 6 and 9) available, they should be given the wine. Otherwise, one should just drink the wine oneself.

1. פסחים נ:

הָעוֹשֶׂה מְלָאכָה בְּעַרְבֵי שַׁבָּתוֹת וּבְעַרְבֵי יָמִים טוֹבִים מִן הַמִּנְחָה וּלְמַעְלָה, וּבְמוֹצָאֵי שַׁבָּת וּבְמוֹצָאֵי יוֹם טוֹב וּבְמוֹצָאֵי יוֹם הַכִּפּוּרִים, וּבְכָל מָקוֹם שֶׁיֵּשׁ שָׁם נִידְנוּד עֲבֵירָה, לְאֵתוֹיֵי תַּעֲנִית צִיבּוּר, אֵינוֹ רוֹאֶה סִימַן בְּרָכָה לְעוֹלָם.

2. מגן אברהם רצט:טו

וְכֵן נָשִׁים: נָשִׁים שֶׁנּוֹהֲגִים שֶׁלֹּא לַעֲשׂוֹת מְלָאכָה בְּמוֹצָאֵי שַׁבָּת אֵינוֹ מִנְהָג אֶלָּא עַד שֶׁיְּסַיְּימוּ הַצִּבּוּר תְּפִלָּתָן [מנהגים טור] וּמִיהוּ נָהֲגוּ הַנָּשִׁים שֶׁלֹּא לַעֲשׂוֹת מְלָאכָה כָּל מוֹצָאֵי שַׁבָּת [אבודרהם].

3. ערוך השולחן או"ח רצט:כב

אִיתָא בירושלמי (פרק מקום שנהגו הלכה א'): "הַנֵּי נָשֵׁי דִּנְהִיגֵי דְּלֹא לְמֵיעֲבַד עֲבִידְתָּא בְּאַפּוּקֵי שַׁבְּתָא, לַאו מִנְהָגָא", כְּלוֹמַר אֵינוֹ מִנְהָג נָכוֹן כִּי אֵין שׁוּם טַעַם בָּזֶה. "עַד דְּתִתְפַּנֵּי סִדְרָא מִנְהָגָא", כְּלוֹמַר עַד שֶׁיַּשְׁלִימוּ הַתְּפִילָה, הֲוָה מִנְהָג כָּשֵׁר שֶׁלֹּא לַעֲשׂוֹת מְלָאכָה, וְעַל זֶה אָמְרוּ בְּשַׁ"ס דִּילָן שָׁם: 'הָעוֹשֶׂה מְלָאכָה בְּמוֹצָאֵי שַׁבָּת, אֵינוֹ רוֹאֶה סִימָן בְּרָכָה' (תוספות שָׁם). וְיֵשׁ מִי שֶׁכָּתַב שֶׁנָּהֲגוּ הַנָּשִׁים שֶׁלֹּא לַעֲשׂוֹת מְלָאכָה כָּל הַלַּיְלָה שֶׁל מוֹצָאֵי שַׁבָּת (מגן אברהם סקט"ו), וַאֲנַחְנוּ לֹא שָׁמַעְנוּ הַמִּנְהָג הַזֶּה שֶׁהוּא כְּנֶגֶד הַיְּרוּשַׁלְמִי, וְנָשֵׁי דִּידָן רַק עַד אַחַר הַבְדָּלָה אֵין עוֹשׂוֹת, וְאַחַר כָּךְ עוֹשׂוֹת כָּל הַמְּלָאכוֹת וְכֵן עִקָּר

4. רבבות אפרים ב:קטו:קז

בְּמַה שֶּׁשָּׁאַל דְּנָשִׁים נָהֲגוּ לֹא לַעֲשׂוֹת מְלָאכָה כָּל מוֹצָאֵי שַׁבָּת אֵיזֶה מְלָאכוֹת אֲסוּרוֹת הַאִם כְּמוֹ רֹאשׁ חוֹדֶשׁ. הִנֵּה מְקוֹר הַדִּין הוּבָא באבודרהם בְּסוֹף סֵדֶר מוֹצָאֵי שַׁבָּת וּפֵירוּשׁוֹ וז"ל, בירושלמי וְכוּ' עַד שֶׁיַּשְׁלִימוּ סֵדֶר הַתְּפִלָּה. וּמִיהוּ נָהֲגוּ הַנָּשִׁים שֶׁלֹּא לַעֲשׂוֹת מְלָאכָה כָּל מוֹצָאֵי שַׁבָּת וְהוּבָא במגן אברהם סימן רצ"ט סט"ו. אֲבָל בנתיב חיים הֵעִיר שָׁם שֶׁאֵין זֶה מִנְהָג. וּבֶאֱמֶת כָּךְ מְבוֹאָר בטור. וְעַיֵּין כ"כ בכף החיים ובמשנה ברורה לֹא הֵבִיא דִּין זֶה. ובערוך השולחן סקכ"א כָּתַב, וַאֲנַחְנוּ לֹא שָׁמַעְנוּ הַמִּנְהָג הַזֶּה שֶׁהוּא נֶגֶד הירושלמי וְנָשֵׁי דִּידָן רַק עַד אַחַר הַבְדָּלָה אֵין עוֹשׂוֹת מְלָאכָה וְאַחַר כַּךְ עוֹשׂוֹת כָּל הַמְּלָאכָה וְכֵן עִקָּר עכ"ל. וְאִם כֵּן מַשְׁמַע דְּיֵשׁ לְהָקֵל בְּזֶה אַחַר הַבְדָּלָה דִּיכוֹלוֹת לַעֲשׂוֹת מְלָאכָה. וַאֲנִי שָׁמַעְתִּי שֶׁלֹּא נוֹהֲגוֹת לִתְפּוֹר בְּמוֹצָאֵי שַׁבָּת וְעַיֵּין בָּזֶה.

268 מקור חיים

Working on Motzaei Shabbos

QUESTION

After Shabbos, I was fixing a button to a jacket that fell off on Shabbos, though my husband said that I should not be doing this on *Motzaei Shabbos*. Why is this?

DISCUSSION

The Gemara (Pesachim 50b)[1] writes that one who does work on *Motzaei Shabbos* will not be blessed. Based on this, the Magen Avraham (299:15)[2] quotes the Abudraham (end of Seder Motzaei Shabbos) who writes that the custom is for women not to perform *melacha* on *Motzaei Shabbos*.

The Aruch Hashulchan (OC 299:22)[3], however, writes that this custom is unheard of, and provided that they have heard *havdala*, can do any *melacha*. He quotes the Gemara Yerushalmi (Pesachim 4:1) that writes that while there is a *minhag* for women not to do menial *melacha* on *rosh chodesh*, there is no such *minhag* to abstain on *Motzaei Shabbos*. As for the Gemara that writes about lack of blessing, that is specifically talking about doing *melacha* before hearing *havdala*.

Likewise, R' Ephraim Greenblatt (Rivevos Ephraim 2:115:107)[4] writes that as this *minhag* is not brought in the later *poskim*, women may do any *melacha* after *havdala*.

CONCLUSION

Unless one has a specific *minhag* not to sew, one may perform any *melacha* on *Motzaei Shabbos* after *havdala*.

1. **שבת קיט:**

..וְאָמַר רבי חנינא לְעוֹלָם יְסַדֵּר אָדָם שֻׁלְחָנוֹ בְּמוֹצָאֵי שַׁבָּת אַף עַל פִּי שֶׁאֵינוֹ צָרִיךְ אֶלָּא לִכְזַיִת חַמִּין בְּמוֹצָאֵי שַׁבָּת מִלֻגְמָא פַּת חַמָּה בְּמוֹצָאֵי שַׁבָּת מִלֻגְמָא..

2. **משנה תורה שבת ל:ה**

..וְכֵן מְסַדֵּר שֻׁלְחָנוֹ בְּמוֹצָאֵי שַׁבָּת וְאַף עַל פִּי שֶׁאֵינוֹ צָרִיךְ אֶלָּא לִכְזַיִת. כְּדֵי לְכַבְּדוֹ בִּכְנִיסָתוֹ וּבִיצִיאָתוֹ. וְצָרִיךְ לְתַקֵּן בֵּיתוֹ מִבְּעוֹד יוֹם מִפְּנֵי כְּבוֹד הַשַּׁבָּת. וְיִהְיֶה נֵר דָּלוּק וְשׁוּלְחָן עָרוּךְ לֶאֱכֹל וּמִטָּה מֻצַּעַת שֶׁכָּל אֵלּוּ לִכְבוֹד שַׁבָּת הֵן.

3. **משנה ברורה ש:א**

יְסַדֵּר אָדָם שֻׁלְחָנוֹ וכו': הַיְינוּ לִפְרוֹס מַפָּה עַל שֻׁלְחָנוֹ דֶּרֶךְ כָּבוֹד וְכֵן שְׁאָר דְּבָרִים הַנְּהוּגִים אֶצְלוֹ בַּעֲרִיכַת הַשּׁוּלְחָן אֲבָל אֵינוֹ מְחֻיָּיב לְבַשֵּׁל תַּבְשִׁילִין וּלְהָכִין יוֹתֵר מִמַּה שֶׁצָּרִיךְ לֶאֱכוֹל. וּמַשְׁמַע בגמרא דְּיִקְבַּע סְעוּדָה זוֹ עַל הַפַּת לְכַתְּחִלָּה כְּמוֹ בִּשְׁאָר סְעוּדוֹת שֶׁל שַׁבָּת וְגַם מַשְׁמַע דְּטוֹב לְכַתְּחִלָּה לְהַדֵּר אוֹתָהּ בְּבָשָׂר אוֹ בִּשְׁאָר תַּבְשִׁילִין אִם יֵשׁ לוֹ, וְאִם אֵין לוֹ אוֹ שֶׁחוֹשֵׁשׁ לַאֲכִילָה גַּסָּה כְּגוֹן בַּקַּיִץ שֶׁמְּאַחֲרִין בִּזְמַנֵּנוּ לֶאֱכוֹל הַסְּעוּדָה ג' סָמוּךְ לְעֶרֶב יְקַיְּימָהּ בִּמְזוֹנוֹת אוֹ עַל כָּל פָּנִים בְּפֵירוֹת.

משנה ברורה ש:ג

אֶת הַשַּׁבָּת: וּמִטַּעַם זֶה יֵשׁ נוֹהֲגִים לְהַרְבּוֹת נֵרוֹת בְּמוֹצָאֵי שַׁבָּת יוֹתֵר מִיְּמֵי הַחוֹל וְנוֹהֲגִים גַּם כֵּן לוֹמַר פִּיּוּטִים וּזְמִירוֹת אַחַר הַבְדָּלָה [אחרונים].

4. **שמירת שבת כהלכתה סג:ג**

גַּם הָאִשָּׁה מִן הָרָאוּי שֶׁתֹּאכַל סְעוּדַת מְלַוֶּה מַלְכָּה, וְיֵשׁ אוֹמְרִים שֶׁאַף יֵשׁ לְהַקְפִּיד עַל כַּךְ, שֶׁתִּתְקַיֵּים מִצְוָה זֹאת.

5. **ביאור הגר"א או"ח ש:א**

לִכְזַיִת: כִּלְשׁוֹן הגמרא וּבְפַת דַּוְקָא כְּמוֹ בְּעֶרֶב שַׁבָּת דְּמֵימְרָא דר' אלעזר ורבי חנינא כַּהֲדָדֵי אִיתְּמָר שָׁם קיט ב' ע"ש.

6. **מגן אברהם ש:א**

בגמרא מַשְׁמַע דְּנָכוֹן לְבַשֵּׁל בָּשָׂר בְּמוֹצָאֵי שַׁבָּת אוֹ דָּבָר אַחֵר וְעַיֵּין סי' רצ"א וּבִזְמַנֵּינוּ שֶׁמְּאַחֲרִין כָּל כָּךְ סְעוּדָה שְׁלִישִׁית שֶׁאֵין יְכוֹלִין לֶאֱכוֹל בְּמוֹצָאֵי שַׁבָּת יְכוֹלִין לְקַיְּימָהּ בַּפֵּירוֹת.

7. **באר היטב ש:א**

..ובא"ז כָּתַב שָׁמַעְתִּי שֶׁאִם מַמְשִׁיךְ הַסְּעוּדָה ג' עַד לְאַחַר חֲשֵׁיכָה אֵין צָרִיךְ לֶאֱכוֹל עוֹד סְעוּדָה ד' בְּמוֹצָאֵי שַׁבָּת.

מקור חיים 270

Melave Malka in the Summer

QUESTION

Do I need to sit down for *melave malka* even when Shabbos goes out after 11pm?

DISCUSSION

The Gemara (Shabbos 119b)[1] writes that one should set one's table for a meal after Shabbos. This meal is known as *melave malka*, escorting out the Shabbos queen. Rambam (Shabbos 30:5)[2] and the Tur (OC 300:1)explain that we should escort Shabbos out with the same respect that we brought it in with. Thus, the Mishna Berura (300:1; 3)[3] writes that one should lay the table properly as one does for Shabbos, light candles and sing *zemiros*.

While the Mishna Berura (300:1) writes that *melave malka* is not as important as the three Shabbos meals, the *poskim* stress the importance of this meal and the reward of those who are particular to partake.

R' Yehoshua Neuwirth (Shemiras Shabbos Kehilchasa 63:3)[4] quotes many *poskim* who write that women are equally obligated to eat *melave malka* (See Maaseh Rav 150).

The Vilna Gaon (Biur Hagra OC 300:1)[5] says that one should eat bread at the meal. The Magen Avraham (300:1)[6] writes that when this is difficult because Shabbos ends so late, one should have a snack instead (See Aruch Hashulchan OC 300:3; Mishna Berura 300:1). At the very least, one should have a hot drink (Shemiras Shabbos Kehilchasa 63:8).

The Baer Heitev (OC 300:1)[7] and Aruch Hashulchan (ibid) quote the Elya Rabba who writes that if one ate *seuda shelishis* late, and carried on eating after it was dark, then one has fulfilled one's obligation and does not need to eat again after Shabbos. However, not everyone relies on this leniency (see Shemiras Shabbos Kehilchasa 63:6).

CONCLUSION

One should do one's utmost to at least eat a snack after Shabbos if one cannot eat a proper meal.

Bibliography

R' Akiva Eiger – (Hungary; Poland, 1761-1837). Father-in-law of the Chasam Sofer. Author of many *teshuvos*, as well as a commentary on the Bartenura and Tosafos Yom Tov's commentaries on the Mishna, and on the Magen Avraham and Taz's commentaries on the Shulchan Aruch, among other works.

Aruch Hashulchan – R' Yechiel Michel Epstein (Lithuania, 1829–1908). Halachic compendium arranged according to the chapters of the Shulchan Aruch. It largely follows the Talmud Yerushalmi and Rambam and often favours local practice over conflicting sources.

R' Chaim Aryeh Leib (Rottenberg-) Mishkovsky – (Belarus; Poland, 1836-1898). Known as the Stavisker Tzaddik, he was considered to be one of the greatest Rabbis in Europe, alongside the Chafetz Chaim.

Avnei Nezer – R' Avraham Borenstein (Poland, 1838-1910). Founder of the Sochathover Chassidus and father of the famed *Shem Mishmuel. Teshuvos* on all four sections of Shulchan Aruch.

Avnei Yashpei – R' Yisroel Pesach Feinhandler (Israel, 1945-2011). *Teshuvos* drawing largely on the rulings of R' Yosef Shalom Elyashiv and R' Shmuel Wosner.

Az Nidberu – R' Binyamin Zilber (Israel, 1916-2008). A disciple of the Chazon Ish, R' Zilber wrote numerous *sefarim*, primarily on *halacha*.

Baal Hamaor – R' Zerachia Halevi (France, 12th Century). The Baal Hamaor primarily critiques the Rif, while the Raavad and Ramban (in Milchamos Hashem) defend the Rif.

Bach – R' Yoel Sirkis (Poland, 1561-1640). Father-in-law of the Taz. Known as the Bach, short for Bayis Chadash, one of the main commentaries of the Tur. Introduced certain Kabbalistic ideas into *halacha* and emphasised the practices of the Talmud and Geonim.

Baer Heitev – R' Yehudah Ashkenazi (Poland, 1730–1770). While this commentary on Shulchan Aruch covers all four sections of Shulchan Aruch, R' Yehuda only authored the sections on Orach Chaim and Even Haezer.

Baer Moshe – R' Moshe Stern (Hungary; America, 1914-1997). Known as the Debrecziner Rav, R' Stern survived the Holocaust. His *sefarim*, written as *teshuvos*, include *Kuntres Haelectric*, which deals with various electric devices on Shabbos.

Beis Yosef – R' Yosef Karo (Spain; Israel, 1488-1575). His Shulchan Aruch is a condensed adaptation of his Beis Yosef. Following the Spanish expulsion, R' Yosef Karo felt the need to systematise *halacha* and *minhag*. See 'Shulchan Aruch.'

Ben Ish Chai – R' Yosef Chaim of Baghdad (Iraq, 1835-1909). Author of over 30 sefarim on *halacha*, *parsha*, *Talmud* and *kabbala*, but he is named after his famous work presenting two areas of *halacha* on each *parsha*.

Betzel Hachachma - R' Betzalel Stern (Hungary; Austria; Australia, 1910-1988). Brother of R' Moshe Stern (Baer Moshe), authored six volumes of *teshuvos*.

Biur Hagra – R' Eliyahu of Vilna (Lithuania, 1720-1797). Known as the Vilna Gaon or the Gra. Among other works, he wrote notes on the Talmud and Shulchan Aruch.

Biur Halacha – More detailed explanations of the Mishna Berura. See 'Mishna Berura'.

Chasam Sofer – R' Moshe Sofer (Hungary, 1762-1839). Son-in-law of R' Akiva Eiger. Recognised as the leader of Hungarian Jewry and one of the leading *gedolim* of his time, the Chasam Sofer fought strongly against the reforms of the Reform movement. He is known by the name of his *teshuvos*.

Chavos Yair – R' Yair Chayim Bacharach (Germany; France, 1639-1702). One of the greatest *gedolim* of the time, authored *teshuvos* on a wide array of topics as well as a 46 volume Encyclopedia.

Chayei Adam – R' Avraham Danzig (Lithuania, 1748-1820). Deals with the *halachos* of Orach Chaim. He wrote Chochmas Adam on Yoreh Deah and Zichru Toras Moshe on Shabbos. Disciple of the Noda Biyehuda.

Chazon Ish – R' Avraham Yeshaya Karelitz (Israel, 1878-1953). Brother-in-law of the Steipler Gaon and uncle of R' Chaim Kanievski. Recognised as one of the foremost *poskim*, post-Holocaust.

Chelkas Yaakov – R' Mordechai Yaakov Breisch (Switzerland, 1895-1976). One of the foremost European *poskim*, post-Holocaust, who addresses contemporary issues.

Cheshev Haefod – R' Chanoch Dov Padwa (England, 1908-2000). Av Beis Din of the Union of Orthodox Hebrew Congregations (UOHC) in London.

Children In Halacha – R' Simcha Bunim Cohen (America, Contemporary). Author of many classic *sefarim* on *hilchos Shabbos*, including some key *teshuvos* from R' Moshe Feinstein.

Chinuch Habanim Lemitzvos – Sefer detailing *halachos* for bringing up children by R' Neuwirth. See 'Shemiras Shabbos Kehilchasa.'

Chut Shani – R' Shmaryahu Yosef Nissim Karelitz (Israel, 1926-2019). Nephew of the Chazon Ish and Steipler, R' Karelitz headed a Beis Din in Bnei Brak for 45 years, dealing largely with *geirus*.

Daas Torah – R' Shalom Mordechai Schwadron (Ukraine, 1835-1911). Known as the Maharsham, he authored multiple *teshuvos* as well as a commentary on the Torah.

Daas Zekeinim – Commentary on the Torah written by the authors of Tosafos.

Dirshu Mishna Berura – R' Dovid Hofstedter, et al. (Contemporary). Contemporary rulings printed alongside the Mishna Berura.

Dovev Mesharim – R' Dov Berish Weidenfeld (Poland; Israel, 1881–1965). Known as the Tchebiner Rov. Even during the Holocaust and his exile to Siberia, he continued responding to people's *shaalos*.

Ein Yitzchak – R' Yitzchak Elchanan Spector (Russia; Lithuania, 1817-1896). One of the greatest *gedolim* in 19th Century Russia.

Elya Rabba – R' Eliyahu Shapira (Poland; Czech Republic, 1660–1712). Disciple of the Magen Avraham. Elya Rabba is a popular commentary on the Shulchan Aruch, Orach Chaim.

Emes Leyaakov – R' Yaakov Kamenetsky (America, 1891-1986), R' Yaakov was one of the major *poskim* in America post-Holocaust.

Eretz Zvi – R' Aryeh Zvi Frommer (Poland, 1884-1943). R' Frommer replaced R' Meir Shapiro as *rosh hayeshiva* of *Chachmei Lublin* and founded the *Mishna yomis* program. He was murdered in the Holocaust. הי"ד.

Eshel Avraham – R' Avraham Dovid Wahrman of Buchach (Ukraine, 1770-1840). A *chassidic* master and disciple of R' Levi Yitzchak of Berditchev. Wrote a commentary on Shulchan Aruch, Orach Chaim.

Har Zvi – R' Zvi Pesach Frank (Israel, 1873-1960). Served as a Dayan of the Eida Chareidus Beis Din for nearly 60 years, eventually becoming *Av Beis Din* and Rav of Jerusalem.

Ibn Ezra – R' Avraham ben Meir Ibn Ezra (Spain, ca. 1089-1164). Aside from his famous commentary on the Torah focusing largely on *dikduk*, Ibn Ezra was a philosopher, mathematician and poet.

Igros Moshe – R' Moshe Feinstein (America, 1895-1986). R' Moshe was recognised as one of the leading poskim in America, post-Holocaust. His *teshuvos* touch on virtually every aspect of contemporary Halacha.

Kaf Hachaim – R' Yaakov Chaim Sofer (Iraq; Israel, 1870-1939). Among other works, the Kaf Hachaim runs as a commentary on the Shulchan Aruch, particularly for *Sefardim*. This work was completed by R' Ovadia Yosef upon R' Sofer's death.

Kitzur Hilchos Shabbos – R' Yaakov Yechezkel Posen (America, Contemporary). Originally written as a textbook for Seminary girls, this classic has now been translated into different languages.

Kitzur Shulchan Aruch – R' Shlomo Ganzfried (Hungary, 1804-1886). R' Ganzfried authored a few *sefarim*, though he is most famous for his popular Kitzur Shulchan Aruch, a summary of the most important *halachos* contained within the Shulchan Aruch, primarily, the Orach Chaim section. The 'Kitzur' has been printed hundreds of times and translated into various languages.

Kol Bo – unknown (ca. 15th Century). A collection of various *halachos*. Quoted extensively by the Shulchan Aruch.

Lehoros Nosson – R' Nosson Gestetner (Israel, 1932-2010). A prolific author, particularly on Talmud and Halacha, R' Nosson also published other works, such as those of the Chasam Sofer and R' Akiva Eiger.

Leket Yosher – R' Yosef ben Moshe (Austria, 1423-1490). A disciple of the Terumas Hadeshen, he records R' Yisroel Isserlin's practices.

Lev Chaim – R' Chaim Falaji (Turkey, 1788-1868). R' Falaji authored over seventy *sefarim*. Aside from Lev Chaim and Kaf Hachaim on *halacha*, he wrote on the Tanach, Talmud and *midrash*.

Levush – R' Mordecai Yoffe (Czech Republic; Belarus; Poland, ca. 1530-1612). A disciple of both the Rema and Maharshal, he is known for his ten-volume, Levush Malchus, that focus on the practice of East European Jewry.

Levushei Mordechai – R' Mordechai Leib Winkler (Hungary, 1845-1932). One of the most famous Rabbanim in Hungary who authored *teshuvos* on all four sections of Shulchan Aruch.

Likkutei Mahariach – R' Yisroel Chaim Friedman (Hungary, 1852-1922), collection of *minhagim* and *halachos* related to the *davening* and *yamim tovim*.

Machazeh Eliyahu – R' Pesach Eliyahu Falk (England, 1943-2020). Noted posek who wrote numerous *halacha sefarim*, including Zachor Veshamor on Shabbos and two volumes of *teshuvos*.

Magen Avraham – R' Avraham Gombiner (Poland, 1637-1683). Major commentary to the Shulchan Aruch, Orach Chaim.

Maggid Mishna – R' Vidal De Tolouse (Spain, 14th Century). One of the main commentaries on Rambam's Mishne Torah, tracing his rulings back to their sources and explaining his reasoning.

Maharam Chalava – R' Moshe Chalava (Spain, ca. 1290-1370). While he wrote on the whole Talmud, only his commentary on Pesachim is extant. That was published for the first time in 1873. His *teshuvos* were not published until 1987.

Maharam Schick – R' Moshe Schick (Hungary, 1807-1879). A disciple of the Chassam Sofer, he authored over 1,000 *Teshuvos* as well as works on the Torah, Talmud and *mitzvos*.

Maharil – R' Yaakov Moelin (Germany, ca. 1365-1427). Provides a detailed description of Jewish practice in Germany, quoted extensively by the Rema.

Marpe Lanefesh – R' Refael Zilber (America, 1904-1996). Set of books on Orach Chaim.

Mateh Ephraim – R' Ephraim Zalman Margulies (Galicia, 1762-1828). Brother of R' Chaim Mordechai Margulies, author of Shaarei Teshuva on Shulchan Aruch. Mateh Ephraim focuses on the *halachos* of Elul and Tishrei.

Melamed Lehoyil – R' Dovid Zvi Hoffman (Germany, 1843-1921). A disciple of the Maharam Schick and R' Ezriel Hildesheimer, R' Hoffman taught in R' Samson Raphael Hirsch's *Realschule* school in Frankfurt am Main, before going on to teach at the Hildesheimer Rabbinical Seminary which he later headed.

Menucha Nechona – R' Chaim Biberfeld (Germany, 1864–1939). The original book, 'Sabbath Vorschriften', written in German was a classic household guide in Shabbos observance. It was later translated into Hebrew by his son.

Meor Hashabbos – R' Moshe Meir Yadler (Israel, Contemporary). Sefarim dealing primarily with cooking and use of electrical items on Shabbos, based largely on the rulings of R' Shlomo Zalman Auerbach.

Minchas Asher – R' Asher Weiss (Israel, Contemporary). R' Weiss is a most prolific author, having authored a few volumes of *teshuvos*, as well as *sefarim* on the Torah, Talmud, *halacha*, medical ethics, *tefilla* and *hashkafa*.

Minchas Elazar – R' Chaim Elazar Shapira (Hungary, 1868-1937). Known as the 'Munkatcher Rebbe', R' Shapira served as Rav, Chassidic Rebbe and Rosh Yeshiva. He is most famous for his *teshuvos*.

Minchas Shabbos – R' Shmuel Burstein (Ukraine, 1860-1917). A commentary on the Kitzur Shulchan Aruch.

Minchas Shlomo – R' Shlomo Zalman Auerbach (Israel, 1910-1995). Leading *posek* in Israel. His ground-breaking *teshuvos* in Minchas Shlomo cover many contemporary technological issues.

Minchas Yitzchak – R' Yitzchak Yaakov Weiss (Hungary; Romania; England; Israel, 1902-1989). Dayan Weiss served as *rosh hayeshiva* in Munkatch, Hungary before becoming *dayan* in Romania. After surviving the Holocaust, he became Av Beis Din in Manchester, England and later head of the Eida Charedus in Jerusalem. He is named after his monumental, ground-breaking work of *teshuvos*.

Mishna Berura – R' Yisroel Meir Kagan (Belarus, 1838–1933). Known as the Chafetz Chaim after his work on the laws of speech, the Mishna Berura is a monumental commentary to the Orach Chaim section of Shulchan Aruch.

Mishne Halachos – R' Menashe Klein (Slovakia; America, 1924-2011). A Holocaust survivor, R' Klein, known as the Ungvarer Rav, authored 19 volumes of *teshuvos* along with many other *sefarim*.

Moadim Uzemanim – See 'Teshuvos Vehanhagos'. Contemporary work analysing various topics related to the *yamim tovim*.

Mordechai – R' Mordechai ben Hillel (Germany, ca. 1240-1298). A disciple of the Maharam of Rothenburg and one of the great Rabbis at the end of the Tosafos era, he authored a Halachic compendium on most *masechtas* of the Talmud.

Nishmas Shabbos – R' Yisroel Dovid Harfenes (America, Contemporary). R' Hafernes has authored multiple contemporary *halachic* works

Nishmat Avraham – R' Dr. Avraham Sofer Avraham (England; Israel, Contemporary). One of the world's leading experts on the *halachic* ramifications of modern medicine. Organised according to the four sections of the Shulchan Aruch and translated into English, it is a popular work for religious doctors and Rabbis alike.

Noda Biyehuda – R' Yechezkel Landau (Poland; Ukraine; Czech

Republic, 1713-1794). Chief Rabbi of Prague and all of Bohemia, R' Landau represented the Jews before the Austrian government. His *teshuvos* were often innovative and pioneering.

Ohr Letzion – R' Ben Zion Abba Shaul (Israel, 1924-1988), *Rosh hayeshiva* of Yeshivat Porat Yosef, he was one of the leading contemporary *Sefardi* Rabbis, who largely followed the Ben Ish Chai.

Ohr Sameach – R' Meir Simcha of Dvinsk (Poland; Latvia, 1843-1926). Commentary on Rambam's Mishne Torah. He is also author of the popular Meshech Chachma commentary on the Torah.

Ohr Zarua – R' Yitzchak ben Moshe of Vienna (Germany; Austria, ca. 1200-1270). Arranged by *masechta*, the Ohr Zarua explains the *halacha* in context of the Talmud, thus serving as both a commentary and *halachic* work. This *sefer* also contains correspondence with other important *rishonim*.

Orchos Shabbos – R' Shalom Yosef Gelber and R' Yitzchak Mordechai Rubin (Israel, Contemporary). A popular work on *hilchos Shabbos*, including many of the rulings of R' Shlomo Zalman Auerbach and R' Shalom Yosef Elyashiv.

Piskei Teshuvos – Rabbi Simchah Ben Zion Isaac Rabinowitz (Israel, Contemporary). A popular work, collating the various views, serving as a supplement to the Mishna Berura.

Pri Megadim – R' Yosef Teomim (Ukraine; Germany, 1727-1792). A prolific author, he is most famous for his popular commentary on the Shulchan Aruch, Orach Chaim and Yorah Deah. The commentary on Orach Chaim is comprised of two parts: Mishbetzos Zahav on the Taz, and Eshel Avraham on the Magen Avraham. It is printed in the back of the Shulchan Aruch.

Ra'avad – R' Avraham Ibn David (France, ca. 1120–1197). The Ra'avad was a severe critic of both the Rif and Rambam.

Rabbeinu Tam – R' Yaakov ben Meir (France, ca. 1100–1171). Younger brother of Rashbam and grandson of Rashi, Rabbeinu Tam was one of the main authors of Tosafos.

Rabbeinu Yonah – R' Yonah Gerondi (Spain; France, ca. 1180-1263). Teacher of the Rashba and other important *rishonim*, along with his cousin, Ramban. Rabbeinu Yonah wrote a commentary on much of the Talmud, as well as works of *halacha* and *mussar*, including Shaarei Teshuva.

Rambam – R' Moshe ben Maimon (Spain; Egypt, 1135-1204). Rambam's magnus opus, Mishne Torah (or Yad Hachazaka) is a compendium of all *halacha*, set out to cover all the relevant *halachos* contained with the Talmud.

Ramban – R' Moshe ben Nachman (Spain; Israel, 1194-1270). Authored commentaries on the Torah, Talmud, *halacha*, *teshuvos* and philosophy along with notes on Rambam's Sefer Hamitzvos.

Ran – R' Nissim of Girona (Spain, 1320-1376). Recognised as one of the greatest *rishonim*, the Ran authored a commentary on the Talmud and on the Rif as well as *teshuvos*.

Rashba – R' Shlomo ben Aderes (Spain, 1235-1310). Aside from his famous commentary on the Talmud, Rashba wrote Torah Habayis on *kashrus* and authored many *teshuvos*.

Rashbam – R' Shmuel ben Meir (France, ca. 1085-1158). He learned from his grandfather, Rashi, and taught his brother, Rabbeinu Tam. Wrote a commentary on both the Torah and Talmud focusing on *peshat*.

Rashi – R' Shlomo Yitzchaki (France, 1040-1105). Rashi's leading commentary on both Torah and Talmud answers the obvious questions, making Torah accessible to all.

Rema – R' Moshe Isserlis (Poland, 1525-1572). While *Sefardim* typically follow the Shulchan Aruch, *Ashkenazim* typically follow the Rema printed as comments to the main text of the Shulchan Aruch. Also authored Darkei Moshe on the Tur.

Ritva – R' Yom Tov Ibn Asevilli (Spain, ca. 1260–1320). Disciple of the Rashba. Famous for his concise commentary on the Talmud.

Rivevos Ephraim - R' Ephraim Greenblatt (America; Israel, 1932-2004). A *talmid* of R' Moshe Feinstein, R' Greenblatt's *teshuvos* addresses many aspects of contemporary *halacha*.

Rosh – R' Asher ben Yechiel (Spain, 1250-1327). Father of the Tur, the Rosh authored a *halachic* compendium arranged according by *masechtos*, printed at the back of the Talmud.

Seridei Eish – R' Yechiel Yaakov Weinberg (Poland, Germany, Switzerland, 1884–1966). *Teshuvos* include communication with other *gedolim* from around the world on the new technological and social realities post-Holocaust.

Shaagas Aryeh – R' Aryeh Leib Ginzberg (Lithuania; Germany, ca. 1695-1785). Analyses and novellae of various *halachic* subjects. Also authored Turei Even and Gevuros Ari on the *Talmud*.

Shaar Hatziyun – Reference footnotes printed at the bottom of the Mishna Berura. See 'Mishna Berura'

She'elas Yaavetz – R' Yaakov Emden (Germany, 1697-1776). Son of the Chacham Tzvi, R' Yaakov Emden was involved in various controversies, including one where he accused R' Yehonasan Eybeschutz of being a Sabbatean. A printer by trade, R' Yaakov Emden authored over 30 books. She'elas Yaavetz contains over 350 *teshuvos*.

Shearim Metzuyanim Behalacha – R' Shlomo Zalman Braun (Hungary; Austria; America, 1914-1994). A contemporary commentary on the Kitzur Shulchan Aruch.

Shemiras Shabbos Kehilchasa – R' Yehoshua Yeshaya Neuwirth (Israel, 1935-2013). A most popular work on contemporary *hilchos Shabbos*, translated into different languages. Aside from his own rulings, R' Neuwirth quotes extensively from R' Shlomo Zalman Auerbach.

Shevet Halevi – R' Shmuel Wosner (Israel, 1913-2015). A student of the famed R' Meir Shapiro, R' Wosner was Rav in Zichron Meir, in Bnei Brak, named after Rav Shapiro. He authored eleven volumes of *teshuvos*, along with *sefarim* on the Torah, Rambam and *moadim*.

Shevisas Hashabbos – R' Yitzchak Meltzen (Lithuania; Belarus; Israel, 1854-1916). A disciple of R' Yisroel Salanter. A two-volume work outlining the rules and details of *hilchos Shabbos* according to each *melacha*.

Shibolei Haleket – R' Tzidkiyah Anav (Italy; Germany, ca. 1210–1280). An important work teaching the *halachos* and *minhagim* of France and Germany in the Middle Ages.

Shiurei Torah – R' Avrohom Chaim Noeh (Israel, 1890-1954). Author of Ketzos Hashulchan and famous for his *halachic* measurements. A *Lubavitcher Chassid*, R' Naeh served as Rabbi of *Sefardim* in Egypt and Uzbekistan.

Shraga Hameir – R' Shraga Feivish Schneebalg (England, 1929-2000). Rav of Vizhnitz in London, he authored eight volumes of *teshuvos* along with many other works.

Shulchan Aruch – R' Yosef Karo (Spain; Israel, 1488-1575). Classic *halachic* compendium arranged into four orders, encompassing all aspects of practical *halacha*. See 'Beis Yosef'.

Shulchan Aruch Harav – R' Shneur Zalman of Liadi (Russia, 1745–1812). First Rebbe of Chabad and author of the Tanya.

Shulchan Shlomo – R' Shlomo Zalman Auerbach. Rulings organised according to *simanim* of Shulchan Aruch. See 'Minchas Shlomo'.

Taamei Haminhagim – R' Avraham Yitzchak Sperling (Ukraine, 1851-1921). A collection of *minhagim* with their reasons and origins.

Tashbetz – R' Shimon ben Tzemach Duran (Spain; Algeria, 1361–1444). Teshuvos dealing with *halacha*, philosophy, explanations on Tanach and grammar among other topics.

Taz – R' Dovid Halevi (Poland, 1586-1667). Son-in-law of the Bach. The Taz, short for Turei Zahav, is a classical commentary to Shulchan Aruch.

Tehilla Ledovid – R' Dovid Ortenberg (Ukraine, ca. 1845 - 1910). A commentary on Shulchan Aruch Harav, Orach Chaim.

Terumas Hadeshen – R' Yisroel Isserlin (Austria; Germany, 1390-1460). This *sefer* serves as an important source for *Ashkenazi* practice and is drawn on extensively by the Rema.

Teshuvos Harosh – Teshuvos of the Rosh. See 'Rosh'

Teshuvos Vehanhagos – R' Moshe Sternbuch (South Africa; Israel, Contemporary). Av Beis Din of the Eida Chareidus in Jerusalem. Teshuvos on contemporary issues, often quoting the rulings of the Chazon Ish and Brisker Rav.

The 39 Melochos – R' Dovid Ribiat (America, Contemporary). Four volume work addressing modern day application of *melachos* and *hilchos Shabbos*.

Tiltulei Shabbos (or **Halachos of Muktza**) – R' Yisroel Pinchos Bodner (America, Contemporary). Author of many popular works on practical *halacha*. Includes many rulings from R' Moshe Feinstein.

Tosafos – (France; Germany 12th-14th centuries). Commentary composed of questions and answers as well as critical interpretations of the Talmud. Famous authors include Rashi's grandsons, Rashbam and Rabbeinu Tam, as well as the Rosh and Maharam of Rothenberg.

Tur – R' Yaakov ben Asher (Europe, 1269-1343). Son of the Rosh, his main work, Arba'ah Turim, *four rows*, is divided into four sections, each called a *tur*, just like the four rows of gems on the *kohen gadol's choshen*. Also wrote Baal Haturim on the Torah.

Tzitz Eliezer – R' Eliezer Waldenberg (Israel, 1915-2006). *Posek* for Shaarei Tzedek hospital. *Teshuvos* on many contemporary issues, including many medical related issues.

Vilna Gaon – See 'Biur Hagra'

Yabia Omer – R' Ovadia Yosef (Iraq; Egypt; Israel, 1920-2013). *Sefardi* Chief Rabbi of Israel. Rav Ovadia Yosef revolutionised the Torah world, particularly the *Sefardi* communities, with his ground-breaking *teshuvos*, that were often more lenient than other *Ashkenazi* ones. Rav Ovadia weighs up dozens of *poskim* on each side of the debate before reaching a balanced conclusion.

Yafeh Lalev – R' Rachamim Nissim Yitzchak Falaji (Turkey, 1813–1907). Nine volume work on Shulchan Aruch, Orach Chaim, providing the sources for many *Sefardi* customs.

Yalkut Yosef – R' Yitzchak Yosef (Israel, Contemporary). *Sefardi* Chief Rabbi of Israel. Rulings of R' Ovadia Yosef presented by his son as a commentary to the Shulchan Aruch in 24 volumes.

Yam Shel Shlomo – R' Shlomo Luria (Poland; Lithuania, 1510–1573). Known as the Maharshal. Analysis of *sugya* to arrive at *halachic* conclusion.

Yechave Daas – See 'Yabia Omer'

R' Yisroel Belsky – (America, 1938-2016). Leading *posek* who dealt with numerous contemporary *halachic* issues.

R' Yisroel Yaakov Fisher – (Israel, 1928–2003). Av Beis Din of the Eida Chareidus in Jerusalem and author of Teshuvos Even Yisrael.

R' Yitzchak Zev Soloveitchik – (Belarus; Israel, 1886-1959). Known as the Brisker Rav, he wrote a commentary on Chumash and Talmud, and is famous for his unique style, focusing largely on analysing Rambam.

R' Yosef Shalom Elyashiv – (Israel, 1910-2012). Recognised as the foremost *posek* in Israel following R' Shlomo Zalman Auerbach. His rulings are quoted in numerous *sefarim*.

In memory of

Dr Ernst Israel Bornstein

Holocaust survivor

לעילוי נשמת

ר' איסר ב"ר מרדכי יונה ז"ל

לעילוי נשמת

**R' Eliezer Mordechai
ben Dov Halevi
Golda bas Moshe Avrohom
Olsberg**

**Dovid ben Melech
Bayla bas Dov Zeev
Oster**

לעילוי נשמת

**ר' שמעון מיכאל
בן החבר ר' יצחק נויברגר ז"ל**

הונצח ע"י ר' מנחם ומ' אסתר
צליק ומשפחתם לעילוי נשמת
אביהם

ת.נ.צ.ב.ה

מקור חיים

לעלוי נשמת

אליהו משה בן גרשון הלוי

רוזא יטא בת זכריה הלוי

בצלאל בן דוד

יטא לאה בת אברהם

חיה בת צבי הירש

מקור חיים

לעלוי נשמת

הר"ר עקיבא יונה בן אברהם וולקר ז"ל

ולעלוי נשמת

הר"ר דוד בן אברהם יעקב הלוי המפלינג ז"ל

מקור חיים

In honour of our son

R' Dr. Benni Sluckis

on his semicha

Ian and Shelley Sluckis

מקור חיים

In honour of my dear grandparents

Henry & Ruth Ehreich

וכל מי שעוסקים בצרכי ציבור באמונה
הקדוש ברוך הוא ישלם שכרם

Raffi Maurer

מקור חיים

לזכר ולעלוי נשמת

הר"ר לוי גבריאל ב"ר נטע חיים הלוי ז"ל

My father ז"ל experienced immense Nachas when attending Rabbi Cohen's Netzach minyonim and seeing first-hand how his בית המדרש was being used for davening and לימוד תורה.

He would have been so proud at the publication of הלכות שבת on מקור חיים.

Anthony Brodie

מקור חיים

This sefer is dedicated to the memories of:

לעלוי נשמת

Shalom ben David
Yehoshua ben Aron Nochum

מקור חיים

In loving memory of

ר' מרדכי בן שלמה יחיאל ז"ל

Marcus Mechlowitz

ר' אברהם בן פייבעל ז"ל

Anthony Spieler

Jane & Gigi Mechlowitz + Family

מקור חיים

לעילוי נשמות

ר' נפתלי עקיבא בן אליעזר

ר' יהודה בן מרדכי

מקור חיים

To a unique and dignified lady

Chana bas Laibel

whose light shone through Shabbos and beyond

Much missed; never forgotten

The Duman Clan

מקור חיים

לעילוי נשמות

ר' צבי בן אברהם פפר

יהודית בת מרדכי פפר (קענן)

לעילוי נשמות

חמותי, האשה החשובה

לבנה בת ר' שבתי ע"ה

Levana Cohen

אֵם כָּל חָי

זקני החשובים

ר' אברהם יצחק בן ר' צבי דוד הכהן ע"ה

הינדא בילא בת ר' דוב הלוי ע"ה

Jack & Hilda Cohen

ידידי הנחמד

ר' שלום מרדכי בן ר' צבי ע"ה

Sholom Dreyfuss

מקור חיים

הלכות שבת